대진경교유행중국비
—대진경교문헌석의—

大秦景教流行中國碑 — 大秦景敎文獻釋義

Daqin Nestorian Flourishment Chinese Monument — Daqin Nestorian Document Interpretation

【상】

대진경교유행중국비【상】 —대진경교문헌석의—

大秦景教流行中國碑 ― 大秦景教文獻釋義

Daqin Nestorian Flourishment Chinese Monument ― Daqin Nestorian Document Interpretation

—

1판 1쇄 인쇄 2023년 9월 5일
1판 1쇄 발행 2023년 9월 12일

—

편주자 ㅣ 吳昶興
역주자 ㅣ 임영택
발행인 ㅣ 이방원
발행처 ㅣ 세창출판사

　　　신고번호 제1990-000013호
　　　주소 03736 서울시 서대문구 경기대로 58 경기빌딩 602호
　　　전화 02-723-8660 팩스 02-720-4579
　　　이메일 edit@sechangpub.co.kr 홈페이지 www.sechangpub.co.kr
　　　블로그 blog.naver.com/scpc1992 페이스북 fb.me/Sechangofficial 인스타그램 @sechang_official

—

ISBN 979-11-6684-231-3 94230
　　　979-11-6684-230-6 (세트)

—

이 역주서는 2020년 대한민국 교육부와 한국연구재단의 지원을 받아 수행된 연구임.
(NRF-2020S1A5A7085239)

—

이 책은 한국연구재단의 지원으로 세창출판사가 출판, 유통합니다.
잘못 만들어진 책은 구입하신 서점에서 바꾸어 드립니다.

대진경교유행중국비

-대진경교문헌석의-

大秦景教流行中國碑 ― 大秦景教文獻釋義

Daqin Nestorian Flourishment Chinese Monument ― Daqin Nestorian
Document Interpretation

【상】

吳昶興 편주

임 영 택 역주

세창出판사

역자의 말

    경교(景敎)에 관심을 갖고 연구를 시작하여 《중국어경교전적해석(漢語景敎文典詮釋)》(민속원, 2019년)이라는 번역서를 출간한 지도 벌써 4년이 지났다. 서점가의 소위 잘 팔리는 책이 아닌, 순수 학술연구 목적의 책이므로 판매량은 미미하겠으나, 景敎에 관심 있는 국내 연구자들에게 일정 부분 학술적 공헌을 하였다는 자부심을 가질 수 있었지만, 단지 주해(註解) 부분만 번역했을 뿐 景敎 원전에 대한 해독을 가하지 못한 아쉬움과 부끄러움으로 늘 마음이 편치 못했었다. 2016년 대만(臺灣) 중원대학(中原大學)과 인연을 맺고 학생들을 인솔하여 어학연수를 갔던 어느 날, 타이베이(臺北) 시내 성품(誠品)서점에서 우연히 《대진경교유행중국비 — 대진경교문헌석의(大秦景敎流行中國碑 — 大秦景敎文獻釋義)》라는 책을 발견하고는 이내 두근거리는 가슴을 억누를 길이 없었으며, 이 책의 저자가 바로 중원대학 기독교연구소 소장을 맡고 있는 오창흥(吳昶興) 교수라는 사실에 하나님의 깊으신 섭리를 마음속 절절히 깨닫게 되었다. 몇 차례의 교유 가운데 오창흥 교수가 본서의 한국어 번역을 농반진반(弄半眞半)으로 제안하였는데, 책의 방대한 분량과 고문 원전 독해의 어려움으로 인하여 대답을 단지 웃음으로만 대신하고 말았었다.

    이후 서가에 꽂혀 있던 이 책을 볼 때마다 알 수 없는 의무감과 사명감이 마음속에 계속 밀려왔고, 결국 2020년 한국연구재단의 '명저번역지원사업'에 본서의 번역을 신청하게 되었으며, 하나님의 도우심으로 번역이 결정되고는 이내 작업을 시작하게 되었다. 만 2년에 걸친 신고(辛苦)의 세월 끝에 번역작업을 완료할 수 있었으며, 이제 결과를 세상에 내놓게 되었다. 국내외를 막론하고 그동안 景教 관련 연구 분야에서는 여러 학술활동이 적지 않게 이루어져 여러 논문과 연구서들이 출간된 바 있으나, 景教 관련 원전(原典)에 대한 연구는 古文이라는 특성 때문에 해독에 어려움을 겪어 많은 연구자들이 그 장벽을 극복해 내지 못하고 있는 실정이다. 현재 중국 대륙의 기독교 학자들은 물론 본서의 저자인 오창흥 교수조차도 景教 문헌 원문에 대한 현대중국어 해독을 가하지 않았으므로, 본서를 번역함에 있어 역자는 참으로 많은 난관에 봉착하곤 하였다. '뜻이 있는 곳에 길이 있으리라'는 말에 힘입고, 역자의 일천한 고문 해독능력을 절감할 때마다 하나님께 머리 숙여 간구의 원을 드렸으며, 그때마다 놀라운 섭리로 지혜를 허락하심에 날마다 감사의 눈물을 흘리지 않을 수 없었다.

《중국어경교전적해석(漢語景教文典詮釋)》의 '역자의 말'에서 이미 밝힌 바 있듯이, 본인이 景教에 관심을 갖게 되고 본서의 한국어 번역을 완성하기에 이르기까지는, 그동안 참으로 오묘한 하나님의 섭리가 임재하셨음을 부인할 수가 없다. 중국 베이징에서의 유학 생활, 한국에서 오신 어느 목사님을 이틀간 경교사원으로 안내해 드리며 景教의 존재를 접하게 된 일, 어느 날 내게 주어진 大秦景教流行中國碑의 탁본, 유학 후 서울신학대학교 중국어과에서 교편을 잡게 된 인연, 경교 주석서의 출간 등 이 모든 일들이 존귀하신 주재자의 섭리를 언급하지 않고는 달리 설명할 방법이 없는 것이다. 번역작업을 마무리했던 순간, 하나님께서 나를 도구로 사용하시어 이 고난의 일을 해내셨다는 기쁨과 감사의 눈물로, 가슴이 한없이 벅차올랐던 감회가 지금도 생생하기만 하다.

景教는 당(唐)나라 때 전래된 네스토리우스파 기독교를 말하는데, 오늘날의 시리아에서부터 시작된 경교는 그리스정교에서 분파된 기독교 교파로서 교부 네스토리우스가 서기 428~431년에 창립하여 페르시아에 교회를 세웠다. 시리아 선교사들이 들여온 경교는 당나라 황실의 비호를 받으며 흥성하여 전국에 여러 십자사(十字寺)가 세워질 정도로 교세가 확장되었으며, 당시의 사회와 문화에 커다란 영향을 끼쳤다. 당시 비(非)한족(漢族)들이 많이 신도가 되었고, 특히 당 태종(太宗)은 경교 일파를 장안에 머물게 하고, 사원을 지어 주었으며, 경교 경전을 한문(漢文)으로 번역하도록 명을 내릴 정도로 호의적인 태도를 보였다. 당시 많은 경전들이 漢文으로 번역되었는데, 본서에서 다룬 주요 경전으로는 경교의 전파 역사를 여실히 증명해 주는 〈대진경교유행중국비송(大秦景教流行中國碑頌)〉(景淨)이 가장 대표적이며, 그 외 〈서청미시소경(序聽迷詩所經)〉과 〈세존포시론(世尊布施論)〉이 있고, 예배서나 찬송문에 해당하는 〈존경(尊經)〉과 〈삼위몽도찬(三威蒙度贊)〉이 있으며, 〈일신론(一神論)〉, 〈선원지본경(宣元至本經)〉, 〈지현안락경(志玄安樂經)〉, 〈대성통진귀법찬(大聖通眞歸法贊)〉 등의 경문(經文)과 송문(頌文)이 있다. 또한 본서에서는 당시 경교도의 묘지명(墓誌銘)인 〈당고좌무위병조참군상기도위령무군화부군공신도지명(唐故左武衛兵曹參軍上騎都尉靈武郡花府君公神道志銘)〉과 〈당고안씨부인묘지명(唐故安氏夫人墓志銘)〉(文簡)에 주해를 가하였고, 마지막으로 경교비(景教碑)에 대한 주술서(注述書)인 《당경교비송정전(唐景教碑頌正詮)》(陽瑪諾), 《독경교비서후(讀景教碑書後)》(李之藻), 《경교비문기사고정(景教碑文紀事考正)》(楊榮鋕)을 실어 경교를 이해하는 데에 큰 도움을 주고 있다. 본 역서는 상기 문헌들에 대해 오창흥 교수가 교감(校勘)하고 주석(註釋)한 《대진경교유행중국비 ― 대진경교문헌석의》를 번역한 내용인데, 본서의 도론(導論) 부분에 관련 내용이 상세히 소개되어 있으므로 이에 대한 설명은 생략하기로 한다.

본 역서는 景敎 연구자 및 기독교 역사에 관심 있는 이들에게 순수한 학술적 목적에서 하나의 중요한 기초 자료로서 제공될 수 있을 것이다. 기독교가 중국 당나라 때에 이미 景敎라는 모습으로 전래되어 활발한 선교활동을 펼쳤고, 후에 원대(元代)까지 교세가 활발히 확장되었던 사실을 오늘날 새롭게 인지하면서, 이 책이 중국 전래 초기 기독교의 면모를 여러 문헌과 사적들을 통해 이해하는 귀한 통로와 수단으로서의 역할을 할 수 있기를 기대해 본다.

이제 본 역서를 세상에 내어놓으며, 1,300여 년 전 예수의 복음이 중국 대륙에 들어와 이후 한반도 신라(新羅)의 땅끝까지 전해지는 과정 속에, 하나님께서 계획하시는 모든 일들은 우리가 도무지 알 수 없는 그분의 섭리 가운데에 진행되고 있음을 깊이 깨닫게 된다. 역서를 출간하면서 가장 큰 염려와 두려움이 있다면, 그것은 바로 오역(誤譯)의 존재 가능성일 것이며, 이는 특히나 오랜 세월 이전에 사용했던 古文의 경우, 현대인의 언어적 습관과 해독 능력의 수준에 따라 불가피한 부분일 수밖에 없으니, 여러 관련 학자들의 쓰디쓴 비판을 기대해 본다.

끝으로 본 역서가 나오기까지 하나님의 오묘하신 사역에 동참되어진 많은 분들께 머리 숙여 감사의 인사를 올리며, 명저번역지원사업으로 선정해 주신 한국연구재단, 졸고의 편집에 노고를 아끼지 않으신 세창출판사 편집부 선생님들, 그리고 마지막으로 번역작업에 지칠 때마다 따스한 위로와 격려로 늘 함께해 준 아내에게 깊은 감사를 드린다.

계묘년(癸卯年) 화창한 봄날
남한산성 청량산 기슭에서
역자 임영택

총서(總序)

《大秦景教流行中國碑頌》이 明나라 天啓 5년(1625년) 西安에서 출토된 후, 기독교는 唐나라 貞觀 9년(635년)에 이미 중국에 첫발을 들여놓았음을 알게 되었다. 당시 "大秦國의 大德 阿羅本(Allopen) 일행이 멀리서 경전과 형상을 가지고 수도로 올라와 헌상(大秦國大德阿羅本遠將經像, 來獻上京)"하였을 뿐 아니라, 한때는 상당히 흥성하기도 하였고, "여러 州에 각각 景教寺를 두고, 阿羅本을 眞國大法主로 모시니, 경교의 법이 十道에 퍼져, 나라는 부유해지고 백성은 편안해졌으며, 사원들이 수많은 성읍에 충만하여, 집집마다 커다란 복이 가득하였다.(諸州各置景寺, 乃崇阿羅本爲鎭國大法主, 法流十道, 國富元休, 寺滿百城, 家殷景福)"라는 기록을 남기기도 하였다. 그 후 武宗 會昌 5년(845년) 마침내 황제의 엄중한 명령으로 인하여 포교가 금지되고 말았으니, 그 기간이 비록 210년의 역사를 가지고는 있었으나, 결코 저변에 뿌리를 내리지는 못하고 말았다.

이후 元代에 들어 다시 捲土重來하여 「也裏可溫教(야리가온교)」라 이름하였으나, 元나라는 이민족의 통치하에 있었으므로 제대로 선교가 이루어지지 못했고, 鎭江의 金山寺를 강점하여 十字寺로 삼은 것처럼, 잠깐 나타났다가는 그저 덧없이 사라져 버리고 말았으니, 원나라의 멸망과 함께 也裏可溫教 또한 멸절되고 말았다.

明代에 이르러 서양 선교사들이 선교의 열정을 가지고 재차 문을 두드렸으나, 결국 중국의 문호가 열리지 않아 뜻을 이루지 못하였고, 마침내 알레산드로 발리냐노(Alessandro Valignano)의 구원의 요청과 갈망의 외침을 불러일으키게 되었다.

「반석이여! 반석이여! 네가 언제야 깨어지겠느냐?」

반석이란 언젠가는 갈라질 때가 있기 마련이니 주님께 어찌 어려운 일이 있겠는가? 적당한 시기가 도래하면 주께서 스스로 문호를 여실 것이니, 때로는 생명의 희생까지도 요구하는 천신만고가 있을지라도, 주 안에서의 희생은 반드시 보응이 있기 마련이다. 주께서 마지막에 그들의 기도를 들어주셨으니, 마침내 소원대로 중국 땅을 밟게 되어 알레산드로 발리냐노(Alessandro Valignano), 미켈레 루지에리(Michele Ruggieri), 마테오 리치(Matteo Ricci) 등이 明末에서 淸初에 걸쳐 뜻밖에 '中國'이란 선교지를 확연히 개척할 수 있게 되었다. 가톨릭의 이러한 지식인들이 中華文化 속에서 결코 무시할 수 없는 여러 저작들을 남겨 주었으니, 여러 세대를 거친 후에 비로소 이를 소화해 낼 수 있었다고 말할 수 있다.

개신교는 1807년 '런던선교회(London Missionary Society)'가 파송한 로버트 모리슨(Robert Morrison)이 중국에 들어와 선교를 시작하였는데, 이후 중국 정부가 선교를 불허함에 따라 마카오로 향하게 되었다. 그는 천신만고 끝에 바라던 바를 성취하게 되었으니, 그 후의 선교사들은 모두 모리슨의 뒤를 따라 특별히 저술과 번역작업에 매달렸다. 그 기간 동안 특기할 만한 것은 개신교가 《萬國公報》를 창간한 일인데, 영문으로는 'The Globe Magazine and A Review of the Times'라 한다. 《萬國公報》출판 이전에는 실제적으로 초기 선교사들이 발행한 《察世俗每月統計傳》,《東西洋考每月統計傳》,《特選撮要每月紀傳》,《遐邇貫珍》,《中外新報》,《六合叢談》 등이 있었다. 華文書局 편집부가 발행한 〈景印《敎會新報》,《萬國公報》趣

旨文)에는 다음과 같이 기록되어 있다:

「中國教會新報」(*The News of Churches*, or *The Church News*)는 同治 7년 7월(1868년 9월) 상하이에서 창간되었다. 발행인은 미국 선교사인 영 알렌(Young John Allen)이고, 영국 선교사인 윌리엄 무어헤드(William Muirhead)와 조셉 에드킨스(Joseph Edkins)가 그의 저술에 참여하였다. 매주 1회 발간하였으며, 매회마다 4장(8면)씩…. 주요 내용은 중국 기독교 사무에 관한 것이었고, 특히 교리를 널리 알리고 성경 이야기를 번역 서술하는 것이었으며, 또한 교회의 동태와 종교 문제에 관한 논쟁도 보도하였다. 이따금 中外 역사와 지리, 과학 상식 및 중국 교육에 관한 소식도 싣곤 하였다. 6년간 총 3백 期를 발행한 후, 同治 13년에 이르러 《萬國公報》로 바뀌었다. 《敎會新報》라는 명칭은 사라졌지만 그 조직은 더욱 확대되고 내용 또한 보다 충실해졌다.

《萬國公報》는 《敎會新報》의 마지막 期를 이어받아 발행되었으며, 여전히 알렌이 主幹을 맡았으나 형식과 내용에 있어서는 약간의 변화를 주었다. 9년 동안 연속으로 총 아홉 권을 발행하고는 잠시 정간하였다. 光緒 15년 정월(1889년 2월)에 이르러서는 廣學會(Christian Literature Society)와 병합하여 발행하면서 새롭게 개정하고 편폭을 늘렸으며, 매월 한 차례 발간하면서 여전히 알렌이 사무를 관장하였다. 주요 내용들은 비록 기독교 敎義를 전파하고 교회의 소식을 전하는 데서 벗어나지는 못했지만, 西學을 널리 보급하고자 하는 부담 또한 지니고 있었다. 서양 과학 지식, 역사적 인물, 시국 상황 등을 다루기도 했으며, 중국 정부와 민간의 士大夫들을 감복시키기에 충분한 보도로서는 中日 甲午戰爭 말엽에 게재했던

〈中東戰紀〉가 있다. 《萬國公報》는 곧 조정과 재야 관료들의 폭넓은 주의를 이끌어 내었으니, 단번에 新지식의 중요한 공급처로 인식되었다. 무릇 민족 자립, 주권 안정, 정치 개혁 등에 관해서 보다 새로운 깨우침들을 제시하였으니, 變法維新運動의 뒤를 이어 그 고무적인 영향을 많이 받았음이 확연히 드러났다. 또한 때를 맞춰 여러 학회들이 줄을 이어 창립되었고, 각지에서 앞다투어 간행물들을 출판하기는 했으나 형식적으로 대부분 모방의 수준에만 그치고 말았다.

民國 시기에 가톨릭에서는 《益世報》를 발행하였는데, 이는 당시 유명한 4대 간행물 중 하나가 되어 《大公報》, 《申報》, 《民國日報》와 함께 어깨를 나란히 했으며, 이 외에는 《聖教雜誌》 등도 있었다. 개신교에서는 비교적 잘 알려진 《眞理與生命》, 《靑年進步》, 《文社月刊》, 《天風》 등이 있었고, 수많은 대표적 저술들이 모두 이러한 잡지와 간행물들로부터 시작되었으니, 나아가 각종 크고 작은 많은 서적들을 출판하는 데에 기초가 되었다.

또 하나 짚고 넘어가야 할 것은 위에서 언급했던 廣學會인데, 광학회는 1887년에 설립되어 기독교 문화사업의 제창에 노력을 아끼지 않았으며, 특히 華人 출판계에 커다란 공로를 세웠으니, 중국인 출판계의 중추 역할을 했던 商務印書館보다 10년이나 앞서 설립되었다. 廣學會와 基督教靑年協會는 잇달아 좋은 책들을 다수 출판하였고, 특히 民國 시기에는 다수의 기독교 청년 인재들을 배출하였으니, 꽤 많은 발전적인 저서들을 남기는 성과를 이루어 내었다. 가톨릭에서는 土山灣에서 여러 가지 가치 있는 저서들을 출판하였다.

본 위원회는 시기적인 적절성을 고려하여 이 叢書 시리즈의 편집을 주관하고자 하니, 景教의 시작일로부터 1950년에 이르기까지, 넓은 의미의 기독교적 시각에서 수집한, 1,300여 년간 총 수백 권에 이르는 중국어 창작품을 《漢語基督教經典文庫集成》이라는 題名하에, 막중한 역사적 책임감을 가지고 독자들에게 돌려드리고자 한다.

위원회의 명단은 아래와 같다:

王成勉, 李金強, 李亮, 李雋, 吳昶興, 邢福增, 杜樂仁, 房志榮, 周聯華, 查時傑, 翁傳鏗, 陳方中, 郭明璋, 曾陽晴, 曾慶豹, 黎子鵬, 潘鳳娟, 蘇德慈 (이상은 성명의 필순에 의한 배열임)

주연화 경지(周聯華 敬識)

보서(補序)

　보다 엄정한 학술적 요구에 부응하고자, 2013년 6월부터 《漢語基督教經典文庫集成》 편집위원회는 홍콩의 漢語基督教文化研究所에 의뢰하여 新書 출판에 관한 학술 심사 작업을 진행하였다. 모든 新書의 편집은 해당 위원회에서 요청한 학자들에 의해 익명성이 보장된 독립적인 학술 심사를 통과한 후 출판하도록 하였다. 심사의 범위는 편집자가 서술한 導論 부분과 原著에 의거하여 찬술한 학술적 注解들을 포함한다. 이것이 본 叢書의 학술적 가치를 더욱 확실하게 담보할 것이라 믿는 바이다.

주연화 경지(周聯華 敬識)

2013년 7월 31일

삼가 이 책으로써
흩어져 사는 우리의 형제들과
聖 사도 가톨릭 시리아동방교회
및
중국 경내 有名, 無名의 大秦 景敎 사도들을 기념하노라

Dedicated respectfully to
Our brethren of the Lord who are sojourners of the Dispersion
The Holy Apostolic Catholic Assyrian Church of the East
and
Those both named and nameless Missionaries of Da Qin Jingjiao in China

상권 차례

제1부 경교 경전(景敎 經典)

편자서(編者序)

이들은 모두 믿음 안에서 죽었으나, 모두가 그 약속들을 받은 것은 아니로되,
멀리서 그것들을 보았고 확신하여 소중히 간직하였으며,
또 이 땅 위에서 타국인이요 순례자라고 고백하였느니라.
– 히브리서 11장13절

본인이 大秦景教(이하 '경교'라 약칭함) 연구에 관심을 갖게 된 것은 臺灣
東吳大學에서 수학할 당시 隋唐史 대가이신 雷家驥 선생님의 수업을 듣
게 되면서부터였고, 이후 다시 홍콩 中文大學에서 神學 석사과정을 공부
할 때, 新亞學院에서 唐宋史 전문가이신 曾瑞龍 선생님의 隋唐五代史를
수강히면서 한 편의 기말 레포트를 작성하였는데,《大秦景教流行中國碑
中「景」字之分析(대진경교유행중국비 중의 「景」자 분석)》이라는 제목으로 반
전체에서 최고 점수를 받은 것이 계기가 되었다. 그 후 신학 석사학위는
朱心然 선생님의 지도 아래《唐朝中國與中亞文化互動下的景教(당나라 중국
과 중아문화 상호작용하의 경교)》라는 제목으로 논문을 완성하였다. 1998년,
당시 崇基學院 神學部 주임을 맡고 계셨던 盧龍光 목사님의 도움으로 연
구비 지원을 받아 西安으로 가서 景教碑와 周至縣(옛이름은 盩厔)의 大秦寺
塔을 답사하게 되었다. 이때《唐朝景教大秦塔的踏勘與研究(당나라 경교 대
진탑 현지조사와 연구)》라는 논문을 한 편 작성하였고, 上海 復旦大學 李天綱
교수님의 격려에 힘입어《中華文史論叢》에 발표하게 되었으며, 이후로부

터 줄곧 경교 연구에 끊을 수 없는 인연을 맺게 되었던 것이다. 즉 말하자면, 나의 경교 연구는 여러 방면의 조건 위에서 점진적으로 구축된 것이었으며, 또한 저명하고 훌륭하신 선생님들의 지도와 이끄심에 힘입은 바가 크다고 할 수 있다.

경교는 기독교 역사상 가장 이른 시기에 중국에 들어왔으나, 異端으로 쉽사리 오인받고 무시되어진 기독교의 일파(시리아동방교회)라 할 수 있다. 전 세계 기독교의 각종 源流 혹은 역사의 발전을 논하자면, 초기 시리아교회의 존재를 결코 소홀히 다룰 수는 없다. 이 교파의 존재와 관련해서는 통상 使徒 도마와 그의 제자들이 서아시아와 중앙아시아, 멀리 인도에까지 선교 여정을 떠났던 이야기를 말할 수 있지만, 그러나 이것은 전설이거나 억지로 짜맞추어 낸 이야기로 치부되어 버리고 있으므로, 또한 이들 지역에 국한된 언어 자체는 非세계적인 언어인 만큼 그 역사적 맥락을 파고들어 그것의 진정한 근원을 파악하고자 하는 사람은 그리 많지 않은 실정이다.

「大秦景教流行中國碑」가 明末에 출토된 이후, 중국과 서방세계는 약속이라도 한 듯 이 교파가 唐 太宗 시기 일찍이 중국으로 들어오게 된 원류를 찾아보려는 작업을 일제히 시작하였다. 믿기 어려운 사실은 '이 교파가 中·西 간 교통이 어려웠던 대항해 시대 이전에 어떻게 천신만고의 난관을 겪으면서 멀고도 먼 동방의 중국 땅까지 들어오게 된 것일까'라는 사실이다. 이렇게 중대한 선교 事績이 어떻게 몇몇 주요 교파인 가톨릭, 동방정교회, 기독교 개신교의 역사에 전혀 기록을 남기지 않았을까? 이 신비한 교파가 섬기는 존재는 도대체 어떠한 하나님이란 말인가?

일단 경교의 원류를 진지하게 고찰하고자 한다면, 앞서 언급한 지극히도 모호했던 초기 시리아교회의 역사는 차치하고라도, 또 한 가지 곤혹스러웠던 과거의 일을 맞닥뜨리게 될 터인데, 그것은 바로 시리아동방교회의 주요 신학자 중 하나인 네스토리우스(Nestorius, 380-451)를 빼놓을 수 없는 것이다. 그는 기원 431년 에베소공의회(Council of Ephesus)에서 부당한 방법에 의해 이단으로 낙인찍혔으며, 그로 인해 전체 시리아동방교회의 운명은 극도의 혼란을 맞게 되는데, 그들의 神學院이 폐쇄 명령을 받아 스승과 학생들이 모두 쫓겨남으로써 다시는 서아시아의 변경 지역(지중해 동안)에 발을 들여놓을 수 없게 된 것이다. 다행스러운 것은 그들이 비록 쫓겨나기는 했지만, 당시 로마제국이 시리아 및 메소포타미아 지역에서 페르시아제국과 각축을 벌이고 있었기 때문에, 페르시아제국 땅에 발을 들여놓고서 간신히 그 명맥을 이어 갈 수는 있었다. 게다가 시리아동방교회(The Assyrian Church of the East)가 가진 教派 시스템을 통하여 예수 시대부터 건립해 왔던 교회 집단을 부단히 확장하였으며, 또한 서방교회처럼 정치적 수단으로 제국을 정복하는 방법을 취하지는 아니하였으니, 제국과 조로아스터교로부터의 갖은 핍박을 받았음에도 불구하고 두 세기 이후에는 그들의 족적을 동쪽으로 5천7백여 킬로미터나 떨어진(바그다드에서 서안까지) 중국 땅까지 확장하여 정식으로 이 땅을 밟게 되었던 것이다. 그들은 「政教合一」의 사상으로 세계 역사에 등장한 적이 없으며, 아마도 가장 오래도록 그리고 가장 철저하게 「政教分離」를 실천한 교파가 아닐까 한다. 그들은 중국에서 천존(天尊, 하나님), 聖上 그리고 父母를 섬겨야 한다는 3대 발전원칙을 받들어 행하였다(《序聽迷詩所經》 참고).

경교가 異端으로 오인 받아 온 사실은 역사적으로 매우 오래된 문제인데, 이는 역사적 진실의 규명이 불명확함에 기인하고 있다. 주지하듯이 네스토리우스는 基督論 문제로 인해 알렉산드리아의 주교 키릴(Cyril of Alexandria, 376-444)과 심각한 의견차를 보였는데, 신학적인 논쟁이 나중에는 정치투쟁으로까지 확대되어 버렸다. 네스토리우스는 신학적으로는 기세가 등등하였지만 정치적 수완은 그다지 없었기에, 그는 결국 모함에 걸려 이단으로 파문당하면서 기독교계의 千古의 죄인이 되어 버렸다. 그러나 그가 주장한 그리스도 神人兩性說의 관점은 사실 오늘날 기독교 그리스도론의 기본 입장과 동일하다고 볼 수 있다. 따라서 에베소공의회의 기독론 논쟁은 한바탕 「정치권력」(발언권)의 투쟁이었음을 드러내 버린 셈이었으니, 불행히도 시리아동방교회를 역사의 음침한 감옥 속으로 끌고 들어가 버린 결과를 낳고 말았다. 기원 451년 칼케돈공의회(Council of Chalcedon)는 그리스도 神人兩性說에 대해 긍정적인 결론을 도출하였으며, 비록 네스토리우스에 대한 잘못된 평가를 바로잡지는 못했지만, 사실상 양자의 관점은 일치한 것이라고 인식하게 되었다. 그러나 네스토리우스 본인은 칼케돈의 신앙 성명을 보지도 못한 채, 그해에 이미 이집트 테바이드(Thebaid) 지역으로 추방당하여 이내 세상을 떠나 버리고 말았다. 그해 공의회의 정치적 「해프닝」은 시리아동방교회에 천여 년 간 지속되어 온 「비극」적인 사건이 되고 말았다.

전체 서방교회의 역사관은 줄곧 진실을 덮어 오는 데만 급급하였는데, 이는 공의회에 어떠한 오류도 존재하지 않는다는 자세를 견지하기 위함이었다. 공의회의 의결은 「정통성」을 대표하는 것이었으니 어찌 한 치라도 의심을 할 수 있었겠는가? 하물며 네스토리우스의 모든 저작들이 불살라진 지 오래고, 시리아동방교회도 중앙아시아와 극동 지역으로 발전해 나가고 있었기 때문에 네스토리우스의 무고함을 위해 변호를 하거나 사안을 뒤집거나 잘못된 판결을 시정할 기회들이 없었던 것이다. 그러나 14세기 시리아동방교회의 주교인 Ebedjesu가 소장하고 있던 네스토리우스의 자서전《헤라클레이데스의 거리》(Bazaar of Heracleides, 436년 출간)가 시리아어 판본으로서 불타거나 훼손됨 없이 보존되어 훗날 네스토리우스 기독론의 유력한 증거가 되었으니, 20세기 초부터 학자들이 네스토리우스에 대한 잘못된 평가를 계속해서 시정해 왔다(본서 '導論' 부분 참고). 로

마 가톨릭도 후에 긍정적인 반응을 보여, 1994년 11월 11일 발표된 시리아동방교회와의 《공동기독론 성명》(Common Christological Declaration between the Catholic Church and the Assyrian Church of the East)을 통해 네스토리우스의 누명은 비로소 그 억울함을 벗게 되었고, 그가 대표하는 시리아동방교회도 그리스도교의 무대에 다시 영광스럽게 설 수 있게 되었다.

경교는 기독교의 한 교파로서 그들이 중국에 전래되었다는 사실만으로도 역대 가장 평화로운 기독교 교파 중의 하나였다고 볼 수 있다. 경교가 중국에 들어와 마주한 唐代 문화는 文治가 가장 왕성하던 시기였으니, 그들에게서는 기독교의 가장 뚜렷한 특징들이 드러나 있어서 ― 어떠한 지방을 막론하고도 신앙의 전파를 위해 갖은 노력을 다하는 모습을 볼 수 있었으며, 7-9세기 기독교 宣敎史에 있어 가장 위대한 遠征軍이었다고 말할 수 있다. 《大秦景敎流行中國碑》의 내용으로 볼 때, 그들은 처음 중국에 도착하여 중국어에 아직 익숙지 못한 상황에서도 줄곧 '天尊, 聖上, 父母'를 섬겨야 한다는 3대 원칙을 봉행하였다. 이러한 원칙하에서 일종의 낮은 자세와 겸손한 어투를 견지하였고, 중국 최고 통치자에게 기독교 신앙의 핵심 내용을 간결하고 정확하게 전달하였으니, 이러한 자세가 그들로 하여금 처음부터 상당히 폭넓은 생존 공간을 얻을 수 있게 하였다. 당시 황제가 중국에 들어온 이 새로운 종교에 대해 내린 판단을 알 수 있는데:「詳其敎旨, 玄妙無爲; 觀其元宗, 生成立要, 詞無繁說, 理有忘筌, 濟物利人, 宜行天下.(그 敎旨를 자세히 살펴보니, 심오하고 미묘한 자연의 이치이더라; 그 근본 宗旨를 관찰하니, 생명이 이루어지는 데에 긴요하고, 말씀에 번잡한 설명이 없고, '비움'과 '놓음'의 이치(*譯者註: '고기를 잡고 나면 통발을 잊어버린다.')가 들어 있으며, 만물을 제도하고 인간을 이롭게 하니, 마땅히 천하에 널리 행하도록 하라.)」라는 비문의 내용은 이 새로운 종교가 중국문명에 또한 여러 가지 이익을 증대시킬 수 있다고 굳게 믿었다는 사실을 잘 보여 준다. 《大秦景敎流行中國碑》이

외에도 또한 극소수이지만 경교 문헌들이 조금 남아 있다. 이 문헌들의 언어는 연대가 매우 오랜 시대에 속한 것이어서 읽기에는 다소 難解不明한 느낌이 있지만, 초기 阿羅本 문헌으로부터 말기 景淨 시기의 문헌에 이르기까지, 중국에 들어온 경교 무리들이 약 2백여 년 간의 시간적 배경 동안 유럽과 아시아 문화 간의 격렬한 도전에 적극 참여했음을 잘 보여 주고 있다. 역사의 발전이라는 측면에서 볼 때, 시리아동방교회의 확장은 매우 험난한 과정이었는데, 오랜 기간 동안 로마와 페르시아 양대 제국 사이에 끼인 채로 전쟁이 일어나기만 하면 바로 상대방의 첩자로 간주되어 무자비한 박해와 살육을 당하곤 하였고; 어떤 이는 페르시아의 국교인 조로아스터교로부터 용납을 받지 못하여 종종 억압과 핍박을 당하곤 했었다. 이러한 비참한 상황은 도리어 그들로 하여금 5,6백 년 간 大國에서 생존할 공간을 탐색해 내는 풍부한 경험을 쌓게 하였고, 따라서 그들은 극동의 위대한 제국인 중국 곳곳에서 권력자와 통치계급을 회유하는 뛰어난 능력을 잘 보여 주었다. 외형적으로 보자면, 금번 중국문화와의 조화로운 만남은 사실 수백 년 전 여러 신도들의 희생의 눈물이 그 배후에 존재함으로 인하여 이러한 치밀한 계획과 방책이 나올 수 있었던 것이라고 볼 수 있다.

  그러나 중국문명과 교류를 한다는 것이 결코 쉬운 일은 아니었다. 불교로 말하자면, 중국에 들어와 중국문화와 융합하여 사대부들의 인정을 받은 것, 그리고 중국 思想史의 일부분이 된 일은 적어도 3,4백 년의 시간을 거쳐 가능한 일이었으니, 에릭 쥐르허(Erik Zürcher)의 《佛教征服中國》(The Buddhist Conquest of China: the Spread and Adaptation of Buddhism in Early Medieval China)이라는 책이 이러한 문화현상을 잘 설명해 주고 있다. 현존하는 문헌들을 통해 볼 때, 경교에는 일종의 치명적인 상처가 하나 존재하고 있었으니, 그들이 전파한 종교사상은 서민들을 감동시킬 수 없었을 뿐만 아니라, 중국의 선비 계층을 설득시킬 수도 없었다. 더군다나 언어라는 것은 사상을 전달하는 중요한 매개체라 할 수 있는데, 불교 이후 능숙한 중국어로 기독교 사상을 전파하고 중국의 여러 계층 인사들과 교류를 하면서 서민들의 문화 속에 뿌리를 내려 중국 사상체계의 약점을 직접적으로 공략하는 것이 그들에게는 매우 험난하고도 도전적인 일이었던 것이다. 좁은 소견이긴 하지만, 景敎僧의 중국어에 대한 문화적 소양은 유교 선비나 불교 승려와는 커다란 차이가 있었을 것이다. 경교에서 비교적 성숙한 작품들은 대부분 8,9세기 즈음 唐 德宗 시기에 나왔지만, 이 시기는 唐朝가 국내외적으로 극심한 혼란의 시기를 겪을 때여서 전체적인 외부 환경이 경교 발전에 매우 불리한 시기였다. 따라서 중국이 전면적으로 내전에 빠져들면서 외국인을 대량으로 학살할 때에, 그들은 또다시 비극적인 협살(挾殺) — 즉 아랍 지역에서 일어난 이슬람교 제국과 외래 민족에 대한 적개심으로 가득 찬 중국과의 사이에 처해 있었던 것이다. 그들에게는 전진할 길도 물러설 퇴로도 없었으니, 방향을 틀어 북방 초원지역 大沙漠까지 올라가 몽골 부족 안에서 남은 목숨을 간신히 부지해 나갈 수밖에 없었다. 13세기에 이르러서야 몽골이 남북을 정벌하면서 겨우 몽골어로써 중국에 진입할 수 있었으나, 그러나 이것도 단지 잠시 나타났다가 이내 사라져 버린 것이었다. 중국 당나라는 경교에 약 3백여 년의 시간과 기회를 주었으나 경교는 중국에 진정한 기독교 사상의 정수를 전해 주지 못했고, 각 계층의 중국인들에게 성숙하고 체계적인 중국어 기독교 경전을 제공하지도 못했으니, 그 외의 문화적, 사상적 논쟁이나 투쟁은 말할 나위도 없다. 이는 또한 어찌하여 지금까지 漢人들이 경교에 귀화한 실마리를 찾아보기 어려운지, 그리고 오늘날까지도 단지「唐故左武衛兵曹參軍上騎都尉靈武郡花府君公神道誌銘」만을 漢人 景敎徒의 유일한 유물로 여길 수밖에 없는지를 잘 설명해 주고 있다. 경교의 선교 대오는 강인한 인내력으로 광활한 중앙아시아 지역을 거쳐 중국으로 들어갔으며, 삼위일체 하나님에게 각양각색의 飜譯名을 부여하였으니, 이 번역들이 아직 완전히 확정되지는 않은 상태였기에, 예수 그리스도는 중국에서「彌施訶」혹은「彌師訶」,「移鼠」,「翳數」,「世尊」,「三一分身景尊」,「景通法王」,「明子」,「大聖普尊」,「應身皇子」등으로 불리었고; 하나님은「阿羅訶」,「天尊」,「一神天尊」,「元尊」,「一神」,「無元眞主」,「匠帝」,「三才慈父」,「眞常慈父」,「妙身皇父」,「大聖慈父」, 성령(聖神)은「淨風」,「涼風」,「囉稽」,「證身盧訶寧俱沙」등으로 불리었다. 이 외에도 다시 해독해 내야 할 중국어 경전들을 남겨 놓기는 했지만, 대단히 아쉽게도 大唐이 멸망함에 따라 그들이 중국 땅에서 일구어 냈던 중국어 기독교의 흔적들도 이내 모두 사라져 버리고 말았다.

「漢語基督敎經典文庫(중국어 기독교경전 문고)」의 편집 작업이 2009년부터 준비를 시작한 이후, 본서가 경전문고의 제1호로 선정되었으니 작업은 당연히 가장 먼저 완성되어야 했다. 어떠한 인생이라 하더라도 좋은 기회를 만나려면 커다란 풍파와 파도 같은 우여곡절을 만나기 마련이니, 2011년 초 10년 간 재직했던 타이완(臺灣) 침례교신학원을 떠나 中原大學 종교연구소로 자리를 옮겼고, 이직할 즈음은 마침 대학제도의 개혁이 추진 중이던 때라, 2012년「基督敎與華人文化社會硏究中心(기독교화인문화사회연구소)」이 설립되어 여러 가지 업무를 이어받게 되었으며, 연구소의 소장으로서 수많은 업무를 대신해 줄 사람이 없어 몸과 마음과 영이 모두 피곤한 상태였다. 본서의 초고가 비록 일찍 완성되기는 하였으나, 정작 수정 보완작업은 하지 못한 상태로 결국 오늘에까지 이르게 되었다.

본서는 편성에 있어 여러 가지 사정을 고려하였는바, 시간 순서 혹은 작자에 따라 배열할 것인지 아니면 종류에 따라 순서를 정할 것인지, 모두 그다지 바람직하지는 못하다고 생각했지만, 우선 종류에 따라 碑, 寫

本, 墓誌, 詮解로 구분한 후, 다시 각 類別 시간 순서로 배열하기로 했다. 사실 이러한 고려의 배경은《大秦景教流行中國碑》가 가장 먼저 출토되었고 전 세계인의 주목을 가장 확실하게 받고 있는 유적이기에 가장 앞자리에 배열해야만 그 역사적 의의가 있기 때문이다. 그다음은 景教文獻으로서:《序聽迷詩所經》,《一神論》,《大秦景教大聖通眞歸法讚》,《大秦景教宣元本經》,《志玄安樂經》,《大秦景教三威蒙度讚》,《尊經》이 있고; 그다음은 최근 새로이 출토된 墓誌로서《唐故左武衛兵曹參軍上騎都尉靈武郡花府君公神道誌銘》과 부부 墓誌인《唐故安氏夫人墓誌銘》이 있는데, 그 안에는 경교 4대 신도들의 정보가 담겨 있으니, 漢人들이 경교로 귀의하였다는 유력한 증거를 제공하고 있는 것이다. 「墓誌」를 경전 안에 배치한 까닭은 이러하다. 경교에 현존하는 石刻으로는 碑文, 經幢^{(*譯者註: 불호나 경문을 조각}한 육각형 혹은 원형의 돌기둥), 墓誌가 있으니, 墓誌銘은 경교 文物 가운데에 수효가 매우 적은 편이고 문체가 고대 문체의 일종이어서 景教碑와 마찬가지로 '題, 序, 銘' 세 부분으로 이루어져 있다. 花氏 부부의 묘지명이 韓愈의《試大理評事王君墓誌銘》,《柳子厚墓誌銘》,《南陽樊紹述墓誌銘》, 皇甫湜의《昌黎韓先生墓誌銘》, 歐陽修의《瀧岡阡表》등 대가들의 작품과 비교하기는 어렵지만, 경교 文物 가운데는 매우 드문 편에 속하므로 중요한 작품으로 여겨진다. 景教碑,《大秦景教宣元至本經》, 經幢 등 石刻 銘文을 이미 수록하였는데, 만일 花氏 부부의 墓誌를 수록하지 않는다면 그저 흙 속에 묻혀 버린 진주로 남을 것 같아 본서는 이를 수록하기로 결정하였다. 마지막으로는 경교비에 대한 明淸 시기 대가들의 주석으로서, 대표적인 몇몇 저작들로는 포르투갈 예수회 선교사 마누엘 디아즈(Manuel Diaz Jr. 1574-1659)의《唐景教碑頌正詮》이 집록되어 있는데, 이는 경교비에 중국어로 註疏를 가한 최초의 저작이다; 明末 천주교는 감사하게도 李之藻의《讀景教碑書後》를 3대 저작 가운데 하나로 편입해 주었는데, 이는 경교비 발견

후 경교에 대해 논술한 華人 최초의 평론이라 할 수 있다; 廣州 沙基堂 목
사인 楊榮鋕가 편찬한《景教碑文紀事考正》세 권은 경교 연구에 관한 가
장 전면적인 編著로서, 晩淸 시기 金石學 대가들이 경교비에 관해 연구하
고 평가한 내용들을 잘 수록하였고, 또한 경교의 근원을 탐색해 보고 중
국 경전과 성경의 경문으로 경교 비문을 주해하였으며, 아시아의 일곱
가지 종교에 대해 상세히 분석 고찰하였다.

이 외에《大唐故波斯國大酋長右屯衛將軍上柱國金城郡開國公波斯君丘之
銘》과《大唐故隴西郡李公墓誌銘並序》두 개의 묘지가 경전에 들어가지 못
한 이유는 導論편「唐憲宗至唐文宗(당헌종에서 당문종까지)」(805-840년) (본서
72쪽) 1절의 설명을 참고하기 바란다.

본서는 시리아어의 기술적 처리 문제도 언급하고자 하는데, 시리아동
방교회의 교회언어가 동시리아어(eastern syriac)이기 때문에 경교비에는
다수의 시리아어가 존재하고 있고, 이 외에도 경교 문헌들에는 시리아어
에서 중국어로 音譯된 어휘들이 많이 있기 때문에, 본서는 가능한 한 이
에 관한 설명을 가하고 시리아어와 그 讀音을 제시하여 독자들의 이해를
돕고자 한다. 시리아동방교회의 시리아어는 古시리아어이므로 모음의
표시가 현재의 시리아어와 꼭 같지는 않으며, 따라서 모음은 표기하지
않기로 한다.

본서는 여러 인사들의 도움을 얻어 완성할 수 있었으니, 이에 특별히
감사의 뜻을 표하기로 한다. 우선, 매우 고귀한 의견을 제시해 주신 익명
의 심사자들께 감사드리며, 특별히 시리아어의 일관된 처리와 문법 및
교정, 그리고 기타 여러 가지 문제들에 대하여 출판되기 전 미리 수정을
가할 수 있게 되어 매우 감사하다. 본서의 전반부 작업에는 趙鐸이 陽瑪
諾(마누엘 디아즈)의《唐景教碑頌正詮》을, 曹喩水와 曹琦가 楊榮鋕의《景教
碑文紀事考正》을 맡아 작업해 주었다; 또한 中原大學 종교연구소의 연구

생인 陳繼賢과 曾毅堅 두 조교는 본인의 이 방대하고도 막중한 교정작업에 처음부터 끝까지 함께해 주었다. 陳繼賢은 경교 문헌의 異體字 부분을 맡아 주었고, 《大秦景教流行中國碑頌並序》, 《序聽迷詩所經》, 《志玄安樂經》, 《大秦景教宣元本經》(敦煌本) 그리고 《大秦景教宣元至本經》(經幢版), 楊榮鋕의 《景教碑文紀事考正》세 권, 《花氏夫婦神道墓誌銘》의 작업에 참여해 주었다. 曾毅堅은 《一神論》, 《三威蒙度讚》, 《尊經》, 《大秦景教大聖通眞歸法讚》, 陽瑪諾(마누엘 디아즈)의 《唐景教碑頌正詮》에 대한 교열 및 李之藻의 《讀景教碑書後》의 교정작업을 도와주었다. 또한 여기서 특별히 감사해야 할 분은 「漢語基督教經典文庫」의 편집인 중 한 분인 曾慶豹 교수이신데, 본인에게 여러 가지 이해와 도움을 주셨으니, 그의 혜안은 늘 핵심적인 문제를 짚어 냄으로써 본인에게 커다란 가르침을 주신 바 있다. 橄欖華宣出版社의 편집장인 王鍾山 선생은 늘 본인에 대한 鞭撻을 잊지 않으셨으며, 전화와 이메일로 본 작업의 진도를 체크해 주심으로써 본서가 일찍 완성될 수 있었으니 그 은공을 빼놓을 수가 없다. 이 외에도 본서의 초고 편집을 맡았던 偶文琦는 본인과 다량의 서신 교류 및 왕래를 통하여 프로그래밍의 처리에 관한 의견을 나누었으니, 특히 시리아어의 수정 부분에서 지극히 소중한 의견들을 많이 제시해 주었다. 「基督教與華人文化社會研究中心(기독교화인문화사회연구소)」의 조교인 許光璇은 여러 번잡한 행정업무를 분담해 주어서 본인이 비교적 여유롭게 학술연구에 전념하고 본서의 원고를 전력으로 완성할 수 있도록 도와주었다.

본인은 또한 아내 劉一蓉에게도 깊은 감사의 뜻을 표하고자 한다. 아내는 늘 내가 연구실을 집으로 삼는 일을 허락해 주었으며, 가사에 별 도움이 되지 않는 일들을 뒤에서 묵묵히 지원하여 주었고, 나를 대신하여 늘 부모님을 찾아뵈어 주었다. 丈人이신 劉立正(1925-2010) 선생은 陝西省華縣 사람으로서 중국-대만 兩岸의 유명한 수묵화가이자 서예가이신데,

경교 관련 역사 지식에도 해박하셔서 본인의 연구에 깊은 영향을 주셨다. 안타깝게도 2010년 먼저 세상을 떠나셔서 본서를 친견하지 못하셨으니, 이 지면을 빌려 장인어른에 대한 그리움의 심정을 표현하고자 한다.

이번 편집과 교정의 과정, 그리고 반복적으로 지속된 경교 경전의 탐독을 통하여 수많은 장애들을 돌파할 수 있었으니, 과학기술이 선사해 준 선물에 감사할 따름이다. 내가 처음 경교 연구에 매진할 때는 마치 민간에서 철을 제강하듯 엄청난 공력을 들여도 수확은 매우 미미했던 그런 辛苦의 시간들이었다. 그러나 근래 들어 학계도 과학기술의 발달에 힘입어 인터넷 데이터베이스를 통한 자료 검색이 보다 용이해졌고, 'E-고증'이라는 새로운 연구모델이 각종 자료들로 하여금 끊임없이 새로운 것을 내어놓게 하였으니, 수많은 연구성과들이 또한 이를 통해 배출될 수 있었던 것이다. 따라서 본서가 이러한 시기에 출판된 것은 상술한 여러 가지 장점을 향유하게 되어 과거 연구의 부족한 점들을 수정 보완하게 되었음을 의미한다. 가장 명확한 사례로는 본서에 수록된「花氏夫婦神道墓誌銘」이 있으니, 이 墓誌는 2014년 5월에야 비로소 경교와 관련이 있는 자료로 확인되었다. 만일 본서에 아직 부족하고 불합리한 점이 있다면, 본인은 책 내용 중 어떠한 잘못이라도 허심탄회하게 받아들일 만반의 준비가 되어 있다.

끝으로 억울한 누명을 쓰고 오랫동안 소외되어 왔던 시리아동방교회, 중국에서 大秦景敎의 성도라 불리었던 여러 신앙의 선구자들께 다시 한 번 최고의 경의를 표하는 바이다. 당신들이 있었기에 우리는 기독교와 중국의 운명에 대해 더욱 깊은 논의를 할 수 있었으니, 과거에도, 현재도, 미래에도 그러할 것이다.

吳昶興 삼가 씀

歲次甲午癸酉

도론(導論)[1]

서언(序言)

　기독교와 華人 사회·문화와의 관계 그리고 이들 상호 간의 작용은 교
계와 학술계가 줄곧 관심을 가지고 연구해 온 중요한 논제 중 하나이다.
기독교는 중국에 있어 외부세계로부터 들어온 하나의 새로운 존재로서
완전히 상이한 문화적 토양에서 어떻게 뿌리를 내리고 인정을 받아 성장
하였는지, 그리고 중간에 수많은 밀고 당기는 과정들 속에서 중국 역사
에 처음으로 진입한 문제 외에도 처음으로 마주하게 된 정치, 사회, 경제,
외교, 종교적 문제들에 있어 매번 유사한 문화적 도전을 피할 수는 없었
을 것이다. 매우 적극적인 신교직 특성을 가진 기독교는 全地球化의 과
정이라 볼 수 있는 외연 확장의 노정 중에, 전 세계 모든 문화들을 그들
과 대화하고 교류할 수밖에 없는 문화 접촉 패턴으로 끌어들이고 말았
다. 문화식민(植民)이라는 관점에서 볼 때, 기독교는 전 세계적인 확장 과
정 중에 무력과 외교력을 동반함으로써 일종의 식민주의나 제국주의적
행위들로 인식된 바 있고, 이러한 행위들은 16세기 이후의 중국, 즉 明나
라 말기에 더욱 명확히 드러난 바가 있다.

1　본 導論은 〈大秦景教研究述評: 歷史, 語言, 文本綜論〉의 내용으로서, 2015년 1월 16일
　　익명의 심사를 거친 후 《基督教文化學刊》 제33, 34집에 발표된 것이다.

평화적인 방식으로 중국의 사회·문화와 접촉했던 것은 중국 역사에 있어서 기독교의 출현을 최초의 일로 기록하고 있으며, 이는 바로 잘 알려진 대로「大秦景敎」(이후「景敎」라 약칭함)의 전래였다. 역사적으로 그들의 정식 명칭은「시리아동방교회」(The Assyrian Church of The East)였으며, 일찍이 唐, 元 양대에 중국에 존재한 후 사라져 버렸던 기독교이고, 이는 지금으로부터 약 1,400년이라는 역사적 간극을 가지고 있다. 경교가 중국에 들어왔을 때는 마침 唐代의 文治가 가장 융성했을 때로서, 그들은 자신들이 어디에서 선교하고 있는가를 막론하고 기독교의 가장 명확한 특징들을 그대로 표출해 내고 있었다. 선교의 관점에서 보자면, 경교는 아마도 그리스도의 사명을 전 세계에 전파함을 직접 실천하는 가장 이른 시기의 교파였을 것이다. 경교는 자신들의 그리스도 神學論이 오랫동안 서방에서 異端視되어 왔고, 또한 중앙아시아와 極東지역으로까지 밀려난 바가 있었기에, 일반인들의 인식 가운데에는 단지 가톨릭, 동방정교, 개신교라는 3대 기독교 종파 아래에서 늘 무시되고 외면받아 온 교파로 전해져 왔으니, 따라서 이들을 연구하는 데에는 여러 가지 어려움들이 존재해 왔다.

　경교를 연구하는 데에 있어서 가장 어려운 문제 중 하나는 관련 기초자료들의 수효가 많지 않다는 점이며, 이렇듯 전해진 바도 없고 진술되어진 유산도 없는 하나의 종교집단에 대하여 사라져 간 역사의 틈바구니 속에서 그 가려진 내막을 다시 드러내는 일이란 결코 쉬운 작업이 아닌 것이다. 경교가 세상에 다시 모습을 드러낸 것은 하나의 완만한 과정이었으니, 明末《大秦景敎流行中國碑》의 출토와 淸末 民國 초기 경교 寫本의 발굴, 이후 출토된 墓誌, 經幢, 石刻, 燉煌寫本 등이 대략 후세 경교 역사의 면모를 확실하게 드러내 주는 기초자료들이 되었다. 두 번째로 어려운 문제는 과거 경교 교파의 연원과 역사적 발전에 관한 몇 가지 오해들이 있다는 점인데, 따라서 경교 교파의 원류와 그 문화 및 언어를 어떻게 정확히 파악하여 상술한 소수의 遺物과 遺文을 해독할 것인가 하는 것이 경교가 중국에서 어떤 모습을 보여 주었는지를 판별하는 하나의 중요한 임무가 될 것이다. 이와 동시에 경교는 중국에서 토착화에 성공한 하나의 기독교 교파로서 가장 이른 시기에 문화적 변신과 中國語化에 성공한 모범사례를 제시한 바 있다. 그 가운데에는 문화적 충돌과 교류의 문제를 포함하고 있으니, 기독교가 異文化 속에서 어떻게 뿌리를 내렸고 현지화 혹은 내재화라는 방향 설정 등에 있어서 어떻게 본래의 신분을 유지하였는지, 또한 본래의 언어가 타지에서 어떻게 자신과 타자의 융합과 변화에 적응했는지, 경교가 기독교 문화 체계를 대표하는 동시에 중국어라는 중화문화 시스템을 어떻게 조화롭게 이끌어 내었는지, 또한 경교가 중국에 들어와 부딪힌 여러 가지 超문화적 도전들은 어떻게 극복하였는지, 이러한 것들이 모두 오늘날 우리가 다시 한 번 관심을 가져 볼 만한 충분한 가치가 있는 문제들인 것이다. 이러한 도전들은 훗날 蒙元 시기의 가톨릭, 明末 淸初의 가톨릭 또는 晩淸 시기에 들어온 개신교에 이르기까지 예외 없이 景敎와 동일한 선상에서 한 번 사색해 볼 필요가 있다. 경교의 전승이 宋, 元 이후로 그저 단절과 소멸만을 겪고 말았다면, 그들의 모든 선교적 경험과 역사적 성취들도 모두 후대의 선교집단으로 이어지지 못하였을 것이니, 그들의 재출현은 곧 여러 모호함과 의혹의 모습을 띤 채 우리들이 집적 발굴해 내고 이해해 주기를 기다리고 있는 것이라 할 수 있다.

본문은 세 부문으로 나누어 해석을 진행하기로 한다: '경교의 原流', '唐代 中國 宣敎史' 그리고 '경교 유물 출토 이후 경교 연구에 대한 후인들의 인식, 해독, 주석, 고증 등에 대한 정리와 소개'이다.

역사적 원류(源流)

매우 중요한 역사적 가치를 지닌 《大秦景教流行中國碑》에 이르기를: 「大秦國有上德, 曰阿羅本, 占靑雲而載眞經, 望風律以馳艱險, 貞觀九祀至於 長安.(大秦國에 阿羅本이라 부르는 大德이 있어, 창공의 구름을 타고서 참된 경전을 싣고, 풍속과 율령을 바라며 험로를 달려왔으니, 정관 9년(기원 635년) 장안에 이르렀 다)」라 기록되어 있다. 이 단락의 묘사는 중국 역사상 처음으로 서역을 경유하고 옛 비단길을 거쳐 중국으로 들어온 기독교 선교 행렬을 묘사한 문헌 기록이 되었다. 이 기록은 중요한 문제 한 가지를 제시하였는바, 貞 觀 9년(635) 중국으로 들어온 아라본(阿羅本, Alopen)과 그 선교 대오가 교 회 역사상 어느 기독교 교파에 속하는가 하는 문제이다. 초기 교회의 아 시아 전파 및 발전의 역사를 정리해 봄으로써 경교의 원류와 장기간에 걸친 상세한 활동 내용을 탐구해 보고자 한다.

경교, 시리아동방교회의 맥을 잇다

모펫(Samuel Hugh Moffett, 1916-2015)은 《亞洲基督教史(아시아기독교사)》에서 언급하기를, 唐代에 景敎라 지칭되었던 교파에 대하여 서방교회가 오랫 동안 잘 이해하지 못했었다고 했다. 경교가 처음으로 서방교회의 역사 무대에 모습을 드러낸 것은 13세기 말 인도를 거쳐 중국으로 들어온 가 톨릭 프란치스코회 선교사 몬테 코르비노(John of Monte Corvino, 1246/47- 1330)의 서신으로부터 나온 것이지만, 그러나 몬테 코르비노는 그 내력에 대하여 깊이 연구하지는 못했었다고 한다.[2] 명말 天啓 5년(1625)에 이르

---

2   Samuel Hugh Moffett, *A History of Christianity in Asia*, Vol. 1: *Beginnings to 1500* (New York: Orbis Books, 1998), 456-459.

러 《大秦景教流行中國碑》가 출토되었고, 가톨릭 예수회 선교사 및 당시 신도였던 중국 학자들의 주의를 모았으니, 그중 세메도(Alvare de Semedo, 1585-1658)는 사도 도마가 인도에 복음을 전한 사실을 언급하며 중국 경교와의 관계성을 연관지어 추론하였다. 또한 안토니 페르난데스(Antoni Fernandes)의 도움을 받아 비석에 새겨진 식별 불능의 문자가 시리아 문자임을 판별해 내었으나, 경교의 원류에 대해서는 여전히 모호한 상태일 뿐이었다.[3] 학자들이 메소포타미아와 중앙아시아 지역 교회의 역사에 관심을 갖게 되면서 경교의 진정한 기원이 비로소 사람들에게 알려지게 되었고, 이에 가장 대표적인 저서로는 토마스 예이츠(Thomas Yeates, 1768-1869)가 지은 《印度教會史(Indian Church History)》[4]라는 책이 있다. 이 저서는 가장 이른 시기에 시리아어系 교회의 복음이 동쪽으로 전파되었던 역사를 잘 정리해 주고 있으며, 특히 중국 경교와 시리아동방교회가 서로 역사적으로 실제적인 관련을 맺고 있었음을 잘 확인해 주었다.[5]

시리아동방교회의 메소포타미아, 중앙아시아 지역 선교 활동은 중국을 향한 경교의 東進에 역사적인 서막을 열어 주었다. 이 교파의 성립에 있어 최초의 역사는 매우 모호하여 심지어는 여러 가지 전설 같은 이야

참고: K. S. Latourette, *History of Christian Missions in China* (New York: Macmillan, 1929), 68-72쪽. 蒙元 시기에 경교는 「也里可溫教」라 칭했었다.

3 Semedo 저, 何高濟 역, 《大中國志》(臺北: 臺灣古籍出版社, 2003), 190-195쪽.
프랑스어판: Alvare de Semedo, *Histoire universelle de la Chine* (Paris: chez Sebastien Cramoisy, imprimeur ordinaire du Roy, & de la Reyne Regente. Et Gabriel Cramoisy, 1645), 239-240.

4 Thomas Yeates, *Indian Church History, An Account of the First Planting of the Gospel in Syria, Mesopotamia, and India: With an accurate relation of The First Christian Missions in China* (London: Lincoln's Inn., 1818).

5 K. S. Latourette와 모펫(Samuel Hugh Moffett) 모두 Thomas Yeates, "*An Accurate Relalion of the First Christian Missions in China*; London, 1818"의 기초 위에서 보다 많은 고증을 해냈다. 문장은 Chinese Repository Vol.16 (Canton, China: The Proprietors, 1847), 153-168쪽에서 재인용됨.

기들도 난무했었다. 어떤 이는 이 교파의 원류를 1세기 초로 거슬러 올라갈 수 있다고 했으니, 베드로가 소아시아 교회에 보낸 서신 중에서 이와 관련된 언급을 찾아볼 수가 있다: 「내가 간단히 편지를 썼노라, …함께 택하심을 받은 바벨론에 있는 교회가 너희에게 문안하고 … 그리스도 안에 있는 너희 모든 이에게 평강이 있을지어다!(我略略地寫了這信, …在巴比倫與你們同蒙揀選的問你們安 … 願平安歸與你凡在基督裡的人!)」[6] 그러나 이 구절이 시리아동방교회의 면모에 대해 설명해 줄 충분한 자료가 되지는 못한다. 도리어 시리아동방교회에 비교적 광범위하게 퍼졌던 이야기는 사도 도마에 의해 성립되었다는 것인데, 모펫(Moffett)의 고증에 의하면, 3세기 초 이름을 알 수 없는 한 기독교도가 쓴 《多馬行傳(도마행전)》(Acts of Thomas)의 기록에 도마는 일찍이 시리아, 페르시아, 인도 등에 복음을 전했으며, 기원 68년 인도의 멜리아푸르(Meliapur or Mylapore, 오늘날의 Madras)에서 주님을 위해 순교했고, 그의 제자들이 인도의 케랄라(Kerala)에서 여러 교회당을 건립하였다고 한다. 《도마행전》(총 170절) 제1장의 기록에는 남겨진 열한 명의 제자들이 제비뽑기로 각 지역에 복음을 전하러 가기로 했는데, 도마가 가장 먼 곳인 인도로 가게 되었으나, 그는 계속 핑계거리를 찾아 그곳에 가지 않으려 했다고 한다. 당시 예수는 아직 승천하지 않은 상황이었고, 그때 인도 펀자브 지방의 군다포루스(원명에는 철자가 다름, Gondopharou/Gondapharou/Undopherrou, 19-46?)라는 왕이 상인 압반(Abbanes)을 서방으로 파견하여 궁전을 건축하는 숙련 기술자를 찾게 하였다. 이때 예수가 압반 앞에 현현하여 말하기를 숙련된 노예 한 명이 있으니 팔겠노라 하며 도마를 노예로 가장하여 압반에게 팔아 버렸다. 도마는 인도에 도착한 후 능숙한 솜씨로 인도 왕의 신임을 얻었을 뿐만 아니라 그

---

6   베드로전서 5장 12-14절.

를 설복하여 기독교도로 개종시키기도 하였다. 도마는 마지막에 인도 내륙지역으로 향하였고, 거기서도 왕에게 복음을 전도하였으나 받아들여지지 않아 살해되고 말았다. 또 한 가지 전설이 있으니, 도마라 칭하는 이가 기원 약 50-52년 인도 서해안 마드라스(Madras, 옛지명 Meliapur)에 도착했고, 현지에 일곱 개의 교회를 지어 목사를 임명하고 국왕과 백성 모두를 그리스도에 귀의시켰다고 한다. 기원 250년 에뎃사(Edessa)에서 쓰여진 《使徒遺訓》(Didascalia Apostolorum)에는 도마가 인도와 인도의 屬地 및 기타 인근 지역을 맡고 있었음을 명확하게 언급하고 있다.[7] 상술한 기록들로 인하여 도마는 시리아동방교회의 사도전승(使徒統緒, Apostolic succession)의 전설 가운데 하나가 되었다.

또 하나의 오랜 전설은 오스로에네(Osrhoene) 에뎃사의 아브가르 왕조 (Abgar Dynasty of Edessa)에 관한 이야기이다. 에뎃사 국왕 아브가르 5세 (The Black이라고도 칭함, 13-50)는 예수에게 요청하기를 사람을 보내 자신을 치료해 줄 것을 원했으나 이루지 못했고, 그리하여 도마가 선교사 앗다이(Addai)[8]를 파견하게 되었으니, 앗다이가 도마의 명을 받들어 에뎃사 (Edessa)에 도착하였다. 앗다이는 누가복음 10장에 나오는 70인 제자 중의 하나로 전해지며, 그의 전설에 관한 자료는 주로 《앗다이의 教義》(*The Doctrine of Addai*, 390-430)에 언급되고 있다. 앗다이는 갈릴리 가이사랴 빌립보 지방에서 태어났으며, 에뎃사로 온 이후 비단 무역을 하는 유대인과 함께 생활하였다. 에뎃사 왕 아브가르 5세가 그를 만난 이후 기도를 통해 병이 나음을 얻었으니, 그리하여 주께 귀의하는 자들이 날로 증가

---

7   Samuel Hugh Moffett, *A History of Christianity in Asia*, Vol. 1, 32-35.
8   「앗다이」라는 이름은 시리아어로 ܐܕܝ, 음역하여 Addai라고 함. 헬라어로는 Thaddaeus. Syriac Documents, Attributed to The First Three Centuries, trans. B. P. Pratten (Edinburgh: T. & T. Clark, 1871), 7-11.

하였다.[9]

앗다이의 후임자로는 아가이(Aggai, 66-87)와 마리(Mari, 88-120)가 있었다. 아가이와 마리는 에뎃사에서 인도, 중국에 이르는 광대한 지역에 걸친 교회들의 건립자로 알려져 있고, 마리는 主敎제도의 창시자라고 한다. 그가 정착한 도시는 셀레우시아 크세시폰(Seleucia-Ctesiphon)이었고, 이때 Kashkar를 主敎로 세웠다. 主敎長을 Papa라 칭하였으니 마리의 후계자였 다.[10] 그중 마리가 제정한 교회 儀禮인《복된 사도 성 앗다이와 마리의 예 전(Liturgy of Mar Addai and Mar Mari, the Blessed Apostles)》은 오늘날까지 시리 아동방교회(Assyrian Church of the East)에 전승되고 있다.

세 번째로, 시리아동방교회의 기원은 아르메니아교회와 연관이 있으 니, 아브가르 5세(13-50)가 주를 영접한 전설을 아르메니아교회가 기독교 와 처음 접촉한 때로 보아야 하며, 심지어 그들은 아부가르 5세가 그들의 왕자였다고 주장하기까지 한다. 그들에게 처음으로 복음을 전한 사람은 다대오(Thaddaeus) 혹은 앗다이(Addai)라 부르는 사람이며, 그는 아르메니 아 국왕 Sanatrook의 딸 Sandookdht에게 복음을 전해 주었고, 전하는 바 에 의하면 Sanatrook도 주께 귀의했다가 훗날 또다시 背敎했던 것으로 알려져 있다. 또 하나의 판본에서는 이르기를, 아르메니아 왕 Sanatrook 은 주께 귀의한 적이 없으며, 심지어는 적대시하기까지 했고, 나중에 앗 다이와 Sandookdht는 모두 Sanatrook의 핍박하에 순교한 것으로 전해진 다.[11] 또 하나의 전설이 있으니, 예수의 제자 바돌로메 또한 같은 시기 아 르메니아에 도달하여 여기서 순교했다고 한다. 이러한 事績들을 통하여

---

9   Samuel Hugh Moffett, *A History of Christianity in Asia*, Vol. 1, 56-59.
10 F. X. Murphy, "Addai and Mari, Ss," New Catholic Encyclopedia, 2nd ed. Vol. 1.(Detroit: Gale, 2003), 112.
11 P. H. Jacob, *A Brief Historical Sketch of The Holy Apostolic Church of Armenia* (Calcutta: Whiteaway's Press), 2-3.

대략 추측해 볼 수 있는바, 게다가 유세비우스(Eusebius)와 테르툴리아누스(Tertullianus)의 문헌 비교에 따르면 아르메니아 교회에는 세 명의 기독교인이 핍박당한 시간을 알 수 있는데, 즉 기원 110년 Trajan(98-117), 230년 Alexander Severus(222-235), 287년 Diocletian(284-305)인 것이다. 역사적으로 아르메니아는 기독교를 國敎로 공인한 최초의 국가이며, 계몽가 그레고리 일루미네이터(Gregory the Illuminator, 257-331)는 국왕 Tiridates the Great(261-317)로 하여금 기독교로 개종하도록 성공적으로 이끌었고, 또한 황실 구성원들도 모두 주께 귀의하도록 했으며, 기원 301년에는 아르메니아 전 백성들로 하여금 기독교를 믿도록 하였다.[12]

학자들이 정리해 낸 시리아동방교회의 기원에 관한 세 가지 학설들에서는 모두 사도 도마, 앗다이 그리고 마리 등 일개 사도들의 전승에 관한 이야기가 전해져 옴을 알 수 있으며, 이들이 기원 1세기부터 시작하여 에뎃사 일대에 복음을 전했고, 또한 메소포타미아 지역에서 그리고 후에 페르시아제국까지 확장하여 교회를 건립하였으니, 이는 중앙아시아 지역 시리아동방교회 발전의 초석이 되었던 것이다.

안디옥 학파와 네스토리우스 기독론 논쟁

에뎃사 이외에도 안디옥(Antioch)은 시리아동방교회 신학에 영향을 미친 또 하나의 중요한 도시라고 할 수 있다. 초기 교회가 형성될 때 제자들이「기독교도」라 불리었던 것은 바로 안디옥에서 비롯된 것이며, 전체 기독교의 확장이라는 점에서 안디옥은 확실히 중요한 선교 요충지의 역할을 다하였다. 한편, 안디옥은 기원전 63년 로마가 시리아를 점령할 때

---

12   Tiran Nersoyan, "The Armenian Church"(Armenia: 1700th Anniversary Committee of Holy Etchmiadzin, 2001), 189.

부터 형성된 도시였으며, 시리아 행정구역의 省府이자 남쪽으로는 유대
의 행정구역과 접하고 있어 정치적으로 전략적인 위치를 차지하고 있었
고, 로마제국과 동쪽의 페르시아 사이에서 정치, 경제, 군사적 교류에 있
어 매우 긴요한 지역이었다. 따라서 기원 70년 예루살렘 성전이 훼멸(毀
滅)된 이후, 교회의 중심은 예루살렘에서 안디옥으로 옮겨졌으며, 그 중
요성이 날이 갈수록 높아져 갔다. 문화적인 관점에서 볼 때, 안디옥은 유
대인 및 유대 문화와 인접하여 왕래가 잦았기 때문에, 시리아 교회 신학
의 또 다른 특징인 '유태화(猶太化)'라는 결과를 낳게 되었다. 헬라문화가
교회와 사상으로 스며들지 않도록 하는 것 외에도, 유대 기독교인들의
신학과 더욱 밀접하게 성경의 역사 연구에 주의를 기울였고, 또한 도덕
적인 관점에서 하나님의 成肉身을 해석함으로써 시리아 교회가 헬라化
의 영향을 받지 않은 또 하나의 신학적 유파인 안디옥 학파가 되도록 하
였다.13

시리아동방교회의 초기 신학자로 알려진 타티안(Tatian the Assyrian,
110-180)의 저작《헬라인들에게 보내는 서신》(Address to the Greeks, 기원 166
년)에서는 反헬라문화의 정서를 잘 보여 주고 있으니, 헬라문화 중 詩詞
와 같은 예술적 造詞나 修辭에 결코 큰 호감을 갖고 있지 않았고, 헬라 철
학자들이 불의한 정권을 조장하는 데에도 코웃음을 치는 듯한 태도를 보
였다.14 타티안이 비록 헬라식 교육을 받기는 했지만, 그의 저작에서는
신학의 개념을 해석할 때 도리어 추상적인 헬라의 哲理 형식이 아닌 표

---

13   안디옥 학파에 관한 상세한 내용은 朱心然의《安身與立命》참고(香港: 浸信會出版社,
      2009), 28-34쪽.
      F. A. Sullivan, "Theodore of Mopsuestia," New Catholic Encyclopedia, 2nd ed. Vol. 13.
      (Detroit: Gale, 2003), 874-876.
14   Tatian, "Address to the Greeks," trans. B. P. Pratten, The Writings of Tatian and
      Theophilus; and The Clementine Recognitions (Edinburgh: T. & T. Clark, 1871), 5-7.

현 방식을 시도하려 하였고, 구체적인 사물들로써 성경의 經文을 해석하려 했던 시도들을 볼 수 있다. 시리아어 譯文 디아테사론(Diatessaron, 《四福音粹合本》)은 시리아동방교회에 대한 타티안의 가장 큰 공헌이었으며,[15] 게다가 이것을 메소포타미아 지방으로까지 가지고 왔던 것이다.

안디옥 학파는 상술한 성경 해석의 전통을 胚胎하고 있었던 것 외에도 그리스도론에 있어서도 수많은 공헌을 하였다. 예를 들어, 일찍이 안디옥의 장로였던 主敎 디오도루스(Diodorus of Tarsus, 390년 사망)는 「道」가 예수의 신성을 완전하게 할 수 있다고 했으며, 그의 제자였던 몹수에스티아의 주교 테오도르(Theodore of Mopsuestia, 350-428)는 보다 진일보한 주장을 펼쳐 「道」란 人性과 神性의 결합이 인성의 자유 의지와 신성의 이끄심에 順服하는 데에 있다는 주장을 제기하면서,[16] 헬라의 문화적 배경으로 「사람이 신이 될 수 있다(人能變成神)」고 믿는 헬라적 논술과는 커다란 차이점을 보여 주고 있다.

이리하여 안디옥 학파는 서방의 헬라화된 철학의 영향을 받은 교회들과 신학적인 입장에서 근본적인 차이가 있음을 보여 주고 있다. 이러한 잠재적인 문제들은 테오도르의 제자인 네스토리우스(Nestorius of Constantinople, 381-451)가 기원 428년 콘스탄티노플의 대주교를 맡게 되면서 비로소 서로 간의 심각한 모순과 충돌을 일으켰다. 네스토리우스와 동시대의 院士였던 소크라테스(Socrates Scolasticus, 380-440)는 《敎會史》(Historia Ecclesiastica)에서 기술하기를, 네스토리우스 신학 사상을 지지하는 한 장로 아나스타시우스(Anastasius)가 네스토리우스와 콘스탄티노플

---

15   William L. Petersen, *Tatian's Diatessaron: Its Creation, Dissemination, Significance and History in Scholarship* (Leiden: Brill, 1994).

16   Heinrich Kihn eds., *Theodor von Mopsuestia und Junilius Africanus als Exegeten*, (Freiburg im Breisgau: Herder'sche Verlags handlung, 1880), 180-181.

까지 동행하였고, 공개 설교를 통해 마리아가 「하나님을 수태한 이」(Θεο τόκος, 또는 「하나님의 어머니」라 칭함)로서의 신분을 가지고 있다는 견해를 반박하면서, 마리아는 단지 일개 여인네에 불과하므로 하나님은 여자의 몸을 빌려 출생할 수 없다고 주장하였다. 이 논술은 그리스 신학의 언어 환경 가운데서 그리스도의 神聖性 문제와 연관된 것이었고, 따라서 성직 자와 신자들 간에 커다란 논쟁을 불러일으키게 되었다. 네스토리우스는 즉각 아나스타시우스의 견해를 지지하였고, 「하나님을 수태한 이」라는 주장을 전면적으로 거부하며 그리스도 兩性論을 주장하면서 예수의 모 친 마리아는 「하나님의 출산자」가 아니라 하였으니, 고작해야 「사람의 출산자」(ἀνθρωποτόκος) 혹은 「예수의 출산자」(Χριστόκος)일 뿐이라고 했 다. 네스토리우스는 결국 아나스타시우스의 신성 모독을 비호한 죄명으 로 여러 사람들로부터 규탄을 받게 되었다.[17]

서방교회의 역사 記述로 말하자면, 네스토리우스는 후에 알렉산드리 아의 주교 키릴(Cyril of Alexandria, 376-444)로부터 공개적인 고발을 당하게 되는데, 키릴은 네스토리우스에게 열두 가지 죄명의 「저주문(詛呪文)」 (Anathema)을 제시함으로써 에베소공의회(Council of Ephesus, 431)의 개최를 촉발하였고, 이로써 네스토리우스를 이단으로 정죄하기에 이르렀다. 네 스토리우스를 향한 「詛呪」는 그리스도 양성론을 주장하는 그의 관점을 겨냥한 것이었고, 여기에 그리스도의 두 位格을 주장하는 관점까지 포함 시켰으며, 이는 나아가 예수의 어머니 마리아가 「하나님을 수태한 이(Θε οτόκος)」라는 기존 교회의 관점을 네스토리우스가 정면 부정하는 것이라 고 규탄한 것이었다.

---

17 Socrates Scolasticus, *Historia Ecclesiastica*, A. C. Zenos eds. (New York: Christian Literature Publishing Co., 1886), 170-171.

19세기 이전, 과거 서양 教會史는 이 사건에 대해 줄곧 상술한 논술들을 유지해 왔고, 네스토리우스는 이단이라고 정죄되었으며, 따라서 그의 생전 저작들도 431년 에베소공의회에서 이단으로 낙인찍힌 뒤 모두 소각되어 단지 목록만 남아 있을 뿐이었고, 그는 늘 이단의 신분과 이미지로 역사 속에 남게 되었다. 교회사 저작들에 깊이 심겨져 있던 이단의 이미지는 18세기 말이 되어서야 비로소 점점 깨어지기 시작하였다. 18세기말 일어난 세계 선교운동은 중앙아시아의 기독교가 과거에 기울였던 역사적인 노력과 공헌들을 탐색하기 시작했으며, 14세기 시리아동방교회 주교 Ebedjesu(Abdisho bar Berika, 1318년 사망)가 보존해 왔던 네스토리우스의 변호서 ─《헤라클레이데스의 거리》(*Bazaar of Heracleides*, 약 436년 출간)는 줄곧 시리아어 판본으로 보존되어 훼손되지 않았고, 따라서 독일 역사학자 아우구스트 네안더(August Neander, 1789-1850)가 1825년에 인쇄물로 공포하기에 이르렀다.[18] 그 후 1910년 Paul Bedjan이 古시리아어판으로 교정 편찬하였으며, 뒤이어 1925년 G. R. Driver와 Leonard Hodgson이 다시 영문으로 번역해 내었다.[19] 이는 네스토리우스의 유작이 다시 광명을 보게 됨으로써 에베소공의회의 판결을 다시 검토해 볼 수 있는 하나의 중요한 문헌이 된 것이고, 또한 네스토리우스에게 천오백여 년 간 씌워졌던 이단이라는 누명을 뒤집을 수 있는 계기가 되었다.[20]

《헤라클레이데스의 거리》에 기록된 내용에 의하면, 431년 소집된 에베소공의회는 네스토리우스를 겨냥한 것이어서, 회의 중 주로 비난에 나선 이는 알렉산드리아의 주교 키릴이었다. 그는 회의를 주재하며 안디옥의

---

18   G. R. Driver eds., *Nestorius, The Bazaar of Heracleides* (Oxford: The Clarendon Press, 1925), ix.

19   Samuel H. Moffett, *A History of Christianity in Asia*, Vol. 1, 182, 각주 25) 참고.

20   *Ibid.*, 175-180.

주교 요한과 동방의 주교들이 회의장에 도착하기도 전에 회의를 진행하였는데, 전체 회의는 「하나님의 어머니」에 대한 의견 일색으로 진행이 되었고, 안디옥학파의 대표는 이러한 신학적 관점에 대하여 어떠한 의견 제시도 하지 못하게 되었다.[21] 결과는 불을 보듯 뻔하였으며, 이에 안디옥학파는 이 회의에서 완전히 패배해 버리고 만 셈이 되었다.

네스토리우스의 그리스도론은 그의 스승 몹수에스티아의 주교 테오도르(Theodore of Mopsuestia)에게서 배운 것이며, 또한 안디옥학파의 신학적 입장을 대표하는 것이었다. 테오도르는 經文을 통하여 그리스도의 神性과 人性의 결합을 자세히 살펴보아야 한다고 주장했으며, 人性의 성장 과정이 점차 이와 구분되는 神性을 드러내게 될 것이고, 이로써 예수가 그리스도라는 것을 증명한다고 인식하였다. 역사적이며 구체적인 물증을 맥락으로 경문을 해석하는 경향을 가진 것은 안디옥학파의 전통이며, 따라서 네스토리우스는 에베소공의회에 답변하여 말하기를: 「태어난 지 두세 달 된 예수를 하나님으로 인정할 수는 없다」고 했고, 이 논변은 나오자마자 곧 그리스도의 神性을 부정하는 것으로 여겨졌다.[22] 네스토리우스가 발언을 끝내고 떠나려 할 때, 그는 동방 주교들의 회의 도착을 기다린 후 다시 답변할 것을 요구하였으나 키릴은 회의 속개를 고집하였고, 자리를 뜬 네스토리우스도 공개 답변할 기회가 부족하여 결국 이 회의의 온갖 비난을 받고 말았다.

사실 네스토리우스와 그의 추종자들은 그리스도론의 관점에 있어서 훗날 칼케돈공의회(Council of Chalcedon, 451)의 범위를 결코 넘어서지 않았고, 그는 그리스도의 位格에 대하여 그 단어의 영원성과 비영원성의 문

---

21   G. R. Driver eds., *Nestorius, The Bazaar of Heracleides*, 106-108.
22   Socrates Scolasticus, *Historia Ecclesiastica*, A. C. Zenos eds., 172.

제에 집중하였다. 그는 헬라어로 표현된 하나님 위격의 πρόσωπα (prosôpa, 단수 πρόσωπον)와 인간 위격의 결합은 일종의 영예로운 위격의 결합(prosopic union)이라 인식했고, 이것은 창조주 하나님과 피조물을 구분하기 위한 것이니 서로 혼동할 수 없는 것이라 생각한 것이다. 따라서 당시의 안디옥학파는 두 가지 본성(nature)이 하나의 결합체 πρόσωπον에 공존하고 두 본성은 여전히 각각의 본질을 소유하고 있다는 것을 표현하기 위해 사용한 것이었다. 헬라문화의 영향을 받은 알렉산드리아학파는 πρόσωπον라는 글자의 의미가 희랍 연극에서 인간이 가면을 쓴 것을 표현한 연역적 인물인 것 같아서 마땅히 별개의 다른 단어 ὑπόστασις (hypostasis)를 채용하여 그리스도의 몸은 神人 양성의 실체적 결합 (hypostatic union)임을 묘사해야 한다고 여겼다. 알렉산드리아학파의 견해에 네스토리우스는 동의하지 않았고, 이것은 일종의 실질적인 결합을 만들어 내어 창조주와 피조물의 차이를 구분해 내지 못했다고 생각하였다. 네스토리우스의 논술에 대해 알렉산드리아학파는 이를 비판할 결정적인 문장을 만들었는데, 네스토리우스가 빚어낸 그리스도는 두 개의 머리를 가졌다는 주장임을 비판한 것이었으며,[23] 또한 이 까다로운 적수를 쓰러뜨리기 위하여 네스토리우스의 주교직을 파면할 것을 요구하였다. 그리고 열두 가지 죄명의 저주문(詛呪文)을 제시하여 네스토리우스가 교적을 박탈당하고 유배형에 처해지는 결과를 만들어 내고 만 것이다.

네스토리우스가 유배됨에 따라 같은 입장을 견지하고 있던 교회, 그리고 에뎃사에 위치한 페르시아신학원 모두 폐쇄 명령을 받아 추방당하였고, 네스토리우스와 그의 은사인 테오도르의 저작들은 모두 불살라졌으며, 안디옥학파의 또 다른 중심 활동지역이 되었던 에뎃사는 이 논쟁 중

---

23   Samuel Hugh Moffett, *A History of Christianity in Asia*, Vol. 1, 177-178.

가장 큰 재난을 당하게 되었다. 이곳의 교회들은 그리스도 兩性論 혹은 單性論의 엄중한 충돌로 인하여 교회의 반복적인 균열을 겪었다. 네스토리우스의 학설을 지지했다가 유배되었던 이바스(Ibas of Edessa, 457년 사망) 때문에 네스토리우스 일파는 한때 몰락의 길을 걸었지만, 이바스가 다시 435년부터 457년까지 주교로 서임되면서 반(反)네스토리우스 학설의 물결도 다시 일어나게 되었다. 그리스도 單性論의 주교는 교회 간의 대립을 격화시켰고, 449년에는 431년과 비슷한 에베소공의회 개최를 다시 촉발시켰다. 에뎃사의 세 곳 신학원 중 시리아신학원은 정통 그리스도론에 속하여 451년 칼케돈공의회와 동일한 입장을 견지하며 네스토리우스를 반대했고; 아르메니아신학원은 그리스도 단성론으로 기울었으며,[24] 네스토리우스의 관점을 지지했던 페르시아신학원의 지도자와 학생들은 계속 같은 입장을 고수하다가 축출되어 버리고 말았다. 그 후 신학원은 시리아동방교회의 세 번째 도시인 니시비스(Nisibis)로 옮겨졌으며, 이것이 또한 시리아동방교회로 하여금 그리스도 양성론을 계승하도록 촉진하였고, 그들은 적극적인 포교활동을 통하여 메소포타미아를 가로질러 페르시아로 진입하게 되었으니,[25] 페르시아에서 지하교회 조직과 기지까지 건설하게 되었다. 시리아동방교회는 페르시아와 로마 간 장기간의 전쟁으로 인하여, 로마교회와 얽혀 있던 신학적 해석의 문제를 완전히 차단할 수 있었고, 시리아어를 교회의 주요 언어로 그리고 안디옥학파의 전통으로서의 특징을 그대로 유지할 수 있었다. 이후 페르시아와 중앙아시아 지역에서 동방으로의 확장을 진행하여 唐代 초기에는 중국에까지 진입하게 된 것이었다.

---

24   *Ibid.*, 188.
25   *Ibid.*, 188-189.

上述한 역사를 놓고 볼 때, 소위 「네스토리우스파 교회」(Nestorian Church)는 결코 네스토리우스 한 사람의 뜻으로 만들어진 것이 아니며, 그러나 서방교회 역사 전체가 오랫동안 부정적인 의미의 명칭으로 이 교파를 보아 온 것이니, 그들을 그저 서방교회의 잉여 일파로만 간주해 왔다고 할 수 있다. 그러나 이는 단지 시리아동방교회가 오랜 역사 발전과정 속에서 그리스도론을 어떻게 바르게 이해할까를 고심했던 하나의 신앙 집단이었다는 것을 간과해 버리고 만 것이었다.[26] 이 외에도, 서방교회는 시리아동방교회에 대해 이해가 깊지 못했으니, 또한 경교의 원류를 「네스토리우스파 교회」와 직접적으로 연결지었고, 나아가 경교는 기독교의 하나의 이단에 해당한다는 추론을 얻어 내기도 하였다. 그러나 이러한 오해는 몇 가지 문제들을 노출시켰는데, 첫째, 네스토리우스는 결코 시리아동방교회의 총대주교(Catholicos or Patriarch)[27]가 아닌데 어찌 시리아동방교회를 대표할 수 있는가이고; 둘째, 역사적 측면으로 볼 때, 네스토리우스가 시리아동방교회의 신앙을 따른 것이지, 시리아동방교회가 네스토리우스의 신앙을 따른 것은 아니며; 셋째, 네스토리우스의 이

26　1818년 Thomas Yeates가 발표한 *Indian Church History*는 네스토리우스와 시리아동방 교회의 관계를 파악한 최초의 저작이다. George Percy Badger가 지은 *The Nestorians And Their Rituals* (London: Joseph Masters, 1852)에서는 더욱 전면적인 연구가 있었으며, 여전히 「시리아교회」로 불렸지만, 「네스토리우스파 교회」라는 이름이 이로 인해 또한 널리 사용되기 시작했다.

27　크림카이트(Hans-Joachim Klimkeit, 1939-1999)는 시리아동방교회 체제의 정리에 대해 세 개의 등급과 총 아홉 개의 직무로 분류를 하였다. 主教團(The Episcopate) — 宗主教 (총대주교)(Catholicos or Patriarch), 大主教(Metropolitan), 主教(Bishop); 司鐸團(사제단)(The Presbyterate, 혹은 Priest) — 副主教(Chorbishop), 執事長(Archdeacon), 祭司長 (Priest); 輔祭團(Diaconate) — 輔祭(Deacon), 助祭(Sub-deacon), 讀經員(Reader).
크림카이트(Klimkeit), 《達·伽馬以前中亞和東亞的基督教(바스코 다 가마(Vasco da Gama) 이전의 중앙아시아-동아시아의 기독교)》, 林悟殊 譯(臺北: 淑馨出版社, 1995), 54쪽 참고.
Paul Yoshiro Saeki, *The Nestorian Monument In China* (London: Society for Promoting Christian Knowledge, 1916), 113.

단이라는 죄명은 정치적 문제이지 신학적인 문제가 아닌 것이고; 넷째, 경교는 시리아동방교회가 중국에서 포교한 성과이지, 네스토리우스가 아니며 또한 네스토리우스派도 아닌 것이다. 경교를 네스토리우스 혹은 네스토리우스파와 동등한 것으로 인식하는 것은 역사적 時空을 완전히 착각한 결과인 것이다; 다섯째, 경교를 이단으로 여기는 것은 더욱 터무니없는 말이니, 네스토리우스의 그리스도론에 대한 오해를 제외하고라도 또한 시리아동방교회가 오랫동안 아시아에서 활동해 왔던 사실들을 완전히 묵과해 버리고 말았다고 할 수 있다.

다행히도, 위에서 말한 네스토리우스의 그리스도론에 관한 몇 가지 오해와 시리아동방교회에 대한 낯선 문제들은 모두 1994년 11월 11일 발표된 《공동기독론선언(共同基督論宣言)》("Common Christological Declaration between the Catholic Church and the Assyrian Church of The East")을 통하여 그간의 오류가 바로잡히고 비로소 해명을 얻게 되었다.[28] 가톨릭의 대표인 교황 요한 바오로 2세(John Paul II, 1920-2005)와 시리아동방교회의 총대주교 딩카 4세(Mar Khanania Dinkha IV, 1935-2015)는 이 선언을 통해 서로의 지위를 승인하고, 1500년 동안 파괴되었던 교회의 友誼를 회복하였다. 그들은 또한 네스토리우스와 관련한 역사 사건에 대해 다시 심사하기를 원했으며, 그리스도 안에서 모든 편견을 풀어 버리기로 했고, 東西 간의 교회가 과거의 역사적 과오를 진지하게 마주할 수 있도록 하였다. 또한 역사의 교훈 가운데서 새로운 이해를 찾아내고, 이를 통해 시리아동방교회가 서방교회에 못지 않은 오랜 역사와 전통을 가지고 있으며, 광활한 아시아

---

28 John Paul II, Mar Dinkha IV, "Common Christological Declaration between the Catholic Church and the Assyrian Church of the East." Accessed April 25, 2014. http://www.vatican.va/roman_curia/pontifical_councils/chrstuni/documents/rc_pc_chrstuni_doc_11111994_assyrian-church_en.html

지역에서 교리와 譯經 분야에서 이루어 낸 위대한 공헌이 있었고, 중국 땅에 처음으로 들어온 기독교 교파인 「景敎」를 배태하였다는 사실을 세상 사람들로 하여금 새로이 인식하게 하였다.

상술한 역사적 결론을 통해 보면, 시리아동방교회에는 역사상 몇 가지 명칭들이 존재했었는데, 그들을 네스토리우스파 교회(Nestorian Church)라고 불렀었으니, 이 명칭은 네스토리우스의 그리스도론을 따르는 이들을 가리키는 것이다; 네스토리우스의 그리스도론으로 인하여 兩性論(Dyophysites)이라 낙인 찍혀 버렸기에 그들을 '양성론 교파'라 불렀다; 7세기에는 그들이 중국에 들어왔고, 당시 唐 조정의 관리들은 그들을 '페르시아교', '大秦敎'라 불렀으며, 그들은 자신들의 문헌에서 스스로를 「景敎」라 칭했다. 초기의 기독교 교파마다 자신들의 주요한 교회 언어가 있었으니, 로마 가톨릭은 라틴어, 그리스동방교회는 희랍어였으나 시리아동방교회는 東시리아어를 사용했으니, 그들을 일러 동시리아교회(East Syrian Church)라 부르기도 했던 것이다. 이 교파는 19세기에서 20세기까지 발전하였으며, 그들의 신도는 독립된 국가를 만들고자 하는 목표를 성취하기 위해서 자신들이 시리아 민족(Assyrians)임을 강조하였다. 1964년 총대주교 시몬 23세(Mar Eshai Shimun XXIII, 1908-1975)는 교회를 개혁하려다 교회의 분열을 낳고 말았는데, 그를 반대하던 사람들은 1968년에 별도로 동방고대교회(The Ancient Holy Apostolic Catholic Church of the East)를 창립하여 나갔으니, 이 교회의 총대주교좌는 바그다드(Baghdad)에 설치되어 있다. 시몬 23세의 뒤를 이은 聖 딩카 4세(Mar Dinkha, IV, 1935-2015)는 이란의 주교로서 1976년에 주교들에 의해 선출된 최초의 총대주교가 되었으며, 또한 그 신분적 배경 때문에 이라크, 이란 및 레바논의 교회들과 연계하여 1980년에는 반세기에 걸친 유배 본부를 미국의 시카고로 정하고, 聖사도가톨릭시리아동방교회(The Holy Apostolic Catholic Assyrian Church of the East)라는 명칭을 새롭게 정하였다.[29]

2008년 교회 의회는 미국에서 성장한 최초의 주교 Mar Awa Royal을 추천하여 선출하였고,[30] 미국 캘리포니아 교구를 맡겼다; Mar Awa Royal 주교는 2010년 10월 6일 홍콩을 방문하였으며, 이때 道風山 성전에서 시리아동방교회(景敎)의 성찬예식을 한 차례 집례하였다.

중국 당대 경교 전파사(中國唐代景敎傳播史)

唐代 景敎의 현존 문헌으로는 일곱 가지 초본(抄本)이 있다.《序聽迷詩所經》,《一神論》,《大秦景敎大聖通眞歸法贊》,《大秦景敎宣元本經》,《志玄安樂經》,《大秦景敎三威蒙度讚》그리고《尊經》이 있고; 石碑인《大秦景敎流行中國碑》와《大秦景敎宣元至本經》이라는 경당(經幢)이 하나 있다. 이 외에도 새로이 출토된「花氏夫婦神道墓誌銘」이 있다.

상술한 대부분의 경교 필사본들은 기독교 교리의 핵심적 내용을 설명하고 있으니, 이를 통해 경교 선교사들이 기독교 경전을 漢譯化해 온 과정들을 살펴볼 수 있다. 唐代에 경교가 전파된 역사를 고찰해 봄에 있어 특별히 유의해야 할 부분은 바로《尊經》의 내용인데, 이 문헌은 교리에

---

29 Holy Apostolic Catholic Assyrian Church of the East Archdiocese of Australia, New Zealand and Lebanon, "Modern History." Accessed April 25, 2014.
   http://assyrianchurch.org.au/about-us/history/modern/

30 Mar Awa Royal, 1976년 미국 출생. 1999년부터 교회 사제(Priest) 담임. 2007년 로마 동방대학원(Pontificio Istituto Orientale)에서 동방 예배의식에 관한 연구를 완성하여 신학박사 학위를 취득함. 현재 시리아동방교회의 의회 비서 겸 미국 캘리포니아주 교구 주교 및 교회 관계 및 교육발전위원회(Commission on Interchurch Relations, and Education Development, 약칭 CIRED)의 회장을 맡고 있음. 자세한 내용은 저서 Bishop Mar Awa Royel, *Mysteries of the Kingdom: The Sacraments of the Assyrian Church of the East* (Modesto, CA: Edessa Publications, 2011)의 뒤표지에 소개되어 있음.

대한 설명이 아니라 주로 삼위일체의 하나님, 성도(경전 중에는 「法王」이라 칭함), 경전에 대한 尊崇을 표현하고 있으며, 경전을 언급한 부분에서는 이미 漢譯된 작품들을 열거하고 있기 때문에 외형적으로는 하나의 문헌 목록과 비교적 유사하고, 文末에는 작자의 주해 설명이 있어 다음과 같은 말을 하고 있다: 「大秦本教經都五百卅部, 並是貝葉梵音. 唐太宗皇帝貞觀九年, 西域太德僧阿羅本屆于中夏, 並奏上本音. … 後召本教大德僧景淨譯得已上卅部卷, 餘大數具在貝皮夾猶未翻譯.(대진경교의 경서가 530권이 있으나 모두 패엽(貝葉)에 범어(梵語)로 쓰여 있는지라. 唐 태종 황제 정관 9년에 서역의 대덕승 阿羅本이 중국에 와서 이 경서를 바쳤다. … 후에 경교 대덕승 景淨을 불러 30권을 번역게 하였고, 나머지 대다수는 패엽에 남아 있는 채로 아직 번역되지 못했다.)」 이것은 가져온 경교 경전이 총 530여 권이었고, 이미 漢譯된 것이 30권이며, 번역을 기다리고 있는 것이 5백 권임을 말해 주고 있다. 그러나 한역이 이미 되었든 안 되었든지 간에 이 경전들이 어느 곳에 보존되었는지는 아직 명확하지 않으며, 또한 아직 출토된 적이 없으니 이른 시기에 이미 失傳되었을 가능성이 매우 크다. 《尊經》의 주해 설명에 따르면, 景淨이 중국에 있었던 唐 德宗 재위 시기(779-805)는 경교 경전의 漢譯化가 절정에 이른 때였을 것이다.

景淨이 찬술하고 呂秀巖이 글을 쓴 《大秦景敎流行中國碑》는 현존 경교 문헌 중 가장 큰 역사적 가치를 지닌 碑刻으로서 경교가 唐代 중국에 전파된 역사적 면모를 잘 보여 주고 있다. 그리고 2006년 洛陽에서 출토된 《大秦景教宣元至本經》經幢과 2010년 출토된 「花氏夫婦神道墓誌銘」은 경교의 민간사회 전파 과정 그리고 중국의 종교적, 문화적 요소를 흡수하게 된 단서들을 제공해 주었다. 경교 유물 이외에 간과할 수 없는 것이 또 있으니, 唐代 문헌 중 경교와 관련된 기록들로서 《唐會要》, 《冊府元龜》, 《唐大詔令集》 등이 있다. 이 문헌들은 경교가 중국에서 어떻게 전파되었는지를 이해하는 데에 도움을 주는 중요한 자료들이다. 또한 이들은 경교 유물과의 비교, 참조, 종합의 과정을 통해 경교가 중국에서 전파되는 과정과 중국에 들어온 후 직면하게 된 여러 가지 적응과 도전, 가령 정치와 종교의 관계, 종교 간의 경쟁, 문화 언어의 전환, 신학의 현지화 등을 인식하는 데에도 큰 도움이 될 것이다.

「대진경교(大秦景教)」 명칭 탐구

> 眞常之道, 妙而難名, 功用昭彰, 强稱景教. 惟道非聖不弘, 聖非道
> 不大, 道聖符契, 天下文明. (景淨述,《大秦景教流行中國碑》) (참되고 영원
> 한 道는 현묘하여 이름하기 어렵지만, 그 공과 쓰임이 뚜렷하니, 景敎라 칭함
> 이 마땅하다. 오로지 道는 성현이 아니면 떨쳐 일으킬 수 없고, 성현은 道가
> 아니면 위대해질 수 없으니, 道와 성현이 서로 부합하면 천하가 밝아진다.)

현존 경교 유물들에서는「大秦景教」라는 어구가 거의 대부분 碑刻, 寫本, 經幢의 앞 부분에 위치하고 있으니, 이는 官名과 敎內의 敎名이 병용된 명칭이다.「大秦」은 경교가 중국에 들어온 후 조정의 관리들이 사용하던 정식 명칭이었고, 그래서「大秦」이란 이름은 경교 유물에 출현하는 것 외에도 중국의 여러 역사 문헌에도 나타나는 것이다.「大秦」은「波斯 (페르시아)」라는 말이 변용된 것이며, 이에《唐會要》는 경교의 공식 명칭에 대한 변경에 관해서 명확하게 기술하고 있다. 우선,《大秦景教流行中國碑》에 따르면 경교는 貞觀 9년(635) 중국에 들어왔으며, 3년이 지난 정관 12년 7월(대략 638년 8월) 조정에서는 경교가 페르시아(波斯)에서 왔다고 여겼으며, 따라서「波斯敎」를 경교의 중국 공식 명칭으로 삼았고, 경교를 들여온 阿羅本은「波斯僧」이라 불렀다. 경교는 또한 조정의 동의를 얻

어 의녕방(義寧坊)에 사원 한 곳을 짓고 승려 21인을 두었으며, 사원은「波斯寺」라 이름하였다.[31] 경교는 唐 玄宗 때에 이르러 중국에 들어온 지 이미 백 년이 넘었는데, 조정에서는 경교가「波斯」에서 유래된 것이 아니라 이보다 훨씬 머나면「大秦」에서 유래되었음을 마침내 알게 되었고, 그리하여 정확한 명칭을 부여하고자 하는 움직임이 일었다. 《唐會要》에는 당시 官方에서 명한 詔令이 기록으로 남아 있으니:「天寶四載九月(約 745年 10月)詔曰:『波斯經教, 出自大秦, 傳習而來, 久行中國. 爰初建寺, 因以爲名, 將欲示人, 必修其本, 其兩京波斯寺, 宜改爲大秦寺, 天下諸府郡置者, 亦準此.(천보 4년 9월(대략 745년 10월) 조칙에 이르기를:『波斯經教는 大秦으로부터 전해져 와서 오랫동안 중국에서 전파되었다. 그리하여 처음에 절을 지으면서 이를 근거로 이름을 지었다. 그러나 장차 사람들에게 알려 주려면 반드시 그 근본을 고쳐야할 것이다. 兩京의 波斯寺는 마땅히 대진사로 개명해야 할 것이니, 천하의 모든 관서들은 또한 이를 따르라.』)』[32] 이렇게 이름을 바로잡는 조칙은 조정이 경교의 원류에 대해 철저한 조사를 했기 때문이기도 하고, 天寶 3년(744) 大德 佶和가 大秦國 먼 땅으로부터 와서 興慶宮에서 공덕을 쌓은 일과 관련이 있다.[33] 그러나 조칙은 단지「修其本(그 근본을 고침)」하는 일만을 언급했을 뿐「修其本」의 동기를 말하지는 않았으므로, 따라서 그 연유는 알 길이 없는 것이다.

---

31 「寺」는 隋唐 시대에 단순히 종교 장소를 지칭하는 것은 결코 아니었으며, 정확히 말하자면 일종의 관리기관에 대한 명칭이었다. 《舊唐書·職官志》참고:「武德七年(624) 定令: 以太尉, 司徒, 司空爲三公. …次太常, 光祿, 衛尉, 宗正, 太僕, 大理, 鴻臚, 司農, 太府, 爲九寺.(武德 7년(624)에 법령을 제정하였다. 太尉, 司徒, 司空을 三公이라 하였고, … 다음으로 太常, 光祿, 衛尉, 宗正, 太僕, 大理, 鴻臚, 司農, 太府를 九寺라 하였다.)」

32 [宋] 王溥, 《唐會要》(北京: 中華書局, 1955), 卷四十九「大秦寺」條, 864쪽.

33 《大秦景教流行中國碑》:「… (天寶)三載, 大秦國有僧佶和, 瞻星向化, 望日朝尊. 詔僧羅含, 僧普論等一七人, 與大德佶和, 於興慶宮修德. (… 天寶 3년에 대진국 경교승 佶和가 별을 보고 찾아와, 해를 바라보듯 황제를 알현하였다. 황제는 조서를 내려 사제 羅含과 普論 등 17명에게 대덕 佶和와 함께 興慶宮에서 공덕을 닦게 하였다.)」

「景教」라는 이름은 당시의 어떠한 史書나 官에서 반포했던 詔令 등에 보이지 않았고, 단지 경교의 유물들에서만 출현하였으며, 항상 관청의 教名과 연용되었으므로, 「景教」라는 이름은 마땅히 教內에서 사용된 自稱이었음이 분명해 보인다. 또한 경교 초기의 漢譯 경전인 《序聽迷詩所經》과 《一神論》에는 「景教」 혹은 「景」과 관련된 어떠한 글자도 볼 수 없는 것으로 알려져 있는데, 이 두 경전이 세상에 선을 보인 시기는 아마도 기원 641년(貞觀 15년) 이전일 것이기 때문에,[34] 따라서 「景教」라는 이름의 출현은 官名이었던 「波斯教」보다 늦었을 것이고, 이르게 추산하더라도 기원 641년 이후가 될 것이다.

경교 寫本인 《大秦景教大聖通眞歸法讚》의 맨 뒷 부분에는 「沙州大秦寺法徒索元, 定傳寫教讀, 開元八年五月二日.(沙州 大秦寺 신자 索元이 필사하여 교독하다. 開元 8년 5월 2일 「기원 720년 6월 12일」)」이라고 기록되어 있으니, 어떤 학자는 이를 근거로 위작이라고 주장하였다.[35] 그러나 앞서 말한 대로,

---

34 글자의 사용이나 문장 작법을 고려해 볼 때, 《序聽迷詩所經》은 마땅히 《一神論》보다 앞선 작품에 속한다. 《一神論》에는 연도와 관련된 다음과 같은 기록이 있다: 「…此等向天下, 世尊聖化, 行亦無幾多時, 所以分明自爾已來, 彌師訶向天下見也, 向五蔭身, 六百四十一年不過已, 於一切處….(…이렇게 세상을 향하여, 그리스도의 가르침대로 따르면, 얼마 걸리지 않으며, 그리하여 이 이후로 메시아의 복음이 세상에 두루 퍼질 것이 분명하다. 그리스도가 육신으로 현현한 지금까지, 이미 641년이 되었으니, 어떠한 곳에서도….)」

35 林悟殊는 李盛鐸이 소장한 문헌의 특색과 필사 중 기록한 시간을 놓고 볼 때, 《大秦景教大聖通眞歸法讚》은 僞作이라 하였다. 이 필사본의 소유자인 일본인 小島靖은 이 경전을 李盛鐸으로부터 구매했다고 하나, 李盛鐸은 생전에 경전의 소장에 대해 언급을 한 적이 없을 뿐 아니라, 그의 장서 목록에도 이 경전은 올라 있지 않다고 한다. 이러한 까닭으로 林悟殊는 이 경전의 내력이 불분명하며, 따라서 아마도 위작일 것이라고 주장한다; 둘째, 필사본 위의 「大秦寺」와 「開元八年五月二日」이라는 시간의 문제인데, 林悟殊는 《唐會要》의 기록과 「波斯寺」를 「大秦寺」로 수정한 시간이 서로 맞지 않는다고 주장한다. 林悟殊, 《唐代景教再研究》(北京: 中國社會科學出版社, 2003), 167-172쪽 참고.
    필자의 관점은 林悟殊와는 다르므로, 이 경전을 경교 문헌 가운데 하나로 추가시키고자 한다.

唐 玄宗 天寶 4년(745)에 조칙을 내려「波斯教」를「大秦教」로 개명하였으니, 따라서 이 필사본 경전이 반드시 위작이라고 말할 수는 없는 것이다. 또 하나의 가능성은 즉 이것이 본래의 初本이 아닌 후대의 필사본이므로, 建中 2년(781)의《大秦景教流行中國碑》는 貞觀 12년(638)의 詔令을 기록했던 것이고, 자연스레 당시의 관례대로「波斯教」를「大秦教」로 바꾼 것이지, 원래 조칙의 기준에 따라「波斯教」로 기록하지는 않은 것이다. 따라서《大秦景教大聖通眞歸法讚》의 年號상 기재된 시간으로 이 경전의 진위를 따질 수는 없는 것이다. 이 외에도, 현존《大秦景教大聖通眞歸法讚》은 아마도 天寶 4년(745) 이후의 필사본일 것이며, 경전에 기록된「景教」와「大秦」처럼 官名이 연용된 방법도「大秦景教」라는 이름이 開元 8년(720)에 출현한 증거라고 볼 수는 없으며, 이는 분명 후대의 필사본이 官方의 개명에 관한 詔令에 근거하여 원래의 寫本을 수정하였고, 이로써 오늘날의 모습이 되었을 것으로 보인다. 혹 또 다른 가능성이 하나 있다면,「波斯景教」라는 이름은 그것이 정식으로 명명되기 이전에 이미 존재하였고, 정식 명명으로 인하여 天寶 4년 이후의 필사본에 자연스럽게「大秦景教」가 되었을 수 있다. 그러나 지금까지 어떠한 관련 문헌에도「波斯景教」라는 기록을 발견할 수 없으니, 따라서 이 견해에 대해서 본인은 유보적인 태도를 가지고 있는 것이다.

현존 경교 경전 중「大秦」이나「景教」를 제목으로 하지 않는 경전으로는 가장 이른 시기에 완성된《序聽迷詩所經》과《一神論》외에도《志玄安樂經》과《尊經》이 있다.《志玄安樂經》이 쓰여진 시대는 불분명하나,《尊經》에는 이 경전에 대한 기록이 있으므로 아마도 唐 德宗 이전에 이미 존재했을 것으로 보인다.《志玄安樂經》의 앞 부분이나 말미에서는「大秦」이나「景教」라는 글자를 전혀 볼 수 없으나, 본문에서는「景教」라는 이름이 다섯 차례 출현한다:「… 衆眞景教, 皆自無始暨因緣 … 人亦如是, 持勝

上法, 行景敎, 因兼度含生, 便同安樂 … 唯此景敎勝上法文, 能爲含生, 禦煩惱賊 … 惟此景敎勝上法文, 能與含生, 度生死海, 至彼道岸 … 惟此景敎勝上法文, 能令含生, 反眞智命….(… 만유의 참 근원인 景敎는, 모두 시작이 없는 것으로부터 시작되었으며, 단지 창조의 시작에서 … 사람 또한 이러하니, 승리하는 큰 法을 지니고서, 景敎의 요구를 준행하며, 동시에 중생을 구제하니, 그들과 함께 평안과 희락을 얻는 것이다 … 오로지 이 景敎만이 승리의 최고 經文으로, 생명이 있는 모든 중생들을 위하여, 마음 속 번뇌의 적을 막아내고 … 오로지 이 景敎의 승리의 최고 經文만이, 여러 중생들에게, 생사의 바다를 건너, 진리의 피안에 이르게 해 주니 … 오로지 이 景敎의 승리의 최고 經文만이, 생명을 가진 이들로 하여금, 진리의 지혜와 생명으로 회귀하게 하고 ….)」; 또 하나의《尊經》寫本은 唐 德宗 시기에 만들어졌는데, 이 경전의 맨 끝에 있는「評語」에「大秦景敎」가 아닌「大秦本敎」라는 문구가 있다.《志玄安樂經》이라는 經典名의 처음과 끝에서는 결코「景敎」라는 글자를 볼 수 없으나 내용에서는 볼 수가 있고, 또한《尊經》에 출현한 것은「大秦本敎」이지「大秦景敎」가 아니므로, 이는「景敎」라는 명칭이 내부에서는 敎名이 되었고, 아마도 경교가 보급되고 몇 년이 지났을지는 모르지만 실로「大秦」이라는 官名과 연용하여 전국에 통용된 것은 적어도 唐 玄宗 天寶 4년 이후이며, 더더욱 唐 德宗 시기 혹은 그 이후일 수도 있다는 것을 설명해 주고 있다.

《貞元續開元釋敎錄》에는 唐 德宗 貞元 시기(785-805) 西明寺 승려 圓照가 경교를 일컬어「彌尸訶敎」라 칭했음을 기록하고 있는데,[36] 이 이름은 오

---

36 경교 문헌은「彌施訶」혹은「彌師訶」라 했으니, 시리아어 音譯으로는 ܡܫܝܚܐ이며, 讀音은 məšīhā이다. 현재는「미새아(彌賽亞)」혹은「그리스도(基督)」라 한다. 貞元 2년에서 4년(786-788년)까지 景淨은 西明寺의 불경 번역 작업에 참여했고, 圓照는 景淨의 번역을 평가하며 큰 불만을 표시했다:「景淨不識梵文. 復未明釋敎. 雖稱傳譯未獲半珠. 圖竊虛名匡爲福利錄表聞奏. 意望流行. 聖上睿哲文明允恭釋典. 察其所譯理昧詞疏. 且夫釋氏伽藍大秦僧寺居止旣別. 行法全乖. 景淨應傳**彌尸訶敎**(景淨은 산스크리트어를 알지 못하고 불교의 교리에도 밝지 못하였다. 비록 번역이 아직 절반의 성과를 얻은 것은 아

늘날 중국어에서 말하는「基督教」이고, 불교는 경교를「彌尸訶教」라 했으니, 이는 그 신의 이름으로 종교를 칭하면서 애써 신의 이름에「주검尸」자를 사용한 것은 분명 불손한 뜻이 들어 있는 것이며, 이는 경교 문헌이 일반적으로「彌施訶」혹은「彌師訶」로 신의 이름을 일컫고 있기 때문이다. 경교는 중국 唐代 를 통틀어「彌施訶教」라는 教名을 써 본 일이 없으니, 이는 아마도 당시 사람들에게 인위적인 종교라는 인상을 주지 않기 위함이 가장 큰 이유인 것으로 보인다.

시리아동방교회가 중국에 들어와「景教」라는 이름을 教名으로 선택한 것은 그 이유가《大秦景教流行中國碑》에 기록되어 있다:「眞常之道, 妙而難名, 功用昭彰, 強稱景教.(참되고 영원한 도는, 현묘하여 이름하기 어렵지만, 그 공과 쓰임이 뚜렷하니, 景教라 칭함이 마땅하다)」. 여기에는 시리아동방교회가 그 教名을「景教」로 정한 것이 자의적인 것이 아니라는 것을 보여 주고 있는데, 하나의 참된 진리로서는 그 어떠한 명칭도 현묘하고 광대한 의미를 제한할 수 있기 때문이다. 그러나 중국에서의 포교를 위하여 이러한 명칭을 사용할 수밖에 없었으니, 세상 사람들에게 그 공로를 뚜렷하게 드러낸다는 뜻으로서「景教」라 칭한 것이다.「景」은「日」과「京」을 합친 것으로서,[37] '큰 빛'이라는 뜻을 내포하고 있으며, 이는 아마도 세상 사람들에 대한 메시아의 선언:「我在世上的時候, 是世上的光.(내가 세상에 있

니라고 하나, 헛된 이름 좇기만을 도모하니 福利가 되지 못하였고, 이에 표를 올려 아뢰었으니, 세상에 널리 퍼지기를 바람이다. 성상께서는 명철하시고 문장에 밝으셨으며 불교 경전을 진실로 공경하였다. 그러나 그들이 번역한 것을 살펴보니 이치에 어둡고 문장이 허술하였다. 한편 불가의 伽藍과 大秦의 僧寺는 거주하는 곳이 이미 다르고 수행하는 법도 서로 어긋나니, 景淨은 메시아교를 傳教하는 것이 마땅하다 할 것이다.)」[唐] 圓照,《大唐貞元續開元釋教錄》卷上,《大正新脩大藏經》제55책 No.2156, p0756a 21-27 참고.

37 《說文解字》:「景: 光也. 從日京聲.(景은 光이다. 날 日에 京의 발음이다.)」「京」: '크다'의 의미.《漢書·揚雄傳上》:「入洞穴, 出蒼梧, 乘鉅鱗, 騎京魚.(깊은 동굴로 들어가고, 舜임금이 죽었던 蒼梧를 나오며, 큰 물고기를 타고 고래에 올라탄다.)」

는 동안에는 세상의 빛이로라.)」라는 말씀일 것이며,[38] 그 가르침은 세상에서 메시아가 선포한 대로 빛을 가져야 한다는 의미를 비유하고, 또한 그 참된 진리가 세상 사람들에게 공로로서 명확히 드러나야 한다는 것이니, 결국 「景教」라는 이름이 하는 수 없이 중국에서의 敎名이 되어 버린 것이다. 「景教」는 官名이었던 「波斯教」, 「大秦教」가 종교의 발원지로 이름을 정한 것과는 다르며, 또한 「메시아교(彌尸訶教)」라는 이름이 그 종교가 모시는 신을 명칭으로 쓴 면에서 불교와는 다르다. 「景教」라는 이름은 깊은 신학적 의미가 있는 것으로서, 자신의 지위를 확고히 다짐은 물론, 아마도 「하늘의 계시(天啟)」의 종교라는 점을 강조하는 데에 있을 것이다.

다음은 「景教」가 唐代 역대 왕조에서 어떻게 전파되었는지, 또한 중국에서 어떻게 그 「공로와 쓰임이 현저하다(功用昭彰)」라는 사실을 증명했는지에 대한 역사를 소개하는 내용이다. 서술의 편의를 위하여 대략 「波斯教」와 「大秦教」로 두 개의 비교적 큰 역사적 分期를 정하고, 중간에는 각 朝代 황제의 통치 기간을 부차적인 分期로 하겠다. 전기는 唐 太宗 貞觀 9년부터 시작하여 唐 玄宗 天寶 3년까지이며, 후기는 天寶 4년부터 唐末까지로 한다.

「파사교(波斯敎)」 시기(635-744)

당 태종(唐 太宗: 626-649)

唐 太宗 貞觀 9년(기원 635년), 阿羅本과 21명의 선교사들은 페르시아로부터 경전을 가지고 長安에 도착했으며, 太宗은 宰相 房玄齡을 장안 서쪽 외곽 지역으로 파견하여 그들을 영접하였고, 황궁으로 초빙하여 궁중의

書閣에서 經典을 번역할 수 있도록 배려하였으며, 궁정으로 불러 景教의 교리에 대해 질문을 하기도 하였다. 그 후 태종은 경교의 교리가 진실되고 올바르다는 것을 깨닫고는 3년 후 이 새로운 종교가 중국 각지에서 선교활동을 할 수 있도록 특별히 허가하는 조칙을 내리게 된다:「道無常名, 聖無常體, 隨方設教, 密濟群生. 波斯僧阿羅本, 遠將經像來獻上京, 詳其教旨, 玄妙無爲; 觀其元宗, 生成立要, 濟物利人, 宜行天下. 所司即於京義寧坊, 建寺一所, 度僧廿一人.(道에는 영원한 이름이 없고, 聖人에게도 평소 일정한 몸이 없다. 어디에서나 교화를 시행하여, 중생들을 면밀히 제도하나니, 大秦國의 大德 아라본[阿羅本, Alopen]이 멀리서 경전과 형상을 가지고 수도에 와 헌상하였다. 그 教旨를 자세히 살펴보니, 심오하고 미묘한 자연의 이치이더라; 그 근본 宗旨를 관찰하니, 생명이 이루어지는 데에 긴요하고, 말씀에 번잡한 설명이 없고, '비움'과 '놓음'의 이치「고기를 잡고 나면 통발을 잊어버린다」가 들어 있으며, 만물을 제도하고 인간을 이롭게 하니, 마땅히 천하에 널리 행하도록 하라. 관장할 곳으로 長安 부근 의녕방에 사원 한 곳을 지었으니, 승려가 21인에 이르렀다.)」[39] 여기서 유념해야 할 것은, 阿羅本이 당시 조정의 藏書閣에 들어가 번역 작업을 했다는 것인데, 《唐六典》에는:「自漢延熹至今, 皆秘書省掌圖籍.(漢나라 延熹 때부터 지금까지, 모두 秘書省에서 도서를 관장하였다.)」라고 기록되어 있다.[40] 당시 秘書省을 제외하고 門下省의 弘文館, 中書省의 史館, 東宮의 司經局, 崇文館 등이 모두 풍부한 장서를 가지고 있었는데, 唐 太宗 즉위 시, 장서가 20여만 책이 있었으니, 아라본(阿羅本)이 譯經 작업을 하던 곳은 아마도 이 중의 한 곳이었을 것이다.[41]

---

39 [宋] 王溥, 《唐會要》, 卷四十九「大秦寺」條, 864쪽. 여기 기록된 詔令은 《大秦景教流行中國碑》의 내용과 상이한 부분이 있는데, 전자는 貞觀 12년(638)에 기록된 것이고, 경교의 지역적 원류로 인하여「波斯教」,「波斯寺」로 불렸다. 天寶 4년(745)에 이르러서야 비로소「大秦」이라는 정식 이름으로 불리었으며, 이로써 建中 2년(781) 비석을 세울 때, 이 詔令의 내용에 대해 부분적으로 이름을 바로잡아 기록한 것이다.

40 [唐] 李林甫 等 撰, 陳仲夫 點校, 《唐六典》(北京: 中華書局, 1992), 卷九「集賢殿書院」, 279쪽.

41 鄧洪波, 《中國書院史》(臺北: 臺灣大學出版中心, 2005), 35-36쪽.

景敎가 최초로 궁중의 허락을 받아 사원을 지은 곳은 長安城 서북쪽의 義寧坊으로서, 開遠門에 근접한 곳이었고, 이 문은 隋唐 시대 비단길의 출발점이었다. 당시 장안성은 坊市제도의 관리 방식이었는데, 성 안을 109개의 坊으로 나누고 각각 坊市門을 설치하였으며, 성문의 각 坊角에는 武侯鋪(*譯者註: 唐代 坊 안에 설치된 곳으로서 오늘날의 도시 관리소와 파출소, 소방서가 결합된 형태)가 있고, 衛士와 彍騎(*譯者註: 唐代 宿衛兵의 명칭)가 주둔하고 있었으며, 해질 무렵에는 북을 8백 번 친 후 문을 닫곤 했었다; 야간에는 騎兵이 순찰을 돌았고, 武官이 암행 순시를 하였다; 5更 2點(대략 새벽 4시 50분)에는 거리의 북을 쳐 울려서 坊市門이 열림을 알렸다.[42] 이러한 관리제도는 한편으로 長安의 京司를 보호하는 역할을 하였고, 한편으로는 경교가 이런 고도의 도시관리 제도와 엄밀하고 잘 정비된 사회 저변으로부터 발전하게 될 것임을 나타내 주고 있으며, 따라서 이러한 성숙한 문명시스템은 페르시아에서와는 다른 극명한 차이를 보여 주고 있는 것이다.

경교의 아시아 총본부는 페르시아의 수도 셀류키아 크테시폰(Seleucia Ctesiphon)에 설립되었는데, 당시 페르시아의 사산왕조(Sassanid Dynasty)는 거의 쇠락한 상태였다. 기원 627년 페르시아 군주 호스로 2세(Chosroses II, 590-628)는 비잔틴제국과 전쟁을 하고 있었으나, 자국 군대와 기독교 상인연합의 정변에 의해 살해되고 말았다. 그 후 카바드 2세(Kavad II, 628)가 왕위를 계승하고 비잔틴제국과의 관계 회복을 시도했지만 얼마 되지 않아 내란 중 살해당했으니, 페르시아의 사산왕조는 결국 651년에 아라비아에게 완전히 정복당하고 말았으며, 그 망명정부가 唐朝로 도망하여 살 길을 찾게 되었다.[43] 경교는 페르시아 국내의 혼란 시기에 중국

---

42   《新唐書·百官志》,「左右金吾衛」一條目.
43   《新唐書·西域列傳》:「施利死, 貞觀十二年遣使者似半朝貢, … 伊嗣俟不久爲大食所逐 … 子卑路斯入吐火羅以免 … 其子泥涅師爲質 … 開元·天寶間遣使者十輩….(카바드 2

에 들어온 것이었고, 그들 일행은 당나라 사람들의 눈에는 당연히 페르시아 오랑캐이자 외국 상인으로 보였을 것이다. 당시 외국에서 온 상인의 접대를 관리하는 일은 외교 접대, 민족 간 업무, 凶喪 의례를 주관하던 鴻臚寺에 귀속되어 있었다.[44] 鴻臚寺는 唐代에 또한 寺와 觀의 종교 업무를 관장하였고, 홍려사에 예속된 崇玄署가 僧, 尼, 寺, 觀 등의 帳籍 登記에 관한 사무를 주관하였으니,[45] 唐代 전체의 僧尼, 道士 등의 숫자가 당시에는 상세하게 기록되어 있었다.[46]

당 고종(唐 高宗: 649-683)

기원 649년에 이르러 唐 高宗이 즉위하였고, 그는 부친의 유지를 받들어 景敎가 발전할 수 있도록 해 주었다. 《大秦景敎流行中國碑》는 阿羅本이 唐 태종과 고종 시기에 「鎭國大法主」로 봉해졌고, 경교가 경내에서 지속적으로 발전하였으며, 「法流十道, 國富元休, 寺滿百城, 家殷景福.(경교의 법이 十道에 두루 퍼져 나라는 부유해지고 백성은 편안해졌으며, 사원들이 수많은 성읍에 충만하여 집집마다 커다란 복이 가득하였다.)」라는 내용을 기록하고 있다. 《大秦景敎流行中國碑》의 이 부분 기록과 《唐會要》에 의하면, 唐 玄宗이 天寶 4년(745)에 발표한 조칙의 기록:「 ··· 其兩京波斯寺宜改爲大秦寺, 天下諸

세가 죽었고, ···정관 12년 사신을 보내어 조공했다. ···야즈데게르드 3세가 얼마 지나지 않아 사라센에 쫓기게 되었다. ···아들 피루즈는 토화라로 들어가 화를 면했고 ··· 그의 아들 나르시에가 인질로 잡혔고 ··· 개원·천보 연간에 사신 십여 명을 보냈다····.)」

44 《新唐書·百官三》, 「鴻臚寺」一條目.
45 邱樹森 編, 《中國歷代職官辭典》(南昌: 江西敎育出版社, 1991), 「崇玄署」, 「崇玄令」條, 596쪽.
46 王溥所 撰, 《唐會要》, 卷四十九 「僧籍」條에 상세한 숫자가 있음: 「天下寺五千三百五十八, 僧七萬五千五百二十四, 尼五萬五百七十六. ···會昌五年, 敕祠部檢括天下寺及僧尼人數, 凡寺四千六百, 蘭若四萬, 僧尼二十六萬五百人.(천하의 寺는 5,358개소이고, 승려는 75,524명이며, 비구니는 50,576명에 이른다. ···會昌 5년, 敕祠部가 전국의 사찰과 僧尼의 숫자를 조사하니, 寺가 4,600여 소요, 寺院이 4만여 소이고, 승니의 숫자가 26만 5백여 명에 달했다.)」 [宋] 王溥, 《唐會要》, 863-864쪽 참고.

府郡者, 亦宜准此.(··· 兩京의 波斯寺는 마땅히 大秦寺로 개명하니, 천하의 모든 府郡도 마땅히 이를 따를 것이라.)」[47]에 비추어 볼 때, 경교는 長安과 洛陽 두 수도에 모두 사원을 지었을 뿐만 아니라 그 발전 또한 매우 안정적이었으니, 수도 외에 각 州縣에서도 각각 교회당을 건설했던 것이다.

「法流十道(경교의 법이 十道에 두루 퍼지다)」,「寺滿百城(사원들이 수많은 성읍에 충만하다)」이라는 기록을 통해 보면 경교가 중국에 들어온 초기 50년 동안은 매우 풍족한 성과를 거두었음을 알 수 있다. 「十道」는 唐 태종 貞觀 元年에 전국을 산천의 형세에 따라 '關內, 河南, 河東, 河北, 山南, 隴右, 淮南, 江南, 劍南, 嶺南' 등 十道로 나눈 것인데, 開元 21년(733)에 이르러서는 唐 현종이 十道를 十五道로 확장 개편하였다.[48] 景教碑의 기록 또한 唐代 정부가 행정체제 상의 개혁을 단행하였고, 경교 또한 지방 행정제도의 변화에 발맞추어 발전했음을 잘 입증해 주고 있다. 결론적으로 太宗과 高宗은 경교를 상당히 예우해 주었을 뿐만 아니라 비교적 큰 발전적 공간을 제공해 주었음을 알 수 있다.

무측천(武則天: 690-705), 당 현종(唐玄宗: 先天 시기, 712-713)

聖曆年, 釋子用壯, 騰口於東周. 先天末, 下士大笑, 訕謗於西鎬.

有僧首羅含, 大德及烈, 並金方貴緒, 物外高僧, 共振玄綱, 俱維絕紐.(景淨述,《大秦景教流行中國碑》)

(則天武后 聖曆 연간에, 불교 승려들이 힘을 과시하며, 洛陽에서 제멋대로

---

47 [宋] 王溥,《唐會要》, 卷四十九「大秦寺」條, 864쪽.
48 唐代의 道制 개혁은 장기간에 걸쳐 이루어졌으니, 睿宗, 玄宗 때에 개혁이 시작되어 景雲 元年(710)에 貞觀의 十道를 十二道로 나누었고, 開元 21年(733)에 15道로 변경하여 按察과 採訪使를 두었으며, 代宗, 德宗 때에 이르러 일단락되었다. 또 乾元 元年(758)에 觀察使로 변경 배치하였고, 大曆 12년에서 建中 3年(777-782)에 觀察使와 僚佐俸祿을 제정하였으며, 道의 편제가 정식 관료체제에 편입된 후 거의 70여 년 간 지속되었다. 郭鋒,《唐代道制改革與三級制地方行政體制的形成》,《歷史研究》第6期(2002): 96쪽 참고.

지껄였으며, 玄宗 先天 말에는 천민들이 長安에서 경교를 비방하였다. 사제의 수장 羅含과 大德 及烈, 그리고 서방에서 온 존귀한 인물, 속세를 벗어난 경교 지도자들이 있어, 현묘한 도리를 함께 진작하고, 단절된 경교의 유대를 모두 지켜 나갔다.)

唐 왕실은 李氏 성이고, 道敎가 섬기는 老子도 같은 성이므로, 도교는 唐代에 숭앙받을 만한 조건을 갖추고 있었다. 가장 큰 변화가 일어난 것은 武則天 즉위 후였는데, 불경 번역으로 인하여 정치적으로 중대한 변화가 발생하였고, 따라서 大乘佛敎는 극도의 존중을 받았으며, 또한《華嚴經》의 번역이 완벽하지 못하다고 느꼈기에 證聖(*譯者註: 武則天의 年號) 元年 (695)에는 于闐國(*譯者註: 기원전 232-1006, 우전국은 고대 서역 불교왕국으로, 중국 당나라 安西都護府 安西 四鎮 중 하나였음.)에서 온 實叉難陀(실차난타, 652-710)에게 東都(洛陽)의 大遍空寺에서 다시 번역을 진행할 것을 명했다. 이후 菩提流志와 義淨이 제공한 梵文본《華嚴經》이 있었고, 復禮와 法藏도 洛陽 佛授記寺에서 번역작업을 진행하여 聖曆 2년(699)에는 《大方廣佛華嚴經》 총 80권이 완성되었다.[49]

---

49 [唐] 智昇,《開元釋敎錄》卷九,《大正新脩大藏經》第五十五冊 No.2154, p0566a13-22:「沙門實叉難陀, 唐云喜學, 于闐國人. …天后明揚佛日敬重大乘, 以華嚴舊經處處未備. …以天后證聖元年乙未, 於東都大內大遍空寺譯華嚴經, 天后親臨法座煥發序文. …南印度沙門菩提流志沙門義淨同宣梵本, 後付沙門復禮法藏等, 於佛授記寺譯, 至聖曆二年己亥功畢.(사문「Shramana」實叉難陀는 唐나라 때 喜學이라 불렀으며, 于闐國 사람이다. …武則天께서는 부처를 선양하고 大乘을 삼가 받들었으나, 옛 華嚴經은 아직 七處 九會가 갖추어지지 않았다. …武則天 證聖 元年 乙未년에 洛陽 大遍空寺에서 화엄경을 번역하였고, 이에 武則天이 법좌로 친행하시어 직접 서문을 써 주셨다. …남인도의 사문 菩提流志와 승려 義淨이 經文을 함께 선창하였고, 후에 사문 復禮, 法藏 등에게 넘겨주었으니 佛授記寺에서 번역을 진행하였고, 聖曆 2년 己亥년에 이르러 번역사업을 마쳤다.)」참고. 實叉難陀 奉譯,《大周新譯大方廣佛華嚴經》序,《大正新脩大藏經》 第十冊 No.279, p0001b06-12:「粤以證聖元年, 歲次乙未, 月旅沽洗, 朔惟戊申, 以其十四日辛酉, 於大遍空寺, 親受筆削, 敬譯斯經. …以聖曆二年, 歲次己亥, 十月壬午朔, 八日己丑, 繕寫畢功; 添性海之波瀾, 廓法界之疆域.(이에 證聖 元年 乙未년 3월 14일 辛酉에 大遍空寺에서 직접 쓸 것과 버릴 것을 구분하여 친히 받고, 삼가 이 경전을 번역하였다. …聖曆 2년 己亥년

武則天은 《新譯大方廣佛華嚴經序》에서 불교가 帝位에 어떤 영향을 미치는가에 대해 명백히 밝히고 있다: 「朕曩劫植因, 叨承佛記. 金山降旨,《大雲》之偈先彰; 玉扆披祥,《寶雨》之文後及. 加以積善餘慶, 俯集微躬, 遂得地平天成, 河清海晏. 殊祥絶瑞, 既日至而月書; 貝牒靈文, 亦時臻而歲洽.(짐이 지난 세월 인연을 맺어 부처님의 受記를 외람되이 받았으니, 金山이 뜻을 내려 주심에 大雲의 게송이 먼저 울려 퍼졌고, 玉扆가 상서로움을 헤칠 때에는 寶雨의 법문이 뒤를 이었네. 게다가 積善餘慶이 비천한 몸에 내려 주시길 바라오니, 마침내 천지가 잘 다스려졌고 河海가 맑고 잔잔해졌다. 비길 데 없는 상서로운 일들이 이미 날로 이르고 달로 쌓였으니; 신령스런 梵語 경문이 때마침 이르러 세세토록 두루 퍼졌도다)」.[50] 이 중 《大雲》이란 《大雲經》을 지칭하며 《寶雨》는 《寶雨經》을 말하니, 이 두 경전은 마치 해와 달이 연이어 오는 것과 같이 그녀의 대업을 서둘러 성사시켰다. 그 후 또한 佛授記寺에서는 高僧들을 초청하여 경전을 강의하였고,[51] 이때는 조정이 불교를 두텁게 신임하고 있었기 때문에, 때맞춰 玄奘으로부터 서역으로 내려가 梵文 經書를 수집하고 梵文에 능통한 자를 찾아 번역을 진행하였으니, 불교가 크게 성행하게 되었다.

불교의 번역작업은 중단 없이 진행되었고, 先天 2년(713)에 이르러서는 玄奘이 서역으로부터 중국으로 가지고 온 《大寶積經》의 번역이 마무리되었다.[52] 또한 河南府 告成縣의 主簿인 徐鍔이 그 역사를 기술하였으니, 서

10월 8일 己丑에 번역하여 쓰는 일을 끝내니; 性海의 물결이 더해지고 온갖 법계의 강역이 넓어졌다.)」

50   武皇后,《大周新譯大方廣佛華嚴經序》,《大正新脩大藏經》第十冊 No.279, p0001a17-21.

51   錢塘慈雲沙門,《法界宗五祖略記》,《卍新纂續藏經》第七十七冊 No.1530, p0621c09:「聖歷二年十月八日譯畢, 佛授記寺諸大德請師開演.(聖歷 2년 10월 8일 역경 작업을 마쳤고, 佛授記寺의 여러 大德들이 고승들을 초청하여 강의를 열었다.)」

52   麟德 元年(664)에 譯經한 고승과 玉華寺의 문인들은 일찍이 玄奘을 초청하여 번역을 시작하였으나, 玄奘이 몇 행을 번역한 후 이미 나이가 많아 힘이 부족함을 느꼈으므로 《大寶積經》의 번역은 아직 이루어지지 못했다. 釋彥悰 箋,《大唐大慈恩寺三藏法師傳》卷十,《大正新脩大藏經》第五十冊 No.2053, p0276c02-7 참고.

술 중에 불교에 대한 칭송과 찬양을 충분히 드러내었고, 여러 관원들이 불교를 믿게 된 상황들을 잘 표현해 내었다. 그러나 불교에 대한 찬양 때문에 기타 다른 종교들에 대한 배타적인 모습들이 드러나게 되었는데,[53] 경교는 이 때문에 곧 배척당하게 되었다. 그 후 唐 玄宗의 즉위로 인하여 龍興寺觀에서 열렸던 황제의 제사일과 탄신일 축하식을 開元寺觀에서 거행하였고, 또한 開元寺觀에 玄宗의 肖像을 안치하도록 조칙을 내리기도 하였다.[54] 경교는 이때 또 이러한 이유들로 인하여 재차 충격을 받게 되었는데, 그러나 武后와 玄宗 즉위 초기의 연이은 타격이 있은 후, 경교 선교사들이 제2차로 다시 중국에 입국하였으니, 僧首 羅含과 大德 及烈[55]이 서방에서 먼 길을 건너와 새로운 인력과 물력을 들여오고, 조정과의 단절된 관계를 회복하도록 도움으로써 경교는 다시 본래의 지위를 회복하게 되었다.

당 현종(唐玄宗: 開元 시기, 713-741)

唐 현종 李隆基가 즉위할 때 先天의 정변(先天之變)이 발생하였으니,[56]

---

53 [唐] 徐鍔,《大寶積經述》은《大寶積經》卷一에 수록되어 있음,《大正新脩大藏經》第十一冊 No.310.《大寶積經述》의 찬술자는「唐朝議郎行河南府告成縣主簿徐鍔」이라 서명하였으며,《全唐文》과《神會語錄》卷一의 기록에 의하면, 모두 徐鍔이 洛陽의 縣令으로 언급되어 있다.
《全唐文》卷二百九十五,「徐鍔」條 참고; 胡適 編,《神會和尚遺集》(上海: 亞東圖書館, 1930), 146쪽. 그러므로 앞글에서 譯經사업으로 인하여 불교가 크게 확장되었다는 내용을 정리하였는데,「下士大笑, 訕謗於西鎬.(下流 선비들이 西鎬에서 비웃고 비방하였다)」라는 내용은 아마도 훗날 洛陽 縣令이 된 徐鍔을 가리키는 것 같다.

54 志磐,《佛祖統紀》卷四十,《大正新脩大藏經》第四十九冊 No. 2035, p0375a12, 23-24쪽.

55 及烈은 開元 2年 12月(714年) 嶺南 지역 市舶司인 右威衛中郎將 周慶立과 함께 기이한 물건과 기예를 널리 만들어 조정에 들였다 하여 탄핵을 받았다.《唐會要·禦史臺下》참고.

56 '先天之變'은 唐 玄宗 李隆基 재위 당시 일어난 政變으로서, 先天 2년(713) 武則天의 총애를 받던 太平公主가 반란을 준비했다고 하여 관련된 일당들을 처결하고 태평공주에 사약을 내림으로써 唐 현종이 안정적인 정권을 획득하게 되었다. 王仲犖,《隋唐五代史》上冊(上海: 上海人民出版社, 1997), 144-146쪽 참고.

이 정변은 또한 唐朝가 여러 차례 경험했던 兵變과 오랜 세월 쌓여 온 궁중 내란 사태의 결말이었고, 연호를 開元으로 변경하고는 곧 국내의 정치, 경제 업무 처리에 집중하게 되었다. 開元 2년(713) 中書令 姚崇(651-721)은 상소를 올려 과거 오랫동안 쌓여 온 승려들의 군역과 세금 회피 문제를 처리해 줄 것을 요청하였다: 「自神龍(武周)已來, 公主及外戚, 皆奏請度人, 亦出私財造寺者. 每一出敕, 則因爲姦濫, 富戶强丁, 皆經營避役, 遠近充滿, 損污精藍. 且佛不在外, 近求於心, 但發心慈悲, 行事利益, 使蒼生安樂, 卽是佛身, 何用妄度姦人, 令壞正法.(神龍 연간 이래로 공주와 외척들이 모두 황제에게 아뢰어 승려로 삼아 달라고 요청하였고, 사재를 털어 절을 지은 사람도 있습니다. 매번 칙령을 내릴 때마다 간악함이 도가 지나쳐 부잣집의 건장한 청년들이 모두 병역을 회피함이 원근 각처에 가득 차서 佛寺에 해를 끼쳤습니다. 부처는 밖에 있는 것이 아니라 마음속에서 구하는 것이니, 자비를 베풀고 이로움을 행하여 세상 모든 사람을 안락하게 하는 것이 바로 부처의 본체일진대, 어찌 간악한 자를 망령되이 제도하여 올바를 법을 깨뜨리려 하십니까.)」[57] 특히 이 상소에서는 부잣집 장정이 개인 재산으로 사원을 개설하여 부역을 회피하는 것에 대해 문제점을 지적하였는데, 첫째는 군 복무를 할 장정이 부족하게 된다는 점, 둘째는 토지세를 정상적으로 징수할 수 없다는 점이었다. 唐代의 농경 소작제도에서는 僧籍을 얻은 자에게는 균등하게 30畝의 밭을 분배하였는데, 그 논밭의 분배방식은 평범한 백성 가정의 한 남자에게 1畝의 밭을 분배하는 것과는 많은 차이가 있었으나,[58] 조세 징수에 있어서는 차이를 두지 않아서,[59] 僧, 尼, 道士 등의 토지 및 조세의 문제에 심각한 허점이 생기게 되어, 「浮惰之人, 苟避徭役, 妄爲剃度, 托號出家, 嗜欲無厭, 營求不息. 出入閭裡, 周旋

---

57 [宋] 王溥,《唐會要》, 卷四十七「議釋敎上」條, 836-837쪽.
58 [唐] 李林甫 等 撰,《唐六典》, 卷三「戶部郎中, 員外郎」, 74쪽.
59 [唐] 李林甫 等 撰,《唐六典》, 卷三「戶部郎中, 員外郎」, 76쪽.

闤闠, 驅策田産, 聚積貨物.(빈둥거리며 나태한 자들이 제멋대로 부역을 회피하고, 함부로 삭발 의식을 행하여 칭호를 받아 출가하며 끝없이 향락을 도모하였다. 마을 어귀를 드나들고 저잣거리를 돌아다니며 토지를 함부로 부려대어 재물을 축적하였다.)」[60]과 같은 일이 생기게 되었다. 이런 일로 인하여 전국 僧尼들 중 3만여 명에 달하는 이들이 환속 당하는 일이 발생하였고,[61] 불교는 처음으로 조정의 강력한 힘에 의해 대대적인 정비를 당하게 되면서 武后시대의 영광을 상실하게 되었다.

景教도 또한 唐 왕실의 종교정책에 영향을 받았으나 《大秦景教流行中國碑》에는:「玄宗至道皇帝, 令寧國等五王, 親臨福宇, 建立壇場. 法棟暫橈而更崇, 道石時傾而復正.(玄宗 황제는 寧國 등 五王들에게 명하여, 佛寺에 친히 왕림하시어 제단을 세우도록 하셨다. 법의 기둥이 잠시 휘어졌으나 더 높이 솟았고, 일시 기울어졌던 道의 초석이 다시 바로 놓이게 되었다.)」라고 기록되어 있다. 경교 내에서의 운영은 아직 어떠한 영향도 받지 않은 듯 도리어 唐 玄宗 李隆基의 다른 다섯 형제가[62] 직접 景教寺를 찾아 법단을 세울 정도로 황실 형제들과의 관계가 각별하였음을 알 수 있다. 게다가 불교가 대대적인 정비를 받았기 때문에 경교는 숨을 좀 돌릴 수 있게 되었고, 불교로부터의 공격도 면할 수 있었다. 경교에는 불교처럼 사유재산을 이용해 사원을 지어 부역과 세금을 회피하는 문제가 없었고, 문헌의 기록에 의하면 도리어 승려 신분을 가진 자가 국가를 위해 보응하고 나라의 군직이나 기타 관직을 겸하고 있었는데, 가령 《大秦景教流行中國碑》를 건립한 경교

---

60 《舊唐書·高祖本紀》,「武德九年(무덕 9년)」.
61 [宋] 王溥,《唐會要》, 卷四十七「議釋教上」條, 837쪽.
62 唐 玄宗 李隆基의 다섯 형제는 각각 '讓皇帝 李憲(寧王), 惠莊太子 李撝(申王), 惠文太子 李範(岐王), 惠宣太子 李業(薛王), 隋王 李隆悌'이다. 李憲은「寧王」으로 봉해졌으므로「寧國」이라 불렸다. 다섯 형제가 모두 王으로 봉해졌기에「五王」이라 불린다. 唐 玄宗과 그 형제들은 우애가 매우 깊었다고 한다.

승려 伊斯를 그 예로 들 수가 있다.

앞서 언급했던 及烈은 唐 현종이 정치와 경제 문제를 정비하던 동년 10월에 아마 海路를 거쳐 중국에 들어온 듯하다. 廣州 지방 市舶使 右衛威中郎將인 周慶立이 괴이하고 이상한 물건을 만들어 황제에게 헌상하였는데, 監選使 殿中侍御史인 柳澤이 서한을 올려 이에 대해 진언하였기 때문에 唐 현종은 민심의 혼란을 피하기 위하여 周慶立을 처형해 버렸다고 한다.[63] 그러나 大德僧 及烈은《大秦景教流行中國碑》에서 말한 대로, 시리아 동방교회 본부에서 파견되어 경교와 조정의 관계를 회복할 것을 명 받았기에, 開元 20년(732)에 이르러 비로소 다시 朝貢하여 唐 현종으로부터 자색 袈裟와 織物 오십 필을 하사받았다.[64]

---

[63] 《舊唐書·玄宗本紀》:「十二月乙丑, …時右威衛中郎將周慶立爲安南市舶使, 與波斯僧廣造奇巧, 將以進內. 監選使, 殿中侍御史柳澤上書諫, 上嘉納之.(12월 乙丑일, …그때 右威衛中郎將 周慶立이 安南 지방 市舶使였는데, 파사승과 함께 괴이한 물건을 만들어 황제에게 헌상하였다. 이에 監選使와 殿中侍御史인 柳澤이 상소하여 간언하였으니 임금이 기꺼이 받아들였다.)」 참고.

[64] 《冊府元龜·外臣部·朝貢第三》:「(開元二十年)九月波斯王遣首領潘那蜜與大德僧及烈朝貢.(개원 20년 9월 페르시아의 왕이 수령 潘那蜜과 대덕승 及烈을 보내 조공하였다.)」 참고

《冊府元龜·外臣部·褒異第三》:「(開元二十年)八月庚戌波斯王遣首領潘那蜜與大德僧及烈來朝, 授首領爲果毅, 賜僧紫袈裟一副及帛五十疋放還蕃.(개원 20년 8월 庚戌일에 페르시아 왕이 수령 潘那蜜과 대덕승 及烈을 파견하여 조정으로 보내니, 수령에게 果毅의 관직을 주고 자색 가사 한 벌과 직물 50필을 하사하여 吐蕃으로 돌려보냈다.)」

'紫袈裟'는 조정에 공이 있는 승려에게 하사된 '紫色 法衣'이다. 「賜紫迦裟」는 武則天 때부터 시작되었다. 志磐,《佛祖統紀》卷三十九,《大正新脩大藏經》第四十九冊 No. 2035, p0369c07-8 참고:「載初元年, (武則天)敕沙門法朗九人重譯《大雲經》, 並封縣公賜紫袈裟, 銀龜袋.(載初 원년에 武則天이 칙령을 내려 사문 法朗 등 9인에게《大雲經》을 다시 번역하도록 하였고, 縣公에 봉하면서 자색 가사와 은거북 자루를 하사하시었다.)」

대진교(大秦敎: 745-845)

당 현종(唐玄宗: 天寶 시기, 742-756)

《大秦景敎流行中國碑》에는 다음과 같은 기록이 있다:「天寶初, 令大將軍高力士, 送五聖寫眞, 寺內安置, 賜絹百匹. 奉慶睿圖, 龍髯雖遠, 弓劍可攀, 日角舒光, 天顔咫尺. 三載, 大秦國有僧佶和, 瞻星向化, 望日朝尊. 詔僧羅含, 僧普論等一七人, 與大德佶和, 於興慶宮修功德.(天寶 초에는 대장군 高力士에게 명하여, 다섯 황제의 초상을 보내, 사원에 안치토록 하였고, 비단 백 필을 하사하시었다. 선조 황제들의 웅대한 계획을 받들어 경하하니, 龍顔이 비록 멀리 있다 하여도, 활과 검을 잡을 만하시고, 황제의 이마에서 발하는 광채로, 천자의 얼굴이 바로 눈앞에 있는 것과 같다. 天寶 3년에 대진국 경교승 佶和(게오르기스)가 별을 보고 찾아와, 해를 바라보듯 황제를 알현하였다. 황제는 조서를 내려 사제 羅含과 普論 등 17명에게 대덕 佶和와 함께 興慶宮에서 공덕을 닦게 하였다.)」天寶 元年(742)에 冠軍大將軍, 右監門衛大將軍, 渤海郡公의 지위를 하사받은 高力士가 唐 현종의 지시를 받아 高祖, 太宗, 高宗, 中宗, 睿宗 다섯 황제의 초상화[65]와 비단을 大秦寺

---

65 景敎碑에:「旋令有司, 將帝寫眞, 轉模寺壁.(관리에게 명하여 황제의 그림을 그려 사원 벽에 걸어 놓았다)」고 기록되어 있다. 貞觀 시기 景敎가 唐에 들어와서는 皇帝의 초상화를 절 안에 두어야 했고, 天寶 8年(749) 杜甫가 쓴 《冬日洛城北謁玄元皇帝廟》에서는:「…世家遺舊史, 道德付今王. 畫手看前輩, 吳生擅藝場. 森羅移地軸, 妙絶動宮牆. 五聖聯龍袞, 千官列雁行. 冕旒俱秀髮, 旌斾盡飛揚. 翠柏深留景, 紅梨迥得霜. 風箏吹玉柱, 露井凍銀床. 身退卑周室, 經傳拱漢皇.(世家는 옛 史書에 빠져 있으나, 道德經은 지금의 왕에게 전하여졌다. 화가 중에서 앞선 사람을 살펴보니, 吳道子가 저 멀리 홀로 뛰어났다. 삼라만상이 지축을 옮긴 것 같고, 절묘한 필치가 궁궐 담에 생동하는구나. 다섯 성인의 곤룡포가 나란히 그려 있고, 많은 신하들이 기러기 떼처럼 늘어서 있다. 면류관이 빼어난 장식술을 갖추고 있고, 받쳐 든 깃발은 모두 휘날리고 있다. 푸른 잣나무는 짙게 빛을 남기고, 붉은 배나무 서리 맞아 확연하다. 풍경 소리 옥기둥에 불어오고, 노천의 우물은 쇠 난간에 얼어 있다. 물러날 때 周나라의 비루한 관리였으나, 경전을 전하여 漢나라 황제를 받들었다.)」이라 기록되어 있다. 경교를 제외하고도 開國 이래 모든 사원들이 五帝의 초상화를 절 안에 걸어 두었거나, 중국 조정의 통치에 있어 전통적인「君權神授」사상이 있었음을 알 수 있다. 참고 《太平廣記》卷二百一十二,「老君廟」참고.

에 보내왔다. 天寶 3년(744)에는 또한 大秦國에서 온 선교사 佶和가 황제를 알현하였고, 같은 해 황제는 조서를 내려 羅含과 普論 등 17명을 興慶宮에 불러 모아 공덕을 쌓도록 하였다.[66] 앞서 阿羅本이 경전을 번역했던 「書殿」을 언급했듯이, 興慶宮 또한 당나라 황실의 장서가 있던 곳으로서, 于休烈은 肅宗 연간에 太常少卿 겸 修國史를 맡았는데: 「《國史》,《開元實錄》,《起居注》及餘書三千八百餘篇藏興慶宮, 兵興焚煬皆盡, 請下御史覈史館所由, 購府縣有得者, 許上送官.(《國史》,《開元實錄》,《起居注》와 나머지 3천8백여 편을 홍경궁에 보관하였다. 전란이 일어나 모두 불에 타 없어졌으니, 御史에게 조서를 내려서 史館이 근원을 밝히게 하고, 각 府縣에 현상을 걸어 이를 얻은 자가 있으면 관부로 보내도록 허하라.)」[67]이라고 언급한 바 있다. 이에 興慶宮은 安史의 亂 이전에도 國史書와 詩書 등을 위한 藏書庫였음을 알 수 있다. 따라서 羅含, 普論 등 17명은 아마도 이곳에서 阿羅本과 마찬가지로 經書를 번역하는 일을 했을 것이다.

이듬해, 天寶 4년(745) 唐 玄宗이: 「波斯經教, 出自大秦, 傳習而來, 久行中國. 爰初建寺, 因以爲名, 將欲示人, 必修其本. 其兩京波斯寺宜改爲大秦寺, 天下諸府郡者, 亦宜准此.(波斯經教는 大秦으로부터 전해져 와서 오랫동안 중국에서 전파되었다. 그리하여 처음에 절을 지으면서 이를 근거로 이름을 지었다. 그러나 장차 사람들에게 알려 주고자 반드시 그 근본을 고쳐야 할 것이다. 兩京의 波斯寺는 마땅히 大秦寺로 개명해야 할 것이니, 천하의 모든 관서들은 또한 이를 따르라.)」[68]라는

---

66 興慶宮은 唐代 長安城 東門 春明門 안에 있었고, 長安 외곽 城의 隆慶坊에 속해 있었다. 원래는 唐 玄宗 즉위 전 제후의 저택이었으니, 五王子宅이라 불리었다. 先天 元年(712)에 李隆基가 즉위하자 避諱하여 興慶坊으로 개명하였다. 開元 2년(714), 그의 이복 형제 네 명의 저택을 興慶坊 서쪽과 북쪽의 이웃 坊으로 옮겼고, 興慶坊을 興慶宮으로 바꾸었다. 「修功德」은 당시 불교의 일상적인 「禪」, 「法」, 「律」의 개념을 빌린 것으로, 대략 景教의 修道와 비교하자면 아마도 오늘날 기독교의 祈禱, 讀經, 靈修(영성 수련), 禮拜 등에 해당할 것이다. 李林甫 等 撰,《唐六典》, 卷四 「祠部郞中, 員外郞」, 125쪽.
67 [宋] 歐陽脩,《新唐書·于休烈傳》.

내용의 조서를 내렸다. 시리아 동방교회는 唐에 들어온 이래 약 100년 간 「波斯敎」라 불리었으니, '經, 寺, 僧' 모두가 「波斯」라는 이름이 앞에 붙어 있었다. 왜 이름을 바로잡으려는 시도가 있었을까? 이는 아마도 「祆敎(조로아스터교)」와의 혼동이 있었기 때문일 것이다. 마찬가지로 페르시아 사산왕조에서 나온 「祆敎」는 페르시아에 의해 國敎로 제정되어 중앙아시아에서 성행하였으며, 중국 北魏의 南梁에서 이름을 떨쳤다. 唐 초기에는 조로아스터교에 대해 매우 예우해 주었으며, 長安과 洛陽, 서역 지방의 여러 州에 모두 조로아스터교 회당이 건립돼 있었다.[69] 자세히 살펴보지 않으면 조로아스터교와 경교를 혼동하게 되므로,[70] 「大秦」이라 이름을 바로잡은 것은 경교(기독교)의 발원지를 소추해 찾아보려 함을 제외하고라도, 한편으로 조로아스터교와의 혼동을 피하기 위한 노력의 일환이었을 것이다.[71]

---

68 [宋] 王溥, 《唐會要》, 卷四十九 「大秦寺」 條, 864쪽.
69 陳垣, 《火祆敎入中國考》, 陳樂素, 陳智超 編, 《陳垣史學論著選》(上海: 上海人民出版社, 1981), 109-110쪽.
70 [宋] 贊寧, 《僧史略》 卷下; [宋] 姚寬, 《西溪叢語》 卷上; [宋] 宗鑑, 《釋門正統》 卷四, 《卍新纂續藏經》 第七十五冊 No.1513; [宋] 志磐, 《佛祖統紀》 卷三十九, 卷五十四, 《大正新脩大藏經》 第四十九冊 No.2035. 참고 陳垣, 《火祆敎入中國考》, 126-129쪽.
71 가장 명확한 예는 宋나라의 姚寬이다:「至唐貞觀五年, 有傳法穆護何祿, 將祆敎詣闕聞奏, 勅令長安崇化坊立祆寺, 號大秦寺, 又名波斯寺. 至天寶四年七月:『波斯經敎, 出自大秦, 傳習而來, 久行中國, 爰初建寺, 因以爲名, 將以示人, 必循其本, 其兩京波斯寺, 宜改爲大秦寺, 天下諸州郡有者準此.』(唐 貞觀 5년에 이르러, 拜火敎 선교사 何祿이 입궐하여 천자에게 아뢰니, 칙령을 내려 장안 崇化坊에 배화교 사원을 세우고 大秦寺라 이름하였으며 또한 波斯寺라고도 하였다. 天寶 4년 7월:『파사경교는 大秦으로부터 전해져 와서 오랫동안 중국에서 전파되었다. 그리하여 처음에 절을 지으면서 이를 근거로 이름을 지었다. 그러나 장차 사람들에게 알려 주고자 반드시 그 근본을 고쳐야 할 것이다. 兩京의 波斯寺는 마땅히 대진사로 개명해야 할 것이니, 천하의 모든 관서들은 또한 이를 따르라.』)」 姚寬, 《西溪叢語》, 孔凡禮가 교감한 《西溪叢語, 家世舊聞》에 수록되어 있음(北京: 中華書局, 1993), 42쪽.

당 숙종(唐肅宗: 755-763)

安史의 亂이 발생한 이후, 長安과 洛陽 두 수도는 방어에 실패하여 황실의 관원들이 모두 成都로 피난을 갔다. 天寶 14년(755) 7월, 唐 肅宗 李亨(711-762, 756-762 재위)은 靈武에서 즉위하였고, 이로써 이곳을 大都督府로 승격시켰다.[72] 景敎의 신도들은 조정의 이동과 함께 動亂이 일어난 두 수도를 떠나 靈武 일대와 기타 네 개의 郡에 사원을 짓고 선교를 계속하였다. 《大秦景敎流行中國碑》는 이에 대해:「肅宗文明皇帝, 於靈武五郡, 重立景寺. 元善資而福祚開, 大慶臨而皇業建.(肅宗 文明황제께서는 靈武 등 5군에 경교 사원을 다시 지으셨다. 커다란 善으로 도우시니 福의 門이 열렸고, 큰 경사가 임하시니 황제의 위업이 이룩되었다.)」이라 기록하였다. 현재 洛陽 感德鄕 栢仁村에서는 새로이 墓誌가 출토되었는데, 이 墓誌에는「唐故左武衛兵曹參軍上騎都尉靈武郡花府君公神道誌銘」이라는 題名이 쓰여 있고, 墓主에 대해 설명하기를:「公諱獻, 字獻, 靈武郡人也. 祖諱移恕, 考諱蘇鄰 … 常洗心事景尊, 竭奉敎理, 爲法中之柱礎, 作徒侶之笙簧. 而內修八景, 外備三常, 將證無元, 永祗萬慮.(공의 이름은 獻이며, 字는 獻이고, 靈武郡 사람이다. 조부의 휘는 移恕이며, 부친의 휘는 蘇鄰이다. …늘 마음을 정갈히 하여 예수를 섬겼고 진력하여 교리를 받들어 교내의 기둥이 되었으며, 신자들의 소통자가 되었다. 안으로는 八福을 수양하고, 밖으로는 믿음, 소망, 사랑의 三常을 구비하였으며, 하나님을 증거하고 온갖 염려에 늘 기도하였다.)」[73]라 하였다. 이 墓誌의 주인의 이름은 花獻(756-827)으로서, 그는 安史의 亂이 발발한 초기에 태어난 靈武郡 사람이었다. 靈武郡은 지금의 寧夏 回族자치구 寧武市 서남쪽에 해당하는데, 그는 매우 경건

---

72 《舊唐書 · 肅宗本紀》참고.
73 郭茂育, 趙水森 編,《洛陽出土駕鴦誌輯錄》(北京: 國家圖書館出版社, 2012), 211-212쪽, 「唐故左武衛兵曹參軍上騎都尉靈武郡花府君公神道誌銘」 일련번호 53-1; 毛陽光, 余扶危 編,《洛陽流散唐代墓誌彙編(上下冊)》(北京: 國家圖書館出版社, 2013),「二七二 唐故左武衛兵曹參軍上騎都尉靈武郡花府君公(獻)神道誌銘」, 546쪽.

한 景教徒로서 또한 祖父 때부터 삼대가 모두 경교를 섬겼던 것이다. 이
는 肅宗 때 경교가 靈武郡에서 포교했던 성과를 입증하는 동시에 漢人들
이 이미 景教에 귀화했었던 현상을 잘 입증해 주고 있다.

動亂이 평정되어 갈 즈음, 唐 황실에 충직했던 景教僧 伊斯(Yazdhozid, 시
리아문 ㄴㅣㅇㄱㄴ)가 출현하였고,[74] 郭子儀의 부대로 들어가 그를 위해 군사
정보를 수집하였으니,《大秦景教流行中國碑》는 그에 대해 보다 상세한 묘
사를 하고 있다:「大施主金紫光祿大夫, 同朔方節度副使, 試殿中監, 賜紫袈
裟. 僧伊斯, 和而好惠, 聞道勤行. 遠自王舍之城, 聿來中夏. 術高三代, 藝博十
全. 始效節於丹庭, 乃策名於王帳, 中書令, 汾陽郡王郭公子儀, 初總戎於朔方
也, 肅宗俾之從邁. 雖見親於臥內, 不自異於行間. 爲公爪牙, 作軍耳目. 能散
祿賜, 不積於家. 獻臨恩之頗黎, 布辭憩之金罽. 或仍其舊寺, 或重廣法堂, 崇
飾廊宇, 如翬斯飛, 更效景門, 依仁施利. (大施主 金紫光祿大夫이며 동시에 北方節
度副使이자 試殿中監으로서 자색 袈裟를 하사받은 사제 伊斯는 사람됨이 친절하고 선
행을 좋아하여 시주를 널리 베풀었고, 경교의 道를 따라 부지런히 잘 행하였다. 그는
멀리 王舍之城(Balka)으로부터 마침내 중국에 왔고, 박학다재하여 재능이 3대 朝代에
걸쳐 높았으니 많은 칭송을 받았다. 그는 처음에 肅宗의 조정에서 진력을 다하였고,
황제 막부의 명부에도 이름을 올렸다. 中書令 겸 汾陽郡王 郭子儀가 북방 토벌의 임무
를 맡았을 때 肅宗이 伊斯로 하여금 副使로서 그를 수행하게 하였다. 그는 비록 郭子儀
의 침실에 빈번히 드나들 정도였으나 결코 특별한 신분으로 행동하지 않았고, 곽공을

---

74 伊斯의 신분에 관해서는,《大秦景教流行中國碑》의 정면 최하단부에 시리아문으로 기
    재되어 비석을 설립한 이가 伊斯라고 설명되어 있으며, 또한 그의 原籍地에 관한 내용
    도 기록되어 있다. 伊斯는 참전 군인의 신분으로 중원 땅에 온 토화라(吐火羅,
    Tochara)人으로서, 아마도 至德 元年(756) 8월 이후에 토화라 군대를 따라와서 唐나라
    의 亂 평정을 도왔던 것으로 추측된다.《舊唐書 · 肅宗本紀》:「(至德元年)八月壬午 … 回
    紇吐蕃遣使繼至, 請和親, 願助國討賊, 皆宴賜遣之.(至德 원년 8월 壬午일에 … 回紇과 吐
    蕃이 사신을 계속 파견하여 화친을 청하며 唐을 도와 반역자 토벌을 원하니, 연회를
    베풀고 파견해 주었다.)」참고.

보좌하여 군대의 눈과 귀가 되었다. 그는 비록 작위와 봉록을 뿌릴 권한이 있었으나 결코 자신의 주머니를 채우지 않았다. 심지어 황제가 그에게 하사한 玻璃 예물과 노령으로 퇴직할 때 받은 금 담요까지도 사원에 헌납하였다. 그는 무너져 가는 옛 사원을 重修하기도 하고, 본래의 법당을 넓혀 주기도 하였다. 행랑과 건물을 아름답게 장식하니, 처마 귀퉁이에 오색의 신비로운 새가 날개를 펴고 나는 듯하였다. 그는 또한 경교를 본받아서 많은 사람들을 구제하는 선행을 널리 행하였다.)」 이 부분의 기록은 伊斯가 土화라(吐火羅, Tochara)의 발흐(Balkh)城으로부터 중원 지역으로 온 경교 선교사였음을 말해 주고 있다. 伊斯는 전방위적인 능력과 재간으로 肅宗, 代宗, 德宗 3대를 거쳤으니, 그의 직함으로 볼 때 적어도 정3품 관직은 되었을 것이다.[75] 그는 처음에 궁중에서 봉직하다가 후에 肅宗에 의하여 당시의 中書令이자 汾陽郡王이었던 郭子儀(697-781)가 있는 곳으로 파견되어 朔方節度副使라는 직함으로 都督軍의 군대를 통솔하는 총책을 맡았다. 군영에서 그는 병영 침실에 누워 있는 郭子儀를 직접 볼 수 있는 위치에 있었지만, 그러나 그렇다고 해서 자기 자신이 다른 사람들과 다르다는 느낌을 갖게 하지는 않았다. 그는 명예와 벼슬길에 대해 매우 담담하였으며, 어떠한 봉록과 선물도 집에 모아 두지 않았고, 받은 금전과 재화를 大秦의 사원을 보수하고 선행을 베푸는 일에 사용하곤 하였다.

당 대종(唐代宗: 762-779), 당 덕종(唐德宗: 779-805)

唐 代宗 李豫(726-779)가 제위에 오른 이듬해(廣德 元年, 763년)에 安史의 亂이 평정되었고, 나라 안은 태평시대를 회복하였다. 그러나 唐 왕실의 위상은 내리막길을 걷기 시작하였고, 변경의 오랑캐들과의 전투가 격화되

---

75 伊斯의 관직명인「金紫光祿大夫」는 唐朝의 관직에 있어 실제 업무는 주어지지 않는 文官으로서, 功勳官인 正三品 문관에 속한다. 「金紫」는 금색 인장과 자주색 인장끈을 의미한다. 邱樹森 編, 《中國歷代職官辭典》(南昌: 江西敎育出版社, 1991), 259-260쪽.

면서 조세와 부역의 문제가 더욱 심각해졌다. 특히 종교와 국가의 조세 및 지출 사이에는 미묘한 문제들로 가득 차 있었는데, 大歷 13년(778) 劍南 東川觀察使인 李叔明이 상소를 올려 불교, 도교 등 종교 관련 僧尼들의 추잡하고 난잡한 행태를 고발하고, 국가가 僧尼들을 먹여 살리는 데 드는 방대한 지출 문제와 관련하여 僧尼의 환속에 대한 조사와 칙령을 하달함으로써, 당시 田租稅의 3분의 1에 해당하는 추가적 稅收 확보에 도움을 주었다.[76]

李叔明의 의견에 따라 唐 德宗 李適(742-805, 779-805 재위)이 즉위하고서도 寺刹 문제에 대하여는 여전히 엄격하게 관리를 하였고, 寺와 觀에 대한 삼등제(上,中,下)를 적용하여 僧尼의 체류 인원을 제한하였다.[77] 또한 都官員外郞인 彭偃이 僧尼에게는 매년 지급받는 명주(明紬)의 수량과 修道할 수 있는 연령을 제한해야 한다고 주장하였다.

《大秦景教流行中國碑》에는 代宗의 매번 생일마다 경교와의 관계에 대하여 아래와 같이 언급되어 있다: 「代宗文武皇帝, 恢張聖運, 從事無爲. 每於降誕之辰, 錫天香以告成功, 頒御饌以光景衆. 且乾以美利故能廣生, 聖以體元故能亭毒.(代宗 文武황제는 성스러운 운세를 크게 확장하였고, 無爲의 道를 따랐다. 매번 황제 탄신일에 天香을 하사하여 治國의 공훈을 알렸고, 御饌을 베풀어 경교도들을 빛내 주었다. 또한 하늘이 풍성한 이익으로 백성들을 복되게 하였고, 황제는 하늘의 뜻을 체득함으로써 천지만물을 화육시켰다.)」이라고 하였다. 이때, 사찰의 제사 의식은 여전히 尙書祠部의 집도로 진행되었는데, 무릇 황제와 황후의 탄신일에는 京城의 寺廟와 道觀들이 하루 동안 일제히 음식을 베풀었다; 국가의 忌日에도 長安, 洛陽 두 수도 그리고 外州의 寺廟와 道觀들이

76　[宋] 王溥,《唐會要》, 卷四十七「議釋教上」條, 837-838쪽.
77　《新唐書·李叔明傳》.

모두 음식을 베풀었고, 각 州와 縣에서는 香爐를 들고 寺廟와 道觀을 巡行
하였다; 이에 필요한 모든 비용은 朝廷이 제공하였으니, 개인 寺廟를 포
함하여 僧尼들에게 香油와 연료 등을 제공하였다.[78]

　　唐 德宗 시기, 唐朝는 실제적으로 천천히 쇠락의 길을 걷고 있었으니,
《大秦景教流行中國碑》에 따르면: 「我建中聖神文武皇帝, 披八政以黜陟幽明,
闡九疇以惟新景命. 化通玄理, 祝無愧心. 至於方大而虛, 專靜而恕. 廣慈救衆
苦, 善貸披群生者, 我修行之大猷.(建中 연간 우리 德宗 聖神文武황제께서는 '여덟
가지 政事'를 펴시어 공적이 좋은 관리는 승진시키고 나쁜 관리는 내쫓았으며, '아홉
가지 大法'을 열어 帝位를 주신 天命을 새롭게 하셨다. 현묘한 이치에 통달하고, 신께
기원함에 부끄러움이 없었다. 正大하고 겸허하며, 순박 돈후하고 자애로우셨다. 광대
한 자비심으로 중생을 고통에서 구하셨고, 백성들에게 풍족히 베푸셨으니, 우리 수행
의 大道가 그들을 점차 일깨우게 되었다. 만일 危難이 찾아와도, 천하가 안정되고; 사
람들이 사리를 분별하게 되고, 만물이 청정해지며; 산 자들이 창성해지고, 죽은 자들
은 안락을 누린다. 관념이 생겨 서로 호응하고, 정서가 발하여 스스로 성실해지니, 모
두 우리 景敎가 할 수 있는 효용인 것이다.)」라 하였다. 德宗의 즉위 역시 九範[79]
과 八政[80]으로 재정상의 물꼬를 트고 위험한 국면을 만회하여 나라를 다

78　[唐] 李林甫等 撰,《唐六典》, 卷四「祠部郎中, 員外郎」, 126-127.
79　전설 중 禹임금이 천하를 다스리는 아홉 가지 大法, 천하를 다스리는 대법을 지칭한다.
　　《尚書·洪範》 중「九範」은: '五行'(金, 木, 水, 火, 土), '敬用五事'(言, 貌, 視, 思, 聽), '農用
　　八政'(食, 貨, 祀, 司空, 司徒, 司寇, 禮, 兵), '協用五紀'(歲, 月, 日, 星辰, 曆數), '建用皇極'
　　(天性, 天道), '又用三德'(正直, 剛克, 柔克), '明用稽疑'(卜筮), '念用庶徵'(預兆徵象), '嚮用
　　五福'(壽, 富, 康寧, 攸好德, 孝終命), '威用六極'(凶, 疾, 憂, 貧, 惡, 弱)을 가리킨다.
80　여덟 가지 施政 정책을 말함. 唐나라 초기 諫官인 魏徵과 虞世南 등이 편수한《群書治
　　要》중에 西晉 袁准의《袁子正書》卷五十의「富國八政」관련 내용이 담겨 있다:「富國有
　　八政: 一曰, 儉以足用; 二曰, 時以生利; 三曰, 貴農賤商; 四曰, 常民之業; 五曰, 出入有度;
　　六曰, 以貨均財; 七曰, 抑談說之士; 八曰, 塞朋黨之門.(국가를 부강하게 하는 여덟 가지
　　정책: 첫째, 검소하게 함으로써 백성의 생활을 넉넉하게 함; 둘째, 농사의 시기를 파악
　　하여 백성을 풍족하게 함; 셋째, 농업을 중시하여 상업보다 더욱 권장함; 넷째, 백성들
　　로 하여금 모두 일정한 직업을 갖게 함; 다섯째, 수입에 따라 지출에 절제가 있게 함;
　　여섯째, 정확한 통화정책으로 재부를 조절함; 일곱째, 과장하고 떠벌리어 비현실적인

시 일으켜 세울 수밖에 없었다. 德宗의 개혁은 경교에 비교적 유리한 발전의 공간을 가져다주었으며, 德宗의 행위 또한 비교적 경교의 종교적 이념과 실천에 부합하였기에 경교의 인정을 받았다. 建中 2년(781)에는 《大秦景敎流行中國碑》가 長安 大秦寺 경내에 세워졌고, 碑文은 景敎僧인 景淨이 찬술하였으며, 朝議郎 前行 台州 司士參軍인 呂秀巖이 題하였다. 시리아名 아담(Adam, 시리아어 ܐܕܡ)인 景淨은 Tzinsthan교구(ܨܝܢܣܬܐܢ, 중국을 지칭)의 長老(ܩܫܝܫܐ) 겸 鄕主敎(Chor Bishop, 시리아어 ܟܘܪܐܦܣܩܘܦܐ)로서, 경교는 《尊經》의 注解 부분에서 그를 「大德」이라 칭한 바 있다. 경교 비문은 경교가 중국에서 겪은 커다란 사건들을 序文의 형식으로 기술하고 있으며, 마지막 부분에서는 서문의 내용을 다시 언급하면서 경교의 敎義, 唐 역대 왕조에서의 발전 역사 등을 서술하고 있다. 또한 唐 王朝의 관리가 되었던 景敎僧 伊斯를 칭송하고 있고, 碑文의 맨 마지막 부분에서는 멀리 페르시아 본부의 당시 法主였던 「寧恕」의 이름을 기록해 놓았다. 비문의 내용은 당시 檢校 試太常卿[81]이 수여된 大秦寺 주지 業利가 교정을 도왔는데, 비석이 건립될 당시의 중국 경교는 페르시아의 바그다드 본부와 거리가 매우 멀었고, 또한 아라비아제국에 막혀 있어 소통이 어려웠으므로 法主僧 寧恕를 알지 못하였는바, 그가 778년 이전에 사망하였으니 비석 건립 시기인 781년과는 최소한 3년 가까이 시간 차이가 있었다. 따라서 당시의 경교는 중국 경내에서 페르시아 본부와 정보를 주고받는 일에 있어 3년 이상의 시간적 차이가 있었던 것으로 보인다.

말을 하는 자를 억제함; 여덟째, 당을 결성하여 사적인 도모를 하는 자들의 길을 막아 버림.)」

81 종3품관. 賴瑞和(Swee Fo Lai)의 唐代 檢校官制에 관한 연구에서 「檢校」는 '책임지다'의 의미이고, 「試太常卿」을 덧붙인 것은 武官職에 붙이는 임시 명칭이다. 또 한편으로는 아마도 安史의 亂 이후 武功償이거나 외래 민족에게 주어지는 封號일 것이다. 賴瑞和, 《論唐代的檢校官制》, 《漢學研究》第24卷 第1期(2006): 184-185, 192-195쪽.

景教碑의 찬술자 景淨은 貞元 2년에서 4년 사이(786-788)에 이미 西明寺의 般若 三藏法師와 함께《大乘理趣六波羅蜜經》의 胡本으로 번역을 진행하였는데, 般若는 梵文에는 능했으나 胡語(서북방 지역 匈奴, 鮮卑, 柔然, 突厥 등의 언어)(*譯者註: '胡'는 고대 중국에서 북방의 서역 민족을 가리킴. '胡語'는 중국의 입장에서 서역이나 인도의 언어를 말하며, 인도의 산스크리트어(梵語)와 구별하여 중앙아시아 일대의 언어를 지칭하기도 함)를 알지 못하였고, 또한 중국에 처음 왔기 때문에 漢文이 생소할 수밖에 없었으므로 景淨의 도움을 필요로 했다; 그러나 景淨은 梵文을 알지 못하고 佛法에 대한 이해도 없었기에 이 번역의 결과는 經文 해독에 있어 해석상의 차이가 생기는 문제를 불러올 수밖에 없었다. 이로 인해 佛家에서는 景淨에 대한 비판을 가하며, 그가 불교의 이름을 도적질하여 경교를 몰래 숨겨 유행시키려 한다는 소문이 번져 버렸으므로, 황제인 唐 德宗이 개입하여 이 문제를 처리하게 되었다. 이르기를: 「察其所譯理昧詞疏, 且夫釋氏伽藍大秦僧寺居止既別, 行法全乖. 景淨應傳彌尸訶教, 沙門釋子弘闡佛經, 欲使教法區分, 人無濫涉; 正邪異類, 涇渭殊流. 若網在綱, 有條不紊; 天人攸仰, 四衆知歸.(그들이 번역한 것을 살펴보니 이치에 어둡고 문장이 허술하였다. 한편 불가의 伽藍과 大秦의 僧寺는 거주하는 곳이 이미 다르고 수행하는 법도 서로 어긋나니, 景淨은 메시아교를 傳教하는 것이 마땅하고, 沙門인 불자들은 불경을 널리 밝혀야 할 것이다. 교법이 구분되도록 하려면 사람 간에 함부로 교섭해서는 아니 된다; 正과 邪는 서로 다른 부류이고, 涇水와 渭水도 각각의 흘러감이 다르다. 만일 강령에 있는 것을 망라하려면 조리가 있어 어지럽지 않아야 한다; 그래야 천인이 우러르고 사부대중의 귀의할 곳을 알게 됨이라.)」[82]라 기록되어 있다.

上述한 역사적 기록을 놓고 볼 때, 景淨은 당연히 페르시아 혹은 오랑캐족의 혈통을 가진 사람이므로 胡語에는 능숙할 수밖에 없었다. 반면

---

82   [唐] 圓照《大唐貞元續開元釋教錄》卷上, p0756a 21-27.

天竺僧인 般若는 景淨을 찾게 된 것이므로 이 譯經작업에 있어서는 아마도 경교와 불교 사이에 서로 협력관계가 형성되었음이 드러나게 된다. 《尊經》의 서론 부분에서 景淨이 번역한 경전이 30부 이상이라고 언급하였기 때문에, 《尊經》이 열거한 譯經 목록에서 현존하는 《志玄安樂經》, 《三威蒙度讚》, 《宣元至本經》까지 놓고 볼 때 그의 중국어 구사 능력은 이미 상당한 수준에 이르렀을 것으로 보인다. 또한 唐室로 귀화한 胡人으로서 중국에서 성장하면서 중국어를 익혔으므로 漢化의 정도가 매우 깊었을 것이며, 유교, 불교, 도교에도 어느 정도 정통했던 것으로 짐작된다. 그러나 書法에 있어서는 서툴렀으므로 呂秀巖이 代筆을 맡았던 것으로 보인다.

당 헌종(唐憲宗)에서 당 문종(唐文宗: 805-840)까지

公諱獻, 字獻, 靈武郡人也. …常洗心事景尊. …內修八景, 外備三常, 將證无元, 永祇萬慮. …爲法中之柱礎, 作徒侶之笙簧.(공의 諱는 獻이며, 字는 獻이고, 靈武郡 사람이다. …늘 마음을 정갈히 하여 예수를 섬겼다. …안으로는 八福을 수양하고, 밖으로는 믿음, 소망, 사랑의 三常을 구비하였으며, 하나님을 증거하고 온갖 염려에 늘 기도하였다. … 교내의 기둥이 되었고, 신자들의 소통자가 되었다.) (《唐故左武衛兵曹參軍上騎都尉靈武郡花府君公神道誌銘》)[83]

---

83 墓誌 주인의 이름은 花獻이며, 文宗 大和 2年 2월 16일(828년 3월 9일)에 안장되었고, 墓誌는 「唐故左武衛兵曹參軍上騎都尉靈武郡花府君公神道誌銘」이라 부른다. 2010년 말 洛陽 동쪽 외곽 지역에서 출토되었고, 현재는 洛陽 碑誌拓片博物館에 소장되어 있다. 郭茂育, 趙水森 編,《洛陽出土鴛鴦志輯錄》, 圖版211, 錄文212. 毛陽光,《洛陽新出土唐代景教徒花獻及其妻安氏墓誌初探》,《西域研究》第2期(2014): 85-90쪽; 墓誌 圖版 첨부. 참고 常書香,《洛陽市首次發現唐代景教徒墓誌》(2014年5月7日) 洛陽네트워크 게재, 2014년 5월 17일 최후 열람.
http://news.lyd.com.cn/system/2014/05/07/010318494.shtml

景教가 각 지방으로 진출한 정황에 대해서는 唐 憲宗과 文宗 시기에 墓誌와 經幢이 있어 이 부분의 역사적 공백을 보충해 줄 수 있다. 출토 유물을 통하여 현재까지 경교와 관련된 것으로 확인된 문헌은 米繼芬의《大唐左神策軍故散副將游騎將軍守左武衛大將軍同正兼試太常卿上柱國京兆米府君墓誌銘幷序》, 花獻의《唐故左武衛兵曹參軍上騎都尉靈武郡花府君公神道誌銘》, 花獻의 妻의《唐故安氏夫人墓誌銘》과《大秦景教宣元至本經》의 經幢을 세운「經幢記」등이 있으며, 이러한 石刻들은 중국인들을 위해 중국 경내에서 발전했던 경교의 또 다른 모습들을 그려 주고 있다.

米繼芬 墓誌에는:「公諱繼芬字繼芬, 其父米國人也. …公有二男 … 幼曰僧惠圓, 住大秦寺.(公의 이름은 繼芬으로서 字가 繼芬이며, 그의 부친은 米國 사람이다. …두 아들이 있었으며 … 어릴 때 僧 惠圓이라 불렸으며, 大秦寺에 살았다.)」[84]라 기록되어 있다. 米繼芬의 어린 아들은 大秦寺의 승려였다; 또한《大秦景教宣元至本經》經幢의 幢記에는:「大秦寺寺主法和玄應俗姓米, 威儀大德玄慶俗姓米, 九階大德志通俗姓康 … 檢校塋及莊家人昌兒, 故題記之, 其大和三年二月十六日壬寅, 遷舉大事.(대진사 주지 法和 玄應俗姓米, 威儀大德 玄慶俗姓米, 九階大德 志通俗姓康 … 묘지의 감독관이자 농부인 昌兒가 이에 기록하다. 大和 3년 2월 16일 묘지 이전의 큰 일을 행하다.)」[85]라는 글자가 있으니, 이는 경교가 중국에서 발전했던 하나의 사회적 현상을 설명해 주고 있다. 우선 경교 大德 및 僧侶들

---

84 墓誌 주인의 이름은 米繼芬이며, 唐 憲宗 永貞 元年 12월 19일(806년 1월 12일)에 안장되었고, 墓誌의 이름은「大唐左神策軍故散副將游騎將軍守左武衛大將軍同正兼試太常卿上柱國京兆米府君墓誌銘幷序」이다. 鄕貢 進士 翟運이 글을 썼다. 1955년 陝西省 西安市 三橋에서 출토되었다. 참고 葛承雍,《唐代長安一個粟特家庭的景教信仰》,《歷史研究》第三期(2001): 181-186쪽.

85 大秦景教宣元至本經幢記, 2006년 5월 洛陽 동쪽 외곽에서 출토되었고, 經幢은 亡者인 安國 安氏 太夫人과 그 스승의 형님을 추모하기 위한 것이다. 經幢의 역사 서술 부분은《大秦景教宣元至本經》과 合錄되어 있고, 唐 文宗 大和 3년 2월 16일(829년 3월 28일)에 이곳으로 이장되었다.

은 唐 太宗, 高宗, 玄宗 때 페르시아로부터 와서도 계속해서 시리아어 본명을 유지하고 있지는 않았으며, 米繼芬의 묘지와《大秦景教宣元至本經》經幢記의 성씨인 米氏와 康氏는 모두 昭武 九姓[86]의 지역 族群에 속해 있었으니, 이들은 중국에 귀화한 소그드族임을 나타내 주고 있다.

花獻(756-827)의 신분적 배경에 관해서는 毛陽光이 燉煌 문헌《新集天下姓望氏族譜》의 연구에서 밝힌 바대로, 비록 靑州 北海郡의 望姓(*譯者註: 이름 높은 양반 성씨, 명망 있는 씨족.) 중에서 花姓을 찾기는 했지만, 花獻의 祖父名은「移恕」, 父名은「蘇鄰」이라는 이름으로 漢人에게서는 흔히 볼 수 없는 이름이므로 아마도 外夷人일 것으로 생각된다; 榮新江의 연구에 따르면, 靈武는 隋唐 시기 서북 지방의 중요한 군사・교통의 요충지로서 소그드인들이 동쪽으로 이동할 때 반드시 거쳐야 하는 곳이었으며, 당나라 초기에는 이 지역에 突厥을 따라 唐에 귀순한 소그드인들을 배치했었다고 한다.[87] 그러나 필자의 견해는 毛陽光이나 榮新江과는 다르다. 즉 花姓은 漢族의 성씨인 것이며, 花獻의 墓誌에서 祖父名이나 父名을 언급하면서「移恕」나「蘇鄰」으로 諱하여 세례명으로 표기한 것이니, 이는 아마도 그 가족이 경교 신앙을 중시하는 가족임을 보여 주는 것으로서, 이는 현재 발

---

[86] 昭武 九姓은 본래 葱嶺(현재의 甘肅, 新疆)에 定住하였다. 참고《新唐書・西域志》:「康者 … 君姓溫, 本月氏人. 始居祁連北昭武城, 爲突厥所破, 稍南依葱嶺, 卽有其地. 枝庶分王, 曰安, 曰曹, 曰石, 曰米, 曰何, 曰火尋, 曰戊地, 曰史, 世謂『九姓』, 皆氏昭武.(康씨는…溫씨이며, 본래 月氏인이다. 처음에 祁連山 북쪽 昭武城에 거주하였다가 突厥에게 패망한 후 남쪽으로 내려와 葱嶺에 의거하였으니 바로 그 땅이다. 아들들이 각각 왕을 나누어 康, 安, 曹, 石, 米, 何, 火尋, 戊地, 史로 하였고, 세상은 이를『九姓』이라 하였으니, 모두가 昭武씨이다.)」

*譯者註: 중국 南北朝, 隋, 唐 시기 중앙아시아 소그드 지역에서 중원으로 이주해 온 소그드인 혹은 그 後裔 10여 개 小國을 지칭함. 왕들이 모두 '昭武'를 姓으로 삼았음. '昭武九姓'國은 '康, 史, 安, 曹, 石, 米, 何, 火尋, 戊地國'을 지칭함.

[87] 毛陽光,《洛陽新出土唐代景教徒花獻及其妻安氏墓誌初探》,《西域研究》2014年 第二期, 우루무치: 86-87쪽.

견된 경교 귀화 漢人의 기록일 가능성이 매우 높다고 볼 수 있다. 花獻의 조부 花移恕에 대해 살펴보자면, 경교 寫本《序聽迷詩所經》에 이미 출현한「移鼠」와《一神論》에 나오는「翳數」는 모두 예수의 唐代 漢譯인 것으로서, 移恕와 移鼠는 서로 근접한 발음이고 시리아어로는 ‎ܝܫܘܥ이며 독음은 yĕsū이다. 이처럼 구원자의 이름으로써 세례명을 삼는 것은 지극히 특별한 일이라 할 수 있다. 花獻의 부친은 花蘇鄰이며, 蘇鄰은 아마도 현재의「솔로몬」에 해당하는 시리아어 ‎ܫܠܝܡܘܢ일 것이고 독음은 šlymwn으로서 앞의 두 음절을 취한 것이니,《序聽迷詩所經》에서는 항상 이 두 음절을 취하여 중국어로 번역한 경우를 볼 수 있다. 그러나 花獻이라는 이름은 漢人의 이름으로 보이기는 하지만 그의 조부와 부친이 세례명을 사용한 것에 비추어 볼 때, 아마도「獻」은 세례명일 뿐 중국어 이름이 아닌 것으로 볼 수 있다. 따라서 시리아어로 미루어 볼 때, 마땅히 현재「閃」으로 번역되는 시리아文 ‎ܫܡ일 것이며, 독음은 šim이다.[88] 花獻의 조상은 봉록이나 작위를 중시하지 않았고 명리에 집착하지 않았으므로, 花獻은「左武衛兵曹參軍上騎都尉」라는 낮은 계급의 관직을 가진 것으로 보아 아마도 말단 관원에 속했던 것 같다.

출토문물의 기록을 통해 볼 때,《大秦景教宣元至本經幢記》와 花獻 및 그의 妻 安氏의 墓誌가 보여 주는 安葬地는 모두 洛陽縣 感德鄉 栢仁村이다.[89] 이 촌락은 洛陽 외곽성 동남 지역의 感德鄉이라는 마을인데,[90] 이곳

---

88 毛陽光은 다른 견해를 가지고 있는데,「蘇鄰」은 摩尼의 출생지이며, 또한 漢譯 摩尼教 문헌으로 예수를「夷數」로 칭함을 통해 추론해 보면, 花獻의 부친과 조부는 모두 마니의 종교적 배경을 가지고 있어 마니교를 믿었을 가능성이 매우 높다고 한다. 참고 毛陽光,《洛陽新出土唐代景教徒花獻及其妻安氏墓誌初探》: 87쪽.
필자는 이 견해에 대해 유보적 입장을 가지고 있는데, 그 이유는 墓誌가 花獻 父祖의 담박하고 소탈한 인품을 설명한 후, 이어서 花獻의 景教 신앙을 기록하고 있을 뿐 신앙의 전환 같은 중대한 일은 언급하지 않았기 때문이다.
89 花獻과 그의 부인 安氏의 墓誌 내용은 張乃翥의「栢仁里」論을 수정하였고, 실제적으로

은 景教徒의 매장지일 가능성이 매우 높으며, 따라서 이 일대에는 경교도의 취락지가 있을 수 있음을 나타내 주고 있다. 현 단계에서는 자료가 충분하지 않아 잠정적으로 확인을 할 수는 없으나, 앞서의 단서로 미루어 볼 때 경교는 中土에서 이미 전환의 시기를 거치긴 했지만 당시의 서역과는 거리가 멀고 소통이 어려웠기 때문에, 경교 본부가 중국에서의 선교 지원을 계속하기는 어려웠으며, 따라서 선교 업무는 점차 당나라 내에서 귀화한 소그드인이나 극소수의 한인들이 이전의 선교 업무를 이어 나갔던 것으로 보인다.

또 다른 두 곳의 墓誌인《大唐故波斯國大酋長右屯衛將軍上柱國金城郡開國公波斯君丘之銘》(이하 《阿羅撼墓誌》)과 《大唐故隴西郡李公墓誌銘幷序》(이하《李素墓誌》)는 아마도 경교와 관련이 있다고 보는 논자가 있을지 모르겠으나, 필자는 이에 대해 유보적인 입장으로서, 경교의 역사적 맥락에서 논의하지 않으려 하며, 그 이유는 다음과 같다:

첫째, 《阿羅撼墓誌》는 端方의 《陶齋藏石記》에 최초로 채록 편집되었는데,[91] 碑石에는: 「…宣傳聖教, 實稱蓄心.(聖教를 널리 알리니, 실로 蓄心이라 부른다.)」이라는 구절이 있다. 이를 근거로 「聖教」가 즉 「景教」를 가리킨다고 보고 다시 阿羅撼을 景教碑 상의 「大德羅含」과 동일시하고 있는데, 이

는 洛陽縣 感德鄉 柏仁村이어야 한다. 墓誌의 내용에 관해서는 2010년 洛陽 동쪽 외곽에서 출토된 《唐故左武衛兵曹參軍上騎都尉靈武郡花府君公神道志銘》과 《唐故安氏夫人墓誌銘》을 참고할 수 있다. 郭茂育, 趙水森 編,《洛陽出土駕鴦志輯錄》, 211-214쪽에 각각 수록되어 있음. 참고 張乃翥,《跋洛陽新出土的一件景教石刻》, 葛承雍 編,《景教遺珍: 洛陽新出唐代景教經幢研究》(北京: 文物出版社, 2009), 7쪽에 수록.

90   趙振華, 何漢儒,《唐代洛陽鄉里村方位初探》, 趙振華 主編,《洛陽出土墓誌研究文集》(北京: 朝華出版社, 2002), 96쪽.

91   端方은 史籍연구 부분에 첨부하였으며, 官品과 시기로 볼 때 卑路斯(Peroz) 父子로 추측되며, 변방의 여러 外族 諸侯들을 불러 모으고 天樞를 건설했던 일로 볼 때 武三思로 추정되지만, 端方은 이에 유보적 입장을 취하고 있다. 그러나 후에 일부 학자들에 의해 직접 인용되었다. 端方(1861-1911),《陶齋藏石記》,《石刻史料新編》수록, 第11卷(臺北: 新文豐出版社, 1982), 8187-8188쪽.

이론의 가장 큰 모순은 羅含이 중국에 온 시간과 阿羅撼의 생몰 연대가 맞지 않다는 것이다.[92] 앞서 언급했듯이 天寶 3년(744)에는 羅含과 普論, 佶和가 함께 황제를 알현했고, 阿羅撼은 710년 이전에 이미 세상을 떠났으므로 天寶 3년에 출현할 수가 없는 것이고, 따라서 이 두 사람은 동일 인물이 아닌 것이 확실하다. 馬小鶴은 西域 地域史의 시각에서 阿羅撼의 신분이 唐朝와 연맹을 맺었던 蕃王과 관련이 있다는 결론을 얻은 바 있다.[93] 따라서 阿羅撼은 결코 景敎徒라고 말할 수 없는 것이다.

둘째, 榮新江이《李素墓誌》를 경교도의 것이라 꼽은 이유는 두 가지가 있는데: 첫째는, 경교비 측면의 시리아 이름「僧文貞」과 李素의 表字인「文貞」이 같다는 것이고; 둘째는, 李素의 아들이 모두「景」이라는 글자를 行列字로 하여 명명하였다는 것이다.[94] 그러나 이 두 가지 이유는 사실 너무 억지스러운 면이 있는데, 景敎碑上의 僧名들은「福壽」,「敬德」,「昭德」,「文明」 등과 같은 漢名을 적잖이 사용하고 있으나, 이를 근거로 바로 그를 경교도로 추론할 수는 없는 것이며, 게다가 그 글자의 이름 중「景」이라는 글자가 있다고 해서 경교도라고 보는 것은 비교적 무리한 추론이라고 볼 수 있다.《花獻墓誌》와《大秦景教宣元至本經幢記》를 비교하여 반드시「景」과 관련된 이름은 아니라 할지라도, 墓誌에는 여전히 경교 신앙을 찾아낸 서술을 찾아볼 수 있는데,《李素墓誌》에는 이와 같은 서술이

---

92 羅香林이 고증한「阿羅撼丘銘」에 의하면, 그는 顯慶(656-660년) 때에 唐나라로 들어갔으니, 즉 高宗 시기에「拂林國招慰大使」로 임명되어 聖敎를 전파했고, 武宗 시기에는 변방의 각 소수민족들을 불러 모아 唐 首領에서 天樞를 건설하였으며, 睿宗 景雲 元年(710년)에 洛陽의 阿羅撼에서 생을 마감했다고 한다. 참고 羅香林,《唐元二代之景敎》(香港: 中國學社, 1966), 57-69쪽.

93 《阿羅撼墓誌》가 고증한 문헌과 연구방법에 대해서는 다음 자료를 참고하기 바람: 馬小鶴,《唐代波斯國大酋長阿羅撼墓志考》,《摩尼敎與古代西域史硏究》(北京: 中國人民大學出版社, 2008): 538-578쪽.

94 榮新江,《一個入仕唐朝的波斯景敎家族》, 葉奕良 主編,《伊朗學在中國論文集》第2集(北京: 北京大學出版社, 1998): 88-89쪽.

전무하므로 李素가 경교도임을 증명하는 것은 실로 어려운 일이라 할 수 있다.

당 무종(唐武宗)에서 애제(哀帝: 840-907)까지

武宗이 즉위(840)할 때, 唐朝에는 德宗 이래로 이어져 온 內憂外患이 있었으니, 武宗은 특히 夷族 문제에 매우 민감하였다. 會昌 3년(842) 2월에는 河東節度使 劉沔이 回紇人(*譯者註: '回紇', 몽골 고원 및 중앙아시아에서 활약한 투르크계 민족 및 그들이 건국한 나라.)들을 국경 변방 지역으로 내쫓았고, 곧이어 兩京의 回紇 및 摩尼寺의 저택, 금전 등을 몰수하였다. 같은 시기에 관리들이 수도에 개인 사원 짓는 것을 철저히 금지하였다.[95]

會昌 5년(844)이 되자 武宗은 祠部에 칙령을 내려 전국의 불교 사찰과 승려의 수를 조사하도록 했으니, '寺'는 4천6백여 곳, '蘭若'(*譯者註: '한적한 수행처'라는 뜻으로 절, 암자 등을 지칭함.)는 4만여 곳, 僧尼의 수가 26만5백여 명에 달했다. 7월에는 上州의 업무에 부합하지 않는 쇄락한 사찰들은 폐지해 버렸고, 忌日과 祭祀는 道觀에서 하도록 바꾸었으니; 佛寺는 兩京에 단 두 곳만이 남겨졌고, 승려는 겨우 30명에 불과했다. 같은 달, 승려는 이제 祠部에 예속시키지 않고 鴻臚寺(홍려사)의 관할하에 두게 되었으며; 외국인의 경우는 본국으로 돌려보냈다. 8월달의 보고에는:「其天下拆寺四千六百餘所, 還俗僧尼二十六萬五百人, 收充兩稅戶, 拆招提, 蘭若四萬餘所, 收膏腴上田數千萬頃, 收奴婢爲兩稅戶十五萬人. 錄僧尼屬主客, 顯明外國之敎. 勒大秦, 穆護, 祆三千餘人還俗, 不雜中華之風. …驅遊惰不業之徒; 已逾十萬.(천하에 폐쇄된 사찰이 4천6백여 所이고, 還俗僧이 26만5백여 명이니 이를 兩稅戶로 충당시켰다. 寺院과 僧房 4만여 소를 폐지하고, 寺院이 소유한 수천만 頃의 비옥한 田土를

---

95   《舊唐書·武宗本紀》;《新唐書·回鶻列傳》; 참고 [宋] 王溥,《唐會要》, 卷四十九「摩尼寺」條, 864쪽.

압수하였으며, 15만에 달하는 奴婢를 兩稅戶로 돌려 버렸다. 승려에 대한 기록은 主客 관서에서 관장하였고, 외래 종교임을 확연히 드러내었다. 大秦敎, 穆護敎, 祆敎의 신도 3천여 명을 강제로 환속시켜 中華의 풍격을 세웠다. …일하지 않고 빈둥거리는 자들을 쫓아내었으니, 이미 10만을 초과하였다.)」[96]이라 기록되어 있다. 武宗의 毁佛정책에 대한 역사가들의 평가가 매우 높으니, 이렇게 해야만 중국문화를 危害하는 악습을 타파할 수 있었다고 보았기 때문이다: 「…於是削浮圖之法, 懲游惰之民, …況身毒西來之敎, 向欲千祀, 蚩蚩之民, 習以成俗, 畏其敎甚於國法, 樂其徒不異登仙. 如文身祝髮之鄕, 久習而莫知其醜, 以吐火呑刀之戲, 乍觀而便以爲神, 安可正以《咸》, 《韶》, 律之以章甫. …哲王之擧, 不駭物情, 前代存而勿論, 實爲中道.(…이에 불타의 법을 탄압하고, 놀며 빈둥거리는 백성을 징벌하였으며, …더구나 서쪽 인도에서 온 종교가 막 천 년이 되려 하고, 어리석고 우둔한 백성에게 습속이 되어 버려, 그 종교를 경외함이 나라의 법보다 크고, 그 신도를 즐겁게 함이 신선이 되는 것과 다르지 않다. 가령 문신을 하고 출가하여 중이 되는 마을은, 오랜 습관이 되어 그 추함을 알지 못하며, 불을 토하고 칼을 입에 무는 놀이로써, 언뜻 보아 곧 神이라고 여기게 되니, 어찌 요순이 작곡한 《大咸》과 《大韶》로 유학 공부하는 선비들을 단속할 수 있겠는가. …현명한 군주의 조치는, 세상 물정을 소란시키지 않았고, 전대에서 보류하고 논하지 않았으니, 실로 중용의 도로다.)」[97] 경교는

---

96 《舊唐書·武宗本紀》 참고. 《新唐書·食貨志》:「武宗即位, 廢浮圖法, 天下毁寺四千六百, 招提蘭若四萬, 籍僧尼爲民二十六萬五千人, 奴婢十五萬人, 田數千萬頃, 大秦, 穆護, 祆二千餘人. 上都, 東都每街留寺二, 每寺僧三十人, 諸道留僧以三等, 不過二十人. 腴田鬻錢送戶部, 中下田給寺家奴婢丁壯者爲兩稅戶, 人十畝. 以僧尼既盡, 兩京悲田養病坊, 給寺田十頃, 諸州七頃, 主以耆壽.(武宗이 즉위하고서 佛陀의 法을 폐하였으니, 전국에서 4천6백여 사찰과 사원, 승방 4만 곳을 폐쇄시켰고, 승적에 오른 26만5천 명을 환속시켰으며, 노비 15만 명, 토지 수천만 頃을 몰수하였고, 大秦敎, 穆護敎, 祆敎의 신도 2천여 명을 환속시켰다. 上都와 東都에 사원 두 곳만을 남겨 각각 30명의 승려를 배치하였으며, 각 道의 승려를 세 등급으로 나누어 20명을 초과하지 않게 하였다. 비옥한 밭은 매각하여 戶部로 보냈고, 중·하등의 밭과 사원 지배 하의 노비와 장정은 兩稅戶로 충당하되 한 사람당 10畝였다. 승려들이 모두 환속해 버렸으니, 長安과 洛陽의 悲田養病坊에는 寺田 10頃을 주고, 諸州에 7頃을 주었으니, 주로 노인을 위함이었다.)」

武宗의 廢佛 종교정책으로 인하여 뜻밖의 횡액을 만나 곧 폐쇄를 강요당하고 말았던 것이다.

그러나 武宗의 이 정책은 종교에 대한 심각한 충격으로 보였지만, 사실 유지된 시간은 결코 길지 않았다. 會昌 5년 7월에 선포한 禁敎令이 이듬해 武宗이 崩御하고 5월에 宣宗이 즉위하자, 전국에 大赦免을 명하고 승려들을 복귀시켰으며 武宗의 종교정책을 이내 폐지해 버렸으니, 이로써 武宗의 종교 禁令은 실제로 단 10개월 만에 종지부를 찍고 말았던 셈이다.

경교에 진정한 충격을 준 것은 아마도 唐 僖宗(874-887) 시기 黃巢의 亂이 불러일으킨 주변 국가와의 분쟁과 동란이었을 것이며, 이로 인하여 경교는 더 이상 교세를 유지해 나갈 방법이 없이 엄중한 손상을 입게 되었다. 페르시아의 시라프(Siraf) 사람 아부 자이드 하산(Abu Zayd Hassan)이 쓴 《中國印度見聞錄》(Akhbar al-Sin wa'l-Hind) 제2권에는 황소의 난 중 회교도, 유태인, 기독교도, 배화교도들을 살해한 일화가 기록되어 있다: 「… 有一個近期到過中國的人改變了書中陳述的某些情況, 他特別指出, 這個國家的整個形勢, 旅行安全和對外貿易的方便條件, 皆因一次大叛亂而改變, 這次叛亂的首領是班蘇(黃巢), 他首進軍坎府(廣州), 這是中國的一個城市, 也是阿拉伯商人聚集的一個港口. …對這個城市圍攻持續很長時期, 這次圍攻發生在回曆紀元二六四年(西元877或878年). 最後他成爲這個城市的主人, 殺死了全體居民, 凡瞭解情況的人們都說, 不算被殺害的中國人, 只是回教徒, 猶太人, 基督教徒和祆教徒者竟達十二萬人, …此四個敎派的準確數字是能夠知道了, 因爲中國人是按人對這些外國人征稅的.(최근 중국에 다녀온 어떤 사람이 책에서 말했던 어떤 상황을 바꾸어 진술하였는데, 그가 특별히 지적하기로는 이 나라의 전체 정

97　《舊唐書・武宗本紀》.

세, 여행의 안전이나 대외무역의 편의성들이 모두 한 차례의 대변란으로 인해 변화되었으며, 이 반란의 수괴는 바로 黃巢라는 사람인데, 그는 처음 廣州로 진격하였으니 이곳은 중국의 한 도시로서 아랍 상인들이 모여드는 항구인 것이다. …이 도시에 대한 포위 공격은 매우 오랜 기간 동안 지속되었고, 回曆 264년「기원 877년 혹은 878년」에 발발하였다. 그는 최후에 이 도시의 주인이 되어 전체 주민들을 살해하였다. 무릇 상황을 잘 이해하고 있는 사람들의 말에 의하면, 살해되었던 중국인을 제외하고 단지 회교도, 유태인, 기독교도와 배화교도만 12만여 명에 이르며, …이 네 개 교파의 정확한 숫자를 알 수 있었던 것은 중국인들이 사람 숫자에 따라 이 외국인들에게 세금을 부과하였기 때문이다.」[98] 黃巢가 廣州城에서 자행했던 외래 敎徒들에 대한 살육은[99] 외래 종교가 중국에서 생존하고 발전할 수 없었던 중대한 위기를 잘 설명해 주고 있다.

黃巢의 군대는 왜 異敎徒들에 대한 도륙을 자행해야만 했는가? 이는 아마도 당시의 사회 분위기와 관련이 있었을 것이다. 翰林學士 劉允章은「九破」를 상소하여 국가적 문제를 지적하며 의견을 개진하였는바, 이때의 민초들은 이미 오랑캐 문제와 민생 문제를 연관시켰었음을 알 수 있고, 오랑캐를 중국 땅에 방임하는 것이 나라가 약해지는 중요한 징조의 하나로 여겼던 듯하다:「國有九破, 陛下知乎, 終年聚兵, 一破也; 蠻夷熾興, 二破也, 權豪奢僭, 三破也; 大將不朝, 四破也; 廣造佛寺, 五破也; 賄賂公行, 六破也; 長吏殘暴, 七破也; 賦役不等, 八破也; 食祿人多, 輸稅人少, 九破也.

---

98 阿·克·穆爾(Arthur C. Moule, 1873-1957) 著, 郝鎭華 譯《一五五〇年前的中國基督教》(北京: 中華書局, 1984), 83쪽. 참고 張星烺,《中西交通史料匯編第三冊》, 130쪽.
99 黃巢가 언제 廣州에 들어갔는가에 대해서는 여러 가지 견해가 있다. 桑原騭藏 著, 楊鍊 譯,《唐宋貿易港硏究》(上海: 商務印書館, 1935), 47-53쪽; 乾符 5년(878년)이라는 주장은《舊唐書·盧攜傳》에 근거하고 있다.《新五代史·南漢世家》도 乾符 5년에 黃巢가 廣州를 함락시켰다고 말하고 있다. 그러나 韓國磐은 중국의 여러 史料들이 모두 乾符 6년(879년)으로 기록하고 있다고 주장한다. 참고 韓國磐,《隋唐五代史論集》(北京: 生活·讀書·新知 三聯書店, 1979년), 377-381쪽.

(나라에 '九破'가 있으니 폐하께서도 아시지요? 1년 내내 군병을 모집하는 것이 一破요; 오랑캐들이 발흥하는 것이 二破이며; 권력층의 사치와 위선적 작태가 三破이고; 군대의 지휘관이 조정에 알현하지 않는 것이 四破이며; 불교 사원을 너무 많이 짓는 것이 五破이고; 뇌물 수수가 공공연함이 六破이며; 높은 관리들의 잔혹함이 七破이고; 부역이 균등하지 않음이 八破이며; 국록을 받는 자들은 많고 세금 내는 이들이 적은 것이 九破입니다.)」[100] 九破 중의 「蠻夷熾興(오랑캐들이 발흥함)」, 「廣造佛寺(불교 사원을 너무 많이 지음)」, 「食祿人多(국록을 받는 자들이 많음)」와 같은 잠재적 위기들은 모두 경교가 중국에서 발전해 나가는 데에 엄중한 영향을 끼쳤다.

僖宗 이후로는 昭宗(888-904)과 哀帝(905-907)를 거치며 약 20년 만에 唐朝는 멸망하고 말았다. 그렇다면 중국에서 경교의 운명은 어떠했는가? 현재까지 중국에서 발견된 관련 문헌이 없어서 단지 아라비아 사람 마호메트(Mahamet)의 기록에 근거할 수밖에 없다. 그는 일찍이 987년 바그다드에 있는 한 敎堂에서 나지란(Najran)으로부터 온 젊은 선교사 한 명을 만나게 되는데, 이 선교사는 이미 7년 전(980) 시리아 동방교회 주교의 명을 받들어 5명의 선교사와 함께 중국에 와서 교회를 정비하고 있었다. 그러나 중국의 경교도들이 모두 이미 사라져 버렸음을 알게 되고는 이내 하는 수 없이 바그다드로 돌아가 버리고 말았다.[101]

경교문헌연구 해설(景教文獻研究 解說)

문헌과 문물은 개인이나 집단을 연구하는 데 있어 가장 중요한 역사적

---

100 [唐] 劉允章, 《直諫書》, 《全唐文 · 卷八〇四》.
101 羅香林, 《唐元二代之景教》, 中國學社, 1966, 20쪽.

유산이다. 이는 관련된 역사와 그 면모를 후대에 제공해 줄 수 있기 때문인데, 경교 石刻의 출토와 현존 抄本의 발견은 경교 연구에 극히 중요한 하나의 연결고리로 작용하게 되었다. 따라서 경교 연구는 대략 두 부분으로 나눌 수 있으니, 하나는 경교의 역사와 관련된 부분이고, 나머지 하나는 경교 관련 石刻 및 抄本의 고증 및 문헌 연구이다. 그러나 양자는 또한 매우 밀접한 관련을 갖고 있어서 별개의 것으로 명확히 구분해 내기는 어려운 일이다. 최근의 연구는 주로 문헌의 解讀性을 향상시키는 데에 주력해 왔기 때문에 문헌 텍스트의 단어들에 대하여 보다 세밀한 분석과 해석이 가능해졌고, 따라서 경교의 언어인 시리아어를 익혀야 할 필요성이 대두되었으며, 또 한편으로는 기독교의 교리에 상당한 조예를 가져야만 경교 문헌에 대한 보다 정확한 해독이 가능하게 되었다.

문물 출토와 관련 연구

明 喜宗 天啓 5년(1625) 《大秦景教流行中國碑》의 출토는 우선 '景教'라는 연구 영역에 서막을 열었다고 할 수 있다. 明朝의 李之藻(1571-1630)는 西安의 擧人(*譯者註: 明淸 시대에 鄕試에 합격한 사람을 이르는 말.) 張賡虞로부터 비석의 拓本을 입수하여 拜讀한 後 《讀景教碑書後》를 썼고, 경교비에 기록된 내용이 예수회 선교사가 전한 「天學」과 유사한 내용이라는 사실을 밝혀냈다. 그 후 예수회 선교사 陽瑪諾(Manuel Diaz Jr., 1574-1644)이 明 思宗 崇禎 甲申年(1644)에 《唐景教碑頌正詮》을 저술 간행하였는데, 그는 주로 敎父의 저작과 천주교의 신학 전통으로 비문의 내용을 설명하였다.

《大秦景教流行中國碑》는 그 외 경교 문물의 새로운 발견이 없었기 때문에 淸 말기까지 줄곧 학자들의 주요 연구 텍스트가 되었고, 廣州 沙基堂 목사인 楊榮鋕가 光緖 21년(1895) 간행한 《景教碑文紀事考正》세 권은 주로 과거 景教碑와 관련된 고증과 해석을 정리한 내용이었다. 20세기 초까지 道士 王圓籙과 그의 조수 楊果는 敦煌石室 제17굴에 역대의 각종 寫本과 인쇄본의 經卷, 經史子集 등 각종 고서적, 官私 문서, 문학 및 각종 민족문자 문헌, 佛像絹畵, 供養絹畵, 佛幡 그리고 각종 銅·木 佛像 등의 유물들이 대량으로 매장되어 있는 것을 발견하여 西方 漢學者들의 많은 관심을 끌었다.[102] 또한 프랑스 漢學者 폴 펠리오(Paul Pelliot, 1878-1945)는 돈황석실에서 가치가 비교적 높은 텍스트 자료들을 골라내 가지고 가 버렸는데, 그중에는 경교 抄本이 하나 있었으니, 바로 하나의 卷 위에 초록해 낸 《大秦景教三威蒙度讚》과 《尊經》이었다.[103]

　돈황석실 문헌의 출토는 한학자들의 큰 관심을 불러일으켰을 뿐만 아니라 도굴꾼들의 관심도 동시에 일으켰으니, 문헌을 암시장 상인들에게 轉賣해 버릴 위험이 있었고, 더 나아가 민간에 유입되어 개인 소장품이 되어 버릴 위험이 있었던 것이다. 암시장 거래를 통하여 경교 문헌은 여러 사람의 손에 들어가게 되었으니, 가령 일본인 富岡謙藏(Tomeoka Kenzo)이 소장한 《一神論》, 高楠順次郎(Takakusu Jinjiro)이 가지고 있던 《序聽迷詩所經》, 그리고 「中國 大藏書家」의 칭호를 받았던 李盛鐸(1859-1937)이 소장한 《大秦景教宣元本經》과 《志玄安樂經》이 있는데, 그중 《志玄安樂經》에는 권말에 그가 쓴 「丙辰秋日于君歸自肅州以此見詒盛鐸記(병진년 가을 于君이 肅州로부터 경전을 가지고 돌아와, 이로써 만나 증정하였고, 盛鐸이 기록하였다)」라는 글귀가 있어 經卷을 취득한 내력을 은밀하게 밝히고 있다. 돈황 문헌

102　陳國燦, 《荒漠傳奇·璀璨再現─敦煌藝術大展(3): 敦煌莫高窟與藏經洞的發現》, 《國立歷史博物館館刊》(2005年 3月): 6-15쪽. 王道士가 「藏經洞」을 발견한 과정에 대해서는 여러 가지 설이 있다. 참고 梁紅, 《王道士流水疏沙與藏經洞的發現》, 《敦煌硏究》 第2期 (2010): 120-124쪽.

103　伯希和(Paul Pelliot, 1878-1945) 著, 耿昇 譯, 《伯希和西域探險記》(昆明: 雲南人民出版社, 2001), 285-286쪽.

의 전매는 폭리를 취할 가능성이 있기 때문에 돈황 經卷의 위조품 또한 암시장에서 유통되었으니, 예를 들어 小島靖(Kojima Yasushi)이 가지고 있던 《大秦景教宣元至本經》은 이미 위작으로 판명되었고, 또 한 명의 小島 氏가 소장한 《大秦景教大聖通眞歸法讚》도 위조품이라 주장하는 학자가 있긴 하지만, 어떤 이는 또 상반된 의견을 가지고 있기도 하다. 그러나 원본이 현재까지 행방불명인 상태라 그 진위를 판단할 근거는 없는 실정이다.

지난 세기 중엽부터 현재까지, 최근의 경교 출토 유물은 돈황 抄本에서 경교도의 墓誌로 바뀌었으니, 예를 들어 1955년 西安 서쪽 외곽 西窯頭村의 《大唐左神策軍故散副將游騎將軍守左武衛大將軍同正兼試太常卿上柱國京兆米府君墓誌銘並序》,[104] 2006년 洛陽에서 도굴로 인해 출토된《大秦景教宣元至本經》經幢,[105] 2010년 洛陽에서 출토된《唐故左衛兵曹參軍上騎都尉靈武郡花府君公神道誌銘》과 《唐故安氏夫人墓誌銘》[106] 등 이렇게 새로이 출토된 石刻 유물들은 唐代 景教徒의 사회 신분 및 생활 지리에 관한 여러 정보들을 제공해 주었다.

학계 연구 현황

20세기 초 경교의 돈황문헌이 계속해서 간행 공포된 이후, 이 문헌들에 대해 다수의 中外 학자들이 연구에 몰두하였다. 예를 들면, 羽田亨 (1885-1955), 佐伯好郎(Peter Yoshiro Saeki, 1871-1965),[107] 賴德烈(Kenneth Scott

---

104 閻文儒,《唐米繼芬墓志考釋》,《西北民族研究》第2期(1989): 154-160; 陝西省文物館理委員會,《西安市西窯頭村唐墓淸理記》,《考古》第8期(1965): 383쪽.
105 張乃翥,《跋洛陽新出土的一件景教石刻》葛承雍 編,《景教遺珍》(文物, 2009), 7쪽.
106 郭茂育, 趙水森 編,《洛陽出土駕鴦志輯錄》, 211-214쪽.
107 佐伯好郎,《景教碑文研究》(東京: 待漏書院, 1911). Peter Yoshiro Saeki, *The Nestorian Monument In China* (London: Society for Promoting Christian Knowledge, 1916).

Latourette, 1884-1968),[108] 穆爾(A. C. Moule, 1873-1957),[109] 林仰山(F. S. Drake, 1892-1974),[110] 龔天民,[111] 劉偉民,[112] 趙璧礎,[113] 朱謙之,[114] 翁紹軍,[115] 唐莉,[116] 林悟殊,[117] 劉振寧,[118] 朱心然,[119] 聶志軍[120] 등 학자들의 저작이 있다. 이들 연구는 경교의 내력과 唐, 元 시기 발전의 역사에 대해 충분한 설명을 해낸 것 외에도, 가장 중요한 연구 성과는 이 일련의 경전들에 대해 점차더 세밀해진 註解를 가했다는 것이며, 심지어 몇 개국 언어, 즉 영어, 일어, 프랑스어, 이태리어 등으로 번역이 되었다는 사실이다. 과거 선배 학자들이 쌓아 올린 이러한 연구 성과들은 경교 연구에 풍부한 기초가 되어 本書의 저술에 티끌이 모여 태산을 이루는 커다란 힘이 되어 주었다. 앞에서 언급한 것처럼 경교 연구는 두 분야로 나눌 수 있는데, 하나는 경교의 내력 및 경교 관련 역사에 대한 탐구이며, 또 하나는 경교 관련 石刻과 抄本의 고증 및 텍스트 연구이다. 이하는 이 두 부분에 대한 개략적 소개를 하고자 하며, 이는 독자들이 경교 연구의 방향을 이해하는 데에

---

108 Kenneth Scott Latourette, *A History Of Christian Missions In China* (London: SPCK, 1929); 참고 賴德烈, 《基督教在華傳教史》(香港: 道風書社, 2009).

109 Arthur C. Moule, *Christians in China before the Year 1550* (London: Society for Promoting Christian Knowledge, 1930); 참고 穆爾 著, 郝鎮華 譯, 《一五五〇年前的中國基督教史》(北京: 中華書局, 1984).

110 林仰山: 《唐代之景教文獻》, 《香港大學學生會會刊》第7期(1954): 3-11쪽. 이 문장은 본래 *The Chinese Recorder*, Vol.66, No.10-12(1935/11): 682-683쪽에 게재되었다.

111 龔天民, 《唐朝基督教之研究》(香港: 輔橋出版社, 1960).

112 劉偉民, 《唐代景教之傳入及其思想之研究》, 《聯合書院學報》第一期(1962): 25-33쪽.

113 趙璧礎, 《就景教碑及其文獻試探唐代景教本色化》, 林治平 主編《基督教與中國本色化》(臺北: 宇宙光出版社, 1990), 173-191쪽.

114 朱謙之, 《中國景教》(北京: 人民出版社, 1993).

115 翁紹軍, 《漢語景教文典詮釋》(香港: 卓越書樓, 1995; 北京: 三聯, 1996).

116 Li Tang, *A Study of the History of Nestorian Christianity in Chinssnf Its Literature in Chinese* (Frankfurt am Main: Peter Lang, 2002).

117 林悟殊, 《唐代景教再研究》(北京: 中國社會科學出版社, 2003).

118 劉振寧, 《始於「乖睽」終於「乖睽」: 唐代景教「格義」軌跡探析》(貴州: 貴州大學出版社, 2007).

119 朱心然, 《安身與立命: 東方教會在華宣教史》(香港: 浸信會出版社, 2009).

120 聶志軍, 《唐代景教文獻詞語研究》(湖南: 人民出版社, 2010).

많은 도움이 될 수 있을 것이다.

역사 고증

경교의 역사에 대한 연구는 초기 중앙아시아 관련 자료의 부족으로 인하여 단지 《大秦景教流行中國碑》에 기록된 皇帝와 年號를 통하여 경교와 당시 조정의 관계를 이해할 수밖에 없었으며, 연구 또한 唐나라 시기 중국 경교 발전의 역사를 탐구하는 데에 머물렀을 뿐, 경교의 내력에 대해서는 정확한 설명이 비교적 부족했었다. 사도 도마의 전설로 인하여 역사학자들은 일찍이 도마가 인도로 가서 교회를 설립했다고 여겼으며, 더 나아가 중국에까지 들어가 선교했을 가능성마저 추측하곤 했으나, 이는 뒷받침할 만한 증거가 전혀 없는 실정이다. 이후 18세기 말 선교 운동이 확산되면서, 메소포타미아, 중앙아시아 지역에서 선교하던 시리아 동방교회의 선교 역사와 교회 조직의 발전에 대한 인식이 더욱 확대되었다. 이에 큰 공헌을 한 이로는 Thomas Yeates,[121] John Mason Neale,[122] George Percy Badger[123] 등이 있으며, 이들의 연구는 주로 1세기 사도시대로부터 전승되어 온 시리아 동방교회를 후세에 재발견할 수 있게 해 주었다.

이 학자들의 커다란 연구 성과는 예일대 역사학자 Kenneth Scott Latourette과 그의 학생 Moffett이 시리아 동방교회의 아시아 지역 전파 과정에 대해 더욱 깊은 탐구를 할 수 있도록 자극을 주었고, 또한 이 교

---

121 Thomas Yeates, *Indian Church History, An Account of the First Planting of the Gospel in Syria, Mesopotamia, and India: With an accurate relation of The First Christian Missions in China* (London: Lincoln's Inn., 1818).

122 John Mason Neale, *A History Of The Holy Eastern Church* (London: Joseph Masters, 1847).

123 George Percy Badger, *The Nestorians And Their Rituals* (London: Joseph Masters, 1852).

파가 바로 중국에 진출한 경교라는 사실을 정리해 낼 수 있게 해 주었다. 특히 Moffett의 《亞洲基督敎史》(A History of Christianity in Asia)는 시리아 동방 교회의 사도들에 대한 단서, 서아시아와 메소포타미아 등 작은 나라에서의 선교 사역에 대해 최초의 기초적인 정보를 제공해 주었다. 또한 점차 서방 교회와 결별하여 어떻게 광범위한 아시아 지역 교구를 운영해 나가게 되었는지, 페르시아에서 본부를 세우고 중앙아시아와 동아시아 지역에 선교를 확대하여 마지막으로 중국에까지 들어오게 된 역사 과정 등에 대해 잘 알려 줌으로써, 경교의 진정한 來歷에 대해 상당히 명확한 이해를 얻을 수 있게 해 주었다.

문헌 연구

石刻과 抄本의 고증과 텍스트에 관한 연구는 앞서 기술한 바와 같이 역사적인 자료가 부족한 상황하에서 초기 연구가 견실하고 전면적인 고증을 해내기는 어려웠으며, 석각 재료로서의 碑刻인 《大秦景敎流行中國碑》 만이 최초로 출토된 까닭에 자연히 초기 경교 연구의 가장 중요한 자료가 되었다. 景敎碑에 대해 비교적 상세한 고증과 주석을 가했던 연구로는 明末 淸初 연간의 예수회 선교사 陽瑪諾(마누엘 디아즈)의 《唐景敎碑頌正詮》이 있고, 淸末 光緖 연간에는 廣州 沙基堂 목사였던 楊榮鋕[124]가 과거

---

124 楊榮鋕(1855-1919)의 字는 襄甫이며, 원적은 廣州 番禺 南步鄕으로서 기독교인이다. 1879년 廣東 런던회 第七甫宣道所에서 복음을 접하고 湛羅弼(Robert E. Chamers) 목사에게 세례를 받고 입교하였다. 1878년에서 1909년까지 佛山 走馬堂에서 8년, 廣州 沙基堂(惠愛堂의 전신)에서 14년을 섬겼으며, 孫中山이 沙基堂에 자주 와서 그와 이야기를 나누었다. 楊襄甫는 「人格建國」에 뜻을 두어 城 서쪽에 大光書樓를 설치하고 학생들을 널리 받아들였으며, 仁化, 樂昌 등 10개 縣에 買書團을 조직하였다. 그는 중국인들의 '自養自傳'을 주창하며 모금과 家産 매각의 방식을 통해 자금을 모아 叢桂新街예배당을 건축하였으니, 이곳은 1906년에 自立하여 廣州市 교회의 '自養'의 시초가 되었다; 1908년부터는 廣州 慈善會의 總理를 맡았고; 1909년에 목사가 되어 謝恩祿 등과 함께 廣州

淸代의 大儒, 金石學者들의 경교 고증 및 景敎碑에 대한 개인적 註解를 모아 光緒 21년(1895)에《景敎碑文紀事考正》세 권을 간행한 것이 있다. 이 책의 권1에는 淸代의 대학자와 금석학자들이 경교비에 대해 연구해 낸 내용들이 담겨 있으며, 중앙아시아에서 중국으로 들어온 외래종교의 전입 과정에 대한 고증도 함께 포함하고 있으니, 開封府 유대교, 조로아스터교, 婆羅門敎, 佛敎, 이슬람교, 摩尼敎 등이 그것이다; 권 2와 3은《大秦景敎流行中國碑》에 대해 성경 내용을 토대로 과거의 연구 성과를 더하여 경교의 교리와 의례를 해석해 내었다.

《大秦景敎流行中國碑》에 대한 각종 고증과 해석으로 인하여, 비문에서 중국 古籍 經典의 인용이나 차용이 학자들의 또 다른 관심거리가 되었다. 이는 경교가 중국에 들어온 후 중국어라는 언어에 대한 장악력이 무르익었음을 보여 주는 것이니, 각종 경전 내용의 인용은 경교가 중국어라는 환경 속에서 어떻게든 기독교 신앙을 잘 표현해 보려는 노력과 시도를 의미하는 것이라 할 수 있으며, 그 대표적인 저서로는 Henri Harvet(1848-1901) 신부의《西安府基督敎碑》(La Stèle Chrétienne De Si-Ngan-Fou)가 있다.[125]

燉煌 藏經洞에서 출토된 경교 문헌의 간행은 淸末부터 民國 시기인 1930년 전후까지 이루어졌으며, 이로써 경교 연구는 새로운 단계로 진입하게 되었다. 이러한 문헌의 발표는 경교가 중국 역사 발전에 있어 그다

青年會를 조직하였다; 1911년에는 劉子威 등과 光華醫院을 개원하였고; 1915년에는 協和神學院의 교수가 되었다. 楊襄甫는 늘 儒佛의 교리와 물리 화학의 이론을 인용하여 진리를 증명하고 해석하여 당시 지식인들에게 큰 설득력을 얻었다. 楊襄甫의 저서로는《釋疑彙編》,《四敎創世考》,《舊約聖經綱要》,《大秦景敎碑文頌考正》,《兩粵水災善後策》등이 있고, 1919년 廣州에서 64세를 일기로 세상을 떠났다. 참고《番禺市志(1992-2000)光盤檢索系統》, 第三十一篇 一人物, 第一章人物傳: http://www.pydfz.gov.cn/pysz/news.asp?class=760(열람일자: 2014년 4월 9일).

125 Henri Havret, La Stèle Chrétienne De Si-Ngan-Fou (Chang-Hai: Imprimerie De La Mission Catholique, 1902).

지 많은 영향을 미치지는 못하였지만, 경교 연구가 경교 자체의 경전적 맥락 속으로 옮겨지게 되었다는 점을 보여 주고 있으며, 또한 현존하는 경교 문헌을 통하여 경교가 중국에서 어떻게 다문화되고 다종교화되고 현지화되었는지를 관찰할 수 있게 해 주었다는 점을 보여 주고 있다; 또 한편 학자들은 텍스트 자체에 대한 관심 외에도 더 많은 通史的 저서들을 저술하거나, 문헌과 역사를 결합하여 경교의 東漸史를 구성해 내기도 했는데, 가령 영국학자 A. Mingana(1878-1937)가 1925년 발표한《基督教在中亞和遠東的早期傳播: 一個新文獻》,[126] 穆爾(A. C. Moule)가 1930년에 출판한《一五五〇年前的中國基督教》,[127] 또한 佐伯好郞(Peter Yoshir Saeki)의《景教の研究》,[128] 1992년 朱謙之의《中國景教》(실제로는 1966년 완성) 등이 있다. 그중 佐伯씨의《景教の研究》는 부록만 해도 220여 쪽에 달하며, 수많은 중국 史籍들 가운데에 중앙아시아 지역과 관련된 역사 자료들을 상세하게 배열함으로써 후학들이 참고하여 연구할 수 있도록 하였다. 이후로 경교는 장기간의 침체기로 들어서게 되었으며, 이 영역의 연구에 별다른 진전이나 변화가 없이 거의 멈춰 버린 상태였다. 1995년에 이르러 翁紹軍이 編著한《漢語景教文典詮釋》이 출판되었으나, 이 책은 사실 과거 여러 학자들이 작업해 낸 텍스트에 대한 註解들을 정리해 냈을 뿐, 翁氏 자신의 의견은 전혀 들어 있지 않았다.

21세기에 들어선 이후, 경교 연구가 또다시 부흥하였으니, 여러 편의 저서가 잇따라 출판되었다. 林悟殊의《唐代景教再研究》[129]는 燉煌 경교

A. Mingana, *The Early Spread of Christianity in Central Asia and the Far East: A New Document* (Manchester: University Press, 1925).

Arthur C. Moule, *Christians in China before the Year 1550* (New York: Macmillan, 1930); 中譯本 阿・克・穆爾 著, 郝鎮華 譯,《一五五〇年前的中國基督教史》(北京: 中華書局, 1984).

佐伯好郞,《景教の研究》(東京: 發賣所文求堂專店, 1935), 부록 1-220쪽.

林悟殊,《唐代景教再研究》(北京: 中國社會科學出版社, 2003).

도론(導論)

문헌에 대해 眞僞를 가려내는 작업을 하였으나, 주로「外證」을 이용한 고증이었을 뿐「內證」에 대해서는 충분한 증거가 비교적 부족하였다. 그중 小島靖(Kojima Yasushi)이 소장한《大秦景敎宣元至本經》과《大秦景敎通眞歸法讚》은 小島靖과 榮新江이 모두 僞卷으로 판명하였고,[130] 또한 2006년 《大秦景敎宣元至本經》經幢의 출토는 그가《大秦景敎宣元至本經》을 僞卷으로 판명했던 관점을 방증해 주었으며, 따라서 경교 연구는 절대적으로 僞卷에 근거해서는 안 된다는 사실을 강조해 주었다. 이어서 비교적 주목을 받는 연구로는 聶志軍의《唐代景敎文獻詞語硏究》가 있는데,[131] 그는 언어학의 시각에서 각 편 경교 문헌의 단어와 용어를 연구하고, 다시 경교, 유교, 도교 및 불교의 분류를 통해 각 단어의 출처를 분석하였으며, 경교의 언어를 각 종교 언어들이 혼재했던 상황하에서 이해하려고 노력하였다.《唐代景敎文獻詞語硏究》와 유사한 저서로는 劉振寧의《始於「乖睽」終於「乖睽」: 唐代景敎「格義」軌跡探析》이 있으니,[132] 그는 경교가 三位一體와 기독교 敎理를 漢譯하는 과정에 있어서 話用的(*譯者註: '話用論', 인간의 언어 사용과 행위가 인간 관계에 미치는 영향을 연구하는 언어학의 한 분야.) 변화가 끼친 영향을 연구하는 데에 주력하였는데, 그 관점은 경교가 외형적으로 중국의 종교를 학습하는 과정에서 결국은 그 本義를 잃어버리고 말았다는 것이다.[133] 이 두 저작의 시도는 여전히 미흡한 점이 있을지 몰라도 연구의 전개에 있어서는 새로운 시도였다고 할 수 있다. 前者의 아쉬웠던 점은 儒, 佛, 道 세 종교에 대해서는 많은 언급이 있었지만, 정작 기독교에 대해서는 깊이 있는 토론이 부족하였다는 것이고; 後者는 경교가 중국에서 표현하려

---

130 林悟殊,《所謂李氏舊藏敦煌景敎文獻二種辨僞》,《唐代景敎再硏究》, 156-174쪽.
131 聶志軍,《唐代景敎文獻詞語硏究》(湖南: 人民出版社, 2010).
132 劉振寧,《始於「乖睽」終於「乖睽」: 唐代景敎「格義」軌跡探析》(貴州: 貴州大學出版社, 2007).
133 劉振寧,《始於「乖睽」終於「乖睽」: 唐代景敎「格義」軌跡探析》, 183-184.

했던 사상을 기독교의 고전적 맥락에서 살펴보려고 시도하기는 했으나, 경교가 진정 기독교의 어느 敎派에 속했는지를 시종 규명하지 못하였고, 또한 唐代의 정치, 종교 정책을 배경으로 한 보다 합리적인 해석을 해내지 못했다는 것이다.

여러 연구 성과들 가운데서 보다 참신한 한 편의 연구라면 朱心然의 《安身與立命: 東方敎會在華宣敎史》를 들 수 있다.[134] 朱心然의 이 저서는 경교가 속했던 진정한 敎派와 그 신학적 특징을 잘 설명하였을 뿐만 아니라, 경교가 중국의 복잡한 政敎 관계에 직면했을 것이라는 비교적 동정적인 관점을 보여 주기도 했다. 또한 경교를 보다 큰 문화적·사상적 맥락에서 분석하려고 시도하였는데, 唐代의 종교적 대화가 처했던 상황, 그리고 각 종교 간의 상호작용, 종교 간의 敎義, 思想的 측면에서의 흡수와 재해석을 포함하여, 경교가 중국에서 기타 종교와 일종의 미묘한 상호 작용 관계를 내포하고 있어서 긴장과 협력의 관계를 동시에 가지고 있었음을 제시하고 있다.

결어(結語)

경교(시리아 동방교회)가 들어왔던 唐代의 중국은 역사적으로 상당히 특별한 시점에 처해 있었다. 당시 중국은 문명의 절정기에 있었고, 또한 종교가 급속하게 발전하고 있던 시기였으며, 한편 시리아 동방교회의 입장에서는 중앙아시아에서 페르시아 사산 왕조의 쇠망과 아랍 이슬람 제국의 발흥에 직면함으로써, 전반적인 생존 환경의 격변으로 인하여 移駐가

---

134   朱心然, 《安身與立命: 東方敎會在華宣敎史》(香港: 浸信會出版社, 2009).

매우 긴박했던 상황에 처해 있었다. 시리아 동방교회는 중국 문화와 가장 이른 시기에 접촉했던 기독교의 한 갈래로서, 역사적 그리고 환경적 요인 때문에 이미 큰 나라들과 교류를 해본 풍부한 경험을 가지고 있었다. 그들이 중국에 왔을 때, 唐代 조정에 의해서「波斯敎」,「大秦敎」라 불렸던 이 기독교 교파들은 선교를 하면서 서로 다른 大國의 문화를 연이어 경험하였고, 그 전파 과정에서 그리스 문화와 페르시아 문화도 명확히 경험하였으니, 교류했던 大國으로는 로마와 페르시아라는 두 제국이 있었다. 그들이 페르시아 제국의 멸망에 즈음하여, 7세기 초 중국 땅을 밟았을 때는 이미 세 번째로 대국의 문화를 마주하게 되었던 것이다. 과거 그들은 페르시아 사산 왕조의 통치하에 있었는데, 국가의 종교는 조로아스터교였고, 그들은 통치자의 종교를 변화시킬 수는 없다는 것을 잘 알고 있었기에, 또한 반드시 생존과 발전의 새로운 문화적 경험을 모색할 방법을 찾아야만 했었다. 이렇게 장기간 축적된 경험은 많든 적든 간에 그들이 중국의 통치자들과 교류를 하는 데 큰 도움이 되었으며, 唐 太宗에서 高宗에 이르기까지 경교를 예우해 주었다는 역사적 사실을 통해 그들이 대체적으로 당시의 통치자들과 잘 교류하였던 수완을 가지고 있었다는 사실을 알 수 있다.

또한 역사적인 흐름으로 보자면, 경교의 배경으로 대표되는 시리아 동방교회는 교회 발전의 시초부터 동방교회로서의 신학적 특징을 가지고 있었으며, 특히 안디옥 학파와 일맥상통하는 신학적 사상의 전통을 지니고 있었다. 그러나 네스토리우스 사건이 발생하기 30년 전, 그들은 자신들의 조직을 구성하고 교회 회의를 개최하면서 점차 서방 교회와 결별하며 제 갈길을 가기 시작한 것이다. 네스토리우스 사건이 발생한 후, 그들은 서방 교회와의 어떠한 관계에서도 벗어나고자 더욱 발걸음을 재촉하게 되었고, 이로써 서방 교회는 5세기 이후 그들의 선교와 발전에 대해 점차 더 낯설어하게 되었으며, 심지어 나중에는 이러한 교파가 존재했었는지조차도 알지 못하게 되었으니, 이것이 경교의 원류를 연구하는 데 있어 가장 큰 어려운 점이라 할 수 있을 것이다. 이러한 까닭에 경교를 이해하기 위해서는 먼저 시리아 동방교회의 원류에 대한 정확한 파악이 선행되어야 할 것이며, 그래야만 비로소 경교의 역사와 현존하는 경전들에 대해 보다 정확한 해독이 가능해질 것이다.

본서는 앞서 서술했던 계획대로 진행할 것인바, 唐代의 경교 문헌은 시대적으로 지금과는 거리가 너무 멀고, 특히 중국에 처음 들어온 경교 사본은 해독에 조금 어려움이 있기는 하지만, 그러나 중후기의 사본과 관련 자료들은 상대적으로 좀 쉽다고 볼 수 있다. 경교의 모든 문헌을 읽어 내는 과정에서 비난하지 않을 수 없는 한 가지 사실이 있으니, 즉 경교가 전파한 종교적 사상이 서민들을 감동시키지는 못했었다는 것이고, 특히 언어는 사상과 종교 신앙의 매개체임에도 불구하고 그들이 드러내어 보여 줄 수 있는 숙련된 중국어 작품들이 실로 너무 적으며, 대부분의 것들이 생경스러운 창작물에 불과하다는 사실이다. 경교의 발전이 최후에 이르렀을 때 중국은 내전에 휩싸이면서 외국인들을 대량으로 학살했으니, 그들은 이로 인해 중국을 떠났고 종교 신앙 또한 이내 사라져 버리고 말았으며, 경교는 시종 서민들의 문화 가운데에 뿌리를 내리지 못하였다. 학자들의 연구에서 알 수 있듯이, 시리아 동방교회는 페르시아 문화 4백 년 간의 경험으로 기독교 경전을 페르시아어, 소그드어, 위구르어 등 여러 중앙아시아 언어로 번역해 냈지만, 오히려 중국에서의 300년 간 중국의 각 계층들이 읽을 수 있을 만한 완정하고 성숙한 중국어 기독교 작품은 한 세트도 나오지 못했던 것이다.

종합하여 말하자면, 경교가 중국에서 공들인 여러 노력과 실험들은 기독교와 중화문화의 최초의 상호작용이자 충돌이었으니, 그리하여 남겨진 각종 작품들은 성숙 혹은 미숙에 관계 없이 모두 중국에서 기독교의 開山之作이라 볼 수 있다. 이러한 작품들은 모두 옛것으로 오늘을 비추어 본다는 의미를 지니고 있을 뿐만 아니라, 기독교와 중국문화의 관계를 전면적으로 점검해 볼 수 있는 하나의 중요한 계기가 될 것이다. 경교연구가 보다 새로운 방향으로의 이정표를 마련할 수 있도록 하기 위하여, 본서가 한 장의 기와벽돌을 올려 드리는 것이니, 삼가 선배 학자들의 叱正을 기대하는 바이다.

현존 景教 寫本 목록

寫本 명칭	종류	문헌 연대	작자	비문 자수	소장지
《序聽迷詩所經》	抄本	貞觀12年(638年) 혹은 더 이름[135]	阿羅本과 그 선교 대오	170행, 2845자	日本 杏雨書屋
《一神論》	抄本	약 641年(貞觀15年)[136]	阿羅本과 그 선교 대오	405행, 6949자	日本 杏雨書屋
《大秦景教宣元至本經》 위작[137]	抄本	開元5年(717年)	張駒	30행, 458자	日本 同志社大學
《大秦景教大聖通眞歸法讚》[138]	抄本	開元8年5月2日(720年)	索元(抄)	18행, 188자	日本 同志社大學
《大秦景教宣元(至)本經》	抄本	늦어도 建中2年(781年)[139]	아마도 景淨	26행, 465자	日本 杏雨書屋

---

135 《一神論》의 용어와 비교해 보면 《序聽迷詩所經》은 표현상 상대적으로 더욱 초기에 속하는 것으로 보이며, 文字적인 면에 있어서도 차이를 보이고 있다. 景教 碑錄文으로 추정되는 문장 중 貞觀 9년(635)에서 12년(638)까지, 唐 太宗의 명에 의하여 경교의 선교가 허락되었던 시기의 작품으로서, 그리스도는 神 앞에서 의로운 자이며 동시에 신과 사람 사이의 中保者라는 요지를 설명하고 있다.

136 《一神論》 중에 다음과 같이 기록되어 있나:「…此等向天下, 世尊聖化, 行亦無幾多時, 所以分明, 自爾已來, 彌師訶向天下見, 也向五蔭身, 六百四十一年不過已, 於一切處….(…이렇게 세상을 향하여, 그리스도의 가르침대로 따르면, 얼마 걸리지 않으며, 그리하여 이 이후로 메시아의 복음이 세상에 두루 퍼질 것이 분명하다. 그리스도가 육신으로 현현한 지금까지, 이미 641년이 되었으니, 어떠한 곳에서도….)」

137 朱謙之가 가장 이른 시기에 위조의 가능성을 제기하였다. 참고 朱謙之, 《中國景教》(北京: 人民出版社, 1993), 127-128쪽. 후에 林悟殊가 위조에 대해 더 깊은 연구를 진행하였다. 참고 林悟殊, 《唐代景教再研究》, 157-174쪽. 2006년 《大秦景教宣元至本經》 經幢이 洛陽에서 출토되면서 고지마(小島靖) 문서의 《大秦景教宣元至本經》이 僞品임이 증명되었다. 한편, 현존 일본 杏雨書屋의 《大秦景教宣元本經》과 《大秦景教宣元至本經》 經幢의 내용이 서로 부합하므로 이는 필사하는 과정에서의 오류로 보인다.

138 고지마(小島靖)는 《大秦景教大聖通眞歸法讚》이 李盛鐸으로부터 구매한 것이며, 1945년 9월 天津에서 철수하면서 일부 귀중품과 함께 도난당했다고 주장한다. 林悟殊, 《唐代景教再研究》, 158쪽.

139 林悟殊는 景教 寫本 《尊經》의 번역 목록을 참고로 하여, 기록문은 景淨과 관계가 있어야 한다고 생각하지만, 그러나 景教碑와 비교해 보면 碑文처럼 노련하고 수준 높은 모

寫本 명칭	종류	문헌 연대	작자	비문 자수	소장지
《大秦景教流行中國碑》	碑刻	建中 2 年 (781年)	景淨(述) 呂秀巖(書)	32행, 1780개 한자, 별도의 시리아 문자가 있음	中國西安碑林博物館
《志玄安樂經》	抄本	貞元 2 年 (786年) 이후[140]	아마도 景淨[141]	159행, 2596자	日本杏雨書屋
《大秦景教三威蒙度讚》	抄本	약 800年[142]	미상	24行, 327字	프랑스 파리국가도서관 일련번호: Pelliot Chinois 3847
《大秦景教宣元至本經》과 《大秦景教宣元至本經幢記》	碑刻	大和 3 年 (829年)	文翼(述)	잔존 經幢의 가장 긴 부분이 81㎝, 가장 짧은 부분이 59㎝, 팔각형, 둘레 112㎝	中國洛陽市博物館
《尊經》	抄本	미상		18행, 277자	프랑스 파리국가도서관 일련번호: Pelliot Chinois 3847

습을 볼 수 없기에, 建中 2년(781) 《大秦景教流行中國碑》의 비석 건립 연도보다 늦지는 않을 것으로 추정한다. 참고 林悟殊, 《唐代景教再硏究》, 183-185쪽.

140 《志玄安樂經》의 문장은 景教碑 碑文보다 성숙한 모습을 보이므로 여러 용어들을 눈여겨볼 필요가 있으며, 구조는 《六波羅蜜多經》의 어떤 용어와 유사하기 때문에, 貞元 2-4년(786-788년) 이후에 완성되었을 것으로 보인다. 이때는 景淨이 불교 번역사업에 참여했을 때이다.

141 《大秦景教宣元至本經》과 마찬가지로 《尊經》에 景淨이 번역사업에 참여한 중국어 景教 문헌이라고 기록되어 있다.

142 Paul Pelliot은 《尊經》 목록 중의 《三威讚經》과 같은 것으로 추정하는데, 목록의 순서로 보아 8세기 말 작품으로 보인다. Paul Pelliot, "Chrétiens D'asie Centrale Et D'extrême-Orient," T'oung Pao, Vol. 15(1914), 626쪽. 필자의 견해로는, 《大秦景教三威蒙度讚》은 《三威讚經》과 구별된다고 생각하며, 심지어는 景淨이 번역한 《三威讚經》을 저본으로 하여 창작했을 수도 있다.

경교연구 참고문헌(景教研究 參考文獻)

李之藻(1565-1630),《讀景教碑書後》, 天啟五年(1625年6月10日) 小冊 刊本.

徐光啓(1562-1633),《鐵十字箸》, 天啟七年(1627).

《景教堂碑記》, 崇禎五年(1632).

陽瑪諾(Manuel Diaz Jr., 1572-1659),《唐景教碑頌正詮》, 上海慈母堂藏板, 1641.

王昶,《金石萃編》, 清嘉慶十年(1805) 刻本.

Thomas Yeates, *Indian Church History, An Account of the First Planting of the Gospel in Syria, Mesopotamia, and India: With an accurate relation of The First Christian Missions in China*, London: Lincoln's Inn., 1818.

董立方(1791-1823),《大秦景教流行中國碑跋》,《董立方遺書 · 文甲集》卷下에 수록.

石韞玉(1756-1837),《唐景教流行碑跋》,《獨學廬金石跋》二稿 卷下에 수록.

John Mason Neale, *A history of the Holy Eastern Church*, 5 vols. London: J. Masters, 1847-1873.

Alexander Wylie(偉烈亞力, 1815-1881), "The Nestorian Tablet of Se-gan Foo," *Journal of the American Oriental Society*, Vol.5(1855): 277-336.

George Percy Badger (1815-1888), *The Nestorians and Their Rituals: With the Narrative of a Mission to Mesopotamia and Coordistan in 1842 -1844*, 2Vols. London: J. Masters, 1852.

Jean Pierre Guillaume Pauthier(鮑狄埃), *L'inscription syro-chinoise de Singan-fou: monument nestorien*, Paris: F. Didot frères, fils, 1858.

James Legge(理雅各, 1815-1897), *The Nestorian Monument of His-an Fu in Shen-his, China*, London: Trubner & Co., 1888.

Henri Havret, *La stèle chrétienne de Si-Ngan-fou*. Shanghai: Imprimerie de la Mission catholique, 1895.

楊榮鋕,《景教碑文紀事考正》三卷, 光緒二十一年(1895) 刻印.

李文田(1833-1895),《論景教碑事》, 楊榮鋕의 《景教碑文紀事考正》 卷一(1895)에 수록됨.

楊榮鋕,《重刊景教碑文紀事考正一卷》, 光緒二十三年(1897) 恩賢書局.

Henri Havret(夏鳴雷, 1848-1901), *La stèle chrétienne de Si-Ngan-fou, Variétés Sinologiques* No.20. ed, Chang-Hai: Imprimeriedela Mission Catholique, 1902.

洪鈞(1839-1893),《附景教考》,《元史譯文證補》 卷二十九, 上海: 文瑞樓, 光緒癸卯 (1903).

丁韙良(W. A. P. Martin, 1827-1916).《景教碑文幷序》,《天道溯原》에 수록, 上海: 中國聖 教書會, 光緒三十二年(1906).

Frits V. Holm, *The Nestorian monument: an ancient record of Christianity in China: with special reference to the expedition of Frits V. Holm*, Paul Carus ed. Chicago: The Open Court Publishing Company, 1909.

William Ainger Wigram. *An Introduction to the History of the Assyrian Church 100-640 A.D.*, London: Society for Promoting Christian Knowledge, 1910.

錢念劬,《大秦景教流行中國碑跋》,《歸潛記》丁編之一, 歸安錢氏家刻本 1910年.

佐伯好郎(Peter Yoshiro Saeki, 1872-1965),《景教碑文研究》, 東京: 待漏書院, 1911.

Martin Jugie, *Nestorius et la controverse nestorienne*, Paris: G. Beauchesne, 1912.

François Nau, "L'expansion nestorienne en Asie," Annals du Musée Guimet:

Bibliothèque de vulgarisation 40 (1913): 193-388.

William Ainger Wigram, *The Cradle of Mankind-life in Eastern Kurdistan*, London: Adam And Charles Black, 1914.

Peter Yoshiro Saeki, *The Nestorian Monument In China*, London: Society for Promoting Christian Knowledge, 1916.

Peter Yoshiro Saeki, C. E. Couling(庫淩), *The Luminous Religion: Nestorian Christianity in China*, London: The Carey Press, 1925.

Nestorius, *The Bazaar of Heracleides*, Oxford: Clarendon, 1925.

E. A. Wallis Budge, *The Monks of K.bilai Khan, Emperor of China*, London, 1928.

John Stewart, *Nestorian Missoniary Enterprise: The Story of a Church on Fire*, India: Mar Narsai Press, 1928.

Kenneth Scott Latourette, *A Christian Missions in China*, New York: MacMillan, 1929.

羽田亨,《景教經典志玄安樂經に就いて》,《東洋學報》18-1, 昭和4年(1929) 8月.

Arthur Christopher Moule(阿·克·穆爾, 1873-1957), *Christians in China Before the Year 1550*, London: Society for Promoting Christian Knowledge, 1930.

馮承鈞,《景教碑考》, 上海: 商務印書館, 1931 初版.

洪業,《駁景教碑出土於盩厔說》, 北京: 史學年報社, 1932.

佐伯好郎,《景教文獻及遺物目錄》, 東京: 東方文化學院東京研究所, 1932.

劉師培(1884－1919),《景教源流考》,《讀書隨筆》에 수록, 葉三下至四下, 1934年 寧武南氏 校印.

佐伯好郎,《景教の研究》, 東京: 東方文化學院東京研究所, 1935.

方豪,《唐代景教考略》,《中國史學》, 第1期(1936).

溝口靖夫,《東洋文化史上の基督教》, 東京: 理想社出版部, 1941.

E. A. Wallis Budge,《元主忽必烈が歐州に派遣したる景教僧の旅行志》, 佐伯好郎 譯, 東京: 春秋社松柏館, 1943.

藤枝晃,《景教瑣記》,《東洋史研究》, 第8卷, 第5-6期(1944): 318-324.

佐伯好郎,《中國に於ける景教衰亡の歷史; キリスト教の成立に及ぼしたるロー マ法學思想の影 響》, 京都: ハーバード・燕京・ 同志社東方文化講座委員 會, 1955.

陳崇興,《大秦景教流行中國碑文之研究》, 香港: 培英中學, 1955.

吳文良 編,《泉州宗教石刻》, 北京: 科學出版社, 1957.

龔天民,《唐朝基督敎之研究》, 香港: 基督教輔僑出版社, 1960.

伯希和,《景教碑中敘利亞文之長安洛陽》, 馮承鈞 譯,《西域南海史地考證譯叢》第 一編, 北京: 商務印書館, 1962.

劉偉民,《唐代景教之傳入及其思想之研究》,《聯合書院學報》, 創刊號(1962).

鄭連明,《中國景教的研究》, 臺灣: 基督教長老會, 1965.

羅香林,《唐元兩代之景教》, 香港: 中國學社, 1966.

ジョン・スチュアート,《景教東漸史: 東洋の基督教》, 熱田俊貞, 賀川豊彦 譯, 佐 伯好郎 校訂, 東京: 原書房, 1979.

神直道,《景教入門》, 東京: 教文館, 1981.

江文漢,《中國古代基督教及開封猶太人》, 上海: 知識出版社, 1982.

李家正文,《天平の客, ペルシア人の謎: 李密翳と景教碑》, 東京: 東方書店, 1986.

Samuel Hugh Moffett, *A History of Christianity in Asia,* Vol. 1: *Beginnings to 1500,* San Francisco: Harper San Francisco, 1992.

羽田亨,《西域文明史概論・西域文化史》, 東京: 平凡社, 1992.

朱謙之,《中國景教》, 北京: 人民出版社, 1993.

Paul Pelliot, *L'inscription nestorienne de Si-ngan-fou,* Antonino Forte(福安敦) eds. Paris: Kyoto, 1996.

佐伯好郎,《景教碑文研究》, 東京: 大空社, 1996.

翁紹軍,《漢語景教文典詮釋》, 香港: 卓越書樓, 1996.

林悟殊,《西安景教碑研究述評》,《中國學術》, 第1期(2000).

川口一彦,《景教: シルクロードを東に向かつたキリスト教; 中國唐代のキリス ト教伝道記錄》, 東京都: イーグレープ, 2002.

林悟殊,《唐代景教再研究》, 北京: 中國社會科學出版社, 2003.

段晴,《唐代大秦寺與景教僧新釋》, 榮新江 主編.《唐代宗教信仰與社會》(《北京大 學盛唐研究叢 書》), 上海辭書出版社, 2003, 434-472쪽.

林悟殊,《中古三夷教辨證》, 北京: 中華書局, 2005.

劉振寧,《始於「乖睽」終於「乖睽」: 唐代景教「格義」軌跡探析》, 貴州: 貴州大學出版 社, 2007.

牛汝極,《十字蓮花—中國元代敘利亞文景教碑銘文獻研究》, 上海: 上海古籍出版 社, 2008.

葛承雍,《景教遺珍: 洛陽新出唐代景教經幢研究》, 北京: 文物出版社, 2009.

朱心然,《安身與立命》, 香港: 浸信會出版社, 2009.

聶志軍,《唐代景教文獻詞語研究》, 湖南: 人民出版社, 2010.

편집 범례(編輯 凡例)

1. 본서가 수록한 경교문헌 연구집록의 배열 순서는 '碑, 寫本, 墓誌, 詮解'의 순이며, 각 문헌의 종류별로 다시 시간 순서에 따라 배열한다.

2. 각 부분의 앞에는 「소개」를 두어 관련된 역사적 배경과 개요 및 작자의 생애를 소개한다.

3. 매 작품마다 원서의 규범에 따라 異體字와 分段 사용 방식을 유지한다. 원서에 사용된 異體字는 처음 출현할 때 方括弧 [ ]로써 正體字를 명기한다.

4. 원문의 오탈자는 '□'로 표시하고 각주에 설명을 가하였다.

5. 매 작품마다 현대중국어의 규범에 따라 모두 새로이 標點하였고, 이는 원문에 표점이 없는 '詩, 詞, 銘, 賦'를 포함한다.

6. 본서의 편집자가 첨부한 註解는 모두 脚註로 표시한다.

7. 본서가 인용한 성경 經文 중 따로 명기하지 않은 것은 모두《和合本》(1919) 國語 聖經 번역본이다. 만일 성경 經文이 다른 번역본을 인용하였다면, 그 판본의 명칭을 예시함으로써 참고할 수 있도록 하였다.

8. 고대 시리아어는 子音符號만 갖고 있을 뿐이므로, 본서가 표기한 音은 시간적, 공간적 배경을 참고하여 字句를 수정하였으며, 이에 단지 독자에게 참고로 제공한다.

9. 본서는 일반적인 사용 관례에 따라 「猶太」라는 호칭을 사용한다.

제1부

경교 경전
(景敎 經典)

제1장

대진경교유행중국비송병서
(大秦景教流行中國碑頌並序)

경정 술(景淨 述), 여수암 서(呂秀巖 書)

소 개

《大秦景教流行中國碑頌並序》는 唐 德宗 建中 2년(辛酉年, 作壓해), 太簇月(정월) 7일, 즉 서기 781년 2월 4일에 세워졌으며, 景淨이 비문의 내용을 찬술하고 呂秀巖이 「大秦景教流行中國碑」라 글을 써서 題하였다. 비석의 높이는 197cm이며, 밑부분을 거북이 형상으로 받침을 하여 전체 높이가 279cm에 달한다. 비석의 넓이는 92.5cm이고, 아래쪽 넓이는 102cm이며, 碑文의 내용은 32행으로 되어 있고, 매 행마다 62자씩, 약 1,870자 가량이 기록되어 있다. 비문 아래쪽의 양측에는 경교 선교사 82명의 이름이 기록되어 있으니, 그중 72명의 이름은 시리아文으로 附記되어 있다.

비석의 머리 부분은 여섯 마리의 蟠螭(반리)[1]로 장식되어 있으며, 좌우로 각 세 마리씩 蟠螭의 머리가 걸려 있고, 용의 몸은 날아오르는 형상을 하고 있으며, 비석 머리 부분에서 두 발톱으로 寶珠를 받치고 있다; 비석 하단은 거북이 형상의 받침대로 받치고 있다. 《唐會要》의 기록에 의하면, 「용 머리 거북 받침(螭首龜趺)」은 당나라 장례의식 제도 중 관직 5품 이상 사람에게 사용하는 돌비석에 해당한다고 한다.[2] 따라서 비석의 주인 伊斯의 관직은 분명히 5품 이상이었을 것이고, 비석 위에는 그 관품이 金紫

---

1 《說文解字·蟲部》螭:「若龍而黃, 北方謂之地螻. 從虫离聲. 或云無角曰螭.(용이 노랗게 되면 북방에서는 이를 '地螻'라고 한다. 虫변에 离성이다. 뿔이 없으면 '螭'라고 부른다.)」 *譯者註: '蟠螭'는 용과 비슷한 뱀 모양의 신비의 동물로서, 일종의 뿔이 없는 초기의 龍을 이른다.

2 [宋] 王溥 《唐會要》(北京: 中華書局,1955), 691쪽, 卷三十八「葬」條.「碑碣之制, 五品以上立碑, 螭首龜趺上高不過九尺; 七品以上立碑, 圭首方趺, 趺上不過四尺.(비석의 제작은 5품 이상일 때 碑를 세우는데, 螭首龜趺 위로 9척을 넘지 않는다; 7품 이상의 경우 碑를 세우되 圭首方趺형으로 비 몸돌과 비 받침을 한 돌로 만들며, 받침대 위로 4척을 넘지 않는다.)」

光祿大夫라 기록되어 있으니, 이는 정3품 文散官에 속했음이 분명히 드러나 있다.[3] 여타의 대형 비석들과 다른 점은 「大秦景教流行中國碑」라고 題額된 아홉 글자의 윗 부분인데, 십자가 문양이 새겨져 있고 양측에는 연꽃과 구름 무지개의 꽃무늬들이 장식되어 있다.

碑文은 頌文에 序文을 병기하여 썼으니, 서술 방식은《文心雕龍》「誄碑(뇌비)」(*譯者註: 죽은 사람의 사적을 저술하여 애도를 표시한 碑.)편의 전통과 관련이 있으며, 銘文이 비석에 기록된 형식으로서, 敍事를 頌德의 앞에 배치하였다.[4] 비록 비문에 伊斯의 행적에 대한 기록이 있긴 하나, 편폭의 절반 이상을 大秦景教의 教義를 기록하는 데 할애하였고, 唐 太宗부터 德宗에 이르는 몇 대의 발전을 기록하였다. 그러나 唐代의 碑 제작은 단지 묘비에만 국한되지는 않았으니, 또한 頌德의 용도로 제작하곤 했었다.[5] 따라서 그 내용의 서술과 題額의 題字를 통해서, 즉 伊斯의 행적을 빌려 경교를 더욱 기념하고자 했음을 알 수 있다. 또 한편으로는 碑銘 아래 부분의 시리아文으로부터 일련의 정보를 얻을 수 있는데, 비석을 설치한 伊斯의 祖籍이 大夏國의 토하로이(Tokharoi)였음을 알 수 있다.

碑銘의 찬술을 맡은 景淨은 大秦寺의 승려였으니, 경교 경전《尊經》의

---

3 邱樹森 編,《中國歷代職官大辭典》(南昌: 江西教育出版社, 1991), 414쪽.「金紫光祿大夫」條, 140-141쪽,「文散官」條. 唐代의 金紫光祿大夫라는 官品은 隋나라의 제도를 연용한 것이며, 正三品의 文散官이다. 文散官은 隋·唐 시대 직분을 갖지 않은 문관을 가리키며, 근면한 노동에 대한 보답으로써 이를 수여하였다.

4 《文心雕龍·誄碑》:「詳夫誄之爲制, 蓋選言錄行, 傳體而頌文, 榮始而哀終. 論其人也, 曖乎若可覿, 道其哀也, 悽焉如可傷: 此其旨也. …夫碑實銘器, 銘實碑文, 因器立名, 事先于誄.(대체로 誄의 창작법을 말하자면, 죽은 사람의 말을 선택하고 행동을 기록하며, 전기체와 송축문을 사용하여 영예로운 일로 시작하고 애도의 말로 끝을 맺는다. 죽은 이를 논함에 있어서 어렴풋이 그를 만나는 듯 그 애도를 말하는데 처연함에 가슴 아프지 않겠는가: 이것이 그 요지이다. …대체로 碑는 銘을 새긴 물건이며, 銘은 실로 碑文에 풀어내는 것이니, 비석을 통하여 이름을 세우나 생전의 일이 誄보다 우선한다.)」

5 [宋] 王溥《唐會要》, 卷三十八「葬」條, 691쪽.「若隱淪道素. 孝義著聞. 雖不仕亦立碣.(만일 은둔자로서 덕행이 있는 자는 그 孝義를 행한 명성에 따라 비록 벼슬을 하지 않았어도 비석을 세운다.)」

「評語」 부분에 「本教大德僧景淨譯得已上冊部卷(본교 대덕승 景淨이 상술한 경전을 번역하였다)」이라 기록되어 있고, 또한 《大唐貞元續開元釋教錄》에 貞元 2년부터 4년까지(786-788) 景淨이 《大乘理趣六波羅蜜經》의 외국어 본문의 번역에 일찍이 참여했던 관련 기록이 있는 것으로 보아,[6] 景淨은 중국어와 기타 외국어에 일정 이상의 수준을 가졌던 사람으로 보인다.

본래의 비석은 현재 西安 碑林博物館에 소장되어 있으며, 별도로 여러 개의 倣刻(방각) 비석들이 전 세계 여러 지방에 산재해 있다.

---

6 《大唐貞元續開元釋教錄》卷一,《大正新脩大藏經》第五十五冊 수록, No. 2156.

景教流行中國碑頌并序拓文

原碑實影

原碑實影, 碑頂, 底部

대진경교유행중국비
(大秦景教流行中國碑)[7]

경교유행중국비송(景教流行中國碑頌)並序[8]
대진사 승 경정 술(大秦寺[9]僧[10]景淨[11]述)

---

7 「大秦景教流行中國碑」 아홉 글자는 碑文 상단의 題字이다.

8 「景教流行中國碑頌並序」: 이는 비석 銘文의 標題이다. 본문은 原 비석의 拓文을 수록하기로 한다. 原 비석은 현재 西安 碑林博物館에 소장되어 있으며, 여러 개의 倣刻碑들이 전 세계 여러 곳에 산재해 있다.
「景」: '크고 밝다'의 의미. 《白虎通義・封神》:「景星者, 大星也.(景星은 큰 별이다.)」《說文解字・日部》:「景, 光也.(景은 光이다.)」
「景教」: 그 원류는 사도 도마, 앗다이(Addai), 마리(Mari) 등이 건립한 시리아동방교회(The Assyrian Church of East)로 거슬러 올라갈 수 있으며, 일찍이 콘스탄티노플의 주교를 역임했던 네스토리우스(Nestorius, 380-451)는 예수의 神人兩性說을 주장하였는데, 마리아는 예수의 육신의 어머니일 뿐, 神의 어머니(하나님의 어머니)가 아니라고 말했다가, 431년 에베소(Ephesus)공의회에서 異端으로 정죄받아 교회에서 쫓겨났다. 그의 일파였던 페르시아 신학원도 해산 명령을 받았다가, 후에 다시 니시비스(Nisibis)에서 재결성하여 발전하였으니, 후인들은 대개 네스토리우스파(Nestorian)라고 칭하였고, 시리아동방교회라 부르지 않았다. 唐 太宗 貞觀 9년(635년)에 아라본(阿羅本, Alopen) 주교 일행이 이 교파를 이끌고 중국으로 들어왔으니, 중국 官方의 문헌은 「波斯教」, 「大秦教」라 일컬었고, 이 교파는 중국에서 스스로를 「景教」라 이름하였다.

9 「大秦寺」: 당시 경교를 포교하던 사람들이 거처하던 곳. 이 行이 시작되기 전 22개 글자의 공백이 있다.
「大秦」: 지중해 일대를 가리킨다. 《後漢書・西域列傳》:「大秦國一名犁鞬, 以在海西, 亦云海西國. …其人民皆長大平正, 有類中國, 故謂之大秦.(大秦國은 일명 犁鞬이라고도 하는데, 바다 서편에 있으므로 海西國이라고도 부른다. …그 백성들은 모두 張大하고 平正하여 중국인과 유사한 점이 있으니, 그리하여 大秦이라 부른다.)」
「寺」: 정부 관리를 책임지는 기관. 《舊唐書・職官志》:「武德七年(624)定令: 以太尉, 司徒, 司空爲三公. …次太常, 光祿, 衛尉, 宗正, 太仆, 大理, 鴻臚, 司農, 太府, 爲九寺.(武德 7년(624)에 법령을 제정하였다: 太尉, 司徒, 司空을 三公이라 하였다. …다음으로 太常, 光祿, 衛尉, 宗正, 太僕, 大理, 鴻臚, 司農, 太府를 九寺라 하였다.)」

10 「僧」: 이것은 경교의 선교사를 일컫는 것으로서, 불교의 구도자라는 용어를 빌려 쓴 것이다. 경교는 세속에서 벗어나 완전히 출가할 것을 요구하지 않으니, 주교단(主教團) 등급을 제외하고는 결혼하여 아내를 취할 수 있었다.

^16 ܟܗܘܢܝ ܟܘܪܐ ^15 ܦܝܦܐܫ ^14 ܟܘܢܡܝܐܪܝܐܘܐ ^13 ܟܘܪܐ ^12 ܐܕܡ

粤^17若,^18 常然^19眞寂,^20 先先^21而無元;^22 宦然^23靈虛,^24 後後^25而妙有.^26

11 「景淨」: 페르시아인, 경교 선교사. 서역 언어와 중국어에 능통하였다. 경교 寫本《尊經》(프랑스 국가도서관 소장품, 일련번호: Paul Pelliot 3847)의 「按語」(評語: 작가 · 편자의 주해 · 설명 · 고증 · 주의 따위의 말) 부분에서 경교 경전 번역 중 그의 손을 거친 부분이 약 35部라고 기술하고 있으며, 그는 당시「大德」의 직함을 가지고 있었다. 唐德宗 建中 2년(781년) 경교의 長老 겸 鄉主教(Chorbishop), 즉 중국 지역의 教父를 맡고 있었다. 唐 德宗 貞元 2년에서 4년(786-788년) 사이에는 불경《大乘理趣六波羅蜜經》의 번역사업에 참여하였으나,「景淨不識梵文復未明釋教, 雖稱傳譯未獲半珠, 圖竊虛名匪爲福利. …且夫釋氏伽藍大秦僧寺, 居止既別, 行法全乖, 景淨應傳彌尸訶教.(景淨은 산스크리트어를 알지 못하여 불교의 교리에 밝지 못하였다. 비록 번역이 아직 절반의 성과를 얻은 것은 아니라고 하나, 헛된 이름 좇기만을 도모하니 福利가 되지 못하였다. …한편 불가의 伽藍과 대진의 僧寺는 거주하는 곳이 이미 다르고 수행하는 법도 서로 어긋나니, 景淨은 메시아교를 傳教하는 것이 마땅하다 할 것이다.)」라고 비판을 받았다. 西京 西明寺 沙門 圓照 참고,《貞元新定釋教目錄 · 卷十七》,《大正新脩大藏經》제55책 No.2157, 892a쪽 수록.

12 「ܟܗܘܢܝ」: 「ܝ」라는 첫 글자는 시리아文에서 종종 앞 글자의 전치사나 접속사로 해석되기도 한다; 「ܟܗܘܢܝ」의 독음은 sīnāstāin, 의미는「秦尼斯坦(Tzinsthan)」, 즉 '중국'을 말함. 따라서 의미는「중국의」.

13 「ܦܝܦܐܫ」: 독음은 pipaš,「教父」의 의미.

14 「ܟܘܢܡܝܐܪܝܐܘܐ」:「及鄉主教(지역 주교)」의 의미. 「ܘ」은 첫 글자로 사용되었으며, 시리아文에서「及」혹은「與」(and)의 의미;「ܟܝܐܘ」은 시리아어 독음으로 kōrā이며, 의미는「地區」;「ܟܘܢܡܝ」의 독음은 apisqūpa이며,「主教」를 가리킨다.

15 「ܟܝܫܐ」: 독음은 qašiša, 長老(Presbyter)를 지칭하지만, 牧師(Priest)로 볼 수도 있다.

16 「ܐܕܡ」: 讀音은 ādam,「아담」이라는 이름이니, 이는 景淨의 原名이다. 시리아어의 표기 방법은 오른쪽에서 왼쪽으로 진행하기 때문에 각주 번호는 그다음에 표기하였으며, 이하 동일하다.

17 「粤」: 文頭 發語詞. 옛「曰」과 동일함. 말을 처음 시작할 때 사용함.《爾雅 · 釋詁》:「粤, 曰也.(粤은 曰이다.)」

18 「若」: 이는《隸辨 · 去聲 · 藥韻》이 인용한《郙閣頌》과《幹祿字書 · 去聲》에서 볼 수 있다. 「若」은 '거의', '아마도'의 의미.《左傳 · 定公四年》:「若聞蔡將先衛, 信乎?(듣자 하니 아마도 蔡나라가 衛나라에 앞서려 한다는데 사실입니까?)

19 「常然」: '영원불변, 변화하지 않는 상태'.《莊子 · 駢拇》:「天下有常然; 常然者, 曲者不以鉤, 直者不以繩, 圓者不以規, 方者不以矩.(천하에는 태어날 때부터 정해진 당연한 모습이 있다; 이 자연스런 본성이란, 굽은 것이라고 갈고리로 만든 것이 아니며, 곧은 것이 먹줄을 댄 것이 아니고, 둥근 것이라고 둥근 자로 만든 것이 아니며, 네모진 것이라고 곱자를 대어 만든 것이 아니다.)」

20 「眞寂」: 본래 불교 용어로서 수행자가 열반에 이름을 지칭하는 말이며, '생사를 초탈한 輪廻의 경지'를 이른다; 이 비유는 생사를 초탈하여 영생의 영원성을 말할 때 사용된다. [梁] 蕭統,《令旨解二諦義》:「眞寂之體, 本自不流, 凡夫見流, 不離眞體.(眞寂의 본체는

總玄樞²⁷而造化,²⁸ 妙²⁹衆聖³⁰以元尊³¹者, 其唯我三一³²妙身无元眞主³³阿

본래 스스로 변화하지 않는 것이니, 凡夫가 그 변화를 보더라도 진실의 본체를 떠나지 않는다.)」 *譯者註: '涅槃'은 '맑고 고요하여 번뇌가 일지 않으며, 不生不滅의 세계로서 중생의 모든 고통이 사라지는 곳'을 말한다. '참되고 고요한 진리의 세계', 즉 靈界를 설명하고자 부득이 불교 용어를 차용한 것으로 보인다.

21 「先先」: '태초의 최초 상태보다도 先行함'. 첫 번째 「先」은 동사로 사용되었고, 의미는 '倡導하다, 先行하다'; 두 번째 「先」은 명사 용법으로서 '원래, 본래'의 의미이다.

22 「無元」: '시작이 없음'. 「元」은 '시작, 기원'의 의미. 《公羊傳·隱公元年》: 「元年者何? 君之始年也.(元年이란 무엇인가? 군주께서 즉위하신 첫 해를 말하는 것이다.)」

23 「窅然」: '심원하고도 깊은 모양'. 《莊子·知北遊》: 「夫道窅然難言哉, 將爲汝言其崖略.(무릇 道는 아득하여 말로 표현하기 어려운 것이나, 당신을 위해 그 대략을 얘기해 주겠습니다.)」

24 「靈虛」: '태허(太虛), 우주(宇宙)의 본체'. 《雲笈七籤》卷一百六: 「於是靜心一思, 逸憑靈虛. 登岩崎嶇, 引領仰玄.(이에 고요한 마음으로 생각에 몰두하며, 편안하게 우주의 본체에 의지한다. 험준한 바위에 올라, 목을 늘여 하늘을 우러른다.)」

25 「後後」: '萬世 이후에 존재하며, 무궁무진(無窮無盡)의 경지에 이른다'는 의미. 첫 번째 「後」는 형용사 용법으로서 시간적으로 비교적 늦음을 나타냄; 두 번째 「後」는 명사 용법으로서, 시간적으로 「前」과 상대적인 개념임.

26 「妙有」: '無에서 有로 변화되는 오묘함'. (晉) 孫綽《遊天台山賦》: 「太虛遼廓而無閡, 運自然之妙有.(太虛는 아득히 넓어 막힘이 없으니, 자연의 妙有를 운행한다.)」(唐) 李善 注: 「斯乃無中之有, 謂之妙有也.(이는 즉 無 가운데의 有이며, '妙有'라 일컫는다.)」

27 「總玄樞」: '道의 오묘한 의미와 요점을 파악하다'. 「玄」은 심원하고 오묘한 모양; 「樞」는 '중요한 관건'을 의미함. (唐) 皎然, 《寒棲子歌》: 「棲子妙今道已成, 手把玄樞心運冥.(빈한한 사람의 현명함은 지금 이미 道를 이루었고, 손에는 중요한 관건을 쥐고서 마음은 아득함에 놓아 있다.)」

28 「造化」: 본래 '만물을 창조하고 길러 내는 대자연'을 일컬음. (漢) 王充 《論衡·物勢》: 「天地爲爐, 萬物爲銅, 陰陽爲火, 造化爲工.(천지는 화로와 같고, 만물은 구리와 같다. 음양은 불과 같으며, 자연은 장인과 같다.)」

29 「妙」: '깨우쳐서 인도하다'. 《周易·說卦》: 「神也者, 妙萬物而爲言者也.(神이란 만물을 묘하게 하는 것을 말하는 것이다.)」

30 「聖」: '지혜와 고상한 품격을 갖춘 자'. 《孟子·盡心下》: 「大而化之之謂聖, 聖而不可知之之謂神.(크면서 남을 감화시킬 수 있는 것을 '聖人'이라 하고, 聖人이면서 그 깊이를 헤아릴 수 없는 것을 '神'이라 한다.)」

31 「元尊」: '첫 자리에 계신 至高의 존재', 즉 조물주를 가리킴. 《漢書·禮樂志》: 「惟泰元尊, 媼神蕃釐, 經緯天地, 作成四時.(오로지 天神이 존귀하고 地神이 다복하니, 하늘과 땅을 다스려 四時를 창조하였다.)」

32 「三一」: 기독교 '三位一體의 하나님'을 가리킴. 즉 기독교에서 일반적으로 칭하는 '聖父, 聖子, 聖靈 (혹은 聖神으로 번역함)'이다. 경교 비문에는 하나님을 시리아어로 음역하여 「阿羅訶」라 칭하였으니, 성경 요한복음 1장 3절: '만물이 그로 말미암아 지은 바되었으니, 지은 것이 하나도 그가 없이는 된 것이 없느니라.(萬物是藉著他造的, 凡被造

羅訶³⁴歟! 判十字以定³⁵四方, 鼓³⁶元風³⁷而生二氣;³⁸ 暗空³⁹易⁴⁰而天地開,
日月運而晝夜作.⁴¹ 匠成萬物, 然立初人;⁴² 別賜良和,⁴³ 令鎮化海.⁴⁴ 渾

的, 沒有一樣不是藉著他造的.)」의 개념이「无元眞主」라는 말을 형성하여「阿羅訶」앞
에 놓였다; 또한「그리스도」는 시리아어로 음역하여「彌施訶」라 했고,「景尊」을「彌施
訶」앞에 배치하여 그가 하늘과 인간 사이에서 홀로 초월적인 지위를 갖고 있음을 강
조하였다. 聖靈에 대해서는「淨風」이라 번역했으니,「淨」으로써「神聖」의 개념을 표
현하였고, 시리아어의 본래 의미에 비추어「靈」을「風」으로 번역하였다. 개별적인 개
념은 뒷 부분 '註'에서 설명하기로 한다. 본문 중에 빈칸을 둔 것은 본래 비석 拓本의
모습에 근거한 것이다.

33 「无元眞主」: '기원이 없는 진정한 주재자, 스스로 영원히 자유자재하신 하나님'. 성경
    출애굽기 3장 14절:「하나님이 모세에게 이르시되:『나는 스스로 있는 자이니라』.」
34 「阿羅訶」: 불교에도 같은 어휘가 있으니, '천지 중생의 공양을 받아야 한다'는 뜻이다.
    「應供」,「殺賊」,「不生」등으로 번역하기도 한다. 그러나 분명 불교 용어와 혼동해서
    는 아니 되니, 경교는 시리아어로 하나님을 ܐܠܗܐ이라 하였고 독음은 alāhā이니,「阿
    羅訶」는 바로 이를 音譯한 것이다.
35 「定」: '혼란 없이 평정함'.《三國志・魯肅傳》:「如其克諧, 天下可定也.(만일 그 일이 이루
    어진다면, 천하는 정할 수 있을 것이다.)」
36 「鼓」: '진동'의 의미.《周易・繫辭上》:「鼓之以雷霆, 潤之以風雨.(우레와 번개로 두드리
    고, 바람과 비로 적신다.)」
37 「元風」:「元」은 '시작'이라. 창세기 1장 1-2절:「태초에 하나님이 천지를 창조하시니라.
    땅이 혼돈하고 공허하며 흑암이 깊음 위에 있고 하나님의 영은 수면 위에 운행하시니
    라」중에서「하나님의 영(上帝의 靈)」은 또한「하나님의 바람(上帝의 風)」이라 할 수 있
    으니, 碑文에서는 하나님을 일컬어「无元眞主」라 했고, 따라서「하나님의 바람」이 바
    로「元風」인 것이다.
38 「二氣」: '陰과 陽'.《周易・咸》:「感也. 柔上而剛下, 二氣感應以相與.(감응이라. 부드러움
    이 올라가고 강함이 내려오니, 두 기운이 서로 주고받음으로써 감응한다.」[漢] 京房,
    《京氏易傳・井》:「陰生陽消, 陽生陰滅. 二氣交互, 萬物生焉.(陰이 생성되면 陽이 소멸되
    고, 陽이 생겨나면 陰이 사라진다. 두 기운이 서로 교차하면 만물이 여기서 생성된
    다.)」
39 「暗空」:「暗」은 '해가 빛이 없음'이다. '空'은 '공간, 하늘'의 의미이다. 창세기 1장 2절:「땅
    이 혼돈하고 공허하며 흑암이 깊음 위에 있고; 하나님의 영은 수면 위에 운행하시니
    라」.
40 「易」: '변하다, 바뀌다'.《尙書・洪範》:「歲月日時無易, 百穀用成, 乂用明, 俊民用章, 家用
    平康. 日月歲時旣易, 百穀用不成, 乂用昏不明, 俊民用微, 家用不寧.(해・월・일의 때에
    변화가 없다면, 백곡이 여물고 다스림이 밝아지며 재능이 뛰어난 사람이 드러나고 집
    안이 평안해질 것이다. 해・월・일의 때가 이미 변화하였다면, 백곡이 이루어지지 않
    고 다스림이 어두워 밝지 않으며 재능있는 사람이 숨겨지고 집안이 안녕치 못하게 된
    다.)」
41 「暗空 … 夜作」: 성경 창세기 1장 6-10절 참조:「하나님이 이르시되:『물 가운데에 궁창
    이 있어 물과 물로 나뉘라』하시고, 하나님이 궁창을 만드사 궁창 아래의 물과 궁창 위

元[45]之性,[46] 虛而不盈; 素蕩之心, 本無希嗜.[47]

　오! 영원불변의 참 고요함이시여, 태초보다 앞서 시작도 없는 이시고; 심원한 우주의 본체이시니, 만세 이후까지 존재하시는 無 가운데의 有이시라. 현묘한 이치를 모아 만물을 창조하시고, 뭇 성인들을 깨우치시는 至高의 존재로서, 우리의 유일하신 三位一體의 신묘하신 분, 스스로 영원하신 참된 주 阿羅訶(여호와)시라! 十字로 구별하여 四方을 정하시고, 聖靈

<hr />

　　의 물로 나뉘게 하시니…. 하나님이 궁창을『하늘』이라 부르시니라. 하나님이 이르시되:『천하의 물이 한곳으로 모이고 뭍이 드러나라 하시니』그대로 되니라. 하나님이 뭍을『땅』이라 부르시고, 물이 모인 곳을『바다』라 부르시니라.」또한 같은 장 16-18절:「하나님이 두 큰 광명체를 만드사 큰 광명체로 밤을 주관하게 하시며, 또 별들을 만드시고 하나님이 그것들을 하늘의 궁창에 두어 땅을 비추게 하시며, 낮과 밤을 주관하게 하시고 빛과 어둠을 나뉘게 하시니 하나님이 보시기에 좋았더라.」

42　「初人」: '初'는 순서에서 첫째를 표하는 것이니, '初人'은 즉 인류의 시조이다. 이는 하나님이 창조하신 첫 한 쌍의 남녀 ─ '아담과 하와'를 가리킨다. 창세기 2장 7절 참조:「여호와 하나님이 땅의 흙으로 사람을 지으시고 생기를 그 코에 불어넣으시니 그가 곧 생령이 되었고, 이름을 아담이라 하니라.」그리고 같은 장 21-22절:「여호와 하나님이 아담을 깊이 잠들게 하시니 잠들매; 그가 그 갈빗대 하나를 취하고 살로 대신 채우셨다. 여호와 하나님이 아담에게서 취하신 그 갈빗대로 여자를 만드시고 그를 아담에게로 이끌어 오셨다.」

43　「別賜良和」:「別」은 '另'과 같음. '별도의, 다른'의 의미;「良」은《說文解字》:「良, 善也. (良은 善이다.)」;「和」의 의미는 '節度가 있어 情理에 부합함',《中庸》:「發而皆中節, 謂之和.(發하여 절도에 맞는 것을 '和'라 한다.)」

44　「令鎮化海」:「鎮」, '안치(安置)하다'.《玉篇》:「安也.(安이다.)」;「化」는 '교화하다, 화육하다'.《荀子・七法》:「漸也, 順也, 靡也, 久也, 服也, 羽也, 謂之化.(점점 나아가고, 순리대로 일을 처리하고, 어루만져 주고, 기다려 주고, 적응하도록 도와주고, 습관이 되도록 해 주는 것을 일러 교화라 한다.)」;「海」, 옛사람들은 육지의 사방이 모두 바다여서 육지가 세상의 전부라고 인식했다.《爾雅・釋地》:「九夷, 八狄, 七戎, 六蠻謂之四海.(구이, 팔적, 칠융, 육만을 일러 '四海'라 한다.)」

45　「渾元」: '천지간 자연의 기운'.《漢書・卷一百・敍傳上》:「天造艸昧, 立性命兮, 復心弘道, 惟賢聖兮. 渾元運物, 流不處兮.(하늘이 만물을 창조할 때는 몽매함 가운데 있었으니, 性命을 세웠노라. 본심으로 돌아와 도를 크게 하는 것은 오로지 성현일지라. 천지 자연의 기운이 만물을 운행하니, 흘러 머물지 않도다.)」이것은 '자연적으로 조성된 성질'을 말한다.

46　「性」: '본성'.《荀子・正名》:「生之所以然者謂之性.(태어나면서 자연히 생긴 것을 '性'이라 한다.)」

47　「素蕩 … 希嗜」: '평소에 구속받지 않던 마음에는 본래 결코 다른 망상이 없다'의 의미.

을 일으키시어 陰과 陽 두 기운을 만드셨으니; 어둠의 공간이 변하여 천지가 열리고, 해와 달이 운행하여 낮과 밤이 만들어졌다. 만물을 빚어내시고, 이대로 첫 사람을 세우셨으며; 특별히 어질고 온화한 성품을 내리시사, 땅을 다스려 온 세상을 교화하게 하셨다. 천지 기운의 본성은 비어 있어 차오르지 않으며; 순박하고 평온한 마음은 본래 다른 망상이 없다.

泊⁴⁸乎娑殫⁴⁹施妄, 鈿飾純精,⁵⁰ 閒⁵¹平⁵²大於此是⁵³之中, 隙⁵⁴冥⁵⁵同於彼非⁵⁶之內, 是以三百六十五種,⁵⁷ 肩隨結轍,⁵⁸ 競織法羅.⁵⁹ 或指物⁶⁰以託

---

48 「泊」: '~까지 기다리다'. [唐] 杜甫, 〈晚晴〉:「**泊**乎吾生何飄零, 支離委絶同死灰.(내 생에 이르러 어찌하여 나락으로 떨어졌는지, 산산이 흩어지고 쇠망함이 죽은 재와 같아라.)」

49 「娑殫」: 시리아어 ܣܛܢܐ, 독음은 šêdā, 오늘날 일반적으로 「사탄」(Satan)이라 번역함, '타락한 천사-마귀'이다.

50 「鈿飾純精」: '간사함으로 그 교활함을 가장하다'라는 의미, 「鈿」은 '금은보화로 꾸밈'; 이는 간교한 언어를 비유하는 데 사용됨, 창세기 3장 1-6절 참조. 「鈿飾」은 '외모를 꾸미다'. [唐] 杜光庭〈詠西施〉:「素面已云妖, 更著花**鈿飾**.(맨얼굴 이미 요염타 하는데, 다시 꽃 자개를 꽂아 장식하네.)」

51 「閒」:「間」과 같음, '간격', '중단되다'.《詩經・齊風・還》:「子之還兮, 遭我乎峱之**閒**兮.(그대의 날렵한 모습, 나와 노산 골짜기에서 만났었지.)」

52 「平」: 평안한 모습. [唐] 王灣,〈次北固山下〉:「潮**平**兩岸闊, 風正一帆懸.(조수가 잠잠하니 양안 언덕이 트였고, 바람이 순하니 돛 하나만 달고 간다.)」

53 「大於此是」: '하나님의 진리보다 더 정확하다'. 「是」: '정확하다'. 이는 '하나님의 진리'를 말한다.

54 「隙」: '간극을 열다'.《全唐詩》卷七八六〈古硯〉:「波濤所擊觸, 背面生**隙**.(파도가 부딪혀, 등 뒤에 틈이 생겼다.)」

55 「冥」: '우매하고 사리에 어두운 모습'.

56 「同於彼非」: '과실', '악행'과 같음. 이것은 '마귀 사탄의 간교한 악행'과 같음을 나타낸다.

57 「三百六十五種」: 다수의 학자들이 異敎의 종류를 가리킨다고 인식하고 있다. 불교에서는 '內敎, 外敎와 外道'로 분류하는데, 內敎는 '治心之學'이고; 外敎는 '修身之說'이니 중국의 諸子百家와 같다; 外道란 '진리 밖에 있는 학설'을 가리키는데, 석가가 태어나기 전까지 古印度에는 96종의 外道가 존재했다. 「三百六十五種」이란 아마도 景敎의 東漸 과정에서 누적되어 온 각종 外道의 수효를 가리키는 듯하다.

58 「肩隨結轍」: '뒤쫓아 왕래함이 길거리에 끊이지 않다', 각종 異敎를 좇으므로 진리의 도를 분별할 방법이 없다. 「肩隨」는 옛날 '어린 사람이 연장자를 섬기던 예'를 뜻함.《禮記・曲禮上》:「十年兄事之, 五年**肩隨**之.(열 살이 많으면 형으로 섬기고, 다섯 살이 많으면 어깨를 나란히 하여 따라간다.)」「結轍」은 '바퀴 자국이 교차됨', 차량의 왕래가 끊

宗,⁶¹ 或空有以淪二,⁶² 或禱祀以邀⁶³福, 或伐善以矯人.⁶⁴ 智慮營營,⁶⁵ 思情役役,⁶⁶ 茫然無得, 煎迫⁶⁷轉燒, 積昧亡途, 久迷休復.

이지 않음을 뜻함.《管子·小匡》:「平原廣牧, 車不結轍, 士不旋踵, 鼓之而三軍之士視死如歸.(평원의 들판에서 전차가 혼란하지 않게 지휘하고, 병사들이 물러서지 않게 하고, 진군의 북을 쳐서 3군의 군사가 죽는 것을 고향으로 돌아가게 하는 것처럼 여기게 한다.)」

59 「法羅」: '敎法의 굴레', '사람으로 하여금 異敎의 道理에 빠지게 하는 올가미'를 일컬음. 「羅」는 '새를 잡는 그물',《爾雅·釋器》:「鳥罟謂之羅.(새 잡는 그물을 일러 '羅'라 한다.)」

60 「指物」: 사물의 추상적인 개념을 명확히 지적하고자 함이니, '구체적인 사물을 지칭함'이다. 「指」는 「恉」와 통함,《說文解字》:「恉, 意也.(恉는 意이다.)」「指」는 '사물의 추상적인 개념'. 「物」은 '구체적 사물'.《公孫龍子·指物論》:「物莫非指, 而指非指.(사물은 인간 인식의 결과물이지만, 그러나 이것이 사물과 결합하는 구체적인 인식은 인식이 아니다.)」

61 「託宗」: '잠시 그 종파(宗派)에 기탁하다'. 「宗」은 '파별(派別)'. [宋] 嚴羽,《滄浪詩話·詩辨》:「禪家者流, 乘有大小, 宗有南北, 道有邪正.(禪家의 유파로는, '乘'에는 大小가 있고, '宗'에는 南北이 있으며, '道'에는 邪와 正이 있다.)」

62 「空有以淪二」: 불교의 진속이제(眞俗二諦: 진제―절대적 진리, 속제―상대적 진리)는 본래 상보상성(相輔相成)의 관계였음을 가리키는 것이었는데, 결국에는 오히려 두 가지가 서로 대립하는 異論이 되었다. 「空」은 '法性'; 「有」는 '幻相', 相反相成하는 '眞'과 '俗' 兩諦를 가리킨다.《佛地經論》卷四:「菩薩藏, 千載以前, 淸淨一味, 無有乖諍; 千載以後, 乃興空有二種異論.(菩薩藏은 천 년 이전에는 청정한 한 가지 종류여서 사리에 어긋난 쟁론이 없었으나; 천 년 이후에는 곧 法性과 幻相이라는 두 가지 이론이 발흥할 것이다.)」「二」는 '異論'의 의미. [漢] 董仲舒,《春秋繁露·天道無二》:「一而不二者, 天之行也.(一을 숭상하고 二를 반대하는 것이 天道가 운행하는 규칙이다.)」여기서의 의미는 '상호 대립하는 異論'을 뜻한다.

63 「邀」: '구하다, 원하다'. [唐] 王維, 〈送張判官赴河西〉:「單車曾出塞, 報國敢邀勳.(單車를 타고 변방으로 나갔었으니, 나라에 보답할 뿐 감히 공적을 바랄까.)」

64 「伐善以矯人」: '자신의 능력을 과시하고 오만무례한 태도로 사람을 대하다'. 「伐善」: '오만, 자기 능력에 대해 과시하다'.

65 「營營」: '급히 쫓음을 꾀하다'의 의미.《莊子·庚桑楚》:「庚桑子曰: 『全汝形, 抱汝生, 無使汝思慮營營. 若此三年, 則可以及此言矣.』(庚桑子가 말하기를: 당신의 육체를 온전히 하고, 당신의 삶을 보전하며, 당신의 생각을 이리저리 쓰지 마십시오. 이처럼 삼 년을 지내면, 제가 말한 바에 이를 수 있을 것입니다.)」

66 「役役」: '노고(勞苦)가 끊이지 않는 모양'. 첫째 자 「役」은 '끌어당기다, 끈덕지게 따라붙다'의 의미; 뒤의 글자 「役」은 '쏟아부은 온 힘, 노고'의 의미.《莊子·齊物論》:「終身役役而不見其成功, 茶然疲役而不知其所歸, 可不哀邪!(평생을 힘써 일하지만 그 성공을 볼 수가 없고, 고달프고 힘들지만 돌아갈 곳을 알지 못하니, 가히 슬프지 아니한가!)」

67 「煎迫」: '시달리고 핍박받다'.《北齊書·尉景傳》:「常山君謂神武曰:『老人去死近, 何忍煎迫至此.』(常山君이 神武에게 일러 가로되: 노인이 죽음에 가까웠는데, 어찌 차마 핍박

사탄이 망령을 부리게 되어, 간교함으로 순수하고 정결한 마음을 꾸며 더럽혔으니, 그 간격이 작으면 하나님의 진리 가운데 있는 것보다도 크고, 그 간극이 깊으면 저 사탄의 악행 가운데 있는 것과 같다. 이로써 수많은 종파들이 앞다투어 일어나, 경쟁하듯 敎法의 그물을 짜내었다. 어떤 이는 사물에 기탁하여 종교로 삼고, 어떤 이는 法性과 幻相으로써 異論에 빠져 버렸으며, 어떤 이는 기도와 제사로써 복을 구하기만 하고, 또 어떤 이는 자기 능력을 과시함으로 뭇사람들을 기만하였다. 지혜와 마음이 급급하고 분주하며, 생각과 감정이 수고로우나, 망연하여 아무런 소득이 없고, 시달리고 핍박받아 불에 타는 듯하며, 우매함이 날로 쌓여 멸망의 길에 이르게 되고, 오래도록 迷妄하여 다시는 돌이킬 수가 없다.

於是我三一分身景尊[68]彌施訶,[69] 戢隱[70]眞威, 同人出代,[71] 神天宣慶,[72] 室女[73]誕聖於大秦, 景宿[74]告祥, 波斯睹耀以來貢.[75] 圓[76]廿四聖[77]有說之

하여 이에 이르렀습니까?)

68 「景尊」: 불교 「天尊」의 개념을 차용하였으며, 열반경(涅槃經) 중에서 천존자 중 가장 높으신 분이다. 이는 「景」으로 「天」을 대체함으로써 경교의 존자가 천하의 최고 존자임을 표명하는 것이다.

69 「彌施訶」: 시리아어 ܡܫܝܚܐ 의 독음은 məšīhā이며, 오늘날 일반적으로 번역되는 「彌賽亞(메시아)」는 '기름 부음을 받은 자'로서 하나님이 선택한 사람이고, 또한 '구주(救主)'의 의미도 갖는다.

70 「戢隱」: '숨어서 드러내지 않는다'는 의미. 「戢」은 '거두어들이다, 수집 보존하다'의 의미.

71 「同人」: '인간과 같은 모습으로 세상에 나오다'. 「代」: 당나라 사람들은 태종 李世民의 이름을 피휘(避諱)하여 「世」를 「代」로 썼다.

72 「神天宣慶」: 「神天」은 오늘날 모두 「天使」로 쓴다. 이는 '천사가 예수 강림의 기쁜 소식을 알린다'는 의미이다. 누가복음 2장 10-14절 참조.

73 「室女」: '출가하지 않은 여자'.

74 「景宿」: '크고 밝은 별'; 이것은 예수가 탄생한 지역의 별을 지칭한다. 「宿」은 '별자리'. 마태복음 2장 2절 참조.

75 「波斯睹耀以來貢」: 마태복음 2장 1-12절 참조. 「波斯」: 성경은 「博士」(magi)로 기록하고 있음. 페르시아어로 مجوس, 독음은 majús, 페르시아어로는 특별히 종교와 관련 있는 박사를 지칭함; 이 박사들은 일반적으로 천문학과 점성술에 정통하며, 멀리 페르시

舊法,[78] 理家國於天猷,[79] 設 三一淨風[80]無言[81]之新敎. 陶良用於正信,[82] 制

八境之度,[83] 鍊塵成眞,[84] 啟三常[85]之門. 開生滅死,[86] 懸景日[87]以破暗府,[88]

아로부터 예수를 알현하러 왔으니, 전통적으로「三王來朝」혹은「主顯節」(Epiphany) 이라 부른다.「睹耀」: '빛나는 별을 보다'.《序聽迷詩所經》에 상술하기를:「辛星居知在天 上, 星大如車輪(새로운 별이 하늘에 나타났으니, 크기가 수레바퀴만큼이나 컸다)」.「來 貢」: '예물을 가지고 와서 바치다', '황금, 유향, 몰약을 헌상했음'을 의미한다. 마태복음 2장 1-12절 참조.

76 「圓」: '완전하고, 주도면밀하고, 원만하다'.

77 「廿四聖」: 히브리어 성경(혹은 '구약'이라 칭함) 24부를 지칭하며, 경교 寫本《尊經》중 에「廿四聖法王(이십사 聖法王)」이 있으니, 따라서 이는 24명의 작자를 가리킨다.「히 브리어 성경」은 전통적으로 세 부분 24경으로 분류되니(BHS本), 첫째, 율법서(Torah): '창세기, 출애굽기, 레위기, 민수기, 신명기'; 둘째, 선지서(Nebi'im): '여호수아, 사사기, 사무엘, 열왕기서, 이사야, 예레미야, 에스겔, 12 小선지서'; 셋째, 성문서(Ketubim): '시 편, 욥기, 잠언, 룻기, 아가, 전도서, 예레미야 애가, 에스더, 다니엘, 에스라－느헤미 야, 역대기'가 있다.

78 「舊法」: 유대교가 기원 70년 개최한 얌니아 회의(Synod of Jamnia)에서 확정한 히브리 어 성경 正經 24권을 뜻한다. 예수는 일찍이 '내가 온 것은 선지자와 율법을 폐하러 온 것이 아니요 완성하려 왔노라'라고 말했다. 마태복음 5장 17-18절.

79 「天猷」: '하늘의 도, 법칙'; 이는 하나님께서 계시하신 진리를 비유한 것이다.《毛詩・ 小雅・巧言》:「秩秩**大猷**, 聖人莫之.(질서정연한 계책은 성인이 도모했다네.)」

80 「淨風」: 기독교의「성령」, 시리아文의 성령은 ܪܘܚܐ ܕܩܘܕܫܐ(독음: rūḥā dəqūdšā), '靈(ܪܘܚ)'은「風」의 의미가 있음. 시리아교회의 초기 저작 Odes of Solomon 제19首 는 성령을 여성으로 묘사했으니, 헬라어에서의 중성과는 차이가 있다.

81 「無言」: '사람의 지혜로 말한 언어가 아님'. 고린도전서 2장 13절:「…사람의 지혜가 가 르친 말로 아니하고, 오직 성령께서 가르치신 것으로 하니, 영적인 일은 영적인 것으 로 분별하느니라.」

82 「正信」: '공리와 도의를 굳게 믿는 마음'.「信」은 '성실하여 속이지 않음'. 唐] 元結,〈與 韋洪州書〉:「里有**正信**之士爲辯之, 然後鄰家通歡.(집안에 바른 믿음을 가진 선비가 있어 그를 변론하니, 그런 연후에 이웃집이 모두 기뻐하였다.)」

83 「制八境之度」: '천하가 공통으로 준수하는 법칙을 따르다'.「境」: '지경, 경계'.「度」: '판 단의 법칙'.《荀子・非相》:「故君子之**度**己則以繩, 接人則用枻.(그러므로 군자는 자기를 헤아리는 법도로는 바른 먹줄을 쓰지만, 타인을 대하는 법도로는 활 묶는 굽은 도구를 쓴다.)」「八境」: '八荒, 八方'이며, 즉 '천하'를 말함. 漢] 劉向,《說苑・辨物》:「**八荒**之內 有四海, 四海之內有九州, 天子處中州而制**八方**耳.(八荒 안에 四海가 있고, 四海 안에 九州 가 있으니, 천자는 中州에 머물며 八方을 제어하느니라.)」또한「八境」을 '산상보훈' 중의「八福」으로 해석하기도 함. 마태복음 5장 3-12절 참조.《唐故左武衛兵曹參軍上騎 都尉靈武郡花府君公神道誌銘》에「內備八景」이라는 말도 있으니,「景」과「境」은 아마 도 동음가차(同音假借)인 듯함.

84 「鍊塵成眞」: '세속의 장애에서 벗어나 본성을 얻게 하다'. 唐] 王梵志,《王梵志詩校注》 卷七:「無**塵**復無垢, 何慮不**成眞**?(티끌이 없고 또한 치욕도 없으니, 어찌 이루지 못함을

魔妄於是乎悉摧. 棹慈航以登明宮,[89] 含靈[90]於是乎既濟.[91] 能事斯畢, 亭
午昇眞.[92] 經留廿七部.[93]

근심하는가?)」

85 「三常」: 「常」은 '영원불변'의 의미, 따라서 「三常」은 '영원불변의 속성을 가진 삼위일
체의 하나님'을 의미한다. 한편 「믿음, 소망, 사랑」으로 번역하기도 한다. 고린도전서
13장 13절: 「그런즉 믿음, 소망, 사랑 이 세 가지는 항상 있을 것인데, 그중의 제일은
사랑이라. 《唐故左武衛兵曹參軍上騎都尉靈武郡花君公神道誌銘》에는 「外備三常(밖
으로 三常을 갖추었음)」이란 말이 있으니, 이는 「三常」이 사람의 품덕을 형용하고 있
음에 근거한 것이다.

86 「開生滅死」: '영생의 길을 열고, 사망의 권세를 멸하다'. 이사야 25장 8절: 「사망을 영
원히 멸하실 것이라.」 고린도전서 15장 52-53절: 「나팔 소리가 나매 죽은 자들이 썩지
아니할 것으로 다시 살아나고 우리도 변화되리라. 이 썩을 것이 불가불 썩지 아니할
것을 입겠고; 이 죽을 것이 죽지 아니함을 입으리로다.」

87 「懸景日」: '큰 빛을 매달다'. 「日」은 '태양'; 이는 구주 예수그리스도를 비유함. 이사야 9
장 2-7절: 「흑암에 행하던 백성이 큰 빛을 보고; 사망의 그늘진 땅에 거주하던 자에게
빛이 비치도다…. 이는 그들이 무겁게 멘 멍에와 그들의 어깨의 채찍과 그 압제자의
막대기를 주께서 꺾으시되…. 이는 한 아기가 우리에게 났고 한 아들을 우리에게 주신
바 되었는데, 그의 어깨에는 정사를 메었고, 그의 이름은『기묘자라, 모사라, 전능하신
하나님이라, 영존하시는 아버지라, 평강의 왕이라 할 것임이라』….」

88 「暗府」: 즉 '음부, 지옥'. 사도행전 2장 31-32절: 「그리스도의 부활을 말하되 그가 음부
에 버림이 되지 않고 그의 육신이 썩음을 당하지 아니하시리라 하더니, 이 예수를 하
나님이 살리신지라. 우리가 다 이 일에 증인이로다.」

89 「棹慈航以登明宮」: '고통을 벗어날 구원의 배를 저어 천지신명이 거하신 집으로 올라
간다'. 이것은 '죽음에서 부활하신 예수 그리스도가 세상 사람을 구원하여 함께 천국에
갈 수 있음'을 비유하고 있다. 「棹」는 '배를 젓다'. [晉] 陶潛, 〈歸去來兮辭〉: 「或命巾車,
或棹孤舟.(때로는 수레를 부르기도 하고, 때로는 외로이 배를 젓는다.)」 「慈航」은 본래
불교에서 '부처의 자비심으로 중생이 고통의 바다를 건너다'의 의미이다; 경교는 불교
의 어휘를 사용하여 기독교의 「구원」의 개념을 설명하고 있다. 「明宮」: '천지신명이
계신 곳'을 지칭함; 이는 「천국」을 비유하고 있음. 베드로전서 3장 18-22절 참조.

90 「含靈」: '영성을 갖춘 인류'. 《晉書·桓玄傳論》: 「夫帝王者, 功高宇內, 道濟含靈.(무릇 제
왕이란 천하에 공이 높아 도로써 인류를 구제한다.)」 《梁書·武帝本紀上》: 「專威擅虐,
毒被含靈.(독단적인 위세로 제멋대로 학대를 가하여, 영성을 가진 인류에게 해독이 널
리 퍼졌다.)」

91 「既濟」: '이미 구원을 받았다'의 의미. [唐] 孔穎達 疏, 《周易正義·既濟》: 「濟者, 濟渡之
名; 既者, 皆盡之稱. 萬事皆濟, 故以既濟爲名.(濟는 濟渡의 이름이고, 既는 '모두 다'의 칭
호이니, 만사가 모두 이루어졌으므로, 그리하여 「既濟」로써 이름을 삼은 것이다.)」

92 「亭午昇眞」: 이는 '예수 그리스도께서 정오에 구름을 타고 승천하신 일'을 뜻한다. 「亭
午」: '정오'. 《藝文類聚·天部上·日》: 「日溫曰煦, 日在午曰亭午, 在未曰昳, 日晚曰旰.(해
가 따스하면 '煦'라 하고, 해가 午時에 있으면 '亭午'라 하며, 해가 未時에 있으면 '昳'이
라 하고, 해가 저물면 '旰'이라 한다.)」 「昇眞」: 본래 도교의 용어로서 '수도자가 공을

이에 우리의 삼위일체 되신 존귀하신 메시아께서는 참된 위엄을 감추시고, 인간과 같은 모습으로 세상에 나셨으니, 하늘 천사가 예수 탄생의 기쁜 소식을 선포하였고, 동정녀가 大秦에서 성자 예수를 낳으셨으니, 크고 밝은 별이 기쁜 소식을 알렸으며, 페르시아인들이 밝은 빛을 보고 와서 예물을 바쳤다. 24 성인이 말씀하신 구약의 율법을 완성하시고, 하늘의 道로 가정과 나라를 다스리시며, 삼위일체 성령의, 말로 할 수 없는 새로운 종교를 세우셨다. 양심을 도야하여 바른 믿음에 쓰게 하시고, 천하가 준수할 법칙을 제정하셨으며, 세속의 장애를 연단하여 본성을 얻게 하셨고, 영원불변 三常의 문을 여셨다. 생명을 여시고 죽음을 멸하셨으며, 큰 빛을 비추시어 어둠을 깨뜨리셨으니, 마귀의 망령됨이 그리하여 모두 부숴져 버렸다. 자비의 배를 저어 밝은 궁전으로 올랐으니, 영성을 가진 인류가 그리하여 이미 구원을 얻었다. 권능의 일을 이에 마치시고, 정오에 참 神으로 승천하셨으니, 경전 27部가 세상에 남겨졌다.

張⁹⁴元化⁹⁵以發靈關,⁹⁶ 法浴水風,⁹⁷ 滌浮華⁹⁸而潔虛白.⁹⁹ 印持十字.¹⁰⁰

이루고 득도하여 仙道의 경지에 이름'을 가리킨다. 「眞」이란 道家에서 '득도하여 신선이 된 자'를 일컫는다. [宋] 李昉, 《太平御覽·地部九·關中蜀漢諸山》: 「十道記曰: 靈臺山, 在縣北, 一名天柱山, 高四百丈, 即漢張道陵昇眞之所.(十道記에 이르기를: 靈臺山은 縣의 북쪽에 있으니 일명 天柱山이라 한다. 높이가 4백 丈이니, 漢나라 張道陵이 승천한 곳이다.)」 경교는 도교의 「昇眞」이란 어휘를 빌려 예수 그리스도가 사후 3일 만에 부활하고, 구속의 사역을 완성하였으며, 40일 동안 제자들 가운데서 천국의 일을 강론한 후 제자들 앞에서 승천하신 이야기를 묘사하고 있다. 사도행전 1장 1-11절, 베드로전서 3장 22절 참조.

93 「經留廿七部」: 신약성경 27권을 지칭함. 복음서 4部, 사도행전 1部, 사도 바울과 사도들의 서신 21部, 계시록 1部를 포함한다.

94 「張」: '확대 발전시키다'. 《荀子·成相》: 「道古賢聖基必張.(옛 성현의 길을 따르면 기업이 반드시 발전할 것이다.)」

95 「元化」: '대자연의 운행의 변화'. [唐] 陳子昻, 〈感遇詩三十八首之三十八〉: 「仲尼探元化, 幽鴻順陽和.(공자는 대자연의 이치와 변화를 탐구하였고, 추위에 떠는 기러기는 따뜻한 양지를 따른다.)」

融101四照102以合無拘.103 擊木104震仁惠105之音, 東禮106趨生榮107之路.

---

96 「靈關」: 본래 도교에서 말하는 '인체 내부의 중요 부위'를 지칭함; 이것은 '인간의 영성'을 비유하고 있다.《雲笈七籤》卷五十一:「迴降我形, 安鎮**靈關**.(본래의 내 모습으로 돌아와, 영혼을 안정시킨다.)」

97 「法浴水風」: 이것은 기독교가 물과 성령의 세례로써 회개하고, 예수의 구원의 은혜를 받으며, 하나님과 화해하는 교리를 말하고 있다.「浴」은 기독교 입교의 세례(침례) 의식이며,「風」은「淨風」을 지칭하니 즉 '성령'을 말한다. 마태복음 3장 11절:「나는 너희로 회개케 하기 위하여 물로 세례를 주거니와, 내 뒤에 오시는 이는 나보다 능력이 많으시니, 나는 그의 신을 들기도 감당치 못하겠노라. 그는 성령과 불로 너희에게 세례를 주실 것이요.」

98 「浮華」: '헛된 부귀영화'. [唐] 賈島,〈寓興〉:「**浮華**豈我事, 日月徒蹉跎.(헛된 부귀와 영화 어찌 내 일이겠는가, 하루하루 세월을 헛되이 보내고 있네.)」

99 「虛白」: '마음속 고요하고 평안한 모습'을 비유함. [陳] 江總,〈借劉太常說文〉:「幽居服藥餌, 山宇生**虛白**.(그윽한 곳에 거하며 약과 음식을 먹으니, 산중 생활이 고요하고 평안하네.)」

100 「印持十字」: '십자가를 손에 쥐고 표지로 삼음'의 의미.「印」은 '기억하다, 새겨 두다',「持」는 '쥐다'. 앞의 구「法浴水風」과 대구를 이루며, 도치(倒置)구문의 어법구조를 사용하였다.「浴水風爲法(물과 성령으로 세례를 주는 교리를 삼다)」,「持十字爲印(표시로서 십자가를 지닌다)」로 해석할 수 있다.

101 「融」: '널리 퍼지다'의 의미. [魏] 何晏,〈景福殿賦〉:「雲行雨施, 品物咸**融**.(구름이 일고 비가 내리니, 모든 사물이 모양을 이룬다.)」

102 「四照」: '사방에 비추다'. 작자 미상, [晉] 郭璞 注,《山海經校注·南山經》:「…有木焉, 其狀如穀而黑理, 其華**四照**….(…거기에 나무가 있으니, 모양이 곡식 같고 나뭇결이 검은데, 그 빛이 사방을 비춘다….)」

103 「無拘」: '제한이 없음'.《漢書·司馬遷傳》:「使人**拘**而多畏.(사람들을 구속하여 두려워하게 하는 일이 많다.)」

104 「擊木」:「擊柝」과 같음. '딱따기를 두드리며 순찰을 돌다'의 의미, 또한 '각성하여 파수를 보다'의 의미도 있음.

105 「仁惠」: '인자하고 자애롭다'.《史記·律書》:「…高祖時天下新定, 人民小安, 未可復興兵. 今陛下**仁惠**撫百姓, 恩澤加海內, 宜及士民樂用, 征討逆黨, 以一封疆.(高祖 때에 천하를 새로이 평정하여, 백성들이 조금 안정되었으므로, 다시 군사를 일으킬 수는 없습니다. 지금 폐하께서는 어진 은혜를 베풀어 백성들을 어루만지시사, 은택이 천하에 더하셨으므로, 관리와 백성들이 즐거운 마음으로 명령을 따르니, 반역의 무리들을 토벌함으로써 변방을 통일하셔야 합니다.)」

106 「東禮」:「禮」는 '정중하고 공손한 태도나 행동'.「東禮」는 '시리아동방교회의 종규(宗規)'를 말한다. 혹은 '페르시아 종교의 영향을 받아 생겨난 예속'. [唐] 段成式,《酉陽雜俎·物異》:「…相傳祆神本自波斯國乘神通來此, 常見靈異, 因立祆祠. 內無象, 於大屋下置大小爐, 舍檐向西, 人向**東禮**.(拜火敎의 神은 본래 페르시아로부터 신통력을 타고 이곳으로 온 것으로 전해지는데, 신비한 일을 자주 볼 수 있고, 이에 사원을 세웠다. 내부에는 형상을 두지 않았고, 큰 건물 아래에는 크고 작은 향로들이 놓여 있으며, 처마는 서쪽으로 향해 있고, 사람들은 동쪽을 향해 예를 드린다.)」

存鬚所以有外行,[108] 削頂所以無內情.[109] 不畜[110]臧獲,[111] 均[112]貴賤於人, 不聚貨財, 示罄遺於我.[113] 齋[114]以伏識[115]而成, 戒[116]以靜愼[117]爲固. 七時

---

107 「生榮」: '태어날 때 칭송과 존경을 받다'. '景士가 교리를 엄수하여 숭경받는 생활을 함'을 의미함. 《論語・子張》:「其生也榮, 其生也哀.(그 살아 계심에 영화롭고, 그 돌아가심에 비통하다.)」

108 「存鬚所以有外行」:「存鬚」는 경교의 주교나 승려들이 모두 수염을 깎지 않는 것을 말하는데, 면도하는 행위는 그들의 직분을 해제시키는 것과 같다고 인식하였기 때문이다. Wigram, W.A. & T.A. Wigram, *The Cradle of Mankind: Life in Eastern Kurdistan* (London: Adam and Charles Black, 1914), 113 참조.「外行」: '겉으로 품격을 표현하는데 충분한 행동', 수염을 유지하는 모습과 서로 호응하고 있다.「行」은 '행동거지'.

109 「削頂所以無內情」:「削頂」은 즉 '시리아동방교회의 주교와 승려들의 일종의 예배 의식'. 주교와 승려는 정수리 머리카락을 깎아서 둥근 모양을 만들어 천국에서 영원한 생명인 면류관을 얻고 주 안에서 성령의 부르심에 응하는 충실한 삶을 살 것을 표현한다. Bishop Mar Awa Royel, *Mysteries of the Kingdom: The Sacraments of the Assyrian Church of the East* (Modesto, CA: Edessa Publications, 2011), 373-374 참조.「內情」은 '인간에게 내재된 정욕과 감정'. 《漢書・藝文志》:「是以聖王制外樂以禁內情, 而爲之節文.(이로써 성왕은 안에 생기는 정욕과 감정을 금함으로써 밖의 쾌락을 억제하니, 그리하여 그 때문에 절제하였다.)」

110 「畜」: '사육, 양육'의 의미. 《孟子・梁惠王上》:「今也制民之産, 仰不足以事父母, 俯不足以畜妻子, 樂歲終身苦, 凶年不免於死亡.(지금에서야 백성들의 산업을 제어하나, 우러러 부모를 섬기기에 충분치 못하고, 아래로는 처자를 기르기에 족하지 않으니, 풍년에는 온몸이 괴롭고, 흉년에는 죽음을 면치 못합니다.)」

111 「臧獲」: 고대 시기 노비에 대한 천칭(賤稱). 《荀子・王霸》:「大有天下, 小有一國, 必自爲之然後可, 則勞苦耗顇莫甚焉. 如是, 則雖臧獲不肯與天子易埶業.(크게는 천하를 차지하고, 작게는 한 나라를 차지한다면, 반드시 그 모든 일을 자기가 치리해야겠다고 하니, 고생함으로 인해 정신이 고갈되고 몸이 여위어지는 정도가 그보다 더 심할 수 없을 것이라. 이렇게 되면 비록 노비라 하더라도 천자의 권세와 자기가 하는 일을 바꾸려 하지 않을 것이다.)」

112 「均」: '서로 같다'. 《荀子・君子》:「德雖如舜, 不免刑均.(덕이 비록 舜과 같더라도 함께 형벌을 받는 화를 면치 못할 것이다.)」

113 「示罄遺於我」: 앞의 구절「均貴賤於人」과 대구를 이루며, 여기서는 '자신에게 남은 재물을 모두 소진하도록 가르치다'의 의미를 나타냄.「示」는 '가르치다, 敎導하다'. [漢] 桓寬 《鹽鐵論・本議》:「示民以利, 則民俗薄.(백성들에게 이익만 요구하면, 백성들의 심성이 각박해진다.)」「罄遺」:「罄」은 '그릇이 텅 비었으니, 다 써 버리다'의 의미.「遺」는 '남아 있다, 남기다'. 景敎 寫本 《尊經》에는 《罄遺經》이 있으며, 내용은 아마도 시주(施主)와 관련이 있는 듯함.

114 「齋」: 제사를 지내기 전에 목욕하고 몸과 마음을 깨끗하게 하여 경건함을 표현하다. 《說文解字》:「齋, 戒潔也.(齋는 '재계하다'이다.)」

115 「伏識」: '사람의 지식을 굴복하게 하다'.「伏」: '항복하다, 정복하다'.「識」: '意'와 '志', '志'와 '識'은 고대에 통용되었음. 의미는 '사상, 내재된 사유'. 《說文解字注》:「心之所存

禮讚,[118] 大庇[119]存亡,[120] 七日一薦,[121] 洗心反素.[122]

대자연 운행의 지혜를 밝혀 인간의 영성을 발하였고, 물과 성령으로 세례의식을 행하고, 헛된 부귀영화를 씻어 죄악을 정결케 하였다. 십자가를 손에 표지로 지니고, 널리 사방을 비춤으로써 온전케 하기에 구애됨이 없다. 목판을 두드려 인애와 자비의 소리를 떨치고, 동쪽으로 예배

謂之意, 所謂知識者此也.(마음에 가지고 있는 것을 말하는 것이며, 소위 '知識'이라는 것이 바로 이것이다.)」

116 「戒」: '종교적으로 어떤 행위를 금지하는 규범과 계율'.

117 「靜愼」: '한결같고 신중하다'. 「靜」, '정조를 지키다, 한결같다'의 의미. 《詩經·邶風·靜女》:「靜女其姝, 俟我於城隅.(아름다운 아가씨 예쁘기도 하지, 성 모퉁이에서 나를 기다린다네.)」「愼」, '시종 신중하다'. 《老子》十六章:「夫物芸芸, 各歸其根, 歸根曰靜.(무릇 사물들이 무성하게 피어나지만, 각자가 자신의 뿌리로 돌아가나니, 근본으로 돌아가는 것을 '靜'이라 한다.)」 및 六十四章:「愼終如始, 則無敗事, 是以聖人欲不欲, 不貴難得之貨.(끝을 조심하기를 처음과 같이 하면, 실패하는 일이 없다. 이로써 성인은 바라지 않음을 바라고, 얻기 어려운 재화를 귀히 여기지 않는다.)」 참조. 앞 구절「齋以伏識而成」은 주로 의지, 지식의 내재적 측면에서, 이 구절은 외적인 행위에 초점을 맞추고 있다.

118 「七時禮讚」: '매일 일곱 번 숭경의 예를 드린다'. 시리아동방교회는 매일 일곱 번 예찬(Divine Praises)의 시간을 갖는다; 敎父의 전통에 따르면, 황혼 무렵(오후 6시)을 하루의 예찬으로 시작하여 밤 9시, 새벽 12시, 다음날 새벽 3시, 9시, 낮 12시, 오후 3시의 예배가 있다. Varghese Pathikulangara CMI, *"Divine Praises" in Aramaic Tradition: "Divine Praises" for one day in Aramaic or East Syriac Liturgical Tradition* (Kerala, India: DenhaSercices, 2011), 8. 시편 119편 164절「주의 의로운 규례들로 말미암아 내가 하루 일곱 번씩 주를 찬양하나이다.」

119 「大庇」: '많은 보살핌을 받다'의 의미. 《左傳·昭公元年》:「子盍亦遠績禹功, 而大庇民乎?(그대는 어찌 먼 옛날 禹임금의 공덕을 계승하여 백성들을 크게 보호하지 않으시오?)」 [魏] 楊衒之《洛陽伽藍記·永寧寺》:「皆理合於天, 神祇所福, 故能功濟宇宙, 大庇生民.(모두 하늘의 이치에 부합하고, 신명이 축복을 내리시므로, 따라서 우주에 공을 세우고 구제하여, 백성들을 크게 보호한다.)」

120 「存亡」: '산 자와 죽은 자'를 의미함.

121 「七日一薦」: '7일마다 주일예배를 거행한다'. 「薦」: 헌제(獻祭)의 의미는 마땅히 주찬성례(主餐聖禮)가 담긴 예배를 가리킨다.

122 「洗心反素」: '마음속의 악념을 떨쳐 버려서 원래의 자연상태로 되돌리다'. 「反素」, '자연의 모습으로 돌아가다'. 《周書·蘇綽傳》:「先王之所以移風易俗, 還淳反素, 垂拱而治天下以至太平者, 莫不由此. 此之謂要道也.(선왕이 풍속을 개량하는 까닭은, 다시 본래의 자연상태로 되돌리고, 되어 가는 대로 내버려 두어 천하를 다스림에 태평에 이르게 하는 것이니, 모두 이에 말미암은 것이다. 이를 일러 '道'라 하는 것이다.)」

하여 생명과 번영의 길로 달려간다. 수염을 보존하는 까닭은 겉으로 품격을 표현하기 위함이요, 정수리를 삭발함은 정욕과 감정을 없애기 위함이라. 종을 두지 않음은 사람에게 귀천 없이 균등히 하려는 것이요, 재물을 모으지 않음은 자신에게 남은 재물을 모두 소진토록 가르치는 것이라. 재계함으로써 잡념을 굴복시키고, 계율로써 정숙하고 신중함이 습관되도록 한다. 매일 일곱 번 숭경의 예를 드리고, 산 자와 죽은 자를 크게 보살핀다. 칠일마다 예배를 거행하고, 마음을 씻어내어 본래 자연의 상태로 되돌린다.

眞常之道,¹²³ 妙而難名, 功用昭彰,¹²⁴ 強稱¹²⁵景教. 惟道非聖不弘,¹²⁶ 聖

---

123 「眞常之道」: '진실이 영속되는 도리'. 「眞常」, 본래 불교용어, '진실이 상존하다'의 의미.《太上老君說常淸靜經》:「眞常之道, 悟者自得, 得悟道者, 常淸靜矣(眞常의 道는 깨닫는 자가 스스로 얻는 것이니, 道를 깨달은 자는 항상 淸靜하게 되느니라.)」
「眞常」에 대한 주해는 [唐] 杜光庭《太上老君說常淸靜經注》:「眞常應物: 眞者, 體無增減, 謂之眞. 常者, 法也. 常能法則, 謂之眞常之法也. 法則眞常, 應物隨機, 而化導衆生, 無所不應於物, 道之物也. 常者, 道之法也. 應者, 道之用也. 法用無有, 皆爲常道, 常道之中, 自有眞應之道. 故云眞常應物, 道之妙用也. 眞常得性: 凡欲得成眞性, 須修常性, 而爲道性得者, 動也. 動其本性, 謂其得性也.(眞常應物: '眞'이란 본체에 증감이 없는 것을 일러 '眞'이라 한다. '常'은 '法'이니, 常이 法則에 이를 수 있으면 이를 '眞常之法'이라 한다. '眞常'의 법칙은 상황에 따라 외물에 순응하는 것이며, 그러나 중생을 일깨우고, 외물에 순응하면 '道'의 사물인 것이다. '常'이란 '道'의 '법'이요, '應'은 '道'의 '쓰임'이라. '法'을 사용하든 안 하든 모두가 '常道'이며, '常道' 가운데는 저절로 '眞應'의 '道'가 있는 것이다. 그리하여 '眞常'이 사물에 순응한다 함은 '道'의 신묘한 쓰임이라 할 수 있다. 眞常得性: 무릇 '眞性'을 이루려 한다면, 반드시 '常性'을 닦아야 한다. '道性'에 의해 얻어진 것은 '動'이라. 그 본성을 '動'하는 것을 일러 '得性'이라 이른다.)」 참조.
124 「昭彰」: '昭章'으로 쓰기도 함. '현저하다, 뚜렷하다'의 의미.《漢書·王莽傳上》:「昭章先帝之元功, 明著祖宗之令德, 推顯嚴父配天之義, 修立郊禘宗祀之禮, 以光大孝.(先帝의 大功을 드러내고, 祖宗의 善德을 밝히며, 嚴父의 하늘같이 넓고 큰 덕을 천명하고, 선조 조상에 대한 제사의 예를 수립하여, 大孝를 밝히 드러낸다.)」
125 「強稱」: '억지로 호칭하다'. 「強」, '억지로, 마지못하다'.《老子》二十五章:「吾不知其名, 字之曰道, 強爲之名曰大.(나는 그 이름을 모르나, 그것을 일러 '道'라 하고, 억지로 이름을 붙여 '大'라 한다.)」
126 「非聖不弘」: '성현(聖賢)이 없으면, 떨쳐 일으킬 수 없다'. 「聖」, '덕행이 고상하고 사리에 밝은 사람'. 「弘」, '확대하다, 광대하다, 떨쳐 일으키다'.《爾雅·釋詁》:「弘, 大也.(弘

非道不大, 道聖符契,[127] 天下文明.

　참되고 영원한 道는, 현묘하여 이름하기 어렵지만, 그 공과 쓰임이 뚜렷하니, 景教라 칭함이 마땅하다. 오로지 道는 성현이 아니면 떨쳐 일으킬 수 없고, 성현은 道가 아니면 위대해질 수 없으니, 道와 성현이 서로 부합하면 천하가 밝아진다.

　太宗文皇帝,[128] 光華啟運, 明聖臨人.[129] 大秦國有上德,[130] 曰阿羅本,[131] 占[132]青雲[133]而載眞經, 望風律[134]以馳艱險, 貞觀九祀[135]至於長安. 帝使宰

　　은 大이다.)《論語·衛靈公》:「子曰: 人能弘道, 非道弘人.(공자께서 말씀하시기를: 사람이 道를 크게 할 수 있는 것이지, 道가 사람을 크게 하는 것이 아니다.)」

127 「符契」: '서로 부합하고 일치될 수 있다'.《藝文類聚·雜文部四·檄》:「民思父母, 表裏符契.(백성이 부모를 생각하니, 안과 밖이 부합한다.)」

128 「太宗文皇帝」: '唐太宗 李世民(599-649)', 기원 626년에 즉위하였으며, 年號는 貞觀, 649년 초기 시호(諡號)는 文皇帝, 묘호(廟號)는 太宗, 674년 文武聖皇帝, 749년 文武大聖皇帝, 754년 文武大聖大廣孝皇帝로 정식 개칭되었다.

129 「臨人」: '인재를 선발하다'.《後漢書·崔駰列傳》:「蓋孔子對葉公以來遠, 哀公以臨人, 景公以節禮, 非其不同, 所急異務也.(대개 공자는 葉公에게 '멀리 있는 사람을 오게 하는 것'이라 하였고, 哀公에게는 '인재를 가까이하는 것'이라 하였으며, 景公에게는 '의례를 절제하는 것이다'라고 대답했으니, 이것은 다른 것이 아니라, 급하고 다른 상황에 따라 힘쓰게 한 것이다.)」

130 「上德」: '매우 높은 덕성, 훌륭한 품덕'. '선천적으로 완비된 덕행'을 말함.《老子》三十八章:「上德不德, 是以有德.(上德은 德을 닦으려고 하지 않으니, 이로써 德이 있는 것이다.)」 여기서의 「上德」이 지칭하는 것은 「大德」과 대조해 볼 수 있으니, 「大德」은 선교사의 직함이다. 그러나 비석의 양측에는 「上德」이라 칭하는 선교사가 없으니, 따라서 전술한 바대로 개인의 사덕(私德)으로 설명하는 것이 비교적 적당할 것이다.

131 「阿羅本」: 경교 선교사. 경교비의 기록에 의하면 唐 貞觀 9년(635년) 長安으로 와서 唐太宗의 예우를 받았다. 정관 12년(638년) 7월에 이르러 京城 義寧坊에 사원의 건립을 허용받았으며, 唐 開教 때에는 21명이 그와 함께 했는데, 이는 중국에 처음으로 기독교가 전파되었던 가장 방대한 선교 행렬이었다.

132 「占」: '관찰하다'.《孔叢子·儒服》:「以其所在行之事占之也.(그 소재와 행한 일로써 관찰하는 것입니다.)」

133 「青雲」: '높은 하늘의 구름'.《楚辭·遠遊》:「內欣欣而自美兮, 聊愉娛以淫樂. 涉青雲以汎濫游兮, 忽臨睨夫舊鄉.(마음속으로 너무 기쁘고 스스로 좋아서, 잠시 유쾌하게 즐김으로 음욕에 빠졌다. 청운을 건너 한바탕 호탕하게 노닐다가, 문득 옛 고향을 언뜻 보았노라.)」

臣[136]房公玄齡,[137] 揔仗西郊, 賓迎入內. 翻經[138]書殿,[139] 問道禁闈,[140] 深

---

134 「風律」: '풍속과 교화, 율령'. 이는 '각국의 서로 다른 풍속과 율령'을 가리킨다.《管子·宙合》:「君失音則**風律**必流, 流則亂敗.(군주가 직분을 잃으면 풍속과 율령이 반드시 흐트러지게 되고, 흐트러지고 나면 혼란과 부패가 올 것이다.)」

135 「貞觀九祀」: '정관 9년';「貞觀」은 唐 太宗의 연호. 9년은 기원 635년이다.「祀」, 년(年).《尚書·洪範》:「惟十有三祀, 王訪于箕子.(13년에 왕이 箕子를 방문하였다.)」

136 「宰臣」: '고대 황제의 중신(重臣); 재상(宰相).《舊唐書·太宗本紀下》:「太常卿蕭瑀爲御史大夫, 與**宰臣**參議朝政.(태상경 蕭瑀가 어사대부로서, 재상들과 조정의 정치에 참여하였다.)」

137 「房公玄齡」: '방현령(房玄齡)(579-648)', 字는 喬, 당나라 臨淄 출신. 唐 武德 9년(626년)에 玄武門의 變에 참여하여 唐 太宗의 즉위를 도왔고, '貞觀의 治'를 도와 唐代 초기의 유명한 재상이 되었다. 이 외에도 經史에 정통하고 文書에도 뛰어났다; 사람됨이 근면하여 힘을 합하여 공무에 종사했으니; 中書令과 尚書左僕射, 梁國公 및 司空 등의 직위를 역임했으며, 太宗의 두터운 신임을 받았다.《新唐書·房玄齡傳》:「**玄齡**當國, 夙夜勤彊, 任公竭節, 不欲一物失所…, 議法處令, 務爲寬平.(玄齡이 국정을 수행하매, 아침 일찍 일어나고 밤늦게 잠자리에 들며, 정성을 다하여 공무를 수행하며, 한 가지 일에도 실수가 없도록 하였다…. 법령을 심의하며 반드시 너그럽고 공평하도록 힘썼다.)」

138 「翻經」: '경전을 번역하다'. 경교 문헌 중《尊經》의「평어(評語)」부분에는 唐代 아라본(Alopen)부터 후대의 景淨 경전 번역에 대한 상황이 기록되어 있다.「大秦本教經都五百卅部, 並是貝葉梵音. 唐太宗皇帝貞觀九年, 西域大德僧阿羅本屆于中夏, 並奏上本音, 房玄齡魏徵宣譯奏言. 後召本教大德僧景淨, 譯得已上卅部卷. 餘大數具在貝皮夾, 猶未翻譯.(대진본교경은 모두 530부로 패엽에 범어로 쓰여 있다. 唐 태종 황제 정관 9년에 서역 대덕승 阿羅本이 중국 땅에 들어와 경전을 바쳐 올렸으니, 방현령과 위징이 이를 강론하고 번역할 것을 진언하였다. 후에 본교 대덕승 景淨을 불러 이상 30권을 번역하게 하였다. 그 외 대다수는 패엽에 남아 있고 아직 번역하지 못하였다.)」

139 「書殿」: '당시의 국가 經籍 상서각'.《唐六典》卷十〈秘書省〉:「秦則博士官所職, 禁人藏書. 漢氏除挾之律, 開獻書之路, 置寫書之官…, 並藏之書府. 在外則有太常, 太史, 博士掌之, 內則有廷閣, 廣內, 石渠之藏. 又, 御史中丞在殿中掌蘭臺秘書圖籍. 又未央宮中有麒麟閣, 天祿閣, 亦藏書. 劉向, 揚雄典校, 皆在禁中, 謂之中書, 猶今言內庫書也…. 至桓帝延熹二年, 始置秘書監, 屬太常, 掌禁中圖書秘記, 故曰秘書.(秦代에 博士官에게 직책을 맡겨 서적의 수장을 금하였다. 漢代에는 挾書律을 없애고 서적 헌납의 길을 열었으며, 책을 필사하는 관리를 배치하였고…, 또한 책을 書府에 소장하였다. 밖으로는 太常, 太史, 博士가 그것을 관리하였고, 안으로는 廷閣, 廣內, 石渠之藏을 두었다. 또한, 御史中丞이 궁중에서 蘭臺의 비밀 문건과 지도 등을 관리하였다. 또한 未央宮에는 麒麟閣, 天祿閣이 있어서 책을 수장하였다. 劉向과 揚雄이 궐내에서 서적의 교감을 주관하였으며, 모두 中書라 이름하였으니, 오늘날 內庫書라 하는 것과 같다…. 桓帝 延熹 2년에 이르러 처음으로 秘書監을 두었으니, 太常의 소속이었고, 궁중의 도서와 비밀 문건을 관리하였으므로 '秘書'라고 이름하는 것이다.)」 唐 시기에는 秘書省 외에도 門下省의 弘文館, 中書省의 史館, 東宮의 司經局 그리고 崇文館 등에 모두 다량의 장서들이 있었다. 唐 太宗이 즉위할 시, 장서는 모두 20여만 책이 있었고, 阿羅本(Alopen)이 역경 작업을 하던 곳도 아마 상술한 모처에 있었을 것이다. 鄧洪波,《中國書院史》(臺北: 臺灣大學出版中

知正眞,141 特令傳授.142 貞觀十有二年143秋七月, 詔曰:「道無常名,144 聖無常體,145 隨方146設敎, 密濟147群生. 大秦國大德阿羅本, 遠將經像來獻上京,148 詳其敎旨,149 玄妙無爲;150 觀其元宗,151 生成立要, 詞無繁說,152

心, 2005年), 35-36쪽 참조.

140 「問道禁闈」: '궁중에서 경교의 교리인 「道」에 관한 일을 묻다'.《爾雅·釋宮》:「宮中之門, 謂之闈, 其小者, 謂之閨(궁중의 문을 '闈'라 하며, 작은 것은 '閨'라고 한다.)」「禁闈」: '궁정의 출입문', 즉 '궁중' 혹은 '조정'을 지칭함. [南朝 宋] 范曄,《後漢書·周擧傳》:「光祿大夫周擧 … 及還納言, 出入京輦, 有欽哉之績; 在禁闈, 有密靜之風.(광록대부 周擧는 … 조정으로 돌아와 진언하였고, 나라의 수도에 출입하였으니, 그의 공적은 탄복할 만하였고; 궁중에서는 진중하고 침착한 기풍이 있었다.)」

141 「正眞」: '확실하다'; '명실상부하다'. [唐] 白居易, 〈詠家醞十韻〉:「常嫌竹葉猶凡濁, 始覺榴花不正眞.(죽엽청주는 평범하고 탁해 좋아하지 않았고, 유화주도 진짜 술이 아닌 것을 비로소 깨달았다.)」

142 「傳授」: '지식이나 기능을 타인에게 가르치다'. 이는 '경교의 지식을 다른 사람에게 가르치다'의 의미이다.

143 「貞觀十有二年」: 唐 太宗 貞觀 12년, 기원 638년.

144 「常名」: '영속되는 이름'.《魏書·太祖紀》:「然則官無常名, 而任有定分.(그러한즉 관리에는 영속된 이름이 없고, 임명하는 데는 정해진 몫이 있다.)」

145 「常體」: '평소의 풍격'.《後漢書·胡廣傳》:「審能而就列者, 出身之常體.(능력을 살펴 직무를 맡는 것은 벼슬길에 나아가는 통례이다.)」

146 「隨方」: '어디에도 구속되지 않음'. [唐] 武三思, 〈秋日於天中寺尋復禮上人〉:「願隨方便力, 長冀釋塵籠.(어디에도 구속받지 않고 힘을 다하여, 속세의 속박을 놓기를 바라노라.)」

147 「密濟」: '주도면밀하게 구제하다'.「密」, '주도면밀하다';「濟」, '구제하다'.

148 「上京」: '고대 중국 수도'를 높여 부르는 말.《新唐書·渤海列傳》:「推宏臨子華璵爲王, 復還上京.(宏臨의 아들 華璵를 왕으로 추대하고, 다시 수도로 돌아왔다.)」

149 「敎旨」: 이것은 '경교 교화의 종지(宗旨)'를 가리킨다.「敎」는 교법(敎法).「旨」는 종지(宗旨), 주지(主旨).《周易·繫辭下》:「其旨遠, 其辭文.(그 뜻은 원대하고, 그 말은 문리가 있다.)」

150 「玄妙無爲」: '심오하고 미묘하게 변화하도록 내버려 두다'.「玄妙」, '이치가 심오하고 미묘하여 종잡을 수가 없다'.《老子》一章:「玄之又玄, 衆妙之門.(현묘하고 또 현묘하니, 모든 미묘함의 문이다.)」 참조.「無爲」, '고요하고 공허하게 자연에 순응하다'.《老子》三十七章:「道常無爲而無不爲, 侯王若能守之, 萬物將自化.(도는 항상 無爲이지만 하지 못하는 일이 없고, 侯王이 만약 이를 지킬 수 있다면, 만물은 장차 스스로 교화될 것이다.)」 또한 재능 있고 현명한 사람을 선발하여 덕으로써 사람을 교화시킬 수 있으니 이를「無爲」라 한다.《禮記·中庸》:「如此者, 不見而章, 不動而變, 無爲而成.(이와 같은 것은 보여 주지 않아도 드러날 것이고, 움직이지 않고도 변화하며, 행함이 없어도 이루어진다.)」

151 「元宗」: '원시적 본질'.

理有忘筌,¹⁵³ 濟物利人, 宜行天下.」 所司即於京義寧坊,¹⁵⁴ 造大秦寺一所, 度僧¹⁵⁵廿一人. 宗周德喪,¹⁵⁶ 青駕西昇,¹⁵⁷ 巨唐道光,¹⁵⁸ 景風東扇.¹⁵⁹

---

152 「繁說」: '복잡하게 설명하다'.《墨子·修身》:「慧者心辯, 而不**繁**, 多力而不伐功.(지혜로운 자는 마음속으로 분변하면서도, 번잡하게 발설하지 않으며, 역량이 뛰어나면서도 공로를 자랑하지 않는다.)」

153 「忘筌」: '고기잡이에 사용하는 기구를 잊어버리다'. 출전:《莊子·外物》:「筌者所以在魚, 得魚而**忘筌**(통발은 고기를 잡기 위한 것이니, 고기를 잡고 나면 통발은 잊어버린다.)」'어떤 목적을 실현한 후 본래의 의지를 잊어버림'을 비유하고 있다. 이것은 뒷 구절에서 서술하는 「濟物利人」에 도달하는 것을 의미하니, 따라서 「隨方設教, 密濟群生(어느 곳이든 교화를 시행하여 중생을 치밀하게 구제)」할 수 있는 것이다. 「筌」은 고기 잡는 데 사용하는 일종의 죽제 기구.

154 「義寧坊」: 長安城 서북쪽에 위치해 있으며, 서북 방면의 開遠門 옆에 있다. 당나라 장안성은 坊市제도를 실시하여 관리하였으며, 성내를 109개 坊으로 나누었다. 각각에 坊市門이 설치되어 있으며, 성문 坊角에는 각각 武候鋪가 있었고, 衛士, 壙騎 등의 병사들이 주둔하였으니, 황혼녘에는 북을 8백 번 치고 문을 닫았다; 밤에는 기병들이 순행하고 무관이 순시하였다; 五更 二點(약 새벽 4시 50분)이 되면 거리의 북을 울려 坊市門의 개방을 알렸다.《新唐書·百官志四上》「左右金吾衛」조목 참조.

155 「度僧」: 본래는 '타인에게 출가를 권유하는 승려 도사'를 지칭하였다; 여기서는 阿羅本(Alopen)을 수행하여 당나라에 들어온 시리아동방교회의 선교사를 의미한다. 「度」, '타인에게 세속을 떠나도록 권유하다'의 의미. 「僧」은 본래 '승려, 비구니 혹은 도사'를 지칭함; 唐 시기에는 외국 선교사 혹은 수사(修士)라는 전문적 칭호가 없었기 때문에, 종교 관련 인사들을 통칭하여 '僧'이라 불렀다.

156 「宗周德喪」: '周 왕실의 德政이 이미 실추되었다'는 의미. 「宗周」는 '周왕조'; '周'는 당시 제후국들의 종주국으로 봉해졌기 때문에 붙여진 이름이다.《詩經·小雅·正月》:「赫赫宗周, 襃姒滅之.(성대했던 周나라 왕실을 유왕의 애첩 포사가 망치고 있구나.)」

157 「青駕西昇」: '세상의 상황이 쇠미(衰微)해졌을 때, 성인은 마침내 멀어졌다'라는 의미. 「青駕」, 청우거(青牛車)를 가리킴. 「西昇」은 '서쪽으로 올라가다'. 이 말은《列仙傳·老子》:「後周德衰, 乃乘青牛車去, 入大秦.(나중에 周나라의 덕이 쇠하자, 곧 푸른 소가 끄는 수레를 타고 떠나 大秦으로 들어갔다.)」에서 가져온 것이다.《老子西昇經》序:「周衰之末, 民迷日久, 世道交喪, 爰有博大眞人, 以本爲精, 以物爲粗, 著書二篇, 言道德之意, 以覺天下.(周나라 쇠퇴 말기에는 백성들이 미혹된 지 오래되었고, 세상의 道를 서로 잃게 되었으니, 이에 박식한 大眞人이 있어, 본뜻은 정밀하나 사물은 조잡하므로, 책 두 권을 저술하였으니, 도덕의 뜻을 말하여, 천하를 깨닫게 하였느니라.)」 참조.

158 「巨唐道光」: '당대(唐代)의 고상한 품성이 멀리까지 전해지다'. 「巨唐」은 '大唐', 즉 '唐朝'에 대한 미칭(美稱)이다. [唐] 韓愈, 〈論捕賊行賞表〉:「陛下神聖英武之德, 爲**巨唐**中興之君.(폐하께서는 신성하고 용맹한 덕을 가지고 계시니, 大唐을 중흥시킬 군주이시옵니다.)」; 「道光」, '고상한 도덕과 정확한 주장이 발양되고 전해지다'.《晉書·汝南王亮等傳論》:「分茅錫瑞, **道光**恒典.(제후들을 分封하고 玉符信을 하사하니, 고상한 품덕과 상시의 제도가 되었다.)」

159 「景風」: '상서로운 바람'. '경교의 동진(東進)이 가져온 교화의 영향'을 나타내는 쌍관어

旋令有司,¹⁶⁰ 將帝寫眞,¹⁶¹ 轉摸寺壁.¹⁶² 天姿汎彩,¹⁶³ 英朗¹⁶⁴景門, 聖跡騰祥,¹⁶⁵ 永輝法界.¹⁶⁶

太宗 文皇帝는 나라를 빛내고 국운을 열었으며, 밝은 聖德으로 인재를 등용하였다. 大秦國에 아라본(阿羅本)이라 하는 大德이 있었으니, 창공의 구름을 바라보며 진리의 경전을 가지고, 풍속과 율령을 바라며 곤란과 위험을 무릅쓰고 내달아, 貞觀 9년 長安에 도착하였다. 황제는 재상 房玄齡으로 하여금 의장대를 거느리고 서쪽 교외로 나가 영접하여 들이도록 하였다. 궁중 장서각에서 경전을 번역케 하고, 내전에서 道를 물었으며,

---

(雙關語)이다. [漢] 鄭玄 注, 《易緯通卦驗·卷上》:「立夏清明風至, 夏至景風至.(立夏에는 청명한 바람이 불고, 夏至에는 상서로운 바람이 분다.)」「扇」: '부채를 흔들어 공기가 바람처럼 흐르게 하다'; 이는 '바람의 기운과 영향을 만듦'을 비유하고 있다.

160 「旋令有司」, 「旋」: '즉각적이고 매우 짧은 시간'; 「有司」: '관리'. 고대에는 관직을 두고 업무를 나누어 각각 전문적인 사무를 보았다 해서 붙여졌다. [唐] 柳宗元, 〈與太學諸生喜詣闕留陽城司業書〉:「有淩傲長上, 而誶有司者.(윗사람을 업신여기고 멸시하는 자가 있다면, 관리된 자를 질책한다.)」

161 「寫眞」: '그림으로써 사람의 진면목을 묘사하다'. [齊] 顏之推, 《顏氏家訓·雜藝》:「武烈太子偏能寫眞, 坐上賓客, 隨宜點染, 即成數人, 以閭童孺, 皆知姓名矣.(武烈太子는 유독 인물 초상에 능하여, 좌중의 빈객들을 되는 대로 쓱쓱 그리면, 바로 몇 사람의 그림이 이루어졌는데, 그걸 가지고 아이들에게 물어보면 모두 그 이름을 알아맞혔다.)」

162 「轉摸寺壁」: '초상을 대진사의 벽에 옮겨 그리다'.

163 「天姿汎彩」: '天子의 풍채가 광채를 발하다'. 「天姿」, 천자의 자태. 《舊唐書·太宗李世民上》:「密見太宗天姿神武, 軍威嚴肅.(太宗을 면밀히 보니, 天子의 풍채가 영명하고 위풍당당하며, 장군의 위엄이 엄숙하다.)」「汎彩」, '汎'은 '泛'과 같음; '광채를 발하다'. [唐] 陳祐, 〈風光草際浮〉:「泛彩池塘媚, 含芳景氣融. 清暉誰不挹, 幾許賞心同.(광채를 발하는 연못이 아름답고, 향기 머금은 풍경이 조화롭다. 맑고 깨끗한 빛을 누가 잡아당기지 않으리라, 아마도 즐거운 마음은 같으리요.)」

164 「英朗」: '장중하면서도 맑고 투명하다'. 《高士傳·卷下·姜肱》:「伯淮英朗, 經通緯治. 四海搖衣, 多齊孔氏.(伯淮은 장중하고 맑았으며, 이치에 매우 밝았다. 온 천하에 예를 갖추어, 孔氏에 필적할 만하다.)」

165 「騰祥」: '상서로운 광경이 일다'.

166 「法界」: 본래 산스크리트어로부터 의역한 불교용어, '각종 사물의 본질과 현상'을 통칭한다. 경교는 불교용어를 차용하여 속세는 모두 허망하며, 오로지 법계만이 사물의 본질에 직접적으로 닿을 수 있고 또한 변치 않음을 밝히고 있다. 《藝文類聚》卷七十六〈內典〉:「揚萬化於大千, 攜億形於法界.(大千세계에 만 가지 변화를 드날리고, 法界에 억 가지 형상을 펼친다.)」

바른 진리를 깊이 깨달아, 경교의 전파를 특별히 명하시었다. 貞觀 12년 가을 7월에 조칙을 내려 말씀하시기를:「道에는 영원한 이름이 없고, 聖人에게도 평소 일정한 몸이 없다. 어디에서나 교화를 시행하여, 중생들을 면밀히 제도하나니, 大秦國의 大德 아라본(阿羅本, Alopen)이 멀리서 경전과 형상을 가지고 수도에 와 헌상하였다. 그 教旨를 자세히 살펴보니, 심오하고 미묘한 자연의 이치이더라; 그 근본 宗旨를 관찰하니, 생명이 이루어지는 데에 긴요하고, 말씀에 번잡한 설명이 없고, '비움'과 '놓음'의 이치「고기를 잡고 나면 통발을 잊어버린다.」가 들어 있으며, 만물을 제도하고 인간을 이롭게 하니, 마땅히 천하에 널리 시행하도록 하라.」 관장할 곳으로 長安 부근 義寧坊에 大秦寺 사원 한 곳을 지었으니, 승려가 21인에 이르렀다. 周나라 종실의 덕이 쇠퇴하니, 老子가 청우거(青牛車)를 타고 서쪽으로 올라가 버렸고, 다시 大唐의 고상한 품성이 멀리까지 전해지니, 景教의 바람이 동쪽으로 불어왔다. 즉시 관리에게 명하여 황제의 모습을 묘사하고, 대진사 벽에 초상을 옮겨 그리게 하였으니, 天子의 풍채가 광채를 발하고, 맑고 투명한 모습이 景門에 가득하였으며, 거룩한 자취가 상서롭게 일어나고, 온 세상에 영원히 밝게 비추었다.

案:《西域圖記》[167]及漢, 魏史策,[168] 大秦國南統珊瑚之海,[169] 北極衆寶

---

167 「西域圖記」: 隋나라에서 唐 초에 걸쳐 裴矩(547-627)가 편찬한《西域圖記》세 권, 내용은 주로 서역 각국의 지리적 자료를 기록하였는데, 원서는 현재 산실되어 단지《新唐書·藝文志》에 기록으로만 남아 있다.《隋書·經籍志》에는《隋西域圖》세 권으로 기록되어 있다. 그중에는 裴矩가 서역지방 도달한 곳들에 대한 기록이 있다:《新唐書·西域列傳上》:「隋煬帝時, 遣裴矩通西域諸國, 獨天竺, 拂菻不至爲恨.(隋나라 煬帝 때에, 裴矩를 파견하여 서역 지방 여러 나라와 교통하였으나, 유독 인도와 拂菻國은 와서 조공하지 않으니 한이로다.)」 裴矩는 또한《開業平陳記》十二卷,《鄴都故事》十卷,《高麗風俗》一卷 등의 저작을 남겼으며, 虞世南과 함께《大唐書儀》十卷을 편찬하기도 했다.

168 「史策」: 사서(史書).

169 「珊瑚之海」: 지금의 '인도양 혹은 홍해'에 해당함.

之山,¹⁷⁰ 西望仙境花林,¹⁷¹ 東接長風弱水.¹⁷² 其土出火浣布,¹⁷³ 返魂香,¹⁷⁴

明月珠,¹⁷⁵ 夜光璧.¹⁷⁶ 俗無寇盜,¹⁷⁷ 人有樂康.¹⁷⁸ 法非景不行,¹⁷⁹ 主非德

---

170 「衆寶之山」: 지금의 '코카서스 산맥(Caucasus Mountains)'을 가리키는 듯하다.

171 「仙境花林」: 지금의 '튀르키예 일대'를 지칭하는 듯하다.

172 「長風弱水」: '티그리스, 유프라테스 강'을 지칭하는 듯하다. 「長風」, '큰 바람'. [三國魏] 曹植,〈雜詩六首之二〉:「轉蓬離本根, 飄飄隨長風.(바람에 뒹구는 쑥은 뿌리가 뽑혔나니, 긴 바람 따라 멀리 날아 흩어지네.)」

173 「火浣布」: '석면포(石棉布)', 불에 쉽게 타지는 않지만 열을 가하여 하얗게 만든 천.《列子 · 湯問》:「火浣之布, 浣之, 必投於火; 布則火色, 垢則布色; 出火而振之, 皓然疑乎雪.(火浣의 布는 그것을 빨리면 반드시 불에 넣어야 한다; 布는 곧 火色이요, 때는 곧 布色이니; 불에서 꺼내어 흔들면, 새하얗게 변하여 눈이 아닌가 의심된다.)」 이러한 천의 제작에 관해서는 두 가지 설이 있는데, 하나는 불쥐의 가죽을 벗겨 만든다는 것이고, 또 하나는 돌에서 채취하여 만든다는 것이다. [北魏] 酈道元,《水經注 · 灤水》:「火中有鼠, 重百斤, 毛長二尺餘, 細如絲, 色白, 時時出來, 以水逐沃之則死, 取其毛績以爲布, 謂之火浣布.(불 속에는 쥐가 있으니, 무게가 1백 근이고, 털의 길이가 2척이 넘으며, 가늘기가 비단 같고, 흰색이며, 때때로 밖으로 나오는데, 물로 쫓으면 젖어 즉시 죽는다. 그 털을 취하여 실을 짜서 포를 만드는데, 이를 일러 火浣布라 한다.)」 艾儒略,《西方答問》(崇禎十年[1637]刻本):「問:『火浣布, 何物織成?(火浣布는 무엇으로 짭니까?)』曰:『聞地中海一島, 生一種石, 取煮之成絲, 可以織此布(지중해의 한 섬에 일종의 돌이 나는데, 그것을 삶아 실을 만들면 천을 짤 수 있다고 들었습니다).』」

174 「返魂香」: '반혼수(返魂樹)'에서 추출한 향'으로서 특수한 치료 효과를 가지고 있는 물질. 후에 道家 등 방술가(方術家)들은 이 향이 죽은 사람을 살려내는 효과가 있다고 칭송하곤 했다; 「反生香」이라 칭하기도 한다. [漢] 東方朔《海內十洲記》:「山多大樹, 與楓木相類, 而花葉香聞數百里, 名爲反魂樹. …伐其木根心, 於玉釜中煮, 取汁, 更微火煎, 如黑餳狀, 令可丸之. 名曰驚精香 … 或名之爲反生香 … 一種六名, 斯靈物也. 香氣聞數百里, 死者在地, 聞香氣乃卻活, 不復亡也.(산에 큰 나무가 많으니, 단풍나무와 비슷하나, 꽃잎 향기가 수백 리에 다다르며, 反魂樹라 이름한다. …그 나무의 뿌리를 베어, 솥에 삶고, 즙을 취하며, 다시 약한 불로 졸이면, 검은 물엿과 같은 모양이 되어 환으로 만들 수 있다. 驚精香이라 이름하니 … 어떤 이는 그것을 反生香이라 하며 … 한 가지 사물이 여섯 가지 이름을 가지고 있으니, 이는 영물이라. 향기를 수백 리 밖에서도 맡을 수 있으며, 죽은 이가 땅속에서 이 향기를 맡으면, 곧 살아나서 다시 죽지 않는다.)」

175 「明月珠」: '밤에 빛나는 진주빛 광채가 밝은 달처럼 크게 빛나는 진귀한 구슬'; 「夜明珠」라고도 함. [漢] 東方朔《神異經》:「有明月珠, 徑二尺, 光照二千里.(明月珠가 있는데, 직경이 두 자이며, 그 빛이 2천 리를 비춘다.)」

176 「夜光璧」: 옥(玉)의 이름, 값어치가 적지 않은 벽옥(璧玉). [三國魏] 應璩,《薦和模箋》:「夜光之璧, 顯價於和氏之肆; 千里之足, 定功於伯樂之庭.(夜光璧은 和氏의 가게에서 값어치를 드러내며, 천리마는 伯樂의 뜰에서 공을 세운다.)」

177 「寇盜」: '도적(盜賊)'.《左傳 · 襄公三十一年》:「敝邑以政刑之不修, 寇盜充斥, 無若諸侯之屬辱在寡君者何?(우리나라는 정치와 형법이 닦여지지 않아서, 도적들이 도처에 가득한데, 제후들의 속관이 우리나라 임금을 욕되게 하는 것은 어떻게 해야 할지 모르겠습

不行.[180] 土宇廣闊, 文物昌明.

《西域圖記》와 漢, 魏의 역사서에 의하면, 大秦國은 남으로는 산호의 바다를 거느리고, 북으로는 여러 보배로운 산들에 끝닿아 있으며, 서쪽으로는 仙境花林을 바라보고 있고, 동으로는 長風弱水와 맞닿아 있다. 그 땅에서는 火浣布와 返魂香, 明月珠, 夜光璧이 나온다. 도적질하는 풍습이 없고, 사람들은 안락하고 행복하다. 세상의 도리는 景敎가 아니면 행하지 아니하며, 군주는 爲政의 德으로써 나라를 세운다. 대지와 가옥이 광활하고, 문물이 번영하고 발달하였다.

高宗大帝,[181] 克恭纘祖,[182] 潤色[183]眞宗, 而於諸州各置景寺,[184] 仍崇[185]

니다.)」
178 「樂康」: '안락하다'.《楚辭・九歌・東皇太一》:「五音紛兮繁會, 君欣欣兮樂康.(五音이 요란하게 소리가 조화를 이루니, 신령께서 기뻐하시고 즐거워하시는도다.)」
179 「法非景不行」: '세상만사 만물의 도리는 경교의 선양(宣揚)이 없으면 추진할 방법이 없다'. 「法」은 '사물의 본질과 도리'. [宋] 子璿《起信論疏筆削記》卷六:「如實不空, 以有自體. 具足無漏性功德故. 後二即軌生物解義. 又法者, 對智得名.(긍정으로서의 空이니, 자체에 있어 새어 나감이 없는 청정한 성품의 공덕을 갖추고 있는 것이다. 뒤 두 가지는 즉 生物을 좇아 뜻을 풀이해야 한다. 또한 法이란, 지혜에 대하여 이름을 얻은 것이다.)」;「不行」: '통하지 않다'.《論語・學而》:「有所不行, 知和而和, 不以禮節之, 亦不可行也.(제대로 행해지지 않는 것이 있으니, 和를 알아서 단지 和하기만 하고, 그것을 禮로써 절제하지 않으면, 그 또한 안 되느니라.)」
180 「主非德不立」: '군주가 위정(爲政)의 덕(德)이 없으면 나라를 세울 수 없다'. 「德」은 '덕성, 덕행'.《論語・爲政》:「子曰: 爲政以德, 譬如北辰, 居其所而衆星共之. …道之以政, 齊之以刑, 民免而無恥; 道之以德, 齊之以禮, 有恥且格.(자왈: 정치를 덕으로 하는 것은, 비유하자면 북극성이 제 자리에 머물러 있으면 뭇별들이 그에게 절을 하는 것과 같다. …정사로써 인도하고, 형벌로써 가지런히 한다면, 백성들이 형벌은 면하겠으나 부끄러움이 없다; 덕으로써 인도하고, 예로써 가지런히 한다면, 백성들이 부끄러움도 있고 또 선에 이르게 되느니라.)」;「不立」은 '멸망하여 땅 위에 설 수가 없다'.《論語・顏淵》:「自古皆有死, 民無信不立.(예로부터 사람은 누구나 죽음이 있거니와, 사람은 신의가 없으면 설 수 없는 것이다.)」
181 「高宗大帝」: '唐 高宗 李治(628-683)'. 기원 650년에서 684년까지 집정하여 34년 간을 재위했는데, 사람의 능력을 잘 파악하여 적재적소에 잘 임용하였으니, 재위 기간 동안 국세(國勢)와 강역(疆域)이 나날이 확장되었다; 그러나 아버지의 후궁이었던 무후(武

阿羅本爲鎭國大法主.[186] 法流十道,[187] 國富元休, 寺滿百城, 家殷[188]景福.
聖曆年,[189] 釋子用壯,[190] 騰口於東周.[191] 先天末,[192] 下士[193]大笑, 訕謗於西

后)와의 정사(情事)와 그 성격의 결함 탓으로 예로부터 평가가 엇갈리곤 했다. 즉위 초기의 연호는 永徽; 시호는 天皇大帝이다.

182 「克恭纘祖」: '선조의 대업을 공손히 계승하다'. 「克恭」, '공경하다'.《尚書·周書·康誥》:「于弟弗念天顯, 乃弗克恭厥兄.(아우로서 하늘이 밝히시는 도리를 생각하지 아니하고, 이에 그의 형을 공경하지 못한다.)」;「纘」, '계승하다'.《禮記·中庸》:「武王纘大王, 王季, 文王之緒, 壹戎衣而有天下, 身不失天下之顯名; 尊爲天子, 富有四海之內.(武王께서는 大王, 王季, 文王의 기업을 이으사, 한번 갑옷을 차려 입으시니 천하를 소유하게 되었다. 그럼에도 그 몸은 천하에 드러난 아름다운 이름을 잃지 않으셨다; 존귀함으로 천자가 되시었고, 널리 사해의 천하를 다스리셨다.)」

183 「潤色」: '광채를 더하다'.《漢書·終軍傳》:「夫天命初定, 萬事草創, 及臻六合同風, 九州共貫, 必待明聖潤色, 祖業傳於無窮.(무릇 天命이 처음 정해졌을 때, 萬事가 처음으로 창조되었으니, 천하 각처의 풍속 교화가 완전히 같아지고, 명성이 중국 전체를 관통할 정도로 컸다. 밝은 성군이 그 광채를 더하고, 조상의 공로가 무궁히 전해졌다.)」

184 「於諸州各置景寺」: 隋·唐 연간에는 도교와 불교가 천하 곳곳에 널리 사찰을 설치하는 현상이 두드러졌다; 당시 당나라에는 360州가 설치되어 있었는데, 경교비의 말대로라면 경교 사원이 적어도 360座가 설치되었다는 것이니, 실제 상황을 따져 보면 과장된 말이라는 것을 알 수 있다.

185 「仍崇」: '여전히 추앙하다'. 唐 太宗 때 阿羅本(Alopen)이 이미 「鎭國大法主」로 봉해졌고, 高宗 때에도 이 특별한 영광이 지속되었음을 의미한다.

186 「大法主」: '고대 중국의 불교 고승이나 라마교 지도자에 대한 봉호(封號)'; 따라서 당시 경교 선교사의 지도자였던 阿羅本(Alopen)이 大法主의 칭호를 받은 것임. 「法主」는 불교에서 「佛法之主」라는 의미이며, 본래는 부처에 대한 경칭이었으나 후에는 「說法之主」로 바뀌었다.《中阿含經·大空經》:「世尊爲法本, 世尊爲法主, 法由世尊.(世尊은 法의 근본이요, 法의 주인이며, 法은 世尊에서 비롯된다.)」

187 「十道」: '10 개의 행정구역'. 唐 太宗 貞觀 元年에 산천의 형세에 따라 전국을 '關內, 河南, 河東, 河北, 山南, 隴右, 淮南, 江南, 劍南, 嶺南' 등 열 개의 道로 나누었다. 唐 玄宗 開元 21년(733)에는 十道를 十五道로 확장하였다.

188 「殷」: '풍부하다, 부유하다'의 의미.《吳越春秋》卷八〈勾踐七年〉:「越王乃緩刑薄罰, 省其賦斂, 於是人民殷富, 皆有帶甲之勇.(越王이 곧 형의 집행을 유예하고 형벌을 경감해 주었고, 부역과 세금을 줄여 주니, 이에 백성들이 풍요로워져, 모두가 갑옷 입고 전쟁에 나설 용기를 가지게 되었다.)」

189 「聖曆年」: '聖曆(698-699)'은 무측천(武則天)의 연호.

190 「釋子用壯」: '불교 승려들이 힘을 과시하다'.

191 「騰口於東周」: '洛陽에서 제멋대로 논의하다'. 「騰口」, '입을 열어 말하다'; '騰'은 「滕」과 통함.《周易·咸·象傳》:「咸其輔頰舌, 滕口說也.(그 볼과 뺨과 혀에 느낀다는 것은, 제멋대로 지껄이는 것이다.)」;「東周」, '낙양(洛陽)'. 唐 睿宗 文明 元年(684) 9월, 무측천(武則天)이〈改元光宅赦文〉을 반포하여 洛陽으로 천도하였으니, 즉 동도(東都)이다. 동년 10월 東都를 다시 「神都」로 개명하였다. 載初 元年 9월 9일(690년 10월 16日)에 국호

鎬.[194][195] 有若僧首[196]羅含, 大德及烈, 並金方貴緒,[197] 物外[198]高僧, 共振
玄網.[199] 俱維絶紐.[200]

를 '周'로 바꾸고 연호를 '天授'라 하였다. 「釋子」, '불가의 자제', 불교도에 대한 통칭.
《雜阿含經》卷十八: 「若欲爲福者, 應於沙門釋子所種福.(만일 복을 짓고자 하는 사람이
면, 마땅히 사문 석종의 아들들에게서 복을 지으십시오.)」; 「用壯」, '세력을 과시하다'.
《周易·大壯》: 「小人用壯, 君子用罔, 貞厲.(소인은 건장함을 쓰고, 군자는 그물을 사용
하는데, 평소의 절개를 잃지 않는다.)」

192 「先天末」: '先天(712-713)'은 唐 玄宗 李隆基의 연호, 1년여 간 지속되었음. '先天末'은 '先
天 2년(713)'을 지칭함.

193 「下土」: '착한 근성이 없는 하등(下等)의 사람'; 이러한 사람은 大道를 듣고도 믿지 않으
며, 도리어 크게 비웃는다. 《老子》四十一章: 「上土聞道, 勤而行之; 中土聞道, 若存若亡;
下土聞道, 大笑之.(뛰어난 사람은 도에 대해 들으면, 열심히 그 도를 실천한다; 중간 정
도의 사람은 도에 대해 들으면 듣는 것 같기도 하고 무시하는 것 같기도 하다; 낮은 수
준의 사람들은 도를 들으면, 도에 대해서 크게 비웃는다.)」

194 「西鎬」: '장안(長安)'을 지칭함. 西周의 國都이며, '鎬京'이라 칭함. 周나라 平王이 동쪽
洛陽으로 천도하니, 京城을 또한 鎬京이라 칭하였고, 따라서 長安을 西鎬라 부르게 된
것이다.

195 「下土大笑, 訕謗於西鎬」: 先天 末에 「下土訕謗於西鎬(천민들이 서호에서 비방하다)」라
는 일과 관련하여, 아마도 불교에서 玄奘이 서역으로부터 중국으로 가져온《大寶積經》
의 번역을 완성하였고, 또한 후에 洛陽 縣令이 된 徐鍔이 그 역사를 기술하여 불교에
대한 찬사와 찬양을 잘 나타내었으며, 당시 여러 관원들이 불교를 신봉하던 모습을 서
술하였음을 지칭하는 듯하다. 불교를 우대시했던 까닭에 다른 종교에 대한 배타성이
뚜렷하게 나타났다. 徐鍔,《大寶積經述》卷一,《大正新脩大藏經》第十一冊 No.310.

196 「僧首」: 본래 '중들의 우두머리'를 가리킴; 시리아동방교회의 직책에 따라 서열을 매겼
으며, 「大德」(오늘날 일반적으로 「主教」로 번역함)과는 구별된다. 「僧首」는 마땅히 「大
主教」(Metropolitan)를 가리킨다. 크림카이트(Hans-Joachim Klimkeit) 저, 林悟殊 번역,
《達·伽馬以前中亞和東亞的基督教》(臺北: 淑馨出版社, 1995年), 54쪽.

197 「金方貴緒」: '서방에서 온 존귀한 인물'. '金方'은 서방(西方)의 의미.《後漢書·虞傅蓋
臧傳贊》: 「先零擾疆, 鄧, 崔棄涼, 訒, 爕令圖, 再全金方.(先零이 변경을 침략하니, 邓骘과
崔烈이 凉州를 포기하고 싶어했으나, 虞诩와 傅爕이 계획을 짜서 서방을 완정하게 하
였다.)」; 「貴緒」, 먼 길을 온 존귀한 인물. [梁] 僧祐, 〈出三藏記集序〉: 「向化者起即隆之
動苕苕焉, 故冥宗之貴緒也, 亶亶焉.(귀화한 사람들이 높고 크게 일어나고, 고로 먼 곳에
서 온 신앙심 깊고 존귀한 인물이, 근면하여 지칠 줄 모르는 모습이더라.)」

198 「物外」: '속세를 벗어난'. '속세에서 초탈한 바깥 세계'를 의미함. [唐] 許玫, 〈題雁塔〉:
「暫放塵心遊物外, 六街鐘鼓又催還.(티끌 마음 잠시 놓고 속세를 초탈하여 노니는데, 번
화한 거리의 종과 북이 또 돌아갈 것을 재촉하네.)」

199 「玄網」: '사회 인륜을 유지하는 최고의 법칙'.《晉書·陸雲傳》: 「方今太淸闢宇, 四門啟
籥, 玄網括地, 天網廣羅.(지금 太淸을 개방하고, 明堂의 사방 자물쇠를 열었으니, 인륜
을 유지하는 국가의 최고 법률이 대지를 포용하고, 하늘의 강령이 널리 확장되었도
다.)」

高宗大帝는 선조의 대업을 공손히 계승하여, 진리의 종교에 광채를 더하였으니, 그리하여 여러 주에 각각 경교 사원을 설치하였고, 아라본(阿羅本)을 나라를 안정시키는 大法主로 여전히 추앙하였다. 경교의 법이 十道에 퍼져, 나라는 부유해지고 백성은 편안해졌으며, 사원들이 수많은 성읍에 충만하여, 집집마다 커다란 복이 가득하였다. 則天武后 聖曆 연간에, 불교 승려들이 힘을 과시하며, 洛陽에서 제멋대로 지껄였으며, 玄宗先天 말에는 천민들이 長安에서 경교를 비방하였다. 사제의 수장 羅含과 大德 及烈, 그리고 서방에서 온 존귀한 인물, 속세를 벗어난 경교 지도자들이 있어, 현묘한 도리를 함께 진작하고, 단절된 경교의 유대를 모두 지켜 나갔다.

玄宗至道皇帝²⁰¹令寧國等五王,²⁰² 親臨福宇,²⁰³ 建立壇場.²⁰⁴ 法棟暫橈

---

200 「俱維絕紐」: '이미 단절된 관계를 함께 유지하다'. 「俱維」, '함께 유지하다'. 「俱」: '함께'. 《莊子・天運篇》: 「道可載而與之俱也.(도를 터득하면 모든 것을 거기에 싣고 그와 더불어 함께할 수 있다.)」;「絕紐」, '단절된 관계'. [唐] 徐鍔, 〈大寶積經述〉: 「勇振頹綱, 嚴持絕紐.(용기를 진작하여 기강을 다시 일으키고, 단절된 관계를 엄히 지킨다.)」

201 「玄宗至道皇帝」: 唐 玄宗 李隆基(685-762)는 기원 712년에 즉위하였고, 연호는 先天(712-713), 開元(713-741), 天寶(742-756)였으며, 시호는 至道大聖大明孝皇帝라 하였으니, '唐明皇'이라 부르기도 한다.

202 「寧國等五王」: 唐 玄宗 李隆基의 다섯 형제; 각각 讓皇帝 李憲(寧王), 惠莊太子 李撝(申王), 惠文太子 李範(岐王), 惠宣太子 李業(薛王), 隋王 李隆悌이다. 李憲이 「寧王」으로 봉해졌으므로 「寧國」이라 칭한 것이다. 다섯 형제는 각각 왕으로 봉해졌으니, 따라서 「五王」이라 칭한다. 唐 玄宗과 그 형제들은 우애가 각별하였다. 〈鶺鴒頌〉: 「朕之兄弟, 唯有五人, 比爲方伯, 歲一朝見. 雖載崇藩屛, 而有睽談笑, 是以輟牧人而各守京職, 每聽政之後, 延入宮掖, 申友於之志, 詠〈棠棣〉之詩, 邕邕如, 怡怡如, 展天倫之愛也.(짐의 형제는 단지 다섯 사람이 있으니, 예를 들어 方伯은 일 년에 한 번 조정에서 만난다. 비록 내가 大殿에 있으나, 서로 눈을 마주하고 담소를 한다. 지방 관리들 간에는 각자 지켜야 할 직책이 있으니, 매번 정사를 모두 처리한 후에 계속하여 후궁에 모여, 형제지간의 우애를 표현하고, 〈棠棣〉詩를 낭송한다. 형제지간의 편안함과 화목함으로 서로의 사랑을 표현한다.)」 참조.

203 「福宇」: '사찰'을 의미함. 여기서는 '大秦寺'를 가리킴. [陳] 張正見, 〈陪衡陽王遊耆闍寺〉: 「甘棠聽訟罷, 福宇試登臨.(甘棠이 소송을 듣고 난 후, 불사에서 높은 곳에 오르려 한다.)」

而更崇,205 道石206時傾而復正. 天寶初,207 令大將軍高力士,208 送　五聖

寫眞,209 寺內安置, 賜絹百匹. 奉慶睿圖,210 龍髯211雖遠, 弓劍可攀,212 日

---

204 「壇場」: 원래 불교에서 '경법을 설파하던 곳'을 가리키는 말로, 경교가 교의(敎義)를 선
양하던 곳을 지칭한다.

205 「法棟暫橈而更崇」: '경교가 선포한 大道가 잠시 좌절되었지만, 지금은 오히려 숭경을
받고 있다'는 것을 비유하고 있다. 「法棟」, '道法의 지주'. [唐] 智昇, 《開元釋敎錄》卷九:
「緇徒悲嗟歎法棟之遽摧, 俗侶哀號恨群生之失導.(승려가 슬퍼 흐느껴 울며 佛法의 중요
한 인물이 사라짐을 한탄하였다. 속세의 벗들이 세상에서 지도자가 사라졌음을 애도
하였다.)」; 「橈」: '굽다, 휘어지다'. 《列子·湯問》: 「汩流之中, 綸不絶, 鉤不伸, 竿不橈.(급
류 가운데서 낚싯줄이 끊어지지 않았고, 낚싯바늘도 펴지지 않았으며, 낚싯대도 휘어
지지 않았다.)」「崇」, '흥성하다'. [漢] 張衡〈東京賦〉: 「建明德而崇業.(밝은 덕을 수립하
고 업적을 숭상한다.)」

206 「道石」: '道法의 초석'.

207 「天寶初」: '天寶'는 唐 玄宗의 세 번째 연호, 아마도 天寶 元年(742)을 가리키는 듯하다.
高力士는 玄宗의 신임과 총애를 받아 같은 해 '冠軍大將軍', '右監門衛大將軍'에 임명되
었으며, '渤海郡公'으로도 봉해졌다.

208 「高力士」(684-762): 본래의 성은 '馮'씨, 이름은 '元一', 高州 良德(지금의 광동성 高州市)
사람. 소년 시기에 嶺南의 지방관에게 거세를 당해 궁궐에 공물로 바쳐졌다가, 환관 高
延福이 양자로 들여 高씨로 성을 바꾸었다. 高力士는 天寶 元年(742)에 '冠軍大將軍', '右
監門衛大將軍'에 임명되었으며, '渤海郡公'으로도 봉해졌으니, 그리하여 사람들이 「大
將軍」이라 불렀다.

209 「五聖」: '唐 玄宗 이전의 5위의 황제'를 일컬음: '唐高祖, 唐太宗, 唐高宗, 唐中宗과 唐睿
宗'의 인물상.

210 「奉慶睿圖」: '황제의 웅대한 계획과 원대한 책략을 함께 축하하다'. 「奉慶」, '축하하다'.
《說文解字》: 「賀, 以禮相奉慶也. 從貝加聲.(賀는 '禮로써 서로 축하하다'이나. 조개 '貝'에
'加' 소리이다.)」費長房, 《歷代三寶紀》卷十二: 「再日設齋奉慶經像.(이튿날 스님께 시주
하고 불상을 받들어 축하하였다.)」; 「睿圖」, '황제의 지혜로운 모략'. 《舊唐書·王彦威
傳》: 「憂勤之端, 兵食是切. 臣謬司邦計, 虔奉睿圖, 輒纂事功, 庶裨聖覽.(聖上께서 근심하
신 일은 확실히 군량이었다. 신하들은 국가의 계략으로 오해받는 것을 피하지 않았으
니, 황제의 지혜로운 모략을 경건히 바쳤고, 책으로 편찬하였으며, 열람해 주시기를
간청하였다.)」

211 「龍髯」: '제왕의 수염', 여기서는 '황제의 얼굴'을 가리킨다. [唐] 李遠, 〈贈寫御容李長
史〉: 「玉座塵消硯水淸, 龍髯不動綵毫輕.(옥좌의 먼지 사라지고 벼룻물 맑아지며, 임금
의 수염이 움직이지 않으니 문필이 가벼워지노라.)」

212 「弓劍可攀」: '이미 붕어(崩御)하신 황제에게 애도의 정을 담는다'는 것을 비유함. [唐]
杜甫, 〈送覃二判官〉: 「先帝弓劍遠, 小臣餘此生.(先帝의 활과 검은 멀리 있고, 소신은 이
생이 아직 남았도다.)」; 「攀」, '의지하여 따르다'의 의미. 《後漢書·鄧寇列傳》: 「今聞大
司馬劉公, 伯升母弟, 尊賢下士, 士多歸之, 可攀附也.(이제 들으니, 大司馬 劉伯升의 동생
은 어진 이와 범부를 모두 존대하여, 선비들이 많이 그에게 귀순하였으니, 이에 승진
시킬 만합니다.)」

角舒光,²¹³ 天顏咫尺.²¹⁴ 三載, 大秦國有僧佶和, 瞻星向化,²¹⁵ 望日朝

尊.²¹⁶ 詔僧羅含, 僧普論等一七人, 與大德佶和, 於興慶宮²¹⁷修功德. 於是

天題寺牓,²¹⁸ 額戴龍書,²¹⁹ 寶裝璀翠,²²⁰ 灼爍²²¹丹霞, 睿扎²²²宏空, 騰凌

---

213 「日角舒光」: '황제의 부귀한 얼굴에서 발하는 광채'를 비유함. 「日角」, 이마뼈 중앙 부
분이 융기하여, 모양이 해와 같다. [漢] 王符,《潛夫論·五德志》:「大人跡出雷澤, 華胥履
之生伏義. 其相日角, 世號太昊.(거인의 발자국이 雷澤에서 나왔는데, 華胥가 그것을 밟
고 伏義를 낳았다. 그 모습이 이마가 융기하여 해와 같으니, 세상이 太昊라 이름하였
다.)」;「舒光」, '광채를 발하다'.《後漢書·郎顗襄楷列傳》:「夫天之應人, 疾於景響, 而自
從入歲, 常有蒙氣, 月不舒光, 日不宣曜.(무릇 하늘의 감응은 해 그림자보다도 빨라서,
신년 이후로 자주 먼지가 끼고, 달이 빛을 발하지 아니하고, 해가 빛나지 않는다.)」
214 「天顏咫尺」: '제왕이 눈앞에 있는 것 같음'을 비유함. 「天顏」, '천자의 얼굴'.《舊唐書·
宋璟傳》:「天顏咫尺, 親奉德音(천자의 얼굴이 지척에 계셔, 친히 좋은 말씀을 받들 수
있다.)」「咫尺」, 周의 제도로는 8치가 '咫', 10치(1자)가 '尺', 매우 가까운 거리를 비유한
다.《左傳·僖公傳九年》:「天威不違顏咫尺.(천자의 위엄이 나의 얼굴에서 지척도 떨어
져 있지 않다.)」
215 「瞻星向化」: '우러러보고 귀화를 생각하다'. 「瞻星」, '하늘의 기운을 살피다'. [梁] 陸倕,
〈石闕銘〉:「陳圭置臬, 瞻星揆地. 興復表門, 草創華闕.(해시계를 설치하여, 위로 하늘의
기운을 관찰하고 아래로 땅의 형세를 살피었다. 측량기구들을 다시 회복하였고, 화려
한 궁궐을 창조하기 시작하였다.)」「向化」, '귀화하여 복종하다'.《後漢書·寇恂傳》:「今
始至上谷而先墮大信, 沮向化之心, 生離畔之隙, 將復何以號令它郡乎?(지금 처음으로 上谷
에 이르렀는데, 먼저 큰 믿음을 떨어뜨리고, 귀화하려는 마음을 저지해 버리시면, 배
반의 틈이 생길 텐데, 장차 다시 다른 郡을 어찌 호령하시렵니까?)」
216 「尊」: 제왕에 대한 칭호.
217 「興慶宮」: 唐代의 長安城 동문인 春明門 안에 위치해 있으며, 長安 외곽성에 속해 있던
隆慶坊은 원래 唐 玄宗이 제위에 오르기 전의 관저로서 '五王子宅'이라 불리었는데, 唐
玄宗 先天 원년(712)에 李隆基가 제위에 등극하면서 피휘(避諱)하여 興慶坊으로 개명
하였다. 또한 唐 현종 開元 2년(714)에는 興慶坊을 興慶宮으로 바꾸었다.
218 「天題寺牓」: 天子가 친히 題했던 大秦寺門의 게시비(揭示牌). 「天」, 천자. 「題」, '기념
으로 글을 적다'. 「牓」, 옛날에는 「榜」과 같다, 게시비(揭示牌).《宋書·文帝本紀》:「府州
佐史並稱臣, 請題牓諸門.(府州의 佐史 겸 신하가, 각 문의 편액을 題하여 줄 것을 청하
였다.)」
219 「額戴龍書」: '大秦寺의 문 액자 위에 걸려 있는 황제가 친히 증정한 가로 현판'을 비유
함. 「額」, 편액(扁額). 「龍書」, 이것은 특별히 천자가 친서한 현판을 가리킨다. 「龍書」
란 본래 '복희씨(伏義氏) 때에 용이 황하에서 그림을 지고 나왔다는 것'을 가리킴. 용으
로써 사실을 기록하였으니, 문자를 창시하면서 '龍書'라 칭하였다. [唐] 韋續,《墨藪·纂
五十六種書第一〉:「太昊庖犧氏獲景龍之瑞, 始作龍書.(태호 포희씨는 큰 용의 상서로움
을 얻어, 처음으로 龍書를 만들었다.)」
220 「寶裝璀翠」: '천자의 글씨가 비취(翡翠)와 같은 광채를 뿜어내는 것'을 형용함. 「寶裝」,
이것은 '제왕의 글씨가 주옥(珠玉) 장식과 같음'을 비유한 것이다. [唐] 元稹, 〈春六十

激日.[223] 寵賚[224]比南山峻極,[225] 沛澤[226]與東海齊深. 道無不可,[227] 所可可名;[228] 聖無不作, 所作可述.[229]

玄宗 至道황제는 寧國 등 다섯 왕에게 명하여, 친히 大秦寺를 방문하고 제단을 건립하도록 하였으니, 경교의 大道가 잠시 좌절되었다가 다시 숭 경을 받게 되었고, 道法의 기틀이 일시 기울었으나 다시 바로 세워졌다. 天寶 초에는 대장군 高力士에게 명하여, 다섯 황제의 초상을 보내, 사원 에 안치토록 하였고, 비단 백 필을 하사하시었다. 선조 황제들의 웅대한 계획을 받들어 경하하니, 龍顔이 비록 멀리 있다 하여도, 활과 검을 잡을 만하시고, 황제의 이마에서 발하는 광채로, 천자의 얼굴이 바로 눈앞에 있는 것과 같다. 天寶 3년에 대진국 경교승 佶和(게오르기스)가 별을 보고 찾아와, 해를 바라보듯 황제를 알현하였다. 황제는 조서를 내려 사제 羅

韻)·「挑鬟玉釵髻, 刺繡寶裝攏.(머리 틀어 올려 옥비녀로 빗고, 자수 놓은 옷차림으로 받쳐 입었노라.)」「璀翠」: '비취(翡翠)의 광택을 뿜어냄'.

221 「灼爍」: '선명하고 광채가 나는 모양'. 《藝文類聚·歲時中·三月三日》: 「朝光灼爍映蘭池, 春風婉轉入細枝.(아침 햇빛 밝게 빛나 蘭池를 비추고, 봄바람 부드럽게 잔가지에 불어오네.)」

222 「睿扎」: 이것은 '천자의 묵적(墨跡)이 강한 필세를 나타내는 것'을 형용하고 있다. 「睿」, '천자가 가진 지혜를 찬양하다'. 「扎」, 본래는 '서신(書信)'이라는 뜻; 이는 '서예(書藝)' 를 대신하여 칭하는 말이다. 《太平廣記·王次仲》: 「四海多事, 筆扎所先.(세상에는 일이 많으나, 서찰을 쓰는 일이 우선이다.)」

223 「騰凌激日」: '천자의 묘보(墨寶)가 하늘로 솟아올라 가히 태양과 견줄 만하다'는 것을 형용하고 있다.

224 「寵賚」, '은총과 하사품'. 《宋史·眞宗李辰妃列傳》: 「拜用和爲彰信軍節度使, 檢校侍中, 寵賚甚渥.(用和를 彰信軍節度使 겸 檢校侍中으로 임명하고 축하하니, 은총과 하사품이 꽤 풍성하였다.)」「寵」, '존귀와 영예를 입음', '은총, 총애'와 같음.

225 「峻極」: '지극히 높음'. 《禮記·中庸》: 「發育萬物, 峻極於天.(만물을 발육시키고, 하늘에 까지 지극히 높도다.)」

226 「沛澤」: '성대한 은택(恩澤)'.

227 「道無不可」: '이 道는 포괄할 수 없는 것이 없다'.

228 「所可可名」: '무릇 이 道에 부합할 수 있는 자를 들어, 모두 지칭을 하거나 형용할 수 있다'.

229 「聖無不作, 所作可述」: '성인은 할 수 없는 일이 없다; 그러나 성인이 한 일은 모두 大道 의 이치를 현양(顯揚)하는 데에 있다'.

含과 普論 등 17명에게 대덕 佶和와 함께 興慶宮에서 공덕을 닦게 하였다. 이에 황제는 大秦寺 문의 게시비(揭示碑)를 친히 題하였고, 현판에 천자의 글씨를 받들어, 빛나는 비취로 장식한 보배인듯, 선명한 광채가 붉은 노을처럼 환히 비추었으니, 황제의 묵적이 강한 필세를 드러내고, 하늘 높이 솟아올라 태양과 견줄 만하도다. 그 베푸신 은총이 남산의 지극히 높음에 비견되고, 성대한 은택은 동해와 같이 가지런히 깊었다. 道는 할 수 없는 일이 없고, 할 수 있는 바는 이름 지을 수가 있으니; 황제는 할 수 없는 바가 없고, 행한 바는 기록으로 남길 만하니라.

肅宗文明皇帝,[230] 於靈武[231]等五郡重立景寺. 元善資而福祚開,[232] 大慶[233]臨而皇業[234]建.

肅宗 文明황제가 靈武 등 다섯 郡에 景教寺를 중건하였는데, 황제가 큰 선덕과 재물로써 도와 복의 문을 열었으니, 큰 경사가 임하였고 황제의 대업이 이루어졌다.

---

230 「肅宗文明皇帝」: 唐 肅宗 李亨(711-762), 기원 755년에 즉위한 唐朝 제7대 황제이다. 재위 기간의 연호: 至德(756-762), 乾元(758-760), 上元(760-761), 寶應(762-763). 시호는 文明武德大聖大宣孝皇帝이다. 재위 기간 내내 '安史의 亂(755-763)'이 있었다.

231 「靈武」: 唐나라 때 郡府의 이름; 지금의 영하성(寧夏省) 동남부에 위치해 있으며, 黃河의 동쪽 강변에 인접해 있다. 이 지역은 天寶 14년(755) 7월 唐 肅宗 李亨이 즉위한 곳이며, 동시에 靈武郡을 大都督府로 바꾸었다. 《舊唐書·肅宗本紀·至德元載》 참조.

232 「元善資而福祚開」: '큰 선덕과 재물로써 도와 복의 문을 열다'. 「元善」, '큰 선'. [宋] 范仲淹, 〈體仁足以長人賦〉: 「法元善之功, 可處域中之大.(큰 선덕의 공을 본받으면, 천지간 중대한 자리에 머물 수 있다.)」 「資」, '재물로 돕다, 공급하다'의 의미. 「福祚」: '복록(福祿), 타고난 복'. [漢] 徐幹《中論·譴交》: 「愼德而積小, 知福祚之來不由於人也.(도덕 수양에 힘쓰고 사소한 곳에서부터 쌓아 가면, 복록이 다른 사람에게로부터 오는 것이 아님을 알게 된다.)」

233 「大慶」: '크게 경사스러운 일'. [漢] 焦贛, 《焦氏易林·否之》: 「天命爲子, 保佑飮享, 身受大慶.(하늘이 명하여 임금이 되고, 보호하심과 도우심을 누리니, 몸이 큰 경사를 받았다.)」

234 「皇業」: '대업'; '제왕의 사업'. [唐] 陳子昂, 〈諫用刑書〉: 「欲因人謀, 以竊皇業.(다른 사람과의 모략으로 황제의 대업을 훔치려 한다.)」

代宗文武皇帝,[235] 恢張聖運, 從事無爲.[236] 每於降誕之辰, 錫天香以告成功,[237] 頒御饌[238]以光[239]景衆. 且乾以美利故能廣生,[240] 聖以體元[241]故能亭毒.[242]

代宗 文武황제는 성스러운 운세를 크게 확장하였고, 無爲의 道를 따랐다. 매번 황제 탄신일에 天香을 하사하여 治國의 공훈을 알렸고, 御饌을 베풀어 경교도들을 빛내 주었다. 또한 하늘이 풍성한 이익으로 백성들을 복되게 하였고, 황제는 하늘의 뜻을 체득함으로써 천지만물을 화육

---

235 「代宗文武皇帝」: '唐 代宗 李豫(726-779)', 기원 762년 즉위. 연호: 廣德(763-764), 永泰(765-766), 大曆(766-779). 시호는 睿文孝武皇帝.

236 「無爲」: '자연에 순응하고 변화에 순복하여, 하는 것이 있으나 없는 것처럼 보임'.

237 「錫天香以告成功」: '代宗이 하늘을 향해 향을 사르며 나라를 다스리는 공훈을 보고함'. 「錫」: '주다'. 《尚書 · 堯典》: 「師錫帝曰: 有鰥在下, 曰虞舜.(모두가 堯임금께 말하기를: 홀아비가 아래에 살고 있는데, 虞舜이라 합니다.)」; 「成功」: '업적이나 사업을 성취하다'. 《尚書 · 禹貢》: 「禹錫玄圭, 告厥成功.(禹가 검은 圭를 폐백으로 올리면서 舜임금에게 그의 일이 완성되었다고 아뢰었다.)」

238 「御饌」: '황제의 음식'. 《太平御覽 · 果九部 · 蒲萄》: 「大學士李嶠入東都祔廟, 學士等祖送城東, 上令中官賜御饌, 及蒲萄酒.(대학사 李嶠가 東都祔廟로 들어가니, 학사들이 성 동쪽까지 전송하였고, 上令中官이 어찬과 포도주를 하사하였다.)」

239 「光」: '영예, 영광'. 《詩經 · 齊風 · 南山有台》: 「邦家之光.(국가의 영광이라.)」

240 「且乾以美利故能廣生」: '하나님께서 풍성한 복과 이익을 하사하셨기 때문에 중생들이 복을 받았음'을 의미하는 것이다. 「乾」, '팔괘 중 첫 번째 괘인 하늘'. '높은 곳에 이름'을 '乾'이라 한다. 여기서의 「乾」은 군주를 대표함; 「美利」, '大利', '풍성한 이익'. [漢] 劉向, 《說苑 · 權謀》: 「夫二家雖愚, 不棄美利而偕約爲難不可成之事, 其勢可見也.(저희 둘이 비록 어리석다고 할지라도, 풍성한 이익을 버리지 않았고, 이룰 수 없는 어려운 약속을 저버리지 않았으니, 그 일의 형세는 알 수 있는 것입니다.)」; 「廣生」, '중생에게 많은 이득을 보게 하다'. 《周易 · 繫辭上》: 「夫坤, 其靜也翕, 其動也闢, 是以廣生焉.(무릇 坤은 고요할 때 닫히고, 움직일 때 열리고, 이로써 중생을 널리 이롭게 하느니라.)」

241 「體元」: 본래는 '天地의 元氣로써 근본을 삼는다'라는 뜻인데; 이것은 '하나님께서 중생을 이롭게 하고자 하시는 최초의 지향과 소망을 체득할 수 있음'을 비유한 것이다. 《後漢書 · 班彪列傳》: 「紹百王之荒屯, 因造化之蕩滌, 體元立制, 繼天而作.(역대 제왕들의 기근으로 인한 어려움을 이어받고, 조화의 씻어냄을 의지하며, 천지간 원기로 근본을 삼아 제도를 세우고, 하늘을 계승하여 일어난다.)」

242 「亭毒」: '化育'의 의미. '천지 자연이 만물을 생성, 발육시키다'. 《老子》51章: 「故道生之, 德畜之; 長之育之; 亭之毒之; 養之覆之.(그러므로 道가 생기게 하고, 德이 기르며; 크게 하고 육성하여; 천지만물을 생성하고 발육시키며; 양육하고 덮어 준다.)」 참조.

시켰다.

我建中聖神文武皇帝,[243] 披八政[244]以黜陟幽明,[245] 闡九疇[246]以惟新[247]

---

243 「建中聖神文武皇帝」: 唐 德宗 李適(742-805), 唐朝 제9대 황제, 기원 779년 즉위하였고,
시호는 神武孝文皇帝이다. '建中'은 780-783년 군주 재임시의 연호.

244 「八政」: '여덟 가지 주요 시정(施政)의 방향'.《尚書 · 周書 · 洪範》:「初一曰五行, 次二曰
敬用五事, 次三曰農用八政, 次四曰協用五紀, 次五曰建用皇極, 次六曰乂用三德, 次七曰明
用稽疑, 次八曰念用庶徵, 次九曰嚮用五福, 威用六極. …三, 八政: 一曰食, 二曰貨, 三曰祀,
四曰司空, 五曰司徒, 六曰司寇, 七曰賓, 八曰師.(첫째는 '五行'이고, 둘째는 공경하는 데
쓰는 '五事'이고, 셋째는 농사에 쓰는 '八政'이고, 넷째는 화합하는 데 쓰는 '五紀'이고,
다섯째는 세우는 데 쓰는 '皇極'이고, 여섯째는 다스림에 쓰는 '三德'이고, 일곱째는 밝
히는 데 쓰는 '稽疑'이고, 여덟째는 생각하는 데 쓰는 '庶徵'이고, 아홉째는 향유하는 데
쓰는 '五福'과 경외하는 데 쓰는 '六極'이다. …셋째, '八政': 첫째는 먹는 것이요, 둘째는
재화요, 셋째는 제사요, 넷째는 땅을 다스리는 것이요, 다섯째는 백성을 가르치는 것이
요, 여섯째는 범죄를 다스리는 것이요, 일곱째는 손님을 접대하는 것이요, 여덟째는
군대를 양성하는 것이다.)」「八政」은 또한「富國八政」을 지칭할 수도 있는데, 이는 唐
초기의 간관(諫官)이었던 魏徵과 虞世南 등이 편수한《群書治要》중에 西晉 袁准의《袁
子正書》卷五十:「富國有八政: 一曰, 儉以足用; 二曰, 時以生利; 三曰, 貴農賤商; 四曰, 常
民之業; 五曰, 出入有度; 六曰, 以貨均財; 七曰, 抑談說之士; 八曰, 塞朋黨之門.(국가를 부
강하게 하는 여덟 가지 정책: 첫째, 검소하게 함으로써 백성의 생활을 넉넉하게 함; 둘
째, 농사의 시기를 파악하여 백성을 풍족하게 함; 셋째, 농업을 중시하여 상업보다 더
욱 권장함; 넷째, 백성들로 하여금 모두 일정한 직업을 갖게 함; 다섯째, 수입에 따라
지출에 절제가 있게 함; 여섯째, 정확한 통화정책으로 재부를 조절함; 일곱째, 과장하
고 떠벌리어 비현실적인 말을 하는 자를 억제함; 여덟째, 당을 결성하여 사적인 도모
를 하는 자들의 길을 막아 버림.)」이 수록되어 있음으로 알 수 있음.

245 「黜陟幽明」: '공이 있고 없고에 따라 상벌의 근거로 삼고, 현명한 관원을 승진시키고
우매한 관원은 쫓아낸다'. [東漢] 王充,《論衡 · 治期》:「上古之黜陟幽明, 考功, 據有功而
加賞, 案無功而施罰.(옛날공의 유무에 따라 상벌하고 승진 좌천시키는 규율은, 관리의
치적을 잘 살펴서, 공이 있는 자는 상을 내리고, 공이 없는 자에게는 벌을 내리는 것이
다.)」

246 「九疇」: '전설 속 禹임금이 천하를 다스리던 아홉 가지 大法', '천하를 다스리는 대법'을
지칭함.《尚書 · 洪範》:「天乃錫禹洪範九疇, 彝倫攸敘. 初一曰五行, 次二曰敬用五事, 次三
曰農用八政, 次四曰協用五紀, 次五曰建用皇極, 次六曰乂用三德, 次七曰明用稽疑, 次八曰
念用庶徵, 次九曰嚮用五福, 威用六極.(하늘이 비로소 禹에게 '洪範九疇'를 주어 사람이
지켜야 할 도리가 펼쳐졌다. 첫째는 '五行'이고, 둘째는 공경하는 데 쓰는 '五事'이고,
셋째는 농사에 쓰는 '八政'이고, 넷째는 화합하는 데 쓰는 '五紀'이고, 다섯째는 세우는
데 쓰는 '皇極'이고, 여섯째는 다스림에 쓰는 '三德'이고, 일곱째는 밝히는 데 쓰는 '稽疑'
이고, 여덟째는 생각하는 데 쓰는 '庶徵'이고, 아홉째는 향유하는 데 쓰는 '五福'과 경외
하는 데 쓰는 '六極'이다.)」

景命. 化通²⁴⁸玄理,²⁴⁹ 祝²⁵⁰無愧²⁵¹心. 至於方大而虛,²⁵² 專靜²⁵³而恕.²⁵⁴ 廣慈救衆苦, 善貸²⁵⁵被群生者,²⁵⁶ 我修行之大猷,²⁵⁷ 汲引之階漸²⁵⁸也. 若使風雨²⁵⁹時, 天下靜; 人能理,²⁶⁰ 物能清;²⁶¹ 存能昌, 殁能樂. 念生²⁶²響應,

247 「惟新」: '갱신하다, 새롭게 바뀌다'. 《尚書·商書·咸有一德》: 「今嗣王新服厥命, 惟新厥德. 終始惟一, 時乃日新.(이제 왕위를 이으신 왕이 새로운 천명을 받으셨으니, 그 덕을 새롭게 해야 한다. 처음이나 끝이나 오로지 한결같이 하는 것이, 곧 날로 새로워지는 것이다.)」

248 「化通」: '자연 변화의 오묘한 도리에 통달하다'. 《淮南子·道應訓》: 「顏回曰: 墮支體, 黜聰明. 離形去知, 洞於化通, 是謂坐忘.(신체의 감각이 사라지고, 눈과 귀의 작동을 멈추고, 형체를 떠나 지각을 버리며, 자연 변화의 오묘한 도리에 통달하는 것이 '정좌의 자세'이다.)」

249 「玄理」: '정교하고 심오한 이치'. [梁] 蕭統, 〈與何胤書〉: 「耽精義, 味玄理, 息囂塵, 玩泉石, 激揚碩學, 誘接後進.(투철한 의리를 좋아하고, 현묘한 이치를 느끼며, 어지로운 속세와 단절하고, 자연을 벗삼아 놀며, 큰 배움을 진작시키고, 후진을 받아들인다.)」, 《藝文類聚·人部·隱逸下》 참조.

250 「祝」: '신에게 복을 빎. 축사, 제사의 기도문. 《後漢書·皇后紀上》: 「太后體不安, 左右憂惶, 禱請祝辭, 願得代命.(태후의 몸이 불편해서서, 좌우로 걱정스럽고 황공하니, 기도하여 신령님께 복을 빌어 드리고, 생명이 연장되기를 바랐다.)」

251 「無愧」: '아무런 부끄러움이 없음'. 《莊子·在宥》: 「其無愧而不知恥也甚矣!(그들이 부끄러움이 없고 수치를 알지 못 함이 심하도다.)」

252 「方大而虛」: '大道가 해박하나 스스로 만족하지 않다'. 《老子》四十一章: 「質眞若渝, 大方無隅.(질박하고 참된 것은 변하는 듯하고, 거대한 네모는 모서리가 없다.)」 '가장 넓고 큰 道理는 날카로운 끝이 없이 空明하고 고요한 상태에 있는 것'을 의미한다.

253 「專靜」: '순박하고 돈후하며, 침착하여 경박하지 않다'. [五代] 王定保, 《唐摭言·知己》: 「渤海吳興宗秀長, 專靜不渝.(발해 오흥의 宗秀長은, 순박하고 돈후함이 변함이 없다.)」

254 「恕」: '자기의 하고자 하는 마음을 남에게 미치게 하다'. 《論語·衛靈公》: 「子曰: 其恕乎! 己所不欲, 勿施於人.(자왈: 그것은 바로 '恕'이다. 자신이 원하지 않는 것은 다른 사람에게도 시키지 말아야 한다.)」

255 「善貸」: '베푸는 데에 능하다'; '관용하는 데에 능하다'. 《老子》四十一章: 「夫唯道, 善貸且成.(무릇 오로지 道는 잘 베풀어 이루어지도록 돕는 것이다.)」

256 「群生者」: '백성'. 《荀子·王制》: 「群道當, 則萬物皆得其宜, 六畜皆得其長, 群生皆得其命.(무리를 형성하는 원칙이 사리에 맞으면, 만물이 모두 적절하게 배치되고, 여섯 종류의 가축이 모두 잘 길러질 수 있으며, 모든 생물들이 그 천성을 보전할 수 있다.)」

257 「大猷」: '나라를 다스리는 大道'. [漢] 荀悅, 《前漢紀》卷三十〈孝平皇帝紀〉: 「闡綜大猷, 命立國典, 以及群籍.(나라를 다스리는 大道를 천명하고 종합하며, 국가의 제도와 여러 서적들에 명하여 수립한다.)」

258 「汲引之階漸」: '순서를 따라 점진적으로 인도해 주다'. 「汲引」, '인도하다'; '일깨우다'. [南朝 梁] 沈約〈爲齊竟陵王發講疏幷頌〉: 「而立言垂訓, 以汲引爲方.(말을 세우고 가르침을 드리워서, 인도함으로 방책을 삼는다.)」 「階漸」, '순서에 따른 점진적인 경로'.

情發自誠[263]者, 我景力能事之功用也.

建中 연간 우리 德宗 聖神文武황제께서는 '여덟 가지 政事'를 펴시어 공적이 좋은 관리는 승진시키고 나쁜 관리는 내쫓았으며, '아홉 가지 大法'을 열어 帝位를 주신 天命을 새롭게 하셨다. 현묘한 이치에 통달하고, 신께 기원함에 부끄러움이 없었다. 正大하고 겸허하며, 순박 돈후하고 자애로우셨다. 광대한 자비심으로 중생을 고통에서 구하셨고, 백성들에게 풍족히 베푸셨으니, 우리 수행의 大道가 그들을 점차 일깨우게 되었다. 만일 危難이 찾아와도, 천하가 안정되고; 사람들이 사리를 분별하게 되고, 만물이 청정해지며; 산 자들이 창성해지고, 죽은 자들은 안락을 누린다. 관념이 생겨 서로 호응하고, 정서가 발하여 스스로 성실해지니, 모두 우리 景敎가 할 수 있는 효용인 것이다.

大施主金紫光祿大夫,[264] 同朔方節度副使,[265] 試殿中監,[266] 賜紫袈裟[267]

---

259 「風雨」: '위난하고 열악한 처지'를 비유함.

260 「理」: '사물은 자신 스스로의 규율 안에서 적절한 처치를 한다'. 《晉書·后妃傳》: 「修成蠶蔟, 分繭理絲.(누에섶이 완성되면, 고치를 나누어 실을 정돈한다.)」

261 「淸」: '맑고 깨끗하다'. 《荀子·解蔽》: 「中心不定, 則外物不淸.(중심이 정해지지 않으면, 외물을 밝게 살피지 못한다.)」

262 「念生」: '사유와 관념의 싹이 발아하다'. 「生」, '발생하기 시작하다'.

263 「誠」: '진실은 망령됨이 없고 충실하여 속이지 않는다'. 《禮記·中庸》: 「誠者, 天之道也; 誠之者, 人之道也. 誠者, 不勉而中, 不思而得, 從容中道, 聖人也. 誠之者, 擇善而固執之者也.(誠이라는 것은 하늘의 道이지만; 誠하고자 하는 것은 사람의 道이다. 誠한 사람은 힘쓰지 않아도 딱 들어맞고, 생각하지 않고도 파악할 수 있어서, 차분하게 道에 맞으니 성인인 것이다. 誠하고자 하는 사람은 善을 선택하여 그것을 굳게 잡는 사람이다.)」

264 「金紫光祿大夫」: '금자광록대부'는 공훈관(功勳官)에 속하며, 당나라 문관 중 한직에 해당하는 정3품 문관이다. 「金紫」는 '금으로 만든 인장과 자주색 인장끈'을 뜻한다. 邱樹森 編, 《中國歷代職官辭典》(南昌: 江西教育出版社, 1991), 259-260쪽.

265 「朔方節度副使」: 唐 초기 北周와 隋나라 옛 제도를 따라 중요 지역에 총관(總管)을 두어 군사를 다스렸으며, 후에 '都督'이라 개칭했으나 '朔方'은 여전히 '總管'이라 칭했다. 변경 州에는 별도로 '경략사(經略使)'를 두었으며, 屯田이 있는 州에는 '營田使'를 배치하였다. 여러 州를 하나의 鎭으로 하여 절도사(節度使)가 이 여러 주를 통치하였고, 주

僧伊斯, 和而好惠,[268] 聞道勤行. 遠自王舍之城,[269] 聿[270]來中夏.[271] 術高
三代, 藝博十全. 始效節於丹庭,[272] 乃策名[273]於王帳, 中書令[274]汾陽郡王

둔하는 곳의 자사(刺史)를 겸임하였으며, 안찰사(按察使), 안무사(安撫使), 지도사(支度
使), 영전사(營田使) 등까지 맡아 軍과 民은 물론 재산권까지 모두 한 손에 장악하여 점
차 강대한 지방 세력을 형성하였다. 邱樹森編,《中國歷代職官辭典》, 154-155쪽. 따라서
관할은 당시의 도독부(都督府) 감숙(甘肅) 영무(靈武)였다.

266 「試殿中監」:「試」는 임시의 관직. 唐 武德 3년 隋나라 때 설치했던「殿內省」을「殿中省」
으로 고쳤고, 장관을「殿中監」이라 불렀으니, 주로 황제의 의식주 문제를 행하던 궁정
기구를 관리하던 곳이다. 唐代의 관제는 職事官, 散官, 爵, 勳, 檢校, 兼, 試 등이 있었다.
「試殿中監」은 일종의 겸직 직책이었으며, 각 鎭의 幕府 혹은 使府의 府主와 幕僚(막료)
에게 가장 자주 수여하였다.

267 「紫袈裟」: 조정의 공이 있는 종교 승려에게 하사했던 자주색 法衣.「賜紫迦裟」는 무측
천(武則天) 때 시작되었다. [明] 心泰 編,《佛法金湯篇》卷七 참고,《卍新纂續藏經》第八
十七冊 No.1628:「載初元年, (武則天)敕沙門法朗九人重譯《大雲經》, 並封縣公賜紫袈裟,
銀龜袋.(載初 원년에 武則天이 칙령을 내려 사문 法朗 등 9인에게《大雲經》을 다시 번
역하도록 하였고, 縣公에 봉하면서 자색 가사와 은거북 자루를 하사하시었다.)」에 수
록.

268 「好惠」: '은혜로이 하사하시다, 혜택을 주시다'.《韓非子·外儲說右上》:「君必惠民而
己.(군주는 반드시 백성을 이롭게 해야만 한다.)」

269 「王舍之城」: 비명(碑銘) 아래 부분의 시리아文으로 이사(伊斯)의 집안 배경을 상술한
바가 있으니, 따라서 '王舍之城'은 당나라 때 토화라(吐火羅, Tochara)라 불렸던 발흐
(巴爾赫, Balkh)城이다. 註343 참조.

270 「聿」: 고대중국어의 조사로서 문두나 문말에 사용되며 의미는 없다.《詩經·大雅·文
王》:「無念爾祖, 聿修厥德.(조상의 덕과 업을 잊지 않고, 그 덕을 따르고 닦아 나가야 한
다.)」

271 「中夏」: '중원 지역'. [晉] 陸機,《辨亡論》:「魏人據中夏, 漢氏有岷益, 吳制荆揚而奄交廣.
(魏人은 중원 지역을 점거했고, 漢氏는 岷益에 있었으며, 吳는 荆州와 揚州를 제압하고
交州와 廣州를 점유하였다.)」

272 「丹庭」: '궁정'. [唐] 白居易,〈和答詩十首·答桐花〉:「待余有勢力, 移爾獻丹庭.(나에게 세
력이 있을 때를 기다렸다가, 그대를 조정으로 보내겠노라.)」

273 「策名」: '과거 급제'를 지칭함. [五代] 王定保,《唐摭言·夢》:「鍾輻, 虔州南康人也, 始建山
齋爲習業之所, 因手植一松於庭際, 俄夢朱衣吏曰云:『松圍三尺, 子當及第.』輻惡之. 爾來
三十餘年, 輻方策名, 使人驗之, 松圍果三尺矣.(鍾輻은 虔州 南康사람이라. 처음에 산중
에 거처를 지어 학업의 장소로 삼았고, 마당 가장자리에 소나무 한 그루를 심었는데,
홀연히 꿈속에서 붉은 옷을 입은 관리가 말하기를:『소나무 둘레가 세 척이 되면, 그대
는 마땅히 급제할 것이오.』鍾輻이 이를 괴이하게 여겼고, 그 뒤로 30여 년이 흘러, 鍾
輻은 비로소 과거에 급제를 하였는데, 사람을 시켜 그것을 재어 보니, 소나무 둘레가
과연 세 척이었다.)」

274 「中書令」: 관직명. 唐나라 초기에는 일반 관리들이 동중서문하3품(同中書門下三品) 등
의 이름으로 재상(宰相)이 될 수 있었다. 肅宗 이후로는 점차 중서령(中書令)에게 대장

郭公子儀,275 初總戎276於朔方也, 肅宗俾277之從邁,278 雖見親279於臥內,280 不自異281於行間.282 爲公爪牙,283 作軍耳目. 能散祿賜, 不積於家. 獻臨恩之頗黎,284 布285辭憩286之金罽.287 或仍288其舊寺, 或重廣289法堂,

---

(大將)의 영예를 주었으나, 정사에는 결코 관여하지 않았다. 邱樹森編,《中國歷代職官辭典》, 102쪽.

275 「郭公子儀」: 郭子儀(697-781)는 당나라의 걸출한 장군이며, 華州 鄭縣(지금의 陝西 華縣) 사람이다. 후에 안사의 난을 평정하여 朔方節度使에 임명되었다. 玄宗, 肅宗, 代宗, 德宗 네 왕조에 걸쳐 성실히 봉직하였으며, 20여 년 간 국가의 안위에 몸을 바쳐 唐 왕조의 통치를 공고히 하는 데에 중요한 작용을 하였고, 汾陽王에 봉해졌다.

276 「總戎」: '총관(總管)이 군대를 통솔하다'. [唐] 宋璟,〈奉和聖制送張說巡邊〉:「是關司馬法, 爰命總戎行.(이는 司馬의 법을 닫는 것이니, 그리하여 군대를 통솔할 것을 명령하였다.)」

277 「俾」: '허가하다'의 의미. [漢] 王符,《潛夫論·賢難》:「俾使一朝奇政兩集, 則險隘之徒, 闇茸之質, 亦將別矣.(한 왕조의 경이로운 정사를 둘로 나눌 수 있으니, 간사한 사람도, 우둔하고 미련한 사람도 모두 멀리해야 한다.)」

278 「從邁」: '먼 곳으로 가다'.《詩經·魯頌·泮水》:「無小無大, 從公於邁.(크고 작고 할 것 없이, 공을 따라 먼 곳으로 가는도다.)」

279 「見親」: '서로 가족처럼 대하다'.《說苑·復恩》:「盎乃敬對曰:『公見親, 吾不足以累公.』(袁盎이 이에 공손하게 대답하여 가로되: 그대가 직접 오다니, 나는 그대에게 누를 끼치고 싶지 않소.)

280 「臥內」: '침실 안'.《後漢書·宦者列傳》:「及高后稱制, 乃以張卿爲大謁者, 出入臥內, 受宣詔命.(高后가 집정하자, 곧 張卿을 大謁者로 세웠으니, 침실을 드나들며, 명을 받아 알리는 일을 하였다.)」

281 「自異」: '타인과 다름을 스스로 인정하다'.《孔叢子·居衛》:「子思謂孟軻曰: 自大而不脩, 其所以大, 不大矣, 自異而不脩, 其所以異, 不異矣.(子思가 孟軻에게 일러 가로되: 스스로 크다 여겨 수양하지 않으면, 그 크다 함은 큰 것이 아니요; 스스로 타인과 다르다 여겨 수양하지 않으면, 그 다름은 다른 것이 아닙니다.)」

282 「行閒」:「閒」과「間」은 같음. '오열(伍列)의 가운데', 즉 '군대'를 지칭함.《藝文類聚·武部·戰伐》:「處圍城之慄慄, 得無用於行閒.(성이 포위된 두려움에 처한 것은, 마땅히 군대에게 아무 소용이 없습니다.)」

283 「爪牙」: '무신(武臣)'을 비유함. [唐] 顏眞卿,〈右武衛將軍臧公神道碑銘〉:「公兄左羽林軍大將軍平盧副持節懷亮, 以萬虎之才, 膺爪牙之任.(공의 兄 左羽林軍大將軍 平盧副持節 懷亮은 만 마리 호랑이의 재능으로 무신의 임무를 맡았다.)」

284 「頗黎」: '수정과 같은 모양의 보석이나 유리'를 지칭함. [唐] 李商隱,〈飲席戲贈同舍〉:「唱盡陽關無限疊, 半杯松葉凍頗黎.(西出 陽關曲을 몇 번 부르고 나니, 반 잔의 松葉酒가 유리알처럼 얼어 있네.)」

285 「布」: '베풀어 주다'.《舊唐書·傅奕傳》:「布施一錢, 希萬倍之報.(일 전을 베풀고, 만 배의 보답을 바라다.)」

286 「辭憩」: '노고를 마다하지 않고, 힘을 합쳐 의무를 이행하다'의 의미. 「辭」, '고별하다';

崇飾[290]廊宇，如翬斯飛，[291] 更效景門，依仁[292]施利．每歲集四寺[293]僧徒，
虔事精供，[294] 備諸五旬．[295] 餒[296]者來而飯之，寒者來而衣之，病者療而起
之，死者葬而安之．清節[297]達娑，[298] 未聞斯美，[299] 白衣景士，[300] 今見其人，

「憩」，‘그만두다’.

287 「金罽」: ‘귀중한 담요나 모직물’. 「罽」, ‘털 종류로 짠 담요’. 《宋書‧鮮卑吐谷渾傳》: 「金
罽氈㲝, 非用斯急.(귀중한 담요나 氈, 㲝, 이것들은 사용하지 않는다면 중요하지가 않
다.)」「罽」는 주로 외국 사절이 唐 황실에 헌상하던 예물이었다. 당나라 황제도 항상 그
의 중신(重臣)에게 격려의 하사품을 내렸다.

288 「仍」: ‘답습하다, 그대로 좇다’.

289 「重廣」: ‘다시 확대하다’. [唐] 李百藥, 〈賦禮記〉: 「重廣開環堵, 至道軼金籝.(좁은 집을 다
시 확장하는 것을 중시하라. 至高의 道가 황금을 담는 그릇보다 낫다.)」

290 「崇飾」: ‘아름다운 장식으로 충만하다’. 「崇」, ‘충만하다’. 《舊唐書‧竇希瑊傳》: 「宗族咸
以外戚, 崇飾輿馬, 維鑾獨清儉自守.(宗族과 外戚 모두 수레와 말을 장식하는데, 단지 竇
維鑾만이 홀로 청렴을 지킨다.)」

291 「如翬斯飛」: ‘오색 깃털의 새가 비상하는 듯함’; ‘궁전의 화려한 장관’을 비유함. 《詩
經‧斯干》: 「如翬斯飛, 君子攸躋.(꿩이 나는 듯한 처마, 그대가 올라설 곳이라네.)」에서
나온 말. 「翬」, ‘오색 깃털의 꿩’, ‘궁전의 화려함’을 비유함. 《說文解字》: 「一曰伊洛而南,
雉五采皆備, 曰翬.(伊水와 洛水 이남에서는 꿩이 오색을 모두 갖추어 무늬를 이룬 것을
翬라 한다.)」

292 「依仁」: ‘仁’을 언행에 따르는 표준으로 삼음’. 《論語‧述而》: 「子曰: 『志於道, 據於德.
依於仁, 遊於藝.』(자왈: 道에 뜻을 두고, 德에 의거하고, 仁에 의지하고, 藝에 노닐어야
하느니라.)

293 「四寺」: 唐 肅宗 연간 靈武 이외의 四郡에 景教寺를 새로 건설했음을 가리키는 듯하며;
또는 어쩌면 ‘四處에 사원이 있음’을 뜻할 수도 있다.

294 「精供」: ‘경건하고 한결같은 마음으로 제사를 지내다’라는 뜻을 나타냄. 「精」, ‘정성, 한
결같음’. 《管子‧心術》: 「中不精者心不治.(마음속에 정성이 없는 사람은 마음이 다스려
지지 않는다.)」「供」, ‘바치다’. 《禮記‧曲禮上》: 「禱祠祭祀, 供給鬼神, 非禮不誠不莊.(기
도하고 제사하여, 귀신에게 바치는 일도, 예가 아니면 정성스럽지 못하고 단정하지 못
하다.)」

295 「備諸五旬」: 시리아교회의 재계(齋戒) 기간을 말하며, 부활절 대축일 이후의 50일을
가리킨다. 서양 라틴어계 교회에서 전해 내려오는 40일의 재계 기간과는 구별된다.
William Piroya and Eden Naby, ‘FESTIVALS ix. Assyrian,’ Encyclopoedia Iranica, Vol.
IX (NewYork: Bibliotheca Persica, 1999), 561-563.

296 「餒」: ‘기아(饑餓). [漢] 劉向, 《說苑‧至公》: 「晏子對曰: 『此餒而死.』(晏子가 대답하여 가
로되: 이는 굶어 죽은 것입니다.)

297 「清節」: ‘고상하고 고결한 절개’. [晉] 陶潛, 〈詠貧士〉: 「至德冠邦閭, 清節映西關.(지극한
덕은 나라에 으뜸이요, 청렴한 절개는 서관에 빛났도다.)」

298 「達娑」: 페르시아어로 تَرسَا, 독음은 tarsā, 기독교도를 지칭함, 즉 경교도.

299 「美」: ‘선하다, 아름답다’. 《論語‧八佾》: 「盡美矣, 未盡善也.(지극히 아름답지만, 지극

願刻洪³⁰¹碑, 以揚休烈.³⁰²

大施主 金紫光祿大夫이며 북방 節度副使이자 試殿中監으로서 자색 袈裟
를 하사받은 사제 伊斯는, 사람됨이 온화하여 은혜 베풀기를 좋아하고,
경교의 道를 따라 부지런히 잘 행하였다. 멀리 王舍之城(Balka)으로부터
마침내 중국에 왔고, 박학다재하여 재능이 3대 朝代에 걸쳐 높았으니 많
은 칭송을 받았다. 그는 처음에 肅宗의 조정에서 진력을 다하였고, 곧 전
쟁터에서 이름을 떨쳤으니, 中書令 겸 汾陽郡王인 郭子儀가 처음 북방으
로 군대를 통솔할 때, 肅宗께서 伊斯로 하여금 副使로서 그를 수행하게
하셨으니, 그는 비록 郭公의 침실에 빈번히 드나들 정도였으나 결코 특
별한 신분으로 행동하지 않았고, 郭公의 무신으로서 군대의 눈과 귀가
되었다. 그는 비록 작위와 봉록을 뿌릴 권한이 있었으나 결코 자신의 주
머니를 채우지 않았고, 심지어 황제가 하사한 玻璃 예물과 노령으로 퇴
직할 때 받은 금 담요까지도 사원에 헌납하였다. 그는 무너져 가는 옛 사
원을 重修하기도 하고, 본래의 법당을 넓혀 주기도 하였는데, 행랑과 건
물을 아름답게 장식하니, 처마 귀퉁이에 오색의 신비로운 새가 날개를
펴고 나는 듯하였다. 그는 또한 경교를 본받아서 많은 사람들을 구제하
는 선행을 널리 행하였다. 매년마다 도처 사원의 경교 사제와 신도들을
모아 경건히 예배하고 정성으로 50일 동안 공양하였다. 주린 자가 오면
먹여 주고, 추위에 떠는 자가 오면 입혀 주며, 병자는 치료하여 일어서게
하였고, 죽은 자는 장사지내 안장해 주었다. 고상한 절개를 지닌 경교도

히 선하지는 못하다.)」

300 「白衣景士」: 白衣는 일반적으로 동방교회 聖禮의 의복 장식이다. 흰옷으로 그 德性의
성결함과 거룩함을 상징한다.

301 「洪」: '크다'. [漢] 曹操, 〈觀滄海〉:「洪波湧起.(거대한 물결이 용솟음친다.)」

302 「休烈」: '성대한 사업'. [唐] 韓愈, 〈順宗實錄三〉:「對越天地之耿光, 丕承祖宗之休烈.(제왕
이 천지간 빛나는 광채에 제사하고, 선조의 성대한 사업을 받들어 계승하였다.)」

로서 이렇게 아름다운 일은 들어 보지 못하였으니, 지금 백의를 입은 경교 사제를 보고 있노라니, 이에 큰 비석을 세워 그의 성대한 업적을 드날리고자 함이라.

詞曰:

眞主無元, 湛寂常然. 權輿匠化, 起地立天. 分身出代, 救度無邊. 日昇暗滅, 咸證眞玄.

赫赫文皇, 道冠前王. 乘時撥亂, 乾廓坤張. 明明景敎, 言歸我唐. 翻經建寺, 存歿舟航.[303] 百福偕作, 萬邦之康.

高宗纂祖, 更築精宇. 和宮敞朗, 遍滿中土.[304] 眞道宣明, 式封法主. 人有樂康, 物無災苦.[305] 玄宗啓聖, 克修眞正. 御牓揚輝, 天書蔚映. 皇圖璀璨, 率土高敬.[306] 庶績咸熙,[307] 人賴其慶. 肅宗來復, 天威引駕. 聖日舒晶, 祥風掃夜. 祚歸皇室, 祆氛永謝. 止沸定塵, 造我區夏.[308] 代宗孝義, 德合天地. 開貸生成, 物資美利. 香以報功, 仁以作施. 暘谷[309]來威, 月窟畢萃.[310] 建中[311]統極, 聿修明德. 武肅四溟,[312] 文淸萬域. 燭臨人隱,[313] 鏡觀

---

303 「舟航」: '세상을 구원하는 道'를 비유함.
304 「中土」: '중국'.
305 「災苦」: '재난과 고통'.
306 「率土高敬」: '국경 내에서 높이 숭배하다'. 「率土」, 《詩經・小雅・北山》: 「**率土**之濱, 莫非王臣.(천하 모든 곳에, 왕의 신하 아닌 자가 없다.)」
307 「庶績咸熙」: '수많은 공적이 흥성하기 시작하다'. 《尚書・虞書・堯典》: 「允釐百工, **庶績咸熙**.(백관들을 잘 다스리시어, 여러 가지 공적이 모두 빛났다.)」
308 「區夏」: '華夏, 中國'을 지칭함. 《尚書・康誥》: 「用肇造我**區夏**, 越我一二邦以修.(처음으로 區夏에 나라를 창조하시니, 우리 한두 나라가 더욱 닦여졌다.)」
309 「暘谷」: '해가 뜨는 곳'. 《尚書・堯典》: 「分命羲仲, 宅嵎夷, 曰**暘谷**.(羲仲에게 명하여, 嵎夷에 살게 한 곳이, 바로 暘谷이다.)」
310 「月窟畢萃」: '달이 뜨는 곳에 초목이 매우 무성함'을 나타냄.
311 「建中」: 唐 德宗의 연호, 기원 780-783년.
312 「四溟」: '천하, 온 세상'. 「溟」, '바다'를 뜻함. 《藝文類聚・天部上・風》: 「驅東極之洪濤, 越四**溟**而蓬勃.(동쪽 끝 큰 파도를 몰고, 온 세상을 넘어 왕성히 나아간다.)」

物色.³¹⁴ 六合³¹⁵昭蘇,³¹⁶ 百蠻取則.

道惟廣兮應惟密, 強名言兮演三一.

主能作兮臣能述, 建豐碑兮頌元吉.³¹⁷

大唐建中二年,³¹⁸ 歲在作噩,³¹⁹ 太簇月七日,³²⁰ 大耀森文日³²¹建立

時法主僧寧恕³²²知東方之景眾也.

---

313 「人隱」: '백성들의 고통'. 《後漢書・張衡傳》:「故能同心戮力, 勤恤**人隱**, 奄受區夏, 遂定帝
位, 皆謀臣之由也.(그리하여 한 마음으로 힘을 합하고, 백성들의 고통을 긍휼히 여기
며, 갑자기 중국땅을 받아, 마침내 제위를 안정시키면, 모두가 신하됨의 이유이다.)」
[唐] 李賢 注:「隱, 病也.(隱은 病의 의미이다.)」

314 「物色」: '모습, 용모'. 《新唐書・顏杲卿傳》:「嘗送徒於州, 亡其籍, 至廷, 口記**物色**, 凡千人,
無所差.(일찍이 범인을 州로 압송하였는데, 명부를 잃어버렸고, 조정에 가서는, 모든
사물의 모습을 외워 버렸으니, 모두 천 명이 넘는데도, 어떠한 착오도 없었다.)」

315 「六合」: '천지 상하 사방', '우주 전체'를 가리킴. [唐] 韓愈 〈忽忽〉:「安得長翮大翼如雲生
我身, 乘風振奮出**六合**.(어찌하면 길고 큰 날개 구름처럼 내 몸에 돋아날까, 바람 타고
날아올라 이 세상을 벗어나네.)」

316 「昭蘇」: '생기를 되찾다'. 《禮記・樂記》:「天地訢合, 陰陽相得, 煦嫗覆育萬物, 然後草木茂,
區萌達, 羽翼奮, 角觡生, 蟄蟲**昭蘇**, 羽者嫗伏, 毛者孕鬻, 胎生者不殰, 而卵生者不殈, 則樂
之道歸焉耳.(천지가 즐거이 화합하며, 음양의 도가 서로 잘 통하여, 만물을 길러 주고
덮어 주는 것이니, 그런 연후에 초목이 무성해지고, 땅속의 어린 싹들이 제대로 트고,
새들은 힘차게 날갯짓하며, 짐승들의 뿔도 튼실하게 생겨나고, 움츠렸던 벌레들도 깨
어나 움직이며, 깃 있는 것은 알을 품고, 털 있는 것은 새끼를 배어 기르며, 새끼를 낳
는 것은 유산하지 않고, 부화하는 것은 깨지 않으니, 그런즉 모두가 樂의 道로 돌아갈
뿐이다.)」

317 「元吉」: '큰 복'. 《顏氏家訓・文章》:「砂礫所傷, 慘於矛戟; 諷刺之禍, 速乎風塵; 深宜防慮,
以保**元吉**.(모래나 자갈에 입은 상처가, 창보다도 더 심한 상처를 입히며; 풍자의 화가,
바람에 날리는 티끌보다도 빠르다; 마땅히 예방을 깊이 염려하여, 큰 복을 보전해야
할 것이다.)」

318 「建中二年」: 기원 781년. 본 행 앞에는 13개의 빈칸이 있다.

319 「作噩」: 그해의 간지가 '酉'에 있으므로, 建中 2년은 辛酉年으로서「作噩(작악)」이라고
한다.

320 「太簇月七日」: '정월 초이레'. 서양력으로 환산하면 781년 2월 4일.

321 「大耀森文日」: '예배일', 페르시아어로 یکشنبه, 독음은 yekshanbe.

322 「法主僧寧恕」: 비석의 시리아文으로는 ܣܠܝܒܐܙܟܐ, 독음은 Halališou'. '찬미 예수'의 의미
이다. 본 행의 아래에 시리아어가 이어진 것은, 시리아어 주석은 오른쪽에서 왼쪽으로
표시하므로 행을 끊어 혼란을 피하기 위함이다. 경교비는 서기 781년에 건립되었고,
「寧恕」는 이미 778년에 세상을 떠났으니, 이는 경교와 바그다드 총본부 사이에 적어도
3년 이상 소식이 끊겼음을 보여 주는 것이다. 경교는 635년 중국에 들어온 이후부터
경교비를 건립하기까지「법주승(法主僧)」(오늘날의「총대주교」[Catholicos Patriarch])

327 ܩܬܘܠܝܩܐ ܦܬܪܝܪܟܣ 326 ܗܠܠܝܫܘܥ 325 ܡܪܝ 324 ܐܒܐ ܕܐܒܗܬܐ 323 ܝܘܡܐ

朝議郎[328]前行[329]台州司士參軍[330]呂秀巖書

말하기를:

참된 主는 시작이 없으시며, 고요하고 영원 불변하시도다. 시초부터 교화하시며, 땅을 일으키고 하늘을 세우셨도다. 삼위일체로 세상에 나셨으며, 구원하심에 끝이 없어 믿음이 있으면 모두 구원을 얻을 수 있도다. 태양이 떠오르면 어둠이 멸하여지듯, 모든 진리가 참되고 현묘하도다.

혁혁하신 태종 文황제는 道가 이전 황제들보다 으뜸이시니, 때를 맞춰 난을 평정하시어, 황제의 功業을 확대하셨다. 밝고 밝은 景敎가 우리 당나라에 들어왔으니, 경전을 번역하고 교회를 건립하시어, 산 자와 죽은

이 총 14명 있었다: Eshhuyow II (628-644), Mar Immeh(647-650), Kdayawaya Eshuyow III(650-660), Gewargis I (681-684), Bar Marta Yokhannnan I (684-692), Khnaishu I (686-693), Garba Yokhannan II (693-694), Sliwazkha (714-728), Pethyon (731-740), Awa (741-751), Surin (752-754), Yacob II (754-773), 그리고 Halalisou (774-778), Timotheus I (780-820). "Table or Tree of Life of Apostolic Succession of the Catholicos Patriarchs of the Church of the East," In MarMarO'dishoo Metropolitan, *The Book of Marganitha* (*The Pearl*) *on the Truth of Christianity* (1965; reprint, Chicago: Literary Committee of the Assyrian Church of the East, 1988), 111쪽 참조.

323 「ܝܘܡܐ」: '그 당시'의 의미. 「ܒ」은 머리글자로서, 시리아文에서는 종종 공간이나 시간을 묘사할 때 사용된다; 「ܝܘܡܐ」: 독음은 yawmā, 즉 「오늘」.

324 「ܐܒܐ ܕܐܒܗܬܐ」: 독음은 awwādawwāhé; 「ܐܒܐ」, 의미는 「敎父」임, 「ܐܒܗܬ」는 「敎父」의 복수 표현이며, 의미는 「교부들 중의 교부」이다.

325 「ܡܪܝ」: 독음은 mar, 주교의 직분(Bishop) 혹은 그 이상을 가진 자에 대한 칭호이다.

326 「ܗܠܠܝܫܘܥ」: 비석의 중국어는 「寧恕」라고 번역되어 있다. 독음은 Halališou'.

327 「ܩܬܘܠܝܩܐ ܦܬܪܝܪܟܣ」: 독음은 qatoliqā patriařkas, '총대주교(Catholicos Patriarch)'를 가리킴. 비석에는 중국어로 「法主僧」이라 번역했음.

328 「朝議郎」: 唐나라 문관의 제14계(階)로 정6품 上이다. 邱樹森編, 《中國歷代職官辭典》, 602쪽. 본 행의 앞에는 22개의 빈칸이 있고, 서명 「大秦寺僧景淨述」과 같은 행이다.

329 「前行」: 唐, 宋 시기의 제도로서 尚書省 각 부에 순서에 따라 '前行, 中行, 後行' 세 등급이 있다; '兵部, 吏部 및 左, 右司'가 前行이며, '刑部와 戶部'가 中行이고, '工部와 禮部'가 後行이다. 邱樹森編, 《中國歷代職官辭典》, 497쪽.

330 「司士參軍」: 唐나라 때, 府의 士曹參軍, 州의 司士參軍, 縣의 司士佐는 하천 정비, 교량 및 관사 건축 등의 공공 건설을 관장하였다.

자가 세상을 구원하는 道를 얻었다. 온갖 복이 모두 이루어져 만방이 강녕을 얻었다.

高宗이 선대를 계승하여 다시 교회를 건축하였고, 화평한 궁궐이 찬란히 밝아서, 중국 땅에 가득하였다. 진리의 도를 명백히 선포하고, 법식대로 주교를 봉하였으니, 사람들은 안락과 행복을 누리고, 물산에는 재난과 고통이 없었다.

玄宗이 현명하고 비범하여, 참되고 바른 道를 능히 완성하셨다. 황제의 편액은 휘황히 날리었고, 천자의 글씨는 문채가 아름답게 비친다. 황제의 초상은 옥구슬처럼 빛나니, 온 나라에서 높이 공경하였다. 수많은 공적이 모두 흥성하니, 백성들이 그 행복에 의지하였다.

肅宗이 나라를 다시 회복하고, 천자의 위엄으로 수레를 이끄니, 성스러운 태양 빛이 수정처럼 펼쳐지고, 상서로운 바람이 어둠을 몰아냈다. 하늘의 복이 황실로 돌아오니, 불길한 기운이 영원히 물러났다. 소란을 잠재우고 세속을 안정시켜서, 우리 중국을 창조하셨다.

代宗은 효성스럽고 의로우셨으니, 그 德이 천지에 부합하였고, 은혜 베푸심이 선천적으로 타고나서, 물자가 풍부하였다. 향으로써 공로를 알렸고, 仁으로써 호의를 베풀었다. 해 뜨는 곳으로 위엄이 찾아왔고, 달 뜨는 곳으로 모두가 모여들었다.

建中에 황위에 등극하시어, 밝은 덕을 닦으셨으며, 武로써 온 세상을 일소하고, 文으로써 만방을 깨끗이 하셨다. 백성들의 고통을 환히 비추었으며, 만물의 모양을 거울처럼 살피셨다. 우주 전체가 생기를 되찾았고, 많은 오랑캐들이 이를 규범으로 삼았다.

진리의 道는 넓고 그 반응은 치밀하며, 억지로 이름 지어 말하노니 이는 삼위일체시라.

주님은 지으실 수 있으시며 신하는 기록할 수 있으니, 크고 높은 비석을 세워 큰 복을 송축하노라.

大唐 建中 2년, 신유년, 정월 초이레, 예배일에 건립하다.

당시 총주교 寧恕는 동방의 경교도 무리를 알고 있었다.

朝議郎 前行 台州司士參軍 呂秀巖이 쓰다.

비석 정면 아랫 부분(왼쪽에서 오른쪽으로)

助撿校試太常
卿賜紫袈裟寺
主僧業利

撿校建立碑僧
行通

僧靈寶

---

331 「」: 독음은 bšnatlpāyiw'tišinw'tarti, 의미는「1092년」.「」의 의미는「年」;「」는「一千」;「」는「九十」.「」는「二」.

332 「」: 독음은 ionāiā, 의미는「그리스」, 글자 머리에「」(of)를 붙이면, 여기서는 '그리스의 역법(曆法)'을 의미한다.

333 「」: 독음은 H'adbouzid, 비석에는 중국어로「伊斯」라 번역했고, 앞 두 음절을 취했다.

334 「」: 독음은 Koumdan, 어원은 Khumdan, 4세기 초의 소그드文 古서찰에 출현한다; 또한 7세기 전반의 비잔틴 역사학자 시모카타(Theophylactus Simocatta)의 문헌에 출현하며, 후에 소그드어, 헬라어, 아랍어, 페르시아어, 시리아어, 산스크리트어 등 서방 각 민족의 언어에서 널리 사용되었다. '중국의 長安'을 지칭하는 말이다.

335 「」: 독음은 mdit,「도성(都城)」의 의미.

336 「」: 독음은 malkutā, 의미는「王國」(Kingdom).

337 「」: 독음은 bar,「아들」의 의미.

338 「」: 독음은 nāih, 의미는「잠자다」, 또한「서거하다」의 의미.

비석 좌측 이름

비석의 좌측에는「後一千七十九年咸豐己未[363]武林韓泰華[364]來觀幸字畫[365]

---

339 「ܢܦܫܐ」: 독음은 napšā,「호흡하다」의 의미, 또한「생명의 기운」의 의미도 있음.

340 「ܡܝܠܝܣ」: 인명(人名), 독음은 Milis. 伊斯의 부친의 이름.

341 「ܕܡܢ」: 독음은 dmiń,「~로부터 오다」의 의미.

342 「ܡܕܝܢܬܐ」: 지명(地名), '大夏國의 城'을 지칭함, 독음은 Balh mdita.

343 「ܬܚܘܪܣܬܢ」: 지명,《舊唐書》와《新唐書》에 묘사된「토화라(吐火羅, Tochara)」 지역. 당나라 때 사람들은 서역 각국에 대해 잘 알지 못하였으므로, 지리적인 묘사가 서양인처럼 명확하지 못하여 당시 중국어로의 묘사에 차이가 있다.《新唐書・西域列傳下》:「大夏即吐火羅 … 也.(大夏는 즉 '토화라, Tochara'이다.)」

344 「ܐܩܝܡ」: 독음은 aqqyam; 글자 첫 머리의「ܐ」는 시작할 때의 발음;「ܩܝܡ」는「똑바로 서다」(rise)의 의미.

345 「ܠܘܚܐ」: 독음은 luḥā, '평면'의 의미.

346 「ܟܐܦܐ」: 독음은 kipā, '돌멩이'.

347 「ܟܬܝܒܢ」: 독음은 ktivan,「(글을) 쓰다」.

348 「ܒܗ」: 독음은 beh, 접속사, 영어의 in, by, into, among, at, with, against 등과 동일하다.

349 「ܡܕܒܪܢܘܬܗ」: 독음은 mdabrānuteh,「가리키다」.

350 「ܦܪܘܩܢ」: 독음은 pāruqan,「우리 구주」의 의미.

351 「ܩܪܘܙܘܬܗܘܢ」: 독음은 krozouthoun,「그가 설교하다」.

352 「ܐܒܗܝܢ」:「아버지」.

353 「ܠܘܬ ܡܠܟܐ」: 독음은 lwāthmalkā;「ܠܘܬ」:「(어떤 곳)에서」의 의미;「ܡܠܟܐ」:「군왕」의 의미.

354 「ܨܝܢܝܐ」: 독음은 ṣinaia, '중국인'을 의미함.

355 「ܡܫܡܫܢܐ」: 독음은 mšamšana, 의미는「부제(副祭)」.

356 「ܡܪܣܪܓܝܣ」: 人名, 독음은 Marsargis. 어떤 학자는 이 이름 앞에 있는 한 무리가 主教, 長老 혹은 牧師의 직분과 관련이 있다고 함, 段晴, 〈唐代大秦寺與景教僧新釋〉, 榮新江 編,《唐代宗教信仰與社會》(上海: 上海辭書出版社, 2003), 451쪽 참조.

357 「ܣܒܪܢܝܫܘܥ」: 人名, 독음은 Savranišou.

358 「ܓܒܪܐܝܠ」: 人名, 독음은 Gabriel.

359 「ܐܪܟܕܝܩܘܢ」: 독음은 arkediaqon, 의미는「부주교(副主教)」(Archdeacon).

360 「ܪܝܫ」: 독음은 riš,「주관자」(director)의 의미.

361 「ܥܕܬܐ」: 독음은 itā, 의미는「교회」(Church).

362 「ܣܪܓ」: 독음은 sarg 혹은 sarag, '낙양(洛陽)'을 지칭함.

363 「咸豐己未」: 清 文宗 咸豐 9년(1859-1860).「後一千七十九年」의 의미는 비(碑) 설립 시점(781)으로부터 1079년이 경과했음을 뜻한다.

364 「武林韓泰華」: 武林(杭州의 옛이름) 仁和 사람, 字는 小亭, '玉雨堂'은 그의 장서각의 이름이다. 金石 소장가이자 장서가이다. 道光(1821-1850) 연간, 四川 潼川府 知府로 임명되었으며, 말년에는 金陵(南京)에 거주하면서 吳式芬(碑刻에서 말하는「吳子苾」) 등과 교류하였다. 金石學에 능하여 고증에 뛰어났고, 碑帖, 書畫, 古籍 등을 상당량 소장하였다. 그의 手記에 따르면 咸豐 9年(1859) 늦봄 무렵까지 소장하고 있었던 碑帖이 3천7백

完整重造碑亭覆焉惜故友吳子苾[366]方伯不及同遊也爲悵然久之(碑 설립 후 1079
년이 지난 淸 文宗 咸豐 9년에 武林 사람 韓泰華가 와서 보았다. 다행히도 글자들이 완정
하니, 다시 여기에 비각을 세우노라. 유감스럽게도 옛 친구 吳子苾이 함께 오지 못하여
오래도록 아쉽도다.)」[367]라고 새겨져 있다. 이 부분의 시리아文과 중국어 이
름은 모두 덮여진 적이 있어서 식별할 수가 없기 때문에, 표에서 (*) 기호
로 추정을 표시한다. 내용은 Henri Havret(1848-901)의 저작 La stèle chrè-
tienne de Si-Ngan-fou(Chang-Hai: Imprimerie De La Mission Catholique, 1902),
60-65쪽을 참고하였다.

	시리아어 이름	시리아어 독음	중국어 이름
첫 째 줄	[368] ܐܝܚܢܘ, ܪܡ	Mar Iouḥannan	大德曜輪
	[369] ܐܦܝܣܩܘܦܐ	apisqopa	
	ܩܫܝܫܐ [370] ܐܝܣܚܩ	Isḥaq qasisa	僧日進

여 점에 달했다. 저서로는《玉煙堂書畫記》四卷,《無事爲福齋隨筆》,《玉雨堂碑目》(미발
간)이 있고,《玉雨堂叢書》를 편집하였다. 李光德 編譯,《中華書學大辭典》(北京: 團結出
版社, 2000), 911쪽 참조.

365 「字畫」: 碑銘을 감상적 각도로 볼 때 서예가 중요한 비중을 차지하기 때문에 이를 대체
하여 칭한 것이다.

366 吳式芬(1796-1856): 淸代의 금석학자. 字는 子苾, 號는 誦孫. 山東 海豐(지금의 無棣縣)
사람. 道光 14년(1834)에 진사에 급제하여, 관직이 內閣學士 겸 禮部侍郎에 이르렀다.
음운학과 훈고학에 능통하였으며, 금석학을 좋아하여 고서화를 잘 감별하였다. 대부
분의 鼎彝(고대 종묘 중의 제기)와 비석(碑石), 漢나라 벽돌, 唐나라 거울 등에 새겨진
문자들은 모두 탁본으로 소장하여 고증하였다. 서실의 이름은 雙虞壺齋이다.《捃古
錄》,《捃古錄金文》,《金石匯目分編》,《雙虞壺齋藏器目》등을 저술하였고, 陳介祺와 함께
《封泥考略》十卷을 편찬하였으니, 고대 封泥에 관한 저작들의 효시가 되었다. 謝秉洪,
《文獻學辭典》(南昌: 江西敎育出版社, 1991), 434쪽.

367 淸末 시기 여러 명의 서양 탐험가. 예를 들어, Frederic H. Balfour(1871-1908), Frits V.
Holm(1881-1930) 등이《大秦景敎流行中國碑》의 위치에 도달했을 때는 단지 황량한 공
터에 여러 개의 비석들이 세워져 있는 것만 보였다; 이 비석들의 비정(碑亭)은
1862-1873년 섬서(陝西)와 감숙(甘肅) 두 省의 回族 동란 시기에 이곳의 金勝寺와 함께
모두 불타 버렸다.

ܩܫܝܫܐ[371] ܝܘܐܝܠ	Ioel qašiša	僧遙越
ܩܫܝܫܐ[372] ܡܝܟܐܝܠ	Miḥael qašiša	僧廣慶
ܩܫܝܫܐ[373] ܓܝܘܪܓܝܣ	Giouargis qašiša	僧和吉
ܩܫܝܫܐ ܡܗܕܕ ܓܘܫܢܣܦ	Mahdad Gouśnasaf qašiša	僧惠明
ܩܫܝܫܐ ܡܫܝܚܕܕ	Mšiḥadad qašiša	僧寶達
ܩܫܝܫܐ[374] ܐܦܪܝܡ	Aprem qašiša	僧拂林
ܩܫܝܫܐ[375] ܐܘܝ	Avai qašiša	
ܩܫܝܫܐ[376] ܕܘܝܕ	Daouid qašiša	
ܩܫܝܫܐ[377] ܡܘܫܐ	Moušé qašiša	僧福壽
ܩܫܝܫܐ[378] ܒܚܘܣ [379] ܘܐܝܚܝܕܝܐ	Bahos qašiša w'iḥidaia	僧崇敬
ܘܐܝܚܝܕܝܐ ܩܫܝܫܐ [380] ܐܠܝܐ	Elia qašiša w'iḥidaia	僧延和
ܘܐܝܚܝܕܝܐ ܩܫܝܫܐ ܡܘܫܐ	Moušé qašiša w'iḥidaia	
ܩܫܝܫܐ[381] ܥܒܕܝܫܘܥ ܘܐܝܚܝܕܝܐ	Abdišou qašiša w'iḥidaia	
ܩܫܝܫܐ[382] ܫܡܥܘܢ [383] ܕܩܒܪܐ	Simoun qašiša d'qabra	
[384]ܘܐܕܐ ܡܫܡܫܢܐ ܝܘܚܢܢ	Iouḥannis mšamšana w'iada	僧惠通
[385](*)ܐܗܪܘܢ	Ahroun	僧乾祐
[386](*)ܦܛܪܘܣ	Petros	僧元一
[387]ܐܝܘܒ	Ayoub	僧敬德
[388]ܠܘܩܐ	Louqa	僧利見
[389]ܡܬܝ	Mattai	僧明泰
(*)ܝܘܚܢܢ	Iouḥannan	僧玄眞
(*)ܝܫܘܥܡܗ	Iešouameh	僧仁惠
(*)ܝܘܚܢܢ	Iouḥannan	僧曜源
ܣܒܪܝܫܘܥ	Sabrišou	僧昭德
[390]ܝܫܘܥܕܕ	Iešoudad	僧文明
ܠܘܩܐ	Louqa	僧文貞
[391]ܩܘܣܛܢܛܝܢܘܣ	Constantinos	僧居信
[392]ܢܘܚ	Nouh	僧來威

(*)ܐܝܙܕܣܦܣ	Izadsafas	僧敬眞
ܝܘܚܢܢ	Iouḥannan	僧還淳
ܐܢܘܫ	Anouš	僧靈壽
ܡܪܣܪܓܝܣ	Marsargis	僧靈德
ܐܝܣܚܩ	Isḥaq	僧英德
ܝܘܚܢܢ	Iouḥannan	僧沖和
ܡܪܣܪܓܝܣ	Marsargis	僧凝虛
ܦܘܣܝ	Pousai	僧普濟
393ܣܝܡܘܢ	Simoun	僧聞順
ܐܝܣܚܩ	Isḥaq	僧光濟
ܝܘܚܢܢ	Iouḥannan	僧守一

넷째 줄

---

368 「ܝܘܚܢܢ」: 오늘날 「요한」(John)으로 번역함.
369 「ܐܦܣܩܘܦܐ」: 의미는 「主教」(Bishop). 번역할 때 「大德」이란 말을 차용하나 실제로는 '主教'를 가리킨다.
370 「ܐܝܣܚܩ」: 오늘날 「이삭」(Isaac)으로 번역함.
371 「ܝܘܐܝܠ」: 오늘날 「요엘」(Joel)로 번역함.
372 「ܡܝܟܐܝܠ」: 오늘날 「미카엘」(Michael)로 번역함.
373 「ܓܝܘܪܓܝܣ」: 오늘날 「조지」(George)로 번역함.
374 「ܐܦܪܝܡ」: 오늘날 「에브라임」(Ephraim)으로 번역함.
375 「ܐܒܐ」:「아버지」의 의미.
376 「ܕܘܝܕ」: 오늘날 「다윗」(David)으로 번역함.
377 「ܡܘܫܐ」: 오늘날 「모세」(Moses)로 번역함.
378 「ܒܟܘܣ」: 오늘날 「바코스」(Bachos)로 번역함.
379 「ܚܒܝܫܐ」: 수도원 제도하의 은수사(隱修士)를 가리킴.
380 「ܐܠܝܐ」: 오늘날 「엘리야」(Elijah)로 번역함.
381 「ܥܒܕܝܫܘܥ」: 오늘날 Odisho로 번역하며, 의미는 '예수의 종'(Servant of Jesus)이다.
382 「ܫܡܥܘܢ」: 오늘날 「시몬」(Simon)으로 번역함.
383 「ܩܒܪܐ」: 의미는 「묘지」, 여기서는 묘지를 책임지고 관리하는 장로를 가리킨다. 이것은 아마도 메소포타미아의 공동묘지 문화와 관련이 있는 듯하며, 묘지 관리를 맡은 사람들이 수탁 관리를 함으로 인하여 생활 공양(供養)을 받게 되는 것이다.
384 「ܟܪܘܙ」:「선포하다」의 의미. 직함으로 볼 때, 아마도 「教士」가 되고자 준비하는 사람을 가리키는 듯하다.
385 「ܐܗܪܘܢ」: 오늘날 「아론」(Aaron)으로 번역함.
386 「ܦܛܪܘܣ」: 오늘날 「베드로」(Peter)로 번역함.
387 「ܐܝܘܒ」: 오늘날 「욥」(Job)으로 번역함.

비석 우측 이름

	시리아어 이름	시리아어 독음	중국어 이름
첫째 줄	ܝܥܩܘܒ394 ܩܫܝܫܐ	Iaqoub qašiša	老宿耶俱摩
	ܡܪܣܪܓܝܣ ܩܫܝܫܐ	Marsargis qašiša	僧景通
	ܘܟܘܪܐܦܝܣܩܘܦܐ	w'kōrapisqūpa	
	ܫܝܐܢܓܬܣܐ	Śiangatsoa	
	ܓܝܓܘܝ ܩܫܝܫܐ ܘܐܪܟܕܝܐܩܘܢ 395ܕܟܘܡܕܢ ܘܡܩܪܝܢܐ	Gigoi qašiša w'arkediaqon d'Koumdan w'maqriana	僧玄覽
	ܦܘܠܘܣ396 ܩܫܝܫܐ	Polos qašiša	僧寶靈
	ܫܡܥܘܢ ܩܫܝܫܐ	Simoun qašiša	僧審慎
	ܐܕܡ ܩܫܝܫܐ	Adam qašiša	僧法源
	ܐܠܝܐ ܩܫܝܫܐ	Elia qašiša	僧立本
	ܐܝܣܚܩ ܩܫܝܫܐ	Isḥaq qašiša	僧和明
	ܝܘܚܢܢ ܩܫܝܫܐ	Iouḥannan qašiša	僧光正
	ܝܘܚܢܢ ܩܫܝܫܐ	Iouḥannan qašiša	僧內澄
	ܫܡܥܘܢ ܩܫܝܫܐ ܘܣܒܐ	Simoun qašiša w'saba	
둘째 줄	ܝܥܩܘܒ ܩܫܝܫܐ	Iaqoub qašiša	僧崇德
	ܐܒܕܝܫܘ	Abdišou	僧太和
	ܝܫܘܥܕܕ	Iešoudad	僧景福
	ܝܥܩܘܒ	Iaqoub	僧和光
	ܝܘܚܢܢ	Iouḥannan	僧至德

---

388 「ܠܘܩܐ」: 오늘날 「누가」(Luke)로 번역함.
389 「ܡܬܝ」: 오늘날 「마태」(Matthew)로 번역함.
390 「ܝܫܘܥܕܕ」: 「예수의 공의(公義)」로 풀이함. 「ܕܕ」의 의미는 '공의(Justice)'.
391 「ܩܘܢܣܛܢܛܝܢܘܣ」: 오늘날 「콘스탄틴」(Constantine)으로 번역함.
392 「ܢܘܚ」: 오늘날 「노아」(Noah)로 번역함.
393 「ܫܡܥܘܢ」: 오늘날 「시므온」(Simeon)으로 번역함.

	Śoubḥalmaran	僧奉眞
	Marsargis	僧元宗
	Simoun	僧利用
	Apprem	僧玄德
397	zakaria	僧義濟
	Qoriaqos	僧志堅
	Bahos	僧保國
398	Ammanouel	僧明一

셋 째 줄	399	Gabriel	僧廣德
		Iouḥannan	
	400	šlimoun	僧去甚
		Isḥaq	
		Iouḥannan	僧德建

394 「　　　」: 오늘날 「야곱」(Jacob/James)으로 번역함.

395 「　　　　　」: 「선생님」의 의미.

396 「　　　」: 오늘날 「바울」(Paul)로 번역함.

397 「　　」: 오늘날 「스가랴」(Zacharias)로 번역함.

398 「　　　」: 오늘날 「임마누엘」(Emmanuel)로 번역함.

399 「　　　」: 오늘날 「가브리엘」(Gabriel)로 번역함.

400 「　　」: 오늘날 「솔로몬」(Solomon)으로 번역함.

제2장

서청미시소경
(序聽迷詩所經)

소 개

　《序聽迷詩所經》(이하 《序經》으로 약칭)의 原 題名은 《序聽迷詩所經一卷》이다. 일본 武田과학진흥재단 杏雨書屋 《敦煌秘笈》이 간행 공포한 내용에 따르면, 치수는 원본 卷의 높이가 26.3cm, 길이가 276.8cm이고, 지질(紙質)은 양질의 마지(麻紙)로 되어 있으며, 베이지색으로 염색되어 있다.[1] 本經의 행수는 모두 170행이며, 20.2cm의 난(欄) 안에 매 행 약 16-17자로 총 2,845자의 글자가 해서체로 쓰여 있다. 현재 전해지는 경전의 맨 뒷 부분은 훼손되어 완전하지 못한 상태이며, 마지막 1행은 「…其人大有信心, 人即云」이라는 말로 끊어진다.

　本經의 경전명에 대해서는 많은 이들의 다양한 의견이 존재하는데, 1926년 최초로 《序經》을 간행 공포한 羽田亨(하네다 도오루)(1882-1955)에 의하면, 「迷詩所」는 「彌詩訶」이고, 「迷」와 「彌」(경전에는 「弥」)는 同音 표기이며, 「詩」와 「師」는 같은 음이니(* 譯者註: 한국 한자음으로는 다른 음이지만, 중국음으로는 같은 음이다.), 따라서 「迷詩所」와 「彌師訶」는 같은 말이라고 한다. 「序聽」은 「移鼠(耶穌)」이고, 「序」의 발음은 'ye'이며, 「聽」은 즉 「鼠」의 변음이니, 따라서 하네다 도오루가 추정한 本經의 경전명의 뜻은 「移鼠迷師訶經(예수메시아경)」인 것이다.[2] 그러나 이 설은 너무도 견강부회한 면이 있으니, 즉 本經의 제1행 첫 구에는 「爾時弥師訶」라는 구절이 있고, 또한 경전명 바

1　吉川忠夫 編, 《敦煌秘笈》(大阪: 財團法人武田科學振興財團, 2009), 第六冊, 番號四五九, 83-87쪽.

2　羽田亨, 〈景教經典序聽迷詩所經に就いて〉, 《羽田博士史學論文集・下卷・言語宗教篇》(京都: 同朋舍出版部, 1972, 原出版於1958): 250-251쪽, 62-63. 이 글은 본래 《內藤博士還曆祝賀支那學論叢》에 간행되었음. (京都: 弘文堂書房, 大正十五年五月), 117-148쪽.

로 옆에 있는데, 어찌 경전의 찬술자나 필사자가「迷詩所」와「弥師訶」의 커다란 차이를 발견하지 못할 수 있단 말인가? 1990년 趙璧礎가 경전명을 헬라어 의미로「구주 중보경(救主中保經)」이라 다듬어서 꽤 칭송을 받은 바 있다.[3] 그러나 경교의 교회 언어가 시리아어임을 간과할 수는 없으며, 이러한 현상은 경교의 석각(石刻)이나 문헌 등에서 볼 수 있듯이, 趙璧礎의 추론은 경교의 역사적 맥락에서 이미 완전히 벗어나 버렸다고 할 수 있다. 이러한 까닭에 필자는《序經》의 내용과 경교 초기 발전 시기의「公義之師(공의의 스승)」라는 말을 적용하여 본 경전명을 시리아어로 다시 추론해 보았다.《序經》의 내용은 신약 요한일서 2장 1절의「의로운 자」에서 나왔고, 또한 신약 히브리서 8장 6절, 9장 15절과 12장 24절「중보자」에서 나왔으니, 이 두 말의 시리아어는 각각 'ܙܕܝܩܐ, 독음은 zedikā', 그리고 시리아어 ܡܨܥܝܐ, 독음은 metsāyā'이며, 그러므로《序經》이라는 경전명은 아마도「의로운 자/중보자」의 의미일 것이다.[4]《序經》전편의 내용을 통해 보면, 요지는 바로 天尊께서「弥師訶」를 인간 세상에 보내시고, 또한「의로운 자와 중보자」의 신분으로 죄를 대신하여 세상 사람을 구원하시고 구원의 대업을 완성하신다는 내용을 설명하는 것이다.

중국에 처음 들어온 경교 문헌으로서의《序經》에는 불교와 도교의 용어들이 적지 않다. 가령 '天尊, 諸佛, 阿羅漢, 果報, 天道, 惡道, 長樂仙緣' 등 등이 있지만, 그러나 경교를 중국의 종교와 뒤섞어서 말할 수는 없는 것이다. 예를 들어「天尊」을 하나님에 비유하지만, 불교에도 이런 말이 있어 '第一義天'이라 묘사하니, 즉 '하늘에서 가장 존귀한 자'의 의미이다;

---

3 趙璧礎:〈就景教碑及其文獻試探唐代景教本色化〉, 林治平 主編,《基督教與中國本色化論文集》(臺北: 宇宙光出版社, 1990), 175쪽.
4 吳昶興,〈景教의 上帝, 基督, 救世思想과 經名에 대한 再議〉,《2013年度 第四回 亞細亞의 基督教景教研究 國際學術發表會》(首爾: 2013年 11月 4-8日): 171-238.

또한 「天尊」이라는 말이 《禮記·樂記》에도 나오는데: 「天尊地卑, 君臣定矣(하늘은 높고 땅은 낮으니, 군신은 정해지는 것이라)」라는 말은 전통적으로 하늘을 존숭하는 칭호였다. 따라서 경교가 중국에 들어온 초기에는 새로운 단어를 많이 창조해 내지 못하였으므로, 중국의 기존 종교 어휘를 꽤 많이 차용하여 경전을 썼음을 알 수 있다. '차용(借用)'을 곧 '혼합(混合)'이라고 말할 수는 없는 것이며, 경교는 여전히 유일신 교리의 특성을 그대로 유지하고 있었다. 예를 들면 《序經》에 이르기를: 「人急之時, 稱佛名, 多有無知之人, 喚神比天尊之類… (사람들은 위급할 때에 부처의 이름을 부르니, 수많은 무지한 사람들이 신을 부르며 천존과 같은 유에 비유한다…)」라 했으니, 경교는 실제로는 「佛」을 배척하였으며, 「佛」은 神을 칭하는 수많은 이름들 중 하나로서 천존을 알지 못하는 이들에 의하여 불리어졌던 명칭인 것이다. 이로써 경교는 중국의 종교 용어를 많이 사용하였지만 정신적으로는 중국종교에 결코 혼합되지는 않았음을 알 수 있다.

《序經》의 주요 내용은 우선 시리아어로 경전명을 해석하여 「의로운자/중보자」를 천명하고, 뒤이어 天尊은 지극히 높으신 존재이자 만물의 근원이며, 천존이 세운 계명을 안타깝게도 세상 사람들이 받아들이지 않자, 예수[5]를 세상에 내려보내시사 친히 인간을 권계하여 하나님의 계율을 지키라 하고, 청정한 신심이 있어야 선한 연을 맺어 악의 길로 빠지지 않을 수 있다는 내용들을 설명하고 있다. 《序經》은 행위적 표현을 비교적 중시함으로써 천존의 계율을 지킬 것을 증명하고 있으니, 이는 행위적 표현이 실제로 경교의 전통임을 강조하면서도 신앙에 대한 해석이 도덕적 행위에 편중되어 있음을 드러내고 있다.

《序經》은 가장 초기의 경교 문헌에 속하여 문장이 비교적 난삽한 편이

---

5   「移鼠」: '예수', 시리아어로 ܝܫܘܥ, 독음은 yešū.

며, 그 안에는 수많은 시리아어 漢譯도 들어 있지만, 音譯에 일정한 규칙이 없는 듯 보이며, 强音을 취해 번역한 것이 있으니, 예를 들면「若昏」(ܫܘܐ); 또한 전체 音譯으로는「烏梨師斂」(ܐܘܪܝܫܠܡ)이 있으니, 아마도 가장 먼저 入唐했던 경교승 阿羅本(Alopen) 일행이 지은 것으로 보인다. 《大秦景教流行中國碑》와《唐會要》에 기록이 있으니:「波斯僧阿羅本, 遠將經像來獻上京, 詳其敎旨, 玄妙無爲; 觀其元宗, 生成立要, 濟物利人, 宜行天下.(파사승 阿羅本(Alopen) 일행이 멀리서 경전과 형상을 가지고 수도로 올라와 헌상하였다. 그 敎旨를 자세히 살펴보니, 심오하고 미묘한 자연의 이치이더라; 그 근본 宗旨를 관찰하니, 생명이 이루어지는 데에 긴요하고, 만물을 제도하고 인간을 이롭게 하니, 마땅히 천하에 널리 행하도록 하라.)」[6]라 하였다. 그리하여《序經》은 일반적으로「阿羅本(Alopen)의 문장」중 하나로 간주되고 있다.

현재의 판본은 일본 武田과학진흥재단 杏雨書屋이 소장하고 있으며, 본서《序經》은 杏雨書屋 촬영본을 참고하였다.

---

6   [宋]王溥, 《唐會要》(北京: 中華書局, 1955), 권49「大秦寺」條, 864쪽. 《大秦景敎流行中國碑》의 비명(碑銘) 부분은 약간 수정되었음. 본서 '서론' 부분 참조.

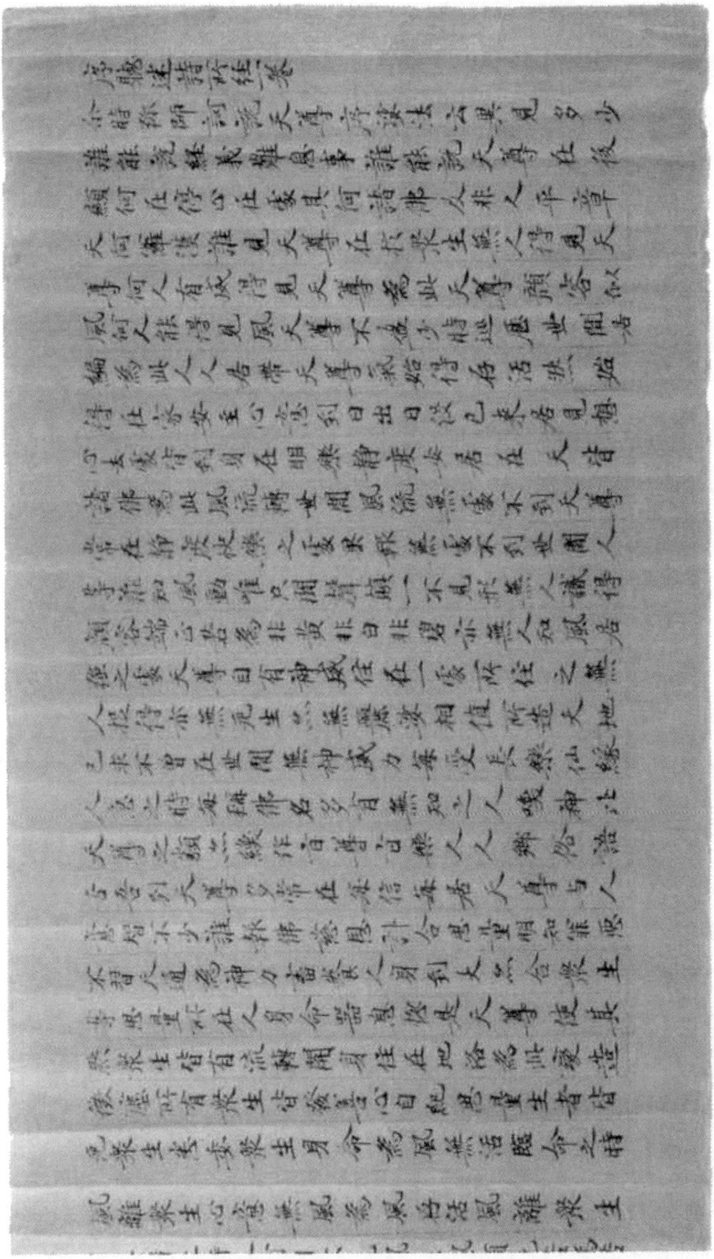

《序聽迷詩所經》 원 두루마리의 머리 부분

서청미시소경 1권
(序聽迷詩所經一卷)[7]

爾[8]時, 彌師訶[9]說天尊[10]序[11]娑法,[12] 云: 異見[13]多少誰能說? 經義難息

7　「序聽迷詩所經」: 唐代의 경교 경전. 대략 唐 貞觀 9年(635)에서 12年(638) 사이에 번역
　　되었다. 다수의 학자들이 阿羅本을 역자로 여기고 있으나 현재 고증하기는 어렵다. 본
　　문이 채택한 經文의 목록은 요시카와 다다오(吉川忠夫)의《敦煌秘笈》이다. (大阪: 財團
　　法人 武田科學振興財團, 2009) 第六册, 83-87쪽, 番號 四五九圖版.
　　「序聽」: 신약 요한일서 2장 1절의 「의로운 자」에서 가져옴. 시리아어 ܙܕܝܩܐ, 독음은
　　zedikā, 따라서 「序」음으로 'z' 자음 소리를 내고, 「聽」음으로 'd' 자음 소리를 낸다; 「의
　　로운 자(義者)」는 公義(justice), 正直(right) 그리고 善(goodness)의 의미가 있다. 시리
　　아어를 중국어로 重譯하는 방식은 대개 생략을 하지 않은 상황에서 强音의 음절을 취
　　하는 것이다. 拙稿의 추론을 참고하여 해석하였다. 〈論景敎《序聽迷詩所經》中之上帝,
　　基督與救世思想〉,《浸神學刊2010》(2010/10): 3-46쪽 참고.
　　「迷詩所」: 신약 히브리서 8장 6절, 9장 15절, 12장 24절의 「中保」(Mediator), 시리아어
　　ܡܨܥܝܐ, 독음은 metsāyā, 예수 그리스도가 세상 사람들을 위하여 죽음으로 속죄하고,
　　하나님과 인간 사이의 「중보자」가 되셨음을 가리킨다.
8　「爾」: '그'의 의미. [南朝 宋] 劉義慶,《世說新語‧賞譽》:「爾夜風恬月朗.(그날 밤바람이
　　고요하고 달이 밝았다.)」
9　「彌師訶」: 시리아어 ܡܫܝܚܐ, 독음은 məšīhā, 오늘날 일반적으로 「메시아(彌賽亞)」
　　(Messiah), 「默西亞」, 즉 '救主'의 의미로 번역한다.
10　「天尊」: '하늘'에 대한 전통적인 존숭의 칭호, 여기서는 '하나님'을 가리킨다.《禮記‧樂
　　記》:「天尊地卑, 君臣定矣.(하늘이 높고 땅이 낮은 것처럼, 임금과 신하도 정해진 것이
　　니라.)」《一神論》에서도 「天尊」이라 칭한다. 기타 경교 문헌인《大秦景敎流行中國碑》,
　　《三威蒙度讚》,《尊經》,《大秦景敎宣元本經》그리고《大秦景敎宣元至本經》經幢 등에서
　　는 모두 「阿羅訶」라 칭하며,《大秦景敎流行中國碑》에서는 또한 「元尊」, 「無元眞主」라
　　는 칭호를 더하였다;《大秦景敎宣元本經》과《大秦景敎宣元至本經》經幢은 「匠帝」라 칭
　　하였다;《大秦景敎三威蒙度讚》은 또한 「三才慈父」와 「眞常慈父」라는 명칭을 사용했고;
　　《尊經》에서는 「妙身皇父」라 하였으며;《大秦景敎大聖通眞歸法讚》에서는 「大聖慈父」라
　　칭하였다.
11　「序」: '순서에 따라'.《孟子‧梁惠王上》:「謹庠序之敎, 申之以孝悌之義, 頒白者不負戴於
　　道路矣.(향교 교육에 힘쓰고, 효제의 의리를 가르친다면, 머리가 센 사람이 도로에서
　　짐을 이고 지고 하지 않을 것입니다.)」
12　「娑法」: '근본 敎法'.「娑」는 불교용어로서, 즉 '一切法(모든 法)' 혹은 '一切諦(모든 諦)'

事[14]誰能說? 天尊在後顯[15]何在? 停止在處[16]其何? 諸佛[17]及非人[18]平章[19]

天阿羅漢,[20] 誰見天尊? 在於衆生無人得見天尊, 何人有威[21]得見天尊? 爲

此天尊顏容似風, 何人能得見風?[22] 天尊不盈少時,[23] 巡歷世間居編,[24] 爲

의 의미이다. 佛典에서는 '薩, 縒, 颯, 挱, 三, 参, 散' 등으로 쓴다. 밀교(密教)에서는 일
반적으로 「娑」字를 '諦'로 칭한다. 글자의 모양이 간명하여 '諦'의 의미로 해석하고, 글
자의 의미가 깊고 은밀하여 '諦不可得'의 의미로 쓴다. 《金剛頂經釋字母品》에서는 「娑」
字 부류를 칭하여 '一切法', '一切諦'라 하였으니 '不可得'인 까닭이다; 北本《大般涅槃經》
卷八: 「'娑'는 衆生의 演說正法(바른 법을 연설하다)을 이르는 것이니, '마음에 기쁨이
있게 하다'라는 의미」이다. 慈怡 主編, 《佛光大辭典》(高雄: 佛光山, 1989), 4076 「娑」條
참고.

13 「異見」: '다른 견해'. 《梁書·處士傳·劉歊》: 「前達往賢, 互生異見.(선배와 선현 간에, 서
로 다른 견해가 생긴다.)」

14 「息事」: '일(사건)을 평정하다'. 《後漢書·肅宗孝章帝紀》: 「其令有司, 罪非殊死且勿案驗,
及吏人條書相告不得聽受, 冀以息事寧人, 敬奉天氣.(어명을 내리나니, 사법 관련 각 기관
에서는 반드시 사형에 처해야 하는 범죄자가 아닐 경우, 이를 조사하거나 심리하지 말
아야 하며, 각 관아에서는 서로 고발하는 사건을 받아들이지 말아야 하고, 사건을 평
정함으로써 민심을 안정시키고, 하늘의 기운을 받들기를 바라노라.)」

15 「顯」: '표현하다, 드러내다'.

16 「在處」: '도처, 곳곳'. [唐] 張籍, 〈贈別王侍御赴任陝州司馬〉: 「京城在處閑人少, 惟共君行
並馬蹄.(경성 도처에 한가한 사람 드물고, 그대와 함께 가며 말발굽에 발을 맞추네.)」

17 「諸佛」: 본래는 '이미 열반에 들어가 해탈하여 이루어진 모든 부처'를 가리킨다. 「佛」:
'깨달은 자, 지혜로운 자, 깨달음'으로 의역하며, '진리를 깨달은 자'의 의미이다. 《佛光
大辭典》(北京: 北京圖書館出版社, 2004, 修訂版), 2605쪽.

18 「非人」: '인류에 속하지 않은 생물'. 《孟子·公孫丑上》: 「由是觀之, 無惻隱之心, 非人也;
無羞惡之心, 非人也; 無辭讓之心, 非人也; 無是非之心, 非人也.(이로 말미암아 본다면, 측
은지심이 없으면 사람이 아니고; 수오지심이 없으면 사람이 아니며; 사양지심이 없으
면 사람이 아니고; 시비지심이 없으면 사람이 아니다.)」

19 「平章」: '판별이 명확하다'. 여기서 판명의 대상은 주로 아래 글의 '天'과 '阿羅漢'의 차
이를 가리킨다. 《尚書·堯典》: 「九族既睦, 平章百姓.(9대에 걸친 친족이 화목하였으니,
백성들도 올바르게 다스려졌다.)」

20 「阿羅漢」: 산스크리트어 'arhat', 중국어로 '無學'. 소승불교에서 가장 이상적이라 여기
는 최고의 지위 또는 佛果(불도를 닦아 이르는 부처의 지위). 또한 일체의 도락과 정욕
을 끊고 번뇌에서 벗어나 사람들의 숭배와 성인의 우러름을 받는 것을 가리키는 일종
의 칭호.

21 「威」: '존귀, 위엄'. 《論語·學而》: 「子曰: 『君子不重則不威, 學則不固.』(군자가 신중하지
않으면 위엄이 없으며, 배워도 견고하지 않게 된다.)」

22 「爲此 … 見風」: '하나님은 바람과 같아서 보이지 않는다'는 의미. 성경 열왕기상 19장
11절: 「여호와께서 이르시되: 『너는 나와서 산에 서라, 내 앞에 있거라.』 그때 여호와
께서 거기로부터 지나가시는데, 여호와 앞에 크고 강한 바람이 산을 가르고 바위를 부

此, 人人居帶天尊氣, 始得存活. 然使得在家安, 至心意到, 日出日沒已來,

居見想心去處皆到, 身在明樂靜度,25 安居在天皆諸佛. 爲此風流轉世閒,

風流無處不到, 天尊常在靜度快樂之處, 果報26無處不到. 世閒人等, 誰知

風動? 唯只聞聲, 顚一不見形, 無人識得顔容端正. 若爲非黃非白非碧, 亦

無人知. 風居强之處, 天尊自有神威27住在一處. 所住之無人捉得,28 亦無

死生, 亦無麗娑.29 相値所造天地已求, 不曾在世閒無神威力, 每受長樂30

수나 바람 가운데에 여호와께서 계시지 아니하며, 바람 후에 지진이 있으나 지진 가운데에도 여호와께서 계시지 아니하며.」

23　「不盈少時」: '극히 짧은 시간'을 형용함. 「不盈」, '풍족하고 만족하지 못하다'. 《周易·坎》: 「水流而**不盈**, 行險而不失其信.(물이 흘러도 차지 아니하며, 험함을 행하여도 그 믿음을 잃지 않는다.)」 「少時」, '짧은 시간, 오래지 않음'. [唐] 獨孤及, 〈送相里郞中赴江西〉詩: 「今日把手笑, **少時**各他鄕.(오늘 손을 부여잡고 웃으며, 잠시 각자 타향을 생각하네.)」

24　「居編」: '창조의 자리에 처하다'. 「編」, '창작, 창조'. 「天尊 … 居編」: 이것은 '하나님이 만물과 사람을 창조하신 일'을 가리킨다. 창세기 1장 1절에서 2장 2절 참조: 「태초에 하나님이 천지를 창조하시니라. 땅이 혼돈하고 공허하며 흑암이 깊음 위에 있고 하나님의 영은 수면 위에 운행하시니라. 하나님이 이르시되 빛이 있으라 하시니 빛이 있었고 … 천지와 만물이 다 이루어지니라. 하나님이 그가 하시던 일을 일곱째 날에 마치시니….」

25　「度」: '법제, 법도'. 《左傳·昭公三年》: 「公室無度, 幸而得死.(공실은 법도가 없으니, 다행히 죽게 되었다.)」

26　「果報」: '인과지보(因果之報)'. 《戰國策·燕策·奉陽君告朱讙與趙足》: 「伍子胥逃楚而之吳, **果**與伯擧之戰, 而**報**其父之讎.(伍子胥는 楚나라를 도망하여 吳나라로 갔고, 결과는 伯擧와의 전투에서 자기 아버지의 원수를 갚았다.)」

27　「神威」: '신령스런 위엄과 덕망'. 《禮記·樂記》: 「天則不言而信, **神**則不怒而**威**, 致樂以治心者也.(하늘은 말하지 않아도 믿음이 있고, 신은 노하지 않아도 위엄이 있으니, 음악을 이루어 마음을 다스려야 한다.)」

28　「捉得」: '파악하다'. 《淮南子·詮言訓》: 「善博者不欲牟, 不恐不勝, 平心定意, **捉得**其齊, 行由其理, 雖不必勝, 得籌必多.(주사위 놀이를 잘하는 자는 크게 이기고자 하지 않고, 승리하지 못함을 두려워하지 않으며, 마음을 평화롭게 하고 뜻을 안정시켜 잡아서, 그 가지런함을 파악하여, 그 이치로 말미암아 행하며, 비록 반드시 승리하지는 못하더라도, 산가지를 얻는 것은 반드시 많게 된다.)」

29　「麗娑」: 아마도 시리아어인 듯함. 즉, ܠܶܫܳܢܳܐ, 독음은 lešānā, '혀' 또는 '언어'의 의미. 따라서 여기서는 '하나님이 거처하신 곳, 삶도 죽음도 없으며, 언어도 없는 곳'.

30　「長樂」: '영구한 기쁨'. 《韓非子·功名》: 「以尊主御忠臣, 則**長樂**生而功名成.(임금을 존중함으로 충신을 제어하면, 영구한 기쁨이 생겨나고 공명을 이루게 된다.)」

仙緣.[31]

　그때, 메시아께서 天尊(하나님)의 구원의 근본 교법을 차례로 설파하여 말씀하시기를: 세상에 서로 다른 견해가 얼마나 많은지 누가 능히 말할 수 있는가? 경전의 의미로써 수습하기 어려운 일을 누가 능히 말할 수 있는가? 누가 능히 하나님의 존재와 어디에 나타나실지를 말할 수 있는가? 머무시는 곳은 또한 어디인가? 진리를 깨달은 자들과 기타 생명들이, 하늘과 아라한(阿羅漢)을 명확히 구별하지만, 누가 하나님을 본 적이 있는가? 중생으로 말하자면, 하나님을 본 적이 있는 사람이 없으니, 어떠한 사람이 이러한 위엄이 있어 하나님을 뵐 수 있겠는가? 그러므로, 하나님의 형상은 바람과도 같으니, 누가 또한 일찍이 이 바람을 본 적이 있겠는가? 하나님은 순식간에 순서에 따라 창조의 세계를 둘러보실 수 있으며, 이 때문에, 사람마다 모두 하나님께서 주신 호흡을 가지고 있으므로, 비로소 생존할 수 있는 것이다. 자신을 하늘의 집에 있는 것처럼 편안케 하고자 한다면, 마음과 정성을 다해야만 하며, 일출과 일몰이 드러날 때에, 마음속으로 반성하면 모두 실현될 수가 있다. 몸이 밝은 기쁨과 고요한 법도에 거하면, 여러 천사들과 함께 하늘에 편안히 거할 수 있다. 바람이 세상을 순행하는 것처럼, 바람의 흐름이 이르지 않는 곳이 없으며, 하나님은 항상 고요한 법도와 큰 기쁨의 곳에 머무시니, 因果의 응보가 이르지 않는 곳이 없다. 세상 사람들 중 누가 바람의 움직임을 알 수 있는가? 단지 바람의 소리가 높은 곳에서 흘러내리는 소리를 들을 수 있을 뿐, 줄

31　「仙緣」: '특별하고 神異한 인연'을 비유함. 「緣」, '사물의 상관 관계'.《說苑 · 至公》:「今吾族犯法甚明, 而使廷理因緣吾心而釋之, 是吾不公之心, 明著於國也.(지금 나의 친족이 법을 어긴 것이 분명한데도, 정리를 시켜서 나의 권위를 이용하여 이를 풀어 준 꼴이 되었으니, 이는 내가 공정하지 못한 생각을 가졌음을 나라 안에 널리 밝혀 보이는 셈이다.)」

곧 그 형상을 볼 수 없으며, 바람의 진정한 면모와 색채를 본 이가 없다. 어떻게 노랗지 않고 희지도 않고 푸르지도 않을 수 있는지, 아무도 알 수 있는 이가 없느니라. 바람은 강대한 곳에 둥지를 트나니, 하나님은 자연스럽게 신령스런 위엄을 가지고 한곳에 거하시니, 그 계신 곳을 파악할 수 있는 이가 없으며, 또한 삶도 죽음도 없고, 더욱이 언어도 없는 곳이라. 천지를 창조하신 이래로, 메시아가 인간 세상에 오신 적이 없었고, 하나님의 위엄한 능력도 없었으니, 언제나 천국의 영구한 기쁨과 복된 인연을 전해 주셨도다.

人急之時, 每稱佛名, 多有無知之人, 喚神比天尊之類, 亦終作旨尊旨樂, 人人鄕俗語舌, 吾別天尊多常在, 每信每居天尊與人意智不少. 誰報佛慈恩? 計合思量.[32] 明知罪惡不瞀天通,[33] 爲神力畜養[34]人身到大, 亦合衆生等思量, 所在人身命[35]器息,[36] 總是天尊使其然.

인간들은 위급한 일을 만날 때마다, 늘 신의 이름을 부르나니, 많은 무

32　「思量」: '고려하다, 추측하다'. 《魏書·高閭傳》:「雖成事不說, 猶可思量.(비록 일을 성사시킴에 말을 하지는 않았으나, 여전히 헤아려 볼 만하다.)」

33　「天通」: '天理의 기본에 통달하다'. [漢] 王符, 《潛夫論·述赦》:「王者至貴, 與天通精, 心有所想, 意有所慮, 未發聲色, 天爲變移.(임금은 지극히 존귀하니, 천리의 기본에 정통해야 한다. 마음에 생각하는 바가 있고, 뜻에는 고려함이 있어야 하며, 말소리와 얼굴색을 발하지 아니하였으니, 하늘이 옮겨 줄 것이라.)」

34　「畜養」: '육성하고 배양하다'. 《後漢書·董卓傳》:「士卒大小相狃狎彌久, 戀臣畜養之恩, 爲臣奮一旦之命.(사졸이 크건 작건 익숙한 지 오래되고, 저를 보기를 가축을 키워 길러 준 은혜를 입은 듯이 하여서, 저를 위하여 짧은 목숨쯤 아까운 줄 모릅니다.)」

35　「身命」: '생명'을 가리킴. 《漢書·李尋傳》:「夫物盛必衰, 自然之理, 唯有賢友彊輔, 庶幾可以保身命, 全子孫, 安國家.(무릇 사물이 성하면 반드시 쇠하여지나니, 자연의 이치란 오로지 현명한 벗이 있어야 강하게 보좌할 수 있으며, 생명을 지킬 수 있고, 자손을 온전케 하며, 국가를 평안하게 할 수 있기를 바라나이다.)」

36　「器息」: '생식하고 화육하는 능력'. 《黃帝內經·素問·六微旨大論》:「故器者生化之宇, 器散則分之, 生化息矣.(무릇 유형의 물체는 生化의 집이니, 유형의 물체가 흩어지면 그것을 와해시켜서, 生化가 멈추게 됩니다.)」에 나옴.

지한 사람들은, 여러 신들이 하나님과 같다고 생각하며, 신의 뜻을 지키기만 하면 행복한 생활을 누릴 수 있다고 여긴다. 매 사람들의 고향 풍속과 말하는 언어가 다르듯이, 우리와 하나님도 여러 가지로 다르며, 또한 일상 신앙생활 중에서 하나님은 사람들에게 많은 지혜를 하사하셨다. 누가 능히 신의 자비와 은혜에 보답할 수 있는가? 모두 헤아려 보아야 할지라. 분명히 알지어다, 죄악의 일은 가서 배우지 않아도 천성적으로 아는 것이니, 신의 능력이 인간의 몸을 어려서부터 성장할 때까지 양육하는 것이며, 이는 또한 모두가 마땅히 알아야 하는 것이다. 존재하는 모든 인간의 신체와 생명, 생식하고 화육하는 능력은, 모두 하나님께서 그렇게 되게 한 것이라.

衆生皆有流轉,[37] 關身[38]住在地洛,[39] 爲此變造微塵.[40] 所有衆生皆發善心, 自紀思量, 生者皆死, 衆生悉委,[41] 衆生身命爲風,[42] 無活臨命之時,[43]

---

37 「流轉」: '생명이 유랑하여 멀리 떠나다'.《後漢書 · 黃昌傳》: 「遇賊被獲, 遂流轉入蜀爲人妻.(도적을 만나 붙잡혀서, 이내 蜀으로 유랑하여 들어가서 다른 이의 처가 되었다.)」

38 「關身」: '밀접하게 와닿다'. [漢] 焦贛,《焦氏易林 · 乾之》「南山昊天, 刺政關身.(남산의 가 없는 하늘에, 자객의 정치가 가까이 와닿았다.)」

39 「地洛」: '지맥' 즉 '토지의 맥락'를 의미함; 또한 '국경, 경계'를 가리킴. 「洛」은 찬술자가 「絡」의 同音 通假字로 쓴 것이다.《後漢書 · 隗囂傳》: 「分裂郡國, 斷截地絡.(군국을 분열시키고, 지맥을 끊어 버린다.)」「洛」: 「絡」과 통함,《莊子 · 大宗師》: 「副墨之子, 聞諸洛誦之孫.(副墨의 아들, 洛誦의 손자에게서 들었다.)」「關身 … 地洛」 참고: 「關」과 「洛」은 또한 어떤 지방의 약칭으로 볼 수도 있는데, 각각 '關中'과 '洛陽'의 의미를 대표한다. 따라서 「關身住在地洛」은 '關中 사람이 洛陽에서 생활하다'로 해석할 수도 있다.

40 「變造微塵」: '생명이 땅에서 돌고 돌아 결국 흙먼지로 돌아감'을 비유함. 전도서 3장 19-20절: 「인생이 당하는 일을 짐승도 당하나니 그들이 당하는 일이 일반이라. 다 동일한 호흡이 있어서 짐승이 죽음 같이 사람도 죽으니 사람이 짐승보다 뛰어남이 없음은 모든 것이 헛됨이로다. 다 흙으로 말미암았으므로 다 흙으로 돌아가나니.」 참고.

41 「衆生悉委」: '생명의 몸체는 결국 병으로 쇠약해져 간다.'「萎」와 통함, '병들어 쇠약함'의 의미.《禮記 · 檀弓上》: 「泰山其頹乎? 梁木其壞乎? 哲人其萎乎?(태산이 무너지려나? 대들보가 꺾여지려나? 철인이 병들 것인가?)」

42 「風」: '생명의 숨결 혹은 영혼'을 가리킴, 시리아어로 ܢܦܫܐ, 독음은 nafši, '영혼이 숨을 쉼'의 의미.

風離衆生, 心意無風, 爲風存活. 風離衆生, 有去留⁴⁴之時, 人何因不見風去, 風顏色若爲⁴⁵若緋⁴⁶若綠及別色, 據此不見風.

　중생은 모두 이곳저곳을 떠돌아다니는 몸이므로, 關中에서 태어난 몸이 후에 洛陽에서 거하듯이, 나중에는 미천한 흙먼지로 변해 버리는 것이다. 모든 중생은 선한 마음을 발하며, 스스로 회상하며 생각하고, 살아있는 자는 모두 죽게 되며, 모든 이는 병들어 쇠약해진다. 사람의 신체가 생명이 있는 것은 영혼이 들어 있기 때문이므로, 죽음에 직면했을 때는, 영혼이 사람들을 떠나 버리며, 평소 마음속은 영혼을 의식하지 않지만, 도리어 영혼의 숨결을 통해 살아가는 것이다. 영혼이 사람들을 떠나, 생과 사가 놓여 있을 때, 사람들은 어떤 이유로 영혼이 떠나감을 보지 못하는가? 영혼의 색깔이 어떠한지, 붉거나 푸르거나 다른 색이라면, 이를 근거로 영혼이 없다고 말할 수 있는가?

　若爲衆生, 即道天尊在何處? 衆生優道,⁴⁷ 何因不見天尊? 何因衆生在於罪中? 自於見天尊, 天尊不同人身, 復誰能見? 衆生無人敢近天尊, 善福善緣, 衆生然始得見天尊. 世閒元不見天尊, 若爲得識,⁴⁸ 衆生自⁴⁹不見天,

---

43　「臨命之時」: '사람이 죽음을 맞이할 때'. 《後漢書·任末傳》:「臨命, 敕兄子造曰:『必致我尸於師門, 使死而有知, 魂靈不慚.』(죽음에 임하여, 조카 任造에게 경계하여 이르기를: 나의 사체를 반드시 선생님댁 문앞으로 보내라. 죽어서도 知覺이 있는 것이니, 영혼이 부끄럽지 않도록 하라.)

44　「去留」: '生死'와 같음. [晉] 嵇康, 〈琴賦〉:「齊萬物兮超自得, 委性命兮任去留.(만물을 가지런히 하여 스스로를 초월하고, 性命에 맡기어 마음대로 가고 머문다.)

45　「若爲」: '만약 ~한다면'의 의미. 《抱朴子·地眞》:「若爲兵寇所圍, 無復生地.(만일 적병과 도적에게 포위당한다면, 다시 살아 돌아갈 곳이 없다.)

46　「緋」: '帛赤色, 즉 붉은색'. 《新唐書·車服志》:「景雲中, 詔衣紫者魚袋以金飾之, 衣緋者以銀飾之.(상서로운 구름 가운데에서, 칙령을 내려 자색 옷을 입은 자는 물고기 모양 주머니를 금으로 장식할 것이요, 붉은색 옷을 입은 자는 은으로 그것을 장식하게 하였다.)

47　「優」: 「憂」와 통함, '근심하다'의 의미.

爲自脩福, 然不墮惡道地獄, 即得天,[50] 得如有惡業, 衆墮落惡道, 不見明果,[51] 亦不得天道. 衆生等好自思量, 天地上大大諸惡, 衆生事養者, 懃心爲國, 多得賜官職, 并賜雜菜[52]無量[53]無量.

가령 중생들은, 하나님이 어디에 계신다고 말하는가? 사람들이 道의 진리를 염려하면서, 무엇 때문에 하나님을 보지 못하는가? 사람들은 무엇 때문에 죄악 가운데에 머무는가? 하나님을 보고자 한다면, 하나님은 인간의 몸과는 다르니, 사람이 또한 어찌 하나님을 볼 수 있겠는가? 사람들 중에는 감히 하나님을 가까이할 수 있는 사람이 없으니, 좋은 복과 좋은 인연을 가진 사람만이, 비로소 하나님을 볼 수 있는 것이다. 세상에서는 원래 하나님을 볼 수 없는 것이니, 만일 참된 지혜를 얻는다면, 사람은 자연히 다시 하늘을 생각하지 않을 것이다. 스스로 도를 수양하고 복을 받아야 하며, 악의 길과 지옥으로 떨어지지 않는 한, 하늘의 보살핌을

---

48 「得識」: '참된 지혜를 얻다'. 여기서는 '하나님의 지혜를 얻다'의 의미. 고린도전서 1장 21절: 「이 세상이 자기 지혜로 하나님을 알지 못하는 고로 하나님께서 전도의 미련한 것으로 믿는 자들을 구원하시기를 기뻐하셨도다. 이것이 곧 하나님의 지혜이니라.」

49 「自」: '본래'. [唐] 白居易, 〈嵩陽觀夜奏霓裳詩〉: 「開元遺曲自凄凉, 況近秋天調是商.(開元 때의 악곡은 본래 처량하도다, 하물며 가을이 가까워지니 商의 악곡일세.)」

50 「得天」: '하늘의 도움을 얻음'. [漢] 董仲舒, 《春秋繁露 · 奉本》: 「人之得天得衆者, 莫如受命之天子.(사람이 하늘의 도움을 얻고 많은 것을 얻는데, 천자의 명을 받는 것만 같지 못하다.)」

51 「明果」: '광명과 선함의 열매'. 에베소서 5장 9절: 「빛의 열매는 모든 착함과 의로움과 진실함에 있느니라.」

52 「雜菜」: '음식'을 가리킴, 그러나 음식으로 보상하는 일은 드문 일이니, 따라서 「菜」는 「采」의 假借字일 수 있으므로, '각양각색의 견직물'을 가리키며, '지위'를 비유하는 것일 수 있다. 《管子 · 立政》: 「散民不敢服雜采, 百工商賈不得服長鬈貂, 刑餘戮民不敢服絻, 不敢畜連乘車.(일반 백성들은 감히 각양각색의 견직물 의복을 입지 못하며, 온갖 장인이나 상인들은 여우나 오소리 갖옷을 입지 못하고, 형벌이 남아 있거나 죄를 받은 백성들은 감히 검은 빛 비단을 입지 못하며, 가축이나 심지어 수레를 감히 탈 수 없다.)」

53 「無量」: '계산할 수 없는 소득'. 《淮南子 · 說山訓》: 「人有昆弟相分者, 無量, 而衆稱義焉. 夫惟無量, 故不可得而量也.(형제 간에 재산을 서로 나누는 사람들이 있었는데, 양을 헤아릴 수가 없었으니, 여러 사람들이 義를 일컬었다. 무릇 다만 헤아릴 수 없이 많았으므로, 가히 얻어 헤아릴 수가 없었을 뿐이다.)」

받게 될 것이다. 만일 악업이 있고, 사람들을 따라 사악한 길로 떨어지면, 광명과 선함의 열매를 보지 못할 것이고, 또한 천국의 기업을 얻지 못할 것이다. 중생들은 스스로 잘 생각하고 헤아려야 하니, 하늘과 땅은 크고 넓어서 여러 가지 죄악들이 분분히 생겨나는 것이다. 정성된 마음으로 잘 섬기고 공양하는 사람은, 천국에 들어가기 위해 노력하고, 많은 상급과 영광을 얻기를 바라니, 신분이 어떠하건 간에, 누릴 수 있는 영화가 계산할 수 없고 지경조차도 없는 것이다.

如有衆生不事天, 大諸惡及不取進止,[54] 不得官職, 亦無賜償, 即配徒流,[55] 即配處死, 此即不是[56]天大諸惡. 自由至爲[57]先身,[58] 緣業[59]種果,[60] 團圓犯有, 衆生先須想自身果報.

---

54 「進止」: '의도, 명령'.《新唐書 · 則天皇后本紀》:「軍國大務不決者, 兼取天后**進止**.(군사와 국정의 큰 사무 중 결정되지 아니한 것은, 天后의 명령을 함께 취하도록 한다.)」

55 「徒流」: '징역형과 유배형'.《新唐書 · 刑法志》:「自隋以前, 死刑有五, 曰: 磬, 絞, 斬, 梟, 裂. 而流, 徒之刑, 鞭笞兼用, 數皆踰百. 至隋始定爲: …徒刑五, 自一年至于三年; 流刑三, 自一千里至于二千里.(隋나라 이전부터 사형에는 '磬, 絞, 斬, 梟, 裂' 등 다섯 가지가 있었다. 유배와 징역은 곤장의 형벌을 같이 사용하며, 백 대를 초과하였다. 隋나라에 이르러 비로소 다음과 같이 정해졌다: …징역형 五는 1년에서 3년; 유배형 三은 1천 리에서 2천 리이다.)」

56 「是」: 「事」와 같음, 동음가차(同音假借), '하늘을 섬기지 않는 일.'

57 「至爲」: '가장 좋은 행위'.《莊子 · 知北遊》:「至言去言, **至爲**去爲.(지극한 말은 말할 수 없고, 지극한 행위는 행할 수 없다.)」

58 「先身」: '자신을 위한 최선의 모략을 잘 하다'.《戰國策 · 韓策 · 楚圍雍氏韓令冷向借救於秦》:「公必先韓而後秦, **先身**而後張儀.(公은 반드시 韓나라를 먼저 생각하고 秦나라를 뒤로 하실 것이며, 자신을 먼저 생각하고 후에 張儀를 생각하십시오.)」

59 「緣業」:「業緣」이라고도 함, '善業은 기쁨의 열매를 부르는 인연이고, 惡業은 고통의 열매를 부르는 인연이니, 모든 중생은 業緣으로부터 나옴'을 이른다.《維摩所說經 · 方便品》:「是身如影, 從**業緣**現.(이 몸은 그림자와 같으니, 業緣에 따라 드러난다.)」《法華經 · 序品》:「生死所趣, 善惡**業緣**.(태어나고 죽어서 가는 곳, 선악의 업과 인연.)」《佛光大辭典》, 5503쪽.

60 「種果」: '인과의 씨 뿌림과 결과'. 모든 사물의 상관관계를 '緣'이라고 부르며, 모든 선악 사상 행위를 '業'이라 부르니, '緣'과 '業'이 만들어 낸 '種因'(인과의 씨 뿌림)과 '결과'를 「種果」라 부른다.

만일 사람들 중 하늘을 섬기지 않는 이가 있다면, 또 커다란 여러 惡이 미쳐 명령을 받들지 않는다면, 영광스런 지위를 얻을 수 없고, 또한 상급도 없으니, 즉 징역과 유배에 처해지거나, 죽임을 당하게 되니, 이는 즉 하늘을 섬기지 않는 커다란 여러 가지 악인 것이다. 자기가 선택하여 온 것으로서, 가장 좋은 業緣을 선택함에 있어서는, 선악의 인과가 명백하고 원만한지 아니면 저촉되는지를 보아야 하며, 중생들은 먼저 자신의 인과응보를 고려해야만 한다.

天尊受許[61]辛苦, 始立衆生, 衆生理佛[62]不遠, 立人身自專.[63] 善有善福, 惡有惡緣. 無知衆生, 遂渥木駝, 象, 牛, 驢, 馬等, 衆生及獐, 鹿, 雖造形容, 不能與命.[64] 衆生有智, 自量緣果, 所有具見, 亦復自知, 並即是實. 爲此今世有多有, 衆生遂自作衆衆, 作士[65]此事等, 皆天尊遂不能與命俱. 衆生自被誑惑, 乃將金造象, 銀神像及銅像, 幷渥神像, 及木神像; 更作衆衆諸畜產, 造人似人, 造馬似馬, 造牛似牛, 造驢似驢, 唯不能行動, 亦不語話, 亦不喫食息.[66] 無肉無皮, 無器無骨. 令一切由緒,[67] 不爲具說, 一切緒

---

61 「受許」: '이러이러한 일을 감당하다'. 「許」, '이러한, 이렇게'.
62 「理佛」: '도리상 이치를 깨닫다'. 「理」: '義를 밝힘'. 《孟子 · 萬章下》: 「始條理者, 智之事也; 終條理者, 聖之事也.(연주를 조리 있게 시작하는 것은 지혜의 일이고, 연주를 조리 있게 끝마치는 것은 성인의 일이다.)」「佛」은 불교용어로서 '우주의 진리와 번뇌의 깨달음'을 지칭하는 데 사용된다.
63 「自專」: '제멋대로 독단적으로 처리함'의 의미. 《禮記 · 中庸》: 「愚而好自用, 賤而好自專.(어리석으면서 자기가 몸소 쓰기를 좋아하고, 천하면서도 자기 마음대로 결정하여 처리하는 것을 좋아한다.)」
64 「雖造 … 與命」: '나무로 가축의 우상을 조각할 수는 있으나 생명의 호흡을 불어넣을 수는 없다'는 의미.
65 「作士」: '노역에 종사하는 장인'을 일컬음. 《三國志 · 吳主傳》: 「遣校尉陳勳將屯田及作士三萬人鑿句容.(校尉 陳勳을 장수로 파견하여 둔전병과 장인 노역병 3만 명을 이끌고 句容에 물길을 내어 운송하게 하였다.)」
66 「食息」: '음식과 호흡'. 《莊子 · 應帝王》: 「人皆有七竅以視聽食息.(사람에게는 모두 일곱 개의 구멍이 있어 그것으로 보고 듣고 먹고 숨을 쉰다.)」

內, 略說少見, 多爲諸人說, 遣[68]知好惡. 遂將飲食, 多中嘗少即知何, 食有氣味無氣味.[69]

　　하나님께서는 이렇게 많은 수고를 감당하시어, 비로소 중생을 만드셨으나, 중생들은 이치를 깨달음이 자기로부터 멀지 않다고 여겨, 마음대로 우상을 만들어 낸다. 선하면 선한 복을 얻고, 악하면 악한 연을 얻나니, 무지한 중생들은 마침내 흙과 나무로 낙타, 코끼리, 소, 나귀, 말 등을 빚어냈으나, 사람이나 노루, 사슴은 비록 모양은 만들어도 생명의 호흡을 불어넣을 수는 없는 것이다. 중생은 지혜가 있어서, 인연과 결과를 스스로 헤아릴 수 있고, 보았던 구체적 사물도 또한 스스로 알 수 있으며, 게다가 이는 실제 상황에 부합하는 것이다. 이 때문에 현세에는 부유한 이들이 있고, 사람들은 마침내 각자 사람들 가운데서 열심히 일을 하는데, 어떤 이는 힘든 일에 종사하니, 모두가 하나님께서 허락하신 것이므로 운명과 다툴 수는 없는 것이다. 사람들은 망령스런 것으로부터 미혹을 받나니, 이리하여 금으로 神像을 만들어 내었고, 은으로 만든 神像과 銅神像, 그리고 흙으로 빚은 神像, 나무로 조각한 神像들이 있다; 또한 수많은 짐승의 모양을 만들고, 사람의 像, 말의 像, 소의 像, 나귀의 像을 만들지만, 그저 걷고 움직일 수가 없고, 또한 말도 할 수 없으며, 먹을 줄도 쉴 줄도 모른다. 살도 없고 피부도 없으며, 장기도 없고 뼈도 없다. 이 모든 내력은, 더 이상 구체적으로 말하지 않으려 하니, 모든 첫머리 이후의 일도, 간단한 설명으로 약간만 보여 주었고, 이 많은 일들을 여러 사람에

67　「由緒」: '내력, 유래'. 《北齊書 · 唐邕傳》:「自督將以還, 軍吏以上, 勞效由緒, 無不諳練.(감독관이 돌아온 이래로, 군관 이상은 수훈과 유래를 모두 익히 잘 알고 있다.)」

68　「遣」: '使와 讓의 의미'. '~로 하여금 ~하게 하다'.

69　「遂將 … 氣味」: '음식의 맛이 어떠한지 알고싶어 하니, 그 속의 약간의 맛만 보고도 바로 알 수 있다'. '무릇 모든 일은 공히 작은 것을 보고 알 수 있음'을 이르는 말이다.

게 말하는 것은, 사람들로 하여금 좋고 나쁨을 알게 하려 함이라. 결국 음식을 가지고 와서, 비록 많은 가운데서도 조금만 맛본다면 어떤 음식인지 알 수 있고, 음식에 어떤 맛이 있고 어떤 맛이 없는지를 알 수 있는 것이다.

但事天尊之人, 爲說經義, 並作此經, 一切事由, 大有歎處, 多有事節[70] 由緒少. 但事天尊人, 及說天義, 有人怕天尊法, 自行善心, 及自作好, 幷諫[71]人好, 此人即是受天尊教,[72] 受天尊戒. 人常作惡, 及教他人惡, 此人不受天尊教, 突墮惡道, 命屬閻羅王.[73] 有人受天尊教, 常道[74]我受戒, 教人受戒. 人合[75]怕天尊, 每日諫誤. 一切衆生, 皆各怕天尊, 並縮攝[76] 諸衆生死活, 管帶縮攝渾神.[77]

단지 하나님을 섬기는 사람은, 경전의 義理를 널리 알리고자, 이 경전을 지었으며, 모든 일의 연유는, 크게 찬탄할 만한 것들이 있으나, 수많

---

70 「事節」: '사물의 상세한 상황'.

71 「諫」: '바로잡다, 돌이키다'. 《論語 · 里仁》: 「子曰: 『事父母幾諫. 見志不從, 又敬不違, 勞而不怨.』(공자께서 말씀하시기를: 부모를 섬길 때는 은밀하게 간언해야 하니, 부모의 뜻이 내 말을 따르지 않음을 보고서도, 더욱 공경하고 어기지 않으며, 수고롭더라도 원망하지 않아야 한다.)

72 「教」: '가르치다, 지도하다'. 《韓非子 · 五蠹》: 「乃修教三年.(3년을 닦고 가르쳤다.)」

73 「閻羅王」: 산스크리트어 Yamaraja, '炎摩, 燄摩, 閻魔, 琰摩, 爛魔, 閻摩羅, 閻摩羅社, 琰摩邏闍, 閻羅'라고도 함. '속박하다', '죄인을 속박하다'의 의미로 번역함. 《百喻經 · 貧人作鴛鴦鳴喻》: 「獄卒將去付閻羅王, 雖欲修善, 亦無所及已.(옥졸이 그를 데리고 가서 염라대왕에게 넘기면, 비록 善業을 닦고자 하였으나, 또한 그렇게 할 수가 없다.)」

74 「常道」: '항존의 법칙, 규율'. 《荀子 · 天論》: 「天有常道矣, 地有常數矣.(하늘에는 변함없는 법칙이 있으며, 땅에는 변함없는 數의 규율이 있다.)」

75 「合」: '응당, 마땅히'. 《後漢書 · 杜林傳》: 「臣愚以爲宜如舊制, 不合翻移.(신은 어리석으나 마땅히 옛날 제도와 같이 하고, 합치거나 뒤집거나 바꾸어서는 안 됩니다.)」

76 「縮攝」: '통솔하다, 장악하다', 《北史 · 張普惠傳》: 「宰守因此, 縮攝有方, 奸盜不起, 人以爲便.(지방 행정장관이 이로 인하여, 각 지방을 통솔하니, 간악한 도적이 일어나지 않아, 백성들이 편안히 여겼다.)」

77 「渾神」: '모든 영혼'. 「渾」은 '전체'. 「神」은 '모든 사람의 영혼과 모든 영체'를 가리킨다.

은 일들 중 그 유래를 알 수 있는 것은 드물다. 단지 하나님을 섬기는 사람은, 하늘의 義理를 전파하고, 어떤 사람은 하나님의 율법을 두려워하여, 자신의 마음속의 선한 생각으로 일을 하고, 좋은 일을 스스로 할 뿐만 아니라, 다른 사람에게도 좋은 일을 할 것을 권하는 등, 이런 사람은 실제로 하나님의 가르침을 받고, 하나님의 계명을 지키는 것이다. 사람은 늘 악한 일을 행하며, 다른 사람에게도 악한 일을 하게 하니, 이러한 사람은 하나님의 가르침을 받을 수 없을 뿐만 아니라, 갑자기 악의 길로 떨어져, 그의 생명이 염라대왕에게 속하게 되는 것이다. 어떤 이는 하나님의 가르침을 받아들이고, 자신이 진리에 따라 계율을 지키고, 다른 사람에게도 계율을 지키도록 지도한다. 사람은 마땅히 하나님을 경외해야 하니, 매일 과오를 바로잡아 성찰해야 한다. 모든 중생들은, 각자가 하나님을 두려워해야 하니, 그 분은 인간의 모든 출생과 죽음을 관장하시며, 그리고 모든 영혼들을 다 관장하시기 때문이다.

衆生若怕天尊, 亦合怕懼 聖上. 聖上[78]前身[79]福私,[80] 天尊補任,[81] 亦無

---

[78] 「聖上」:《序聽迷詩所經》의 본래 寫本에서는 「聖上」이라는 두 글자가 나올 때마다 앞에 빈칸을 두어 존경의 의미를 표시하였으나, 이곳 두 번째 「聖上」에는 유일하게 빈칸이 없다.

[79] 「前身」: 「身」은 「生」으로 바꿀 수 있으니, '출생 이전'을 가리킨다. 《西京雜記 · 第三》: 「霍將軍妻一產二子, 疑所爲兄弟. 或曰: 『前生爲兄, 後生者爲弟. 今雖俱日, 亦宜以先生爲兄.』(대장군 霍光의 아내가 한 번에 두 아이를 낳았는데, 형과 동생을 구별하기가 어려웠다. 어떤 이가 말하기를: 『먼저 난 것이 형이요, 뒤에 낳은 것이 아우입니다. 오늘 비록 같은 날에 태어났으나, 먼저 난 아이를 형으로 삼아야 마땅합니다.』) 시편 139편 16절 참고: 「내 형질이 이루어지기 전에 주의 눈이 보셨으며, 나를 위하여 정한 날이 하루도 되기 전에 주의 책에 다 기록이 되었나이다.」

[80] 「私」: '편애하다'. 《戰國策 · 齊策》: 「吾妻之美我者, 私我也.(내 처가 나를 아름답다고 한 것은, 나를 편애하기 때문입니다.)」

[81] 「補任」: '보직 임관'. 《後漢書 · 肅宗孝章帝紀》: 「建武詔書又曰, 堯試臣以職, 不直以言語筆札. 今外官多曠, 並可以補任.(建武의 조서에서도 말하기를, '堯임금은 신하에 대하여 직무를 가지고 시험을 하였던 것이지, 언어와 붓으로 쓴 서찰을 직접 사용하지는 않았다'

自乃天尊耶. 屬自作 聖上, 一切衆生, 皆取 聖上進止. 如有人不取,　聖上驅使, 不伏其人, 在於衆生, 即是反逆.[82] 償若有人, 受 聖上進止, 即成人中解事,[83] 幷伏驅使,[84] 及好之人, 幷諫他人作好, 及自不作惡, 此人即成受戒之所.[85]

　사람이 하나님을 경외한다면, 또한 마땅히 황제도 존경하고 두려워해야 한다. 황제는 출생 전에 이미 은총을 받았고, 하나님 또한 帝位를 인정해 주신 것이니, 이 또한 하나님의 뜻에서 나온 것이 아니겠는가! 자신이 황제에게 귀속된 사람으로서, 모든 중생은 황제의 명령을 받들어 금지사항을 행하지 말아야 한다. 만일 어떤 사람이 황제의 파견 명령을 따르지 않고, 황제에게 순종하지 않는다면, 중생들로 말하자면 바로 반역자인 것이다. 만일 어떤 사람이 나아가고 물러섬에 황제의 명을 따른다면, 곧 사람들 가운데서 사리를 잘 이해하는 사람이 되어, 파견 명령을 달게 받아들인다. 착한 사람이 되면, 다른 사람에게도 착한 일을 하도록 권할 수 있게 되며, 또한 자기 자신은 악한 일을 행치 않으니, 이런 사람이 바로 계율을 받은 곳이 되는 것이다.

고 하셨지만, 지금 밖의 관리로 나갈 관원 대부분이 멀리 나가 있으니, 아울러서 보충하여 일을 맡길 수도 있을 것입니다.)」

82　「返逆」: '반역, 모반'. 《漢書·晁錯傳》: 「吳王反逆亡道, 欲危宗廟, 天下所當共誅.(吳王이 반역하여 도를 저버리고, 종묘를 위급하게 하려 하니, 천하가 마땅히 함께 주살해야 할 것입니다.)」

83　「解事」: '사리에 밝다'. 《南齊書·茹法亮傳》: 「法亮便辟解事, 善於奉承.(法亮은 남의 비위를 잘 맞추고 사리에도 밝은 사람이며, 아첨을 잘 하는 사람이다.)」

84　「伏驅使」: '다른 사람의 심부름꾼으로 일하기를 원하다'. 「伏」은 '굴복하다, 臣服하다'. 「驅」는 '일을 시키다'의 의미.

85　「受戒之所」: '생명이 천존계를 받는 곳이 됨'을 표현함. 베드로전서 2장 1-5절: 「그러므로 모든 악독과 모든 기만과 외식과 시기와 모든 비방하는 말을 버리고…, 너희로 구원에 이르도록 자라게 하려 함이라. 너희가 주의 인자하심을 맛보았으면 그리하라. …, 너희도 산 돌 같이 신령한 집으로 세워지고….」

如有人受戒, 及不怕天尊, 此人及一依[86]佛法, 不成受戒之所, 即是返逆之人. 第三須怕父母, 祗承父母, 將比天尊及 聖帝.[87] 以若人先事天尊及聖上, 及事父母不闕,[88] 此人於天尊得福,[89] 不多此三事: 一種先事天尊, 第二事 聖上, 第三事父母. 爲此普天在地, 並是父母行. 據此, 聖上皆是神[90]生, 今世雖有父母見存,[91] 衆生有智計, 合怕天尊及 聖上, 幷怕父母, 好受天尊法教, 不合破戒. 天尊所受, 及受尊教, 先遣衆生, 禮諸天佛, 爲仏[92]受苦置立, 天地只爲淸淨威力因緣. 聖上唯須勤伽[93]賢峻,[94] 聖上宮殿於諸佛求得, 聖上身總是自由.

---

86 「一依」: '완전히 따르다'. 《後漢書·南蠻西南夷列傳》:「漢興, 南郡太守靳彊請**一依**秦時故事.(漢이 일어나자, 南郡太守 靳彊이 청하여 秦 때의 고사를 완전히 따랐다.)」

87 「聖帝」: '聖主, 聖君'과 같음. 《禮記·仲尼燕居》:「昔**聖帝**明王諸侯, 辨貴賤, 長幼, 遠近, 男女, 外內, 莫敢相逾越, 皆由此塗出也.(옛날 聖帝와 明王과 제후가 귀천, 장유, 원근, 남녀, 내외를 분별하여, 감히 서로 분에 넘치는 일이 없게 했으니, 모두 이 길에서 나온 것이다.)」

88 「以若 … 不闕」: '만일 사람이 하나님과 성상을 먼저 섬긴다면 부모를 섬기는 것과 상충되지 않는다'는 의미를 표현한 것임. 「不闕」은 '부족하지 않다'의 의미. [宋] 歐陽修, 〈與十二侄書〉:「吾**不闕**此物.(나는 이 물건들에 부족하지 않다.)」

89 「以若 … 得福」: 부모님을 공경하는 일에 관하여 언급한 것임. 출애굽기 20장 12절 참고:「네 부모를 공경하라. 그리하면 네 하나님 여호와가 네게 준 땅에서 네 생명이 길리라.」 에베소서 6장 1-2절 참고:「자녀들아 너희 부모를 주 안에서 순종하라 이것이 옳으니라. 『네 아버지와 어머니를 공경하라. 이는 네가 잘 되고 땅에서 장수하리라.』 이것이 약속 있는 첫 계명이니라.」

90 「神」: '조물주, 하나님'을 지칭함. 《序聽迷詩所經》에서 「神」과 관련된 부분은 때로는 민간종교의 '천지신명'을 대표한다.

91 「見存」: '현재 생존해 있음'.

92 「仏」: 「佛」과 같음. 《序聽迷詩所經》에 단 1회 출현함.

93 「勤伽」: '道法을 깊이 이해하다'. 「勤」: '노력하다, 깊이 들어가다'의 의미. 《禮記·學記》:「時過然後學, 則**勤**苦而難成.(시기가 지난 연후에 배우면, 열심히 노력하여도 이루기가 어렵다.)」 「伽」:「모든 法은 하나로 합쳐지므로 얻을 수 없다(一切法一合不可得)」, 「모든 法은 하나로 합쳐지므로 서로 얻을 수 없다(一切諸法一合相不可得)」의 의미. 「合不可得」의 의미가 있으니, 이 「一合」의 의미는 즉 '密合(긴밀히 들어맞음)'이다. 《佛光大辭典》, 2765쪽 참조.

94 「俊」: 옛날에 '峻'과 같았음. '크다, 고상하다'의 의미. 《尙書·堯典》:「克明**俊**德, 以親九族.(큰 덕을 밝혀 九族을 친밀하게 할 수 있다.)」

설령 어떤 사람이 계율을 받았음에도, 하나님을 경외하지 않는다면, 이 사람은 겉으로는 교법을 완전히 지킨다 해도, 속으로는 修道의 몸체가 될 수 없고, 실제로는 하나님을 배반하는 사람인 것이다. 세 번째는 부모를 공경해야 하니, 부모에게 공손히 효도해야 하며, 그들을 하나님과 현명한 군주를 대하듯이 해야 한다. 만일 사람이 먼저 하나님과 황제를 섬길 수 있다면, 부모를 공경함에도 결코 부족하지 않은 것이니, 이러한 사람은 하나님께로부터 복을 받을 것이다. 많지 않은 이 세 가지 일이란, 첫째 먼저 하나님을 경배하는 것이고, 둘째 황제를 공경하며, 셋째 부모를 공손히 봉양하는 것이다. 그리하여 천지간에서 모두가 부모에게 효도하는 행동의 원칙을 따르는 것이다. 이에 근거하면, 황제는 모두 神으로부터 나오는 것이고, 현재 세상에 그저 부모가 살아 계시면, 사람들은 모두 총명한 지혜를 가지고 있으므로, 당연히 하나님과 황제를 경외하고, 또한 부모님께 효도해야만, 하나님께서 내려주시는 敎義를 잘 받아서, 계명을 위반하지 않을 것이다. 하나님께로부터 받은 것은 바로 그의 가르침을 받아들여 준행하는 것이니, 먼저 중생들을 보내시어, 하늘 위의 하나님을 경배하게 하시며, 또한 하나님은 사람의 고난을 불쌍히 여기심에 따라 교법을 세우시는 것이다. 하늘과 땅은 본래 평온한 곳이니, 그분이 강력한 힘을 발휘하시는 것은 다 까닭이 있는 것이다. 황제께서도 景敎의 교리를 깊이 이해하시고, 황제가 거처하는 궁궐도 신들에게 보호를 요청하여 얻은 곳에 있으니, 황제께서 솔선수범으로 항상 친히 실천해야 한다.

天尊說云: 所有衆生返諸惡等, 返逆於尊, 亦不是孝. 第二願[95]者, 若孝

---

[95] 「願」: '원하다, 바라다'. 《論語‧公冶長》: 「子路曰: 『願車馬, 衣輕裘, 與朋友共. 敝之而無

父母幷恭給⁹⁶所有衆生, 孝養父母, 恭承不闕, 臨命終之時, 乃得天道⁹⁷爲
舍宅.⁹⁸ 爲事父母, 如衆生無父母, 何人處生? 第四願者, 如有受戒人, 向
一切衆生, 皆發善心, 莫懷睚惡,⁹⁹ 第五願者, 衆生自莫煞生, 亦莫諫他煞,
所以衆生命, 共人命不殊. 第六願者, 莫奸他人妻子, 自莫宛.¹⁰⁰ 第七願
者, 莫作賊. 第八, 衆生錢財, 見他富貴, 幷有田宅奴婢, 天睚娡;¹⁰¹ 第九願
者, 有好妻子, 幷好金屋, 作文證¹⁰²加祿¹⁰³他人. 第十願者, 受他寄物, 幷
將費用天尊, 幷處分¹⁰⁴事極多.¹⁰⁵

憾.』(자로왈: 車馬와 가벼운 갖옷을 친구와 같이 쓰지만, 낡아져도 서운함이 없기를 원
합니다.)

96 「恭給」: '공손하고 예절바르게 필요한 것을 공급하다'. 「恭」, '공경하다, 겸손하여 예의
바르다'. 《論語 · 顏淵》: 「君子敬而無失, 與人恭而有禮.(군자는 공경하고 잃음이 없으며,
남에게 공손하고 예의가 있어야 한다.)」

97 「天道」: '天理 불변의 도리에 순응하다'. 《論語 · 公冶長》: 「子貢曰: 『夫子之文章, 可得而
聞也; 夫子之言性與天道, 不可得而聞也.』(그대의 문장은 얻을 수 있으나; 그대가 말하는
인간의 본성과 천도는 얻을 수가 없습니다.)

98 「舍宅」: 「宅舍」로도 씀. '거주하는 곳'의 의미. [漢] 王充,《論衡 · 祀義》: 「天有列宿, 地有
宅舍, 宅舍附地之體, 列宿著天之形.(하늘에는 二十八宿이 있고, 땅에는 거주하는 宅舍가
있으니, 宅舍는 땅의 형체에 접해 있고, 列宿은 하늘의 형상에 닿아 있다.)」

99 「睚惡」: '제멋대로 방종하는 나쁜 생각'. 「睚」는 '유쾌한 모습'. 《荀子 · 性惡》: 「所賤於桀
跖小人者, 從其性, 順其情, 安恣睚, 以出乎貪利爭奪.(桀과 盜跖과 소인들을 천하게 여기
는 까닭은, 그의 본성을 따르고, 그의 정에 순종하며, 방자하고 제멋대로 하는 데에 편
안해 하여, 이익을 탐하고 다투고 빼앗는 데에서 나온 것이다.)」

100 「宛」: '구불구불하다, 왜곡하다'. 《漢書 · 揚雄傳下》: 「是以欲談者宛舌而固聲.(이런 까닭
에 말하고자 하는 자는 하고 싶은 말이 있어도 감히 소리를 낼 수 없다.)」

101 「睚娡」: '기쁨과 아름다움을 느끼다'. 「睚」, '기쁘다'. 「娡」, '아름답다'. 《周易 · 娡 · 象
傳》: 「娡, 遇也, 柔遇剛也 … 娡之時義大矣哉!(娡는 만나는 것이니, 柔가 剛을 만나는 것
이라 … 娡의 때와 뜻이 크도다!)」

102 「文證」: '증거로 삼는 문서'.

103 「加祿他人」: '애매한 죄명을 붙여 다른 사람을 모함하다'의 의미. 「祿」는 「謀」의 誤記
인 듯함.

104 「處分」: '처리하다, 처치하다'의 의미. [南朝宋] 劉義慶,《世說新語 · 尤悔》: 「曾送兄征西
葬還, 日莫雨駛, 小人皆醉, 不可處分.(일찍이 형 征西를 장사하고 돌아오는 길에, 날이
저물고 비가 내리고 있었고, 소인들이 모두 취하여, 일을 제대로 처리하지 못했다.)」

105 「天尊 … 極多」: 이 단락에서 언급한 「願」과 「戒」는 사실상 정도가 다르다. 전자는 내
심에서 우러나오는 취향이고, 후자는 외부의 규범이다. 전자는 중국의 전통적 취향에
비교적 부합하므로 법이나 규율 혹은 계(戒)에 제한되지 않는다. 여기서의 「十願」은

하나님께서 가르쳐 말씀하시기를: 모든 사람들이 각종 악행 등으로 돌아가고, 존귀한 이에게 반역하면, 그것은 또한 孝道가 아닌 것이다. 두 번째 바람은, 만일 부모를 공경하고 모든 사람들에게 공손하게 예의를 갖추며, 효성스럽게 부모를 공양하고, 공경히 대하기에 부족함이 없으면, 생명이 끝날 때가 되어, 곧 천국 영생의 道를 기업으로 받을 것이다. 부모를 섬기는 敎義로서, 만일 사람들이 부모가 있는 줄 모른다면, 그럼 누구에게서 태어난 것일까? 네 번째 바라는 것은, 만일 수도자가 되기를 원하는 사람이 있다면, 모든 사람에 대하여, 마음속에서 선량함을 발하고, 제멋대로 방종하는 악념을 품지 말라. 다섯 번째 바라는 것은, 중생들이 스스로 살생을 저지르지 말고, 또한 남을 교사하여 살생하지 말며, 모든 생명에 대하여 그리할지니, 사람의 생명과 다름이 없을지니라. 여섯 번째 바람은, 남의 아내와 간음하여 스스로 사악함에 떨어지지 말지니라. 일곱 번째는, 도적질하지 말라. 여덟째는, 타인의 재물에 대하여, 남의 부귀함을 보고, 게다가 밭과 저택, 노비들이 있더라도, 매일 그들로 인하여 기쁨과 아름다움을 느끼라. 아홉 번째 바라는 것은, 남이 아름다운 아내와 화려한 집이 있더라도, 거짓 증거로 남을 모함하지 말라. 열 번째는, 타인이 위탁한 물품을 받고 비용을 취할 때는, 하나님의 공의에 따라 많은 사물을 처리해야 한다.

見弱莫欺他人, 如見貧兒, 實莫迴面. 及宛家[106]飢餓, 多與食飮, 割捨宛

출애굽기 20장 중의 「十戒」와 유사하다: 「너는 나 외에는 다른 신들을 네게 두지 말라. …너를 위하여 새긴 우상을 만들지 말고 … 너는 네 하나님 여호와의 이름을 망령되게 부르지 말라. …안식일을 기억하여 거룩하게 지키라. …네 부모를 공경하라. …살인하지 말라. 간음하지 말라. 도둑질하지 말라. 네 이웃에 대하여 거짓 증거하지 말라. 네 이웃의 집을 탐내지 말라. 네 이웃의 아내나 그의 남종이나 그의 여종이나 그의 소나 그의 나귀나 무릇 네 이웃의 소유를 탐내지 말라.」 그러나 「十願」은 「十戒」와는 또 다르니, 아마도 중화문화에 적합하도록 만든 까닭일 것이다.

事. 如見男努力與¹⁰⁷努力與須漿,¹⁰⁸ 見人無衣即與衣. 著作兒¹⁰⁹財物不至
一日莫留, 所以作兒規徒,¹¹⁰ 多少不避寒凍. 膚力見若莫罵, 諸神有威力,
加罵定得災障.¹¹¹ 貧兒如要須錢, 有即須與, 無錢可與, 以理發遣, 無中布
施.¹¹² 見他人宿疹病, 實莫笑他, 此人不是自由如此疾病. 貧兒無衣破碎,
實莫笑. 莫欺他人取物, 莫枉他人. 有人披訴, 應事實, 莫屈斷. 有惸獨¹¹³

---

106 「宛家」: '원수, 적'과 같음. 「宛」의 音이 「冤」과 같으므로 同音 通假字로 「冤」의 의미를
    삼았음.
107 「與」: '다른 사람에게 물건을 하사하다', 여기서는 '음식을 하사함'을 가리킴. 「歟」로도
    쓸 수 있음.《論語 · 學而》:「子禽問於子貢曰:『夫子至於是邦也, 必聞其政, 求之與? 抑與
    之與?』(子禽이 子貢에게 물어 말하기를: 선생께서 이 나라에 오셔서, 반드시 그 정사를
    들으시니, 스스로 찾아 물으신 것입니까? 아니면 억지로 저들에게 주신 것입니까?)」
108 「漿」: '죽이나 숭늉'을 가리킴.《禮記 · 問喪》:「惻怛之心, 痛疾之意, 傷腎乾肝焦肺, 水漿
    不入口, 三日不擧火, 故都里爲之糜粥以飲食之.(슬픈 심정과 애통하는 상념으로, 콩팥이
    상하고 간장이 마르고 폐가 탄다. 물이나 죽도 마시지 못하고, 삼일간 불을 피우지 않
    으니, 고로 이웃집에서 그를 위하여 죽이나 미음을 만들어 마시게 한다.)」
109 「著作兒」: '제조에 종사하는 임시 노동자'를 가리킴. 「兒」은 助詞이며 명사어미로 사용
    되었음.
110 「規徒」: '법도를 지키는 사람이 되다'. 「規」: '법규'.《荀子 · 王霸》:「國無禮則不正. 禮之
    所以正國也, 譬之: 猶衡之於輕重也, 猶繩墨之於曲直也, 猶規矩之於方圓也, 既錯之而人莫
    之能誣也.(나라에 禮가 없으면 바르지 않게 되니, 禮로 나라를 바로잡는다는 것은 예를
    들면 저울로 경중을 헤아리고, 먹줄로 곡선과 직선을 재며, 원과 네모를 그리는 도구
    를 사용하는 것과 같으니, 이미 그것을 두었으면 사람을 속일 수 없는 것이다.)」
111 「災障」: '재난'.《隋書 · 藝術列傳 · 來和傳》:「大象二年五月, 至尊從永巷東門入, 臣在永巷
    門東, 北面立, 陛下問臣曰:『我無災障不?』(大象 2년 5월에, 황제께서 永巷 동문으로 들어
    가셨고, 신은 永巷門 동쪽에 있었고, 북쪽을 향해 서 있었으니, 폐하께서 신하에게 물
    으시기를: 나에게 재난이 없겠느냐?)」
112 「佈施」:「布施」로도 씀. '금전이나 물건을 다른 사람에게 베풀어 시주하다'. 그러나 이
    布施에도 두 가지가 있음: 첫째, 재물로 보시함; 둘째, 재물이 없을 때는 法(理)으로 보
    시함.《荀子 · 哀公》:「孔子對曰:『所謂賢人者, 行中規繩而不傷於本, 言足法於天下而不傷
    於身, 富有天下而無怨財, 布施天下而不病貧, 如此則可謂賢人矣.』(공자께서 대답하여 말
    씀하시었다: 이른바 현명한 사람은 행동이 규범에 들어맞아 근본을 손상시키지 않으
    며, 말은 천하의 법도로 삼을 만하여 자신을 손상시키지 않고, 천하에서 으뜸으로 부
    유하더라도 사재를 축적하지 않으며, 온 천하에 널리 베풀면서도 가난해질까 걱정하
    지 않습니다. 이러하면 현명한 사람이라 할 수 있을 것입니다.)」
113 「惸獨」: '형제가 없는 고독한 사람'. 「惸」, 독음이 '瓊'과 같음.《周禮 · 秋官 · 大司寇》:
    「凡遠近, 惸, 獨, 老, 幼之欲有復於上, 而其長弗達者, 立於肺石.(무릇 원근의 외로운 노약
    자들이 위에 아뢰고 싶은 일이 있는데도, 그 장관이 아뢰어 주지 않을 경우, 폐석 옆에
    가서 사흘 동안 서 있는다.)」 [漢] 鄭玄 注:「無兄弟曰惸.(형제가 없이 고독한 경우 惸이

男女, 及寡女婦中訴, 莫作怨屈,[114] 莫遣使有怨實, 莫高心,[115] 莫誇張, 莫
傳口合舌, 使人兩相鬥打. 一世[116]己求莫經州縣官, 告無知[117]答.[118]

　가난하고 약한 사람을 보거든 그를 무시하지 말고, 만일 빈한한 사람
을 만나면, 실로 그에게 다른 얼굴빛을 주지 말라. 원수가 배고픔을 만났
을 때, 그들에게 먹을 것과 마실 것을 많이 주고, 이전의 원한을 제거해
버려야 한다. 만일 남자가 최선을 다하는 모습을 보면, 그와 함께 노력해
주고, 그에게 필요한 음식을 주어야 하며, 입을 옷이 없는 사람을 보면,
곧 옷 입혀 주라. 고용한 인부의 품삯을 주는 일은, 하루라도 늦추지 말
아야 하며, 인부에게 규칙대로 얼마를 주느냐에 따라, 이는 추위에 시달
림과 관련이 있는 것이다. 하인이 힘을 다하지 않는 것을 보아도 욕하지
말라. 뭇 신들은 위엄과 큰 능력이 있으니, 함부로 비난하고 욕하면 반드
시 재난과 화를 일으키리라. 가난한 자가 만일 반드시 돈이 필요하다고
요구하면, 돈이 있으면 반드시 줄 것이요, 없으면 경교의 교리로 그와 상
의할지니, 이것이 재물 없이도 은덕을 베푸는 것이다. 남이 오랫동안 앓
아 누운 것을 보고, 실로 그를 비웃지 말라. 이 사람은 자기가 그렇게 오
래 앓으려고 한 것이 아니니라. 가난한 이가 옷이 없어 헐벗었다 해도,

라 한다.)」
114　「莫作冤屈」: '제멋대로 억울한 사정을 만들지 말라'.
115　「高心」: '자부심이 강하다'. [唐] 王冷然, 〈與御史高昌字書〉: 「明公縱欲, 高心不垂半面, 豈
　　　不畏天下窺公侯之淺深?(明公께서는 자기 마음대로 하시나니, 자부심이 강하셔서 얼굴
　　　한쪽을 늘어뜨리지 아니하시니, 어찌 천하의 公侯들의 얕고 깊음을 엿보기를 두려워
　　　하시지 않겠는가?)」
116　「莫傳 … 一世」: 이 부분은 잠언 16장 28절 참고: 「패려한 자는 다툼을 일으키고 말장
　　　이는 친한 벗을 이간하느니라.」
117　「己求 … 無知」: 이 부분은 마태복음 5장 25절 참고: 「너를 고발하는 자와 함께 길에 있
　　　을 때에 급히 사화하라. 그 고발하는 자가 너를 재판관에게 내어 주고 재판관이 옥리
　　　에게 내어 주어 옥에 가둘까 염려하라.」
118　「答」: '응답하다, 대답하다'. 《詩經·小雅·雨無正》: 「聽言則答, 譖言則退.(듣기 좋은 말
　　　만 가려 듣고, 거슬리는 말은 물리친다.)」

실로 욕하지 말고, 그를 업신여겨 그의 물건을 가지지 말며, 더욱이 그 사람에게 억울한 누명을 씌우지 마라. 만일 고소당한 사람이 있다면, 마땅히 사실에 근거할 것이며, 세력에 굴복하여 함부로 판단하지 마라. 만일 형제가 없는 고독한 사람, 그리고 남편 잃은 여자와 부인네 중 한 사람이 고소를 당했다면, 제멋대로 억울한 사정을 꾸며서는 아니 되며, 더군다나 사람을 결탁시켜 억울한 사정을 명확히 드러내지 말라. 교만하지 말 것이며, 과장하여 떠벌리지 말고, 시비를 퍼뜨려 서로 간에 싸우게 하지 마라. 일생 동안 일이 생기면 스스로 해결하는 것을 배웠는데, 州縣의 관원을 거치지 않고 고발하면, 응수할 길이 없는 것이다.

受戒人, 一下莫他惡. 向一切衆生, 皆常發善心, 自惡莫願惡. 所以多中料少, 每常造好, 向一切衆生, 如有人見願, 知受戒人寫. 誰能依此經, 即是受戒人.

修道하는 사람으로서, 우선 적어도 다른 죄악들에 물들지 말라. 모든 중생들을 향하여, 항시 선량한 마음을 발하며, 스스로 죄악을 인식하고, 죄악 가운데 머물기를 원하지 말라. 그러므로 많을 때에 적을 것을 염려하고, 평소 좋은 일을 만나면, 모든 사람들에게 향하게 하며, 만일 어떤 이가 '十願'을 보았다면, 수도자가 만든 것임을 알 것이다. 누가 능히 이 경전의 말에 근거하여 행동할 수 있는가, 바로 진실한 수도자인 것이다.

如有衆生不能依, 不成受戒人. 處分皆是天尊, 向諸長老, 及向大小迎相諫好. 此爲第一. 天尊處分, 衆生依, 天尊依. 莫使衆生煞祭祀,[119] 亦不遣煞命. 衆生不依此敎, 自煞生祭祀, 喫肉噉[120]美, 將瀆詐神,[121] 即殺羊等,

---

119 「煞祭祀」: 이 구절에는 누락된 글자가 있으니, 마땅히 「煞生祭祀」가 되어야 할 것이다.

衆生不依此教, 作好處分人等, 衆生背面作惡, 遂背天尊.

만일 중생이 경전의 말에 의지하여 행하지 않으면, 결코 수도자가 될 수 없는 것이다. 모든 처분은 하나님께로부터 나오는 것이니, 각 나이 든 사람과 어른, 아이 모두 지금까지 만난 일들은 상호 작용을 하여 마침내 좋은 결과를 보게 된 것이니, 이것이 먼저 알아야 할 일인 것이다. 하나님께서 처리하시는 일을, 인간은 그대로 받들어 행하나니, 하나님도 이를 근거로 하신다. 사람에게 살생을 시켜 제사 지내지 말고, 사람을 시켜 생명을 해치지도 말라. 사람이 만일 이 가르침을 따르지 않고, 스스로 살생하여 제사 지내고, 제사의 고기와 맛있는 음식을 먹으면, 마음속으로 이미 하나님을 속인 것이니, 곧 또 양을 죽이러 가게 된다. 사람이 만일 이 가르침을 따르지 않고, 사사로운 정에 얽매여 타인을 처벌하며, 뒤에서 죄악을 범하면, 그것이 곧 하나님을 배반하는 것이다.

天尊見衆生如此, 憐愍[122]不少, 諫作好不依. 天尊當使凉風[123]向一童女, 名爲末艷.[124] 凉風即入末艷腹內, 依天尊教. 當即末艷懷身,[125] 爲以天尊

---

120 「噉」:「啖」과 같음. '먹다'의 의미. [南朝 宋] 劉義慶, 《世說新語 · 德行》:「飯粒脫落盤席間, 輒拾以噉之.(밥알이 밥상 밖에 떨어지면, 문득 이를 주워 먹을 정도였다.)」

121 「將瀆詐神」: '사상 관념에 하나님을 속이는 일을 주입하였다'. 「瀆」, '담그다, 붓다'. 《大戴禮記 · 勸學》:「譬如洿邪, 水潦瀆焉, 莞蒲生焉, 從上觀之, 誰知其非源泉也.(예를 들어 물이 고이기 쉬운 나쁜 밭은, 거기에 물을 부으면, 골풀과 부들이 자라나니, 위에서 내려다보면, 누구라도 그것이 원천이 아님을 알 수 있다.)」

122 「憐愍」: '불쌍히 여기다, 동정하다'의 의미. 「憐憫」으로도 씀. 《隋書 · 王誼》:「朕與公舊爲同學, 甚相憐愍.(朕이 公과 옛날에 동학이었기에, 서로 심히 불쌍히 여긴다.)」

123 「凉風」: '성령'을 가리킴. 시리아어로 ܪܘܚܐ ܕܩܘܕܫܐ, 독음은 rūhā dəqūdšā. 'rūhā'는 성경에서 여러 가지 의미가 있으며, 대개 「靈」이나 「風」으로 번역된다; 'dəqūdšā'는 즉 「神聖」, 「聖潔」의 의미인데, 여기서는 「凉風」으로 썼다. 단지 'rūhā' 한 글자만을 취하면 《志玄安樂經》에서 번역한 「囉稽」와 같다.

124 「末艷」: 시리아어로 ܡܪܝܡ, 독음은 maryam, 오늘날 일반적으로 「마리아」로 번역한다.

125 「懷身」: '임신하다'. [魏] 左延年, 〈從軍行〉:「五子遠關去, 五婦皆懷身.(다섯 아들이 멀리 전쟁터로 갔고, 다섯 며느리가 모두 임신을 했다.)」

使涼風伺, 童女邊無男夫懷任,[126] 令一切衆生, 見無男夫懷任. 使世閒人
等見, 即道: 天尊有威力. 即遣衆生, 信心清淨, 迴向善緣. 末豔懷後産一
男, 名爲移鼠.[127] 父是向涼風, 有無知衆生, 即道: 若向風懷任生産? 但有
世閒下, 聖上放敕, 一紙去處, 一切衆生甘伏. 據此, 天尊在於天上, 普
署[128]天地, 當産移鼠迷師訶.[129] 所在世閒, 居見明果在於天地. 辛星[130]居
知在於天上, 星大如車輪.[131] 明淨所, 天尊處, 一爾前, 後生於拂林[132]圍烏

---

126 「懷任」: '임신하다'의 의미. 「懷妊」, 「懷姙」으로도 씀.《漢書 · 五行志 · 星孛》:「劉向, 谷
永以爲營室爲後宮懷任之象.(劉向과 谷永은 營室 별자리가 후궁이 임신할 징조라고 여
겼다.)」

127 「移鼠」: 시리아어로는 ܝܫܘܥ, 독음은 yešū, 오늘날 일반적으로「예수(耶穌)」(Jesus)로
번역하며, 시리아어로 또한「여호수아」(Joshua)로 번역하기도 함. 경교 문헌《一神論》
의〈世尊佈施論第三〉에서는「翳數」로 음역하였음; 경교도 花獻의 墓誌인《唐故左武衞
兵曹參軍上騎都尉靈武郡花府君公神道誌銘》상에서의「移怨」는 마땅히 이 이름의 음역
인 것이다. 예수의 강생 사적에 대해서는 마태복음 1장 18-21절 참조:「예수 그리스도
의 나심은 이러하니라. 그의 어머니 마리아가 요셉과 약혼하고 동거하기 전에 성령으
로 잉태된 것이 나타났더니 … 주의 사자가 현몽하여 이르되:『다윗의 자손 요셉아 네
아내 마리아 데려오기를 무서워하지 말라. 그에게 잉태된 자는 성령으로 된 것이라.
아들을 낳으리니 이름을 예수라 하라. 이는 그가 자기 백성을 그들의 죄에서 구원할
자이심이라 하니라.』」

128 「普署」: '전면적으로 배치하다'의 의미.「普」, '보편적, 전면적'.《孟子 · 萬章上》:「普天
之下, 莫非王土.(온 하늘 아래 왕의 영토가 아닌 곳이 없다.)」

129 「迷師訶」:「迷」는「彌」의 誤記일 것이다.《序聽迷詩所經》전편에 걸쳐「彌師訶」로 표기
하고 있다.

130 「辛星」: '新星'의 의미. [淸] 段玉裁《說文解字注 · 庚部》辛字注에 이르기를:「《律書》曰:
『辛者, 言萬物之新生….』(辛이란 만물의 새로운 별을 말한다….)」〈律曆志〉:『悉新於
辛.』《釋名》:『辛, 新也.』(辛은 新이다.)」

131 「辛星 … 車輪」: 마태복음 2장 1-12절 참조:「헤롯왕 때에 예수께서 유대 베들레헴에서
나시매 동방으로부터 박사들이 예루살렘에 이르러 말하되:『유대인의 왕으로 나신 이
가 어디 계시뇨. 우리가 동방에서 그의 별을 보고 그에게 경배하러 왔노라.』…이에
헤롯이 가만히 박사들을 불러 별이 나타난 때를 자세히 묻고 … 베들레헴으로 보내
며…. 박사들이 왕의 말을 듣고 갈 새 동방에서 보던 그 별이 문득 앞서 인도하여 가다
가 아기 있는 곳 위에 머물러 섰는지라.」

132 「拂林」: 옛 지명.「拂菻」, 「拂懍國」이라고도 부름; 동로마제국과 서아시아 지중해 연
해 지역을 가리키며, 유대(Judea)를 포함한다. 拂林은《隋書》卷67〈裴矩傳〉과 卷83
〈波斯傳〉그리고 卷84〈鐵勒傳〉에 처음 출현한다.《舊唐書 · 西戎》에「拂菻國」으로 기
록되어 있음:「拂菻은 일명 大秦이라 부르며, 서쪽 바다에서 東南 그리고 페르시아와
접해 있다. 땅은 만여 리에 이른다.」또한 [唐] 玄奘의《大唐西域記》卷十一에「拂懍國」

梨師斂[133]城中, 當生彌師訶五時.[134]

  하나님은 중생들이 이 지경에 이른 것을 보시고, 적잖이 긍휼히 여기
시고 동정하셨으니, 가르침을 따르지 않는 사람들을 바로잡아 구제하셨
다. 하나님이 성령을 내려 한 童女에게 임하셨으니, 이름이 마리아라. 성
령이 즉시 마리아의 뱃속으로 들어갔고, 하나님의 지시대로 마리아가 바
로 임신하였다. 하나님께서 성령을 내려 임신하게 하신 것은, 처녀의 주
변에 임신케 할 수 있는 남자가 없었으니, 이는 모든 중생들에게 남편 없
이도 임신할 수 있음을 보여 주려 하셨음이라. 세상 사람들로 하여금 보
고 난 후, 즉시 이렇게 말하게 함이러라: "하나님은 최고의 영광과 권능
을 가지셨노라." 곧 중생을 보내시사, 믿음으로 인하여 마음이 깨끗해지
고, 다시 선한 복으로 돌아가게 되었다. 마리아가 임신 후 한 사내아이를
낳았으니, 이름이 예수라. 하나님께서 성령을 보내 회임케 하셨으나, 무
지한 중생들은 말하기를: "정말로 성령으로 인한 童貞 출산이 맞는 것이
냐?" 하였더라. 그러나 세상에서는, 황제가 한 번 칙령을 내리면, 한 장의
문서가 가는 곳마다, 모든 백성이 기꺼이 복종해야 하는 것이다. 이러한
이치에 근거하여, 하나님께서는 높은 하늘 위에 계시면서, 하늘과 땅을
관장하시니, 당연히 예수 그리스도를 출생케 하실 수 있는 것이다. 그가

으로 기록되어 있으니, 동로마제국과 서아시아 지중해 연해 지역을 가리키며, 유대
(Judea)를 포함한다; 프랑스 한학자 폴 펠리오(Paul Pelliot)는 拂菻이 Frōm을 옮겨 쓴
것이며, 어원이 Rom이니 즉 로마이고, 아르메니아어로 Horom이며, 中古 시기 페르시
아어로는 روم(讀音Rúmí), 호라즘어와 소그드어로는 아마도 Frōm일 것이라는 사실을
고증해 냈다. 林英,《唐代拂菻叢說》(北京: 中華書局, 2006), 19-21 참고.

133 「烏梨師斂」: 유대국의 수도, 현재 「예루살렘」으로 번역한다. 시리아어로 ܐܘܪܫܠܡ, 독음
     은 o'rishlim이다.
134 「明淨 … 五時」: 이 단락은 예수의 강생 시기와 장소에 대해 언급하고 있다. 그러나 마
     태복음, 누가복음에는 모두 단지 강생처만 표기했을 뿐 출생 날짜와 시간은 기록되어
     있지 않다. 따라서 여기서의 기록은 아마도 시리아 동방교회에서 전해지는 이야기일
     것이다. 「五時」는 12 時辰의 申時(오후 3-5시)에 해당한다.

세상에 오셨을 때, 그곳에 살던 사람이 천지 간의 밝은 별을 보았다. 새로운 별이 하늘에서 모습을 드러냈으니, 이 별은 크기가 수레바퀴와 같았더라. 광명하고 성결한 천국은 하나님의 거처이며, 이전에 이처럼 경험하였고, 이후에는 불림국(拂林國)의 예루살렘 성 가운데서 태어나셨으니, 메시아가 태어나신 때는 申時였더라.

經一年後語話, 說法向衆生作好. 年過十二, 求於淨處.[135] 名述難[136]字, 即向若昏[137]人湯谷.[138] 初時是彌師訶弟, 伏　聖在於硤中居住, 生生已來, 不喫酒肉, 唯食生菜及蜜於地上.[139] 當時有衆生, 不少向谷昏渾禮拜, 及

---

135 「淨處」: '세례를 베푸는 곳'.

136 「述難」: 아마도 사해 古사본이 발견된 쿰란(Qumran)일 것이다. 쿰란은 사해 북서부 해안의 건조한 계곡에 있는 고대 유적지이다. 사해 사본이 발견된 곳은 키르베트 쿰란(Khirbet Qumran)이라 하며, 1951년부터 1955년까지 발굴작업이 진행되었다. 이곳은 아마도 기원전 130-137년과 기원전 4년에서 기원후 68년까지 유대 종교공동체인 에세네(Essenes)파의 총본부에 해당하는 듯하며, 예수에게 세례를 주었던 요한이 이 공동체와 관련이 있는 듯하다. "Qumran" in New Bible Dictionary, ed. J. D. Douglas (Leicester: Inter-Varsity Press, 1984), 1004-1005 참고.

137 「若昏」: 후에 모두 「谷昏」으로 썼다. 신약성경의 기록에 예수에게 세례를 준 「세례요한」(John the Baptist)을 가리킨다. 시리아어로 ܝܘܚܢܢ, 독음은 Iouḥannan, 「若昏」은 그 중 강음절을 취한 것이다.

138 「湯谷」: 전설에 태양이 목욕하는 곳이라 했으며, 또한 해가 뜨는 곳이라고도 한다. [漢] 王充,《論衡・說日》:「禹, 貢《山海經》言: 日有十. 在海外. 東方有湯谷, 上有扶桑, 十日浴沐水中.(禹가《山海經》을 공물로 바쳐 말하기를: 해가 열 개 있으며, 바다 밖에 있다. 동쪽에는 湯谷이 있는데, 위에는 扶桑이라는 神木이 있고, 열 개의 해가 물속에서 목욕을 한다.)」 여기서는 두 가지 비유를 하고 있는데, 빛을 빌려 메시아를 비유하고 있으니, 가령 태양이 계곡에서 목욕하고 나오는 것과 같고; 또한 계곡에서 세례를 주고 몸을 씻는 곳을 가리킬 수 있다. 요한복음 1장 6-9절:「하나님께로부터 보내심을 받은 사람이 있으니 그의 이름은 요한이라. 그가 증언하러 왔으니 곧 빛에 대하여 증언하고 모든 사람이 자기로 말미암아 믿게 하려 함이라. 그는 이 빛이 아니요. 이 빛에 대하여 증언하러 온 자라. 참 빛 곧 세상에 와서 각 사람에게 비추는 빛이 있었나니.」 또한 9장 5절:「내가 세상에 있는 동안에는 세상의 빛이로라.」

139 「初時 … 地上」: 이 단락은 세례요한을 형용한 것이다. 누가복음 1장 80절:「아이가 자라며 심령이 강하여지며 이스라엘에게 나타나는 날까지 빈 들에 있으니라.」 또한 누가복음 1장 15절:「이는 저가 주 앞에 큰 자가 되며 포도주나 소주를 마시지 아니하며.」 그리고 마가복음 1장 6절:「요한은 낙타털 옷을 입고 허리에 가죽 띠를 띠고 메뚜기와

復受戒.[140] 當即谷昏遣彌師訶, 入多難[141]中洗. 彌師訶入湯了後出水, 即有涼風, 從天來, 顏容似薄閣,[142] 坐向彌師訶上. 虛空中問道: 彌師訶是我兒, 世間所有衆生, 皆取彌師訶進止, 所是處分皆作好.[143] 彌師訶即似衆生, 天道爲是天尊處分, 處分世間下. 衆生休事[144]屬神,[145] 即有衆當聞此語, 休事瀾神,[146] 休作惡, 遂信好業.

일 년이 지난 후에 말씀을 시작하셨고, 복음을 전파하여 사람들에게 좋은 일을 하게 하셨으며, 열두 살이 되어서는 성전에서 기도에 힘쓰셨다. 述難이라는 곳이 있는데, 그리하여 요한에게 강에서 세례를 받으셨다. 처음에 요한은 메시아의 형제였으며, 거룩함을 좇아 광야에서 생활

석청을 먹더라.」

140 「當時 … 受戒」: 이 부분은 현지인들이 세례요한에게 몰려들어 죄를 뉘우치고 세례를 받는 것과 하나님의 계명을 받는 장면을 묘사하고 있다. 마가복음 1장 5절:「온 유대 지방과 예루살렘 사람이 다 나아가 자기 죄를 자복하고 요단강에서 그에게 세례를 받더라.」

141 「多難」: 이것은 세례요한이 회개자를 위해 세례를 베푼「요단강」(the Jordan river)을 가리킨다. 시리아어로 ﻼﻼﻼ, 독음은 iūrdnān, 음역한 후의 두 음절이다.

142 「顏容似薄閣」: '비둘기처럼 보인다'는 의미.「薄閣」은 즉 '비둘기',「鵓鴿」라고도 칭함; 몸은 검고 목과 가슴은 붉은색을 띠는 집 비둘기 품종. 이 단락은 마가복음 1장 10절에 나옴:「곧 물에서 올라오실새 하늘이 갈라짐과 성령이 비둘기같이 자기에게 내려오심을 보시더니.」

143 예수가 세례요한에게 세례를 받은 이후 일어난 상황에 관한 설명이다. 마태복음 3장 16-17절:「예수께서 세례를 받으시고 곧 물에서 올라오실새, 하늘이 열리고 하나님의 성령이 비둘기같이 내려 자기 위에 임하심을 보시더니; 하늘로서 소리가 있어 말씀하시되, 이는 내 사랑하는 아들이요 내 기뻐하는 자라 하시니라.」

144 「休事」: '일이 중지됨'.《漢書 · 匈奴傳》:「使係虖淺遺朕書, 云:『願寢兵休事, 除前事, 復故約, 以安邊民, 世世平樂.』, 朕甚嘉之.(흉노가 係虖淺을 사신으로 삼아 짐에게 편지를 올려 말하기를:『원컨대 전쟁을 종식시키고, 이전의 일은 없애 버리고, 다시 옛 약속을 회복하여, 변방의 백성들을 편안케 해 주시면, 세세토록 평안과 희락을 누릴 것입니다.』짐은 그것을 훌륭하다 여긴다.)」

145 「屬神」: 아마도「瀾神」의 誤記인 듯함. 뒷구절「休事瀾神, 休作惡, 遂信好業.」참고. 앞 문장에서「將神詐神」을 사용한 것을 보면 여기는 마땅히「休事瀾詐神」이 되어야 할 것이니, 그 의미는 '하나님을 속이려고 마음 다잡는 일을 그만두라'이다.

146 「休事瀾神」: 앞 문장을 참조하여 마땅히「休事瀾詐神(하나님을 속이려고 마음 다잡는 일을 그만두라)」으로 해석하면 또한 본 단락의 의미에 부합하게 된다.

하며, 태어난 이래로, 술도 마시지 않고 고기도 먹지 않으면서, 단지 거처하던 곳에서 들풀과 야생꿀만 먹었더라. 그때 허다한 사람들이 있어, 요한에게 예의와 경배를 배웠고, 계속해서 그를 따라 지켜야 할 도의를 배웠더라. 이때, 요한이 그리스도로 하여금 요단강에 들어가 세례 받도록 하였고, 예수가 세례를 받은 후 물에서 나오니, 곧 성령이 하늘에서 비둘기처럼 내려와, 메시아의 몸에 앉았더라. 하늘에서 소리가 있어 말씀하시기를: "메시아는 나의 아들이니, 세상 모든 사람들은 그의 말을 들을지라. 그가 분부하는 모든 것을 올바르게 준행할지라!" 하였더라. 메시아의 모습은 사람들과 유사하였으니, 하늘에 속한 큰길은 모두 하나님께서 관장하여 보살피시는 것이고, 그는 인간 세상의 모든 것을 다스리신다. 중생은 하나님을 속이려고 마음 다잡는 일을 그만두어야 하니, 그때 무리가 이 가르침을 듣고, 하나님을 속이는 일을 그만두고, 악행을 범하지 아니하며, 善의 업보를 믿었더라.

彌師訶年十二, 及只年卅二已上, 求所有惡業衆生, 遣迴向好業善道. 彌師訶及有弟子十二人, 遂受苦, 迴飛者作生, 瞎人得眼, 形容異色者暹差,[147] 病者醫療得損, 被鬼者趁鬼, 跛腳特差.[148] 所有病者, 求向彌師訶

---

[147] 「形容異色者暹差」: '병들어 안색이 좋지 않은 사람을 낫게 하다'의 의미. 「暹差」는 '병자를 치유에 이르게 하다'. 「暹」는 '줄곧 ~까지'의 의미. 《漢書・外戚傳上》: 「暹帝還, 趙王死.(황제가 돌아오고, 趙王이 죽었다.)」 「差」라는 가까운 음으로 「瘥」자를 假借하였음. '오랜 병이 막 치유되다'의 의미.

[148] 「彌師 … 特差」: 이 단락은 메시아와 열두 제자가 각처에서 전도하며 병을 고치고 귀신을 쫓는 것을 묘사하고 있다. 누가복음 4장 18절 참고: 「나를 보내사 포로된 자에게 자유를, 눈 먼 자에게 다시 보게 함을 전파하며 눌린 자를 자유롭게 하고.」 35절: 「귀신이 그 사람을 무리 중에 넘어뜨리고 나오되 그 사람은 상하지 아니한지라.」 40절: 「해 질 무렵에 사람들이 온갖 병자들을 데리고 나아오매 예수께서 일일이 그 위에 손을 얹으사 고치시니.」 5장 24-25절: 「『내가 네게 이르노니 일어나 네 침상을 가지고 집으로 가라!』 하시매, 그 사람이 그들 앞에서 곧 일어나 그 누웠던 것을 가지고 하나님께 영광을 돌리며 자기 집으로 돌아가니.」.

邊, 把着[149]迦沙,[150] 並惣得差.[151]

메시아가 열두 살이 되었고, 서른두 살이 조금 넘어서는, 죄악이 있는 모든 중생들을 구원하여, 그들이 회심하여 善業을 쌓을 수 있도록 하셨다. 메시아와 그의 열두 제자는, 이리하여 늘 辛苦를 감내하며, 죽어 가는 자를 살려내고, 눈먼 자가 볼 수 있도록 하셨으며, 안색이 좋지 않은 병자를 치료하고, 오랜 병으로 고통받는 자가 낫게 하며, 귀신 들린 자에게서 귀신을 쫓아내고, 절름발이를 낫게 하셨다. 모든 병자들이 메시아의 주변에 모여들어, 그가 걸친 옷을 움켜잡기만 하여도, 곧 나음을 얻게 되었다.

所有作惡人, 不過向善道者, 不信天尊教者, 及不潔淨貪利之人, 今世並不放卻[152]嗜酒受肉. 及事屙神文人, 留在着遂誣, 或趙睹[153]遂欲殺卻. 爲此大有衆生即信此教, 爲此不能殺彌師訶. 於後惡業結用, 扇[154]趙睹信心清淨人, 即自平章,[155] 乃欲殺卻彌師訶.[156] 無方可計, 即向大王邊惡說, 惡

---

149 「把著」: '움켜잡다'의 의미.
150 「迦沙」: 「袈裟」와 같음. 본래는 승려의 法衣였으나, 이것은 '메시아가 몸에 걸친 옷'을 의미한다.
151 「所有 … 得差」: 이 단락은 누가복음 6장 19절을 전하고 있다: 「온 무리가 예수를 만지려고 힘쓰니 이는 능력이 예수께로부터 나와서 모든 사람을 낫게 함이러라.」
152 「所有 … 放卻」: 누가복음 21장 34절 참조: 「너희는 스스로 조심하라. 그렇지 않으면 방탕함과 술취함과 생활의 염려로 마음이 둔하여지고 뜻밖에 그날이 덫과 같이 너희에게 임하리라.」
153 「趙睹」: 「유대인」을 가리킴. 시리아어로 ‫,ܝܗܘܕܝܐ‬, 독음은 yhu'dhā.
154 「扇」: 「煽」과 같음. '선동(煽動)하다'의 의미. '남들에게 하지 말아야 할 일을 하도록 부추기다'.
155 「平章」: '악인과 같음'을 의미함.
156 「嗜酒 … 師訶」: 이 부분은 율법학자와 바리새인들이 예수를 어떻게 모함하고 죽이려 했는지를 기록하고 있다. 요한복음 11장 47-53절: 「이에 대제사장들과 바리새인들이 공회를 모으고 이르되『이 사람이 많은 표적을 행하니 우리가 어떻게 하겠느냐? 만일 그를 이대로 두면 모든 사람이 그를 믿을 것이요, 그리고 로마인들이 와서 우리 땅과 민족을 빼앗아 가리라.』하니…이날부터는 그들이 예수를 죽이려고 모의하니라.」

業人平惡事,[157] 彌師訶作好, 更加精進教眾生. 年過卅二, 其習惡人等, 即
向大王毗羅都思[158]邊言, 告毗羅都思前, 即道彌師訶合當死罪. 大王即追
惡因緣共證彌師訶, 向大王毗羅都思邊, 彌師訶計當死罪. 大王即欲處分,
其人當死罪, 我實不聞, 不見其人不合當死, 此事從惡緣人自處斷. 大王
云: 我不能煞此惡緣, 即云: 其人不當, 死我男女! 大王毗羅都思索水洗手,
對惡緣等前, 我實不能煞其人. 惡緣人等, 更重諮請, 非不煞不得.[159]

모든 악한 자들, 회개하여 善의 길로 들어갈 줄 모르는 자들, 하나님의
구원의 가르침을 믿지 않는 자들, 부정하여 이익을 탐하는 사람들은, 모
두 지금 세상에서 술과 고기를 즐기는 생활을 놓지 못하고 있다. 설령 하
나님의 제사와 文士를 섬긴다 할지라도, 암암리에 모함할 방법을 모의하
며, 어떤 유대인들은 그를 죽이려고까지 하였다. 그러나 수많은 사람들
이 이 진리의 가르침을 믿고 있기 때문에, 메시아를 죽일 방법이 없었다.
그 후 죄악의 세력이 서로 결탁하여, 유대인 중 스스로 순결한 신앙을 가

---

157 「無方 … 惡事」: 당시 대제사장 가야바가 헛소문을 퍼뜨려 백성들로 하여금 예수를 살
해하려 했음을 가리킨다. 요한복음 11장 49-50절: 「그중의 한 사람 그 해의 대제사장
인 가야바가 그들에게 말하되: 『너희가 아무것도 알지 못하는도다. 한 사람이 백성을
위하여 죽어서 온 민족이 망하지 않게 되는 것이 너희에게 유익한 줄을 생각하지 아니
하는도다.』」
158 「大王毗羅都思」: 당시 지방 장관의 번역명. 즉 「총독 빌라도」를 가리킴. 마태복음 27
장 2절: 「그를 결박하여 끌고 가서 총독 빌라도에게 넘겨주니라」. 「총독 빌라도」는 시
리아어로 ܪܒܐ ܡ ܗܓܡܘܢܐ, 독음은 pīlātaws higmūnā이다. 《序聽迷詩所經》은 지방장관
「총독」을 「大王」으로 번역하였다. 시리아어 大王(ܪܒܐ)의 의미는 식민지나 속지
의 장관(Governor) 혹은 지방의 행정장관을 말한다.
159 「大王 … 不得」: 이 단락은 총독이 예수가 어떤 악행을 저질렀는지는 밝혀내지 못했으
나 민의에 따라서 어쩔 수 없이 죽였음을 지적하고 있으며; 따라서 예수를 죽인 죄는
마땅히 백성에게 돌아가야 한다는 것을 밝히고 있다. 마태복음 27장 11-26절: 「예수께
서 총독 앞에 섰으매 … 빌라도가 이르되: 『어찜이냐? 그가 무슨 악한 일을 하였느냐?』
… 빌라도가 아무 성과도 없이 도리어 민란이 나려는 것을 보고 물을 가져다가 무리
앞에서 손을 씻으며 이르되: 『이 사람의 피에 대하여 나는 무죄하니 너희가 당하라!』
백성이 다 대답하여 이르되: 『그 피를 우리와 우리 자손에게 돌릴지어다!』 이에 바라
바는 그들에게 놓아주고 예수는 채찍질하고 십자가에 못 박히게 넘겨주니라.」

졌다고 믿는 악인들을 선동하여, 즉시 그리스도를 죽이려고 의논하였다. 어찌할 도리가 없어, 총독에게 가서 악행을 고하니, 이 악인들이 나쁜 일을 날조하였으나, 그리스도께서는 더욱 좋은 일을 하시며, 모든 사람들에게 선을 가르치시고 악을 물리치셨다. 서른두 살이 되던 해에, 그 악을 일삼던 사람들 중, 일부가 총독 빌라도에게 와서 참언을 하였고, 예수는 죽을 죄에 합당하다고 빌라도 앞에서 고소하였다. 빌라도가 예수를 체포하였고, 그들은 죄명을 지어내 함께 예수를 모함하여, 빌라도 곁으로 와서, 예수를 죽을 죄로 삼을 것을 의논하였다. 빌라도가 처리하고자 결단을 내릴 때, "이 사람이 죽을 죄에 합당한가? 나는 실제로 아무것도 듣고 보지 못했노라. 이 사람은 처형당하지 말아야 하며, 이 일들은 너희 악당들이 스스로 심판한 것이라."라고 말했다. 빌라도가 또 말하기를: "나는 이 사람을 죽일 수 없다." 그러자 악인들이 말하기를: "이 사람에게 합당하지 않다면, 상해의 죄는 우리 자손에게 올 것입니다!"라 했다. 총독 빌라도가 물을 찾아 손을 씻고는, 그 악인들 앞에서, "나는 정말 이 사람을 죽일 수 없다."고 말했다. 그 악인들이 다시 재심을 청구하여, 예수를 죽이지 않으면 그만두지 않겠다고 하였다.

彌師訶將身施與惡, 爲一切眾生, 遣世間人等, 知其人命如轉燭, 爲今世眾生佈施, 代命受死. 彌師訶將自身與, 遂即受死, 惡業人乃彌師訶別處, 向沐上枋枋處,[160] 名爲訖句.[161] 即木[162]上縛着, 更將兩箇劫道人, 其人比

---

160 「向沐上枋枋處」: '십자가에 못 박힌 곳에서 가까운 곳'. 「向」, '근접하다, 가깝다'. [唐] 白居易 〈東坡種花二首〉: 「東坡春向暮, 樹木今何如?(동쪽 언덕의 봄이 저물어 가는데, 내가 심은 나무는 지금 어떻게 되었을까?)」 「沐」, '인수하다, 받다'. [唐] 劉長卿 〈送嚴維赴河南充嚴中丞幕府〉詩: 「何當舉嚴助, 遍沐漢朝恩.(어찌 마땅히 嚴維의 도움을 거론할 수 있겠는가, 漢 왕조의 은덕을 두루 입었노라.)」 「枋枋」, '커다란 말뚝이 서 있는 곳'. 「枋」, '네모난 기둥 모양의 나무, 큰 말뚝'. [北魏] 酈道元, 《水經注‧淇水》: 「漢建安九年, 魏武王于水口下大枋木以成堰…(漢나라 建安 9년, 魏 武王이 淇水 입구 아래에서 커다

在右邊,[163]　其日將彌師訶木上縛着五時,[164]　是六日齋平明[165]縛着及到日

西, 四方闇黑. 地戰山崩, 世間所有墓門並開, 所有死人並悉得活,[166]　其人

見如此, 亦爲不信經教, 死活並爲彌師訶, 其人大有信心,[167]　人卽云(原件斷

裂)….[168]

란 말뚝으로 제방을 쌓았다.)」요한복음 19장 20절:「예수께서 못 박히신 곳이 성에서
가까운 고로」, 구체적인 위치는 알 수 없다.

161　「訖句」: 신약의「골고다」(Golgotha), 시리아어로 ܓܓܘܠܬܐ, 독음은 qir'qiptā, 여기서는
앞 두 음절을 취했음. 마태복음 27장 33절:「골고다 즉『해골의 곳』이라는 곳에 이르
러.」「골고다」의 원뜻은「사람의 머리」혹은「두개골」.

162　「卽木」: 여기서는「木」을 사용하고「十字」를 쓰지 않았으니,《序聽迷詩所經》은 경교의
초기 작품임을 분명히 알 수 있다.「十字」는 8세기 말이 되어서야 비로소 사용되었다.
Arthur C. Moule, *Christians in China before the Year 1550* (London: Society for
Promoting Christian Knowledge, 1930), 59.

163　「更將 … 右邊」: '강도 두 명을 예수의 십자가 옆에 못 박았음'. 마태복음 27장 38절:
「이때에 예수와 함께 강도 둘이 십자가에 못 박히니 하나는 우편에, 하나는 좌편에 있
더라.」「刼道人」, 즉「강도」, '길에서 재물을 강탈하는 도적'을 가리킴.「比」, '가깝다,
연잇다'.

164　「五時」:「五時」는 12 時辰의 申時(오후 3-5시)를 가리킴. 〈마태복음〉 27장 45-46절:「제
육시로부터 온 땅에 어둠이 임하여 제9시까지 계속되더니, 제9시쯤에 예수께서 크게
소리 질러 이르시되….」

165　「齋平明」:「安息日」을 말함. 시리아어 ܫܒܬܐ, 독음은 šabtā. 요한복음 19장 31-33절, 예
수께서 안식일에 돌아가셨으니:「유대인들은 … 그 안식일이 큰 날이므로, …그 안식
일에 시체들을 십자가에 두지 아니하려 하여, …예수께 이르러서는 이미 죽으신 것을
보고.」

166　「四方 … 得活」: 이 단락은 예수 사후 부활의 기적과 기이한 일들을 서술하고 있다. 마
태복음 27장 51-52절:「땅이 진동하며 바위가 터지고 무덤들이 열리며 자던 성도의 몸
이 많이 일어나되.」

167　「其人 … 信心」: 제자들이 그의 부활을 눈여겨보았으나 그중에는 여전히 믿지 않는 자
들이 있었음을 설명하고 있다; 예수께서 자신이 쥐고 있는 하늘과 땅의 모든 권세를
알려 주시고 나서야 제자들은 비로소 크게 믿었다. 마태복음 28장 16-20절:「열한 제
자가 갈릴리에 가서 예수께서 지시하신 산에 이르러…. 예수를 뵈옵고 경배하나 아직
도 의심하는 사람들이 있더라. 예수께서 나아와 말씀하여 이르시되:『하늘과 땅의 모
든 권세를 내게 주셨으니.』」

168　「人卽云…」: 이 부분의 경문은「人卽云」이후 원문은 곧 끊어져 버렸는데, 뒷 단락은
마땅히 메시아(그리스도)의 부활에 대한 묘사일 것이다. 마태복음 27장 53-54절:「예
수의 부활 후에 그들이 무덤에서 나와서 거룩한 성에 들어가 많은 사람에게 보이니라.
백부장과 및 함께 예수를 지키던 자들이 지진과 일어난 일들을 보고 심히 두려워하여
이르되:『이는 진실로 하나님의 아들이었도다!』하니라.」

예수는 결국 악한 자들에게 자신의 몸을 넘겨주고, 모든 세상 사람들을 위하여, 이 세상에 보내지셨으니, 그 목숨이 바람 앞의 촛불처럼 되심을 알고, 이 세상 모든 사람들을 구원하시기 위해, 자신의 목숨을 버리고 죄를 대신하여 죽임을 당하셨다. 예수는 몸을 내어 주신 후, 즉시 사형선고를 받았는데, 악인들이 예수를 데리고 형벌 받을 곳으로 갔고, 잘라 죽인 말뚝 근처에 다다랐으니, 그 이름을 골고다라 하더라. 그리하여 그를 나무 위에 묶고, 다시 강도 두 명을 데려와, 그의 옆에 함께 배치하였으니, 그날 예수를 십자가에 다섯 時辰(열 시간)을 묶어 두었다. 이는 토요일 안식일이 되었으니, 날이 밝을 때부터 묶었다가, 해가 서쪽으로 기울 때까지 두었고, 사방이 곧 어두워졌다. 땅이 떨리고 산이 무너졌으며, 세상의 모든 무덤 문이 열렸으므로, 모든 죽은 이들도 함께 살아났다. 어떤 사람들이 이 일들을 보고도, 경전의 가르침을 의심하였으나, 생사의 권세는 모두 예수에게로 돌아갔으니, 제자들이 확신을 가졌고, 어떤 이는 말하기를….(원본이 절단되어, 이하 잔결 부분은 생략함.)

제3장

일신론
(一神論)

소 개

《一神論》은 原 題名이 卷末에「一神論卷第三」이라고 표기되어 있다. 세 편의 경문으로 구성되어 있으며, 卷首에 목차는 없다. 원본은 현재 일본 武田科學振興財團 杏雨書屋이 소장하고 있으며, 본 텍스트는 杏雨書屋이 출판한 《敦煌秘笈》의 리메이크 도판을 참고하였다. 《敦煌秘笈》이 간행 공포한 치수와 지질에 관한 내용에 근거하면, 본 經卷은 높이 25.4cm, 길이 640cm이며, 經文은 베이지색으로 염색된 양질의 麻紙에 쓰여 있다.[1] 본 경전은 〈喩第二〉, 〈一天論第一〉, 〈世尊布施論第三〉 세 편의 순서로 되어 있으며, 그중 〈喩第二〉와 〈一天論第一〉은 모두 마지막 행에 제목이 붙어 있다. 표제 순서는 상반되지만 내용은 연관되어 있다; 〈世尊布施論第三〉은 앞머리에 제목이 있으며 가장 길다. 全卷을 세 부분으로 나눌 수 있으니, 〈喩第二〉는 60행 1,050자; 〈一天論第一〉은 146행 2,522자; 〈世尊布施論第三〉은 199행 3,377자이다. 맨 마지막 행에 전체 제목이「一神論卷第三」이라 표기되어 있으니, 총 행수는 405행, 매 행마다 약 18 혹은 19자씩, 총 6,949자이다.

〈喩第二〉는 첫머리에서 세상에는 오직 하나의 신만이 존재한다는 것을 설명하며, 이를「一神」이라고 하고, 여러 가지 비유로 一神의 존재, 그리고 만물은 모두 一神에서 나온다는 것을 논증하고 있다. 또한 인간의 신체, 魂魄 그리고 神識 간의 관계를 통하여 一神의 존재를 알 수 있으나 一神을 볼 수는 없으니, 마치 사람의 신체에 혼백과 神識이 있어 그 존재

---

1   吉川忠夫 編, 《敦煌秘笈》(大阪: 財團法人 武田科學振興財團, 2009), 第六冊, 番號460, 88-96쪽.

를 알 수는 있으나 볼 수는 없는 것과 같다는 사실을 논증하였다.

〈一天論第一〉은 一神에 관하여, 一神이 세상에 은밀히 거하고 계시며, 세상의 운행은 모두 一神이 일으킨 까닭이라고 설명하고 있다. 그러나 세상 만물의 운행의 법칙이란 단일한 요인에 의해서만 결정되지는 않는 것이다. 수월히 해석하자면, 사람의 신체, 혼백, 神識 간의 상호작용으로 써 사람으로 하여금 자유의지를 지닌 살아 있는 사람으로 만드는 것이 바로 一神의 설계인 것이니, 따라서 사람은 만물 법칙의 근원이신 一神에게 예배해야만 하는 것이다. 그러나 세상에는 악마가 출현함으로써 갖가지 제멋대로의 방식으로 사람을 현혹하여 나쁜 길로 빠져들게 하고 神을 떠나게 하므로, 악마의 詭計를 유념하여 그 계략에서 벗어날 것을 권고하고 있다.

〈世尊布施論第三〉은 신약 마태복음 5-7장 「산상보훈」의 신앙적 가르침에서 시작하며, '베풂, 기도, 용서, 참된 재물, 衣食 걱정 말기, 남 비판하지 않기, 하나님을 향한 기도, 넓은 길과 좁은 길' 등 실천적인 내용들을 담고 있다. 뒤이어 세상 사람들이 유혹을 받아 악의 길로 떨어졌으므로 오직 一神天尊을 예배해야 하고, 예수(客怒翳數)[2]를 통해야 비로소 하나님의 용서를 얻을 수 있음을 논하고 있다. 사람이란 스스로의 힘으로 자신을 구원할 수 없으므로, 오로지 하나님을 향한 기도를 통해야 하고, 세상 사람을 위한 메시아의 고통 받으심과 하나님 명령을 이해할 수 있는 성령의 도우심을 입으며, 악연과 지옥을 멀리해야만 마지막에 비로소 천국에 이르러 복락의 처소에 거할 수 있는 것이다.

《一神論》 전편의 요지는 一神의 개념을 설명하는 것이며, 메시아의 고

2　「客怒翳數」: '대제사장 예수'. 「客怒」는 '제사장', 시리아어로 ܟܗܢܐ, 독음은 kāhnā; 「翳數」는 '예수'의 의미, 시리아어로 ܝܫܘܥ, 독음은 yešū. 대제사장 예수에 관한 이야기는 히브리서 9장 11절 참고: 「그리스도께서는 장래 좋은 일의 대제사장으로 오사…」

통과 가르침을 빌려 세상 사람들을 권계하고, 一神天尊을 예배하고 악한 일을 멀리하여 지옥과 악마가 있는 곳에 영원히 떨어지는 일이 없도록 하는 것이다. 《一神論》의 〈世尊布施論第三〉 중 한 문장 「六百四十一年不過已(641년이 지나지 않았음)」는 본 경전이 아마도 貞觀 15년(641)에 쓰여졌을 것이라는 사실을 드러내고 있으며, 이는 경교 大德 阿羅本이 貞觀 9년(635) 西安에 들어온 시간으로부터 멀지 않으니, 그 글로 보아 목적은 아마도 조정과 唐나라 사람들에게 景敎의 핵심 교리를 천명하고, 경교가 계시의 종교이자 유일신 종교로서 중국종교와 차별점이 있음을 부각시키는 데에 있을 것이다.

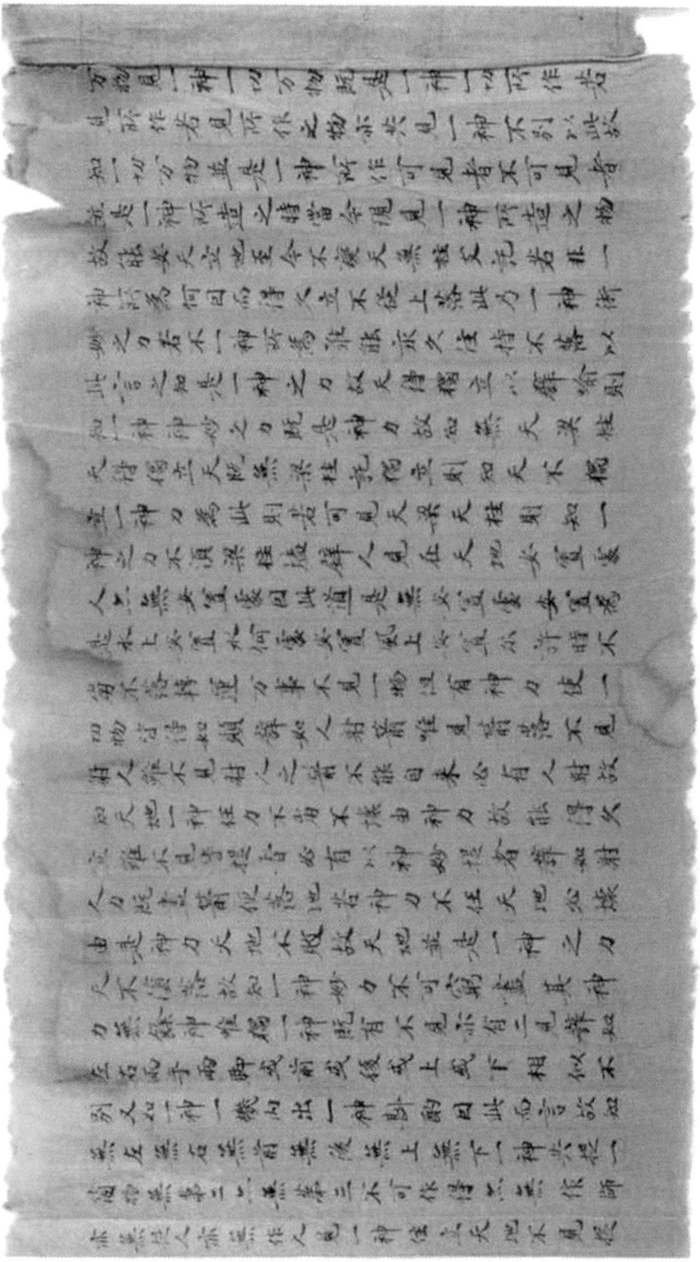

一神論 原卷의 軸卷 머리 부분

일신론
(一神論)³

유제이(喩第二)⁴

萬物見一神.⁵ 一切萬物, 旣⁶是一神, 一切所作⁷若⁸見; 所作若見, 所作

---

3 「一神論」: 원본에는 이러한 표제가 없다. 本卷은 〈喩第二〉, 〈一天論第一〉, 〈世尊布施論第三〉 세 부분으로 이루어져 있으며, 비유의 형식으로 '一神論'과 '一神天尊이 만물의 기원이며 그에 의해 보호받고 있음', 그리고 '영혼 불멸', '구원론', '信德과 善行', '종말론' 등을 논술하고 있고, 권말에는 「一神論第三」이라는 題名이 있다. 학계에서는 일반적으로 「一神論」이라는 이름으로 本卷을 통칭하며, 本卷의 寫本은 현재 日本 武田科學振興財團의 杏雨書屋이 소장하고 있다. 본 텍스트는 杏雨書屋이 출판한 《敦煌秘笈》의 리메이크 도판을 참고하였다. 吉川忠夫 編, 《敦煌秘笈》(大阪: 財團法人 武田科學振興財團, 2009), 第六冊, 88-96, 番號 460 참고.

4 「喩第二」: 원본의 표제는 문말에 있으며, 앞에 세 칸을 띄고 있다. 《一神論》 사본의 각 편은 표제에 일관성이 없다. 첫째 편 「喩第二」는 經文 말미에 위치해 있고, 단독행이 아니다; 둘째 편 「一天論第一」은 篇末에 있고 독립적인 한 행을 이루고 있으며, 앞에 한 칸을 띄고 있다; 셋째 편 「世尊布施論第三」의 표제는 篇首에 있고, 독립된 행을 이루고 있다. 《一神論》 표제의 특이한 배치 현상은 아마도 敦煌變文의 문제에까지 관련될 수 있을 것이다. 潘重規는 동일 텍스트 안에 여러 개의 分篇이 숨겨져 있을 가능성 혹은 제목이 內文에 숨겨져 있을 가능성이 있으므로, 반드시 텍스트의 내용 혹은 동일 텍스트의 다른 抄本에 의거하여 판정해야 한다는 의견을 제시하고 있다. 潘重規, 〈敦煌變文集新書引言〉 참고. 《敦煌變文集新書》(臺北: 文津出版社, 1994), 4-5쪽에 수록. 그러나 《一神論》은 지금까지 단 하나의 판본만이 존재하므로 참고할 수 없고, 단지 내용의 行文을 통해 어떻게 分篇할 것인지만을 판정할 수 있다.

5 「萬物見一神」: '天地萬物로부터의 事理'를 의미하며, 천지간에는 한 분의 조물주만이 계심을 알 수 있다. 「見」: '보았다'. 또한 「現」과 통함, '나타나다, 현현하다, 표현되다'의 의미.

6 「旣」: '모두, 전부'. 《史記·屈原列傳》: 「楚人旣咎子蘭以勸懷王入秦而不反也.(楚나라 사람들은 모두 이전에 子蘭이 楚 懷王에게 秦나라에 들어갈 것을 권해 돌아오지 못했다고 책망하였다.)」

7 「作」: '만들었노라'. 이는 「一神」이 천지만물을 창조하신 대업을 일컫는다. 《孟子·梁惠王上》: 「始作俑者, 其無後乎?(처음 허수아비를 만든 사람은, 후손이 없을 것이다.)」

之物亦共見一神不別.[9] 以此[10]故[11]知: 一切萬物, 並[12]是一神所作; 可見者不可見者, 並是一神所造. 之時[13]當今, 現見[14]一神所造之物, 故能[15]安天立地,[16] 至今不變.

만물의 이치로부터 단 한 분 창조의 神을 알 수 있다. 모든 만물은 홀로 계신 하나님으로부터 왔고, 창조의 모든 것은 이처럼 명확하다; 만드신 창조물이 명확하니, 창조하신 만물은 또한 유일신 하나님께로부터 왔음을 함께 보여 준다. 이러한 까닭에: 모든 만물은 하나님께서 창조하셨음을 알 수 있다; 유형의 것, 무형의 것 모두가 하나님의 창조 때에 만들어진 것이다. 그때부터 지금까지, 눈앞에 보이는, 하나님께서 창조하신 모든 것은, 천지 간에 배치되어, 지금까지 변화가 없다.

天無柱支託,[17] 若非一神所爲, 何因而得久立, 不從上落? 此乃一神術[18]

---

8   「若」: '이처럼'의 의미.《荀子 · 王霸》:「出若入若.(밖이 이렇고 안이 이렇다.)」[唐] 楊倞注:「如此也.('이처럼'이다.)」

9   「所作之物亦共見一神不別」: 이것은 '세상의 피조물들이 모두 一神에 의해 만들어졌고, 모두 이 조물주에 예속되어 있다'는 것을 의미한다. 에베소서 1장 10절:「하늘에 있는 것이나 땅에 있는 것이 다 그리스도 안에서 통일되게 하려 하심이라.」「不別」: '다름이 없다'.「別」: '기타'. [宋] 嚴羽,《滄浪詩話》:「詩有別趣, 非關理也.(시에는 별도의 의취가 있으니, 이치와는 관련이 없다.)」

10 「以此」: '이에 따라'.《史記 · 孫子吳起列傳》:「君因謂武侯曰:『試延以公主, 起有留心則必受之, 無留心則必辭矣. 以此卜之.』」(임금께서 武侯에게 이르기를:『시험삼아 공주를 시집보내도록 하시면 어떻겠습니까? 吳起가 머무를 생각이면 반드시 받아들일 것이고, 머무를 생각이 없으면 반드시 사양할 것이니, 이에 따라 점을 쳐 보십시오.』)

11 「故」: '까닭, 원인';《國語 · 楚語》:「夫有其故.(무릇 그 까닭이 있음이라.)」

12 「並」: '모두, 전부'.

13 「之時」: '그때'.「當今」과 대조.「之」는 '그'.

14 「現見」: '눈앞에 보이는'.

15 「能」: 주 · 객관적 조건을 구비하여 '할 수 있다'의 의미를 표현함.

16 「安天立地」: '천지를 배치하다'.「安」과「立」 모두「安置」의 의미.《晏子春秋 · 景公飮酒酣願諸大夫無爲禮晏子諫》:「而日易主, 君將安立矣!(날마다 임금이 바뀔 터이니, 임금께서는 장차 배치하십시오!)」

17 「支託」: '받쳐 듦을 지탱하다'의 의미.「支」, '지탱하다'.「託」은「托」과 같음, '받쳐 들

妙之力, 若不一神所爲, 誰能永久住持^{19}不落?^{20} 以此言之, 知是一神之力, 故天得獨立.^{21} 以譬^{22}喩,^{23} 則知^{24}一神神妙之力.^{25} 旣是神力,^{26} 故知無天梁柱,^{27} 天得獨立. 天旣無梁柱託獨立, 則知天不獨立, 一神力爲^{28}此. 則若可見天梁天柱, 則知一神之力, 不須梁柱牆壁. 人見在天地安置處,^{29} 人亦無安置處,^{30} 因此道是無安置處. 安置爲是水上^{31}安置, 水何處安置? 風

다', '일정한 높이에서 안정시키다'.

18 「術」: '방법'의 의미. 《韓詩外傳》卷四:「無**術**法以知奸.(간사한 자를 가려낼 법술이 없다.)」

19 「住持」: '유지・지탱하다'. 「住」, '유지하다'. 「持」, '지탱하다'. 《論語・季氏》:「危而不持, 顚而不扶.(위태로우나 붙들어 주지 않고, 넘어지나 부축해 주지 않는다.)」

20 「不落」: '떨어지지 않다, 추락하지 않다'. [北齊] 顏之推, 《顏氏家訓・勉學》:「梁朝全盛之時, 貴遊子弟多無學術. 至於諺云: 上車**不落**則著作, 體中何如則祕書.(梁나라의 전성기에는, 귀유자제들은 대부분 학술이 없어서, 심지어 속담에 이렇게 말했다: "수레에서 떨어지지만 않아도 著作郞이요, '요즘 옥체에 별일 없습니까' 정도만 써도 祕書郞은 될 수 있다.")」

21 「獨立」: '다른 사물에 기대지 않고 우뚝 서다', 「天無柱託(하늘에는 의지할 기둥이 없음)」을 지칭함. 《老子》二十五章:「寂兮寥兮, **獨立**不改, 周行而不殆.(적막하고 고요하도다, 홀로 서서 바뀌지 않으며, 두루 행하고 멈추지 않는다.)」

22 「譬」: '비유를 들어 설명함'. 《論語・子罕》:「**譬**如爲山, 未成一簣, 止, 吾止也; **譬**如平地, 雖覆一簣, 進, 吾往也.(산을 만드는 데 비유한다면, 아직 한 삼태기도 만들지 않고, 그만두면, 내가 그만두는 것이요. 평지에 비유한다면, 비록 한 삼태기를 덮었을지라도, 나아가면, 내가 전진한 것이다.)」

23 「喩」: '잘 알다, 이해하다'. 《抱朴子・釋滯》:「其寓言譬**喩**, 猶有可采.(그 우언과 비유는 여전히 채용할 만한 것이 있다.)」

24 「則知」: '바로 이해하다'. 「則」, '즉시'. 「知」, '이해하다'. 《孟子・盡心上》:「知其性, **則知**天矣.(자신의 본성을 알면, 바로 하늘을 이해하는 것이다.)」

25 「一神神妙之力」: '一神의 불가사의하고 특별한 능력'을 의미함. 여기의 「神妙」와 앞의 「術妙」는 모두 '하나님이 천지만물을 창조하고 유지하시는 능력'을 묘사하는 데 사용되고 있다.

26 「神力」: '무엇이든 다 할 수 있는 능력'. 「神力」은 곧 「神妙之力」의 약어. [唐] 楊炯, 〈梓州惠義寺重閣銘〉:「如來**神力**, 且觀嚴淨.(如來의 신비한 능력은 또한 매우 맑고 깨끗함을 볼 수 있다.)」

27 「無天梁柱」: '하늘을 지탱할 기둥이 없다'. 「梁柱」는 즉 '대들보를 받치는 기둥'.

28 「爲」: '~로 하다'. 《廣雅》:「**爲**, 施也. 又, 成也.(爲는 '시행하다'이다. 또한 '이루다'이다.)」

29 「安置處」: '안치, 안배, 안식하는 곳'. '사람이 천지간에 생활하는 것'을 가리킴.

30 「人見 … 置處」: '천지는 사람이 잠시 머무는 곳일 뿐, 영원히 거처할 수 있는 곳은 결코 아니다'라는 의미.

上安置.³² 爾許³³時不崩不落,³⁴ 轉運³⁵萬事, 不見一物, 但有神力, 使一切
物皆得如願.³⁶

　하늘에는 지지할 기둥이 없으니, 만일 하나님이 하신 일이 아니라면,
어찌 오래도록 서 있을 수 있으며, 위로부터 떨어지지 않을 수 있는가?
이는 하나님의 신묘한 힘 때문이니, 만일 하나님께서 하신 일이 아니라
면, 누가 영원토록 지탱하여 떨어지지 않도록 할 수 있겠는가? 이로 말하
자면, 하나님의 크신 능력임을 앎으로, 따라서 하늘은 홀로 설 수 있음이
라. 비유로써 말씀하게 하시니, 하나님의 신묘한 능력을 알 수 있음이라.
하나님의 능력인 만큼, 하늘을 떠받치는 대들보가 없어도, 하늘은 무난
하게 우뚝 설 수 있음을 알 수 있다. 하늘이 기둥에 의지하지 않고 홀로
설 수 있음은, 하늘이 결코 독립적이지 않지만, 유일하신 하나님의 능력
으로 말미암아 이렇게 된 것임을 알 수 있다. 만일 사람이 하늘의 들보와
기둥을 보고 나서야, 유일신 하나님의 크신 능력을 알 수 있다면, 들보,
기둥, 벽으로 하늘을 지탱할 필요는 없을 것이다. 사람이 지금 천지 간에

31　「水上」: '대지가 물 위에 있음'. 시편 24편 1-2절: 「땅과 거기 충만한 것과 세계와 그중
　　에 거하는 자가 다 여호와의 것이로다. 여호와께서 그 터를 바다 위에 세우심이여.」
32　「風上安置」: '물을 바람 위에 띄우다'. 비슷한 내용이 욥기 26장 7-8절에 있음: 「그는 북
　　쪽을 허공에 펴시며 땅을 아무도 없는 곳에 매다시며; 물을 빽빽한 구름에 싸시나 그
　　밑의 구름이 찢어지지 아니하느니라.」
33　「爾許」: '이와 같다, 이러하다'. [晉] 陳壽,《三國志 · 吳書》:「此鼠子自知不能保**爾許**地也.
　　(이 쥐는 이와 같은 땅을 지킬 수 없음을 스스로 알고 있다.)」
34　「不崩不落」: '쓰러지거나 무너지지 않는다'. [北魏] 酈道元,《水經注 · 河水》:「其山岸**崩落**
　　者, 聲聞數百里.(그 산이 무너진 것은, 소리가 수백 리 밖에까지 들렸다.)」
35　「轉運」: '순환하여 운행하다'.《詩經 · 大雅 · 雲漢》:「倬彼雲漢, 昭回於天.」(밝은 저 은하
　　여, 빛이 하늘에서 돌도다.), [漢] 鄭玄 箋:「精光**轉運**於天, 時旱渴雨, 故宣王夜仰視天河,
　　望其候焉.(반짝이는 빛이 하늘에서 운행하고, 때는 가물어 비가 오지 않았으니, 宣王이
　　밤에 은하수를 올려다보고, 비가 올 징조를 바랐다.)」
36　「如願」: '소원에 부합하다'. [陳] 徐陵 編,《玉台新詠 · 古詩爲焦仲卿妻作》:「自君別我後,
　　人事不可量. 果不**如先願**, 又非君所詳.(당신과 이별한 이래로, 사람의 일이란 헤아리기
　　가 어렵습니다. 과연 지난번 바람과는 같지 않으니, 또 당신이 자세히 알지도 못합니
　　다.)」

머물며 잠시 거처할 곳을 보지만, 또한 이곳에 영원히 머물 수는 없으니, 그리하여 道라는 것은 영구적인 거처가 아닌 것이다. 큰물 위에 대지를 배치하기 위하여, 물은 어디에 두어야 하는가? 물을 바람 위에 띄워야 하는 것이다. 이처럼 오랫동안 무너지거나 떨어지지 않고, 만사 만물을 순환 운행하여도, 어떤 한 가지 사물도 볼 수가 없으나, 하나님의 크신 능력이 있으면, 만물로 하여금 모두 각자의 바람에 부합하도록 하시는 것이다.

譬如人射箭, 唯見箭落, 不見射人. 雖不見射人, 之³⁷箭不能自來, 必有人射. 故知: 天地一神任力,³⁸ 不崩不壞, 由³⁹神力, 故能得久立. 雖不見持捉⁴⁰者, 必有以神妙捉者. 譬如射人, 力既⁴¹盡, 箭便落地. 若神力不任, 天地必壞; 由是⁴²神力, 天地不敗.⁴³ 故天地並⁴⁴是一神之力, 天不墮落, 故知一神妙力, 不可窮盡. 其神力無餘⁴⁵神, 唯獨一神, 既有不見, 亦有二見.⁴⁶

---

37 「之」: 대명사, '이, 저'. 《莊子·逍遙遊》:「之二蟲又何知!(이 두 마리의 벌레가 어찌 알겠는가!)」

38 「任力」: '힘을 사용하다'. 《呂氏春秋·察賢》:「我之謂任人, 子之謂任力.(저는 사람을 쓰는 것을 말하는데, 그대는 힘을 쓰는 것을 말하시는군요.)」

39 「由」: '좇다, 준거하다'의 의미. 《荀子·修身》:「由禮, 則治通.(예법을 따르면, 순조로이 잘 풀린다.)」

40 「捉」: '쥐다, 조종하다'. 《廣雅》:「捉, 持也.(捉은 '가지다'이다.)」

41 「既」: '이미'의 의미. 《論語·季氏》:「既來之, 則安之.(기왕에 왔으면, 마음을 편하게 가져라.)」

42 「是」:「此」와 같음. '이, 이것'. 《詩經·小雅·賓之初筵》:「是謂伐德.(이를 일러 덕을 해친다 하는 것이다.)」

43 「敗」: '훼손하다'. [漢] 許慎《說文解字》:「敗, 毀也.(敗는 '훼손하다'이다.)」

44 「並」: 本章 주석 10) 참고.

45 「餘」: '기타'의 의미. [漢] 班固,《後漢書·禰衡傳》:「餘子碌碌, 莫足數也.(나머지 사람들은 범상한 사람들이라, 수를 셀 것도 없다.)」

46 「二見」: 이것은 '사람들이 알아차릴 수 없는「不可見」의 사물'을 가리키는 데 사용하는 말로서, '존재하지 않음(不存在)'을 의미하는 것은 결코 아니다; 一神으로 말하자면, 사람은 볼 수 없는 존재이지만 사실은 볼 수 있는 것이니, 이것이 바로 '二見'인 것이다.

인간이 활을 쏘는 것에 비유하면, 쏜 살이 떨어지는 것을 볼 수 있을 뿐, 살을 쏜 사람은 보이지 않는다. 비록 활 쏜 사람을 보지는 못했지만, 이 화살이 스스로 날아갈 수는 없는 것이니, 반드시 쏜 사람이 있는 것이다. 이로써 천지는 하나님의 신묘한 능력에 의한 것임을 알 수 있고, 무너지지도 썩어서 부서지지도 않으니, 하나님의 능력에 힘입어, 오랫동안 존재할 수 있는 것이다. 비록 조종하는 이가 보이지는 않지만, 필연 하나님의 오묘한 주재하심이 있는 것이다. 활 쏘는 사람에 비유하자면, 사용한 힘이 다해지면, 날아간 화살은 곧 땅에 떨어질 것이다. 만일 하나님의 능력이 담당할 수 없다면, 하늘과 땅은 모두 반드시 훼멸될 것이니, 이는 하나님의 크신 능력에 의한 것이며, 따라서 하늘과 땅은 영원히 무너지지 않을 것이다. 그리하여 천지는 모두 유일하신 하나님의 크신 능력에 의지하는 것이며, 하늘이 무너지지 않음으로, 하나님의 神力을 알 수 있고, 그 한계가 있을 수 없는 것이다. 그 全能하신 능력은 다른 神들에게는 없는 것이며, 오로지 유일하신 하나님께서는, 보이지 않을 뿐만 아니라, 인간이 알아차릴 수 있는 존재도 아닌 것이다.

譬如左右兩手兩脚, 或前或後, 或上或下, 相似不別.[47] 又如一神, 一機[48]內出, 一神斟酌;[49] 因此而言, 故知無左無右, 無前無後, 無上無下, 一神共[50]捉一箇物, 無第二, 亦無第三. 不可作得,[51] 亦無作師;[52] 亦無捉人,[53]

47　「不別」: '다름이 없음'. 「別」, '분별하다, 구별하다'. 《論語・子張》: 「譬諸草木, 區以**別**矣! (초목에 비유하자면, 구역으로써 구별되는 것이다.)」

48　「一機」: '완정한 중추'. 「一」: '전부'. [唐] 杜牧, 〈阿房宮賦〉: 「**一機**一容. (하나의 중추는 하나에 수용된다.)」 「機」, '사물의 관건, 중추'. 《莊子・至樂》: 「萬物皆出於機, 皆入於**機**. (만물은 모두 '機'에서 생겨나와, '機'로 되돌아간다.)」

49　「斟酌」: '장악하다, 관장하다'. 《後漢書・李固傳》: 「今陛下之有尙書, 猶天之有北斗也…. 斗**斟酌**元氣, 運平四時. (지금 폐하에게 尙書를 둔 것은, 하늘에 북두가 있는 것과 같습니다…. 북두는 원기를 관장하며, 사시를 운행하고 있습니다.)」

亦無作人.⁵⁴ 見⁵⁵一神住立⁵⁶天地, 不見捉天地, 而能養活一切衆生,⁵⁷ 則⁵⁸
是可見.

　　인간의 좌우 양손 양발의 경우, 앞을 향하거나 뒤를 향하거나, 위를 향
하거나 아래로 향하거나, 서로 비슷하여 큰 차이가 없다. 또한 한 사람의
생각은, 마음속 완정한 중추로부터 나오나니, 한 영혼의 결단에 의해 지
배되어진다; 따라서 좌우·전후·상하를 막론하고, 유일하신 하나님께
서 모든 사물을 관장하심을 알 수 있으니, 두 번째 神도 세 번째 神도 없
다고 말할 수 있다. 진실된 神은 만들어 낼 수 없는 것이고, 그분을 만드
는 장인도 없으며; 그분을 조종할 수도 없고, 그분에게 일을 시킬 수 있
는 이도 없다. 하나님께서 천지 간에 계심은 명백히 드러나나, 천지를 어
떻게 관장하시는지는 알지 못하니, 모든 생명 있는 것들을 살게 하시므
로, 이로써 하나님을 알 수 있는 것이다.

50　「共」: '견지하다'의 의미. 《詩經·大雅·抑》:「罔敷求先王, 克共明刑.(널리 선왕의 도를
　　구하고, 법을 밝힘을 견지할 수 있다.)」

51　「不可作得」: '만들어 내기에 불가능하다'. 「作得」: '할 수 있다, 만들 수 있다'.

52　「作師」: '장인'. 僧 伽斯那 著, 求那毗地 譯, 《百喻經·詐稱眼盲喻》:「昔有工匠師, 爲王作
　　務, 不堪其苦, 詐言眼盲, 便得脫苦. 有餘作師聞之, 便欲自壞其目, 用避苦役.(옛날에 한 장
　　인이 있어, 임금을 위해 일하고 있었는데, 그 고통을 감당할 수 없어, 눈이 보이지 않는
　　다고 거짓말을 한 뒤, 곧 고통에서 벗어났다. 다른 장인 한 사람이 그것을 듣고, 곧 자
　　신의 눈을 멀게 하여, 고통스런 노력을 회피하였다.)」

53　「捉人」: '조종하는 사람'.

54　「作人」: '부역자'. [唐] 房玄齡, 《舊唐書·天文志·災異編年》:「染院作人張韶於柴草車中載
　　兵器.(染院의 부역자 張韶가 땔나무 차에 병기를 실었다.)」

55　「見」: '명백하다, 드러나다'.

56　「住立」: 「佇立」와 같음, '~에 존재하다'. 《後漢書·循吏列傳》:「耆老聞者, 皆動懷土之心,
　　莫不眷然佇立西望.(원로들이 이 말을 듣고 모두 고향을 그리워하는 마음이 생겼다.)」

57　「衆生」: '생명이 있는 모든 것'. 《禮記·祭義》:「衆生必死, 死必歸土, 此之謂鬼.(생명이
　　있는 모든 것은 반드시 죽게 되나니, 죽으면 흙으로 돌아가고, 이것을 일러 '鬼'라 한
　　다.)」

58　「則」: '곧, 바로'. 《孟子·告子上》:「思則得之, 不思則不得也.(생각을 하면 얻지만, 생각
　　이 없으면 얻지 못한다.)」

譬如一箇舍,[59] 一箇主人身, 一魂魄.[60] 若舍饒[61]主, 則舍不得好; 一人身饒魂魄, 則人不得爲善, 故人魂魄無二亦無三. 譬如一箇舍, 一舍主, 無兩主亦無三. 天地唯有一神, 更無二亦無三.[62] 一神在天地, 不可[63]亦如魂魄在人身, 人眼不可見. 魂魄在身, 既無可執見,[64] 亦如天下[65]不可見. 魂魄在身, 人皆情願執見, 大智之聖[66]等[67]虛空,[68] 不可執,[69] 唯一神遍滿一切處. 將[70]魂魄在身中, 自檀意亦如此.[71]

---

59 「舍」: '집'의 의미. [漢] 許愼,《說文解字》:「市居曰舍.(시가에 거처하는 곳을 '舍'라 한다.)」
60 「魂魄」: '인체에 깃들어 있는 정신적 영의 기운'.《禮記‧禮運》:「君與夫人交獻, 以嘉魂魄, 是謂合莫.(주인과 부인이 교대로 헌작하고, 그로써 혼백을 기쁘게 한다. 이것을 '合莫'이라고 한다.)」
61 「饒」: '무수히 많다'의 의미. [唐] 韋應物, 〈答李瀚〉:「楚俗饒詞客, 何人最往還.(초나라 땅에는 시인이 많으니, 어떤 사람이 가장 많이 오고갔는가.)」
62 「天地 … 無三」: 이것은 「一魂魄」, 「一舍主」로 인해 천지에 오로지 一神이 있다'고 추론하는 것임. 불경에 유사한 말이 있음.《法華經‧方便品》:「十方佛土中, 唯有一乘法, 無二亦無三, 除佛方便說.(十方의 佛土 가운데는 오직 一乘法만 있고, 둘도 없고 셋도 없으니, 부처님께서 방편으로 말씀하신 것은 제외되느니라.)」 참고.
63 「不可」: '一神은 육안으로 볼 수 없는 존재'임을 말함.
64 「執見」: '구체적으로 나타나는 사물'.《韓非子‧八經》:「執見以得非常.(현재 보이는 구체적 사물을 기준으로 하여 관찰한다.)」
65 「天下」: '전 세계'.《論語‧里仁》:「君子之於天下也, 無適也, 無莫也, 義之與比.(군자는 천하에 있어서 꼭 이래야만 된다는 것도 없고, 꼭 그래서 안 된다는 것도 없으니, 매사를 의와 더불어 나란히 하느니라.)」
66 「大智之聖」: '큰 지혜를 가진 사람'.《荀子‧天論》:「故大巧在所不爲, 大智在所不慮.(그러므로 큰 기교는 아무것도 하지 않는 데에 있고, 큰 지혜는 아무것도 생각하지 않는 데에 있다.)」
67 「等」: '비슷하다, 같다'의 의미.《大戴禮記‧主言》:「是故聖人等之以禮.(이런 까닭에 성인은 예로써 그와 같아진다.)」
68 「虛空」: '아무것도 없다'의 의미.
69 「執」: '파악하다, 포착하다'. '一神은 볼 수 없는 존재이니 큰 지혜를 가진 성자가 一神을 한 번 보려 해도 헛수고일 뿐 또한 볼 수가 없다'라는 의미를 말함.《禮記‧曾子問》:「大祝裨冕, 執束帛, 升自西階盡等, 不升堂, 命毋哭.(大祝이 朝服의 차림으로 흰 명주로 만든 혼백을 잡고서, 서쪽 계단으로부터 올라가며, 다 올라가서는, 마루에 오르지 않은 채, 곡하지 말라고 명령한다.)」
70 「將」: '통섭(統攝)'의 의미.
71 「自檀意亦如此」: '혼백이 사람 몸에 있고, 생각이 사람 몸에서 움직이게 하면, 一神이 온 천지에 가득 차게 되는 것과 같다'라는 의미를 말함.「檀」은「擅」으로 보는 것이 마땅하며, '점유하다, 지배하다'의 의미.「自擅」: '독자적으로 행동하다'.《三國志‧吳主

예를 들어 하나의 집에는, 한 주인의 몸이 있고, 하나의 영혼이 있다. 만일 한 집에 여러 주인이 있다면, 집은 짓기가 매우 어려운 법이다; 한 사람의 신체에 여러 영혼이 있다면, 그 사람은 유종의 미를 거둘 수 없고, 따라서 사람의 신체 안에는 둘이나 셋의 영혼이 있을 수 없다. 하나의 집에는, 하나의 주인이 있고, 주인이 둘이나 셋이 있을 수 없다. 천지간에는 오로지 한 분의 神이 계시고, 둘이나 셋의 神은 없다. 유일하신 하나님께서 천지 간에 계시지만, 사람의 몸속에 있는 영혼이 느껴지지 않는 것처럼, 사람의 눈으로는 볼 수가 없는 것이다. 영혼이 사람의 몸속에 있는데, 구체적으로 나타날 수 있는 사물이 없으니, 이는 또한 천하를 볼 수 없는 것과 같다. 영혼이 사람의 몸속에 있는데, 사람들은 모두 오히려 자신의 견식만을 고집하니, 큰 지혜를 가진 성자도 하나님 보기를 헛되이 하는 법이며, 이에 집착하면 아니 되나니, 유일하신 하나님은 계시지 않는 곳이 없는 분이시다. 온갖 영혼이 인간의 몸 가운데 있으니, 혼백이 사람 몸에 있고, 생각이 사람 몸에서 움직이게 하면, 一神이 온 천지에 가득 차게 되는 것과 같다.

天下有一神, 在天堂⁷²無接界,⁷³ 總是一神,⁷⁴ 亦不在一處, 亦不執着⁷⁵一

傳):「故能自擅江表, 成鼎峙之業.(그리하여 그는 강남 땅을 독자적으로 차지하여, 삼국 정립의 업을 이루었다.)」

72 「天堂」: '사람이 죽은 후 혼백이 거하는 아름다운 곳', 추락하는 「地獄」과 상대적인 개념이다. [梁] 沈約,《宋書·夷蠻列傳》:「敍地獄則民懼其罪, 敷天堂則物歡其福.(지옥을 말하면 백성이 그 죄를 두려워하고, 천당을 전파하면 그 외 것들이 복을 반긴다.)」

73 「接界」: '접경', 주로 공간적 구분과 제한에 대한 것이다.《戰國策·齊策一·蘇秦爲趙合從說齊宣王》:「且夫韓, 魏之所以畏秦者, 以與秦接界也.(또 韓나라와 魏나라가 秦나라를 두려워 하는 까닭은, 秦나라와 접경을 두고 있기 때문입니다.)」

74 「總是一神」: 앞서 지적한 대로 '一神은 설사 「天堂」에 있을지라도, 통괄하는 구역과 제한이 없음'을 말한다.

75 「執著」: '구속되고 고집스러워서 벗어날 수 없다', 「제한되다」의 의미.

處, 亦無接界一處兩處, 第一第二時節[76]可接界處. 喻如從此至波斯, 亦如
從波斯[77]至拂林,[78] 無接界時節. 如聖主[79]風化[80]見今, 從此無接界, 亦不起

---

76 「時節」: '시간'의 의미. '이곳은 시간이 끝이 없고 또한 구분하거나 분할할 수 없다'는
의미로서, '시간의 제한을 받지 않는다'는 의미이다. [漢] 孔融, 〈論盛孝章書〉:「歲月不
居, 時節如流.(세월은 멈추지 아니하고, 시절은 물과 같이 흐른다.)」

77 「波斯」: 오늘날의 '이란'. 《舊唐書·西戎列傳》:「波斯國, 在京師西一萬五千三百里, 東與
吐火羅, 康國接, 北鄰突厥之可薩部, 西北拒拂林, 正西及南俱臨大海. 戶數十萬. 其王居有
二城, 復有大城十餘, 猶中國之離宮. 其王初嗣位, 便密選子才堪承統者, 書其名字, 封而藏
之. 王死後, 大臣與王之群子共發封而視之, 奉所書名者爲主焉. 其王冠金花冠, 坐獅子牀,
服錦袍, 加以瓔珞. 俗事天地日月水火諸神, 西域諸胡事火祆者, 皆詣波斯受法焉. 其事神,
以麝香和蘇塗鬚點額, 及於耳鼻, 用以爲敬, 拜必交股.(파사국은 長安에서 서쪽으로 1만5
천3백 리 거리에 있으며, 동으로는 吐火羅와 康國과 접하고, 북으로는 돌궐의 可薩部와
이웃하며, 서북으로는 拂林國과 맞서고, 서쪽부터 남쪽에 이르기까지는 큰 바다에 접
해 있다. 수십만의 호가 있고, 그 왕은 두 개의 성에 거하는데, 또한 큰 성 10여 개가 있
어서, 중국의 離宮과도 같다. 그 왕이 제위를 이어받은 초기에, 곧 몰래 계통을 이을 수
있는 아들을 몰래 선발하여, 그 이름을 써서 봉하고 감추어 두었다. 왕이 죽은 후, 대
신들과 여러 아들들이 함께 그것을 열어 보았고, 이름이 적힌 자를 군주로 삼았다. 그
왕은 금화관을 쓰고, 사자 침대에 앉으며, 화려한 비단포를 입고, 구슬 목걸이로 장식
을 한다. 풍속으로는 天地, 日月, 水火 및 여러 神들을 섬기며, 서역 지방의 여러 火祆를
섬기는 오랑캐들은 모두 波斯로 가서 法을 받는다. 그들은 신을 섬기며 사향과 차조기
를 수염에 바르고 이마에 점을 찍으며, 귀와 코를 대는 것을 상대에 대한 공경의 표시
로 삼고, 절할 때는 반드시 다리를 교차한다.)」

78 「拂林」: 옛지명. 「拂菻國」 「拂懔國」이라고도 칭함; 동로마제국과 서아시아 지중해 연
안 지역을 가리키며, 유대(Judea)를 포함한다. '拂菻'은 《隋書》卷67〈裴矩傳〉, 卷83〈波
斯傳〉, 卷84〈鐵勒傳〉에 처음 출현한다. 《舊唐書·西戎》에는「拂菻國」으로 기록되어
있다:「拂菻國, 一名大秦, 在西海之上, 東南與波斯接, 地方萬余里.(불름국은 일명 大秦이
라고도 부르며, 서쪽 바다 위에 있고, 동남쪽으로 파사와 접해 있으며, 영토가 만여 리
에 이른다.)」 또한 [唐] 玄奘, 《大唐西域記》권11에「拂懔國」으로 기록되어 있다. 동로
마제국과 서아시아 지중해 연안 지역을 말한다; 그중에는 유대(Judea)가 포함되어 있
다. 프랑스 漢學者 폴 펠리오(Paul Pelliot)는 拂菻이 Frōm을 옮겨 쓴 것이며, 어원이
Rom이니 즉 로마이고, 아르메니아어로 Horom이며, 中古시기 페르시아어로는 رومی
(讀音Rúmí), 호라즘어와 소그드어로는 아마도 Frōm일 것이라는 사실을 고증해 냈다.
林英, 《唐代拂菻叢說》(北京: 中華書局, 2006), 19-21쪽 참고.

79 「聖主」: '天子'에 대한 존칭. [漢] 劉向, 《說苑·君道》:「是故明王聖主之治, 若夫江海無不
受, 故長爲百川之主.(이런 고로 明王 천자의 다스림은 무릇 강과 바다가 받아들이지 않
는 것이 없기 때문에, 그리하여 모든 냇물의 주인이 될 수 있는 것과 같다.)」

80 「風化」: '교육 감화'. 《漢書·禮樂志二》:「盛揖攘之容, 以風化天下. 如此而不治者, 未之有
也.(겸손히 揖攘하는 모습을 왕성하게 하여서, 이로써 천하의 풍속을 교화하십시오.
이와 같이 하여도 다스려지지 않은 것은 아직 없었습니다.)」

作,[81] 第一第二亦復不得. 此一神, 因此既無接界, 亦無起作. 一切所有天下, 亦無接界, 亦無起作, 亦無住所, 亦無時節. 不可問, 亦非問能知. 一神何處在? 一神所在無接界, 亦無起作. 一神不可問何時作? 時起[82]? 亦不可問得, 亦非問所得. 常住不滅,[83] 常滅不住.[84] 一神所在, 在於一切萬物常住. 一神無起作, 常住無盡.[85] 所在處, 亦常[86]尊在,[87] 無亦常尊.[88] 一神作經律,[89] 亦無別異.[90] 自聖[91]亦無盡, 天下無者[92]天尊[93]作. 天尊處[94]天下,

---

81 「起作」: '작용하기 시작했다'는 의미. 「起」, '시작'의 의미. 「作」, '생겨나다'의 의미. '사건의 발생과 지속 작용'을 가리킴. 《後漢書·方術列傳下》: 「體有不快, **起作**一禽之戱.(몸이 경쾌하지 않으면, 일어나서 한 짐승의 놀이를 하십시오.)」

82 「時起」: 앞 구절에 비추어 보면 마땅히 「何時起?(언제 일어나는가?)」가 되어야 할 것이다. 이 구절의 「作」과 「起」는 전술한 「起作」와 호응하고 있다.

83 「常住不滅」: '항존하시며 영원불멸하심'. 「住」: '존재하다, 거하다'. [漢] 董仲舒, 《春秋繁露·天道無二》: 「故**常**一而**不滅**, 天之道.(그러므로 항상 하나로 하여도 멸하지 않는 것이 하늘의 도이다.)」 [秦] 鳩摩羅什 譯, 《佛垂般涅槃略說教誡經》: 「則是如來法身**常在**而**不滅**也.(즉 여래법신이 사라지지 않고 항상 존재하는 것이다.)」 참고.

84 「常滅不住」: '항상 소멸하는 자, 즉 존재하지 않음'.

85 「無盡」: '무궁무진하여 생멸이 없음'. 《逸周書·周祝解》: 「善用道者終**無盡**.(道를 잘 쓰는 자는 무궁무진하여 생명이 없다.)」

86 「常」: '영구불변'. 《詩經·大雅·文王》: 「天命靡**常**.(천명은 늘 그대로 일정한 것이 아니다.)」 「尊」: '고귀하다'. 「在」: '임재하다, 존재하다'.

87 「尊在」: '장엄하고 존귀한 존재'.

88 「所在 … 常尊」: '常尊(一神)은 어느 곳에나 있다'의 의미. 앞 구절 「亦常尊在」와 대조시켜 이 구절에서는 없다고 한 것이다.

89 「經律」: 경전과 계율.

90 「別異」: '구별됨, 같지 않음'.

91 「自聖」: '一神 자신이 그 神聖을 선명하게 드러내다'.

92 「無者」: '형체가 없어 보이지 않는 사물'.

93 「天尊」: 전통적으로 '하늘에 대한 존숭', 즉 '上帝 하나님'을 가리킴. 《禮記·樂記》: 「**天尊**地卑, 君臣定矣.(하늘이 높고 땅이 낮아서, 군신이 정해지는 것이다.)」 「天尊」은 '一神'의 또다른 존칭, 기타 경교 문헌 《大秦景教流行中國碑》, 《三威蒙度讚》, 《尊經》, 《大秦景教宣元本經》과 《大秦景教宣元至本經》 經幢 등에서는 「阿羅訶」라 칭함; 《大秦景教流行中國碑》에서는 「元尊」, 「無元眞主」라는 칭호를 더하였음; 《大秦景教宣元本經》과 《大秦景教宣元至本經》 經幢에서는 또한 「匠帝」라 칭함; 《三威蒙度讚》에서는 「三才慈父」와 「眞常慈父」라 칭했음; 《尊經》은 「妙身皇父」라 칭함; 《大秦大聖通眞歸法讚》은 「大聖慈父」라 칭했음.

94 「處」: '몸을 두다, 존재하다'. 《周易·繫辭上》: 「君子之道, 或出或**處**.(군자의 도는 나아가기도 하고 머물기도 한다.)」

有者[95]並可見, 亦有無可見. 譬如見魂魄, 人不可得見, 有可見欲.[96] 似人神識,[97] 一切人見二種,[98] 俱同一根.[99]

　세상에는 오직 한 분의 참 神만이 계셔, 천국에서 자유로이 왕래하시며, 오로지 하나님만이, 한곳에 계시거나, 얽매이지 아니하시고, 또한 한두 공간에 속박되지 않으시니, 첫 번째와 두 번째의 시간에도 공간의 제한을 받지 아니하신다. 가령 여기에서 페르시아로 가시든지, 페르시아에서 大秦 지역으로 가시든지, 공간과 시간의 제약이 없으시다. 예수께서 복음을 전파하심에도, 시·공간적 제약이 없고, 어떠한 작용도 하지 않아도 되며, 첫 번째와 두 번째가 또한 구별이 없다. 이 하나님께서는 공간의 제한이 없으시므로, 어떠한 작용도 아니 하신다. 소유하신 세상의 모든 것에서, 공간의 제약이 없고, 작용도 아니 하시며, 거처도 고정되지 아니하시고, 시간적 제약도 없다. 물을 필요도 없고, 묻지 않아도 아는 것과 같으니라. 이 유일하신 하나님은 어디에 거하시는가? 하나님이 소재하신 곳은 공간의 경계가 없고, 작용도 아니 하시니, 언제부터 창조하셨는지도 물을 수 없고, 언제부터 기원하셨는지도 알 길이 없다. 물어볼 수도 없고 답을 얻을 수도 없다. 그는 항존하시어 영원불멸하시고, 항상

---

95 「有者」: '형체가 있어 볼 수 있는 사물'.
96 「欲」: '욕망'.《荀子·正名》:「欲者, 情之應也.(욕망이란 것은 감정의 반응이다.)」
97 「神識」: '의식, 정신'.《北齊書·高伏護傳》:「神識恍惚, 遂以卒.(정신이 희미해져, 마침내 죽게 된다.)」《一神論》의 앞뒤 문맥을 통해 볼 때,「神識」은 기독교 對人觀의 사유방식에 따라 이해한다면 마땅히 '靈'(spirit)으로 해석해야 하며, 이는 '감각, 의지, 생각의 근원'인 것이다. 데살로니가전서 5장 23절:「너희의 온 영과 혼과 몸이 흠이 없게 보전되기를 원하노라.」
98 「一切人見二種」: '모든 사람의 몸에서 영혼(혼백)과 정신(신식)이라는 두 가지 요소가 나타난다'.
99 「俱同一根」: '모두 하나의 근원에서 나오다'.「俱」, '모두, 전부', 여기서는 魂魄과 神識을 지칭함. [晉] 陳壽《三國志·諸葛亮傳》:「宮中府中俱爲一體.(宮中과 府中이 모두 한 몸이 되었다.)」「根」: '사물의 근본', 이것은 '一神'을 가리킨다.

소멸하시어 존재치 않으신 듯하니, 유일신 하나님은 無所不在하시어 만유에 충만하시다. 오직 하나님만이 시작도 없고, 끝도 없으시다. 계신 곳에 항상 존재하시지만, 또 계신 곳에 항상 계시지도 않는다. 하나님이 계시하시는 경전과 계명에는 차이가 없고, 스스로 성스러우시며 또한 그지없으시니, 하늘 아래 존재하지 아니한 것도 모두 하나님이 창조하신 것이라. 하나님은 천하에 두루 존재하시나, 볼 수 있는 이도 있고, 보지 못하는 이도 있다. 가령 영혼은 눈에 보이는 것이지만, 사람이 보고자 하나 볼 수가 없는 것과 같다. 인간의 '神識'과 같은 것은, 모든 사람에게 영혼과 정신 두 가지 요소로 볼 수 있으니, 이는 모두 한 뿌리에서 나왔음이라.

喻如一箇根, 共¹⁰⁰兩種苗,¹⁰¹ 譬如一人共魂魄幷神識, 共成一人. 若人身不具足,¹⁰² 人無魂魄人亦不具足, 人無神識亦不具足. 天下所見,¹⁰³ 獨自無具足; 天下無可見,¹⁰⁴ 獨自亦具足¹⁰⁵天下在, 兩種¹⁰⁶一根. 若有人問:「有何萬物一神知?¹⁰⁷ 又不見者何在?¹⁰⁸」 如此語, 此萬物不能見者天下在, 如一神所使者. 如許箇數,¹⁰⁹ 幾許¹¹⁰多人起作. 天下萬物, 盡一四

---

100 「共」: '공동'의 의미. 《尚書・盤庚》:「惟喜康<u>共</u>.(오로지 편안함을 함께 누리는 것을 기뻐함이라.)」
101 「苗」: '사물의 발단, 시작'. [唐] 白居易 〈讀張籍古樂府〉:「言者志<u>之苗</u>, 行者文之根.(말은 의지의 싹이요, 행동은 文의 근본이다.)」
102 「具足」: '완비되다, 완전하다'. [漢] 王充 《論衡・謝短》:「不能各自知其所業之事, 未<u>具足</u>也.(각자가 맡은 바 해야 할 일을 알 수 없으니, 아직 완전하지 못한 것이라.)」 뒤의 두 구절「人無魂魄」과「人無神識」으로 추측해 보면, 이 구절은 당연히「若人『無』身不具足」이 되어야 할 것이다.
103 「天下所見」: '세상에 나타나는 것'.
104 「天下無可見」: '세상에 드러나지 않는 것'.
105 「獨自亦具足」: 마땅히「獨自亦無具足」이 되어야 하니, 원문에서는「無」가 누락된 것 같다.
106 「兩種」:「所見」과「無可見」을 가리킴.
107 「有何萬物一神知」: '어찌 만물 가운데에 一神이 있음을 아는가?'의 의미이다.
108 「又不見者何在」:「또한 어찌 볼 수 없는 가운데서 一神이 있음을 아는가?」의 의미이다.

色.[111]

하나의 뿌리에서 두 싹이 나오듯이, 한 사람은 영혼과 神識을 통해, 하나의 사람이 되는 것이다. 사람의 몸이 완전하지 못하다면, 이는 사람에게 영혼이 없어 사람이 부족한 것이고, 신식이 없어 또한 사람이 부족한 것이다. 천하에 볼 수 있는 것들은, 홀로 완벽히 갖춘 것이 없고; 천하에 드러나지 않는 것들도, 또한 천하에 홀로 완벽히 갖춘 것이 없으니, 이 두 가지는 모두 한 근원에서 비롯된 것이다. 만일 누가 묻기를: "만물 가운데에 유일신이 있음을 어찌 알 수 있으며, 보이지 않는 분은 또 어디에 계시는가?"라고 한다면, 이 세상 만물 가운데는 보이지 않는 것이 천하에 존재하나니, 예를 들면 유일하신 하나님께서 작용하시는 것들이다. 가령 이러한 많은 물질들은, 모두 얼마간 많은 사람들이 만들어 낸 것이니, 천하의 만물은 모두 네 가지 원소(흙, 물, 불, 바람)에 기초하는 것이라.

---

109 「如一 … 箇數」: '단 하나뿐인 진리가 행하는 것과 같이 이처럼 많은 방법이 있다'. 「使」: '행하다, 하다'. [漢] 司馬遷 《史記 · 屈原列傳》: 「懷王使屈原造爲憲令.(懷王이 屈原에게 나라의 법령을 만들도록 했다.)」 「如許」: '이렇게 많은'. [唐] 李義府 〈詠鳥〉: 「上林如許樹, 不借一枝棲.(상림원의 많은 나무들을 쫓아 나아가나, 잠시 쉴 가지를 빌려주지 않네.)」 「數」: '방법'. 《商君書》: 「故爲國之數, 務在墾草.(그러므로 나라를 위하는 방법은, 황무지를 개간하는 데에 힘쓰는 것이다.)」

110 「幾許」: '얼마, 약간'의 의미. 《古詩十九首 · 迢迢牽牛星》: 「河漢清且淺, 相去復幾許?(은하수는 맑고도 얕은데, 서로 또 얼마나 떨어져 있는가?)」 「起作」: '시간의 흐름 속에서 작용을 일으키다'.

111 「盡一四色」: '모두 地, 水, 風, 火 네 가지 원소로 개괄된다'. 「盡一」, '전부 개괄하다'. 「四色」, '세상을 구성하는 네 가지 기본 요소 — 地, 水, 火, 風'. 《一神論》은 표제 「喩第二」의 뒷 부분에서 「四色」을 가시적인 기본 물질로 해석하고 있다.

일천론 제1(一天論第一)[112]

問曰:「人是何物作?」答曰:「有可見,[113] 無可見.[114] 何在作? 何無作[115]? 有可見則是天下從四色物作, 地, 水, 火, 風神力作.」問曰:「有何四色作也?」答曰:「天下無一物不作, 一神亦無一物不作. 一神亦無在天下, 無求請[116]天下.」

어떤 이가 묻기를: 「사람은 어떤 물질로 만들어졌는가?」 답하여 말하기를: 「볼 수 있고 만질 수도 있는 것이 있고, 볼 수 없고 만질 수도 없는 것이 있다. 볼 수 있는 존재는 어떻게 생겨나는 것인가? 볼 수 없는 존재는 또한 어떻게 생겨나는 것인가? 볼 수 있는 것은 천하의 네 가지 물질, 즉 四色으로부터 왔으니, '흙, 물, 불, 바람'이 모두 神의 힘으로 만들어진 것이다.」 또 묻기를: 「왜 네 가지 물질로 만들었는가?」 답하여 말하기를: 「천하에는 한 가지 사물도 만들어지지 않은 것이 없고, 한 가지 사물도 하나님께서 만들지 않으신 것이 없다. 하나님은 또한 이 세상에 계시지 않으니, 인간에게 구할 필요가 없으시다.」

譬如作舍, 先求請作舍人處,[117] 求請此, 並一神所擧意即成.[118] 如憐[119]

---

112 「一天論第一」:《一神論》第二篇의 표제이며, 〈喻第二〉의 표제와는 배치한 위치가 다르니, 즉 篇末에 독립된 행으로 배치하였다. 원래 사본의 표제는 앞에 한 칸을 띄고 있다.
113 「有可見」: '볼 수 있고 만질 수 있는 유형물'.
114 「無可見」: '볼 수 없고 만질 수도 없는 무형물'.
115 「何在作, 何無作」: '볼 수 있는 존재는 어떻게 생겨나는 것인가? 볼 수 없는 존재는 또한 어떻게 생겨나는 것인가?'
116 「求請」: '얻기를 구하다'.
117 「舍人處」: '집 짓는 사람이 거처하는 곳'.
118 「擧意即成」: '생각만 하면 성취할 수 있다'. 「擧意」, '생각을 일으키다, 생각에 골몰하다'. [唐] 杜甫 〈鳳凰台〉: 「坐看彩翻長, **擧意**八極周.(빛깔 고운 깃이 자라길 기다려, 뜻을 떨쳐 팔극을 두루 돌다.)」 '成': '실현하다, 완성하다'.

一切衆生, 見在天下, 憐敏畜生,[120] 一神分明[121]見, 天地並一神所作, 由此
處分.[122] 神力意度如風,[123] 不是肉身亦神識,[124] 人眼不見少許,[125] 神力所
遣,[126] 神力所喚,[127] 物當得知.

　가령 집을 짓는다면, 우선 집 짓는 사람이 거처하는 곳에 가서 의견을
구해야 하며, 이 같은 요청처럼, 또한 하나님께서는 뜻을 움직이시기만
하면 이루어질 수 있는 것이다. 모든 중생을 불쌍히 여기신 것처럼, 하나
님의 창조가 천하에 분명히 드러났으며, 비천하고 불쌍한 짐승들에게조
차도, 하나님의 뜻이 분명히 드러났으니, 하늘과 땅 그리고 하나님이 만
드신 모든 것들이, 이로써 분부하신 것이다. 하나님의 크신 능력과 뜻은
육신이 아닌 성령의 운행과 같아서, 사람의 영으로 그의 존재를 느낄 수

---

119 「憐」: '아끼다, 불쌍히 여기다'. [漢] 賈誼《新書 · 道術》:「惻隱憐人謂之慈, 反慈爲忍.(사람
　　을 측은하고 불쌍히 여기는 것을 일러 자비라 하고, 자비에 반대되는 것은 '忍'이다.)」
120 「畜生」: '생명을 가진 동물'.
121 「分明」: '분명하다'.《韓非子 · 守道》:「法分明則賢不得奪不肖.(법이 분명하면 똑똑한 자
　　가 어리석은 자의 것을 빼앗을 수 없다.)」
122 「處分」: '분부하다'의 의미. [南朝宋] 劉義慶《世說新語 · 尤悔》:「曾送兄征西葬還, 日莫雨
　　駛, 小人皆醉, 不可處分.(일찍이 형 征西의 장례를 치르고 돌아오는 길에, 해가 저물고
　　비까지 내렸는데, 소인들이 모두 취하여, 일을 제대로 처리하지 못했다.)」 '천지만물이
　　一神 조물주의 거룩한 말로 말미암아 성취되었음'을 뜻한다.「天地 … 處分」: 이 두 어
　　구는 '천지만물이 一神 조물주 거룩한 말로 말미암아 성취되었음'을 의미한다. 시편
　　33편 6-9절:「여호와의 말씀으로 하늘이 지음이 되었으며, 그 만상을 그의 입 기운으로
　　이루었도다. …그가 말씀하시매 이루어졌으며 명령하시매 견고히 섰도다.」
123 「風」: '一神의 뜻, 보이지 않는 힘을 펼쳐 보이다';《大秦景教流行中國碑》에서는「淨風」
　　이라 했으며, 현재는 대개「聖靈」혹은「聖神」으로 번역한다.
124 「神力 … 神識」: '하나님의 크신 능력은 성령의 운행과 같아서 사람의 영으로 그의 존
　　재를 식별할 수 있으나 단지 육체의 촉각과 시각 등에 의해 감지되는 것이 아니다'라
　　는 의미.「度」, '추측하다, 가늠하다'의 의미.
125 「不見少許」: '조금도 보이지 않다'.
126 「遣」: '파견하다'.《新唐書 · 高祖本紀》:「煬帝遣使者執高祖詣江都, 高祖大懼.(隋 煬帝가
　　사자를 보내 高祖를 잡아 江都에 이르게 하니, 高祖가 크게 두려워하였다.)」
127 「喚」: '부르다, 소환하다'의 의미. [南朝 宋] 劉義慶,《世說新語 · 方正》:「慮諸公不奉詔,
　　於是先喚周侯, 丞相入.(여러 신하들이 명령을 듣지 않을까 걱정이 되어, 이에 먼저 周侯
　　와 丞相을 불러들였다.)」

있으나 단지 육체의 촉각과 시각 등에 의해 감지되는 것이 아니라서, 사람의 눈으로는 조금도 볼 수가 없다. 이는 하나님의 능력이 보내신 것이며, 하나님의 능력에 의해 소환된 것이니, 피조물들은 응당 이를 알 수 있어야 한다.

餘物何處好不作,[128]　是何彼相茲?[129]　大有[130]萬物安置，一神擧天下，共[131]神力. 畜生, 蟲, 鹿, 不解言語, 無意智,[132] 所以因此, 若箇萬物二共一, 三[133]共二, 不相似一, 一[134]天下不可見. 是人疑,[135] 心中思餘神[136]彼相.[137] 分明萬物作, 更有神[138]彼相, 誰不分明作萬物. 因此餘神彼相, 不分明萬物作.[139]

---

128 「餘物何處好不作」: '기타 다른 것들은 어디에서 흥성하지 못하는가?'의 의미. 「餘物」, '기타의 사물'. 「不作」: '흥성하지 않다, 동작하지 않다'.

129 「相茲」: 「相滋」와 같음. '서로 이익을 늘리다'. 《藝文類聚·職官部四》: 「復與雨露相滋, 秋成春發.(다시 비와 이슬을 주어 서로 생장하게 하니, 가을에 성숙해지고 봄에 활짝 피어났다.)」

130 「大有」: '무성하고 풍부하다'. 《易經·序卦》: 「與人同者, 物必歸焉, 故受之以大有.(사람과 동화하면, 物이 여기에 귀의하며, 따라서 大有로써 그 뒤를 잇는다.)」 高亨(1900-1986) 注: 「大有, 所有者大, 所有者多也.('大有'란 소유한 것이 크고 많음을 말한다.)」

131 「共」: '공동으로 향유하다'; '비와 이슬이 균등히 적시다'의 의미.

132 「意智」: '지혜'. [唐] 韋渠牟, 《步虛詞》之六: 「靜發降靈香, 思神意智長.(고요히 神을 부르는 향기를 발하고, 神의 지혜가 장구함을 생각한다.)」

133 「三」: '더욱 많다'.

134 「一」: 「一」은 「亦」의 通假字이다. 돈황변문의 變調와 通假字는 세 가지 현상이 있다: '形近而誤(글자가 비슷하여 오용한 경우)', '音同音近而借(음이 같거나 비슷하여 빌려 쓰는 경우)', '異讀의 경우'. 따라서 「一」과 '意, 亦, 以' 등의 글자는 통가자로 사용된다. 王新華, 〈敦煌變文「一」字的通假與變調的序列〉, 《文史哲》第4期(2005): 42-45쪽.

135 「是人疑」: '그래서 사람들의 마음에 의심이 생겼다'. 「是」, '그래서, 따라서'. 「疑」: '의심하다, 미혹되다'.

136 「餘神」: '기타 다른 神'.

137 「彼相」: '외형, 모양'.

138 「神」: 「一神」을 가리킴. 「一」이 아마도 누락된 듯하다.

139 「因此 … 物作」: '기타 다른 神의 생김새로는 만물이 누구에 의해 창조되었는지 알 수 없다'는 의미.

그 밖의 각종 사물들은 어디에서도 흥성하지 못하나니, 무엇이 그것들을 서로 생장하게 하겠는가? 풍성한 만물이 제각기 자리를 잡았고, 하나님께서 천하를 일으켜 세우셨으며, 神力으로 함께하셨다. 짐승과 곤충, 사슴 등은 말을 이해하지 못하고, 지혜도 없으니, 이렇게 된 까닭은, 약간의 만물은 둘 가운데 하나, 더 많은 것 가운데 둘이 서로 같은 것이 없으니, 또한 세상에서 하나의 일원적 세계란 분명히 이해하기 어려운 것이다. 그래서 인간들은 의심이 생겨났으며, 마음속에서 다른 신들의 모습을 생각하게 되었고, 공공연히 여러 재료를 사용하여, 그런 신들의 모습을 갖추게 되었으니, 분명 여러 재료로 그런 신들을 만들었다는 것을 누가 모르겠는가? 이처럼 기타 다른 神의 모습으로는, 만물이 누구에 의해 창조되었는지 알 수 없는 것이다.

所以可見萬物, 亦無可見萬物, 向盡[140]兩種.[141] 一人作分明,[142] 譬人有兩種, 一種[143]不可言得,[144] 一[145]不可言得, 一[146]不可言得, 未有兩種神.[147] 誰作此人物, 亦不言誰得.[148] 天下由此兩種神理別, 一神作兩種, 安置一神, 亦兩種二天下作也.

---

140 「向盡」: '모두 ~에 불과하다'.
141 「兩種」: 여기서는 '魂魄'과 '神識'을 지칭함.
142 「分明」: '분명하고 뚜렷하다'. [漢] 陸賈《新語・辨惑》:「夫曲直之異形, 白黑之殊色, 乃天下之易見也. 然而目繆心惑者, 衆邪誤之.(무릇 굽은 것과 곧은 것의 다른 형태, 흰색과 검은색의 서로 다른 색상은 세상에서 쉽게 볼 수 있는 것이다. 그러나 눈이 묶이고 마음이 미혹되는 것은, 수많은 사악한 무리가 그것을 오도하기 때문이다.)」
143 「一種」:「一樣」과 통용되어 가차하였음.《佛說阿彌陀經講經文》:「僧家和合爲門, 到處悉皆一種.(승려들이 화합하여 한 종파를 이루니, 도처에 모두가 같았더라.)」蔣禮鴻,《敦煌變文字義通釋》(上海: 上海古籍出版社, 1997), 497-499쪽 참고.
144 「不可言得」: '설명할 방법이 없이 적합하고 적당함'.「得」, '적합하다'.
145 「一」:「以」의 通假字.
146 「一」:「亦」의 通假字.
147 「兩種神」: '魂魄'과 '神識'.
148 「亦不言誰得」: '어느 것 하나만으로 적합하다고 말할 수 없다'.

따라서 어떤 것은 볼 수 있는 사물이고, 어떤 것은 볼 수 없는 사물이라, 모두 이 두 가지 상황에 불과하다. 한 사람을 명확히 분별하자면, 가령 사람에게는 두 가지 종류가 있으니, 한 종류는 설명할 수가 없고, 설명할 수 없는 것으로는, 또한 말로 표현할 수가 없으니, 이는 '영혼(魂魄)'과 '신식(神識)'을 갖고 있지 않기 때문이다. 누가 이런 인물을 만들었는가, 또한 누구 하나만으로 적합하다고 말할 수는 없다. 천하는 이 두 가지 영혼과 신식으로 인하여 구별되나니, 유일신 하나님께서 이 두 종류의 것을 창조하셨고, 하나님은 한 분이시나, 세상은 또한 두 종류의 것으로 만들어졌다.

一箇天下, 譬如身合¹⁴⁹神識, 更第二天地,¹⁵⁰ 似彼天下共魂魄.¹⁵¹ 合天下誰共身,¹⁵² 合有盡共魂魄, 合常住無損傷.¹⁵³ 譬如魂魄不滅, 神力種性,¹⁵⁴ 人魂魄還即¹⁵⁵轉動,¹⁵⁶ 魂魄, 神識是五蔭¹⁵⁷所作, 亦悉¹⁵⁸見, 亦悉

---

149 「身合」: '육신이 잘 어울리고 부합된다'는 의미. 「身」, '육신'. 「合」, '어울리다, 한데 모이다'.
150 「更」: '별도의'. 「第二」: '또 다른 하나'.
151 「似」: '마치 ~인 듯하다'. 「彼」: '저것'. 「共」: '모두 있다'. 「天下」: '세상'.
152 「誰共身」: '어느 결정으로 육신을 공유할 것인가?'.
153 「損傷」: '손상시키다, 훼손시키다', 여기서는 '상실하다'의 의미. 누가복음 17장 33절: 「무릇 자기 목숨을 보전하고자 하는 자는 잃을 것이요. 잃는 자는 살리리라.」
154 「譬如 … 種性」: '사람의 혼백이 영원히 사라지지 않는다'는 의미. 즉 '유일신께서 내려주신 선천적 영성에서 비롯되다'. 「種姓」: '선천적으로 물려받은 성품'.
155 「還即」: '곧 뒤이어, 매우 빠르게'의 의미. [北魏] 賈思勰, 《齊民要術》卷第八〈常滿鹽〉: 「日曝之, 熱盛, 還即成鹽, 永不窮盡.(햇볕에 그것을 말려 뜨거워지면, 곧 소금이 되어, 영원히 없어지지 않는다.)」
156 「轉動」: '이동하다, 변동하다'. [漢] 袁康, 《越絶書‧外傳枕中》: 「故氣轉動而上下, 陰陽俱絕.(고로 氣가 회전하고 위아래로 움직이면, 음양이 모두 끊어진다.)」
157 「五蔭」: 「蔭」은 「廕」과 같음. 「五蘊」이라고도 함. 「蔭」: '가리다, 덮다'의 의미, '眞性을 덮다'라는 뜻이다. [齊] 顏之推, 《顏氏家訓‧歸心》: 「原夫四塵五廕, 剖析形有.(본래 四塵과 五廕은 현상의 세계를 분석하는 것이다.)」 '사람은 色蘊, 受蘊, 想蘊, 行蘊, 識蘊 등 다섯 가지가 모여서 몸이 된다'는 의미를 나타냄.
158 「悉」: '다하다'. [漢] 許愼, 《說文解字》: 「詳盡也.(상세히 다하다.)」《禮記‧王制》: 「悉其聰

聞,¹⁵⁹ 亦言語, 亦動.¹⁶⁰ 魂魄種性, 無肉眼不見, 無肉手不作, 無肉腳不行.¹⁶¹

　　세상은 단지 하나인데, 가령 사람의 몸에는 신식이 잘 어울려 부합되어 있으니, 곧 두 번째 세상이 되며, 마치 저세상에 공유된 하나의 영혼과도 같다. 공동의 세계에서 누가 신체를 공유할지 결정하며, 모든 공동의 영혼을 함께 가지고, 아무런 손해 없이 공동의 영원한 삶을 영위한다. 가령 인간의 영혼이 불멸하는 것은, 하나님의 능력으로 내려 주신 천성이고, 그러나 인간의 영혼은 매우 빠르게 변화하므로, 영혼과 신식은 모두 육신과 결합하여 작용을 일으키고, 또한 그러므로 인간은 모든 것을 볼 수 있고, 모든 것을 들을 수 있으며, 모든 것을 말할 수 있고, 움직일 수 있는 것이다. 영혼은 선천적인 본성을 계승한 것으로서, 눈이 없으면 볼 수가 없고, 손이 없으면 일을 할 수가 없으며, 다리가 없으면 걸을 수가 없는 것이다.

　　譬如一與二兩相須,¹⁶² 日與火二同一性, 由此知, 日中能出火. 一物別性, 日不然¹⁶³自, 自光而自明, 火然自光, 不柴草,¹⁶⁴ 不得自明, 故知火無

　　　明, 致其忠愛以盡之.(그 충명함을 다하고, 충심과 애정을 기울여, 진력해야 한다.)」
159　「聞」: '듣다'.《史記 · 司馬相如列傳》:「蓋**聞**其聲, 今觀其來.(일찍이 그 명성을 들었더니, 이제야 당신이 온 것을 보았다.)」
160　「動」: '움직이다'.《論語 · 雍也》:「子曰:『知者**動**, 仁者靜.(지혜로운 사람은 동적이고, 어진 사람은 정적이다.)』」
161　이 단락은 '혼백의 성질이 육신의 눈에 맞지 않으면 볼 수 없는 것이고; 육신의 손에 맞지 않으면 움직일 수 없으며; 육신의 다리에 맞지 않으면 행동할 수 없음'을 말하고 있다.
162　「譬如 … 相須」: '천하의 만물은 모두 一神에 의해 만들어지는데, 일신과 만물은 숫자 一과 二처럼 상호 의존적이고 필요한 관계이다. 「一과 二」는 숫자의 배열로서 一 뒤에는 반드시 二가 있어야 하는 것이다'라는 사실을 상세히 설명하고 있다. 「相須」: '서로 필요하고 서로 의존적이다'. [漢] 王充,《論衡 · 無形》:「形命**相須**, 以致終死.(形과 命은 상호 의존적이나, 결국은 죽음에 이르게 된다.)」

自光. 譬如日火同一性, 日自然有明, 火非柴草不能得明. 猶此神力, 能別
同, 而同別異.[165] 而以此神力不用人力, 自然成就,[166] 皆是一神之力.

예를 들어 '一'과 '二'는 서로 필요한 의존적 관계이며, 태양과 불은 한
가지 특성을 가진 두 가지 사물이니, 이로써 알 수 있는 것은, 태양 안에
서 불을 낳을 수 있다는 것이다. 한 가지 사물의 서로 다른 특성이란, 태
양은 자기 자신을 태우지는 않으면서, 스스로 빛을 발하고 스스로 빛을
비추지만, 불은 타기 시작하면서 스스로 빛이 있게 되니, 땔감을 얻지 못
하면, 스스로 빛을 발할 수 없고, 따라서 불은 자기 자신이 가진 빛은 없
다는 것을 알 수 있다. 가령 태양과 불이 서로 같은 특성을 가지고 있는
것처럼, 태양은 자신이 연소하여 빛을 가지게 되는 것이고, 불은 땔감의
작용이 아니면 자신이 빛을 얻지는 못하는 것이다. 하나님은 이와 같은
능력으로, 동일한 사물로 하여금 구별이 있게도 하시고, 같은 점을 가지
게도 하신다. 이것은 하나님의 능력인 것이지 사람의 힘을 쓴 것이 아니
고, 세상 만물의 생성은, 모두 하나님의 크신 능력으로 이루어진 것이다.

喻如魂魄五蔭不得成就, 此魂魄不得五蔭, 故不能成. 既無別作神,[167]
因此故當得五蔭手,[168] 然後天下當住[169]不滅, 萬物莫不就. 由如[170]魂魄執

---

163   「然」:「燃」과 통함, '태우다'.
164   「不柴草」: '땔감을 얻지 못하다'의 의미.
165   「能別同, 而同別異」: '같은 종류의 물건으로 하여금 구별이 있을 뿐만 아니라, 같은 점
      을 가지게 하다'.
166   「成就」: '서로 합치다'의 의미.
167   「既無別作神」: '또한 다른 존재가 작용하는 혼백이 없는 것과 같다'.
168   「因此故當得五蔭手」: '魂魄은 내재적인 심신이며 五蔭이 모이는 중요한 곳'임을 가리킨
      다. 「手」, '방법, 기교'.
169   「當住」: '항상 존재하다'의 의미. 「當」은 「常」의 誤記이다. 「喻第二」 중에 「常住不滅」이
      라는 말이 있다.
170   「由如」:「猶如(마치 ~와 같다)」와 통함.

著, 五味[171]如五蔭, 爲天下魂魄美味,[172] 魂魄知彼相似. 譬如說言,[173] 魂魄在身上, 如地中[174]麥苗, 在後生子,[175] 五蔭共魂魄, 亦言[176]麥苗生子, 種子上能生苗, 苗子亦各固[177]自然生, 不求糞水, 若以刈竟,[178] 麥入窖,[179] 即不藉糞水, 暖風土;[180] 如魂魄在身, 不求覓食飮, 亦不須衣服.[181]

가령 영혼과 육신은 서로 간의 융합이 없다면, 이 영혼은 육신과 결합할 수 없으니, 그리하여 생성될 수가 없다. 기왕에 다른 존재가 작용하는 혼백이 없다면, 이러한 까닭에 마땅히 육신의 기능을 충분히 얻어야 하

---

171 「五味」: '시고, 달고, 쓰고, 맵고, 짠 다섯 가지 맛'을 가리킨다. 味, '맛'이다. 《禮記·禮運》: 「五味, 六和, 十二食, 還相爲質也.(五味, 六和, 十二食은 서로를 바탕으로 돌아간다.)」 鄭玄 注: 「五味, 酸, 苦, 辛, 鹹, 甘也.('五味'는 '신맛, 쓴맛, 매운맛, 짠맛, 단맛'이다.)」

172 「美味」: '맛이 대단히 좋다'. 《漢書·揚雄傳》: 「美味期乎合口, 工聲調於比耳.(사람들의 맛있는 음식에 대한 요구는 달콤하게 입에 맞는 것이고, 아름다운 음악에 대한 요구는 귀에 듣기 좋은 것이다.)」

173 「說言」: '설명, 논법'.

174 「地中」: '토양 중'. 《荀子·大略》: 「均薪施火, 火就燥; 平地注水, 水流濕.(고르게 쌓아 놓은 장작더미에 불을 붙이면, 불은 곧 장작으로 번지고; 평평한 땅에 물을 부으면, 물은 습한 곳으로 흘러간다.)」

175 「子」: '식물의 씨앗, 종자'.

176 「言」: '언론, 학설'로 불린다. 《墨子·經上》: 「信, 言合於意也.(믿음이란, 말이 뜻에 부합해야 하는 것이다.)」

177 「固」: '반드시'. 《列子·天瑞》: 「難終難窮, 此固然矣; 難測難識, 此固然矣.(끝나기 어렵고 사라지기 어려운 것은 그것이 본래부터 반드시 그런 것이고, 헤아리기 어렵고 알기 어려운 것도 그것이 본래부터 반드시 그러한 것이다.)」

178 「刈竟」: '수확이 끝나다'. 「刈」: '수확하다'. 《逸周書·大武解》: 「四時, 一春違其農, 二夏食其穀, 三秋取其刈, 四冬凍其葆.(사시: 봄에 농사의 때를 어기는 것이고, 여름에 곡식을 먹는 것이며, 가을에 수확한 곡식을 빼앗는 것이고, 겨울에 솜옷을 입지 못하게 하는 것이다.)」 「竟」: '끝나다'. 《史記·廉頗藺相如列傳》: 「秦王竟酒.(秦王이 주연을 마쳤다.)」

179 「窖」: '곡물창고, 땅굴'. 《禮記·月令》: 「是月也, 可以筑城郭, 建都邑, 穿竇窖, 修困倉.(이 달에는 성곽을 쌓고, 도읍을 건설하며, 땅굴을 파고, 곳간을 수리할 수 있다.)」

180 「即不藉糞水, 暖風土」: '수확하여 곡식 창고에 넣어둔 곡물은 영양가 있는 비료와 수분이 없으면 따듯한 온기와 토양만으로는 싹을 틔울 수 없다'.

181 「即不 … 衣服」: '밀의 성장과 숙성은 결코 외부의 더러운 분토와 비료에 의존할 필요가 없으니; 이는 사람의 영혼이 외부의 음식물이나 의복에 의지할 필요가 전혀 없는 것과 같다'.

고, 그런 후에 세상이 비로소 영원히 존재하여 훼멸에 이르지 않게 되며, 만물이 완성되지 못할 것이 없게 된다. 영혼의 집착처럼, 다섯 가지 감각의 맛도 신체의 다섯 가지 기능과 같아서, 세상의 영혼은 모두 훌륭한 맛과 같고, 영혼은 이들이 서로 비슷하다는 것을 알고 있다. 사람이 말을할 수 있는 것은, 영혼이 몸 안에 있기 때문이고, 땅속의 보리싹처럼, 그후에 씨가 생겨나는 것과 같기 때문이니, 육신과 영혼이 서로 작용을 하면, 보리싹에 씨가 생기고, 씨앗을 심으면 땅에 싹이 자랄 수 있으며, 싹과 씨앗도 각각 반드시 자연스럽게 자랄 수가 있다. 비료와 물을 빌리지않고, 수확이 끝나 곡식 창고에 넣어 둔 곡물은, 영양가 있는 비료와 수분이 없으면 따듯한 온기와 토양만으로는 싹을 틔울 수 없다; 영혼이 몸속에 있는 것처럼, 먹을 것과 마실 것을 구하지 않으며, 또한 입을 옷도필요 없는 것이다.

若天地滅時, 劫[182]更生[183]時, 魂魄還歸五蔭身[184]來, 自然具足, 更不求覓衣食; 常住快樂, 神通[185]遊戲,[186] 不切物資身.[187] 喻如飛仙[188]快樂, 若

---

182 「劫」: '천지가 훼멸되는 재난'.
183 「更生」: '새 생명을 얻다'. 《莊子 · 達生》: 「棄世則無累, 無累則正平, 正平則與彼更生, 更生則幾矣.(세속과의 관계를 버리면 얽매임이 없게 되고, 얽매임이 없게 되면 마음이 바르고 평안해지고, 마음이 바르고 평안해지면 저 육체와 함께 삶을 다시 시작하게 될 것이니, 삶을 다시 시작하게 되면 거의 達生에 가까울 것이다.)」 [晉] 郭象 注: 「更生者, 日新之謂也.('更生'이란 날마다 새로워짐을 말하는 것이다.)」
184 「五蔭身」: '五蔭으로 구성된 육신'.
185 「神通」: 변화 막측한 것을 '神'이라 하고, 구애됨이 없는 것을 '通'이라 한다. [晉] 干寶, 《搜神記》 卷一: 「左慈, 字元放, 廬江人也, 少有神通.(左慈의 字는 元放이며, 廬江 사람이다. 어릴 적부터 특출한 재간이 있었다.)」 불교에서도 '神通'이라는 말을 자주 사용한다. [唐] 玄奘, 《大唐西域記 · 揭盤陀國》: 「時揭盤陀國有大羅漢, 遙觀見之, 湣其危厄, 欲運神通, 拯斯淪溺.(그때 걸반타국에 大羅漢이 있었는데, 멀리서 이들이 재앙을 만난 것을 보고, 그 위급하고 곤궁함을 가엾게 여겨서, 신통력으로 날아와 이들을 구해 주려고 하였다.)」
186 「遊戲」: '노닐다'. 「遊」는 「游」와 통함. 《相和歌辭 · 琴瑟曲一 · 善哉行》: 「參駕六龍, 遊戲

快樂身遊戲,[189] 彼天下[190]快樂, 亦如魂魄遊在身上快樂. 彼魂魄如容,[191] 在天下快樂處, 於此天下五陰身共作容, 同快樂於彼天下. 喻如魂魄作容 此天下, 亦是五陰身此天下作容, 魂魄彼天下無憂快樂, 爲[192]是天尊神力 使然.

　　만일 천지가 멸망한다면, 그 멸망의 재난이 지나간 후 부활의 때에, 영혼이 다시 육체로 돌아오나니, 자신의 모습대로 이미 갖추었으므로, 다시는 옷과 음식을 찾지 않을 것이다; 변함없이 영원히 거하는 기쁨, 거침없이 자유로운 즐거움, 주변 어떤 물질에 의존하지 않는 자신을 부양하는 것은, 마치 비상하는 천사의 기쁨과도 같고, 이러한 기쁨은 구속 없는 몸으로 자유자재로 노니는 것과 같으니, 새 생명을 얻은 후의 천하의 즐거움은, 영혼 깊은 곳에서 사람의 몸으로 우러나오는 즐거움과도 같다. 피안 세계의 영혼이 이러한 모습으로, 세상의 기쁨 가운데에 있으며, 여기에서 세상의 五陰 육신도 함께 이러한 모습으로 기뻐하니, 동일한 기쁨이 바로 피안의 세계에 있는 것이다. 비유하자면 영혼이 현재 세계에서 모습을 갖추는 것, 또한 五陰 육신이 현재 세상에서 모습을 갖추는 것,

---

雲端.(여섯 마리의 용을 타고, 상서로운 구름 속을 날아다닌다.)」

187　「切物資身」: '가까이에 어떠한 물건도 필요 없이 몸이 자유롭게 노닐 수 있다'라는 의미이다. 「切物」, '밀접한 물건'. 「資身」, '자신을 양생하다'. [漢] 班固, 《漢書·韓信傳》: 「寄食於漂母, 無**資身**之策.(漂母에게 기식하여 밥을 얻어 먹었으니, 자신의 몸을 지탱할 대책도 없는 사람이다.)」

188　「飛仙」: '비상하는 신선'. [晉] 葛洪, 《抱朴子·內篇·金丹》: 「若復欲昇天者, 乃可齋戒, 更服一兩, 便**飛仙**矣.(만일 다시 하늘로 올라가려 한다면, 바로 금식하고, 옷 한두 벌을 갈아입으면, 곧 나는 신선이 될 수 있느니라.)」 기독교에서는 이와 유사한 영체를 「天使」라 칭한다.

189　「快樂身遊戲」: '구속 없는 몸으로 자유자재로 노닐다'. 「快樂」, '자유롭고 구속이 없다'.

190　「彼天下」: '새 생명을 얻은 후의 천하'를 가리킴. 「此天下」와 대조됨. 「彼」, '저'.

191　「容」: '모양, 양식'. 《周禮·冬官考工記》: 「凡爲甲, 必先爲**容**然後制革.(무릇 갑옷을 만들려면, 반드시 먼저 모양을 갖춘 연후에 제혁을 해야 한다.)」

192　「爲」: '~ 때문에'.

영혼이 피안의 세계에서 걱정 없이 즐거워할 수 있는 것은, 모두 하나님의 크신 능력이 그렇게 해 주시는 것이다.

如前魂魄於身上氣味,[193] 天尊敬重, 一切萬物分明見,[194] 天下須報償.[195] 如魂魄向依,[196] 魂魄共蔭作客, 主,[197] 天下常住. 覓魂魄何許[198]富, 在前借貸,[199] 五蔭誰貧, 彼此勿疑.[200] 若五蔭貧不能償債, 如魂魄富饒, 貸債與五蔭, 五蔭若貧, 魂魄富饒, 因此無疑不能償債. 得此說言, 五蔭貧, 魂魄富饒, 亦無別計眞實.[201]

앞서 말했듯이 영혼이 사람의 신체 안에서 생기게 되는 의미야말로, 하나님이 사랑하고 중요하게 여기시는 것이며, 모든 만물은 뚜렷하게 보여야 하고, 세상의 모든 것은 응보가 있어야 한다. 영혼이 하나님께로 돌아가 순종하듯이, 영혼은 육신과 함께 각각 손님이 되고 주인이 되며, 세상은 늘 변함이 없이 머물러 있다. 영혼이 어떠한 부를 찾아서, 살아생전 재물을 차용하고 살아도, 또 육신이 누구보다 가난하여도, 서로 간에 의심할 필요가 없다. 만일 육신이 가난하여 빚을 갚을 능력이 없다 하더라

---

193 「身上氣味」: '혼백이 사람의 몸 안에서 생기게 되는 성격, 정서'.
194 「分明見」: '분명하게 가리어서 보다'.
195 「報償」: '재물이나 행동으로 보답하다'.
196 「向依」: 「向」, '줄곧'. 「依」: '순종하다, 복종하다'. '혼백이 하나님에게 순종함'을 가리킴.
197 「客主」: '魂魄은 客, 五蔭은 主'를 의미함.
198 「何許」: '어떤, 어떠한'.
199 「借貸」: '다른 사람에게 재물을 차용하다'. 《晉書·王衍傳》: 「父卒於北平, 送故甚厚, 爲親識之所借貸, 因以捨之.(부친께서 北平에서 돌아가시자, 이임하며 속한 관료들도 함께 떠났는데, 친한 친구에게 차용해 준 재물도, 그 때문에 희사해 버렸다.)」
200 「勿疑」: '의심할 필요 없다'.
201 「亦無別計眞實」: '혼백이 풍족해지는 일에 힘쓰다 보면, 비록 오음이 빈궁하더라도 이보다 더 적합한 일은 없다'라는 의미를 표현한다. 「別」, '별도의'. 《商君書·禁使》: 「十二月而計書以定, 事以一歲別計.(매년 12월에는 보고서가 이미 작성되는데, 모든 일은 일 년 단위로 별도로 장부에 기록된다.)」

도, 영혼이 풍족하다면, 몸을 빌려준 것이나 다름없고, 몸이 비록 가난해도, 영혼은 풍요롭고 배부르니, 그러므로 빚을 갚지 못할 일을 의심하지 말라. 이런 말이 있듯이, 몸은 가난하더라도, 영혼은 풍족하나니, 또한 이보다 더 적합한 일은 없는 것이다.

　所以五蘊總是泥土,[202] 魂魄少許[203]似身兩,[204] 共五蘊, 共魂魄, 自一身. 神知若知,[205] 亦無此天下[206]知. 雖兩共[207]先此處知, 亦彼天下知, 更在後, 亦如在, 亦如在先作. 胎中不住,[208] 所以知在先母胎中生.[209] 如此聞,[210] 須作者, 此天下彼處作,[211] 在後生時, 此天下如是. 此天下生, 亦不生常住此處.[212] 爲如此, 生[213]能修善種果報,[214] 彼天下須者, 皆得在先. 此天下種於後去,[215] 彼天下是何處? 此處須母胎, 即預作若箇萬物.[216] 彼天下須, 天下

---

202 「所以五蘊總是泥土」: '육신과 근골은 모두 결국 흙으로 돌아간다'.
203 「少許」: '아주 조금, 소량'. [晉] 葛洪,《抱朴子·內篇·黃白》:「然率多深微難知, 其可解分明者少許爾.(그러나 대다수가 깊고 미묘함을 알지 못하나니, 그것을 분명히 풀어 알 수 있는 자가 적더라.)」
204 「身兩」: 즉 '身量', '신체, 형체'의 의미를 나타냄. 「兩」은 「量」과 통함, 敦煌變文의 通假字이다.
205 「神知若知」: 「神」은 「一神」의 약어. 「若」, '이처럼'.
206 「此天下」: 「彼天下」에 대응함. '「此天下」가 아는 바는 「彼天下」를 초월할 수 없다'.
207 「兩共」: 앞에서 말한 「共五蘊, 共魂魄」의 약어이다.
208 「胎中不住」: '출생 이후'의 의미.
209 「所以 … 中生」: '一神은 사람이 모태에 있기 전부터 이미 알고 있다'의 의미를 표현함. 이 구절은 예레미야서 1장 5절에 나옴:「모태에서 너를 빚기 전에 나는 너를 알았다. 태중에서 나오기 전에 내가 너를 성별하였다. 민족들의 예언자로 내가 너를 세웠다.」
210 「如此聞」: '이때 친히 듣다'의 의미.
211 「須作 … 處作」: '사람은 모태에 있기 전의 혼백이 이미 彼處에서 만들어지므로, 따라서 반드시 혼백을 만드는 자, 즉 「作者」가 있어야만 하는 것이다'.
212 「此天 … 此處」: '사람은 혼백을 가지고 세상에 태어나지만, 세상에서 영원히 거하지는 않는다'.
213 「生」: '세상에서의 인생'을 의미함.
214 「修善種果報」: '착한 행동으로 수행함으로써 복덕의 열매를 얻는다'.
215 「天下種於後去」: '이 세상에서 善因의 果報를 심은 후 저세상으로 간다'의 의미.
216 「此處 … 萬物」: '이 세상 만물의 잉태와 생육 성장은 반드시 母胎가 있어야만 비로소

須在前, 此閒須作分明宣說.[217] 但天下明, 須眼所看之處, 並須明見; 亦有無量[218]種語聲音, 亦須耳明聽, 無量種香, 亦須鼻嗅香分明; 無量食種, 亦須口嘗其味; 無量種作, 須手自作. 此五蔭說言, 非此處作, 是母胎中作, 若忽然有此五蔭, 少一不具足. 母胎中出, 如天下人, 盡皆是母胎中所作, 餘處不能作. 若見此處作, 可作母胎中作. 如彼天下須者, 此閒合作, 此閒若不合作, 至彼處亦不能作. 一切功德[219]須此處作, 不是彼處作.

그러므로 육신과 근골은 모두 결국 흙으로 돌아가며, 영혼은 그 신체 가운데서 아주 작은 부분을 차지할 뿐이니, 몸을 공유하고, 영혼을 공유하는 것은, 하나의 신체로부터 비롯되는 것이다. 하나님께서는 이처럼 아시나니, 그분의 앎은 우리 천하의 생이 알 수 있는 것이 아니다. 하나님의 아심은 공유된 육체와 영혼에 대해 우리가 아는 것보다도 이르고, 우리의 이승을 아실 뿐만 아니라, 우리의 미래도 아시나니, 피안의 세계 또한 존재하는 것으로서, 이는 일찍이 예정된 것과도 같다. 사람이 모태에서 아직 형성되기도 전에, 하나님은 모태에서 태어난 이후의 상황까지도 이미 알고 계신다. 이러한 말대로라면, 반드시 만드신 이가 있어서, 인간의 영혼은 이미 다른 곳에서 창조되었다는 것이며, 태어날 때가 되어서야, 비로소 현생의 모습이라는 것이다. 영혼은 사람을 따라 세상에

가능하다'는 의미이다.

217 「分明宣說」: '여기서 똑똑하고 명확히 설명하다'. 「宣說」, '선전하고 설명하다'. [隋] 江總, 〈群臣請贖武帝懺文捨身〉: 「見前大德僧, 以慈悲力, 用無礙心, 坐道放光, 顯揚宣說.(앞에 있는 대덕승을 보니, 자비의 힘과 거리낌 없는 마음으로, 도량에 앉아 빛을 발하며, 칭찬하여 설명하였다.)」

218 「無量」: '한도 끝도 없다'. 《左傳·昭公十九年》: 「今宮室無量, 民人日駭, 勞罷死轉, 忘寢與食, 非撫之也.(지금은 궁실에 한량이 없어, 백성들은 날로 두려워하며, 피로하여 지쳐 죽거나 이사를 가고, 자고 먹는 것을 잊고 있으니, 이것은 안정시킨 것이 아니다.)」

219 「功德」: '善行을 닦아 功業을 쌓다'. 「功」, '福利의 기능', 이 기능을 선행의 덕이라 하여 '德'이라고 부른다. 「德」, '得'이다, '功'을 닦아 얻는 바가 있으니, 그리하여 '功德'이라 부른다.

태어나지만, 또한 이곳에서 영원히 거하지는 않는다. 마침 이러하기 때문에, 세상에서의 인생은 선행을 수양하여 복업을 얻을 수 있고, 저세상에서 심판을 기다리는 자는, 모두 생전의 행위로 판결을 받는다. 이 세상에서 선행의 업보를 쌓은 후 피안으로 가나니, 피안의 세계는 어디란 말인가? 이생은 먼저 모태에서 태어남을 거치니, 천하 만물은 모두 이로부터 잉태되어 생성되는 것이다. 피안의 세계에서 심판을 기다리는 것은, 이승의 행위가 심판의 근거가 되나니, 여기서는 반드시 분명하게 선포해야 하노라. 그러나 세상을 분명하게 보려면, 무릇 눈으로 볼 수 있는 곳은, 반드시 명백하게 보아야 하며; 또한 무수한 소리들도, 귀로 분명히 들어야만 하고, 수많은 향기도 또한 후각으로 그 향기를 분명히 구별해야 하며; 무수한 먹을거리도, 반드시 입으로 그 맛을 느껴야 하고, 여러 가지 일들도, 손으로 직접 해보아야 한다. 이것은 육신의 다섯 가지 기능에 대한 이야기인데, 육신은 이 세상에서 형성된 것이 아니라, 모태에서 생성된 것이니, 만일 갑자기 이 다섯 가지 기능이 생겼다면, 한 가지만 부족하여도 완전하지 못하게 되는 것이다. 어머니의 배로부터 나온 세상 사람들은, 모두가 다 태중에서 만들어진 것이니, 다른 곳에서 생성될 수는 없는 것이다. 만일 현세에서의 생성이 가능하다면, 또한 모태에서의 작용으로 형성된 것이다. 피안의 세계에서 심판을 기다리는 사람은, 이승에서 행한 일을 보아야 하고, 이승에서 만일 합당하지 않은 일을 했다면, 피안의 세상에 가서는 마땅히 해야 할 일을 더욱 할 수 없는 법이다. 모든 선한 공덕은, 반드시 이승에서 행해야 하니, 저승에 가서 해야 할 일이 아닌 것이다.

莫跪拜鬼,[220] 此處作功德, 不是彼處. 一神處分莫達, 願此處得作,[221] 彼處不得作. 喻如作功德, 先須此處作, 不是彼處. 布施與他物功德, 此處施

得, 彼處雖施亦不得.²²² 發心²²³須寬大,²²⁴ 不得窄小, 即得作寬,²²⁵ 此處
得作, 彼處作不得.

우상과 귀신에게 절하지 말라. 이승에서 행할 선덕은, 저승에 가서 다
시 해야 할 일이 아니니라. 하나님의 분부를 위반하지 말지니, 이승에서
해낼 수 있기를 바라며, 저승에 가서는 해낼 수 없는 것이라. 가령 선한
공덕은, 이승에서 먼저 행해야 하는 것이며, 저 피안의 세계에서의 일이
아니다. 재물을 베풀고 다른 선덕을 행하는 일은, 현생에서 베풀 수 있는
것이고, 저승에서는 베푼다 하더라도 완성할 수 없는 일이다. 자비를 베
푸는 일은 두텁고 크게 해야 하며, 좁고 작게 해서는 아니 되니, 즉 너그럽
게 베풀어야, 이승에서 완성할 수 있으며, 저승에서는 할 수 없는 일이라.

以此思量,²²⁶ 毒心, 惡意, 惡酬,²²⁷ 增嫉,²²⁸ 物²²⁹須除卻, 此處除可得,

---

220 「拜鬼」: '요괴 혹은 죽어 귀신이 된 조상을 숭배하다'. 《孝經·喪親》:「爲之棺槨衣衾而擧
之, 陳其簠簋而哀戚之; 擗踊哭泣, 哀以送之; 卜其宅兆, 而安措之; 爲之宗廟, 以鬼享之; 春
秋祭祀, 以時思之.(부모님을 위해 관곽과 수의를 만들어 장사 지내고, 그 제기들을 진
설하여 애도하며 슬퍼한다; 곡하며 울고 가슴을 치며 발을 구르고, 슬픈 마음으로 보
내 드린다; 좋은 자리를 택하여 편히 모시고; 종묘를 만들어 영혼을 섬기며; 봄과 가을
에 제사를 지내어 때때로 추모한다.)」기독교는 엄격한 교칙을 가지고 있으니, 하나님
이외의 어떠한 신령과 우상을 섬겨서는 안 된다. 출애굽기 20장 3-5절:「너는 나 외에
는 다른 신들을 네게 두지 말라. 너를 위하여 새긴 우상을 만들지 말고 또 위로 하늘에
있는 것이나 아래로 땅에 있는 것이나 땅 아래 물속에 있는 것의 어떤 형상도 만들지
말며 그것들에게 절하지 말며 그것들을 섬기지 말라. 나 네 하나님 여호와는 질투하는
하나님인즉.」
221 「得作」: '해낼 수 있다'.
222 「布施 … 不得」: '이 세상에서 공덕을 베풀면 그 보답을 받을 수 있지만, 저승에 이르러
서는 설령 공덕을 행하더라도 이미 받을 수 있는 보답이 없다'.
223 「發心」: '연민의 자비심을 발하다'. [漢] 班固, 《漢書·宣元六王傳》:「子高乃幸左顧存恤,
發心惻隱, 顯至誠.(子高가 곧 다행히도 아랫사람을 돌보기 위해 사람을 보내 위로하였
고, 자비의 측은지심을 발하며, 지극한 정성을 드러냈다.)」
224 「寬大」: '가혹하지 않고 도량이 크다'. 《論語·陽貨》:「寬則得衆, 信則人任焉.(너그러우
면 사람들을 얻을 수 있고, 믿음직스러우면 사람들이 그에게 일을 맡긴다.)」
225 「作寬」: '發心寬大(마음을 너그럽게 쓰다)'의 약어.

彼處除不可得. 身心淨潔, 恭敬禮拜, 不犯戒行,[230] 此處作得, 彼處作不得. 至心[231]禮拜天尊, 一切罪業[232]皆得除免, 此處禮得, 彼處禮不得.

이로써 헤아려 보면, 악랄한 마음, 간사한 생각, 악의적인 보복, 공연한 질투, 이러한 악의에 찬 마음들은 반드시 제거해야 하니, 이승에서 깨끗이 제거할 수 있는 것이며, 저승에 가서는 제거하고 싶어도 할 수가 없는 것이다. 몸의 내면이 정결해야 하고, 하나님을 공손히 섬겨 예를 다하며, 계율을 잘 준행하는 것이, 이승에서 할 수 있는 일이며, 저세상에서는 할 수 없는 것이다. 지극히 정성스런 마음으로 하나님을 경배하면, 우리의 모든 죄악이 사함을 얻게 된다. 이승에서 하나님을 공손히 경배해야 하고, 저승에서는 경배할 때가 이미 늦게 된다.

若有此天下去人, 於此處種果報得具足, 彼處雖種不得具足. 於彼天下唯見快樂, 亦不見阿誰.[233] 一神自聖化神, 自聖化神力作, 在先安置天下, 然後彼天下去, 須解無便宜.[234] 辛苦處於人,[235] 一切於自家,[236] 辛苦處不

---

226 「思量」: '고려하다, 헤아리다'. [齊] 顏之推, 《顏氏家訓·歸心》:「何況神通感應, 不可思量.(하물며 신통이 감응하여, 헤아릴 수가 없다.)」

227 「惡酬」: '좋지 않은 응보'.

228 「增嫉」: '질투를 돋우다'.「嫉」: 妒忌. 《史記·外戚傳》:「士無賢不肖, 入朝見嫉.(선비는 어질든 어리석든, 궁궐에 들어가면 질투를 받게 된다.)」

229 「物」:「악의에 찬 마음」을 의미함.

230 「戒行」: '계율을 준수하는 몸가짐'.

231 「至心」: '지극히 정성스런 마음'. 《晉書·王嘉傳》:「人候之者, 至心則見之, 不至心則隱形不見.(사람이 무엇을 기다릴 때, 지극히 정성스런 마음이면 그것을 볼 수 있고, 그렇지 못하면 드러나지 않아 볼 수가 없다.)」

232 「罪業」: 죄악이 행한 일은 미래에 고통을 느끼게 되는 요인이다. 《法華經·化城喩品》曰:「罪業因緣故, 失樂及樂想.(죄업을 지은 인연으로, 즐거운 일과 즐거운 생각까지 잃게 된다.)」

233 「阿誰」: 의문대명사, '誰(누구)'와 같으므로, '어떤 사람'. 《樂府詩集·橫吹曲辭五紫騮馬歌辭》:「道逢鄉里人:『家中有阿誰?』(오는 길에 우연히도 고향 사람을 만났기에:『우리 집에 누가 살고 있는가?』를 물었다.)

234 「須解無便」: '결코 쉬운 일이 아님을 반드시 알아야 한다'.「解」: '이해하다, 알다'.「無」:

覓功德, 此大如人在先, 知天尊誰置. 唯事一神天尊, 禮拜一神, 一取一神進止.[237] 不是此意,[238] 知功德不是餘處[239]功德, 此處功德不是功德處.

만일 이 세상을 가졌더라도 일단 세상을 떠나면, 이 현세에서는 선행의 복이 온전하지만, 저 너머 세상에서는 비록 선을 행해도 복이 온전한 것이 아니다. 피안의 세상에서는 단지 쾌락만을 볼 수 있으며, 어떤 사람인지 보이지도 않는다. 하나님께서 자신의 품성을 성화시키신다면, 스스로 성화하는 것은 하나님의 크신 능력인 것이며, 그분은 세상을 창조하시기 전에도 계셨고, 피안의 세계 후에도 계셨으니, 이것을 이해하는 것은 결코 쉬운 일이 아님을 반드시 알아야 한다. 예수께서 고생스럽게 사람들 가운데 계셨던 것은, 모든 것이 자신 스스로 원하셨던 것이며, 이 고통들은 선한 공덕을 찾기 위함이 아니다. 이렇게 크신 은덕이 사람들에게 놓였던 것은, 하나님께서 그렇게 하셨다는 것을 알아야만 한다. 오로지 유일신 하나님만을 섬기고, 하나님께 경건히 예배하며, 전심으로

「勿」, 「毋」와 통함: '금지'를 표시하며, 「不要」, 「別」과 같다. 《韓非子 · 外儲說左上》曰: 「寧信度, 無自信也.(차라리 치수는 믿을지언정, 내 자신은 못 믿겠다.)」「便宜」: '편리하다, 마땅하다'의 의미.

235 「辛苦處於人」: '사람이 지치고 고생스럽다'의 의미. 「辛苦」: '몸과 마음이 지치고 고생하다'의 의미. [漢] 李陵, 〈答蘇武書〉: 「流離辛苦, 幾死朔北之野.(이곳저곳 떠돌며 고생하다가, 변경 북방 황야에서 거의 죽을 뻔하기도 하였다.)」「處」: '몸이 ~에 처하다, 존재하다'.

236 「自家」: '자기'. [唐] 施肩吾, 〈望夫詞〉: 「自家夫婿無消息, 卻恨橋頭賣卜人.(자기 남편이 소식이 없는데, 다리 위 점치는 사람을 원망하네.)」

237 「一取一神進止」: '전심으로 예배하며 하나님의 뜻을 구하다'. 「取」: '찾다, 구하다'. [漢] 張衡, 〈西京賦〉: 「列爵十四, 競媚取榮.(열네 가지 작위가, 아름다움을 다투어 영예를 얻는다.)」「進止」: '취지'; '명령'. 《北齊書 · 顏之推傳》: 「帝時有取索, 恒令中使傳旨, 之推稟承宣告, 館中皆受進止.(제왕 시기에 요청이 있으면, 항상 환관에게 뜻을 전하라 명하였고, 之推가 명을 받아 선고하면, 궁중 별관에서 모두 명령을 받았다.)」

238 「此意」: 이것은 「禮拜一神, 一取一神進止(하나님께 예배하고, 명령을 받는다)」하는 진실된 마음'을 가리킨다.

239 「餘處」: '다른 곳'. 《百喻經 · 破五通仙眼喻》: 「云何得使此人常在我國, 不餘處去.(말하기를, 어찌하면 이 사람을 항시 우리나라에 두어, 다른 곳에 가지 못하게 할 수 있는가?)」

나아가 하나님의 뜻을 구해야만 한다. 하나님께 예배하고 뜻을 받드는 것이 아니라면, 이러한 공덕은 다른 공덕과 다르다는 것을 알아야 하니, 이때의 공덕은 선한 공덕이라 할 수 없는 것이다.

喻如人作舍, 預[240]前作基脚,[241] 先須牢固安置, 若基脚不牢固, 舍即不成. 喻如欲作功德, 先修行,[242] 具戒[243]備足. 亦須知一神安置. 人皆須禮拜, 須領一神恩, 然後更別[244]作功德. 此是言語讚歎功德, 亦不是餘功德亦須知. 喻如說言, 須作好善, 意智[245]裡天尊何誰.[246] 別在功德處, 不勤心時.[247] 如似人無意智, 欲作舍, 基脚不着地, 被風懸吹將去,[248] 如舍脚牢, 風亦不能懸吹得.[249] 如功德無天尊證,[250] 即不成就.[251] 若人欲得見見[252]一

---

240 「預」: '사전(事前)'.
241 「基脚」: '담벼락 밑'.
242 「修行」: '덕행을 수양하다'. 《莊子·大宗師》:「彼何人者邪? 修行無有, 而外其形骸.(저들은 도대체 어떤 사람들인가? 예법에 맞는 행동이 없고, 행동을 삼갈 줄도 모른다.)」
243 「具戒」: '天尊의 원만한 계책을 충분히 갖추다'.
244 「更別」: '다시 별도로 행하다'. 「更」, '다시, 별도로'.
245 「意智」: '지혜'와 같은 의미이다. [唐] 韋渠牟 〈步虛詞〉之六:「靜發降靈香, 思神意智長.(神이 내리는 향기를 조용히 발하고, 神이 가진 지혜의 장구함을 생각한다.)」
246 「何誰」: '누구'. [晉] 郭璞, 〈遊仙詩〉之二:「借問此何誰? 云是鬼谷子.(한마디 묻나니 그대는 누구신가? 대답하여 이르기를 鬼谷子니라.)」
247 「勤心」: '마음을 다해 고심하다'. 《後漢書·陳寵傳》:「寵常非之, 獨勤心物務.(寵은 항상 동의하지 않았고, 홀로 고심하여 사무를 처리하였다.)」
248 「被風懸吹將去」: '바람의 기세에 휩쓸려 무너져 가다'. 「懸」: '근거 없이'. 「將」: '가지다, 지니다'. 마태복음 7장 26-27절:「나의 이 말을 듣고 행하지 아니하는 자는 그 집을 모래 위에 지은 어리석은 사람 같으리니; 비가 내리고 창수가 나고 바람이 불어 그 집에 부딪히매 무너져 그 무너짐이 심하니라.」
249 「如似 … 吹得」: 이 단락의 구조는 성경과는 정반대이다; 여기서는 먼저 부정적인 예를 만들고, 다시 긍정의 예를 든다. 마태복음 7장 24-25절:「그러므로 누구든지 나의 이 말을 듣고 행하는 자는 그 집을 반석 위에 지은 지혜로운 사람 같으리니; 비가 내리고 창수가 나고 바람이 불어 그 집에 부딪히되 무너지지 아니하나니 이는 주초를 반석 위에 놓은 까닭이요.」
250 「證」: '검증하다'. 《楚辭·九章·惜誦》:「故相臣莫若君兮, 所以證之不遠.(그러므로 신하를 살펴봄에는 임금만 한 이가 없으며, 그것을 입증하는 바가 멀리 있는 것이 아니다.)」
'天尊께서는 개인의 공덕 행위에 근거하여 계명을 충분히 갖추고 있는가를 판단할 수

神, 自身淸淨心見,[253] 盡[254]須如是思量. 如五陰有無量筋脈,[255] 一一各不
相似, 五陰身及魂魄, 一是[256]自在, 一切筋脈是處[257]相固.[258] 於一切天下,
有數種,[259] 一與二皆須似一神, 一共彼[260]惣一神所作, 養育成就, 皆須禮
拜. 自言常不滅,[261] 時節想受處分,[262] 亦是春秋迎代,[263] 寒暑[264]往來, 四

있다'라는 의미를 나타냄.

251 「如功 … 成就」: '天尊은 각자의 선행에 따라 충분한 계명을 구비했는지를 심판할 것이
다'.

252 「見見」: '만나려는 자를 만나다'. 《春秋公羊傳 · 成公十六年》: 「公不見見也. 公不見見, 大
夫執.(공이 만나려는 사람을 만나지 못했습니다. 공이 만나고자 하는 자를 만나지 못
한 것은, 대부가 잡혀 있기 때문입니다.)」

253 「自身淸靜心見」: '사람의 마음이 맑고 깨끗하면 一神天尊을 볼 수 있다'의 의미. 「淸淨」:
'심경이 청결하여 외부의 간섭을 받지 않다'. 《戰國策 · 齊策 · 齊宣王見顏斶》: 「斶願得
歸, 晚食以當肉, 安步以當車, 無罪以當貴, 淸靜貞正以自虞.(저는 돌아갈 수 있기를 바라
니, 늦게 먹는 밥을 고기 반찬으로 삼고, 편안한 걸음을 수레로 삼으며, 죄가 없는 것을
귀한 줄로 여기고, 청정하며 바르게 행동함을 저의 즐거움으로 삼겠습니다.)」 「心見」:
'一神은 육안으로 볼 수 있는 것이 아니라 마음으로만 볼 수 있는 것이니, 마음이 청명
하고 깨끗하다면 자연히 볼 수 있는 것이다'라는 의미이다.

254 「盡」: '노력하여 완성하다'. 《荀子 · 榮辱》: 「農以力盡田, 賈以察盡財, 百工以巧盡械器.
(농군은 힘을 써 밭을 갈고, 상인은 잘 살펴 재물을 모으며, 여러 공인들은 기교를 다
하여 물건을 만든다.)」

255 「筋脈」: '근골격계'; 또한 '실마리, 사리'.

256 「一是」: '전부, 모조리'. 《宋史 · 選擧志》: 「凡文武官一是以公勤廉恪爲主.(무릇 문무관은
모두 공정과 근면, 청렴과 공손함을 위주로 한다.)」

257 「是處」: '도처, 곳곳'. 《南齊書 · 虞玩之傳》: 「塡街溢巷, 是處皆然.(큰길과 골목에 가득 찼
으니, 도처가 모두 그러하다.)」

258 「相固」: '서로 공고(鞏固)하다'.

259 「數種」: '여러 가지 양식이 있다'.

260 「一共彼」: '혼백이 이승과 저승에 있다'의 의미.

261 「自言常不滅」: '항상 영원하다고 스스로 말하다'. 「言」: '말하다'. 「常」: '항상'. 「不滅」:
'존재하다'.

262 「處分」: '나누다'. '절기, 계절은 모두 一神께서 나누는 것'이라는 의미.

263 「春秋迎代」: '봄이 가고 가을이 오니 세월이 바뀐다'라는 의미. 「春秋」, '봄과 가을'을
의미할 수 있으며, 대개 '사계절'을 가리킴. 《詩經 · 魯頌 · 閟宮》: 「春秋匪解, 享祀不忒.
(봄 가을 빠짐없이, 제사를 어기는 일이 없다.)」 여기의 「春秋迎代」는 [漢] 張衡, 〈東京
賦〉: 「於是春秋改節, 四時迭代.(이에 봄과 가을이 절기를 바꾸니, 사계절이 교체된다.)」
에서 유래함.

264 「寒暑」: '추운 겨울과 더운 여름'은 일반적으로 '일년'을 가리킴. 《周易 · 繫辭下》: 「寒往
則暑來, 暑往則寒來, 寒暑相推而歲成焉.(추위가 가면 더위가 오고, 더위가 가면 추위가

時成歲.[265] 將兼[266]日夜, 相添足決辰,[267] 還緣一神賢聖,[268] 智惠[269]自然,[270] 常定[271]無虧無盈.[272] 喻如善響[273]自在, 故自然還自應,[274] 一神圓滿[275]自在, 故自然法教[276]具足, 勝於諸天子.

가령 사람이 집을 짓는다 하면, 사전에 우선 기초를 다져야 하는 것이니, 먼저 튼튼히 다지고 배치해야 하며, 만일 담벼락 기초가 튼실하지 못

오나니, 추위와 더움이 서로 밀어서 일 년인 한 해를 이룬다.)」

265 「四時成歲」: '366일이 一週天'으로서, '일년'을 말한다. [漢] 班固,《白虎通德論》卷八〈四時〉:「《尚書》曰:『期三百有六旬有六日, 以閏月定四時, 成歲.』(삼백육십육일이 있으니, 윤달로 사시를 정하여, 일 년 한 해를 이룬다.)

266 「兼」: '동시에 구비하다'. [漢] 許愼,《說文解字》:「兼, 幷也.(兼은 幷이다.)」

267 「相添足決辰」: '天干과 地支의 조합으로 날짜를 기록하다'.「相」: '상호, 교대로'.「決辰」: 고대에는 干支로써 날짜를 기록했으니, '子'부터 '亥'까지 한 주기 12일을 「決辰」이라 부른다.《春秋左傳·成公九年》:「決辰之間, 而楚克其三都.(십이일 사이에, 楚나라가 그 세 도읍을 함락시켰다.)」[晉] 杜預注:「決辰, 十二日也.(決辰은 12일이다.)」

268 「賢聖」: '지극히 높은 도덕적 재능'.《六韜·盈虛》:「君不肖則國危而民亂; 君賢聖則國安而民治.(임금이 불초하면 나라가 위태롭고 백성들이 동요하지만; 임금이 어진 성군이면 나라가 안정되고 백성들이 잘 다스려진다.)」 이것은 '절기, 계절, 봄·여름·가을·겨울, 년, 일의 구분'을 가리키며, 모두 '지극히 높으신 一神의 도덕적 능력 때문'인 것이다.

269 「智慧」: '총명과 지혜'의 의미.《墨子·尚賢中》:「若使之治國家, 則此使不智慧者治國家也, 國家之亂, 旣可得而知己.(만일 그로 하여금 나라를 다스리게 하면, 이는 즉 지혜롭지 못한 자에게 나라를 맡기는 것이니, 나라가 어지러운 것은 당연히 알 수 있는 것이다.)」

270 「自然」: '사람이 행한 바가 아닌'의 의미.《老子》二十五章:「人法地, 地法天, 天法道, 道法自然.(사람은 땅을 본받고, 땅은 하늘을 본받으며, 하늘은 도를 본받고, 도는 자연의 것을 본받는다.)」

271 「常定」: '영원히 안정되다'의 의미.

272 「無虧無盈」: '줄지도 않고 늘지도 않음'의 의미.《周易·謙》:「天道虧盈而益謙.(하늘의 도는 가득찬 자에게서 덜어내어 겸손한 자에게 더한다.)」

273 「善響」: '좋은 울림'.「善」: '좋은'.「響」: '소리, 울림'.

274 「故自然還自應」: '그러므로 자연히 저절로 따라 어울린다'.「還」: '아직'의 의미.「應」: '호응하다, 응답하다'.《國語·晉語》:「龜往離散以應我.(龜甲이 '백성들이 흩어질 것이다'라고 내게 응답해 주었다.)」

275 「圓滿」: '완전무결'의 의미.

276 「法教」: '法義와 敎令'.《荀子·儒效》:「然而明不齊, 法教之所不及, 聞見之所未至, 則知不能類也.(그러나 밝음이 가지런하지 못하고, 법의와 교령이 미치지 못함, 그리고 견문이 이르지 못하니, 그것을 유추해 알 수 없다는 것을 알고 있다.)」

하다면, 집은 지을 수가 없는 것이다. 예들 들어, 공덕을 쌓고자 한다면, 먼저 덕행을 수행해야 하니, 하나님의 계명을 완전히 준행하고, 그분의 뜻을 알아야만 한다. 사람은 모두 경건하게 예배해야 하며, 하나님의 은 전을 받아야 하고, 그런 후에 다시 별도로 선한 공덕을 행해야만 하는 것이다. 여기서는 언어를 사용하여 하나님을 찬미하는 공덕을 말하는 것이며, 다른 공덕을 말하는 것이 결코 아님을 알아야만 한다. 가령 사람의 말이란, 아름다운 동기에서 나와야 하니, 사람의 의식과 지혜 가운데서 하나님은 누구이신가? 그 차이는 선한 공덕을 행할 때, 정성을 다하지 않았는가에 있다. 지혜가 없는 사람은, 집을 지으려 할 때, 땅에 그 기초가 튼튼하지 못할 테니, 집이 바람의 기세에 휩쓸려 날아갈 것이며, 만일 기초가 튼튼하다면, 바람도 흔들 수가 없는 것이다. 만일 선한 공덕이 하나님의 인증을 얻지 못한다면, 성립될 수가 없는 것이다. 가령 사람이 자신의 행동을 하나님께 보이려고 한다면, 자신이 성결한 마음으로 하나님을 보아야 하니, 단지 이렇게만 생각하면 되는 것이다. 사람의 육신에 무수한 근골과 혈맥이 있는 것처럼, 각각의 분포는 서로 다 다른 것이니, 육체와 영혼은, 모두 자연적으로 존재하는 것이며, 모든 근골과 혈맥은, 곳곳에서 단단히 연결되어 있다. 온 세상 만물에는, 수많은 종류들이 있으니, 첫 번째와 그에 상응하는 것이 모두 하나님과 같으며, 혼백이 이생과 저승에 있음이 모두 하나님의 지으심에서 나왔고, 하나님께서 양육하고 완전케 하시니, 모든 만물이 경건히 예배해야만 한다. 영원불멸하신다고 스스로 말씀하셨으니, 계절은 모두 하나님의 구분을 받아, 봄이 가고 가을이 오며, 추운 겨울과 더운 여름이 교차하여, 365일이 일 년이 된다. 동시에 낮이 있고 밤이 있으며, 天干과 地支의 조합으로 날짜를 기록하니, 이 모든 것이 하나님의 지고하신 거룩함으로 인함이며, 그 지혜는 인간이 행한 바가 아니요, 영원토록 안정되어 덜함도 더함도 없다. 또 예를 들어 조화로운 소리는 자연스러우므로, 자체가 자연스럽게 상응하는 것이고, 하나님께서는 완전무결하게 스스로 존재하시므로, 법의와 교령이 자연히 갖추어지는 것이니, 이는 세상의 군주보다도 나은 것이다.

衆人緣人聞有怨家,[277] 惡魔鬼[278]迷或, 令耳聾眼瞎, 不得聞戒行. 衆人先自緣[279]善神, 先自有善業, 爲是[280]愚痴,[281] 緣被惡魔迷惑, 未得曉中事.[282] 喻如人自抄錄善惡, 人還自迷惑, 不覺悟, 不知神之福祚, 乃如四足畜生. 以是[283]等故, 心同四足, 故難爲解說, 難得解脱, 而無分別. 是[284]知四足之等緣無識解,[285] 不解禮敬一神, 亦不解祠祭惡魔等. 與惡魔相遠,[286]

---

277 「衆人緣人聞有怨家」: '여러 사람 가운데 원한 있는 사람이 있다는 말을 들었기 때문에'. 「緣」: '~때문에'. 「聞」: 「間」으로 이해해야 마땅하며, '人聞'은 즉 '人間'. 「怨家」: '원한 있는 사람'.

278 「惡魔鬼」: '사람을 해하는 악귀, 사악한 세력'. 《神仙傳 · 張道陵》: 「戰六天魔鬼, 奪二十四治, 改爲福庭, 名之化宇.(6일 동안 사악한 세력과 싸웠고, 24治를 빼앗아, 행복한 곳으로 바꾸고, 化宇로 이름지었다.)」

279 「緣」: '순리대로 인도함 따라'의 의미. [漢] 賈誼, 《新書 · 大政上》: 「故行而不緣道者, 其言必不顧義矣.(그리하여 행함에 있어 道를 따르지 않는 것은, 그 말이 義를 고려하지 않았기 때문이다.)」

280 「爲是」: '그렇지 않으면; 아니면'. [唐] 吳筠, 〈沖虛眞人〉: 「未知風乘我, 爲是我乘風?(바람이 나를 타고 오는 것을 몰랐으니, 아니면 내가 바람을 타는 것인가?)」

281 「愚痴」: '우매하고 어리석은'의 의미. [漢] 王充, 《論衡 · 論死》: 「五藏不傷則人智慧, 五藏有病則人荒忽, 荒忽則愚癡矣.(사람은 오장이 상하지 않으면 지혜롭고, 오장에 병이 있으면 사람이 허망해지나니, 허망해지면 곧 우매하고 어리석어진다.)」

282 「中事」: '정확한 사정'. 《荀子 · 儒效》: 「凡事行, 有益於理者, 立之; 無益於理者, 廢之; 夫是謂之中事.(모든 일을 행할 때는, 사리에 따라 유익한 것은 세워 주고; 사리에 따라 아무런 이익도 되지 못하는 것은 내친다; 이러한 것을 일러 일에 들어맞게 하는 것이라 한다.)」

283 「以是」: '따라서'. 《莊子 · 養生主》: 「天之生是使獨也, 人之貌有與也. 以是知其天也, 非人也.(하늘이 외발로 나도록 한 것이니, 사람의 용모는 다 하늘이 부여하는 것이다. 이로써 하늘의 뜻일 뿐 사람의 의지가 아니라는 것을 알 수 있다.)」

284 「是」: '그래서'. 《管子 · 心術下》: 「心安是國安也, 心治是國治也.(마음이 편안해야 나라가 편안해지고, 마음이 다스려져야 나라가 다스려지는 것이다.)」

285 「識解」: '견식, 견해'와 같음. [唐] 溫大雅, 《大唐創業起居注》卷二: 「彼無識解, 不知遠大.(저 사람은 견식이 없으니, 그의 원대함을 알 수 없다.)」

286 「相遠」: '서로 다르다; 거리가 멀다'. 《論語 · 陽貨》: 「性相近也, 習相遠也.(사람의 타고

使人迷惑, 惡入惡怨家, 無過287惡魔等. 但有288愚人, 皆是惡魔等迷惑, 使墮惡道.289 以是因緣,290 此人聞怨家, 莫過惡魔迷惑人, 故使有癡騃,291 在於木石之上着神名字, 以是故說, 惡魔名爲是人間怨家.292 是以須知名字爲人論說,293 使人知善惡淺滁, 若人不解思量者, 還是緣惡魔迷惑, 不能修善, 以是亦須思294惡魔. 若人能靜295惡魔, 使逐296覺悟, 其297惡魔亦如天上飛仙等同一種,298 以是自用299惡, 故迴向300惡道.

여러 사람 가운데 원한 있는 사람이 있다는 말을 들었으니, 이는 사람을 해하는 사악한 마귀가 유혹한 것으로서, 귀로 못 듣고 눈으로 보지 못

난 천성은 서로 비슷하지만, 태어난 이후의 익힘은 서로 멀고 달라진다.)」

287 「無過」: '단지 ~에 불과하다'. [唐] 白居易, 〈白髮〉:「不肯長如漆, 無過總作絲. 最憎明鏡裡, 黑白半頭時.(옻칠처럼 자라기를 원하지는 않지만, 그저 늘 가는 실을 만들고 있네. 가장 밉살스럽네. 밝은 거울 속, 검은 머리 흰 머리 반반이라네.)」

288 「但有」: '무릇 있다'. [唐] 王昌齡 〈出塞詩〉 二首之一:「但使龍城飛將在, 不敎胡馬度陰山.(龍城 땅에는 비장이 지키고 있거니, 호마로 하여금 음산을 넘게 하리.)」

289 「惡道」: '바르지 않은 길, 사악하고 왜곡된 길'. [漢] 劉向,《說苑‧君道》:「惡惡道不能甚, 則其好善道亦不能甚.(사악한 길을 몹시 미워하지 않으면, 좋은 도리도 몹시 좋아하지 않는다.)」

290 「因緣」: '사물의 발생, 변화, 훼멸의 조건'.

291 「癡騃」: '지혜롭지 못함; 어리석음'. 「痴呆」로 쓰기도 함.《周禮‧秋官‧司刺》:「三赦曰惷愚.(三赦는 '어리석은 자'를 말한다.)」 [漢] 鄭玄注:「惷愚, 生而癡騃童昏者.('惷愚'란 태어나서부터 어리석고 아무것도 모르는 자를 말한다.)」

292 「人間怨家」: '인간의 적'. 「怨家」, '원수, 서로 원한을 가진 자'의 의미.

293 「須知名字爲人論說」: '이름은 그 사람의 어떤 의미를 대표하고, 내재적 함양을 설명한다'는 의미. 「須」: 이곳의 「須」는 「雖」와 같음.《敦煌變文集‧張義潮變文》:「流沙石賽改多時, 人物須存改舊儀.(떠도는 모래와 자갈이 다투어 많은 시절을 바꾸었고, 인물은 비록 그대로이나 옛 모습을 변화시켰다.)」

294 「須思」: '반드시 고려하고 생각해야 한다'.

295 「靜」: '그치다, 안정되다'.《墨子‧非攻下》:「卿制大極, 而神明不違, 天下乃靜.(사방을 향유하고 제어하며, 신과 사람들이 서로 어기지 않았으니, 천하가 이내 안정되었다.)」

296 「逐」: '점차'.

297 「其」: '악마'를 지칭함.

298 「一種」: '한 종류'.

299 「用」: '행사하다, 시행하다'.

300 「迴向」: '반역하다'. '악마는 하늘을 나는 것 중의 하나이니', 이 말은 이사야 14장 12절에서 온 것임:「너 아침의 아들 계명성이여, 어찌 그리 하늘에서 떨어졌느냐?」

하게 하여, 계명을 따르지 못하게 한 것이다. 여러 사람들이 본래는 먼저 선하신 하나님과 연을 맺어, 우선 선한 과보를 얻어야 하는데, 우매함으로 인하여, 사악한 마귀에게 미혹되어, 옳고 정확한 일이 무엇인지를 깨닫지 못하게 된 것이다. 마치 사람 자신이 선악을 써내려 오고 있으면서도, 사람이 스스로 미혹되어, 깨닫지 못하고, 하나님께서 내리신 복을 깨닫지 못하는 것은, 마치 네 발 달린 짐승이 하는 것과도 같은 것이다. 이러한 까닭으로 인하여, 우매한 마음은 마치 짐승의 네 발과 같아서, 설명하기가 어렵고, 고통으로부터 벗어나기도 어려우며, 그리하여 구별할 수가 없다. 그래서 네 발 달린 짐승들은 견문이 없으므로, 하나님을 공경할 줄도 모르고, 사당에서 악마에게 제사 지내는 것도 알지 못한다. 하나님은 사악한 우상과는 차이가 크시며, 마귀는 사람을 미혹에 빠뜨리고, 죄악이 사악한 원수에게로 들어가므로, 이는 그저 사악한 마귀에 불과한 것이다. 단지 우매한 사람은, 모두가 사악한 마귀가 미혹한 것으로서, 사람들을 죄악의 길로 떨어지게 한 것이다. 이러한 까닭에, 사람에 대해서는 들어 본 원수 중에, 사악한 마귀만큼 사람을 미혹시키는 것은 없으니, 그리하여 사람을 얼이 빠져 멍청하게 만들고, 나무와 돌 위에 신의 이름을 새기게 하니, 이 때문에 말하기를, 마귀의 이름이 인간 세상의 큰 원수라고 하는 것이다. 이로써 이름이란 것은 그 사람에게 부합됨을 알아야 하니, 사람으로 하여금 선악의 행함과 일의 깊고 얕음을 알게 하고, 만일 사람이 생각하고 헤아릴 줄을 몰라서, 다시 사악한 마귀에게 현혹되어, 선행을 수행할 수 없다면, 이러한 것은 필연코 마귀를 생각하기 때문이라. 만일 사람이 고요한 마음으로 마귀를 대한다면, 점차로 깨달을 수 있게 되며, 그 마귀도 또한 본래는 천사와 같은 부류였으나, 자기가 스스로 죄를 범했기 때문에, 죄악의 길로 들어서게 된 것이다.

喻如愚癡人³⁰¹亦背善,³⁰² 緣自用惡故, 轉轉³⁰³便思惡見;³⁰⁴ 緣惡見故, 此人即是一神及諸衆生等惡怨家無異,³⁰⁵ 便遂³⁰⁶飄落³⁰⁷離於大處;³⁰⁸ 緣神惡故, 非獨³⁰⁹一身, 不離三界,³¹⁰ 亦出離衆善眷屬,³¹¹ 因即名惡魔鬼, 改名娑多那.³¹² 喻如胡號名³¹³惡魔, 以是故惡魔, 以是故魔等同一字, 亦如惡魔有迴向惡道, 亦如迷惑衆人迴向惡. 愚癡人皆緣惡魔迷惑, 故迴心向惡者, 名字同鬼, 亦如魍魎,³¹⁴ 並皆迴向惡道, 遂便出離於天堂, 天下惡所

---

301 「愚痴人」: '우매하고 어리석은 사람'.《瑜伽師地論》卷八四云:「**愚癡**者: 於不實事, 妄生增益.(우매하고 어리석은 자: 실질적이지 않은 일에 망령되이 이익을 만든다.)」

302 「背」: '배반하다; 위배하다'.《史記·項羽本紀》:「言沛公不敢**背**項王也.(패공이 감히 항왕을 배반할 수 없다고 말하다.)」

303 「轉轉」: '점점'. [漢] 班固,《漢書·貢禹傳》:「後世爭爲奢侈, **轉轉**益甚.(후세들이 다투어 사치를 부리는 것이, 점점 더욱 심해졌다.)」

304 「惡見」: '악랄한 견해', 즉 '我見, 邊見, 邪見, 見取見, 戒禁取見' 등 다섯 가지.

305 「無異」: '차별이 없음'.《史記·張儀列傳》:「**無異**垂千鈞之重於鳥卵之上.(새알 위를 千鈞의 무게로 내리치는 것과 다를 바가 없다.)」

306 「遂」: '곧, 그래서'.《論語·衛靈公》:「明日**遂**行.(이튿날 곧 떠났다.)」

307 「飄落」: '떠돌아다니다, 귀착점을 찾지 못함'.

308 「離於大處」: '一神天尊이 거하는 절대적인 땅과 떨어져 있다'. 「大處」: '매우 큰 곳', 이는 '하나님이 거주하는 곳'을 비유함. [唐] 劉禹錫, 〈插田歌〉:「計吏笑致辭, 長安眞**大處**.(計吏가 웃으며 致辭를 하니, 長安은 정말 중요한 곳이로다.)」 여기서는 '하늘'을 가리킴.

309 「非獨」: '~뿐만 아니라'. [唐] 李商隱, 〈過姚孝子廬偶書〉:「聖朝敦爾類, **非獨**路人哀.(거룩한 왕조는 진실로 같은 무리이니, 길 가는 사람만 슬퍼하는 것이 아니다.)」

310 「三界」: 불교용어, '欲界'를 가리킴: '情欲, 色欲, 食欲, 淫欲'; 色界: 식욕, 색욕과는 멀리 있으나 아직 물질을 벗어나지 못한 신체; 無色界: '情欲, 色欲, 食欲, 淫欲'이 없으며, 게다가 물질적인 신체도 없어서 자유 상태를 얻은 것.

311 「出離衆善眷屬」: 즉 '모든 선량한 속성을 내팽개쳐 버렸다'. 「離」: '잃어버리다'. 「眷屬」: '돌봐 주다, 마음을 두다'. [宋] 王安石, 〈手詔令視事謝表〉:「恐上辜於**眷屬**, 誠竊幸于退藏.(황상께서 臣을 보살피시는 허물을 범하실까 두려워하여, 삼가 벼슬에서 물러나는 행운을 얻기를 진실로 바랍니다.)」

312 「娑多那」: 시리아어로 ܣܛܢܐ, 독음은 sā'ṭānā, 오늘날 사탄(撒旦) 혹은 「撒殫」(Satan)으로 번역함.

313 「號名」: '칭호', '지위를 대표하다'.《史記·秦始皇本紀》:「朕尊萬乘, 毋其實, 吾欲造千乘之駕, 萬乘之屬, 充吾**號名**.(짐은 존귀하기가 만승의 천자이지만, 그 실상에 맞지 않으니, 천승의 친위대와 만승의 군대를 조직하여, 나의 칭호에 걸맞게 하려 한다.)」

314 「魍魎」: '산천 중의 목석 정령'. [漢] 張衡, 〈西京賦〉:「螭魅**魍魎**, 莫能逢旃.(형형색색의 도깨비들은, 만날 수 있는 사람이 없다.)」

是其住處. 依其神住,315 說言316惡風還在天下, 惡行還如魔, 是人間怨家,
樂317著惡處住者. 然其下處318惡中, 最大號名參怒,319 自外320次第號爲鬼
也. 然此鬼等, 即與惡魔離天堂, 其明321同歸惡道. 緣參怒常設數種惡方
便,322 迷惑眾人故使其然323也. 惡魔嫉妬324眾人爲善, 以是緣不令人尊敬
一,325 故惡魔專思爲惡, 故還欲迷惑眾生人,326 使墮惡道. 以是惡魔迷惑,
故愚癡人等無心尊敬一神, 信邪倒見,327故先墮三惡道328中. 惡魔鬼中, 後
於天下生人閒, 邊地329下賤中生, 以是一願成劫, 萬劫法330恒常住, 永無

---

315 「住」: '의지하여 따르다'.
316 「說言」: '설명하다'.
317 「樂」: '성색(聲色), 세속적 안락'.《國語 · 越語下》:「今吳王淫於樂而忘其百姓.(지금 吳王
    은 세속의 쾌락에 빠져서 백성들을 잊고 있다.)」
318 「下處」: '악마의 거소', 아래 언급한 「天堂」과 대립됨.
319 「參怒」: '밝은 새벽별', 시리아어로 ܠܡ, 독음은 'élil, 라틴어로 Lucifer, 후대에 '마귀'로
    뜻이 변화함. 이사야서 14장 12절 참고.
320 「自外」: '밖으로'. [周] 李延壽,《南史 · 蕭子雲傳》:「性吝, 自外答餉不書好紙.(성정이 인색
    하여, 외부와 서신을 주고받을 때 좋은 종이를 쓰지 않았다.)」
321 「明」:「盟」과 통함, '결맹하다'.《詩經 · 小雅 · 黃鳥》:「此邦之人, 不可與明.(이 나라의 남
    자들은, 함께 살기가 어렵나니.)」
322 「惡方便」: '악의 유혹'을 의미함.「方便」: '기회를 타다, 계산하다'.
323 「然」: '이처럼', 여기서는 '악의 유혹을 받아 지배에 복종하다'의 의미.
324 「妬」: 고대에는 「妒」와 같았음, '증오하다'의 의미.
325 「一」: '一神'을 지칭함.
326 「生人」: '생명이 있는 사람'.《莊子 · 至樂》:「視子所言, 皆生人之累也, 死則無此矣.(당신
    이 말한 바를 보면, 모두 살아 있는 사람의 괴로움이요, 죽으면 그러한 것이 없소이
    다.)」
327 「信邪倒見」: '사악한 도리를 믿고 옳고 그름을 뒤집다'.「信邪」: '사악하고 비뚤어진 길
    에 신복하다'.「倒見」: '옳고 그름을 뒤집다'.
328 「三惡道」: '지옥(地獄), 아귀(餓鬼), 축생(畜生)'. 지옥은 上惡에 속하며, 아귀는 中惡에
    속하고, 축생은 下惡에 속함.《法華經 · 方便品》:「以諸欲因緣, 墜墮三惡道.(여러 욕심과
    인연 때문에, 三惡道로 떨어진다.)」기독교에는 이런 말이 결코 없으니, 따라서「三惡
    道」는 잘못된 말이고, 그 말을 취했을 뿐 그 의미를 가져온 것은 아니다. 요한계시록
    20장 10절:「또 그들을 미혹하는 마귀가 불과 유황 못에 던져지니 거기는 그 짐승과 거
    짓 선지자도 있어….」
329 「邊地」:「遍地(도처, 곳곳)」가 되어야 할 것임.
330 「法」: '형벌', '악한 자들의 세력에 휩싸임', 여기서는 '죄가 세상으로 들어간다'는 의미
    인 것 같다.

異時.331 然惡魔緣惡, 雖332見惡爲思惡故, 故333惡中334將向惡處. 但四天下,335 常令念善, 願成好者, 一是也.336 四天下思惡, 迷惑衆人, 使墮惡道者, 惡魔也. 是故一神始末,337 願惣成聖.

가령 우매하고 어리석은 사람이 또한 선을 위배하는 것은, 자신이 악을 행한 탓에, 점차로 악랄한 견해를 생각하게 되는 것이다; 사악한 선입견으로 인하여, 이 사람은 하나님과 모든 사람들로부터의 원수와 차별이 없게 되었으니, 돌아갈 곳을 찾지 못하고 하늘의 거소로부터 멀어져 버렸다; 하나님으로부터 버려진 까닭에, 단지 하나의 육체로서 세속의 욕계를 벗어나지 못할 뿐 아니라, 모든 선량한 속성을 내팽개쳐 버리게 되었고, 사악한 마귀라는 이름을 얻어, 사탄이라 불리게 되었다. 야만스러운 이름 악마가 표현하듯, 이로써 악마라는 칭호와 동일하게 되었고, 또한 악마는 죄악의 길로 타락하게 되어, 모든 사람을 미혹하여 죄악으로

---

331 「永無異時」: '변할 수 있는 때가 영원히 없다'.

332 「雖」: 「唯」와 통함: '단지'. 《管子·君臣下》: 「決之則行, 塞之則止, 雖有明君, 能決之, 又能塞之.(터놓으면 흘러가고, 막으면 그치나니, 단지 현명한 군주가 있어야 터놓을 줄 알고 또한 막을 줄을 안다.)」

333 「故, 故」: '그래서 본래'의 의미. 앞의 「故」: '그래서, 따라서'. 《論語·先進》: 「求也退, 故進之; 由也兼人, 故退之.(求는 소극적이었으므로 격려해 주었고; 由는 두 몫 이상의 역할을 하기 때문에 겸손하도록 가르쳐 주었다.)」 뒤의 「故」는 '본래, 종전'. 《荀子·性惡》: 「凡禮義者, 是生於聖人之僞, 非故生於人之性也.(무릇 예의라는 것은 성인의 위선에서 나오는 것이지, 본래 모든 사람의 性에서 나오는 것이 아니다.)」

334 「惡中」: '악마 가운데서, 죄 가운데서'.

335 「四天下」: '만천하'의 의미. 《太平廣記·異僧七·宣律師》: 「周四天下, 往還護助諸出家人. 四天下中, 北天一洲, 少有佛法.(만천하를 주유하여 오가며 여러 출가인들을 도와준다. 만천하 중에서, 北天一洲에는 佛法이 적으니라.)」

336 「一是也」: '念善과 願成好를 올바른 일로 간주하여 행하다'. 「一」은 「以」의 통가자(通假字).

337 「始末」: '처음부터 끝까지'. '一神이 천하의 시작이자 끝'임. [唐] 房玄齡等撰, 《晉書·謝安傳》: 「安雖受朝寄, 然東山之志始末不渝, 每形於顏色.(謝安이 비록 조정의 분부를 받았으나, 은거하고자 하는 뜻에 시종 변화가 없었으므로, 그것이 항상 안색에 드러났다.)」

빠지게 하였다. 우매한 사람들은 모두 악마의 미혹 때문이며, 그리하여 사악한 자가 되었으니, 이름이 마귀이고, 또한 요괴라고도 부르며, 모두가 악한 길로 향하게 되었으니, 이내 곧 천당으로부터 멀어졌고, 세상은 악의 장소요 그 거처가 되어 버렸다. 그가 설령 하나님의 거처에 살고 있다 하더라도, 그가 하는 말에 악풍이 있는 상황은 마치 세상에 있는 것과 같아서, 악행은 여전히 악마와 같고, 인간 세상의 원수일 뿐이며, 악한 자와 함께 살면서 죄악 속의 즐거움을 누리고 있다. 그리하여 악마의 거소는 죄악의 장소가 되었으며, 가장 주요한 명칭은 '밝은 새벽별'이고, 밖으로 이어진 이름은 '사악한 귀신'인 것이다. 이런 악한 귀신들의 세력은, 사악한 마귀들과 함께 천당을 떠났으며, 그들은 함께 악의 길로 기울어 버렸다. '밝은 별'이 여러 가지 악한 계책을 써서, 모든 사람을 현혹게 함으로 말미암아 이런 일이 발생하였더라. 사악한 마귀가 사람들이 선한 일 행하는 것을 질투하여, 이로써 하나님을 존숭하여 경배하는 일을 막았으니, 악마는 오로지 어떻게 악을 행할 지만을 생각하기 때문에, 수많은 생명 있는 이들을 미혹하여, 그들을 죄악의 길로 떨어뜨리고자 하고 있다. 이러한 사악한 마귀의 미혹 때문에, 어리석은 사람들은 하나님을 존숭하고자 하는 마음이 없어졌으니, 그릇된 이치를 믿고 시비를 전도하여, 지옥의 영원한 형벌 가운데로 떨어지고 말았다. 악한 마귀들 중, 후에 세상의 생명 있는 사람으로서, 도처에 낮고 비천한 가운데에 태어나서, 그로 인해 하나의 죄악에 대한 욕망이 재앙을 초래하고, 만겁의 법이 항시 존재하므로, 변할 수 있는 때가 영원히 없게 되었다. 그러나 악마는 본시 죄악이기 때문에, 좋지 않은 일을 보면 어떻게 나쁜 일을 만들까 생각하며, 늘 죄악 속에서 악의 구렁텅이로 들어가곤 한다. 그러나 천하 사람들이, 항상 선한 마음을 가지고, 좋은 사람이 되려고 하는 것은, 오로지 하나 하나님 때문인 것이다. 세상 사람들이 만일 죄악을 생각하고, 여러 사람들을 미혹하여, 죄의 길로 떨어뜨린다면, 이는 모두가 악마 때문인 것이다. 이러한 까닭에 하나님의 시작과 끝은, 모든 사람이 마지막에 거룩해질 수 있기만을 원하시는 것이다.

세존보시론 제3(世尊布施論第三)[338]

世尊[339]曰: 如有人布施時,[340] 勿對人布施, 會須[341]遣[342]世尊知識, 然[343] 始布施. 若左手布施, 勿令右手覺.[344] 若禮拜[345]時, 勿聽[346]外人眼見, 外人

---

338 「世尊布施論第三」:《一神論》세 번째 편의 제목이며, 앞의 두 편과 제목의 위치가 다르니 제목이 첫머리에 놓여 있다.

339 「世尊」: '세상에서 가장 존귀한 사람'으로서 원래 불교용어이며, 여기서는 기독교의 '예수'를 가리킨다.《大秦景教流行中國碑》에서는 「景尊」이라 칭한다.

340 「布施」: 「佈施」로도 쓰며, '재물을 풀어 사람을 구제하다'의 의미이다. [漢] 王充,《論衡·定賢》: 「使穀食如水火, 雖貪悋之人, 越境而布施矣.(곡식을 물과 불처럼 소유하게 하면, 비록 인색한 사람이라 할지라도, 경계를 넘어 남들에게 은혜를 베풀 것이다.)」

341 「會須」: '마땅히'의 의미. [唐] 李白,〈將進酒〉: 「烹羊宰牛且爲樂, 會須一飮三百杯.(양을 삶고 소를 잡아 즐겨 보세, 한 번 마시면 마땅히 삼백 잔을 마시리.)」

342 「遣」: '운용하다, 임용하다'의 의미.《墨子·非儒下》: 「擧大事於今之時矣! 乃遣子貢之齊, 因南郭惠子, 以見田常.(오늘 큰일이 날 것이다! 이에 子貢을 齊나라로 파견하여, 南郭惠子를 통해 田常을 만나게 하였다.)」

343 「然」: '그러한 후에'. [唐] 魏徵 等 撰,《隋書·李密傳》: 「待士馬肥充, 然可與人爭利.(병사와 말이 살찌고 충만해지길 기다렸다가, 그런 연후에야 그들과 이익을 쟁탈할 수 있습니다.)」

344 「若左 … 手覺」: 성경에 기록된 바에 의하면「오른손이 하는 일을 왼손이 모르게 하라」여야 하지만, 시리아 동방교회의 성경은 별도의 판본이 있음을 알 수 있다. 마태복음 6장 3-4절: 「너는 구제할 때에 오른손의 하는 것을 왼손이 모르게 하여; 네 구제함이 은밀하게 하라. 은밀한 중에 보시는 너의 아버지가 갚으시리라.」

345 「若禮拜」: '마치 하나님께 제물을 바칠 즈음과 같다'. 「若」: '흡사 ~와 같다'. 「禮拜」: '예로써 경배하다'. [南朝 宋] 劉義慶,《世說新語·排調》: 「何次道往瓦官寺禮拜甚勤, 阮思曠語之曰:『卿志大宇宙, 勇邁終古.』(何充이 너무 자주 瓦官寺에 가서 부처님께 절을 하자, 阮裕가 거짓을 꾸며 말하기를:『당신의 뜻은 우주보다도 크고, 당신의 용기는 모든 옛 사람을 능가합니다』라고 했다.)」

346 「聽」: '마음대로 하게 하다, 양보하다'.

知聞, 會須一神自見,[347] 然始禮拜.[348]

예수께서 말씀하시기를: 만일 누가 은덕을 베풀 때에는, 사람들 앞에서 베풀지 말고, 마땅히 예수가 알도록 한 후에, 베풀기를 시작하라. 만일 왼손이 베풀면, 오른손이 모르게 하라. 예배를 드릴 때는, 바깥 사람들이 마음대로 보게 하지 말지니, 바깥 사람들이 듣고 알게 되면, 하나님께서는 당연히 아시게 되니, 그런 후에 다시 예배를 시작하라.

若其乞願[349]時勿漫,[350] 乞願時先放人劫,[351] 若然後向汝處作罪過,[352] 汝亦還放汝劫. 若放得,[353] 一[354]即放得汝, 知其當家[355]放得罪,[356] 一[357]還[358] 客怒瑿數.[359]

---

347 「自見」: '자기 고백', 여기서는 '기도'를 가리킨다. [漢] 司馬遷, 〈報任少卿書〉:「垂空文以自見.(이론적인 문장을 세상에 남겨 내 자신을 드러냈다.)」

348 「若禮 … 禮拜」: 마태복음 6장 6절 참고:「너는 기도할 때에 네 골방에 들어가 문을 닫고 은밀한 중에 계신 네 아버지께 기도하라. 은밀한 중에 보시는 네 아버지께서 갚으시리라.」

349 「乞願」: '기도할 때의 기원'.

350 「漫」: '방종하다, 경솔하다'.

351 「放人劫」: '남의 잘못을 용서하다'. 「劫」, '잘못, 과실'.

352 「向汝處作罪過」: '네 자신의 죄를 인정하라'. 「汝」: '너', 여기서는 '자기 자신'. 「作」: '어떤 일을 진행하다'.

353 「放得」: 즉 '이미 너의 죄를 용서해 주었다'의 의미이다. 「得」은 동태조사(動態助詞)로 사용되어, '완성'의 의미를 나타낸다. 이는 唐 五代시기 敦煌變文 어법의 특징이며, 「卻」이나 「將」도 또한 동태조사로 자주 사용되었다. 李永, 〈敦煌變文所反映唐五代新興語法格式的動態考察〉, 《齊魯學刊》第3期(2006): 85쪽 참고.

354 「一」: '一神'의 의미.

355 「當家」: '가업을 주관하는 자', 이것은 「一神」을 가리킨다.

356 「放得罪」: '죄를 사면해 줄 수 있다'.

357 「一」: 「亦」의 의미, 통가자(通假字)로 사용되었다.

358 「還」: 「還放(용서해 주다)」의 약어, '즉 제사장 예수'의 용서를 얻다'의 의미..

359 「客怒瑿數」: '대제사장 예수'를 가리키며, 「客怒」는 '제사장'의 의미이다. 시리아어로 ܟܗܢܐ, 독음은 kāhnā; 「瑿數」는 '예수'의 의미이다. 《序聽迷詩所經》에서는「移鼠」라 칭하니, 시리아어로 ܝܫܘܥ, 독음은 yešū이다. 이는 「祭司(제사장)」로서 예수를 존칭한 것이다. 히브리서 9장 11절:「그리스도께서는 장래 좋은 일의 대제사장으로 오사…」「若其 … 瑿數」: 이 단락의 내용은 대략 마태복음 6장 14-15절을 참고할 수 있으나 내용은

만일 기도할 때에는 경솔히 하지 말지니, 기도할 때에는 먼저 남들의 잘못을 용서하고, 그런 연후에 네 자신의 죄를 인정하며, 또한 너는 너에게 죄지은 자를 용서하라. 만일 용서하면, 하나님께서 너를 용서하실 것이니, 하나님께서 죄를 사면해 주신 것을 아는 것은, 또한 대제사장 예수의 용서를 얻는 것이다.

　　有財物不須放置³⁶⁰地上, 惑時壞劫,³⁶¹ 惑時有賤盜將去,³⁶² 財物皆須向天堂上, 必竟³⁶³不壞不失.³⁶⁴ 計論人時,³⁶⁵ 兩箇性命天下一,³⁶⁶ 一天尊, 二即³⁶⁷是財物. 若無財物, 喫著交闕,³⁶⁸ 勿如此, 三思.³⁶⁹ 喻如將³⁷⁰性兒

　　약간 다르다: 「너희가 사람의 과실을 용서하면 너희 천부께서도 너희 과실을 용서하시려니와 너희가 사람의 과실을 용서하지 아니하면 너희 아버지께서도 너희 과실을 용서하지 아니하시리라.」

360 「放置」: '두다, 놓다'.

361 「惑時壞劫」: '아마 훼손될 것이다'의 의미. 「惑」은 「或」의 通假字. 「壞劫」은 '훼손당하다'의 의미.

362 「有賤盜將去」: '도적이 있어 빼앗아 가다'의 의미. 「將」은 동태조사(動態助詞).

363 「必竟」: '마침내, 결국'. 「必」은 「畢」과 통함. [唐] 賈島, 〈投孟郊〉詩: 「必竟獲所實, 爾焉遂深衷.(마침내 사실을 얻을 터인데, 그대는 어찌 이내 깊은 마음을 품는가.)」

364 「不壞不失」: '훼손되지도 않고, 잃어버리지도 않는다'. 「壞」는 앞서 말한 「壞劫(훼손당하다)」 마태복음 6장 19-20절: 「너희를 위하여 보물을 땅에 쌓아 두지 말라. 거기는 좀과 동록이 해하며 도적이 구멍을 뚫고 도적질하느니라. 오직 너희를 위하여 보물을 하늘에 쌓아 두라. 거기는 좀이나 동록이 해하지 못하며 도적이 구멍을 뚫지도 못하고 도적질도 못 하느니라.」

365 「計論人時」: '다른 사람과 비교하다'. 「計論」은 '비교하다, 견주다'의 의미.

366 「兩箇性命天下一」: '천하에 생명과 관련된 일은 두 가지이다'. 「一」은 「矣」의 통가자이면서 성조(聲調)가 다른 글자이다.

367 「即」: 접속사로서 병렬관계의 어구를 연결시킨다. 劉傳鴻, 〈敦煌變文詞尾「即」考辨〉, 《敦煌研究》(2012): 107쪽.

368 「喫著交闕」: '음식과 의복이 모두 부족하다'. 「喫著」, '먹을 것, 입을 것'. [宋] 魏泰, 《東軒筆錄》卷十四: 「狀元試三場, 一生喫著不盡.(三場의 시험에 모두 장원으로 뽑혔으니, 일생 동안 먹고 입는 것은 넉넉하겠습니다.)」 「交闕」, '모두 부족하다'의 의미.

369 「若無 … 三思」: 이 단락의 의미는 '만일 재물이 없다고 생각하면 먹고 입는 것이 이로 인해 결핍될 수 있으므로 절대로 이와 같이 생각해서는 안 되며, 다시 한 번 깊이 생각해 보아야 한다'는 것이다. 「三思」: '저울질하며 재삼 고려하다'. 《論語·公冶長》: 「季文子三思而後行.(季文子는 세 번 생각한 후에 행동한다.)」

子,[371] 被破充賊,[372] 即交無喫着何物.[373] 我語汝等, 唯索一物, 當不一神處[374]乞,[375] 必無罪過, 若欲着[376]皆得稱意,[377] 更勿三思. 一[378]如汝等, 惣是一[379]弟子,[380] 誰常乞願在天尊近, 並是自猶[381]自在, 欲喫欲着, 此並一神所有.[382]

재물이 있으면 땅 위에 놓지 말라. 아마도 망가질 것이며, 아마도 강도가 훔쳐 갈 것이니, 재물은 마땅히 천국에 쌓아 두면, 필경 망가지지도 잃어버리지도 않을 것이다. 다른 사람과 비교할 때에, 천하에 생명과 관

---

370 「將」:《爾雅・釋言》:「扶也.('붙잡다'이다.)」 여기서는 술어동사로 사용되어 '붙잡다'의 의미를 나타낸다.

371 「性兒子」: '친아들'.

372 「被破充賊」: '어쩔 수 없이 도둑이 되다', 「破」는 「迫」의 通假字. 「充賊」: '도둑이 되다'.

373 「即交無喫著何物」: '먹을 것, 입을 것이 없다'. 「即」: 접속사; 「交」: '일제히'의 의미; 「著」: 지속 표현 動態助詞.

374 「當不一神處」: '마땅히 一神이 계신 곳으로'의 의미. 「不」: 조사(助詞), 별다른 의미 없이 말의 느낌을 강화시키는 데에 사용함.《詩經・小雅・車攻》:「徒御不驚, 大庖不盈(몰이꾼도 마부도 깜짝 놀라고, 임금님 푸줏간은 가득 찬다.)」 毛傳注:「不驚, 驚也; 不盈, 盈也.(不驚은 驚이고; 不盈은 盈이다.)」

375 「乞」: '구조를 요청하다'.《廣韻》:「乞, 求也.(乞는 '구하다'이다.)」

376 「着」: 여기서의 「着」은 의미가 약화된 전치사로서 「在」의 의미로 해석된다. 駱慶生, 《敦煌變文動態助詞研究》(淮北: 淮北師範大學碩士論文, 2012), 22쪽 참고.

377 「稱意」: '마음에 맞다'.《漢書・蓋寬饒傳》:「以寬饒爲太中大夫, 使行風俗, 多所稱擧貶黜, 奉使稱意.(寬饒를 太中大夫로 삼아, 각지로 보내 풍속을 살피게 했는데, 알아낸 것이 다수 등용되거나 좌천되어, 사명을 받고 일을 하는 것이 황제의 마음에 들었다.)」

378 「一」: 「亦」의 通假字.

379 「一」: '一神'을 지칭함.

380 「弟子」: '一神을 봉양하는 자'.《論語・雍也》:「哀公問曰: 弟子孰爲好學?(哀公이 물어 말했다: 제자 중에 누가 학문을 좋아합니까?)」

381 「猶」: 「由」와 같음.

382 「計論 … 所有」: 마태복음 6장 24-34절 참고:「한 사람이 두 주인을 섬기지 못할 것이니 혹 이를 미워하며 저를 사랑하거나 혹 이를 중히 여기며 저를 경히 여김이라. 너희가 하나님과 재물을 겸하여 섬기지 못하느니라. 그러므로 내가 너희에게 이르노니 목숨을 위하여 무엇을 먹을까 무엇을 마실까 몸을 위하여 무엇을 입을까 염려하지 말라. 목숨이 음식보다 중하지 아니하며 몸이 의복보다 중하지 아니하냐? … 너희는 먼저 그의 나라와 그의 의를 구하라. 그리하면 이 모든 것을 너희에게 더하시리라. 그러므로 내일 일을 위하여 염려하지 말라. 내일 일은 내일 염려할 것이요. 한날 괴로움은 그 날에 족하니라.」

련된 일은 두 가지가 있으니, 첫째는 하나님이요, 둘째는 재물이다. 만일 재물이 없다고 생각하면, 먹고 입는 것이 이로 인해 다 부족할 수 있으니, 절대로 이와 같이 되지 않도록, 세 번을 깊이 생각해 보라. 가령 친아들이 있는데, 어쩔 수 없이 강도가 되었다면, 즉 먹을 것도 없고 입을 것도 없을 것이다. 내가 너희에게 이르노니, 한 가지 일을 하려면, 마땅히 하나님 계신 곳으로 가서 죄를 자복해야, 반드시 그 죄를 용서받게 되니, 만일 마음에 맞는 결과를 생각한다면, 더 이상 망설이지 말라. 또한 너희들은, 모두 하나님의 자녀들인데, 누가 항상 하나님 앞에 가서 간구하는가. 그저 자유자재만을 생각하여, 무엇을 먹을까 무엇을 입을까를 생각하니, 이는 모두 하나님께 속한 것이다.

人生着[383]魂魄上衣, 五蔭[384]上衣, 惑時一所與食飮, 或與衣服, 在餘惣不能與.[385] 唯看飛鳥, 亦不種不刈, 亦無倉窖[386]可守. 喻如一在磧[387]裏, 食飮不短, 無犁作, 亦不言衣裳, 並勝於諸處,[388] 亦不思量自記, 從己身上明.[389]

---

383 「着」: '입다, 착용하다'.
384 「五蔭」: 본장 각주 157) 참고.
385 「人生 … 能與」: 이 단락의 개략적 의미는 '오로지 一神만이 인간에게 魂魄, 五蔭, 음식, 의복을 줄 수 있다'는 것이다; 다른 신들은 조물주가 아니므로 사람에게 생명이나 기타 다른 것도 줄 수 없다. 「餘」는 「一神」과 상대적 개념으로서 '다른 신들'을 지칭한다. 本卷 〈一天論第一〉 참고.
386 「窖」: '물건을 보관하는 지하실이나 땅굴'. 《禮記 · 月令》: 「穿竇窖, 修囷倉.(땅굴을 파고, 곳간을 수리할 수 있다.)」
387 「磧」: '사막'. [唐] 杜甫, 〈送人從軍〉: 「今君渡沙磧, 累月斷人煙.(지금 그대 모래톱을 넘는데, 몇 달 동안 밥 짓는 연기 끊어졌네.)」
388 「並勝於諸處」: '사람보다 나은 처지'.
389 「唯看 … 上明」: '사람은 음식과 의복을 중시할 필요가 없으니, 모든 것은 하나님께서 예비하신다'는 내용을 말하고 있다. 마태복음 6장 26-28절: 「공중의 새를 보라. 심지도 않고 거두지도 않고 창고에 모아들이지도 아니하되 너희 천부께서 기르시나니 … 수고도 아니하고 길쌈도 아니 하느니라.」

사람이 살아서는 영혼이 옷을 입고, 육신이 옷을 입는 것처럼, 언제라도 먹을 것과 마실 것, 입을 것을 주시나니, 하나님이 아닌 다른 신들은 줄 수가 없는 것이다. 공중에 나는 새를 보면, 심지도 않고 거두지도 않으며, 창고나 땅굴이 없는데도 거두어 둘 수 있다. 설사 하나님이 너희를 광야 가운데에 두더라도, 먹고 마실 것이 부족하지 않으며, 농사지을 필요도 없고, 또 어떤 옷을 입을까 말할 필요도 없으니, 어찌 여러 곳 사람의 처지보다 낫지 않겠는가? 또 무엇을 준비할까 염려할 필요도 없으니, 모두 그 자신으로부터 확연히 드러나는 것이다.

莫看餘罪過, 唯看他家身上正身,[390] 自家身不能正, 所以欲得成餘人, 似如梁柱着自家眼裏,[391] 倒向餘人說言, 汝眼裏有物除却. 因合此語假矯,[392] 先向除眼裏梁柱, 莫淨潔安人似苟[393]言語. 似眞珠[394]莫前[395]遼人,[396] 此人似睹[397]恐畏[398]踏,[399] 人欲[400]不堪用, 此辛苦於自身不周遍,[401] 却被嗔

---

390 「正身」: '수신(修身)하다'. [梁] 蕭統 編, 《文選‧班昭‧東征賦》: 「正身履道, 以俟時兮.(몸을 바르게 하며 밝은 道를 실행하여, 뒷날의 때를 기다릴지어다.)」

391 「似如梁柱着自家眼裏」: '눈에 대들보 하나가 가로놓여 있다'; '타인에 대해 지극히 깊은 선입견을 가지고 있다'는 의미. 원문에는 '木刺(나무 가시)'로 되어 있으며, 시리아어로는 ܩܪܝܬܐ, 독음은 qārītā이다.

392 「矯」: '바로잡다'의 의미.

393 「苟」: '마음대로 하다, 경솔하다'의 의미.

394 「眞珠」: 「珍珠」와 같음.

395 「前」: '면전(面前)'.

396 「遼人」: '매력적이다, 감동시키다', 「撩人」과 같음. [唐] 羅隱, 〈白角篦〉: 「莫言此個尖頭物, 幾度撩人惡髮來.(이 뾰족한 물건이라 말하지 마라, 몇 번이나 감동시켜 나쁜 머리카락 나오게 했는가.)」

397 「睹」: '見'과 같음. 《禮記‧禮運》: 「以天地爲本, 故物可擧也; 以陰陽爲端, 故情可睹也.(하늘과 땅을 근본으로 삼으니, 사물을 들 수 있고; 음과 양을 시작으로 삼으니, 정을 볼 수가 있다.)」

398 「恐畏」: '두려워하다'. '예상이나 걱정'을 표시한다. 《樂府詩集‧淸商曲辭六‧夜黃》: 「鴛鴦逐野鴨, 恐畏不成雙.(원앙이 물오리를 뒤쫓아 가니, 두려워 쌍을 이루지 못한다.)」

399 「踏」: '밟다, 디디다'.

400 「欲」: 「將(장차)」의 의미. 주로 「欲將」처럼 연용하여 사용한다.

責,[402] 何爲不自知?[403]

　타인의 죄만을 보지 말고, 오로지 타인 몸의 수양됨을 보라. 자신은 자기 몸의 행위를 바르게 할 수 없으니, 그래서 다른 사람으로 하여금 단정하게 하려는 것은, 마치 자신의 눈 안에 대들보가 놓여 있는데, 오히려 남을 향해 말하기를, 당신 눈 안에 있는 것을 제거하라는 것과 같다. 이런 말은 그저 거짓으로 바로잡으려는 것에 불과하니, 먼저 자기 눈의 대들보를 제거해야만 하고, 남이 경솔하게 하는 말을 정결하게 하고 안위하려고 하지 말라. 진주를 돼지와 같은 자 앞에 놓지 말라. 이런 사람에게 보이면 짓밟힐까 염려되며, 사람이 쓰고자 해도 쓸 수가 없어서, 이런 고통은 자신의 생각이 주도면밀하지 못함에서 기인한 것이니, 도리어 비난을 받아, 왜 스스로 명확히 알지 못하였는가 하게 된다.

從一[404]乞願, 打門, 他与汝門,[405] 所以[406]一神乞願必得, 打門亦與汝開;

401　「周遍」: '주도면밀하다'. [漢] 劉向, 《說苑・復恩》:「有龍矯矯, 頃失其所, 五蛇從之, 周遍天下.(위세 있는 용이 거처를 잃었는데, 다섯 마리 뱀이 용을 따라 천하를 두루 떠돌았다.)」

402　「嗔責」: '사람을 나무라며 불만을 표시하다'. 《太平廣記》卷二一〇〈黃花寺壁〉:「良久, 兆向庭嗔責之云.(한참 있다가, 元兆가 마당을 향하여 그를 꾸짖어 말하였다.)」

403　「莫看 … 自知」: 이 부분의 내용은 오늘날 성경과는 조금 차이가 있다. 마태복음 7장 1-6절:「비판을 받지 아니하려거든 비판하지 말라. 너희가 비판하는 그 비판으로 너희가 비판을 받을 것이요; 너희가 헤아리는 그 헤아림으로 너희가 헤아림을 받을 것이니라. 어찌하여 형제의 눈 속에 있는 티는 보고 네 눈 속에 있는 들보는 깨닫지 못하느냐? 보라 네 눈 속에 들보가 있는데 어찌하여 형제에게 말하기를:『나로 네 눈 속에 있는 티를 빼게 하라』하겠느냐? 외식하는 자여 먼저 네 눈 속에서 들보를 빼어라. 그 후에야 밝히 보고 형제의 눈 속에서 티를 빼리라. 거룩한 것을 개에게 주지 말며 너희 진주를 돼지 앞에 던지지 말라. 그들이 그것을 발로 밟고 돌이켜 너희를 찢어 상하게 할까 염려하라.」

404　「一」: '人'의 별칭. '어떤 사람'을 가리킨다.

405　「從一 … 汝門」: '누군가가 무엇인가를 애원하고 문을 두드리면, 즉 그를 위해 문을 열어 주라'. 「打門」: '남의 집 문을 두드리다'. 「他與汝門」: '상대에게 문을 열어 주다'.

406　「所以」:「그대로 따르다」의 의미가 있음.

若有乞願不得者,[407] 亦如打門不開.[408] 爲此, 乞願不得妄索,[409] 索亦不得.
自家身上有者從汝, 等於父邊索餅即得, 若從索石, 恐畏自害即不得. 若索
魚亦可, 若索蛇恐螫[410]汝, 爲此不與. 作此事, 亦無意智,[411] 亦無善處,
向[412]憐愛處, 亦有善處, 向父作此意. 是何物意,[413] 如此索者亦可與者, 亦
不可不與者. 須與不與, 二是何物. 兒子索亦須與, 一智裏, 無有意智, 亦
無意智處, 有善處, 有罪業[414]處, 不相和,[415] 在上須臺擧[416]亦不須言, 索物
不得, 所以不得有不可索, 浪[417]索不得. 你所須者, 餘人索, 餘人須亦你從
索. 餘人於你上所作, 你還酬償,[418] 去於惡道.[419]

---

407 「不得者」: '구제를 요청했지만 얻지 못한 사람'.

408 「打門不開」: '문을 두드렸으나 상대가 열어 주지 않다'.

409 「妄索」: '분수에 맞지 않는 요구'. 「索」: '구하다, 요구하다'. [唐] 杜甫, 〈兵車行〉: 「縣官
急索租, 租稅從何出?(현청의 관리들이 세금을 빨리 내라고 독촉하니, 세금이 어디서 나
올 데 있단 말인가?)」

410 「螫」: '독충이나 독사가 가시를 물다'. 《史記·田儋傳》: 「蝮螫手則斬手.(독사가 손을 물
면 손을 잘라라.)」

411 「意智」: '지혜'의 의미.

412 「向」: 가정을 표시하는 접속사로서 '만일 ~이라면'의 의미. 「向令」, 「向若」 등과 같음.

413 「是何物意」: '무슨 뜻인가?'. 「是何物」, '무슨, 어떤'; 「是物」, 「是勿」, 「是沒」 등으로 사
용하며 의문사로서 '묻다, 반문하다'의 의미이고, 현재의 「什麼(무슨)」, 「甚(어떤)」에
해당한다. 吳福祥, 《敦煌變文十二種語法硏究》(開封: 河南大學出版社, 2004), 17쪽.

414 「罪業」: '죄업'.

415 「不相和」: '서로 조화되지 못하다'.

416 「臺擧」: 「抬擧」와 같음, '보살피다, 돕다'. [唐] 孫魴, 〈柳〉詩之十: 「不是和風爲抬擧, 可能
開眼向行人?(이 온화한 바람이 보살펴 주지 않으면, 눈을 열어 행인을 향할 수 있겠는
가?)」

417 「浪」: '함부로, 마음대로'.

418 「酬償」: '보상하다, 갚다'. [唐] 元稹, 〈旱災自咎費七縣宰〉詩: 「還塡折粟稅, 酬償貰麥鄰.
(곡물세를 갚아 메꾸어 주고, 보리를 세낸 이웃을 보상해 주다.)」

419 「去」: '~를 면하다, ~에서 벗어나다'. 「惡道」: '멸망의 길'. 「從一 … 惡道」: 이 단락의 내
용은 오늘날 성경과는 약간의 차이가 있다. 마태복음 7장 7-12절: 「구하라. 그리하면
너희에게 주실 것이요. 찾으라. 그리하면 찾아낼 것이요. 문을 두드리라. 그리하면 너
희에게 열릴 것이니, 구하는 이마다 받을 것이요. 찾는 이는 찾아낼 것이요. 두드리는
이에게는 열릴 것이니라. 너희 중에 누가 아들이 떡을 달라 하는데 돌을 주며 생선을
달라 하는데 뱀을 줄 사람이 있겠느냐? 너희가 악한 자라도 좋은 것으로 자식에게 줄
줄 알거든 하물며 하늘에 계신 너희 아버지께서 구하는 자에게 좋은 것으로 주시지 않
겠느냐? 그러므로 무엇이든지 남에게 대접을 받고자 하는 대로 너희도 남을 대접하라.

만일 어떤 사람이 기원하며, 문을 두드리면, 그를 위해 문을 열어 줄 것이니, 그리하여 하나님께 기원하면 반드시 얻을 것이고, 문을 두드리면 너에게 문을 열어 주실 것이다; 만일 간구하여도 얻을 수 없다면, 또한 문을 두드려도 열어 주지 않는 것과 같다. 그러면, 기도하는 자가 분수에 맞지 않게 망령되이 구한 것이니, 구해도 얻을 수가 없는 것이다. 자기 몸에 너를 따르는 자가 있는 것은, 아버지께 떡을 구하여 즉시 얻는 것과 같으니, 만일 가서 돌덩이를 구하면, 자기를 상할까 염려하여 얻지 못할 것이다. 만일 물고기를 구하면 가능하지만, 뱀을 구한다면 너에게 해가 될까 염려하여, 이 때문에 주지 않을 것이다. 이런 일을 하는 것은, 또한 지혜를 필요로 하지 않으며, 선한 이익을 얻을 필요도 없고, 단지 애통한 마음만이라면, 이익을 필요로 하지 않으니, 아버지께서는 단지 이러한 뜻일 뿐이다. 이것이 무슨 뜻인가 하니, 단지 구하기만 하면, 모두 주실 것이며, 주지 않을 것이 없을 것이다. 주는 것과 주지 않는 것, 두 가지는 어떻게 결정된 것인가. 아들이 구하면 반드시 주실 것이요, 하나님의 지혜 안에서는, 지식을 통할 필요가 없으니, 또한 지식에 연연하지 않으며, 은혜가 있거나, 죄업이 있는 것이다. 서로 조화되지 못하지만, 맞으면 반드시 보살펴 주어야 하며, 말을 많이 하지 않아도 되고, 얻고자 하는 것을 얻을 수 없기 때문에, 얻어서는 안 될 것을 억지로 바라지 말고, 함부로 가벼이 구하는 것도 아니 된다. 네가 구하는 것은, 다른 사람도 구하는 것이고, 다른 사람이 필요로 하는 것은, 또한 네가 동경하는 것이니, 다른 사람이 네가 한 일에 존중을 표하면, 너 또한 갚아야 하는 것이고, 이것이 죄악의 길에서 벗어나는 것이다.

이것이 율법이요 선지자니라.」

喻如王口道,[420] 遣汝往天上, 彼處有少許人; 於寬道上行, 向在歡樂, 如入地獄. 亦有人語於餘,[421] 語善惡如此一樣.[422]

永生의 道가, 너희를 천국으로 인도하는 것처럼, 거기에는 소수의 사람만이 있고; 큰길에서 걷는 사람은, 세속의 쾌락을 누리고 있으니, 곧 지옥으로 향할 것이다. 또 어떤 사람이 타인에게 말하기를, 선과 악은 모두 같은 것이라고 말한다.

汝等智爲汝命, 能聽法來, 並彌師訶[423]作如處分, 覺道[424]經由三年六箇月, 如此作行如學生, 於自家[425]死, 亦得上懸高.[426] 有石忽人[427]初從起手,[428] 向死預前三日,[429] 早約束[430]竟.[431] 一切人於後, 欲起從死, 欲上天去.[432]

---

420 「王口道」: 이 다음에서 말하는「地獄」과 상대적인 개념; 마태복음 7장 13-14절의 내용을 통해「永生의 道」를 지칭함을 알 수 있다.

421 「餘」: '다른 사람, 타인'.

422 「喻如 … 一樣」: 이 부분의 내용은 마태복음 7장 13-14절 참조:「좁은 문으로 들어가라. 멸망으로 인도하는 문은 크고 그 길이 넓어 그리로 들어가는 자가 많고; 생명으로 인도하는 문은 좁고 길이 협착하여 찾는 자가 적음이라.」

423 「彌師訶」: 시리아어로 ܡܫܝܚܐ, 독음은 məšīhā, 오늘날 일반적으로「彌賽亞」혹은「默西亞」로 번역하니, 즉 '구주'의 의미이다.《大秦景教流行中國碑》에서는「彌施訶」로 쓴다.

424 「覺道」: '메시아가 세상에서 전도하며 사람들로 하여금 깨달아 그 교법을 받아들이게 한다'는 의미이다.「覺道」는 불교용어를 차용한 것으로서, '成佛正覺의 길을 깨닫는 것'을 말한다. [唐] 岑參, 〈與高適薛據同登慈恩寺浮圖〉:「誓將掛冠去, 覺道資無窮.(내 맹세코 벼슬 버리고 떠나서, 도를 깨달아 무궁토록 의지하리라.)」

425 「自家」: '자기 자신'.

426 「懸高」: '나무에 높이 걸려 있다'. '예수가 십자가에 못 박힌 일'을 일컫는다.

427 「石忽人」: '유대인'을 말함. 시리아어로는 ܥܒܪܝܐ, 독음은 ebrāiā, 앞 두 음절을 취한 것이다.

428 「起手」: '시작하다, 착수하다'의 의미.

429 「向死預前三日」: '메시아가 죽기 삼일 전 말한 대로 그렇게'.「向」은「像」의 通假字.

430 「約束」: '규약', '메시아가 자신이 곧 죽을 것을 예고하고, 그것이 실현됐던 일'을 가리킴.

431 「竟」: '종료하다, 끝내다'.《詩經 · 大雅 · 瞻卬》:「鞫人忮忒, 譖始竟背.(사람을 궁색하게 해치고 의심하여, 참언으로 시작해서 배반으로 맺는다.)」

432 「一切人於後, 欲起從死, 欲上天去」: '메시아가 그 예고한 바대로 죽고, 또 죽음 가운데서

너희들의 지혜가 너희들로 하여금, 景敎의 敎義를 따르게 하면, 선과 악은 메시아에 의해 처분될 것이니, 그리스도는 세상에서 삼 년 반 동안 복음을 전했고, 이처럼 가는 곳마다 제자들에게 보여 주었으며, 자신이 죽음을 선택하여, 마지막에 십자가에 못 박혔다. 유대인이 있어, 일찍이 손을 쓰려 했으나, 죽기 전 삼 일에 예언한 바와 같았으니, 일찍이 이미 예정했던 바대로 죽임을 당하였다. 이후로 그를 믿는 모든 이들이, 죽음으로부터 부활하여, 함께 하늘로 올라가고자 하였다.

喩如聖化[433]作,　也營告[434]此天下,　亦作期限.[435]　若[436]三年六箇月滿, 是[437]汝處分. 過去所以如此, 彼石忽人執,[438] 亦如從自家身上作語, 是尊 兒口論我是彌師訶.[439] 何誰作如此語, 此[440]非是彌師訶, 狂惑[441]欲捉, 汝 作方便.[442] 爲此自向拂林,[443] 寄悉[444]在時, 若無寄悉捉道理, 亦無不敢死,

---

살아났으므로, 이후 메시아를 믿는 모든 사람들도 또한 죽음으로부터 다시 살아나 메시아와 함께 승천할 수 있음'을 가리킨다. 「起」, '다시 살아나다'.

433　「聖化」: '군주의 공적과 교화'. [漢] 桓寬, 《鹽鐵論》卷五〈相刺〉: 「上有輔明主之任, 下有 遂聖化之事.(위로는 현명한 군주의 임무를 보좌하고, 아래로는 군주의 공적과 교화의 일을 실현한다.)」

434　「營告」: '계획하여 명백히 알리다'.

435　「期限」: '한정된 일단의 시간'. 《隷釋·漢郞中鄭固碑》: 「以疾錮辭, 未滿期限.(질병으로 鄭固가 물러나려 하였으나, 아직 기한이 차지 않았다.)」

436　「若」: 여기서는 「及(미치다)」, 「到(도달하다)」의 의미. 《國語·晉語五》: 「病未若死, 祇 以解志.(부상이 아직 죽을 정도는 아니며, 단지 그 의지가 해이해졌다.)」

437　「是」: 대명사로서 '이(것)'의 의미이다. 《詩經·小雅·賓之初筵》: 「醉而不出, 是謂伐德. (취하고도 나가지 아니하니, 이를 일러 德을 해친다 함이라.)」

438　「執」: '붙잡다, 체포하다'. 《左傳·僖公五年》: 「遂襲虞, 滅之, 執虞公及其大夫井伯.(마침 내 虞나라를 기습하여 멸망시켰고, 虞公과 大夫 井伯을 붙잡았다.)」

439　「是尊兒口論我是彌師訶」: '이 王의 입 안에서 메시아라 자칭하다'. 「是」는 「此」로서 대 명사이다. 「尊」은 「帝王」을 지칭하는 말이다. 「兒」은 兒化音으로서 의미는 없다.

440　「此」: 앞서 말한 「尊兒」.

441　「狂惑」: '망령스럽고 우매하다'. 《管子·形勢解》: 「狂惑之人, 告之以君臣之義, 父子之理, 貴賤之分, 不信聖人之言也, 而反害傷之.(광폭하고 현혹되어 있는 사람은, 군신 사이의 義와 부자 간의 이치, 귀천의 구분을 일러 주더라도, 성인의 말을 믿지 않고, 도리어 그 를 비난한다.)」

若⁴⁴⁵已被執, 捉配與法家,⁴⁴⁶ 子細⁴⁴⁷勘問.⁴⁴⁸ 從初上懸高, 若已付法方
便,⁴⁴⁹ 別勘當, 所以上懸高. 汝等語, 當家⁴⁵⁰有律文,⁴⁵¹ 據當家法亦合死,
所以從自身作此言, 誰道我是世尊, 息論實語,⁴⁵² 時此鯀家,⁴⁵³ 不是汝自
家許.⁴⁵⁴

---

442 「方便」: '책략; 계책'. 《百喩經・牧羊人喩》:「時有一人, 善於巧詐, 便作**方便**.(그때 한 사람
이 교묘히 속이는 것에 능하여, 곧 계책을 만들었다.)」

443 「拂林」: 本章 각주 78) 참조.

444 「嵜悉」: '티베리우스 카이사르(Tiberius Caesar, 42BC-37AD)', 예수 시대의 로마 황제,
시리아어로는 ܩܣܪ, 독음은 qisar.

445 「若」: '미치다, 도달하다'의 의미.

446 「法家」: '예수를 심판한 사람'을 가리킴. 예수는 두 차례 재판을 받았는데, 공의회의 대
제사장과 헤롯왕 그리고 로마 총독 빌라도 앞에서 각각 재판을 받았다. 누가복음 26장
66-71절 및 23장 1-23절.

447 「子細」: '자세하다'. 《魏書・源懷傳》:「懷性寬容簡約, 不好煩碎, 恆語人曰:『爲貴人, 理世
務當擧綱維, 何必須太**子細**也?』(源懷는 성정이 너그럽고 검소하며, 번잡함을 좋아하지
않으니, 항시 사람들에게 말하기를:『귀한 사람이 되려면 세상 물정을 다스림에 마
땅히 중요한 법도를 지키면 될 것이지, 무엇 때문에 반드시 그렇게 자세해야 할 것인
가?』라고 했다.)

448 「勘問」: '심문하다'. [唐] 白居易, 〈奏所聞狀〉:「今若不許報臺, 不許**勘問**, 即是許進奉而廢
德音也.(이제 만약 신고를 허락하지 않고, 심문하는 것을 허락하지 않으신다면, 즉 이
것은 헌상을 허락하되 어진 교령을 폐하는 것입니다.)」

449 「方便」: 이것은 '기회, 시기'로 해석한다. 《北史・循吏傳・孟業》:「業爲典籤, 州中要職.
諸人欲相賄贍, 止患無**方便**耳.(孟業은 典籤의 직책으로서 州 중의 중요한 직위였는데,
여러 사람들이 서로 저에게 뇌물을 주려고 하니, 기회가 없을까봐 걱정만 하였습니
다.)」

450 「當家」: 이것은 '拂林의 통치자'를 가리킴.

451 「律文」: '법률 조문'.

452 「息論實語」: '사실적인 견해라고 칭하는 것을 삼가다'.

453 「鯀家」: '鯀 사상의 무리와 같은 사람 혹은 반란자'를 일컬음. 「家」의 의미는 '유파(流
派)'. 「鯀」은 전설상 禹王의 아버지였으며, 堯가 崇伯에 봉했으나 治水사업에 공을 세
우지 못해 舜에 의하여 羽山에서 피살되었다. 《左傳・文公十八年》:「顓頊有不才子, 不
可敎訓, 不知話言, 告之則頑, 舍之則嚚, 傲很明德, 以亂天常, 天下之民, 謂之檮杌.(顓頊에
게는 부족한 아들이 있어, 가르칠 수가 없었고, 좋은 말을 분별할 줄을 몰라, 좋은 말을
해도 고집스러워 받아들이지 아니하고, 제멋대로 하게 놓아두면 왁자지껄 떠들어 불
경스런 말을 지껄이며, 큰 덕을 지닌 이에게 오만하게 굴며, 하늘의 도를 어지럽히니,
세상 사람들은 그를 檮杌이라 불렀다.)」 이것은 鯀의 사람됨을 표현한 것이다.

454 「自家許」: '자신하다, 자만하다'. 《晉書・殷浩傳》:「溫旣以雄豪**自許**, 每輕浩, 浩不之憚
也.(溫이 호방한 성격으로 자신만만하여, 매번 浩를 무시하였으나, 浩는 그를 기피하

군주의 공적과 교화가 이루어지고, 또 계획하여 천하에 널리 알린 것처럼, 또한 명확한 기한이 만들어졌다. 삼 년 반이 차서, 이 사람들의 처분에 맡기게 되었다. 과거의 것이 이처럼 현실이 되었고, 유대인들이 그를 체포하였으며, 그 자신이 한 말을 근거로 하였으니, 이 사람의 입에서 '나는 하나님의 아들이라' 하였다. 메시아가 아니라면 누가 감히 이런 말을 할 수 있겠는가? '그 사람은 메시아가 아니다' 하며, 속임수로 미혹하여 그를 붙잡으려 하였고, 그들이 죄명을 씌워 버렸다. 이 때문에 스스로 拂林으로 오게 되었고, 때는 마침 카이사르가 제위에 있었으니, 만일 카이사르가 붙잡아 온 이유가 없었다면, 또한 감히 사형을 집행할 방도가 없었다. 이미 체포되어, 재판 장소로 압송돼 버렸고, 상세히 심문하였다. 처음부터 그를 십자가에 못 박으려 하였으며, 이미 심판의 기회가 있었으나, 다른 의논과 결정이 없었으므로, 십자가에 못 박아 버렸다. 너희들에게 말하노라. 나에게는 법률이 있으니, 나의 법률 조문에 따르면 그는 마땅히 죽어야 하며, 그 자신의 이러한 말로써 명확해졌으니, 누가 나에게 그리스도라 말하였는가. 이렇게 함부로 하는 말은 삼가야 하니, 그 반란의 무리들은, 너희처럼 이렇게 자신을 자랑하지 않았다.

所以阿談,[455] 彼人元來[456]在, 從一切人所以知是人在,[457] 誰捉身詐言是世尊,[458] 忽如[459] 此可見也, 亦喫彼樹, 尊處分,[460] 勿從喫作, 如此心喫, 若

지 않았다.)」

455 「阿談」: '인류의 시조 아담', 시리아어로는 ܐܕܡ, 독음은 ādām. 《大秦景教流行中國碑》에서는 「初人」이라 칭했다.

456 「元來」: 「原來」와 같음.

457 「從一切人所以知是人在」: '세상 모든 사람은 인류의 시조인 아담으로부터 왔음'을 가리킨다. 「是」, 대명사, 「是人」은 '아담'을 지칭함.

458 「誰捉身詐言是世尊」: '누가 자신을 세존으로 삼아 세상 사람들을 속일 수 있는가?'

459 「忽如」: 가정의 접속사, 「忽」과 같은 부류의 접속사들은 「忽若」, 「忽爾」, 「忽而」, 「忽期」,

從喫時即作尊, 明於自家意似作世尊, 所以是人, 不合將自家身詐作神, 合死.[461]

　인류의 시조 아담 이래로, 사람들은 본래 자유롭게 생활하였는데, 세상 모든 사람들이 최초의 사람인 아담으로부터 왔으니, 누가 능히 자신을 세존으로 삼아 세상 사람들을 속일 수 있겠는가. 이로써 알 수 있는 것이니, 또한 그 나무의 열매를 먹으면서, 만약 분부를 따랐다면, 금지된 과일을 먹는 일이 생기지 않았을 테니, 만일 먹을 때에 명령을 준행할 수 있었더라면, 분명코 자신의 뜻으로 세존이라 하지는 않았으리라. 그리하여 이러한 사람은 자신을 神이라 일컬으면 안 되므로, 죽어 마땅하도다.

　所以彌師訶不是尊, 將身作人, 有尊自作於無量聖化, 所作不似人種所作. 尊種亦有愛身, 是彼鉉家, 所以共阿談一處, 汝等處. 所以鉉家舊在, 亦不其作, 不期報知, 唯有羊將向牢處去,[462] 亦無作聲, 亦不唱喚作. 如此無聲, 於法當身上, 自所愛以受汝, 阿談種性輸與他.[463][464]

「忽」,「忽其」,「若忽」 등이 있으며, 이 중 唐代에 생긴 것은 「忽如」,「忽若」,「忽其」이다. 潘志剛, 《論敦煌變文中的「忽」類假設連詞》, 《敦煌研究》 第1期(2011): 116쪽.

460 「處分」: '분부'의 의미. [唐] 劉禹錫, 〈和令狐相公聞思帝鄉有感〉:「滄海西頭舊丞相, 停杯**處分**不須吹.(넓고 푸른 바다 서쪽 어귀에 옛 승상은, 잔을 멈추고 사제향 불기를 그치라 분부하였네.)」

461 「所以 … 合死」: 이 부분의 내용은 창세기 2장 16-17절 참조:「여호와 하나님이 그 사람에게 명하여 가라사대:『동산 각종 나무의 실과는 네가 임의로 먹되 선악을 알게 하는 나무의 실과는 먹지 말라. 네가 먹는 날에는 정녕 죽으리라!』 하시니라.」

462 「唯有羊將向牢處去」: 고대의 제사의식은 '소, 양, 돼지' 세 제물을 갖추는 것을 '太牢'라 불렀다. 여기는 '메시아를 양처럼 제사 지내는 제물로 삼았음'을 가리킨다.

463 「阿談種性輸與他」: '메시아가 아담을 위하여 대신 벌을 받았다'. 「輸」: '죄를 지어 벌을 받다'.

464 「所以 … 與他」: 이 부분은 이사야서 53장 6-10절 참조:「우리는 모두 양 떼처럼 길을 잃고 저마다 제 길을 따라갔지만 주님께서는 우리 모두의 죄악이 그에게 떨어지게 하셨다. 학대받고 천대받았지만 그는 자기 입을 열지 않았다. 도살장에 끌려가는 어린 양처럼 털 깎는 사람 앞에 잠자코 서 있는 어미 양처럼 그는 자기 입을 열지 않았다. …그를 으스러뜨리고자 하신 것은 주님의 뜻이었고 그분께서 그를 병고에 시달리게

그리하여 메시아는 영광을 버리고, 육신을 취하여 사람이 되었고, 그의 무한한 영광은 하나님의 크신 능력으로부터 나왔으니, 그가 하시는 바는 인류의 행위와는 다른 것이다. 존귀한 이는 생명을 소중히 여기나니, 그리하여 그 선지자들은, 아담 이래로 함께 관심을 둔 바로서, 너희들은 알 것이다. 그리하여 과거의 선지자들은, 그의 행위를 이해하지 못했고, 단지 예언하여 말하기를, 그저 양처럼 도살장으로 끌려갈 것이며, 소리를 내지 못하고, 부르짖는 소리조차도 내지 못하리라 하였다. 이렇게 소리를 내지 못한 것은, 형벌이 자신의 몸에 닥쳐왔으니, 자신의 사랑을 너희에게 주고자 하는 것이며, 아담 이래 모든 罪性이 그의 몸으로 돌아간 것이다.

喻如彌師訶於五蔭中死, 亦不合如此於命終,[465] 所以無意智. 鉉家亦如此, 阿談種免死, 從死亦非不合死, 於相助聖術, 於彌師訶得免,[466] 如此方便[467]受. 彌師訶於辛苦[468]處受, 他不是無氣力[469]受, 亦無氣力處作,[470] 執法[471]上懸高. 於彼時節, 所以與命,[472] 地動山崩, 石罄[473]上氈毹[474]踏[475]壁,

---

하셨다. 그가 자신을 속죄 제물로 내놓으면.」

465 「命終」: '생명이 끝나다'. 《百喻經·嘗庵婆羅果喻》:「一旦**命終**, 財物喪失.(하루 아침에 삶을 마치게 되고, 가진 재물도 모두 잃는다.)」

466 「免」: '그만두다, 없게 하다'.

467 「方便」: 여기서는 적당히 해석한다.

468 「辛苦」: '몸이 고통스럽고 견디기 어렵다'. 《北齊書·徐之才傳》:「帝又病動, 語士開云:『恨用之才外任, 使我**辛苦**.』(황제께서 또 병이 동하여 士開에게 말씀하시기를:『徐之才를 미워하여 外官으로 보내는 것은 나를 고통스럽게 한다.』)」

469 「氣力」: '역량'.

470 「處作」: '처리하다'. [漢] 焦贛, 《焦氏易林·比之》:「無聊**處作**, 苗髮不生.(무의미하게 처리하면, 싹이 트지 않는다.)」

471 「執法」: '형법을 시행하다'.

472 「與命」: '생명을 내어놓는다'는 것은 희생을 의미한다.

473 「罄」: '그릇이 텅 비었다'.

474 「氈毹」: '털로 짠 융단'. 《玉臺新詠·古樂府詩·隴西行》:「請客北堂上, 坐客氈**氈毹**.(손님

彼處張設聖化,[476] 擘[477]作兩段. 彼處有墓自開, 聞有福德[478]死者, 並從死
得活, 起向人處來.[479] 亦有十四日一月,[480] 亦無時日不見闇所, 聖化爲此,
三時日如此.[481] 喻如闇裏, 一切物人眼不能得見, 聖化可聞眼見, 所以彌
師訶上懸高, 求承實[482]世尊.

메시아가 육신 가운데서 죽었으나, 생명을 이렇게 끝내서는 아니 되나
니, 그래서 단지 의식만 없었던 것이다. 선지자들이 또한 이렇게 예언한
바대로, 아담의 후예들이 죽음을 면하였고, 멸망할 자가 멸망에 이르지
않았으며, 모두가 기묘한 은혜의 도움을 입어, 메시아로부터 사면을 받
았나니, 단지 원하기만 하면 이 은혜를 받을 수 있게 되었다. 메시아는
육신에 견디기 어려운 갖은 고통을 다 받았나니, 그는 그것을 받아들일
역량이 없었던 것이 아니고, 처리할 능력이 없었던 것도 아니지만, 십자
가에 높이 달리는 가혹한 형벌을 받아들였던 것이다. 그때에, 그가 생명

을 청하여 북당에 오르시게 하고, 털로 짠 융단에 앉으시게 하였다.)」

475 「踏」: '땅이나 물건을 발로 밟다'.
476 「張設聖化」: '一神에게 예배하는 성전'을 의미함.
477 「擘」: '갈라지다; 분열되다'. [唐] 李朝威, 〈柳毅傳〉:「乃擘青天而飛去.(이내 푸른 하늘을
가르며 날아가 버렸다.)」
478 「福德」: '복과 덕행'. [唐] 李延壽, 《北史·元嵩傳》:「任城康王大有福德, 文武頓出其門.(任
城의 康王이 큰 복덕이 있다 하니, 문무관들이 잠시 멈추었다가 그 문을 나갔다.)」
479 「彌師訶 … 處來」: 이 절은 예수의 고난과 부활에 대해 얘기하고 있다. 마태복음 27장
50-52절:「예수께서 다시 크게 소리 지르시고 영혼이 떠나시다. 이에 성소 휘장이 위
로부터 아래까지 찢어져 둘이 되고 땅이 진동하며 바위가 터지고 무덤들이 열리며 자
던 성도의 몸이 많이 일어나되. 예수의 부활 후에 저희가 무덤에서 나와서 거룩한 성
에 들어가 많은 사람에게 보이니라.」
480 「亦有十四日一月」: '메시아가 죽음으로부터 부활한 후 40일 간의 이야기가 있음'을 가
리킨다. 사도행전 1장 3절 참조:「그가 고난 받으신 후에 또한 그들에게 확실한 많은
증거로 친히 살아 계심을 나타내사 사십 일 동안 그들에게 보이시며 하나님 나라의 일
을 말씀하시니라.」
481 「亦無 … 如此」: 이 절은 마태복음 27장 45절 참조:「제 육시로부터 온 땅에 어두움이
임하여 제 구시까지 계속하더니.」
482 「承實」: '실제적인 신분을 감당하다'.

을 내어놓았으니, 땅이 크게 진동하고 산이 무너졌으며, 돌이 터져 양탄 자가 깔린 계단 위로 떨어졌고, 그곳 성전 안의 장막이, 둘로 갈라져 버 렸다. 거기에 있던 많은 무덤들이 스스로 열렸고, 그의 복과 덕행으로, 어떤 죽은 자가 죽음으로부터 살아났다고도 하였으니, 부활이 사람들에 게 드러났도다. 또 사십여 일이 지났고, 태양이 언제 흑암에 가려 안 보 일지 몰랐으니, 하나님께서 이렇게 하셨고, 삼 일 동안 내내 이러하였다. 흑암 가운데서는, 모든 사물이 인간의 눈으로는 볼 수 없고, 하나님의 크 신 능력이 사람에게 보고 듣게 하셨으니, 그리하여 메시아가 십자가에 달림은, 사람들로 하여금 그가 실로 그리스도임을 알게 하기 위함이라.

喻如說書,[483] 當向闇處,[484] 彌師訶五音身人[485]世尊許, 所以名化姚鼻,[486] 執捉法從家索. 向新牒布[487]裏裹,[488] 亦於新墓田[489]裏, 有新穿處山擘裂,

---

483 「說書」: '경서를 해설하다'. 《墨子 · 耕柱》: 「能談辯者談辯, 能說書者**說書**, 能從事者從事, 然後義事成也.(변론을 잘하는 사람은 변론을 하고, 경전을 잘 풀이하는 사람은 경전을 풀이하며, 일을 잘할 수 있는 사람은 일을 해야만, 그런 연후에 의로운 일이 이루어질 수 있다.)」

484 「闇處」: '몽매한 때'를 가리킴. 「處」는 「時」의 의미.

485 「五音身人」: '五蔭身人'이 되어야 할 것이다. 「音」은 「蔭」의 통가자. 「五蔭」은 본장 각 주 157) 참조.

486 「姚鼻」: '鼻'의 음은 '習'과 같으며, 시리아어로는 ܝܘܣܦ, 독음은 yossip, 오늘날 '요셉'으 로 번역한다. 성경의 기록에 의하면 그는 의로운 사람이고 유대 아리마대 사람으로서 사람됨이 착하고 공의로웠다고 한다. 누가복음 23장 50-53절: 「공회 의원으로 선하고 의로운 요셉이라 하는 사람이 있으니; 저희의 결의와 행사에 가타하지 아니한 자라. 그는 유대인의 동네 아리마대 사람이요, 하나님의 나라를 기다리는 자러니. 빌라도에 게 가서 예수의 시체를 달라 하여 이를 내려 세마포로 싸고 아직 사람을 장사한 일이 없는 바위에 판 무덤에 넣어 두니.」

487 「新牒布」: '깨끗한 세마포'.

488 「裹」: '둘둘 감다, 싸서 묶다'.

489 「墓田」: '묘지'. 《晉書 · 稽紹》: 「帝乃遣使冊贈侍中, 光祿大夫, 加金章紫綬, 進爵爲侯, 賜**墓 田**一頃, 客十戶, 祠以少牢.(황제께서 곧 사람을 보내 侍中과 光祿大夫로 책봉하여 주고, 금으로 된 관인과 자색 인끈을 더하셨으며, 작위를 높여 侯로 봉해 주고, 묘지 일 경을 하사하셨으며, 十戶를 蔭客으로 해 주었고, 양과 돼지를 제물로 제사 지낼 수 있게 해

彼處安置大石蓋, 石上搭印.[490] [491] 石忽緣人, 使持更[492]守掌.[493] 亦語彌師

詞有如此言, 三日內於死中欲起,[494] 莫迷,[495] 學人[496]來是,[497] 汝靈柩[498]勿

從被偷將去.[499]

경서의 해설에 의하면, 어두침침한 곳에 처해 있었을 때에, 메시아의
육신이 그리스도로 허락되었으니, 요셉이라는 이름을 가진 이가, 재판
당국에 그리스도의 육체를 요구하였다. 깨끗한 세마포로 잘 싸서, 새로
운 무덤 가운데에 안치하였으니, 무덤은 새로 열린 산 동굴에 있었고, 거
기서 큰 돌로 덮개를 만들어 잘 덮어 두었으며, 또 돌 덮개에 봉인을 하

주었다.)」

490 「搭印」: '큰 돌 덮개에 봉인을 가설하다'.

491 「彌師詞 … 搭印」: 이 부분의 내용은 마태복음 27장 57-60절 참조:「저물었을 때에 아
리마대 부자 요셉이라 하는 사람이 왔으니 그도 예수의 제자라. 빌라도에게 가서 예수
의 시체를 달라 하니 이에 빌라도가 내주라 명령하거늘. 요셉이 시체를 가져다가 깨끗
한 세마포로 싸서 바위 속에 판 자기 새 무덤에 넣어 두고 큰 돌을 굴려 무덤 문에 놓
고 가니.」

492 「持更」: '당번으로 야경을 서다'. 《晉書·劉弘傳》:「弘嘗夜起, 聞城上持更者歎聲甚苦, 遂
呼省之.(劉弘은 밤에 일찍 일어났는데, 성 위를 지키는 당번병이 탄식하는 소리가 심
히 고달프니, 마침내 불러 이유를 물어보았다.)」

493 「守掌」: '감시하며 책임을 지다'. 《通典·禮八十五·皇后受冊》:「內侍之屬與所司守掌
之.(환관 무리와 담당하는 이들이 그것을 감시하며 책임을 졌다.)」

494 「死中欲起」: '장차 죽음으로부터 부활하리라'.「欲」은「將」의 의미.

495 「莫迷」: '의심하지 말라'.

496 「學人」: 여기서는 '메시아의 제자'를 가리킴.

497 「是」: 대명사,「此」의 의미이다.

498 「靈柩」: '죽은 자의 관'에 대한 경칭.

499 「石忽 … 將去」: 이 구절은 제사장과 바리새인들이 병사들을 보내 예수의 시체를 살피
게 해 달라고 빌라도에게 요청한 일에 대해 서술하고 있다. 마태복음 27장 62-66절:
「그 이튿날은 준비일 다음 날이라. 대제사장들과 바리새인들이 함께 빌라도에게 모여
이르되:『주여 저 속이던 자가 살아 있을 때에 말하되, 내가 사흘 후에 다시 살아나리
라 한 것을 우리가 기억하노니. 그러므로 명령하여 그 무덤을 사흘까지 굳게 지키게
하소서. 그의 제자들이 와서 도둑질하여 가고 백성에게 말하되 그가 죽은 자 가운데서
살아났다 하면 후의 속임이 전보다 더 클까 하나이다!』하니, 빌라도가 이르되:『너희
에게 경비병이 있으니 가서 힘대로 굳게 지키라 하거늘. 그들이 경비병과 함께 가서
돌을 인봉하고 무덤을 굳게 지키니라.』」

였다. 유대인들이 사람을 시켜 당번으로 야경을 서며 감시하게 하였다. 또 말하기를 메시아가 이런 말을 하였으니, 삼 일 내에 죽음에서 다시 살아날 것이라 하였지만, 미혹되지 말 것이며, 제자들이 이곳에 와서, 시신을 관에서 훔쳐가지 못하게 하라 하였다.

語訖,[500] 似從死中起居, 如此作時, 石忽人三內[501]彌師訶. 喻如墓田, 彼即從外相.[502] 喻如從起手,[503] 從女生, 亦不女身,[504] 從證見[505]處. 此飛仙[506]所使, 世尊着白衣, 喻如霜雪, 見向持更處, 從天下來. 此大石在舊門上, 在開劫,[507] 於石上坐. 其持更者, 見狀[508]似飛仙, 於墓田中來, 覓五陰不見, 自日遂棄[509]墓田去.[510]

말을 마치시고, 정말로 죽음에서 부활하셨으니, 이처럼 잘 지키고 있을 때에, 유대인이 세 번 들어가 메시아를 살펴보았다. 여기 묘지는, 밖

---

500 「訖」: '끝내다, 종료하다'.
501 「三內」: '세 번 무덤 안으로 들어가 살피다'.
502 「外相」: '겉으로 드러난 모습'. '무덤의 모습이 죽은 사람이 묻힌 곳임을 한눈에 알게 해 준다'는 의미.
503 「起手」: '시작하다, 개시하다'.
504 「從女生, 亦不女身」: '메시아는 여자에게서 태어났지만, 여자의 몸은 가지고 있지 않다'.
505 「證見」: '증거'.《敦煌變文集·張義潮變文》:「阿耶驅來作證見, 阿孃也交作保知.(아버지가 달려와 증거를 댔고, 어머니도 함께 비밀을 지켰다.)」
506 「飛仙」: 기독교의 '천사'. 道教의 용어를 차용하였음.
507 「開劫」: '메시아는 십자가에 매달리는 고통과 무덤에 묻히는 등 여러 가지 위험들을 이미 타파하였다'는 것을 말한다.
508 「狀」: '형태'.
509 「棄」: '떠나다'의 의미.《戰國策·秦策·楚絶齊齊擧兵伐楚》:「寡人不佞, 不能親國事也, 故子棄寡人事楚王.(과인이 총명하지 못하여 국사를 그대에게 친히 묻지 못하여, 그대가 과인을 버리고 楚王을 받들게 된 것이오.)」
510 「此飛 … 田去」: 이 단락은 '하나님의 사자가 삼일 후 부활한 예수를 어떻게 영접하는가'를 서술하고 있다. 마태복음 28장 2-4절:「큰 지진이 나며 주의 천사가 하늘로부터 내려와 돌을 굴려 내고 그 위에 앉았는데 그 형상이 번개 같고 그 옷은 눈같이 희거늘. 지키던 자들이 그를 무서워하여 떨며 죽은 사람과 같이 되었더라.」

에서도 묻힌 사람을 볼 수 있었다. 처음 시작부터, 여자로부터 났으나, 또한 여인의 육체를 가지고 있니 않으니, 이는 모두 증거가 될 수 있는 것이다. 천사가 와서 시종하였으니, 예수는 정결한 옷을 입고, 새하얀 눈과 같이, 병정이 밤을 지키는 곳을 바라보며, 하늘로부터 내려오셨다. 그 큰 돌 덩어리가 원래의 묘지 문을 덮고 있었으나, 예수가 이 모든 걸 타파하였으며, 천사가 돌 위에 앉았다. 그 지키고 있던 병정이, 이 광경을 보고 천사인가 하여, 묘지 안으로 들어와 보았으나, 메시아의 육신을 찾아도 없고, 그때 묘지를 떠나가 버리셨다.

當時見者, 向石忽人具論,[511] 於石忽人大賜財物, 所以借問逗留, 有何可見, 因何不說. 此持更人云: 一依前者所論, 彌師訶從死起, 亦如前者說.[512] 女人等, 就彼來處依法. 石忽人於三日好看,[513] 向墓田將來, 就彼分明.[514] 見彌師訶發迷去,[515] 故相報信, 向學人處.[516]

---

511 「具論」: '상세히 보고하다'.
512 「當時 … 者說」: 이 구절은 '예수의 부활을 직접 본 병정이 어떻게 하면 제사장과 장로의 음모와 재물을 받아 예수가 결코 부활하지 않았다는 보고를 꾸며낼까' 하는 사실을 서술하고 있다. 마태복음 28장 11-15절: 「여자들이 갈 때에 경비병 중 몇이 성에 들어가 모든 된 일을 대제사장들에게 알리니, 그들이 장로들과 함께 모여 의논하고 군인들에게 돈을 많이 주며 이르되, 너희는 말하기를 『그의 제자들이 밤에 와서 우리가 잘 때에 그를 도둑질하여 갔다 하라. 만일 이 말이 총독에게 들리면 우리가 권하여 너희로 근심하지 않게 하리라 하니』, 군인들이 돈을 받고 가르친 대로 하였으니, 이 말이 오늘날까지 유대인 가운데 두루 퍼지니라.」
513 「看」: '관리하다'의 의미.
514 「就彼分明」: '묘지를 관리하는 유대인이 메시아께서 죽음에서 살아나신 그 일을 보고한 것은 매우 확실한 일'이라는 것을 표현하고 있다.
515 「發迷去」: '사라지다'.
516 「此持 … 人處」: 마태복음 28장 5-8절 참조: 「천사가 여자들에게 말하여 이르되 너희는 무서워하지 말라. 십자가에 못 박히신 예수를 너희가 찾는 줄 내가 아노라. 그가 여기 계시지 않고 그가 말씀하시던 대로 살아나셨느니라. 와서 그가 누우셨던 곳을 보라. 또 빨리 가서 그의 제자들에게 이르되 그가 죽은 자 가운데서 살아나셨고 너희보다 먼저 갈릴리로 가시나니 거기서 너희가 뵈오리라 하라. 보라 내가 너희에게 일렀느니라 하거늘. 그 여자들이 무서움과 큰 기쁨으로 빨리 무덤을 떠나 제자들에게 알리려

당시 이를 본 이가, 유대인에게 상세히 보고하니, 유대인이 재물로 크게 상을 내렸고, 천사가 잠시 머문 상황을 물으며, 무엇을 보았는지, 무엇 때문에 말을 못 하는가 물었다. 이때 병정이 말하기를: "완전히 당신들이 앞서 정한 대로 말하는 것이며, 메시아가 어떻게 죽음으로부터 살아나셨는지도, 또한 앞서 정한 대로 말하는 것이다." 하였다. 여인들이, 거기로 와서 전통에 따라 시신을 처리하였다. 유대인이 제 삼일에 계속하여 무덤을 지켰으며, 무덤에 와서 보니, 마침 예수의 예언대로 사실이 분명해졌다. 메시아가 사라져 버린 것을 보고는, 곧 서로 보고하고자, 제자들이 있는 곳으로 갔다.

喻如前者女人,[517] 於天下寄信,[518] 妄報於阿談, 因有此罪業, 向天下來.[519] 喻如女人向墓田來, 彌師訶見言是實, 將[520]來於學人, 就善處向天下來, 於後就彼來, 將信去也.

시조가 된 여인이, 뱀에게 유혹당한 일을 세상에 전해 오며, 아담에게 망령된 말로 알렸고, 이로부터 원죄가 생겨, 세상에 내려지게 되었다. 여

고 달음질할새.」

517 「前者女人」: 후문의 내용으로 보아 아마도 아담의 배우자를 지칭하는 듯하다. 창세기 2장 18-23절: 「…아담이 가로되 이는 내 뼈 중의 뼈요 살 중의 살이라. 이것을 남자에게서 취하였은즉 『여자』라 칭하리라 하니라.」

518 「寄信」: '소식을 전하다'.

519 「喻如 … 下來」: 창세기 3장 1-24절 참조: 「그런데 뱀은 여호와 하나님이 지으신 들짐승 중에 가장 간교하니라. 뱀이 여자에게 물어 이르되: 『하나님이 참으로 너희에게 동산 모든 나무의 열매를 먹지 말라 하시더냐?』 여자가 뱀에게 말하되: 『동산 나무의 열매를 우리가 먹을 수 있으나, 동산 중앙에 있는 나무의 열매는 하나님의 말씀에 너희는 먹지도 말고 만지지도 말라. 너희가 죽을까 하노라.』 하셨느니라. 뱀이 여자에게 이르되: 『너희가 결코 죽지 아니하리라. 너희가 그것을 먹는 날에는 너희 눈이 밝아져 하나님과 같이 되어 선악을 알 줄 하나님이 아심이니라.』」 이것은 죄를 짓는 아담과 그의 배우자, 그리고 메시아가 죽음 가운데서 살아난 것을 발견한 여인들을 비교하고 있는 것이다.

520 「將」: 접속사로 사용되었으며, 의미는 '또', '게다가'이다.

인이 묘지로 와서는, 메시아의 모든 말이 사실임을 알았으니, 게다가 제자들이 있는 곳으로 와서, 복음의 선함을 세상에 알렸고, 이리하여 많은 사람들이 와서, 복음의 소식을 전파해 나갔다.

彌師訶弟子, 分明處分, 向一切處, 將我言語, 示[521]語一切種人. 來向水字,[522] 於父, 子, 淨風處分具足,[523] 所有我迷, 汝在比到盡天下.[524] 聞有三十日中, 於彌師訶地上後, 從死地[525]起, 於一切萬物, 所有言話, 並向汝等具說, 亦附許來, 欲得淨風, 天向汝等, 彌師訶從明處, 空中看見, 天上從有相, 大慈風中坐, 爲作大聖化, 於天下示見.

메시아의 제자들이, 명확히 결단하였고, 모든 지방으로 가서, 내가 한 말을, 모든 사람들에게 분명히 선포하라 하였다. 사람들이 물 있는 곳으로 오면, 아버지와 아들 그리고 성령이 모두 갖추어진 분부대로 세례를 주고, 우리의 모든 신도들에게, 너희는 마땅히 온 세상으로 가라 하였다. 약 30일 동안, 메시아가 세상에 나타났고, 무덤 가운데서 부활하였으며, 모든 만물에 대하여, 경전에 쓰여진 바대로, 이들에게 모두 상세히 설명하였다. 또한 그가 군중 가운데로 와서, 성령을 받고자 하였으며, 천국이

---

521 「示」: '포고, 게시'. 《玉篇》: 「示, 語也, 以事告人曰示也.('示'는 '語'이며, 일을 사람에게 알리는 것을 '示'라 한다.)」
522 「來向水字」: '물이 있는 곳으로 왔다', 기독교의 '세례'를 가리킨다. 「字」는 '處'의 의미.
523 「具足」: '완비하다'. 본장 각주 102) 참조.
524 「盡天下」: '온천하'. 이 구절은 마태복음 28장 16-20절과 비교해 볼 수 있다: 열한 제자가 갈릴리에 가서 예수께서 지시하신 산에 이르러 예수를 뵈옵고 경배하나 아직도 의심하는 사람들이 있더라. 예수께서 나아와 말씀하여 이르시되: 「하늘과 땅의 모든 권세를 내게 주셨으니, 그러므로 너희는 가서 모든 민족을 제자로 삼아 아버지와 아들과 성령의 이름으로 세례를 베풀고, 내가 너희에게 분부한 모든 것을 가르쳐 지키게 하라. 볼지어다. 내가 세상 끝날까지 너희와 항상 함께 있으리라 하시니라.」
525 「死地」: '죽음의 땅'. 《史記 · 淮陰侯傳》: 「其勢非置之死地, 使人人自爲戰.(그 형세가 사람들을 사지에 두고 스스로 싸우게 하지는 않는 것이다.)」

저희에게 열렸고, 메시아가 광명 중에 있었으니, 공중 가운데에 보였고, 하늘로부터 그 모습만 보였더라. 자비하신 예수가 바람 중에 앉으셨으며, 하나님의 크신 능력 중에 나타나, 천하에 구원의 은혜를 드러내셨다.

惡魔起惡妬,[526] 向人上從如供養,[527] 擲[528]下於地. 世尊所得, 並於一切辛苦處, 亦於惡魔起手向人配, 惣不堪用, 所以受大辛苦, 恐畏[529]將人遠離世尊, 向彌師訶手, 一切人有信, 共向世尊來. 若無信者, 向如此言, 所以眼不能見, 所作者由來具足, 亦如是. 此人即今見, 在生人亦不疑慮,[530] 意中恐不死. 喩如前者人死, 如許人等誰死者, 有信向彌師訶處, 亦不須疑慮, 起從黃泉,[531] 一切人並得起.

사악한 마귀가 질투를 일으킨 후로, 무리들 가운데에 받들어진 神과도 같았으나, 이제는 땅 위에 버려졌다. 그리스도가 이렇게 함은, 모든 고통과 고난을 경험하였고, 또한 마귀가 처음부터 사람을 유혹하였기에, 하나님께서 사람에게 만족하지 못하신 것이니, 그리하여 그리스도는 사람들을 대신하여 크나큰 고통을 감수하였고, 유혹받은 인간이 하나님을 멀리할까 두려워하였으니, 구주의 은혜로 말미암아, 모든 이들이 믿기만

---

526 「妬」: 옛날에 「妒」와 같았음. '질투하다'.
527 「供養」: '공양하다, 봉양하다'의 의미. 위로는 '친근함, 봉사, 존경'의 의미를 담고 있고, 아래로는 '동정, 애석함, 애호'의 의미를 담고 있다. 《白虎通義·禮樂》: 「王者有六樂者, 貴公美德也. 所以作供養.(왕이 여섯 명의 음악가가 있는 것은 귀공의 미덕이라. 그리하여 공양하는 것이다.)」
528 「擲」: '버리다, 포기하다'.
529 「恐畏」: '두려워하다, 염려하다'.
530 「疑慮」: '확신이 없어서 생기는 걱정'. [漢] 班固, 《後漢書·西羌傳》: 「謀夫回遑, 猛士疑慮, 遂徙西河四郡之人, 雜寓關右之縣.(어떤 이가 의혹으로 망설이니, 용사들도 확신이 없어 걱정하였고, 곧 西河 四郡의 사람들에게로 옮겨서, 서쪽 縣들에 섞어 살았다.)」
531 「黃泉」: '저승', 사람이 죽은 후 거하는 곳. 《管子·小匡》: 「應公之賜, 殺之黃泉, 死且不朽.(폐하께 은혜를 받았으니, 비록 죽어서 황천에 갈지라도, 이름이 더럽혀지지 않을 것입니다.)」

하면, 그리스도에게로 함께 올 수 있게 되었다. 만일 믿지 않으면, 앞서 말한 대로, 눈으로는 볼 수가 없으니, 창조주께서 확연히 드러내신 충분한 이유가 되고, 또한 마땅히 이래야 할 것이니라. 이러한 사람은 지금도 존재하나니, 생명이 있는 사람은 믿음에 다시 의혹을 갖지 않고, 마음속으로 죽음을 두려워하지 않는다. 앞서 그리스도가 죽었다고 말했듯이, 이렇게 많은 사람 중 누구의 죽음이 그와 같겠는가, 충직한 믿음의 사람이 메시아 앞에 오면, 결코 의심할 필요가 없느니라. 메시아는 죽음을 이겨 내고 부활하였으니, 모든 믿는 이들 또한 함께 부활할 것이다.

於後彌師訶向上天十日, 使附信[532]與弟子, 度[533]與淨風, 從天上看弟子, 分明具見度淨風. 喻如火光, 住在弟子邊頭上, 欲似舌, 舌彼與從得淨風, 敎一切人種性處, 有彌師訶, 天下分明見, 得天尊處分.[534] 誰是汝父來向天下, 亦作聖化, 爲我罪業中, 於己自由身上受死. 五蔭三日內從死起, 憑[535]天尊氣力, 尚[536]上天來末[537]也. 聞此天下, 是彌師訶自譽[538]處起, 於一切人, 有死者從起. 於天下向未聞, 亦於天下向彌師訶處分, 起從黃泉, 向實法[539]處, 生欲與一切人.

---

532 「附信」: '소식을 지니다'. 「附」는 '~하는 김에'의 의미.
533 「度」: '인도하다, 원조하다'의 의미.
534 「於後 … 處分」: 이 구절은 '오순절에 예수와 제자들이 함께 성령을 받은 일'을 서술하고 있다. 사도행전 2장 1-4절: 「오순절 날이 이미 이르매 그들이 다 같이 한곳에 모였더니, 홀연히 하늘로부터 급하고 강한 바람 같은 소리가 있어 그들이 앉은 온 집에 가득하며, 마치 불의 혀처럼 갈라지는 것들이 그들에게 보여 각 사람 위에 하나씩 임하여 있더니, 그들이 다 성령의 충만함을 받고 성령이 말하게 하심을 따라 다른 언어들로 말하기를 시작하니라.」
535 「憑」: '~에 의지하다'.
536 「尚」: '일찍이'. [漢] 許愼,《說文解字》:「尚: 曾也. 庶幾也.(尙은 曾이다. '일찍이'의 의미이다.)」
537 「來末」: '세상 종말에 다시 오신다'는 의미.
538 「譽」: '칭찬하다', 「稱譽」와 같음.《論語・衛靈公》:「吾之於人也, 誰毀誰譽?(내 사람들에 대해서 누구를 비난하고 누구를 칭찬하더냐?)」

그런 후에 메시아는 10일 간 하늘로 돌아가셨고, 천사가 제자들에게 소식을 보냈으며, 성령께로 인도하셔서, 하늘에서 제자들을 바라보셨고, 명확하고 세밀하게 성령으로 인도하셨다. 성령이 불빛과 같이, 제자들의 주위와 머리 위에 머무셨고, 마치 불의 혀와 같아서, 그 혀로 그들이 성령을 맞았으니, 모든 이들의 타고난 성품으로 하여금, 메시아의 생명을 얻게 하였고, 세상 사람들이 모두 분명히 보았으며, 만물이 모두 하나님의 처분하심을 받았느니라. 너희 중 누구의 아버지가 세상에 오실 수 있으며, 육신으로 현현할 수 있겠느냐. 우리의 죄악을 자기 몸에 지시고, 기꺼이 고통을 당해 죽음에 이르셨다. 육신이 3일 만에 죽음에서 부활하셨으니, 하나님의 능력에 의지하여, 일찍이 하늘에 올랐다가 세상의 종말에 다시 오신다. 세상이 이로써 알 수 있나니, 메시아가 스스로 부활을 예언한 후로, 모든 사람들 가운데서, 스스로 죽음에서 부활한 이가 있게 되었다. 세상에서는 이러한 일을 들어 보지 못했으니, 또한 세상을 메시아의 주관하에 두었고, 죽음에서 부활하였으며, 진리의 법을 내리셨고, 천국의 생명을 모든 이에게 내리셨다.

喻如思量,[540] 時此天下亦報償, 亦有信者. 向彌師訶處, 取[541]禮拜[542]世尊者, 於彌師訶父處, 將向天堂[543]至常住[544]處. 亦與[545]長命快樂[546]處, 於

---

539 「實法」: '변화가 없고 허망하지도 않은 법'.
540 「思量」: '헤아리다, 사고하다'.
541 「取」: 「趣」와 같음, '~에 기울다, ~에 쏠리다'. 《孟子·告子下》:「三子者不同道, 其趣一也. 一者何也? 曰: 仁也.(세 사람은 道가 같지 않지만, 그 관심의 방향은 한 가지이다. 그 한 가지라는 것이 무엇입니까? 맹자 왈: '仁'이니라.)
542 「禮拜」: '믿는 바에 대하여 경배하다'. [南朝 宋] 劉義慶《世說新語·排調》:「何次道往瓦官寺禮拜甚勤, 阮思曠語之曰:『卿志大宇宙, 勇邁終古.』(何充이 너무 자주 瓦官寺에 가서 부처님께 절을 하자, 阮裕가 거짓을 꾸며 말하기를:『당신의 뜻은 우주보다도 크고, 당신의 용기는 모든 옛사람을 능가합니다』라고 했다.)
543 「天堂」: '하늘 궁전, 마음대로 누릴 수 있는 곳'.

彼彌師訶處, 無行不具足, 受處分世尊.

더 헤아려 볼 수 있나니, 지금 세상은 또한 보응이 있고, 또한 믿는 이가 있다. 메시아에게로 돌아가려는 자는, 그리스도에게 경배할 것이며, 메시아의 아버지와 함께 있어, 나중에 천국으로 올라갈 것이고, 영원한 거소에 이르게 될 것이다. 영생 복락의 곳에서, 메시아와 함께하는 곳에서는, 사람의 악행이 모두 드러나게 되니, 그리스도의 심판을 받을 것이다.

喻如自父不禮拜, 乃向惡魔禮拜, 有不淨潔處, 意憶取汝處分於黑闇地獄,[547] 發遣去[548]常處, 共惡魔鬼同, 永去善處, 明見於天下. 教詔[549]處分,

---

544 「常住」: '항상 존재하며 영원히 생멸의 변화가 없다'.

545 「與」: '가깝다, 친근하다'. 《禮記・禮運》:「諸侯以禮相與, 大夫以法相序.(제후는 예로써 서로 가까이 지내며, 대부는 법으로써 서로 질서를 지킨다.)」

546 「長命快樂」: '생명이 장구하며 아무런 구속 없이 자유자재로 노닐다'. 〈一天論第一〉 참조:「若天地滅時, 劫更生時, 魂魄還歸五陰身來, 自然具足, 更不求覓衣食, 常住快樂, 神通遊戲, 不切物資身. 喻如飛仙快樂….(만일 천지가 멸망한다면, 그 멸망의 재난이 지나간 후 부활의 때에, 영혼이 다시 육체로 돌아오나니, 자신이 이미 갖추었으므로, 다시는 옷과 음식을 찾지 않을 것이다. 변함없이 영원히 거하는 기쁨, 거침없이 자유로운 즐거움, 주변 어떤 물질에 의존하지 않는 자신을 부양하는 것은, 마치 천사의 기쁨과도 같다….)」

547 「意憶取汝處分於黑闇地獄」: '자신이 좋아하는 것은 자기를 흑암의 지옥으로 몰아넣는다'. 「地獄」: '극도의 고통을 받는 곳'. 《三國志・魏書・蔣濟傳》:「是爲自內地獄, 危亡之道也.(이것은 스스로 안에 지옥을 두는 것으로서, 멸망의 위기에 봉착하는 것이다.)」 또한 불교 용어를 빌리자면, 六道 중에서 가장 고통스러운 곳으로서 그 위치가 지하에 있기 때문에 '地獄'이라 부른다. 세 가지로 나눌 수 있다: 一名根本地獄, 有八熱及八寒之別, 是爲十六大地獄. 二名近邊地獄, 即八熱四門的十六遊增地獄. 三名孤獨地獄, 在山間, 曠野, 樹下, 水濱, 場所無定, 爲各人別業所惑, 因此苦報及壽命, 亦各不同, 若論受苦, 根本最甚, 近邊次之, 孤獨又次之.(첫 번째, 일명 '근본지옥'에는 八熱과 八寒이 있으니, 이것이 십육대 지옥이다. 두 번째, '근변지옥'은 八熱 四門의 십육 遊增地獄이다. 세 번째 '고독지옥'은 산간, 광야, 나무 아래, 물가, 장소 등이 정해지지 않고, 각자가 다른 곳에서 느끼는 바가 다르니, 그리하여 惡報와 수명이 각각 다르다. 고생을 당하는 것으로 논하자면, 근본지옥이 가장 심하고, 근변지옥이 다음이며, 고독지옥이 그다음이다.)」

548 「遣」: '쫓아내다, 면직하다'. [漢] 王符, 《潛夫論・賢難》:「及太子問疾, 帝令吮癰, 有難之色, 帝不悅而遣太子.(태자에게로 가 병세를 물었고, 황제가 명하여 입으로 고름을 제거하게 하였는데, 난색을 표하니, 황제가 불쾌해 하여 태자를 쫓아냈다.)」 「去」: '떠나

所教亦具足, 分向自家弟, 不是人種,550 世尊種性, 所以弟子向彌師訶
名,551 有患並療得差,552 在惡魔鬼傍名拔脫,553 從人處死得活.554 更此作
簡是普天下使, 彌師訶弟子作怨字,555 一切亦共一處, 相競556得勝. 於彌
師訶弟子, 得亦於先石忽人, 所以不受處, 無數中辛苦處, 示竟557所以至
末閒.558

　만일 자기의 하나님에게 경배하지 않고, 도리어 사악한 마귀에게 예배
하면, 더러운 곳으로 모이게 될 것이고, 탄식하며 그대를 저 흑암의 지옥
으로 처분하게 될 것이며, 영원한 형벌이 있는 곳으로 쫓아낼 터이니, 거
기서 사악한 마귀와 함께하고, 선한 곳과 영원히 멀어지게 되나니, 이것
은 천하에 명백한 일인 것이다. 教義의 훈계대로, 모든 가르침이 또한 다

다'. 《漢書·何武傳》:「去後常見思.(떠난 뒤에 항시 보고 싶어 그리워하다.)」
549 「教詔」: '훈계하다, 훈시하다'. 《莊子·盜跖》:「夫爲人父者, 必能詔其子; 爲人兄者, 必能
　　 教其弟.(무릇 사람의 아비된 자는 반드시 그 아들을 훈계함에 능해야 하고, 사람의 형
　　 이 된 자는 반드시 그 동생을 가르침에 능해야 한다.)」
550 「種」: '종속(種屬)의 특성'을 가리킴.
551 「名」: 여기서는 '메시아의 이름에 근거하여'의 의미이다.
552 「有患並療得差」: '병을 앓는 자가 치료받고 완치될 수 있다'. 「患」: '질병'. 「並」: '모두,
　　 전부'. 「療」: '치료하다'. 《周禮·天官·瘍醫》:「凡療瘍, 以五毒攻之, 以五氣養之.(무릇 상
　　 처를 치료하는 데에는, 다섯 가지 독으로 다스리고, 다섯 가지 기로써 보양한다.)」
　　 「差」: 「瘥」와 통함, '완치되다'. [漢] 班固, 《後漢書·華佗傳》:「操積苦頭風眩, 佗針, 隨手
　　 而差.(조조는 두풍현이라는 병으로 고통을 쌓고 있었거늘, 화타가 침을 놓고 시술하니
　　 완치되었다.)」
553 「在惡魔鬼傍名拔脫」: '악마귀에 붙은 자가 해탈되다'.
554 「從人處死得活」: '사람이 죽었다 할지라도 또 살아날 수 있다'.
555 「怨字」: 「怨家」가 아닐까 싶다. '원수; 적'을 표시한다. 《史記·張耳陳餘列傳》:「貫高怨
　　 家知其謀, 乃上變告之.(貫高와 원한이 있는 사람이 그 모략을 알고, 곧 글을 올려 고발
　　 하였다.)」
556 「相競」: '서로 쟁론하다'. [漢] 班固, 《漢書·賈誼傳》:「今世以侈靡相競, 而上亡制度, 棄禮
　　 誼, 捐廉恥日甚, 可謂月異而歲不同矣.(지금 세상에는 사치스런 생활을 가지고 서로 경
　　 쟁하나, 위에 제재하는 제도가 없으므로, 예의와 염치를 버리는 일이 날로 심하여, 달
　　 마다 달라지고 해마다 같지 않다.)」
557 「示竟」: '최종 결과를 표명하다'. 「示」, '알리다'. 「竟」: '완료하다'.
558 「末閒」: '세상 종말 가운데에'. 「末」, '최후'. 「閒」은 「間」과 통함.

갖추어져, 제자들에게 분부를 내렸으니, 더 이상 사람의 일이 아니라, 그리스도의 속성과 관계된 것이다. 그리하여 제자들이 메시아의 이름을 받들고, 병든 자로 하여금 치료와 나음을 입게 하였으니, 사악한 마귀에 들린 자가 해탈하며, 이미 죽은 자도 다시 살아남이라. 변화된 자가 세상에 복음을 전하는 사자가 되고, 메시아의 제자들은 적대자의 미움을 샀으니, 그들이 함께 모이면, 서로 경쟁으로 쟁론하여 승리를 얻는다. 메시아의 제자들은, 유대인보다 더 지지를 얻었으니, 그리하여 처벌을 받지 않았고, 수많은 사람들은 고통 가운데에 처하여, 세상 종말의 때에 심판에 직면하였다.

石忽不他,[559] 所以拂林向石國, 伊大城[560]裏聲處破碎, 却亦是向量.[561] 從石忽人被煞,[562] 餘百姓並被抄掠[563]將去, 從散[564]普天下. 所以有彌師訶弟子有言, 報知於世尊, 及事從世尊. 一切人爲怨家, 大小更無餘計校,[565] 唯有運業[566]能得. 彌師訶弟子並煞却滅祚,[567] 可以遣具足受業.[568] 此云向說世尊, 聖化預知後, 於無量[569]時, 預前須自防備.

유대인들은 拂林의 통치를 받기를 원치 않았는데, 拂林이 유대 나라로

---

559 「不他」: '유대인들은 拂林의 통치를 받기를 원치 않는다'는 의미이다.
560 「伊大城」: '유대성', 「伊大」는 '猶大'의 음역.
561 「向量」: 「響亮(소리가 우렁차다)」과 통용됨.
562 「煞」: '살해하다'.
563 「抄掠」: '착취하다, 강탈하다'. 《後漢書 · 袁安傳》: 「北虜既已和親, 而南部復往抄掠.(북로와 이미 화친하였고, 남쪽 지역을 다시 약탈하였다.)」
564 「從散」: '이로부터 도망쳐 흩어지다'.
565 「計校」: 「計較(계산하여 비교하다)」와 통함.
566 「運業」: '조우하다, 만나다'.
567 「滅祚」: '망국(亡國)'.
568 「石忽 … 受業」: 이 단락은 아마도 '기원 70년에서 130년 사이 예루살렘성이 로마제국에 의해 훼멸된 역사'를 서술하고 있는 듯하다.
569 「無量」: '측량할 수 없을 정도로 많다', 여기서는 '유대인들이 맞닥뜨린 재난'을 말한다.

진입하자, 유대의 성 안 곳곳이 파괴되었고, 도처가 모두 파멸의 소리로 가득 찼다. 수많은 유대인들이 피살되었고, 나머지 백성들이 모두 겁탈 당하여 연행되었으며, 이로써 세계 각처로 도망쳐 흩어져 버렸다. 그리하여 메시아의 제자들이 말하기를, 필요한 것을 그리스도께 아뢰자 하고, 예수를 따르며 시봉하였다. 어떤 사람이든 원수가 되면, 크고 작고를 계산하여 비교하지 말고, 오로지 죄업을 제거해야만 그리스도를 얻게 된다. 메시아의 제자들도 죽임을 당하고 나라를 잃게 되었으니, 그리하여 조건을 갖춘 제자들을 보내어 복음을 설파하게 하였다. 여기서 말하는 것은 그리스도이니, 신성한 교화를 미리 알고 난 후, 각종 재난을 만났을 때, 사전에 스스로 방비를 갖추어야 한다.

汝等誰事世尊, 自儔量校計,[570] 惡說欲非來, 是好事亦不具足, 得汝情願. 世尊共人相和, 一切王打[571]百姓自由, 在拂林向波斯律法如此作, 怛索[572]惣煞. 諸聲打破, 破作丘坑, 亦不須放向自家國土. 有誰事彌師訶者, 亦道名字分明見, 是天下所作處. 世尊化術[573]異種[574]作聖化, 計校籌量, 亦是他家[575]所作, 唯有世尊情願具足. 欲此諸王等聖主, 誰向拂林, 誰向波斯, 並死, 亦是惡.[576] 律法於所著者, 爲怛索到不堪處,[577] 所以一切拂

---

570 「儔量較計」: ‘공덕을 비교하고 계산하다’. 佛敎에서도 이런 말이 있는데, 이것은 ‘사람 자신이 하나님께 봉사하는 갖가지 모든 福, 德, 善을 계획해야만 한다’는 것을 설명하고 있다.
571 「打」: ‘제거하다, 없애 버리다’.
572 「怛索」: ‘협박하여 강요하다’. [唐] 柳宗元, 〈三戒·臨江之麋〉: 「群犬垂涎, 揚尾皆來, 其人怒, 怛之.(여러 개들이 군침이 돌아 침을 흘리고, 꼬리를 흔들며 모두 뛰어왔으나, 주인이 화를 내며 무섭게 야단쳤다.)」
573 「化術」: ‘敎化의 道’. [漢] 劉向, 《說苑·脩文》: 「仲弓通於化術, 孔子明於王道.(仲弓은 교화의 도에 능통하였고, 공자는 왕도에 밝은 사람이었다.)」
574 「異種」: ‘갖가지, 여러 가지’.
575 「他家」: ‘경교 메시아 이외의 다른 대상’을 가리킴.
576 「欲此 … 是惡」: 이 단락은 ‘세상의 권력자’를 가리키며, ‘현명하고 유능한 사람은 拂林

林, 如今並禮拜世尊, 亦有波斯少許人被迷惑, 行與惡魔鬼等, 所作泥素[578]形像禮拜者, 自餘人[579]惣禮拜世尊羇數彌師訶.[580] 並云: 此等向天下世尊聖化行, 亦無幾[581]多時,[582] 所以分明自尓已來, 彌師訶向天下見也. 向五蔭身, 六百四十一年不過已, 於一切處, 誰有智慧者. 此變見[583]幷化術,[584] 若爲向天下少時聞, 亦不是人處傍能處.[585]

너희들 중 누가 그리스도를 모시게 된다면, 받을 공덕을 스스로 비교하고 계산해 보아야 할 터이니, 옳고 그름을 건드리지 말고, 좋은 일이라 해도 다 가질 수는 없으니, 모두 너희 자신이 기꺼이 바라는 대로 얻어라. 그리스도는 사람들과 서로 화목하나, 세상의 왕들은 백성들의 자유를 박탈해 버리니, 拂林에서 페르시아까지의 율령과 법규가 모두 이러하

에 있든 페르시아에 있든을 막론하고 모두 한 번의 죽음이 있고, 또한 죄악 가운데에 있다'는 것을 의미한다. 「並死」: '마찬가지로 죽을 수 있다'. 「亦是惡」: '또한 죄악 가운데에 있다'.

577 「律法 … 堪處」: 이 단락은 '법률의 제정자는 사람들을 두려움에 휩싸이게 하며 심지어는 공포에 떨게까지 한다'라는 뜻을 의미한다. 《爾雅·釋詁一》: 「律, 法也.(율은 法이다.)」《爾雅·釋言二》: 「律, 銓也.(율은 銓이다.)」

578 「泥素」: '素'는 「塑」와 통용된다. '진흙으로 빚은 소상(塑像)'의 의미.

579 「餘人」: '소상(塑像)을 섬기지 않는 다른 사람들', 즉 '우상을 섬기지 않는 페르시아인'을 가리킨다.

580 「所以 … 彌師訶」: '모든 拂林 사람들이 지금까지 여전히 世尊을 경배하는데, 소수의 페르시아인들은 현혹되어 행위가 마귀와 같으니, 심지어는 진흙으로 빚은 塑像에게 예배하지만 그래도 진흙상에 절하지 않는 페르시아인들도 여전히 있다'.

581 「無幾」: 「無己」와 통하며, '無我'의 의미. 《莊子·逍遙遊》: 「至人<u>無己</u>, 神人無功, 聖人無名.(지극한 경지에 이른 사람은 자기를 내세우지 않으며, 신의 경지에 이른 사람은 공을 내세우지 않고, 성인은 자기의 이름 자체가 없다.)」

582 「多時」: '아주 긴 시간 동안', 여기서는 '시간의 제한을 받지 않음'을 표시한다.

583 「變見」: 「變現」이라고도 쓰니, '원래의 모양을 바꾸어서 출현하다'의 의미. 《新唐書·陳夷行李紳等傳贊》: 「然其言荒茫漫靡, 夷幻<u>變現</u>.(그 말이 아득하고 끝없이 넓으니, 陳夷行의 환영이 모양을 바꾸어 출현하였다.)」

584 「化術」: 주석 573)과 같음.

585 「誰有 … 能處」: 이 단락의 대략적 의미는 '세상 어느 누가 세존처럼 지혜로와서 그 모범과 교화의 도를 천하에 행할 수 있겠는가? 그 도는 머지않아 곧 세존의 도가 아님을 알게 되나니, 세상 사람들은 모두 진정 재능 있는 자에게 의지하고 순종한다'이다.

며, 협박하고 강요하여 끝까지 장악하기 위함이다. 여러 가지 요구가 균형을 깨뜨려, 언덕 위의 갱처럼 허물어졌으니, 자신의 나라로 다시 돌아갈 필요도 없게 되었다. 누가 메시아를 섬기려 하겠으나, 진리의 길에서의 명분이 분명히 드러나니, 온 세상 각처가 모두 주님이 하신 바라. 그리스도의 이치에 관한 각종 교화의 설파는 모두 신성한 교화로 이끌려는 것이니, 그러한 비교와 계산은, 또한 모든 다른 학설들도 하는 바이며, 오로지 그리스도만이 완비하고자 한 것이다. 세상의 여러 왕들이 현명한 군주가 되려 하나, 拂林으로 향하든, 페르시아로 향하든, 모두가 죽을 것이며, 또한 죄악 가운데에 처해 있다. 법률의 제정은, 사람들로 하여금 무섭고 두렵게 하기 위함이니, 따라서 모든 拂林인들은, 지금 그리스도를 존숭하여 경배하며, 또한 페르시아의 소수 사람들만이 미혹되어, 마귀들과 같은 행위를 하고 있고, 흙으로 빚은 우상을 만들어 경배하며, 우상을 섬기지 않는 나머지 페르시아 사람들은 모두 예수 그리스도 메시아를 존숭하여 경배한다. 또한 말하기를: 이렇게 세상을 향하여 그리스도의 가르침대로 따르면, 얼마 걸리지 않을 것이며, 그리하여 분명히 자기 자신이 드러나고, 이 이후로 메시아의 복음이 세상에 두루 퍼질 것이 분명하다. 그리스도가 육신으로 현현한 지금까지, 이미 641년이 되었으니, 어떠한 곳에서도, 이런 큰 지혜의 사람을 본 적이 있는가. 원래의 모양을 바꾸어서 출현하는 이러한 이적을 행하고 교화하는 계책은, 만일 세상 사람들이 우연히 이 교화를 듣게 된다면, 그저 사람을 귀의하여 따르게 하면 그만인 것이다.

所以天尊神力, 因於一切人智, 一切萬物見在者, 惣是一神神力. 所以彌師訶自家弟子選將去也, 汝等發遣向天下, 我所有言教, 並悉告知.[586] 不是聖主國王, 能自作富貴種性, 人中選弟子, 所以於貧賤無力小人中選取.

是彌師訶情願法, 所是汝許語,[587] 自餘一切具足. 亦於一切人知此是一神
所作, 所以如是言法, 亦是一神自家許. 一切人誰欲解, 於一神處分具足,
於魂魄上天堂, 亦須依次法行. 所以可見,[588] 不是虛誑,[589] 亦不是迷惑, 亦
不妄語,[590] 不無罪業法,[591] 須如此.

그리하여 하나님의 크신 능력이, 모든 사람에게 지혜를 내리셨고, 모든 만물의 존재는, 모두 유일하신 하나님의 무소불능의 힘에 의한 것이다. 그래서 메시아는 자기의 제자들 중 사람을 뽑아서, '너희는 천하 각처로 보내질 것이니, 무릇 내가 가르친 말로, 모두 알려 주고 지키도록 하라'라고 하셨다. 현명한 군주나 국왕이라고 해서, 자연히 부유하고 고귀한 성품을 갖게 되는 것이 아니므로, 여러 사람들 가운데서 제자를 뽑되, 그중 빈천하고 연약한 사람들 가운데서 선택하는 것이다. 이것은 메시아가 스스로 원하는 방식이며, 그리하여 너희가 단지 원하는 말만 하면, 나머지 모두는 이미 완비되는 것이다. 또한 모든 사람으로 하여금 이것은 하나님이 하신 바라는 것을 알게 하고, 그래서 이러한 말들은, 또한 모두 하나님께서 스스로 허락하신 것이다. 모든 일에 누가 능히 답할 수 있겠는가. 모두 하나님께서 완비하신 심판에 있나니, 영혼이 하늘나라로

---

586 「所以 … 告知」: 마가복음 16장 15절 참고: 「또 가라사대 너희는 온 천하에 다니며 만민에게 복음을 전파하라.」

587 「所以 … 許語」: 마태복음 4장 18-22절 참고: 「갈릴리 해변에 다니시다가 두 형제 곧 베드로라 하는 시몬과 그의 형제 안드레가 바다에 그물 던지는 것을 보시니; 그들은 어부라. …예수를 따르니라.」

588 「可見」: '볼 수 있다'. 《周易 · 乾卦 · 文言曰》: 「君子以成德爲行, 日可見之行也.(군자는 덕을 이룸으로써 행실을 삼나니, 날로 가히 볼 수 있는 것을 행함이라.)」

589 「虛誑」: '거짓으로 속이다'.

590 「妄語」: '황당무계한 말'. 《大唐三藏取經詩話 · 上》: 「汝年尚少, 何得妄語?(당신은 나이가 아직 어린데, 어찌 그런 황당무계한 말을 하시오?)」

591 「無罪業法」: '선한 공덕을 행하여 무죄의 결과를 얻다'. 「業法」, '業因과 果報의 법'을 지칭함.

올라가려면, 또한 반드시 하나님이 요구하신 바에 따라야 하는 것이다.
이로써 알 수 있는 것은, 속임수에 의함도 아니요, 미혹됨에 의함도 아니
며, 망령된 말에 의지할 수도 없는 것이고, 선한 공덕으로 무죄를 얻는
것도 아니니, 진리의 법은 마땅히 이러한 것이다.

一切人浪行592者, 其作罪業, 從錯道行, 亦從罪業裏, 欲得迴實.593 亦須
依一神道上, 行取一神處分, 自餘無別道. 人須向天堂, 唯識一天尊, 亦處
分其人等, 人受一神處分者. 若向浪道行者, 恐畏人承事594日, 月, 星宿,
火神禮拜, 恐畏人承事惡魔, 鬼, 夜叉,595 羅刹596等, 隨向火地獄裏常住.
所爲向實處, 亦不須信大作, 信業不依一神處分, 唯有惡魔共夜叉, 羅刹,
諸鬼等, 其作經文一神律法, 書寫於天下, 刧欲末時, 惡魔即來, 於人上共
作人形向天下處分, 現見於迷惑術法中, 作無量種罪業, 作如此損傷一切
人. 離一神遠近己身處安置, 所以如此說言. 我是彌師訶. 三箇年六月治
化,597 於後三年六箇月, 所有造諸惡業惡性行人者, 可得分明見. 誰向實
處作功德者, 亦有無信向天尊處分者, 唯有惡魔鬼等作人形現者, 彌師訶

---

592 「浪行」: '행위가 방탕하고 그릇되다'.
593 「迴實」: '진실로 되돌아가다'.
594 「承事」: '풍속을 계승하는 일'. 《漢書 · 韋賢傳》:「立廟京師之居, 躬親承事, 四海之內各以
其職來助祭.(京師에 사당을 세워, 몸소 풍속을 계승하니, 온 천하가 각자의 직분으로써
제사를 도왔다.)」
595 「夜叉」: 불교용어이며, 산스크리트어 yakṣa의 음역이다. '사납고 민첩하여 사람을 해
치는 귀신'을 말한다. 佛法을 지키는 여덟 神將 가운데 하나이다. 《雜寶藏經》卷八:「龍
王夫婦及諸眷屬生敬信心, 盡受五戒, 幷夜叉衆亦受五戒.(용왕 부부와 여러 권속들이 존
경하고 믿는 마음이 생겨, 모두 五戒를 받았고, 또한 귀신들도 五戒를 받았다.)」「藥
叉」라고도 쓴다.
596 「羅刹」: 걸을 수 있고 빠르게 날 수 있으며, 이빨과 발톱이 날카롭고, 사람의 피를 빨
고, 인육만 먹는다는 악귀이다. 산스크리트어 rākṣasaḥ의 음역이다.
597 「治化」: '치리하고 교화하다'. 《莊子 · 繕性》:「及唐虞, 始爲天下, 興治化之流.(陶唐氏와
有虞氏가 비로소 천하를 다스리는 시대에 이르렀으니, 정치와 교화의 흐름을 일으켰
다.)」

與一神天分明見, 向末世俗, 死人皆得起依處分.[598] 所以於汝向有信者,
作諸功德者, 誰依直心道行者, 得上天堂, 到快樂處, 無有盡時. 所有萬識
一神直道, 向好經不行,[599] 亦不取一神處分, 作罪業者, 於惡魔, 夜叉, 諸
鬼所禮拜者, 向地獄共惡鬼等, 一時隨入地, 常在地獄中住, 辛苦處於大火
中, 火住無有盡時.[600] 有欲得者, 聽此語能作. 亦皆聽聞, 亦是作; 若有不
樂者,[601] 可自思量, 共自己魂魄一處; 若有不樂不聽者, 即共惡魔一處, 於
地獄中, 永不得出.

一神論卷第三[602]

행위가 방탕한 모든 사람은, 그 악행이 죄업을 만드나니, 잘못된 길 위
에서 점차 멀리 가 버리게 되니, 또한 죄악의 탐욕으로부터, 진실로 되돌
아갈 것을 생각해야 한다. 또한 유일하신 하나님의 진리에 의지해야 하
며, 행위는 하나님의 명령에 따라야 하니, 이 외에 다른 방법은 없는 것
이다. 사람은 천국의 소망을 향해야 하고, 오로지 유일신 하나님만을 알
아야 하며, 또한 그분의 요구에 따라 인류가 심판받나니, 사람은 단지 하
나님의 심판을 받아야만 한다. 만일 다른 사악한 길로 가게 되면, 풍속을
계승하는 일에 인간은 아마도 해, 달, 별을 섬기게 되고, 혹은 불의 신에
게 엎드려 절하게 되며, 아마도 인간은 사악한 마귀를 섬기고, 심지어는

---

598 「起依處分」: 여기서는 기독교의 「종말 심판」을 가리킨다.

599 「不行」: '방종한 道를 행치 않다'.

600 「亦不 … 盡時」: 이 단락은 '무릇 하나님을 신봉하지 않고 악을 행하는 사람은 최후에
그들이 섬겼던 마귀들과 함께 지옥의 불구덩이로 떨어지게 될 것'을 설명하고 있다.
요한계시록 20장 10-15절: 「또 그들을 미혹하는 마귀가 불과 유황 못에 던져지니, 거기
는 그 짐승과 거짓 선지자도 있어 세세토록 밤낮 괴로움을 받으리라. …죽은 자들이
자기 행위를 따라 책들에 기록된 대로 심판을 받으니, 바다가 그 가운데에서 죽은 자
들을 내주고 또 사망과 음부도 그 가운데에서 죽은 자들을 내주매 각 사람이 자기의
행위대로 심판을 받고 사망과 음부도 불못에 던져지니….」

601 「不樂者」: '이 교훈 듣기를 좋아하지 않는 사람'.

602 「一神論卷第三」: 원래 본 경전의 題名이지만, 권말에 위치해 있다.

야차와 나찰까지도 섬기게 되니, 불의 지옥 속에서 영원히 머물게 될 것이다. 이 때문에 현실에서는, 사람들은 확연한 신앙의 공적을 믿지 않으려 하고, 믿는 일에 있어 하나님의 명령을 준행하지 않으며, 단지 사악한 마귀나, 야차, 나찰, 여러 귀신들을 믿게 되나니, 그분의 경문에는 하나님께서 율법을 내리시어, 세상 사람들에게 분명히 써 주셨고, 세상 종말 재난이 닥칠 때에는, 사악한 마귀들이 올 것이고, 무리 위에 사람의 형상을 지어내며 세상 사람들에게 요구를 하면서, 사람을 미혹하는 방책과 법술 가운데서, 수많은 죄업들을 만들어 내고, 또 이를 가지고 모든 사람에게 해를 끼치게 될 것이다. 하나님을 멀리하고 자기의 뜻에 따라 행동하니, 그리하여 이렇게 말하노라. 내가 곧 메시아이다. 메시아는 삼 년 반에 걸쳐 치리하며 교화하였고, 삼 년 반이 지난 후에는, 죄악을 조장하고 악심을 품는 모든 사람들이, 점차 뚜렷이 보이게 되었다. 누가 현실 생활에서 선행을 하는지, 또 신심은 없으나 하나님의 분부대로 행하는 사람인지, 단지 사악한 마귀 등이 사람의 형상으로 나타나는지, 메시아와 하나님은 세상에서 분명히 가려내시며, 종말의 세상에서는, 이미 죽은 사람들이 모두 살아나서 심판을 받아야만 한다. 그러므로 너희 믿음이 있는 자들, 여러 선업을 행하는 이들, 누구든 바른 마음에 의지하여 도를 행하는 이들은, 천국으로 올라갈 수 있으며, 복락의 땅에 이르러, 영원 무궁하게 될 것이다. 모든 만물이 비록 하나님의 바른 길을 알고 있을지라도, 최고의 경전의 훈계대로 따르지 않고, 또 하나님의 명령대로 준행하지 않으며, 행위가 죄악 가운데에 있고, 사악한 마귀와 야차 그리고 각종 귀신들을 향하여 경배하면, 지옥의 악마 등과 같으므로, 단번에 지옥으로 떨어져, 영원토록 지옥에 거하게 될 것이며, 작열하는 큰 불구덩이 속에서 고난을 받게 될 터이니, 이렇게 불과 함께 영원무궁하리라. 이 진리의 道를 듣고자 하는 이가 있다면, 이 말을 듣고 곧 가서 행하라.

또 위에서 말한 내용을 들었다면, 곧 가서 행하라; 이를 듣지 않으려는 자가 있다면, 자신이 스스로 생각해 볼 수 있으니, 자신의 영혼을 어디로 보내야만 하겠는가; 만일 거부하고 듣지 않으려는 자가 있다면, 곧 사악한 마귀 무리와 함께하게 될 터이니, 지옥 가운데에서, 영원히 벗어나지 못하리라.

일신론 권제삼

제4장

대진경교대성통진귀법찬
(大秦景教大聖通眞歸法讚)

색원(索元)

소 개

《大秦景教大聖通眞歸法讚》의 원 題名은 《大秦景教大聖通眞歸法讚一卷》
이고, 작자는 경교도인 索元이다. 寫本의 말미에 기재된 내용에 따르면,
본 경전은 開元 8년 5월 2일(기원 720년 6월 12일)에 작성되었다. 경전은 전
체 18행으로서 매 행마다 약 14자씩 총 199자로 이루어져 있다. 소장품
의 행방이 묘연한 상태이기 때문에,[1] 이 경전의 구체적인 크기와 치수는
분명하지가 않다.

내용은 중국 唐詩의 격률 형식으로 문장을 지었으며, 부분적인 斷句를
제외하고는 매 구 7언으로서 모두 18구로 구성되어 있다. 詩體는 「讚體」
중에서 「宗教偈讚」[2]에 속하며, 阿羅訶 하나님의 속성과 업적을 찬양하고
있다; 뒷부분은 儀禮에 관한 것으로서 瑜罕難法王에게 경배를 마친 후,
《天寶藏經》,《多惠聖王經》,《阿思瞿利律》을 낭독하는 내용이다. 本經의 行
文은 매끄럽고도 아름다우며, 경전명으로 볼 때 「大聖」은 彌師訶에 대한
존칭이라 할 수 있다; 「通眞」의 「通」은 《莊子》에서의 해석과 통하는 의미
가 있으니, 「通眞」은 즉 '진실에 통달하다'의 의미이며; 「歸法」은 '阿羅訶
의 가르침으로 되돌아간다'는 뜻이다. 본 경전의 내용은 阿羅訶 하나님께
감사하면서, 본성을 잃은 사람을 구원하고 마귀를 쫓아내는 데에 그 중

---

1   소장품은 최후에 고지마(小島靖)의 소유가 되었으며, 李盛鐸(1859-1934)의 유산 상속
    인으로부터 구매하였다고 주장한다; 1945년 9월 天津에서 철수할 때 몇 개의 물품들과
    함께 도둑맞았다고 한다. 佐伯好郎, 〈大秦景教大聖通眞歸法讚及大秦景教宣元至本經의
    解説〉,《清朝基督教の研究》(東京: 春秋社, 1949), 附錄1-2.
2   高明峰, 〈「讚」文分類與《文選》錄「讚」〉,《河北科技大學學報(社會科學版)》第12卷 第3期
    (2012): 70쪽.

점을 두고 있다. 이 밖에도《大聖通眞歸法讚》은《三威蒙度讚》과 같은 점이 있는데, 一神을 찬미할 때에 예배의 禮儀를 갖추어 회중으로 하여금 阿羅訶에 대한 인식이 심화되도록 하고 그 구원의 은혜를 체득하도록 하는 것이다.

本經은 寫本의 진위 여부를 가리는 논쟁과 관련하여, 쟁론이 있는 부분은「大秦景教」라는 題名과 문말의「沙州大秦寺法徒索元, 定傳寫教讀, 開元八年五月二日」두 곳이다. 唐 玄宗天寶 4년(745) 조칙이 내려져「波斯教」를「大秦教」로 바로잡았으니, 그 시간이 본 경전에 기재된 것보다 25년이나 늦었기 때문에, 본경에「大秦」이 출현하면 의혹을 불러일으킬 수밖에 없는 것이다. 林悟殊와 榮新江 두 학자는 本經이《三威蒙度讚》과《尊經》을 참고하여 만들어 낸 위작이라고 여긴다.[3]

林悟殊는 비슷한 유형의 경교 사본 연구를 통하여, 敦煌 寫本의 筆寫와 두루마리 제작 그리고 經文 번역, 經籍 작성 등은 각각 별개의 문제라고 제시한 바 있다.[4] 만일 이를 추정의 근거로 삼아 본다면, 필자는 本經의 위작 여부에 대해 유보적인 입장을 취하고자 하니, 주된 이유는 아래와 같다. 景教 碑文은 唐 太宗 貞觀 12년(638)의 조령(詔令)에 따라「波斯」를 일률적으로「大秦」으로 고쳐 썼으니, 이는 轉寫 과정 중에 외재적 요소의 영향을 받을 수 있다는 것을 의미하는 것이고, 이는 곧 本經이 비록 開元 8년(720)에 작성되었지만 옮겨 쓰면서 본래의「波斯」를「大秦」으로 바꾸어 썼을 것이라는 것이다. 따라서 本經은 원래의 初本이 아니며, 天寶 4년(745) 이후의 抄本[5]일 가능성을 배제할 수 없는 것이다.

---

3 林悟殊,〈所謂李氏舊藏敦煌景教文獻二種辨僞〉,《唐代景教再研究》(北京: 中國社會科學出版社, 2003), 171-172쪽.
4 林悟殊,〈敦煌景教寫本再考察〉,《唐代景教再研究》, 141쪽.
5 편폭의 제한으로 인하여 상세한 내용은「『大秦景教』一名的探究」의 導論 부분을 참고하기 바람.

이 밖에도 본 경전에는 唐나라 사람들의 관습이 있어 唐 太宗 李世民의 諱를 피하였으므로, 寫本 중에는 「民」자를 일괄적으로 「𠃡」字로 대체하여 썼다.[6]

《大秦景教大聖通眞歸法讚》의 텍스트는 고지마(小島靖)가 소장한 사본의 사진을 사용하였고, 사에키 요시로(佐伯好郎)의 The Nestorian Documents and Relics in China의 圖版[7]을 참고하였다.

---

6   朱謙之,《中國景教》(北京: 人民出版社, 1993), 125쪽.
7   Peter Yoshiro Saeki, *The Nestorian Documents and Relics in China* (Tokyo: Maruzen, 1951), 313F.

大秦景教大聖通眞歸法讚, 小島靖 소장 사본 사진

대진경교대성통진귀법찬
(大秦景教大聖通眞歸法讚)⁸

敬禮⁹:

大聖慈父阿羅訶,¹⁰ 皎皎¹¹玉容¹²如日月, 巍巍¹³功德超凡聖,¹⁴ 德音妙

---

8 「大秦景教大聖通眞歸法讚」: 唐代의 景教 經典. 이 경전은 大秦寺의 景教徒 索元이 唐 玄宗 開元 8년(720)에 편찬한 것이다. 내용은 주로 天父 하나님의 무궁한 공덕과 널리 중생을 구제하시는 것에 대한 예찬을 담고 있다. 본 텍스트는 佐伯好郎(Peter Yoshiro Saeki, 1871-1965)의 The Nestorian Documents and Relics in China (Tokyo: Maruzen, 1951), 313F의 圖版을 참고하였다. 「大秦」: '지중해 일대'를 가리킴. 《後漢書 · 西域傳》: 「大秦國一名犁鞬, 以在海西, 亦云海西國. ···其人民皆長大平正, 有類中國, 故謂之大秦.(大秦國은 일명 犁鞬이라고도 하는데, 바다 서편에 있으므로 海西國이라고도 부른다. ··· 그 백성들은 모두 張大하고 平正하여 중국인과 유사한 점이 있으니, 그리하여 大秦이라 부른다.)」

9 「敬禮」: '경례로써 존경을 표하다'. 《呂氏春秋 · 懷寵》: 「求其孤寡而振恤之, 見其長老而敬禮之.(고아나 홀아비 된 이들을 찾아서 돌보고, 나이 많은 사람들을 대할 때마다 경례로써 존경을 표한다.)」

10 「阿羅訶」: 본래는 불교의 名詞이며, 의미는 '천지 중생의 공양을 받아야 한다'는 뜻이다. 「應供」으로도 번역하며, 혹은 「殺賊」이나 「不生」으로도 해석한다. 그러나 여기서는 불교 용어와 혼동하여 사용해서는 안 된다. 경교에서 시리아어로는 하나님을 ܐܠܗܐ라 하며, 독음은 alāhā이니 그 발음을 따라 「阿羅訶」로 음역한 것이다. 이러한 견강부회의 방식으로 불교 관념을 이미 광범위하게 받아들인 당나라 사람들로 하여금 더욱 쉽게 이해하고 받아들이게 하였다.

11 「皎皎」: '밝고 새하야며 속세에 물들지 않다'. 《古詩十九首 · 迢迢牽牛星》: 「迢迢牽牛星, 皎皎河漢女.(멀고 아득한 견우성, 밝고 밝은 직녀성.)」

12 「玉容」: '용모가 아름답다'. [晉] 陸雲, 〈大將軍讌會被命作詩〉之六: 「俯覿嘉客, 仰瞻玉容.(구부려 귀한 손님을 상견하고, 우러러 아름다운 용모를 올려다본다.)」

13 「巍巍」: '숭고하고 위대하다'. 《論語 · 泰伯》: 「巍巍乎! 舜禹之有天下也, 而不與焉.(위대하도다! 舜임금과 禹임금께서는 천하를 가지시고도 거기에 관여치 않으셨다.)」 [漢] 何晏, 《論語集解》: 「巍巍, 高大之稱.(巍巍는 높고 크다는 뜻이다.)」

14 「超凡聖」: '범속을 초월하여 성스러움에 들어가다', '평범한 경지를 벗어나다'. [唐] 呂岩, 〈七言〉: 「擧世若能知所寓, 超凡入聖弗爲難.(온 세상에서 당신이 거할 곳을 알 수 있다면, 속세를 초탈하고 신선이 되어 괴롭지 않으리.)」

義[15]若金鐸,[16]　法慈[17]廣披[18]億萬生,　衆靈昧卻[19]一切性,[20]　身被萬毒失本眞,[21]　惟我[22]

大聖法皇, 高居無等[23]界, 聖慈照入爲[24]灰塵,[25] 驅除魔鬼爲民障,[26] 百道妙治存平仁, 我今大聖慈父, 能以慧力[27]救此億兆民, 聖衆神威超法海,[28] 使我瞻拜[29]心安誠, 一切善衆[30]普尊奉,[31] 同歸大法[32]垂天輪.[33]

---

15 「妙義」: '미묘한 義理'. [陳] 徐陵, 〈丹陽上庸路碑〉: 「後王降德, 於衆兆民, 高文象緯, **妙義**幾神.(왕위를 계승한 군주가 덕을 내려 뭇 백성들에게 미쳤으니, 높은 문장 그리고 象數와 讖緯, 미묘한 義理가 얼마나 신묘한가.)」

16 「金鐸」: 고대의 악기명으로서 「四金」중의 하나이다. 《周禮·地官·鼓人》: 「以**金鐸**通鼓.(金鐸으로 명을 내려 북을 치게 한다.)」 [漢] 鄭玄注: 「**鐸**, 大鈴也, 振之以通鼓.(鐸은 큰 방울이니, 그것을 흔들어 명령을 내려 북을 친다.)」

17 「法慈」: '景教의 「法」', 즉 '敎義는 자애로운 것'이다.

18 「披」: '덮다'의 의미. 《楚辭·涉江》: 「**被**明月兮珮寶璐.(등에는 명월주 박힌 옷을 걸치고, 허리에는 아름다운 옥띠 둘렀도다.)」

19 「昧卻」: '속임과 상실'.

20 「一切性」: '종속(種屬)의 특성', 즉 '선천적인 본성을 이어받다'의 의미이다.

21 「本眞」: '본래의 순진함과 질박함'.

22 「惟我」이하의 빈 행은 唐의 '公文書式─平闕式'을 따른 것이다. 무릇 '上表, 疏, 箋, 啓及判, 策, 文章' 등은 모두 신분의 등급 고저에 따라 平闕式을 쓴다. 가령, 昊天, 後土 그리고 天神, 上帝 … 등. [唐] 李林甫 等, 陳仲夫 點校《唐六典》(北京: 中華書局, 1992), 卷四「尙書禮部」, 112-113쪽.

23 「無等」: '함께할 수 없다'.

24 「爲」: '~로 하다', 여기서는 '없애는 것'을 가리킨다.

25 「灰塵」: '불결하고 혼탁함', 「聖慈」의 고결함과 상대적임.

26 「障」: 佛家에서 지칭하는 「業障」과 같이 '수행에 방해가 됨'을 말한다. 여기서는 당연히 '죄업'을 가리킴.

27 「慧力」: 본래 불교 용어로서 '五力' 가운데 하나를 가리킨다. '觀悟'와 苦, 集, 滅, 道의 '四諦'를 말하니, '해탈에 이르는 힘'이다. 여기서는 '阿羅訶의 지혜와 능력'을 표시한다. [唐] 玄奘《大唐西域記》卷十: 「陳那菩薩者, 佛去世後, 承風染衣, 智願廣大, **慧力**深固.(陳那菩薩은 부처가 세상을 떠난 후, 교화를 받아 승복을 입었으니, 부처님의 지혜와 因位의 본원이 광대하며, 지혜와 능력이 깊고도 견고하다.)」

28 「法海」: 본래 佛家語로서 '佛法의 넓고 깊음이 바다와 같음'을 비유하며, 여기서는 大聖慈父의 神의 위력이 탁월함을 나타내고 있다.

29 「瞻拜」: '우러러 예배하다'. 《後漢書·虞延傳》: 「延進止從容, **瞻拜**可觀.(虞延은 몸가짐이 조용하였으니, 우러러볼 만하였다.)」

30 「善衆」: '신도'.

31 「尊奉」: '존숭하고 우러르다'. 《後漢書·獨行列傳》: 「遭黃巾, 董卓之亂, 乃避地遼東, 夷人**尊奉**之.(黃巾과 董卓의 난을 만나, 이내 요동으로 피신하였으니, 오랑캐들이 그를 존숭

敬禮:

瑜罕難法王[34]位下,[35]

以次誦[36]《天寶藏經》,[37]《多惠聖王經》,[38]《阿思瞿利律經》.[39]

大秦景敎大聖通眞歸法讚一卷

沙州[40]大秦寺法徒[41]索元

하고 우러렀다.)」

32 「大法」: 본래 불교 용어로서 '大乘佛法'을 의미한다. 여기서는 '심원하고 지고한 敎義'
    를 표시한다. 《妙法蓮華經・序品》:「今佛世尊, 欲說大法, 雨大法雨, 吹大法螺, 擊大法鼓.
    (지금 부처 세존께서는 큰 불법을 설하시고, 큰 법비를 내리시며, 큰 법고등을 부시고,
    큰 법고를 두드리시니라.)」

33 「天輪」: '父子 등 천혜의 친속 관계'; 이것은 「慈父 阿羅訶」와의 관계 회복을 의미한다.

34 「瑜罕難法王」: 오늘날 일반적으로 「요한」(John)이라 칭하며, 시리아어로는 ܝܘܚܢܢ, 독음
    은 Iouḥannan이다.

35 이곳에서 행을 끊고 바꾸는 것은 전술했던 바와 같이 唐의 公文書 형식인 平闕式을 따
    른 것이다.

36 「以次誦」: '순서에 따라 낭송하다'. 「以次」, '순서에 따라'. 《史記・刺客列傳》:「諸樊知季
    子札賢而不立太子, 以次傳三弟, 欲卒致國于季子札.(諸樊은 季子札이 현명한 것을 알았
    지만 태자로 세우지는 않았다. 이는 차례대로 세 아우에게 보위를 전해, 결국에는 季
    子札에게 나라를 다스리게 하려는 것이었다.)」「誦」, '낭독하다'.

37 「天寶藏經」: 실제로는 그 한 권의 경전이 분명치 않음을 가리키며, 혹은 교회의 예배의
    식 기도서인 日課經(Daily Office)을 지칭한다. 시리아 동방교회의 日課經은 kthawa
    daqdham wadhwathar (the book of Before and After)와 Takhsa (Order)라 부르며, 저
    녁 수업과 아침 수업으로 나뉜다. 景敎碑에 언급된 「七時禮讚」은 日課 중 하나이며, 사
    용하는 일과경은 Sunhadus이다; 주로 수사와 신앙심이 비교적 깊은 전도사 그리고 평
    신도 등이 읽는다. Arthur John Maclean, East Syrian Daily Office (London: Rivington,
    Percival & Co., 1894), xi-xii.

38 「多惠聖王經」: 성경의 '詩篇(Psalms)'을 가리킴. 히브리어 시편은 73편으로 일반적으로
    다윗이 저자인 것으로 알려져 있다. 「多惠」, '다윗'을 가리키며; 시리아어로 ܕܘܝܕ, 독음
    은 dāwīd이다.

39 「阿思瞿利律經」: 펠리오(Paul Pelliot)는 「思」가 「恩」을 잘못 베낀 것이라 하였는데; 만
    일 《阿思瞿利容經》이라 한다면, 즉 '福音書'로 볼 수 있을 것이다. 시리아어로
    ܐܘܢܓܠܝܘܢ, 독음은 iwan'giliun이다. 경의의 또 하나의 사본인 《尊經》에는 똑같은 기록이
    나오는데, 혹 잘못 베낀 것이 아니라 실제로 기타 다른 문서일 수도 있다.

40 「沙州」: '敦煌 일대의 지역'. 《新唐書・卷四・地理四》:「沙州敦煌郡, 下都督府. 本瓜州,
    武德五年曰西沙州, 貞觀七年曰沙州.(沙州 敦煌郡에 都督府를 두었고, 이 瓜州는 武德 5
    년에 西沙州라 불렸으며, 貞觀 7년에는 沙州라 불렸다.)」본 행은 앞에 여섯 자를 띄고
    시작한다.

41 「法徒」: 본래 '불교도'를 지칭하는데, 여기서는 '景敎徒'를 말한다. 〈宋姬寺慧念法師墓

定傳寫[42]教讀[43]

開元八年五月二日[44]

경배하라:

위대하고 거룩하며 자비로우신 아라하시여! 밝고 옥처럼 아름다운 모습은 해, 달과 같으시며, 숭고하고 위대한 공덕은 범속을 초월하여 성스러우시고, 아름답고 선한 말씀과 신묘한 義理는 금방울 소리와 같으시니이다. 法의 자애하심이 억만 생명을 덮으시니, 중생들의 속임과 상실함이 모든 타고난 본성을 물리쳤고, 몸이 온갖 고통을 입어 본래의 진실함을 잃었으나, 오로지 우리의

위대하고 거룩하신 天尊께서, 함께 할 수 없는 경계에 높이 거하시고, 거룩함과 자비하심이 우리의 불결함과 혼탁함을 비추어 주셨나니, 악한 마귀를 물리치시사 백성들의 죄업을 없애 주셨고, 백 가지 道로 기묘하게 다스리시고 평화와 박애를 보존하셨도다. 지금 우리의 위대하고 거룩하며 자비로우신 아버지께서는, 지혜와 능력으로 이 억조의 백성들을 구원하셨으며, 거룩하신 여러 신적 위엄이 탁월하시어, 우리로 하여금 우러러 예배하여 마음이 편안해지고 진실되게 하시니, 모든 신도들이 널리 존숭하고 우러르며, 심원하고 지고한 教義로 함께 돌아가 아라하와의 관계를 후세에 전하느니라.

경배하라:

요한法王 아래에서, 다음의 《天寶藏經》,《多惠聖王經》,《阿思瞿利律經》

銘): 「如彼高山, **法徒**斯仰.(저 높은 산처럼, 불자들이 우러러본다.)」
42 「傳寫」: '옮겨 쓰다, 베껴 쓰다'. 《漢書 · 師丹傳》: 「大臣奏事, 不宜漏泄, 令吏民**傳寫**, 流聞四方.(대신이 황제에게 고하는 일은, 누설해서는 아니 되며, 관리와 백성에게 옮겨 쓰게 하는 것은 온 세상에 널리 퍼뜨린다.)」
43 「教讀」: 「教」는 「校」와 통함. '교정하다, 교열하다'.
44 「開元」: 唐 玄宗 李隆基의 年號(713-741). 開元 8년은 즉 기원 720년.

을 독송하라.

　대진경교대성통진귀법찬 일권

사주 대진사 법도 색원이

필사하여 교독하다.

개원 8년 5월 2일

제5장

대진경교선원본경, 돈황본
(大秦景教宣元本經, 敦煌本)

대진경교선원지본경, 경당판
(大秦景教宣元至本經, 經幢版)

합교(合校)

소 개

《大秦景教宣元本經》은 日本《敦煌秘笈》이 발간한 자료에 의해 문서의 명확한 치수와 용지의 재질이 밝혀졌는데, 너비가 26.5㎝, 길이가 47.7㎝이며, 누렇게 염색된 곡피지(穀皮紙)에 쓰여 있다. 寫本의 외양은 잘 보존되어 있으며, 經文은 전체 26행으로 매 행마다 약 18, 19자로 배열되어 총 자수가 465자이고, 내용은 26행 후반부터 끊어졌으므로 잔결(殘缺)되어 완전치 못하다. 소장본의 卷首에는 「敦煌石室秘笈」, 「木齋眞賞」, 「李盛鐸印」, 「李滂」과 「兩晉□朝二□□代好墨之軒」 등 다섯 개의 藏書印이 찍혀 있다.[1]

藏書印을 통해 볼 때 이 소장본은 본래 「中國의 大藏書家」로 불리는 李盛鐸(1859-1937)의 소유였던 것으로 보인다. 1923년 樊炳清(1877-1929)은 「抗父」라는 이름으로 〈最近二十年間中國舊學之進步〉라는 문장을 발표하며 德化 李氏가 《志玄安樂經》, 《宣元至本經》 각 한 권씩을 소장하고 있다고 언급하였다.[2] 李盛鐸은 노년에 경제적 어려움으로 인하여 일부 소장품들을 은행에 저당 잡히거나 내다 팔아 버렸기 때문에 일부 소장품들이 여러 사람의 손에 흘러 들어가 버리고 말았다.

1943년 일본인 고지마(小島靖)가 李盛鐸의 유산 상속인으로부터 《大秦

---

1   吉川忠夫 編, 《敦煌秘笈》(大阪: 財團法人武田科學振興財團, 2009) 第五冊, 396쪽, 番號 431. 「兩晉□朝二□□代好墨之軒」 인장, 일부 글자체는 이미 식별하기 어려움.
2   樊炳清이 서술한 것은 《大秦景教宣元本經》 혹은 《尊經》의 목록에 따라 서술한 것이지, 「至」라는 한 글자가 누락된 상황은 결코 알지 못했다. 抗父, 〈最近二十年中國舊學之進步〉, 東方雜誌社 編, 《考古學零簡》, 東方考古學第七十一種(上海: 商務印書館, 1923), 98쪽.

景教通眞歸法讚》한 권과 후반부가 잔결된 30여 행짜리《大秦景教宣元至本經》한 권을 구했노라고 사에키 요시로(佐伯好郎)에게 알렸고, 같은 해에 經卷 사진을 사에키에게 보냈다.[3] 이로써 사에키는《大秦景教宣元至本經》이《大秦景教宣元本經》의 후반 부분이라고 오판하게 되었으며, 게다가 昭和 6년(1931) 당시 輔仁大學 총장이었던 陳垣이 李盛鐸을 방문하여 필사한《大秦景教宣元本經》앞 부분 10행 약 190자를 같은 문헌 안에 수록해 버렸다.[4]

1960년대, 朱謙之는 최초로 고지마(小島靖)가 소장한《大秦景教宣元至本經》이 위작이라는 설을 제기하였으며, 이 경전이 道敎 신자의 손에서 나와 그 내용이《老子》62장의 주석과 동일하다고 주장하였다.[5] 1992년에는 林悟殊와 榮新江 두 학자가 일본인 고지마(小島靖) 소장《大秦大聖通眞歸法讚》과《大秦景教宣元至本經》이 위조된 것이라고 주장하였다.[6] 이러한 학설에 대해 비록 몇몇 학자들이 반박을 하기는 했지만,《大秦景教宣元至本經》경당(經幢)이 2006년 출토됨으로 인하여 고지마(小島靖)가 소장한《大秦景教宣元至本經》은 결국 위조품인 것으로 판명되었다.

《大秦景教宣元至本經》經幢은 도굴꾼에 의해 2006년 5월 洛陽에서 출토되었는데, 이것은《大秦景教流行中國碑》이후 唐代 景教 석각의 중대한

---

3 학계에서는 일반적으로 사에키가《大秦景教通眞歸法讚》과《大秦景教宣元至本經》을 칭한 것에 따라 각각「小島文書A」,「小島文書B」로 구분한다. 佐伯好郎,〈大秦景教大聖通眞歸法讚及大秦景教宣元至本經の解說〉,《淸朝基督敎の硏究》에 수록, 支那基督敎の硏究, 卷4(東京: 春秋社, 1949), 附錄, 1쪽.

4 佐伯好郎,《唐宋時代の支那基督敎》, 支那基督敎の硏究, 卷1(東京: 春秋社, 1943), 380쪽.

5 유독 정치적 원인 때문에 이 책은 1993년에 이르러서야 비로소 출판되었다. 朱謙之,《中國景敎》(北京: 人民出版社, 1993), 126-127쪽.

6 林悟殊, 榮新江:〈所謂李氏舊藏敦煌景敎文獻二種辨僞〉,《九州學刊》, 第4卷 4期(1992年4月): 19-34쪽; 이 문장은 또한 Hans-Joachim Klimkeit의《達‧伽馬以前中亞和東亞的基督敎》(臺北: 淑馨出版社, 1995), 189-211쪽, 그리고;《唐代景敎再硏究》(北京: 中國社會科學出版社, 2003), 156-174쪽에서도 볼 수 있다.

고고학적 발견 중의 하나가 되었다. 「經幢」은 본래 唐代 불교의 다면체 석각 중 하나로서 일반적으로 팔각형의 형태를 띠고 있으며 소수의 육각형이나 사면체 혹은 원주의 형태도 있는데, 그 위에 새긴 것은 대부분 《佛頂尊勝陀羅尼經》이다.[7] 경당에는 불경을 새기는 것 외에도 통상적으로 幢記와 경당의 題名 등을 붙이는데, 《大秦景教宣元至本經幢記》의 石刻 題記를 보면 제작연대가 唐 文宗 太和 3年(829)으로 되어 있다. 경당의 밑바닥은 파손되었으나 그 외 대부분은 상태가 좋으며, 잔존 부분의 글자들은 상태가 뚜렷하여 《大秦景教宣元至本經》一部와 《大秦景教宣元至本經幢記》一部 등이 새겨져 있다. 경당은 팔면체 기둥으로서 가장 높은 곳이 81㎝, 가장 짧은 부분이 59㎝, 둘레는 112㎝이고, 잔존 경문은 19행 431자이다. 「經幢記」는 총 21행 348자이며, 머릿글자가 16자이고 祝文이 14자로서,[8] 총 글자수는 809자이다. 《大秦景教宣元本經》敦煌本의 후면이 잔결(殘缺)되었기 때문에 경당의 후반부도 또한 잔결 상태이다. 龍門석굴 연구원의 張乃翥는 완정한 경전은 887자가 마땅하나 經幢本은 52%가 모자라며 敦煌本은 약 45%가 잔결되었다고 밝혔다.[9]

돈황 사본 《大秦景教宣元本經》 혹은 《大秦景教宣元至本經》經幢의 경전명으로 볼 때, 본 경전은 만유본원(萬有本源)의 참뜻, 즉 經文 중의 「宣玄化匠帝, 眞常無元(만물을 기묘하게 창조하고 화육하는 조물주를 선양하나니, 참 진리는 항존하며 시원이 없도다)」의 의미를 설명하고자 하는 것이다. 經文은 景通法王(메시아)이 나사렛에서 시작하여 明宮의 보좌 위에서 대중들에게 설

---

7 劉淑芬, 〈《佛頂尊勝陀羅尼經》與唐代尊勝經幢的建立—經幢研究之一〉, 《中央研究院歷史語言研究所集刊》第67本 第一分(1996年3月): 145-193쪽.

8 「祝詞」: 고대 제사의식에서의 기도문. 《舊唐書·音樂志》: 「祝詞以信, 明德惟聰.(기도의 글은 믿음으로, 덕을 밝힘은 오로지 총명함으로.)」

9 張乃翥, 〈跋洛陽新出土的一件景教石刻〉, 葛承雍 編, 《景教遺珍: 洛陽新出唐代景教經幢研究》(北京: 文物出版社, 2009), 8쪽에 수록됨.

법을 하고, 「玄化匠帝眞常旨」를 널리 알림으로써 세상 사람들에게 「啟生滅死」의 도를 깨우치게 하고, 더 나아가 阿羅訶 하나님이야말로 만유의 근원이라는 사실을 알게 해 주었다. 《大秦景教宣元本經》과《志玄安樂經》의 문체는 서로 비슷하여 佛敎化된 도교 경전의 체제를 따르고 있으며, 景敎 사상을 선양하는 이 텍스트들의 대상은 불교와 도교 사상에 익숙한 당나라 사람들이었다.

《大秦景教宣元本經》敦煌 寫本은 현재 일본 武田科學振興財團 杏雨書屋에 소장되어 있으며; 洛陽에서 출토된《大秦景教宣元至本經》經幢은 중국 낙양시박물관에 소장되어 있다. 본서의《大秦景教宣元本經》돈황본의 텍스트는 일본 杏雨書屋에서 권한을 위탁하여 그 圖版을 리메이크한 것이고,[10]《大秦景教宣元至本經》經幢 부분은 중국문물출판사가 스캔한 탑본편(搨本片)의 도판을 채용하였다.[11]《大秦景教宣元本經》돈황본은 經幢의 잔결 내용을 부분적으로 보충할 수 있기 때문에 본 텍스트는 함께 합하여 교정을 진행한 것이다. 별도로, 經幢 부분에는《大秦景教宣元至本經幢記》를 덧붙였으니, 이에 또한 합병하여 주석을 가하기로 한다.

---

10   吉川忠夫 編,《敦煌秘笈》(大阪: 財團法人武田科學振興財團, 2009) 第五冊, 397쪽.
11   中國文物出版社 葛承雍 교수님께 이 자리를 빌려 특별히 감사의 인사를 드린다. 그는 본서가 經幢 탁본의 도판을 사용할 수 있도록 허락해 주셨다. 葛承雍 編,《景教遺珍: 洛陽新出唐代景教經幢研究》, 圖版1-10.

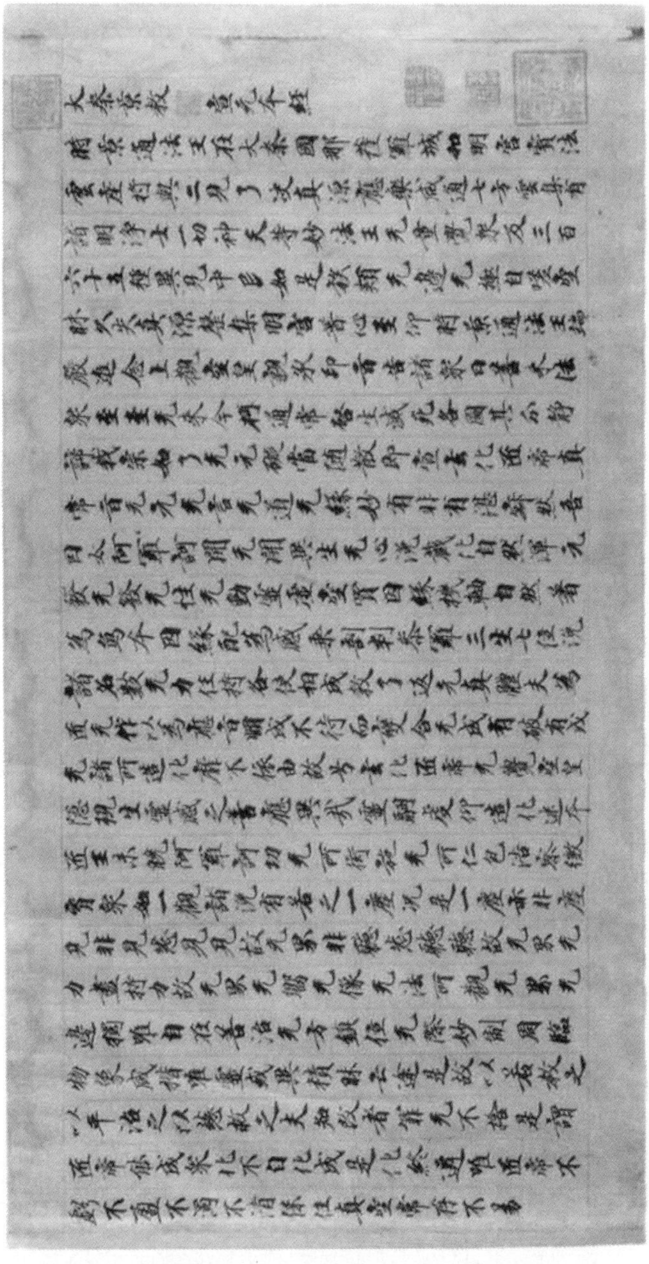

大秦景教宣元本經敦煌本原卷軸

大秦景教宣元至本經經幢拓本之一（經幢第一至四面）

大秦景教宣元至本經經幢拓本之二〔經幢第五至八面〕

大秦景教宣元至本經經幢拓本之三(經幢第一，二面)

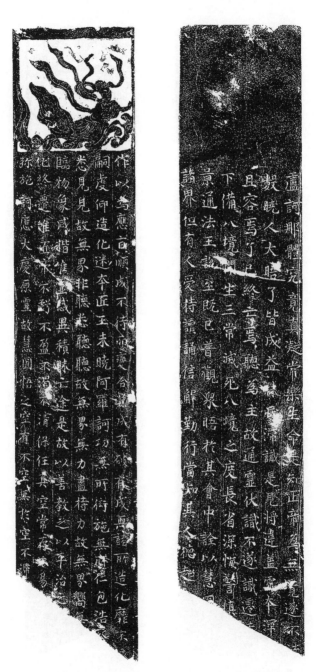

大秦景教宣元至本經經幢拓本之四(經幢第三, 四面)

大秦景教宣元至本經經幢拓本之五(經幢第五, 六面)

大秦景教宣元至本經經幢拓本之六(經幢第七, 八面)

大秦景教宣元至本經經幢拓本之七

大秦景教宣元至本經經幢拓本之八

대진경교선원본경, 돈황본
(大秦景敎宣元本經, 敦煌本)

대진경교선원지본경, 경당판
(大秦景敎宣元至本經, 經幢版) 합교(合校)

돈황본(敦煌本)

一, 大秦景敎宣元本經[12]

二, 時景通法王在大秦國那薩羅城和明宮寶法

三, 雲座將與二見了決眞源應樂咸通七方雲集有

四, 諸明淨士一切神天等妙法王無量覺衆及三百

五, 六十五種異見中民如是族類无邊无極自嗟空

六, 昧久失眞源罄集明宮普心至仰時景通法王端

七, 嚴進念上觀空皇親承印旨告諸衆曰善來法

八, 衆至至无來今柯[13]通常啟生滅死各圖[14]其分靜

---

12 「大秦景敎宣元本經」: 敦煌本은 원래 중국 장서가 李盛鐸(1859-1937) 소장이었으며, 현
    재는 일본 武田科學振興財團 杏雨書屋이 소장하고 있다. 텍스트 부분은 杏雨書屋이 리
    메이크한 圖版을 참고하였다. 吉川忠夫 編, 《敦煌秘笈》(大阪: 財團法人武田科學振興財
    團, 2009) 第五冊, 397쪽. 李盛鐸이 소장한 《大秦景敎宣元本經》과 《大秦景敎宣元至本經》
    經幢은 「至」자 한 자의 차이가 있으나, 經文의 내용은 대부분 일치한다. 《大秦景敎宣元
    至本經》經幢은 「大秦景敎宣元至本經幢記」를 추가하여 경당을 세우게 된 과정을 설명
    하였다. 숫자 표시번호는 敦煌本대로 편성하였고, 合校本은 문장을 나누고 표점부호
    를 찍었다.
13 「柯」: 잘못 베낌, 經幢에는 「可」로 되어 있음.

九, 諦我宗如了无元礙當隨散即宣玄化匠帝眞

十, 常旨无元无言无道无緣妙有非有湛寂然[15]吾

十一, 因[16]太阿羅訶開无開異生无心淡藏化自然渾元

十二, 發无發无性无動靈虛空買[17]因緣機軸自然著

十三, 爲象本因緣配爲感乘剖判參羅三生七位淡

十四, 諸名數无力任持各使相成教了返元眞體夫爲

十五, 匠无作以爲應旨順成不待而變合无成有破有成

十六, 无諸所造化靡不依由故號玄化匠帝无覺空皇

十七, 隱現生靈感之善應異哉靈嗣虔仰造化迷本

十八, 匠王未曉阿羅訶功无所銜施无所仁包浩察微

十九, 育衆如一觀諸淡有若之一塵況是一塵亦非塵

二十, 見非見悉見見故无界非聽悉聽聽故无界无

廿一, 力盡持力故无界无嚮[18]无像无法所觀无界无

廿二, 邊獨唯自在善治无方鎭位无際妙制周臨

廿三, 物象咸揩唯靈或[19]異積昧亡途是故以若[20]教之

廿四, 以平治之以慈救之夫知改者罪无不捨是謂

廿五, 匠帝能成衆化不自化成是化終遷唯匠帝不

廿六, 虧不盈不濁不清保任眞空常存不易

---

14 「圖」: 잘못 베낌, 經幢에는 「圓」으로 되어 있음.
15 「湛寂然」: 「常」이 누락되었음, 經幢에는 「湛寂常然」으로 되어 있음.
16 「因」: 잘못 베낌, 經幢에는 「聞」으로 되어 있음.
17 「買」: 잘못 베낌, 經幢에는 「置」로 되어 있음.
18 「无嚮」: 經幢에는 「嚮無」로 되어 있음.
19 「或」: 잘못 베낌, 經幢에는 「感」으로 되어 있음.
20 「若」: 잘못 베낌, 經幢에는 「善」으로 되어 있음.

1. 대진경교선원본경

2. 그때, 구주 예수 그리스도께서 大秦國 나사렛성 유대 회당의 보좌 위에서

3. 다른 견해를 가진 이들과, 참된 道의 본원을 분명하게 가리셨는데, 대응이 적절하고 모두 융통하여, 각지에서 온 사람들이 운집하였다.

4. 몇몇 지혜로운 사도, 모든 천사 등 기묘한 성도, 회개한 수많은 사람들,

5. 그리고 각양각색의 異教徒들, 이런 부류의 사람들이, 세상 각처에 가득하였고, 스스로 공허함과 몽매함을 한탄하였으며,

6. 오랫동안 진실의 근원을 상실하여, 성전으로 모여들었고, 이에 사람들에게 모두 하나님을 우러르게 하였다. 그때 예수 그리스도께서

7. 단정하고 장엄하게 나아와 기도하시며, 하늘의 아버지를 우러러보셨고, 친히 하나님의 뜻을 받아, 대중들에게 말씀하시기를:

8. 주의 사랑이 신도들에게 임하였고, 지고한 道는 본래 근원을 알 수 없으나, 지금 상식을 통해 알 수 있으니, 생명을 열고 사망을 멸하는 것이, 모두 그 분수에 합당하니라.

9. 내 가르침을 귀담아들으면, 그것의 시작이 없음을 이렇듯 알 수 있으니, 어떠한 어려움도 곧 사라질 것이라. 그리하여 하나님께서 기묘하게 창조하시고 만물을 화육하시는 영원하고 진실된 이치를 설파하노라.

10. 시작이 없고 언어가 없으며, 형용할 수 없고 맺을 수도 없으니, 기묘한 존재는 또한 현실의 존재가 아니며, 조용한 침묵으로 줄곧 이러하였다.

11. 내가 듣기로 지존하신 여호와께서는 無에서 有로의 창조를 시작하셨는데, 사람의 생명이 무의식 중에 죄로 물들었으니, 차가운 기운

이 대자연에 영향을 준 것과 같다.

12. 천지의 기운은 無로부터 온 것이며, 실체가 없는 無에서 생겨난 것이니, 하나님의 영이 각처에 가득하여, 중요한 因緣의 기회를 배치하였고,

13. 자연스럽게 본래의 모습을 주었으며, 因緣이 상응하여 엇갈린 변화들이 생겨났다. 여러 가지 견해들이 나열되었으니, 불교와 도교의 '三生'과 '七位'처럼,

14. 각종 명목으로 간청하였으나, 유지할 능력이 없으며, 단지 서로 보충만 할 수가 있으니, 깨달음을 가르쳐야만 본래의 실체로 돌아갈 수 있다.

15. 무릇 창조자의 無爲의 다스림에 대하여는, 천리에 순응하기만 하면 자연히 성공하게 되므로, 굳이 변화를 추구할 필요 없이, 무에서 유까지, 유를 창조하는 선입견을 타파하여 무의 본원을 제거한다.

16. 모든 피조물은 하나님께 의지하지 않고 된 것이 없나니, 그리하여 기묘한 조물주요 無形으로 인식되지 않는 하나님이라 부르는 것이다.

17. 하나님은 비록 보이지 않으나 세상 사람들에게 존재를 나타내시니, 마음에 선한 생각을 품으면 그것에 감응할 수 있다. 기이하도다! 사리에 밝은 후손들이여! 하나님이 만드신 만물을 경건하게 우러러볼 줄 아니,

18. 근본을 잘 모르는 군왕은 세상 만물이 하나님께로부터 오는 것을 깨닫지 못한다. 이 왕들은 비록 성과는 있지만 성취를 하나님께 돌릴 수 없고, 백성에게 베푼 은혜는 하나님의 인자함이 아니다. 하나님은 지극히 넓고 성대하며, 고찰하고 분별하시는 능력이 지극히 미세하다. 만물을 한결같이 양육하시니,

19. 더러움으로 가득 찬 사람들을 보면 한 톨의 비천한 흙먼지 같지만, 하물며 한 톨의 더러운 흙먼지도 먼지가 아닌 것이다.

20. 눈으로 본 것이 결코 사물의 본질은 아니니, 완전히 보는 것은 반드시 완전히 보는 원인이 있고; 일정한 범위에 있지 않으면 다 알아들을 수 없고, 다 알아들을 수 있는 데는 반드시 다 알아듣는 이유가 있는 것이다. 일정한 범위에 있지 않으면 내뿜을 힘이 없게 되니

21. 가진 역량을 다 써 버린 까닭에 지탱할 방법이 없다. 만일 일정한 범위에 있지 않으면 끝없이 '無' 자신을 향하게 될 것이고, 구체적인 형상이 없다면 즉, 구체적인 법도와 도리가 생겨날 수 없고 법제도 형성될 수 없다. 하나님의 도리를 깊이 생각하라. 그것은 광대하여 끝이 없는 것이다.

22. 오로지 하나님만이 어떠한 구속도 받지 않으시고, 만물을 다스림에 완벽하시어 일정한 방법에 구속되지 아니하셨다. 세상을 안정시키심에 주도면밀하여 빈틈이 없으시고, 자연의 법칙을 내리시어, 세상 사람들에게 두루 퍼졌다.

23. 하나님은 만사 만물의 본보기이시나, 유독 세상 사람들은 하나님의 창조를 감지하지 못하였고, 우매함이 날로 쌓여 멸망의 길에 이르게 되었다. 그러므로 慈善으로 세상 사람들을 가르치라.

24. 화평으로 백성을 다스려야 하고 자비로써 세상을 구원해야 한다. 무릇 잘못을 알고 뉘우칠 수 있는 사람이라면, 그들이 쌓은 중죄는 모두 사면받을 수 있다.

25. 그러므로 하나님은 세상을 변화시키고 화육시킬 수 있다. 자연스럽게 교화되고 회개하면 하나님께로 돌아갈 수 있으며, 하나님의 화육은 결국 변화를 가져오는 것이다. 오로지 하나님만이

26. 하나님의 구원의 길만이 흠결도 없고, 교만도 없으며, 불결하지도 않고, 처량하지도 않으니, 그 심원하고 영험한 본체로 세상 사람들의 생명을 보호하시며, 영원히 존재하시어 변하지 않으신다.

경당본(經幢本)

經幢第一面

一, 祝曰

二, 淸淨阿羅訶 淸淨大威力 淸淨 … (경당 아랫부분은 끊어짐)

1. 기도하여 가로되:

2. 청정하신 여호와 청정하시며 크고 위대하신 능력 청정하신 … (경당 아랫부분은 끊어짐)

經幢第二面

一, 大秦景教宣元至本經[21]

二, 時景通法王在大秦國那薩羅城和明宮寶法雲座將與二見了決眞源
　　… (경당 아랫부분은 끊어짐)

三, 王無量覺衆及三百六十五種異見中民如是族類無邊無極自嗟空昧

21　「大秦景教宣元至本經」: 經幢은 중국 洛陽市博物館이 소장하고 있으며, 텍스트 부분은 文物出版社가 스캔한 탁본편의 도판이다. 葛承雍 編,《景教遺珍: 洛陽新出唐代景教經幢研究》(北京:文物出版社, 2009), 圖版1-10. 이하 텍스트의 행수와 단락 나누기는 洛陽에서 출토된 八角 經幢인《大秦景教宣元至本經》과《大秦景教宣元至本經幢記》에서 기록한 것인데, 한 면에 6행씩 기록되어 있으나, 다만 경당의 제8면 맨 마지막 두 행의 기록문은 제3행과 제4행의 위쪽에 놓여 있다.

… (경당 아랫부분은 끊어짐)

四, 念上觀空皇[22]告諸衆曰善來法衆至至無來今可通常啟生滅死各圓

… (경당 아랫부분은 끊어짐)

五, 常旨[23] 無元無言無道無緣妙有非有湛寂常然吾聞太阿羅 … (경당 아랫부분은 끊어짐)

六, 置因緣機軸自然著爲象本因緣配爲感乘剖判參羅三生七位浼 … (경당 아랫부분은 끊어짐)

1. 대진경교선원지본경

2. 그때, 구주 예수 그리스도께서 大秦國 나사렛성 유대 회당의 보좌 위에서 다른 견해를 가진 이들과 참된 道의 본원을 분명하게 가리셨는데, … (경당 아랫부분은 끊어짐)

3. 회개한 수많은 사람들, 그리고 각양각색의 異教徒들, 이런 부류의 사람들이, 세상 각처에 가득하였고, 스스로 공허함과 몽매함을 한탄하였으며, … (경당 아랫부분은 끊어짐)

4. 기도하시며, 하늘의 아버지를 우러러보셨고, 친히 하나님의 뜻을 받아, 대중들에게 말씀하시기를: 주의 사랑이 신도들에게 임하였고, 지고한 道는 본래 근원을 알 수 없으나, 지금 상식을 통해 알 수 있으니, 생명을 열고 사망을 멸하는 것이, 모두 그 분수에 합당하니라. … (경당 아랫부분은 끊어짐)

5. 진실된 이치를 설파하노라. 시작이 없고 언어가 없으며, 형용할 수 없고 맺을 수도 없으니, 기묘한 존재는 또한 현실의 존재가 아니며, 조용한 침묵으로 줄곧 이러하였다. 내가 듣기로 지존하신 여호와께

---

22 「空皇」: 敦煌本《大秦景教宣元本經》은 「空皇」 뒤에 「親承印旨」 네 글자가 있다.
23 「常旨」: 본래의 經幢 經文은 「常旨」 뒤에 세 칸의 간격이 있다.

서는 … (경당 아랫부분은 끊어짐)

6. 중요한 因緣의 기회를 배치하였고, 자연스럽게 본래의 모습을 주었으며, 因緣이 상응하여 엇갈린 변화들이 생겨났다. 여러 가지 견해들이 나열되었으니, 불교와 도교의 '三生'과 '七位'처럼 … (경당 아랫부분은 끊어짐)

經幢第三面

一, 作以爲應旨順成不待而變合無成有破有成無諸所造化靡不依 … (경당 아랫부분은 끊어짐)

二, 嗣虔仰造化迷本匠王未曉阿羅訶功無所銜施無所仁包浩 … (경당 아랫부분은 끊어짐)

三, 悉見見故無界非聽悉聽聽故無界無力盡持力故無界嚮無 … (경당 아랫부분은 끊어짐)

四, 臨物象咸揩唯靈感異積昧亡途是故以善敎之以平治之 … (경당 아랫부분은 끊어짐)

五, 化終遷唯匠帝不虧不盈不濁不淸保任眞空常存不易 … (경당 아랫부분은 끊어짐)

六, 彌施訶應大慶原靈故慧圓悟之空有不空無於空不滯 … (경당 아랫부분은 끊어짐)

1. 무릇 창조자의 '無爲'의 다스림에 대하여는, 천리에 순응하기만 하면 자연히 성공하게 되므로, 굳이 변화를 추구할 필요 없이, 무에서 유까지, 유를 창조하는 선입견을 타파하여 무의 본원을 제거한다. 모든 피조물은 하나님께 의지하지 않고 된 것이 없나니 … (경당 아랫부분은 끊어짐)

2. 사리에 밝은 후손들이여! 하나님이 만드신 만물을 경건하게 우러러볼 줄 아니, 근본을 잘 모르는 군왕은 세상 만물이 하나님께로부터 오는 것을 깨닫지 못한다. 이 왕들은 비록 성과는 있지만 성취를 하나님께 돌릴 수 없고, 백성에게 베푼 은혜는 하나님의 인자함이 아니다. 하나님은 지극히 넓고 성대하며 … (경당 아랫부분은 끊어짐)

3. 완전히 보는 것은 반드시 완전히 보는 원인이 있고; 일정한 범위에 있지 않으면 다 알아들을 수 없고, 다 알아들을 수 있는 데는 반드시 다 알아듣는 이유가 있는 것이다. 일정한 범위에 있지 않으면 내뿜을 힘이 없게 되니, 가진 역량을 다 써 버린 까닭에 지탱할 방법이 없다. 만일 일정한 범위에 있지 않으면 끝없이 '無' 자신을 향하게 될 것이고 … (경당 아랫부분은 끊어짐)

4. 하나님은 만사 만물의 본보기이시나, 유독 세상 사람들은 하나님의 창조를 감지하지 못하였고, 우매함이 날로 쌓여 멸망의 길에 이르게 되었다. 그러므로 慈善으로 세상 사람들을 가르치라. 화평으로 백성을 다스려야 하고 … (경당 아랫부분은 끊어짐)

5. 하나님의 화육은 결국 변화를 가져오는 것이다. 오로지 하나님만이 하나님의 구원의 길만이 흠결도 없고, 교만도 없으며, 불결하지도 않고, 처량하지도 않으니, 그 심원하고 영험한 본체로 세상 사람들의 생명을 보호하시며, 영원히 존재하시어 변하지 않으신다. … (경당 아랫부분은 끊어짐)

6. 메시아가 세상 사람들의 성대한 축하를 받았고, 그리하여 원만하고 완비된 지혜로 세상 사람들에게 구원의 은혜를 깨닫게 하였다. 메시아의 구원의 길은 진실하지 않은 듯하나 진실된 길이며, 머물지 아니하시니 … (경당 아랫부분은 끊어짐)

經幢第四面

一, 盧訶那體究竟眞凝常樂生命是知匠帝爲無竟逐不法 … (경당 아랫부분은 끊어짐)

二, 數曉人大晤了皆成益眛民滯識是見將違蓋靈本渾 … (경당 아랫부분은 끊어짐)

三, 且容焉了已終亡焉聽爲主故通靈伏識不遂識遷 … (경당 아랫부분은 끊어짐)

四, 下備八境開生三常滅死八境之度長省深悔警愼 … (경당 아랫부분은 끊어짐)

五, 景通法王說至旣已普觀衆晤於其會中詮以慧圓 … (경당 아랫부분은 끊어짐)

六, 諸界但有人受持讀誦信解勤行當知其人德超 … (경당 아랫부분은 끊어짐)

1. 성령의 본체는 완전히 순수하고 성결하여 사람들에게 영원 희락의 생명 길을 주시니, 성령을 통해 창조주의 보이지 않는 이치를 알 수 있다. 성령은 진리를 가져와 잘못된 이치를 쫓아내신다 … (경당 아랫부분은 끊어짐)

2. 사람으로 하여금 참된 도리를 깨닫게 하여, 생명의 이익을 가져다 준다. 우매한 세상 사람들은 진리의 지식을 얻는 데에 장애와 제약을 받는다. 세상 사람들이 보는 것은 모두 진리에 위배된 것이지만, 세상 사람들의 본성은 본래 천성적인 것이다 … (경당 아랫부분은 끊어짐)

3. 모든 것은 곧 끝나고 다시 세상에 존재하지 않을 것이다. 그러니 주의 말씀을 따라야 하고, 하나님과 통하여 자신의 식견을 제압해야

하며, 뜻대로 되지 않을 경우 지식은 떠나가 버린다 … (경당 아랫부분
은 끊어짐)

4. 八境으로 생명의 문을 열고, 三常으로 사망의 권세를 소멸시키며,
세상 사람에게 주어지는 복의 법으로 진지한 반성과 깊은 회개를
하니 … (경당 아랫부분은 끊어짐)

5. 메시아 예수께서 여기까지 설법을 마치시고, 대중들이 모두 깨달음
얻을 것을 보셨나니, 그 집회 가운데에서 진리에 대하여 지혜롭고
원만하게 대중에게 설명하셨다 … (경당 아랫부분은 끊어짐)

6. 어떤 이들이 받아들이고 기억하여 독송하였고, 그 이치를 명백히
믿음으로 이해하여 열심히 행하였으니, 그 사람의 덕의 뛰어남을
마땅히 알지니라 … (경당 아랫부분은 끊어짐)

經幢第五面

一, 如海溢坳平日昇暗滅各證太寂曉自在常喜滌 … (경당 아랫부분은 끊
어짐)

二, 大秦景教宣元至本經幢記[24]

三, 夫至聖應現利洽無方我无元眞主匠帝 … (경당 아랫부분은 끊어짐)

四, 海而畜衆類日月輝照五星運行即 … (경당 아랫부분은 끊어짐)

五, 散有終亡者通靈伏識了會無遺咸超 … (경당 아랫부분은 끊어짐)

六, 海宵宵冥冥道不名子不語世莫得而也 … (경당 아랫부분은 끊어짐)

1. 바닷물이 평평하여 낮은 곳을 가득 채우고 태양이 솟아올라 흑암이

---

24 「大秦景教宣元至本經幢記」: 이 經幢은 安國 安氏 太夫人의 아들이 설립한 것이며; 주요
내용은 無元眞主인 上帝(匠帝)를 극력 칭송하는 것이고, 아울러 망자인 安氏 太夫人과
그 스승의 '師兄' 등 혼백의 복을 기원하며, 또한 묘지 구입의 위치와 연유, 그리고 중국
과 외국의 친족 및 제사자의 직함 등에 관한 것들을 서술하고 있다.

사라지는 것처럼, 천하가 평정하고 화평한 세계로 돌아갔음을 각자
증명하였고, 스스로 영원한 희락에 거하게 되었음을 알게 되었다
… (경당 아랫부분은 끊어짐)

2. 대진경교선원지본경당기

3. 도덕성이 높은 이들은 모두 하나님의 현현에 응답할 것이니, 하나
님께서 가져다주시는 이익은 세상 사람들에게 유익하며 대상 · 방
향 · 처소의 제한도 없다. 기원이 없는 진정한 주재자이신 우리의
하나님은 … (경당 아랫부분은 끊어짐)

4. 중생의 무리를 화육하신다. 하나님은 태양과 달의 빛처럼 세상을
비추고 하늘의 다섯 별처럼 끊임없이 움직이시니, 즉 … (경당 아랫부
분은 끊어짐)

5. 흩어져 종국에 죽는 이가 있게 되니, 하나님과 통하여 자신의 식견
을 통제하고, 완전히 이해하여 어떠한 빈틈도 없어야 한다 … (경당
아랫부분은 끊어짐)

6. 어둡고 혼미하지만, 참되고 영원한 길은 위대하나니, 이는 언어로
명확히 표현키 어렵고, 세상 사람들은 이해하지 못하여 얻지를 못
한다 … (경당 아랫부분은 끊어짐)

經幢第六面

一, 無始未來之境則我　匠帝阿羅訶也 … (경당 아랫부분은 끊어짐)

二, 有能諷持者皆獲景福況書寫於幢銘 … (경당 아랫부분은 끊어짐)

三, 承家嗣嫡恨未展孝誠奄違庭訓高堂 … (경당 아랫부분은 끊어짐)

四, 森沉感日卑情蓬心建玆幢記鐫經刻石用 … (경당 아랫부분은 끊어짐)

五, 尉 亡姚安國安氏太夫人神道及 亡師伯和 … (경당 아랫부분은 끊어짐)

六, 願景日長懸朗明闇府眞姓不迷即景性也夫求 … (경당 아랫부분은 끊어짐)

1. 미래의 세계는 우리의 위대하신 창조주 하나님이시라 … (경당 아랫부분은 끊어짐)

2. 외우고 묵념할 수 있는 자는 모두 큰 복을 얻을 것이요, 하물며 경당에 글을 쓴 이도 … (경당 아랫부분은 끊어짐)

3. 가업을 이어받은 상속인. 미워하여 효성을 다 펼치지 않았고, 갑자기 가정의 교훈을 위반하였다. 부모가 … (경당 아랫부분은 끊어짐)

4. 그윽하게 숨겨진 감정, 어머니를 잃은 비천한 마음이 머리를 막아버렸으니, 이 幢記에 이르러, 經을 새기고 돌을 조각하였다 … (경당 아랫부분은 끊어짐)

5. 돌아가신 어머니 安息國(Parthia) 안씨 태부인의 신령과 돌아가신 스승의 형님 … (경당 아랫부분은 끊어짐)

6. 큰 태양이 오래 지속되어 어두운 곳을 밝게 비추고, 眞性이 미혹되지 않으니, 즉 景性이라. 무릇 … (경당 아랫부분은 끊어짐)

經幢第七面

一, 幽魂見在支屬亦願無諸障難命等松筠長幼 … (경당 아랫부분은 끊어짐)

二, 次敍立 塋買兆[25]之由所管即洛陽縣感德鄕柏仁 … (경당 아랫부분은

---

[25] 張乃翥의 기록문에는 「兆」로 되어 있다. 張乃翥, 〈跋洛陽新出土的一件景教石刻〉, 葛承雍 編, 《景教遺珍: 洛陽新出唐代景教經幢研究》, 7쪽. 經幢의 拓本에는 「兆」자가 분명치 않다. 그러나 長慶 元年(821) 洛陽縣 感德鄕 柏仁村의 《唐故安氏夫人墓誌銘》을 보면「… 卜兆買地, 以爲窆穸之所.(…길흉을 점쳐 땅을 사고, 매장할 장소로 여겼다.)」라는 단락이 있으니: 「兆」를 「垗」로 써놓았고, 이 墓誌銘은 《大秦景教宣元至本經》經幢에 비해

끊어짐)

三, 之始卽元和九年十二月八日於崔行本處買保人 … (경당 아랫부분은
끊어짐)

四, 戚歲時奠酹天地志同買南山之石磨礱瑩澈刻勒書經 … (경당 아랫부
분은 끊어짐)

五, 于陵文翼自慚猥拙抽毫述文將來君子無見哂焉時 … (경당 아랫부분
은 끊어짐)

六, 敕東都右羽林軍押衙陪戎校尉守左威衛汝州梁川府 … (경당 아랫부
분은 끊어짐)

1. 영혼이 존재하니, 친속들이 또한 아무런 장애와 어려움이 없기를
   바라며, 생명이 죽은 후에도 늘 푸르기를 기다리니, 어른과 아이 …
   (경당 아랫부분은 끊어짐)

2. 묘지를 구입한 이유를 분명히 밝히나니, 관리하는 곳은, 즉 洛陽縣
   感德鄕 栢仁村이다 … (경당 아랫부분은 끊어짐)

3. 元和 9년 12월 8일, '崔行本'에서 구매하였고, 보증인은 … (경당 아랫
   부분은 끊어짐)

4. 계절마다 제사 후에 술을 뿌리니, 천지가 교류하고 만물이 통하였
   다. 祈連山의 돌을 사서, 공손히 갈아 밝게 빛나는 돌을 만들었고,
   문자를 금석에 새겼다 … (경당 아랫부분은 끊어짐)

5. 구릉과 계곡이 바뀌었으니, 幢記를 쓴 文翼이 스스로 송구하게도 보
   잘것없고 우둔하지만, 붓을 들어 글을 서술하였고, 장차 군자에게

8년이나 이른 것이다. 葛承雍 編,《景教遺珍: 洛陽新出唐代景教經幢硏究》, 圖版91 經幢
뒷면 第3면; 郭茂育, 趙水森 編,《洛陽出土駕鴦志輯錄》(北京: 國家圖書館出版社, 2012),
213쪽 圖版 참고.

비웃음이 되지 않기를 바라노라 … (경당 아랫부분은 끊어짐)

6. 洛陽 右羽林軍 押衙官, 陪戎校尉에게 칙령을 내려 左威衛 汝州臨汝郡
을 지키게 하고 … (경당 아랫부분은 끊어짐)

經幢第八面

一, 中外親族題字如後 弟景僧清素　從兄少誠 舅安少連 … (경당 아랫
부분은 끊어짐)

二, 義叔上都左龍武軍散將兼押衙寧遠將軍守左武衛大將軍置同政 …
(경당 아랫부분은 끊어짐)

三, 大秦寺 寺主法和玄應^{俗姓米} 威儀大德玄慶^{俗姓米} 九階大德志通^{俗姓康} …
(경당 아랫부분은 끊어짐)

四, 檢校塋及莊家人昌兒 故題記之
其大和三年二月十六
日壬寅遷舉大事[26]

1. 안팎의 친족들이 뒤와 같이 글을 題하였고, 아우인 경교승 清素와
사촌형 少誠, 외삼촌 安少連 … (경당 아랫부분은 끊어짐)

2. 종숙부이신 上都 左龍武軍 散官 겸 押衙官과 寧遠將軍 그리고 守左武
衛大將軍이 동일한 곳에 배치되었으니 … (경당 아랫부분은 끊어짐)

3. 대진사 주지 法和 玄應속세의 성은 *, 威儀大德 玄慶속세의 성은 *, 九階大德
志通속세의 성은康 … (경당 아랫부분은 끊어짐)

4. 묘지의 심의관이자 농부인 昌兒가 이에 기록하다.
大和 3년 2월 16일 묘지 이장의 큰 일을 행하다.

---

[26] 맨 뒤 두 구절은 經幢의 제3, 4행 위쪽에 새겨져 있다.

합교경문(合校經文)[27]

祝[28]曰

清淨[29]阿羅訶[30] 清淨大威力[31] 清淨 … (경당 아랫부분은 끊어짐)

大秦景教宣元[32]至本經[33]

---

27 校注는 經幢版《大秦景教宣元至本經》을 위주로 하며, 敦煌本《大秦景教宣元本經》으로 經幢의 殘缺 부분을 보충하고, 보충한 내용은 일정하게 음영 처리를 하여 식별이 가능하도록 했다. 經幢版《大秦景教宣元至本經》은 표제를 포함하여 총 19행이고, 매 행마다 약 48자로 되어 있다. 龍門石窟研究院의 張乃翥 선생은 완정본이 총 887자일 것이라고 추측하였으나, 經幢 하반부의 내용이 아직까지 밝혀지지 않아서 고고학계의 발굴을 기다리는 상황이다. 張乃翥, 〈跋洛陽新出土的一件景教石刻〉,《景教遺珍》, 8쪽 참고.

28 「祝」: '神에게 기도하다'.《戰國策 · 趙策 · 趙太后新用事》:「祭祀必祝之, 祝曰: 必勿使反. (제사 때에는 반드시 그를 위해 기도해야 하니, 기도하며 말씀하시기를: 절대 돌아오지 않게 해 주십시오.)」

29 「清淨」: '안정되고 혼란스럽지 않다'.《淮南子 · 覽冥訓》:「故蒲且子之連鳥於百仞之上, 而詹何之鶩魚於大淵之中, 此皆得清淨之道, 太浩之和也.(옛날 蒲且子가 백 길이나 되는 높은 곳에서 나는 새를 쏘아 떨어뜨린다거나, 詹何가 물속 깊은 곳에 있는 물고기를 유인해 낼 수 있는 것은, 두 사람 모두 청정한 道와 대자연의 조화를 습득하였기 때문이다.)」 시리아 동방교회에서 사용하는 의례성사(禮儀聖事) The Order of the Holy Qurbana 중의 The Hymn of Qaddisha Alaha의 첫 문장과 대조해 보면, 즉「清淨阿羅訶」(ܩܕܝܫܐ ܐܠܗܐ)로 되어 있다. 따라서「清淨」은「神聖」(Holy)의 의미임을 알 수 있다.

30 「阿羅訶」: 본래는 불교 名詞, '천지 중생의 공양을 받아야 한다'는 의미이다. 또한「應供」으로 번역하기도 하며, 혹은「殺賊」,「不生」으로 번역하기도 한다. 그러나 여기서 불교 어휘와 혼동해서는 아니 되니, 시리아어 경교에서는 하나님을 ܐܠܗܐ라 하며, 독음은 alāhā이다.「阿羅訶」는 그저 음역을 한 것일 뿐이다.《大秦景教流行中國碑》,《尊經》,《三威蒙度讚》,《大聖通眞歸法讚》에서는 모두 이 이름으로 나타난다.

31 「大威力」: '사람을 두려움에 떨게 하는 강대한 힘'.《東觀漢記 · 鄧禹》:「更始既未有所挫, 而不自聽斷, 諸將皆庸人屈起, 志在財幣, 爭用威力, 朝夕自快, 非有忠良明智, 深慮遠圖, 欲尊主安民者.(更始 연간에 그들을 꺾은 적이 없었고, 또한 스스로 지휘의 결단을 듣지 않았으며, 각 장수들은 모두 일반 평범한 사람들이 궐기하였기에, 그저 부자가 되려 하고, 위력을 다투기만 한다. 아침저녁으로 즐거움만을 추구하고, 충성함과 현명함이 결코 없으며, 깊은 계략과 원대한 고려를 하지 않으니, 정말로 주상을 존중하고 백성들을 위로하고 싶다.)」

32 「元」: '근본, 근원'.《後漢書 · 禮儀下》:「大禮雖簡, 鴻儀則容. 天尊地卑, 君莊臣恭. 質文通變, 哀歡交從. 元序斯立, 家邦乃隆.(큰 禮가 비록 간결하나, 큰 儀는 여유롭다. 하늘은 존귀하고 땅은 비천하며, 군주는 장엄하고 신하는 공경한다. 질박함과 화려함이 상통하여 변화하고, 비통함과 정중함이 교차하여 따른다. 근본 禮儀가 이처럼 섰으니, 나

時³⁴景通法王,³⁵ 在大秦國³⁶那薩羅城³⁷和明宮³⁸寶法雲座,³⁹ 將與二見,⁴⁰

了決⁴¹眞源.⁴² 應⁴³樂咸⁴⁴通, 七方雲集.⁴⁵ 有諸明淨士,⁴⁶ 一切神天⁴⁷等妙

라가 곧 융성해졌다.)」

33 「至本經」: 즉 '경교의 가장 핵심적인 내용을 담은 경전'. 「至本」은 '가장 근본'의 의미이
다. 이 경전은 불교에서 영감을 얻어 만든 것으로서, 불경에는 「了義經」 혹은 「不了義
經」의 구별이 있다. 「了義經」이 말하는 것은 「理」이며, 예를 들면:《大方廣圓修多羅了
義經》,《般若波羅蜜多心經》,《金剛般若波羅蜜經》; 「不了義經」이 서술하는 것은 「事」이
니, 예를 들어:《阿彌陀經》,《地藏經》 등이 있다. 道教에는 「眞經」이라는 이름이 있으
니, 「經」은 '徑'으로서 '사람들이 통행하는 대로'를 가리킨다. 「眞」의 본뜻은 원래 '문
자와 언어로 형용할 수 없는 심오한 진리'이지만, 수양을 통해 자신을 확립할 수도 있
는 것이니, 완전히 진위(眞僞)의 문제만을 가리키는 것은 아니다. 경교가 「至本」을 택
하여 불경과 구별짓는 것은 보다 뛰어난 의미가 있음을 보여 주는 것이다.

34 「時」: '당시'.

35 「景通法王」: 경문의 맥락을 통하여 '경교의 메시아(예수 그리스도)'를 지칭함을 알 수
있다.

36 「大秦國」: '중국 서역 지방의 서쪽부터 지중해 동쪽 일대까지'를 가리킨다.《後漢書‧
西域傳》:「大秦國一名犁鞬, 以在海西, 亦云海西國. …其人民皆長大平正, 有類中國, 故謂
之大秦.(大秦國은 일명 犁鞬이라고도 하는데, 바다 서편에 있으므로 海西國이라고도
부른다. …그 백성들은 모두 張大하고 平正하여 중국인과 유사한 점이 있으니, 그리하
여 大秦이라 부른다.)」

37 「那薩羅城」: 시리아어로 ܢܨܪܬ, 독음은 nāsrat; 오늘날 「나사렛」(Nazareth)으로 번역한다.

38 「明宮」:《大秦景教流行中國碑》에「…棹慈航以登明宮(자비의 배를 저어 밝은 궁전으로
올랐으니)」이라는 문구가 있으니, '구원을 얻어 천당에 들어감'을 비유하나, 여기서는
「天堂」으로 해석할 수 없다. 뒷 문장과 연결시켜 보면, 景通法王이 세상 사람들에게 설
법하는 내용이 나오는데, 「明宮」은 아마도 유대인의 회당을 가리키는 듯하다. 누가복
음 4장 16절:「예수께서 그 자라나신 곳 나사렛에 이르사 안식일에 늘 하시던 대로 회
당에 들어가사 성경을 읽으려고 서시매.」

39 「寶法雲座」: '景通法王은 매우 위엄 있고 엄존하며, 귀중한 교법을 가지고 높은 보좌에
앉아 있음'을 가리킨다. 「寶」, '진귀하다, 귀중하다'; 「雲」, '높음'을 비유함.《莊子‧大宗
師》:「黃帝得之, 以登雲天.(황제가 道를 터득하여, 높은 하늘에 올랐다.)」

40 「二見」: '景教의 正見과 非景教의 異見'을 대표함. 뒷 구절 「異見中民」 참조. 景教 寫本
《一神論》에도 「二見」이 있으나 가리키는 바는 달라서 '一神과 그 창조의 역사는 볼 수
있는 것과 볼 수 없는 것의 두 가지 특징이 있음'을 나타낸다.

41 「了決」: '명백히 결단하다'의 의미. 「了」는 '憭'의 假借字. 「決」, '결단하다'의 의미.

42 「眞源」: '진리의 근원'. 「源」 '근원'.《禮記‧月令》:「命有司爲民祈祀山川百源, 大雩帝, 用
盛樂.(관리에게 명하여 백성들을 위해 산천과 모든 수원지에 제사하게 하고, 큰 기우
제를 지낼 때는 성대한 음악을 연주하게 한다.)」

43 「應」: '응당'.

44 「咸」: '전부'.

45 「七方雲集」: '세계 각지로부터 모여들어 군집하다'. 「七方」의 용법은 상당히 특별한데,

法王,[48] 無量覺衆,[49] 及三百六十五種異見中民.[50] 如是族類,[51] 無邊無極, 自嗟[52]空昧,[53] 久失眞源.[54] 礬[55]集明宮, 普心至仰.[56] 時景通法王, 端嚴進念,[57] 上觀空皇,[58] 親承印旨,[59] 告諸衆曰: 善來法衆, 至至[60]無來, 今可通

고대로부터 「八方」이라는 어휘가 쓰였으며, '사방 각지'를 가리킨다. 《逸周書·武寤》: 「王赫奮烈, 八方咸發.(왕이 성이 나서 분발하여 위용을 떨치니, 사방 각지가 모두 일어났다.)」 「七方」은 아마도 나사렛이 지중해 동쪽 기슭에 위치하고 있으므로 바다를 끼고 있는 쪽을 계산하지 않아서 「七方」이라 말하는 듯하다.

46 「明淨士」: '청명하며 스스로를 지키는 명철한 사람'의 의미. 《大秦景教三威蒙度讚》은 「慈父明子淨風王(성부 성자 성령)」으로 삼위일체의 하나님을 형용한다; 「明」과 「淨」 은 모두 「神聖」(holy)의 의미를 나타내니, 오늘날 「聖徒」(Saint)라는 말로 번역해야 할 것이다.

47 「神天」: '하나님의 사자'. 《大秦景教流行中國碑》에는 「神天宣慶」이라는 말이 있으니, 「神天」은 오늘날 「天使」로 번역하고, '하나님이 파견한 使者(messenger)'를 가리킨다.

48 「法王」: 앞선 문장의 「景通法王」과 景教 寫本 《尊經》 중의 「法王」의 용어를 통해 보면, 이는 곧 經書의 작자, 선지자, 사도, 교단의 영수, 순도자 그리고 지도자 등을 가리킨다. 에베소서 4장 11-12절: 「그가 혹은 사도로, 혹은 선지자로, 혹은 복음 전하는 자로, 혹은 목사와 교사로 주셨으니, 이는 성도를 온전케 하며 봉사의 일을 하게 하며…」 참고.

49 「無量覺衆」: '헤아릴 수 없는 깨달은 사람'이라는 의미이다. 「無量」은 '헤아릴 수 없는' 의 의미. 《左傳·昭公十九年》: 「今宮室無量, 民人日駭, 勞罷死轉, 忘寢與食, 非撫之也.(지금 궁실의 사치는 헤아릴 수가 없고, 백성은 날로 흩어지며, 노고로 피폐해지고 시신이 나뒹굴고, 걱정으로 침식을 잊고 있으니, 이는 백성을 위무하는 것이 아니다.)」 「覺衆」은 '깨닫고 각성한 사람들'의 의미.

50 「三百六十五種異見中民」: '이교도, 외국종교를 따르는 사람'. 《大秦景教流行中國碑》 중의 「是以三百六十五種, 肩隨結轍, 競織法羅(이로써 수많은 종파들이 앞다투어 일어나, 경쟁하듯 敎法의 그물을 짜내었다)」와 같다.

51 「族類」: '종류'.

52 「嗟」: '탄식하다'. 《禮記·樂記》: 「長言之不足, 故嗟嘆之.(길게 말해도 부족하게 되면, 그리하여 읊조리게 된다.)」

53 「空昧」: '공허하고 몽매하다'.

54 「久失眞源」: '본질적이고 천연적인 상태를 오랫동안 잃어버리다'.

55 「礬」: '엄숙하고 단정하다'. 《逸周書·太子晉解》: 「師曠礬然, 又稱曰:『溫恭敦敏, 方德不改』.(師曠이 엄숙한 모습으로, 다시 말하기를:『온화하고 공경하며 독실하고 민첩하면, 바른 도리를 고치지 않는다.』)」

56 「普心至仰」: '세상 사람들이 모두 하나님을 향해 우러르다'. 유사한 말이 《大秦景教三威蒙度讚》에도 있음: 「一切含眞盡歸仰」, 의미는 '세상 사람들이 모두 하나님을 향해 우러르다'.

57 「端嚴進念」: '공경하는 기도'. 「端嚴」은 '장중하고 엄격하다'의 의미. 《風俗通義·十反》: 「容止端嚴, 學問通覽.(얼굴과 행동거지가 장중하고 엄격하며, 학문을 통람할 수 있

常,⁶¹ 啟生滅死.⁶² 各圓⁶³其分, 靜諦⁶⁴我宗. 如了⁶⁵无元,⁶⁶ 礙⁶⁷當隨散. 即
宣玄化匠帝⁶⁸眞常⁶⁹旨: 無元無言, 無道無緣, 妙有非有, 湛寂⁷⁰常然. 吾聞
太阿羅訶開无開異, 生无心涴,⁷¹ 藏化自然, 渾元⁷²發⁷³无, 發无性无, 動靈

다.)」「進」은 '바치다'의 의미. 《戰國策·鄒忌脩八尺有餘》:「令初下, 群臣進諫.(명령을
처음으로 하달하니, 군신들이 다투어 간하였다.)」「進念」은 뒷 문장 「上觀空皇」의 하
늘을 우러르는 자세로 보아 '기도'를 가리키는 듯하다.

58 「空皇」: '하늘에 계신 하나님'. 「皇」, '크다', 아래에서 말하는 「玄化匠帝」를 가리킨다.
   즉 '하나님'을 말한다. 《詩經·周頌·執競》:「上帝是皇.(하나님이 곧 皇이다.)」

59 「親承印旨」: '하나님의 명령을 직접 받다'의 의미이다. 이 구절은 경당에 새겨져 있지
   않으며 원전이 훼손된 것도 아니다.

60 「至至」: '「道」의 최고의 경지에 도달하다'. 《淮南子·繆稱訓》:「至至之人, 不慕乎行, 不
   慙乎善, 含德履道, 而上下相樂也.(지극한 道를 가진 사람이 세상에 오면, 대강 행하는
   것을 사모하지 않고, 잘 가르치는 정치에 부끄러워하지도 않으며, 덕을 품고 道를 밝
   게 하여, 위아래가 서로 즐거워한다.)」

61 「常」: '장구하다, 오래도록 변하지 않다'.

62 「啟生滅死」: '생명으로 통하는, 사망이 없는 길을 열다'.

63 「圓」: '원만하다, 완벽하다'.

64 「諦」: '세밀하게 조사하다, 면밀히 점검하다'. [漢] 劉向, 《說苑·權謀》:「聖王之舉事, 必
   先諦之於謀慮, 而後考之於蓍龜.(聖王이 일을 도모할 때에는, 반드시 이를 먼저 계획과
   염려 속에 깊이 생각해 보고, 그런 후에 蓍草와 거북으로 점을 쳐서 고려해 본다.)」

65 「了」: '이해하다, 알다'.

66 「无元」: '기원이 없다'. 「元」은 '시작, 기원'의 의미. 《公羊傳·隱公元年》:「元年者何? 君
   之始年也.(元年이란 무엇인가? 군주께서 즉위하신 첫 해입니다.)」《大秦景教流行中國
   碑》는 「先先而無元(태초보다 앞서 시작도 없는 이시다)」이란 말로 조물주를 형용하고
   있다.

67 「礙」: '방해하다, 험준하다'.

68 「玄化匠帝」: '만물을 기묘하게 창조하고 화육하는 조물주'. 「玄化」: '聖德으로 教化하
   다'. [漢] 蔡邕, 〈陳留太守行小黃縣頌〉:「有辜小罪, 放死從生, 玄化洽矣, 黔首用寧.(작은
   죄가 있었으나, 죽음을 버리고 삶을 좇았으니, 성덕으로 교화하여 화목해졌고, 백성들
   이 평안해졌다.)」

69 「眞常」: '진실되고 영구하다'. '眞'이라는 것은 '본질에 증감이 없는 것'을 말한다. '常'은
   '法'이라, '常'은 능히 '法則'이라 할 만하니, 이름하여 '眞常之法'이라 한다. 《大秦景教流
   行中國碑》는 景教를 칭하여 「眞常之道」라 한다.

70 「湛寂」: '마음이 맑아서 번뇌가 없다'. 「寂」, '맑고 고요하다'의 의미. [漢] 陸賈, 《新語·
   無爲》:「昔舜治天下, 彈五弦之琴, 歌南風之詩, 寂若無治國之意, 漠若無憂天下之心, 然而天
   下治.(옛날 舜임금이 나라를 다스리면서, 다섯 현의 악기를 연주하였고, 南風의 시를
   노래했는데, 그 맑기가 나라를 다스리려는 뜻이 없는 듯하였고, 무관심하기가 천하를
   걱정하는 마음이 없는 듯하였는데도, 천하가 잘 다스려졌다.)」

71 「心涴」: '마음이 오염되지 않다'. 「涴」는 여기서 '오염시키다'의 의미이다. 《孟子·公孫

虛空.[74] 置因緣[75]機軸,[76] 自然著爲象本,[77] 因緣配爲感乘.[78] 剖判參[79]羅,[80]

三生[81]七位,[82][83] 浼[84]諸名數,[85] 无力任持,[86] 各使相成,[87] 教了[88]返元眞

丑上):「爾焉能浼我哉?(네가 어찌 나를 더럽힐 수 있겠는가?)」

72 「渾元」: '천지 자연의 기운'. [漢] 班固, 〈幽通賦〉: 「渾元運物, 流不處兮, 保身遺名, 民之表兮.(천지 자연의 기운이 만물을 운행하여, 흘러 머물지 않네. 몸을 보전하고 이름을 남기니, 백성들의 본보기로다.)」

73 「發」: '생장하다, 태어나다'의 의미이다.

74 「動靈虛空」: '하나님은 無로부터 萬有를 창조해 내시니, 그의 영은 어디에나 계셔서 천하 도처에 가득하시다'.

75 「因緣」: 무릇 '매 한 가지 사물의 생'을 가리키니, 그 자체의 요인을 '因'이라 하고, 그 옆에서 도와주는 인연을 '緣'이라 한다. 가령 벼와 같은 씨앗은 '因'이고, 흙, 비, 공기, 햇빛, 비료, 농사 등은 '緣'이 되니, 이러한 여러 가지 인연의 화합으로 말미암아 곡식이 생장해 갈 수 있는 것이다.

76 「機軸」: 본래 '쇠뇌의 방아쇠와 차축'을 가리키며, '관건이 되는 중요한 지위'를 비유한다.

77 「象本」: '형태상의 본보기'. 「象」: '형상, 모양'. 《孟子·告子上》: 「或曰:『有性善, 有性不善; 是故以堯爲君而有象, 以瞽瞍爲父而有舜; 以紂爲兄之子且以爲君, 而有微子啟, 王子比干.』(어떤 이가 말하기를:『본성이 선한 사람도 있고, 본성이 선하지 않은 사람도 있다; 이런 고로 堯임금을 군주로 삼았는데도 象과 같은 자가 나왔는가 하면, 瞽瞍 같은 자가 아버지인데도 舜임금과 같은 사람이 나왔으며, 紂왕을 형님의 아들로 또 군주로 섬기고 있으면서도, 微子啟와 왕자 比干이 있었다.』라 하였다.)」

78 「感乘」: '자극을 받아 생기는 갈등'. 「感」: '자극을 받아 발생하는 심리적 변화'. 《周易·咸》: 「天地感而萬物化生, 聖人感人心而天下和平, 觀其所感, 而天地萬物之情可見矣.(천지가 감응하여 만물이 생겨나고, 성인이 인심을 감지하여 천하가 화평해진다. 그 느끼는 바를 보고, 천지 만물의 정을 볼 수 있느니라.)」「乘」: '교차하다, 뒤얽히다'. [漢] 賈誼, 《新書·無蓄》: 「兵旱相乘, 天下大屈.(전쟁과 가뭄의 피해가 상승하니, 천하가 크게 굽어진다.)」

79 「參」: '연구 검증'의 의미가 있다. 《荀子·天論》: 「天有其時, 地有其財, 人有其治, 夫是之謂能參.(하늘에는 '時'가 있고, 땅에는 '財'가 있으며, 사람에게는 '治'가 있는데, 무릇 이것을 일러 '能參'이라 한다.)」

80 「羅」: '걸러 내다'의 의미가 있다. 《孔子家語·觀周》: 「綿綿不絶, 或成網羅, 毫末不札, 將尋斧柯. 誠能愼之, 福之根也.(면면히 이어져 끊어지지 않으면, 그물을 만들어 걸러 낼 수 있으며, 털끝만 한 것도 붙들어 매지 않으면, 장차 도끼 자루를 찾게 될 것이다. 진실로 말을 삼가는 것이 복의 근원이니라.)」

81 「三生」: 본래 불교용어, 즉 '과거, 현재, 미래'를 가리킨다.

82 「七位」: 도교에서 숭배하는 '일곱 星神炎'—'日, 月과 五星', '五星'은 '歲星(木星), 熒惑星(火星), 太白星(金星), 辰星(水星), 鎭星(土星)'이며, '五星'은 '五曜'라고도 칭한다.

83 「剖判參羅, 三生七位」: '玄化匠帝의 종교'를 가리키니, 즉 「三生」과 「七位」를 강론하는 불교와 도교를 해부하고 검증하고 걸러냈다'는 것이다.

84 「浼」: '간절히 부탁하다, 요청하다'의 의미. 《志玄安樂經》: 「囉稽浼福, 其福重極萬億.(큰

\text{}

體.[89] 夫爲匠无作, 以爲應旨順成, 不待[90]而變, 合無成有, 破有成無,[91] 諸
所造化, 靡不依由, 故號玄化匠帝, 無覺[92]空皇.[93] 隱現生靈, 感之善應, 異
哉靈嗣! 虔仰造化, 迷[94]本匠王, 未曉阿羅訶, 功無所衒,[95] 施無所仁. 包浩
察微,[96] 育衆如一. 觀諸浼有,[97] 若之一塵, 况是一塵亦非塵.[98] 見非見,[99]
悉見見故.[100] 無界[101]非聽, 悉聽聽故, 無界無力, 盡持力故. 無界嚮無,[102]

복 주시기를 성령께 간청하라. 이러한 복은 비할 데 없이 큰 것이라.)」

85 「名數」: '호적, 명부'의 의미.

86 「任持」: '담당하다, 유지하다'의 의미이다. 「任」, '담당하다, 인수하다'. 「持」, '유지하다'.

87 「相成」: '서로 보충하고 도와서 일을 이루게 해 주다'.

88 「教了」: '가르치고 깨닫다'. 「了」는 '憭'와 같음.

89 「返元眞體」: '본원, 천연, 진실의 본체로 되돌아가다'. 《志玄安樂經》: 「景教勝上法文, 能
令含生, 反眞智命.(景敎의 승리의 최고 經文만이, 생명을 가진 이들로 하여금, 진리의
지혜와 생명으로 회귀하게 한다)」 이 말하는 바와 비슷한 의미이다.

90 「不待」: '관리할 필요가 없다'의 의미이다. 《左傳 · 定公四年》: 「所謂『臣義而行, 不待命』
者.(이른바 '신하가 올바르게 실행할 때는 명을 기다리지 않는다'라는 것.)」

91 「合無成有, 破有成無」: '玄化匠帝(造物主)는 無에서 萬有를 창조해 내므로, 「有」를 강론
하는 모든 법을 타파하여 無에서 有를 창조하는 道를 이루었다'. 《大秦景敎流行中國
碑》: 「先先而無元, 窅然靈虛, 後後而妙有, 總玄樞而造化.(태초보다 앞서 시작도 없는 이
시고, 심원한 우주의 본체이시니, 만세 이후까지 존재하시는 無 가운데의 有이시라.
현묘한 이치를 모아 만물을 창조하셨다.)」 참조.

92 「無覺」: '완전히 이해해서는 안 된다'. 이것은 '하나님은 사람의 지혜로는 완전히 이해
할 수 없다'는 사실을 비유하고 있다.

93 「空皇」: '구체적 형상이 없는 至高의 존재'. 「皇」은 '大'이며; '스스로 시작하는 존재'이
다. 《說文解字》: 「始王者, 三皇大君也.(왕의 시초는 三皇이니 大君이로다.)」 「皇」은 또
한 '上帝'를 지칭함. 《詩經 · 周頌 · 執競》: 「上帝是皇.(上帝가 곧 皇이다.)」

94 「迷」: '곤혹스러워 풀리지 않다'.

95 「衒」: '자랑하다, 뽐내다, 으스대다'.

96 「包浩察微」: '阿羅訶가 포함하고 있는 것은 매우 넓고 성대하며, 또한 모든 일에 대해
고찰하고 분별하는 것도 매우 섬세함'을 가리킨다. 「浩」는 '넓고 크다'는 의미. 《禮記 ·
中庸》: 「浩浩其天! 苟不固聰明聖知達天德者, 其孰能知之?(넓고 크신 하늘이시여! 만일
총명과 성지를 탄탄히 하여 천덕에 통달한 자라면, 누가 능히 그것을 알겠는가?)」

97 「觀諸浼有」: '상술한 異敎의 강론들이 모든 더러움과 불결함으로 가득 차 있음을 관찰
하다'. 「浼」, '오염되다'. 「有」, '만드심을 입은 사람'.

98 「一塵亦非塵」: '오염된 모든 것들은 어떤 외물이 물들어서 그렇게 된 것은 아니다'.

99 「見非見」: '볼 수 있는 것이 보는 것의 완전한 실재적 본질은 아니다'. 敦煌本에 이 구절
이 있으니, 뒷 부분의 문체 배열에 의하면 「見非見」은 아마도 「無界非見」을 잘못 베낀
듯하다.

100 「悉見見故」: '모두 볼 수 있는 것은 반드시 모두 볼 수 있는 까닭이 있다'.

无像无法,[103] 所觀無界无邊, 獨唯自在, 善治无方,[104] 鎭位无際, 妙制周臨,[105] 物象[106]咸楷.[107] 唯靈感慈異, 積昧亡途. 是故以善教之, 以平治之, 以慈救之. 夫知改者, 罪无不捨. 是謂匠帝能成衆化, 不自化成, 是化終邊, 唯匠帝不虧, 不盈, 不濁, 不清, 保任眞空,[108] 常存不易.[109] … (경당 아랫부분은 끊어짐)

기도하여 가로되:

청정하신 여호와, 청정하시며 크고 위대하신 능력 청정하신 … (경당 아랫부분은 끊어짐)

그때, 구주 예수 그리스도께서 大秦國 나사렛성 유대 회당의 보좌 위에서 다른 견해를 가진 이들과, 참된 道의 본원을 분명하게 가리셨는데,

---

101 「無界」: '인접하거나 이웃함이 없음'. [漢] 賈誼, 《新書·等齊》:「而此之不行, 沐漬無界, 可爲長大息者此也.(그러나 이것이 실행되지 않기 때문에, 오만함과 경계의 부족이 있으며, 이것이 오래 숙고할 가치가 있다고 말하는 것이다.)」
102 「嚮無」: '조금도 인접함이 없고 끝이 없는 「無」 자체로 향하다'.
103 「无像无法」:「无」는 구체적인 법도와 이치가 없는 것과 같으니, 즉 스스로 그「无」의 도리와 법성의 근원과 유사하다.「像」, '비슷하다'.「法」, '법제, 도리'.
104 「无方」: '일정한 유형과 방향이 없다'; '강역과 국경이 없다'는 의미로 파생되었음. 《孟子·離婁下》:「湯執中, 立賢无方.(탕임금은 중용의 도를 굳게 지켰으며, 어진 사람을 기용함에 출신을 따지지 않았다.)」 혹은 '무한, 무극'의 의미가 있음. 《莊子·天運》:「動於无方, 居於窈冥, 或謂之死, 或謂之生.(방향이 없는 곳으로 움직이고, 아득한 곳에 거처하니, 어떤 이는 죽었다 하고, 어떤 이는 살았다 한다.)」
105 「周臨」: '세상 사람에게로 두루 돌아다니다'.「周」, '널리 퍼져 있다'의 의미. 《周易·繫辭上》:「知周乎萬物, 而道濟天下.(지혜는 만물에 두루 미치고, 도는 천하를 구제한다.)」
106 「物象」: '물체와 사물의 형상 및 현상'. [晉] 王謐, 〈答桓太尉難〉:「良以冥本幽絕, 非物象之所擧.(어짊은 심오한 근본으로서 청아하고 그윽하니, 사물의 형상으로 견줄 수 있는 것이 아니다.)」
107 「楷」: '법식, 본보기'. 《禮記·儒行》:「今世行之, 後世以爲楷.(현재 그가 실천한 것을 후세에는 법도로 삼는다.)」
108 「眞空」: 이것은 '阿羅訶가 先先而無元, 窅然靈虛의 본체'임을 가리킨다.「眞空」은 본래 불교 용어. 《行宗記》一上曰:「眞空者即滅諦涅槃, 非僞故眞, 離相故空.(眞空이란 번뇌가 소멸된 열반의 경지이며, 거짓이 아닌 참으로서, 色相을 떠난 참 공허한 경지이다.)」 小乘의 涅槃은 바로 모든 '色相' 의식의 경지를 초월하는 것이고; 大乘의 지극한 眞空은 '非空之空'이니, 또한 '眞空'이라 칭한다.
109 「易」: '바뀌다, 변하다'.

대응이 적절하고 모두 융통하여, 각지에서 온 사람들이 운집하였다. 몇몇 지혜로운 사도, 모든 천사 등 기묘한 성도, 회개한 수많은 사람들, 그리고 각양각색의 異教徒들, 이런 부류의 사람들이, 세상 각처에 가득하였고, 스스로 공허함과 몽매함을 한탄하였으며, 오랫동안 진실의 근원을 상실하여, 성전으로 모여들었고, 이에 사람들에게 모두 하나님을 우러르게 하였다. 그때 예수 그리스도께서 단정하고 장엄하게 나아와 기도하시며, 하늘의 아버지를 우러러보셨고, 친히 하나님의 뜻을 받아, 대중들에게 말씀하시기를: 주의 사랑이 신도들에게 임하였고, 지고한 道는 본래 근원을 알 수 없으나, 지금 상식을 통해 알 수 있으니, 생명을 열고 사망을 멸하는 것이, 모두 그 분수에 합당하니라. 내 가르침을 귀담아들으면, 그것의 시작이 없음을 이렇듯 알 수 있으니, 어떠한 어려움도 곧 사라질 것이라. 그리하여 하나님께서 기묘하게 창조하시고 만물을 화육하시는 영원하고 진실된 이치를 설파하노라. 시작이 없고 언어가 없으며, 형용할 수 없고 맺을 수도 없으니, 기묘한 존재는 또한 현실의 존재가 아니며, 조용한 침묵으로 줄곧 이러하였다. 내가 듣기로 지존하신 여호와께서는 無에서 有로의 창조를 시작하셨는데, 사람의 생명이 무의식 중에 죄로 물들었으니, 차가운 기운이 대자연에 영향을 준 것과 같다. 천지의 기운은 無로부터 온 것이며, 실체가 없는 無에서 생겨난 것이니, 하나님의 영이 각처에 가득하여, 중요한 因緣의 기회를 배치하였고, 자연스럽게 본래의 모습을 주었으며, 因緣이 상응하여 엇갈린 변화들이 생겨났다. 여러 가지 견해들이 나열되었으니, 불교와 도교의 '三生'과 '七位'처럼, 각종 명목으로 간청하였으나, 유지할 능력이 없으며, 단지 서로 보충만 할 수가 있으니, 깨달음을 가르쳐야만 본래의 실체로 돌아갈 수 있다. 무릇 창조자의 無爲의 다스림에 대하여는, 천리에 순응하기만 하면 자연히 성공하게 되므로, 굳이 변화를 추구할 필요 없이, 무에서 유까지, 유

를 창조하는 선입견을 타파하여 무의 본원을 제거한다. 모든 피조물은
하나님께 의지하지 않고 된 것이 없나니, 그리하여 기묘한 조물주요, 無
形으로 인식되지 않는 하나님이라 부르는 것이다. 하나님은 비록 보이지
않으나 세상 사람들에게 존재를 나타내시니, 마음에 선한 생각을 품으면
그것에 감응할 수 있다. 기이하도다! 사리에 밝은 후손들이여! 하나님이
만드신 만물을 경건하게 우러러볼 줄 아니, 근본을 잘 모르는 군왕은 세
상 만물이 하나님께로부터 오는 것을 깨닫지 못한다. 이 왕들은 비록 성
과는 있지만 성취를 하나님께 돌릴 수 없고, 백성에게 베푼 은혜는 하나
님의 인자함이 아니다. 하나님은 지극히 넓고 성대하며 고찰하고 분별하
는 능력이 지극히 미세하시다. 만물을 한결같이 양육하시니, 더러움으로
가득 찬 사람들을 보면 한 톨의 비천한 흙먼지 같지만, 하물며 한 톨의
더러운 흙먼지도 먼지가 아닌 것이다. 눈으로 본 것이 결코 사물의 본질
은 아니니, 완전히 보는 것은 반드시 완전히 보는 원인이 있고; 일정한
범위에 있지 않으면 다 알아들을 수 없고, 다 알아들을 수 있는 데는 반
드시 다 알아듣는 이유가 있는 것이다. 일정한 범위에 있지 않으면 내뿜
을 힘이 없게 되니, 가진 역량을 다 써 버린 까닭에 지탱할 방법이 없다.
만일 일정한 범위에 있지 않으면 끝없이 '無' 자신을 향하게 될 것이고,
구체적인 형상이 없다면 즉, 구체적인 법도와 도리가 생겨날 수 없고 법
제도 형성될 수 없다. 하나님의 도리를 깊이 생각하라. 그것은 광대하여
끝이 없는 것이다. 오로지 하나님만이 어떠한 구속도 받지 않으시고, 만
물을 다스림에 완벽하시어 일정한 방법에 구속되지 아니하셨다. 세상을
안정시키심에 주도면밀하여 빈틈이 없으시고, 자연의 법칙을 내리시어,
세상 사람들에게 두루 퍼졌다. 하나님은 만사 만물의 본보기이시나, 유
독 세상 사람들은 하나님의 창조를 감지하지 못하였고, 우매함이 날로
쌓여 멸망의 길에 이르게 되었다. 그러므로 慈善으로 세상 사람들을 가

르치라. 화평으로 백성을 다스려야 하고 자비로써 세상을 구원해야 한다. 무릇 잘못을 알고 뉘우칠 수 있는 사람이라면, 그들이 쌓은 중죄는 모두 사면받을 수 있다. 그러므로 하나님은 세상을 변화시키고 화육시키실 수 있다. 자연스럽게 교화되고 회개하면 하나님께로 돌아갈 수 있으며, 하나님의 화육은 결국 변화를 가져오는 것이다. 오로지 하나님만이, 하나님의 구원의 길만이 흠결도 없고, 교만도 없으며, 불결하지도 않고, 처량하지도 않으니, 그 심원하고 영험한 본체로 세상 사람들의 생명을 보호하시며, 영원히 존재하시어 변하지 않으신다. … (경당 아랫부분은 끊어짐)

弥施訶[110]應大慶[111]原靈,[112] 故慧圓[113]悟之, 空有不空,[114] 無於空不滯[115]

… (경당 아랫부분은 끊어짐)

盧訶那[116]體, 究竟[117]眞凝,[118] 常樂生命, 是知匠帝爲無竟,[119] 逐不法 …

---

110 「彌師訶」: 시리아어로 ܡܫܝܚܐ, 독음은 məšīhā, 오늘날 일반적으로 「彌賽亞」(Messiah) 혹은 「默西亞」로 번역하고, '구세주'의 의미를 가지고 있다.

111 「大慶」: '성대하고 경사스러운 일'. [晉] 王羲之, 〈十七帖〉: 「足下今年政七十耶? 知體氣常佳, 此大慶也.(귀하는 금년에 칠십 세이시죠? 건강이 아주 좋으신 걸로 알고 있습니다. 이는 큰 경사입니다.)」

112 「原靈」: '세상 사람'을 가리킴. 「含靈(영성을 가진 인류)」의 의미와 같음.

113 「慧圓」: '원만하고 완벽한 지혜'를 가리킴.

114 「空有不空」: '阿羅訶는 空한 듯하나 有하고, 眞空인 듯하나 空하지 않아서, 기묘한 有를 창조해 낼 수 있다'의 의미이다. 「空有」는 본래 불교 용어; 「空」은 '法性'을 가리킴; 「有」는 '幻相'을 의미하니; '상반된 相成의 眞과 俗 두 가지 요체'를 말한다. 《後漢書·西域傳論》: 「詳其淸心釋累之訓, 空有兼遣之宗, 道書之流也.(불교의 망령되이 생각지 않음과 탐욕의 제거라는 계율을 자세히 살펴보면, 虛實兩忘이라는 종파에 속하며, 도교와 같은 유파임을 알 수 있다.)」

115 「不滯」: '구애받지 않다'. [魏] 嵇康, 〈琴賦〉: 「疾而不速, 留而不滯.(빠르나 급하지 않고, 머무르나 정체되지 않는다.)」

116 「盧訶那」: 시리아어로 ܪܘܚܢܐ, 독음은 raḥānā, 의미는 「영적인」(spiritual)이다.

117 「究竟」: '철저하게 파헤치다'. 《史記·三王世家》: 「夫賢主所作, 固非淺聞者所能知, 非博聞彊記君子者所不能究竟其意.(현명한 군주의 문장은, 본래 식견이 천박한 자가 이해할 수 있는 것이 아니며, 식견이 넓고 잘 기억하는 군자가 아니라면 그 궁극적인 뜻을 알

(경당 아랫부분은 끊어짐)

數, 曉人大晤, 了皆成益.[120] 昧民滯識,[121] 是見將違, 盖靈本渾 … (경당 아랫부분은 끊어짐)

且容焉, 了已終亡焉. 聽爲主故, 通靈伏識, 不遂識遷, … (경당 아랫부분은 끊어짐)

下備, 八境開生, 三常滅死, 八境之度,[122] 長省深悔, 警愼 … (경당 아랫부분은 끊어짐)

景通法王, 說至旣已, 普觀衆晤, 於其會中, 詮以慧圓 … (경당 아랫부분은 끊어짐)

수 없다.)」

118 「眞凝」: '완전히 神聖함'의 의미이다. 「眞」은 순정하고 거짓되지 아니하므로, 「盧訶那」의 성결한 自性을 비유한다. 《大秦景敎三威蒙度讚》: 「惟獨絶凝」이라는 구절은 '유일한 神聖'의 의미를 표현한다.

119 「無竟」: '끝이 없다'.

120 「成益」: '도와주다, 도움이 되다'. 《魏書·高遵傳》: 「遵感成益之恩, 事允如諸父.(遵은 도와주신 은혜에 감동하여, 允을 아버지의 형제처럼 모셨다.)」

121 「昧民滯識」: '백성을 우매에 빠지게 하고, 진리를 얻는 지식이 장애와 제한을 받도록 한다'.

122 「八境之度」: 일반적으로 '천하 사람들이 유복한 법을 얻도록 하다'의 의미를 나타낸다. 「境」: '지경, 경계'. 「度」, '법제, 규범'. 「八境」: '八荒, 八方'이니 즉 '天下'를 가리킨다. [漢] 劉向, 《說苑·辨物》: 「八荒之內有四海, 四海之內有九州, 天子處中州而制八方耳.(八荒 안에 四海가 있고, 四海 안에 九州가 있으니, 천자는 中州에 머물며 八方을 제어하느니라.)」 「八境」은 아마도 마태복음 5장 3-12절의 「八福」인 듯하다: 「심령이 가난한 자는 복이 있나니 천국이 그들의 것임이요. 애통하는 자는 복이 있나니 그들이 위로를 받을 것임이요. 온유한 자는 복이 있나니 그들이 땅을 기업으로 받을 것임이요. 의에 주리고 목마른 자는 복이 있나니 그들이 배부를 것임이요. 긍휼히 여기는 자는 복이 있나니 그들이 긍휼히 여김을 받을 것임이요. 마음이 정결한 자는 복이 있나니 그들이 하나님을 볼 것임이요. 화평하게 하는 자는 복이 있나니 그들이 하나님의 아들이라 일컬음을 받을 것임이요. 의를 위하여 박해를 받은 자는 복이 있나니 천국이 그들의 것임이라. 나로 말미암아 너희를 욕하고 박해하고 거짓으로 너희를 거슬러 모든 악한 말을 할 때에는 너희에게 복이 있나니!」 《大秦景敎流行中國碑》에도 「八境之度」라는 말이 있다. 《唐故左武衛兵曹參軍上騎都尉靈武郡花府君公神道誌銘》에는 「內備八景」이라는 말이 있으니, 「景」과 「境」은 동음가차(同音假借)이다. 따라서 「八境」은 경교도의 신앙 표현에 사용됨을 알 수 있다.

諸界, 但有人受持[123]讀誦, 信解[124]勤行, 當知其人德超 … (경당 아랫부분은 끊어짐)

如海溢坳平,[125] 日昇暗滅, 各證太寂,[126] 曉自在常喜, 滌 … (경당 아랫부분은 끊어짐)

메시아가 세상 사람들의 성대한 축하를 받았고, 그리하여 원만하고 완비된 지혜로 세상 사람들에게 구원의 은혜를 깨닫게 하였다. 메시아의 구원의 길은 진실하지 않은 듯하나 진실된 길이며, 그 사역을 마친 후에는 세상에 다시 머물지 아니하신다 … (경당 아랫부분은 끊어짐)

성령의 본체는 완전히 순수하고 성결하여 사람들에게 영원 희락의 생명 길을 주시니, 성령을 통해 창조주의 보이지 않는 이치를 알 수 있다. 성령은 진리를 가져와 잘못된 이치를 쫓아내신다 … (경당 아랫부분은 끊어짐)

사람으로 하여금 참된 도리를 깨닫게 하여, 생명의 이익을 가져다준다. 우매한 세상 사람들은 진리의 지식을 얻는 데에 장애와 제약을 받는다. 세상 사람들이 보는 것은 모두 진리에 위배된 것이지만, 세상 사람들

---

123 「受持」: '받아들여 기억하고 유지하다'. 본래 불교 용어로서, '受'는 '받아들이다', '持'는 '기억하여 유지하다'. '信力으로 받고, 念力으로 유지하다'. 《勝鬘寶窟》曰: 「始則領受在心曰受, 終則憶而不忘曰持.(처음으로 받아들여 마음이 거기에 머물러 있는 것을 '受'라 하고, 끝까지 기억하며 잊지 않는 것을 '持'라 한다.)」

124 「信解」: '그 이치를 분명히 보는 것'이 '信解'이다. 본래 불교 용어로서, 불교에서는 '佛法에 대해 마음에 의심의 여지가 없음'을 말한다. [梁] 慧皎, 《高僧傳》: 「居閣不下三十餘年, 王侯稅駕止拜房而反. 唯汝南周顒, 以信解兼深, 特與相接.(방에 거처하면서 나오지 않기를 삼십여 년, 왕이나 관리들도 방 앞에서 절만 하고 돌아갔다. 유독 汝南의 周顒만이 깊은 신뢰를 가지고 특별히 그와 마주했다.)」

125 「海溢坳平」: '바닷물이 모든 낮은 곳을 가득 채웠다'; 이것은 '구원의 은혜가 널리 퍼져 있음'을 나타낼 때 사용한다. 「坳」는 '산과 구릉 사이의 비교적 낮은 곳'을 나타내는데, 대부분 산봉우리를 통과하는 통로이다. 《莊子·逍遙遊》: 「覆杯水於坳堂之上, 則芥爲之舟.(한 잔의 물을 움푹한 곳에 부으면, 지푸라기는 배가 되어 뜬다.)」

126 「太寂」: '천하가 태평하여 평정과 화평의 상태로 돌아감'을 비유한다. 「寂」, '고요하다'.

의 본성은 본래 천성적인 것이다 ⋯ (경당 아랫부분은 끊어짐)

모든 것은 곧 끝나고 다시 세상에 존재하지 않을 것이다. 그러니 주의 말씀을 따라야 하고 하나님과 통하여 자신의 식견을 제압해야 하며, 뜻 대로 되지 않을 경우 지식은 떠나가 버린다 ⋯ (경당 아랫부분은 끊어짐)

八境으로 생명의 문을 열고, 三常으로 사망의 권세를 소멸시키며, 세상 사람에게 주어지는 복의 법으로 진지한 반성과 깊은 회개를 하니 ⋯ (경 당 아랫부분은 끊어짐)

메시아 예수께서 여기까지 설법을 마치시고, 대중들이 모두 깨달음 얻 을 것을 보셨나니, 그 집회 가운데에서 진리에 대하여 지혜롭고 원만하 게 대중에게 설명하셨다 ⋯ (경당 아랫부분은 끊어짐)

어떤 이들이 받아들이고 기억하여 독송하였고, 그 이치를 명백히 믿음 으로 이해하여 열심히 행하였으니, 그 사람의 덕의 뛰어남을 마땅히 알 지니라 ⋯ (경당 아랫부분은 끊어짐)

바닷물이 평평하고 낮은 곳을 가득 채우고 태양이 솟아올라 흑암이 사 라지는 것처럼, 천하가 평정하고 화평한 세계로 돌아갔음을 각자 증명하 였고, 스스로 영원한 희락에 거하게 되었음을 알게 되었다 ⋯ (경당 아랫부 분은 끊어짐)

大秦景教宣元至本經幢記[127]

夫至聖[128]應現, 利洽無方,[129] 我无元眞主[130]匠帝 ⋯ (경당 아랫부분은 끊

---

127 「經幢」: '경문이 새겨져 있는 石柱'로서 '石幢'이라고도 한다. 일반적으로 팔각형의 돌 기둥을 많이 사용하고, 그 위에 佛頂尊勝陀羅尼經을 새긴다. 이러한 풍조는 당나라 중 기에서 5대 遼 · 金 시기 즈음에 성행하였는데, 특히 북부 지방에서 더욱 성행하여 남 겨진 유품이 적지 않다. 후에 다시 조선과 일본으로 전해졌다. 慈怡 主編,《佛光大辭典》 (高雄: 佛光山, 1989), 5557쪽,「經幢」條 참고.

128 「至聖」: '도덕과 지능이 가장 높은 사람'.《禮記 · 中庸》:「唯天下至聖, 爲能聰明睿知, 足 以有臨也.(오직 천하의 지극한 성인이어야, 능히 총명하고 예지가 있어서, 충분히 임

어짐)

海而畜衆類. 日月輝照, 五星運行, 即 … (경당 아랫부분은 끊어짐)

散有終亡者, 通靈伏識,[131] 了會無遺, 咸超 … (경당 아랫부분은 끊어짐)

海, 宵宵冥冥,[132] 道不名, 子不語, 世莫得而也 … (경당 아랫부분은 끊어짐)

無始, 未來之境, 則我　匠帝阿羅訶也 … (경당 아랫부분은 끊어짐)

有能諷持者, 皆獲景福, 況書寫於幢銘 … (경당 아랫부분은 끊어짐)

承家嗣嫡.[133] 恨未展孝誠, 奄違庭訓.[134] 高堂[135] … (경당 아랫부분은 끊어짐)

森沉感因, 卑情蓬心, 逮茲幢記, 鐫經刻石, 用 … (경당 아랫부분은 끊어짐)

尉 亡姊安國[136]安氏[137]太夫人神道及 亡師伯和 … (경당 아랫부분은 끊어짐)

할 수 있느니라.)」

129 「無方」: '방향과 장소의 제한이 없음'. '이르지 않는 곳이 없음'을 이르는 말. [晉] 葛洪, 《抱朴子 · 外篇 · 博喻》:「乾坤陶育, 而庶物不識其惠者, 由乎其益無方也.(천지를 교화하고 생육하는데, 만물이 그 은혜를 알지 못하는 것은, 그 이익이 도처에 미치기 때문이다.)」

130 「无元眞主」: '기원이 없는 진정한 主宰', '스스로 영원히 존재하시는 하나님'. 《大秦景教流行中國碑》에는 「阿羅訶」를 「三一妙身无元眞主阿羅訶」라고 칭한다. 출애굽기 3장 14절:「하나님이 모세에게 이르시되『나는 스스로 있는 자니라』.」

131 「伏識」: '자신의 사상적 망념을 억제하여 생각하는 바를 모두 의리에 맞게 하다'. 「伏」, '제압하다'. 「識」, '뜻과 의지', '志'와 '識'은 옛날에 통용되었음. [淸] 段玉裁,《說文解字注》:「心之所存謂之意, 所謂知識者此也.(마음속에 가진 것을 '意'라 하니, 이른바 '知識'이라는 것이 이것이다.)」

132 「宵宵冥冥」: '깊숙하고 어두워 밝지 못함'.《鶡冠子 · 天則》:「舉善不以宵宵, 拾過不以冥冥.(장점이 뚜렷하지 않을 때는 칭찬하고, 잘못이 완전히 드러나면 비난하지 않는다.)」

133 「嗣嫡」: '계승자'.

134 「庭訓」: '가정교육'.

135 「高堂」: 앞 문장에 나온 「庭訓」으로 볼 때, '父母'를 가리킴.

136 「安國」: '安息國(Parthia)'을 지칭함.《漢書 · 西域傳》:「安息國, 王治番兜城, 去長安萬一千六百里. 不屬都護. 北與康居, 東與烏弋山離, 西與條支接. 土地, 風氣, 物類所有, 民俗與烏弋, 罽賓同. 亦以銀爲錢, 文獨爲王面, 幕爲夫人面; 王死, 輒更鑄錢. 有大馬爵. 其屬小大數百城, 地方數千里, 最大國也. 臨嬀水.(安息國은 왕이 番兜城을 다스리며, 長安에서 1천6

願景日長懸, 朗明闇府, 眞姓[138]不迷, 即景性也. 夫求 … (경당 아랫부분은 끊어짐)

幽魂見在, 支屬[139]亦願無諸郭難, 命等松筠,[140] 長幼 … (경당 아랫부분은 끊어짐)

次叙立 瑩買兆[141]之由, 所管即洛陽縣感德鄕栢仁[142] … (경당 아랫부분은 끊어짐)

之始, 即元和九年十二月八日,[143] 於崔行本處買, 保人 … (경당 아랫부분

백 리 떨어져 있고, 都護에 복속하지 않는다. 북으로는 康居, 동으로는 烏弋山離, 서쪽으로는 條支와 접하고 있다. 풍토와 기후, 물산, 민속 등이 烏弋, 罽賓과 동일하다. 또한 은으로 화폐를 삼는데, 앞면에는 왕의 얼굴, 뒷면에는 부인의 얼굴을 새긴다; 왕이 죽으면, 화폐를 다시 주조한다. 타조가 있다. 크고 작은 수백 개의 성들이 거기에 속해 있고, 영토가 수천 리에 이르러, 가장 큰 나라이다. 嬀水에 임해 있다.)」

137 「安氏」: 昭武 九姓 가운데 하나, 본래 葱嶺(현재의 감숙성, 신강성)에 정주하였음. 《新唐書·西域列傳下》: 「康者…. 君姓溫, 本月氏人. 始居祁連北昭武城, 爲突厥所破, 稍南依葱嶺, 即有其地. 枝庶分王, 曰安, 曰曹, 曰石, 曰米, 曰何, 曰火尋, 曰戊地, 曰史, 世謂『九姓』, 皆氏昭武.(康은…. 왕의 성은 溫씨로서, 본래 月氏 사람이었다. 처음에 祁連의 북쪽 昭武城에 살았는데, 돌궐에게 패해, 약간 남쪽으로 葱嶺에 의지하여 살았으니, 곧 그 땅이다. 嫡長子 이외의 지계로 왕을 나누었으니, '安, 曹, 石, 米, 何, 火尋, 戊地, 史'로서, 세칭『九姓』이라 하고, 모두 昭武씨이다.)」 참고.

138 「眞姓」: 마땅히 「眞性」으로 보거나, 「姓」을 「性」의 동음 가차자로 보아야 할 것이다.

139 「支屬」: '친족, 같은 종파의 자손들'.《呂氏春秋·愼行》:「身爲僇, 支屬不可以見, 行歩之故也.(몸이 죽임을 당하였고, 족속들도 화를 면치 못하였으니, 그의 행위가 악하였기 때문이다.)」

140 「松筠」: 소나무와 대나무의 푸른 껍질, '사후의 생명이 늘 푸르름'을 가리킴.

141 「兆」: '묘지'.《周禮·春官·大宗伯》:「小宗伯之職: 掌建國之神位, 右社稷, 左宗廟, 兆五帝於四郊, 四望, 四類, 亦如之. 兆山川, 丘陵, 墳衍, 各因其方.(小宗伯의 직분: 건국의 신위를 관장하고, 오른쪽에는 社稷, 왼쪽에는 宗廟를 둔다. 사방의 교외에 五帝의 묘지를 두고, 四望과 四類 또한 그와 같이 한다. 산천, 구릉 등에 묘지를 두고, 각기 그 방향을 따른다.)」

142 「洛陽縣感德鄕栢仁」: 張乃翥는 「栢仁里」로 추정하고 있다. 張乃翥, 〈跋洛陽新出土的一件景教石刻〉, 7쪽. 현재 洛陽縣 感德鄕 栢仁村으로 밝혀졌다. 2010년 洛陽 동쪽 교외에서 출토된《唐故左武衛兵曹參軍上騎都尉靈武郡花府君公神道志銘》및《唐故安氏夫人墓誌銘》, 각각 郭茂育, 趙水森 編,《洛陽出土鴛鴦志輯錄》, 211-214쪽에 수록되어 있음. 感德鄕은 현재 洛陽 외곽성 동남쪽에 위치해 있다. 趙振華, 何漢儒, 〈唐代洛陽鄕里村方位初探〉, 趙振華 主編,《洛陽出土墓誌硏究文集》(北京: 朝華出版社, 2002), 96쪽. 經幢記와 花氏夫婦墓誌銘을 놓고 볼 때, 이곳은 胡, 漢 경교도들의 묘역일 가능성이 매우 높다.

은 끊어짐)

戚, 歲時奠酹,[144] 天地志同. 買南山之石, 磨龑瑩澈,[145] 刻勒[146]書經 …
(경당 아랫부분은 끊어짐)

于陵, 文翼自慙[147]猥拙, 抽毫迹文, 將來君子, 無見哂焉! 時 … (경당 아
랫부분은 끊어짐)

勅東都[148]右羽林軍[149]押衙,[150] 陪戎校尉,[151] 守左威衛[152]汝州梁川府 …
(경당 아랫부분은 끊어짐)

---

143 「元和九年十二月八日」: 기원 815년 1월 22일, 唐 憲宗 재위 시기이다. 땅을 사서 묘지를
준비하는 날짜를 말하는 듯하다.

144 「奠酹」: 제사 후 땅에 술을 뿌리는 의식. [唐] 白居易, 〈祭符小弟文〉: 「吾親奠酹於爾牀前,
苟神理之有知, 豈不聞吾此言? 尚饗!(내가 친히 그대의 침상 앞에 술을 뿌리나니, 만일
신께서 이치에 밝으시다면, 어찌 내 말을 듣지 않으시리오? 상향!)」

145 「磨龑瑩澈」: '구입한 남산의 돌을 공손히 갈아 표면이 반들반들한 비석으로 만들다'.
「龑」, '공경하다'. [南朝 宋] 范曄, 〈宦者傳論〉: 「雖袁紹龑行, 芟夷無餘.(비록 袁紹가 명을
받들어 시행하여도, 모두 제거하여 남기지 않을 것이다.)」

146 「刻勒」: '문자를 금석에 새기다'.

147 「慙」: '참괴하다'. 《莊子 · 天地》: 「子貢瞞然慙, 俯而不對.(子貢은 잠시 부끄럽고 참괴한
마음이 들어, 고개를 숙이고 있었다.)」

148 「東都」: '洛陽'을 지칭함.

149 「右羽林軍」: 唐 高宗 龍朔 2년(662), 좌우에 羽林軍을 배치하였으니, 북아(北衙)의 금병
(禁兵)을 관장하였다. 좌우 羽林軍에는 大將軍 각 1인이 있었으니 正三品이다; 장군은
각 3인이 있었고 從三品이다; 또한 '長史, 錄事參軍事, 倉曹參軍事, 兵曹參軍事, 胄曹參軍
事' 및 '司階, 中候, 司戈, 執戟, 長上' 등의 관직이 있었다. 또한 正四品 이하의 '左右 翊衛
中郎府 및 左右中郎, 左右郎將' 등의 관직이 있었다. 邱樹森 編, 《中國歷代職官辭典》(南
昌市: 江西教育出版社, 1991), 179쪽.

150 「押衙」: 「押衙官」이라 칭하며, 儀仗과 侍衛를 관리하던 관직이다. 邱樹森 編, 《中國歷代
職官辭典》, 366쪽.

151 「陪戎校尉」: 武散官의 이름. 唐나라 때 처음 설치되었으며, 從九品 이상이다.

152 「左威衛」: 唐나라 16衛 중의 兩衛. 隋나라 文帝 때 左右 領軍府가 있었으나, 장군을 배
치하지는 않았다. 그러나 '長史, 司馬, 掾屬, 錄事, 功, 倉, 戶, 騎, 兵' 등의 曹參軍이 있었
고, '法, 鎧' 등의 曹行參軍 그리고 行參軍 등의 관직이 있어 12軍(宿衛 各軍)의 籍帳, 差
科, 詞訟 등의 업무를 관장하였다. 煬帝 때에 左右屯衛로 바뀌었으며, 소속된 군사를 羽
林이라 칭했다. 唐나라 때에는 左右威衛로 개칭하였고, '上將軍, 大將軍, 將軍'을 설치했
으며, 또한 長史와 諸曹參軍이 있었으니, 좌우를 동시에 관장하였다. 邱樹森 編, 《中國
歷代職官辭典》, 176쪽.

中外親族, 題字如後 弟景僧清素 從兄[153]少誠 舅安少連 … (경당 아랫부
분은 끊어짐)

義叔上都左龍武軍[154]散將[155]兼押衙, 寧遠將軍,[156] 守左武衛[157]大將軍,
置同政 … (경당 아랫부분은 끊어짐)

大秦寺[158]寺主法和玄應^{俗姓米}[159]威儀大德玄慶^{俗姓米} 九階大德志通^{俗姓康}[160]
… (경당 아랫부분은 끊어짐)

檢校塋及莊家人昌兒 故題記之
其大和三年二月十六日壬寅遷擧大事

대진경교선원지본경당기

---

153 「從兄」: 같은 조부 아래로 伯叔의 아들로서 자기보다 나이가 많은 사람. 즉 '堂兄'을 말
한다. 《史記·魏其武安侯列傳》: 「魏其侯竇嬰者, 孝文后從兄子也.(魏其侯 竇嬰이라는 사
람은 孝文帝 황후의 종형의 아들이다.)」
154 「左龍武軍」: 唐 玄宗 開元 27년(739), 羽林軍을 나누어 左右 龍武軍으로 배치했고, 禁兵
萬騎의 營으로 예속시켰다. 邱樹森 編, 《中國歷代職官辭典》, 179쪽.
155 「散將」: 「散官」과 같음; 唐은 隋의 제도를 이어받았으니, '開府儀同三司, 特進至文林郎,
將仕郎'의 총 29階를 文散官으로, '驃騎大將軍, 輔國大將軍, 鎭國大將軍, 陪戎校尉, 陪戎副
尉'에 이르기까지 45階를 武散官으로 하고, 9品 이상의 職事官은 모두 散位로서 직위만
있고 직무는 없는 자리로 하여 本品이라 칭하였다. 職事官은 재능에 따라 등용하고, 이
주하여 옮겨 다니니 들쑥날쑥 일정치가 않았다; 散位는 모두 조상의 연줄로 품계가 정
해져 직관에 특서되었고, 나중에는 시험을 쳐서 등급에 따라 직위에 임명되었다. 職事
官과 散官은 품계가 같지는 않아서, 散官이 낮은데 고급 직사관을 하면 守某官이라 불
렀고, 散官이 높은데 저급 직사관이면 行某官이라 이름하였으니, 대우는 散官의 품급
에 따라 결정되었다. 邱樹森編, 《中國歷代職官辭典》, 618쪽.
156 「寧遠將軍」: 唐 45階의 제17階, 正五品 이하. 邱樹森 編, 《中國歷代職官辭典》, 214-215쪽.
157 「左武衛」: 隋, 唐 시기 16衛 중의 兩衛. 唐이 隋의 제도를 이어받아 설치했으며, '上將軍,
大將軍, 將軍' 이하로 '長史, 錄事參軍'이 있고, '倉, 兵, 騎, 冑' 등 各 曹參軍의 관직이 있
어서 左右衛를 동시에 관장하였다. 邱樹森 編, 《中國歷代職官辭典》, 175쪽.
158 「大秦寺」: 唐代의 문헌에서는 모두 이곳을 경교의 종교 장소로 칭하였다. 「寺」: 책임지
고 관리하는 기관. 《舊唐書·職官志》: 「武德七年(624)定令: 以太尉, 司徒, 司空爲三公.
…次太常, 光祿, 衛尉, 宗正, 太僕, 大理, 鴻臚, 司農, 太府, 爲九寺.(武德 7년(624)에 법령
을 제정하였다: '太尉, 司徒, 司空'을 '三公'이라 하였다. …다음으로 '太常, 光祿, 衛尉, 宗
正, 太僕, 大理, 鴻臚, 司農, 太府'를 '九寺'라 하였다.)」
159 「姓米」: 앞 문장의 「安氏」처럼 昭武 九姓 가운데 하나에 속한다.
160 「姓康」: 昭武 九姓 가운데 하나이다.

도덕성이 높은 이들은 모두 하나님의 현현에 응답할 것이니, 하나님께서 가져다주시는 이익은 세상 사람들에게 유익하며, 대상·방향·처소의 제한도 없다. 기원이 없는 진정한 주재자이신 우리의 하나님은 … (경당 아랫부분은 끊어짐)

중생의 무리를 화육하신다. 하나님은 태양과 달의 빛처럼 세상을 비추고, 하늘의 다섯 별처럼 끊임없이 움직이시니, 즉 … (경당 아랫부분은 끊어짐)

흩어져 종국에 죽는 이가 있게 되니, 하나님과 통하여 자신의 식견을 통제하고, 완전히 이해하여 어떠한 빈틈도 없어야 한다 … (경당 아랫부분은 끊어짐)

어둡고 혼미하지만, 참되고 영원한 길은 위대하나니, 이는 언어로 명확히 표현키 어렵고, 세상 사람들은 이해하지 못하여 얻지를 못한다 … (경당 아랫부분은 끊어짐)

미래의 세계는 우리의 위대하신 창조주 하나님이시라(경당 아랫부분은 끊어짐)

외우고 묵념할 수 있는 자는 모두 큰 복을 얻을 것이요, 하물며 경당에 글을 쓴 이도 … (경당 아랫부분은 끊어짐)

가업을 이어받은 상속인. 미워하여 효성을 다 펼치지 않았고, 갑자기 가정의 교훈을 위반하였다. 부모가 … (경당 아랫부분은 끊어짐)

그윽하게 숨겨진 감정, 어머니를 잃은 비천한 마음이 머리를 막아 버렸으니, 이 幢記에 이르러, 經을 새기고 돌을 조각하였다 … (경당 아랫부분은 끊어짐)

돌아가신 어머니 安息國(Parthia) 안씨 태부인의 신령과 돌아가신 스승의 형님 … (경당 아랫부분은 끊어짐)

큰 태양이 오래 지속되어 어두운 곳을 밝게 비추고, 眞性이 미혹되지

않으니, 즉 景性이라. 무릇 … (경당 아랫부분은 끊어짐)

영혼이 존재하니, 친속들이 또한 아무런 장애와 어려움이 없기를 바라며, 생명이 죽은 후에도 늘 푸르기를 기다리니, 어른과 아이 … (경당 아랫부분은 끊어짐)

묘지를 구입한 이유를 분명히 밝히나니, 관리하는 곳은 즉 洛陽縣 感德鄕 栢仁村이다 … (경당 아랫부분은 끊어짐)

元和 9년 12월 8일, 崔行本에서 구매하였고, 보증인은 … (경당 아랫부분은 끊어짐)

계절마다 제사 후에 술을 뿌리니, 천지가 교류하고 만물이 통하였다. 祁連山의 돌을 사서, 공손히 갈아 밝게 빛나는 돌을 만들었고, 문자를 금석에 새겼다 … (경당 아랫부분은 끊어짐)

구릉과 계곡이 바뀌었으니, 幢記를 쓴 文翼이 스스로 송구하게도 보잘것없고 우둔하지만, 붓을 들어 글을 서술하였고, 장차 군자에게 비웃음이 되지 않기를 바라노라 … (경당 아랫부분은 끊어짐)

洛陽 右羽林軍 押衙官, 陪戎校尉에게 칙령을 내려 左威衛 汝州臨汝郡을 지키게 하고 … (경당 아랫부분은 끊어짐)

안팎의 친족들이 뒤와 같이 글을 題하였고, 아우인 경교승 淸素와 사촌형 少誠, 외삼촌 安少連 … (경당 아랫부분은 끊어짐)

종숙부이신 上都 左龍武軍 散官 겸 押衙官과 寧遠將軍 그리고 守左武衛大將軍이 동일한 곳에 배치되었으니 … (경당 아랫부분은 끊어짐)

대진사 주지 法和 玄應속세의 성은 ＊, 威儀大德 玄慶속세의 성은 ＊, 九階大德 志通속세의 성은 康 … (경당 아랫부분은 끊어짐)

묘지의 심의관이자 농부인 昌兒가 이에 기록하다.

大和 3년 2월 16일 묘지 이장의 큰 일을 행하다.

제6장

지현안락경
(志玄安樂經)

소 개

《志玄安樂經》은 杏雨書屋이 소장본에 대해 제공한 자료에 의하면, 원전 두루마리의 폭이 26.2cm이고, 길이가 282.7cm이다. 寫本의 앞 부분은 잔결되었으며, 글자를 식별할 수 있는 부분은 전체 경전에서 159행이고, 매 행의 글자는 약 16자로서, 총 자수는 1,532자이다. 소장본의 題首 아랫 부분에는 「木齋眞賞」과 「李㴠」[1]이라는 두 개의 인장이 있고, 문말의 題字 밑에 또한 「木齋審定」과 「麐嘉館印」이라는 두 개의 인장이 있으며, 또한 권말에는 「丙辰秋日于君歸自肅州以此見詒盛鐸記(병진년 가을 于君이 肅州로부터 경전을 가지고 돌아와, 이로써 만나 증정하였고, 盛鐸이 기록하였다)」라는 기록과 함께 「李盛鐸印」이라는 인장이 찍혀 있다.[2]

인장의 내용으로 볼 때, 소장본은 본래 「中國의 大藏書家」라 불리던 李盛鐸(1859-1937)의 손에 소장되어 있었으며, 1923년 「抗父」라 불리던 樊炳淸(1877-1929, 字 少泉 또는 抗父)이 〈最近二十年間中國舊學之進步〉라는 문장에서 德化 李氏가 《志玄安樂經》과 《宣元至本經》 각 1권을 소장하고 있다고 언급한 내용과 일치한다.[3] 그리고 李盛鐸은 말년에 경제적인 어려움을 겪게 되자 이것을 다른 소장품 432점과 함께 일본인들에게 팔아 버려 이후 일본으로 유입되어 버렸다.

---

1 李㴠(1907-?)은 李盛鐸의 열 번째 아들이며, 그의 생모는 일본인 橫溝菊子이다. 高田時雄, 〈李㴠と白堅: 李盛鐸舊藏敦煌寫本日本流入の背景〉, 《敦煌寫本研究年報》 창간호 (2007년 3월), 2-4쪽 참고.
2 吉川忠夫 編, 《敦煌秘笈》(大阪: 財團法人武田科學振興財團, 2009) 第一冊, 128쪽.
3 抗父, 〈最近二十年中國舊學之進步〉, 東方雜誌社 編, 《考古學零簡》(上海: 商務印書館, 1923), 98쪽.

《志玄安樂經》 사본의 앞 부분 내용은 비록 잔결되었으나, 전체적으로는 메시아와 시몬 간의 대화를 살펴볼 수 있으니, 「修勝法」을 빌려 「安樂緣」과 연결 짓고 「安樂道」를 얻는다는 내용이다. 따라서 '三問三答', '第四問不答'의 형식으로 「安樂道」를 설명하고 있으니, 「十種觀法」으로 심신의 언행을 점차 조절해 가며, 「安樂道」가 갖춘 네 가지 '勝法', 즉 '無欲, 無爲, 無德, 無證'에 이르는 내용을 말하고 있다.

《志玄安樂經》의 편찬 연대는 비록 명확하지 않지만, 《尊經》에 기록된 바에 따르면 唐 德宗 이전에 이미 존재했던 것으로 보인다. 《志玄安樂經》의 머리 제목이나 말미의 제목에는 「大秦」이나 「景教」 같은 어떠한 글자도 보이지 않으나, 본문에는 「景教」라는 이름이 다섯 번 출현한다: 「…衆眞景教, 皆自无始曁因緣 … 人亦如是, 持勝上法, 行景教, 因兼度含生, 便同安樂 … 唯此景教勝上法文, 能爲含生, 禦煩惱賊 … 惟此景教勝上法文, 能與含生, 度生死海, 至彼道岸 … 惟此景教勝上法文, 能令含生, 反眞智命….(…만유의 참 근원인 景教는, 모두 시작이 없는 것으로부터 시작되었으며, 단지 창조의 시작에서 … 사람 또한 이러하니, 승리하는 큰 法을 지니고서, 景教의 요구를 준행하며, 동시에 중생을 구제하니, 그들과 함께 평안과 희락을 얻는 것이다 … 오로지 이 景教만이 승리의 최고 經文으로, 생명이 있는 모든 중생들을 위하여, 마음속 번뇌의 적을 막아내고 … 오로지 이 景教의 승리의 최고 經文만이, 여러 중생들에게, 생사의 바다를 건너, 진리의 피안에 이르게 해 주니 … 오로지 이 景教의 승리의 최고 經文만이, 생명을 가진 이들로 하여금, 진리의 지혜와 생명으로 회귀하게 하고….)」

경교 문헌 《尊經》의 목록에서 《志玄安樂經》은 세 번째에 배열되어 있는데,[4] 따라서 「평어(評語)」 부분을 통해 판단컨대 景淨 시기의 번역작으로 볼 수 있다. 문장의 형식으로 보아 어떤 학자는 景淨의 번역이 아니라

---

4   本書 《尊經》 부분 참조.

고 하지만, 적어도 일찍이 景淨의 손으로부터 나왔음을 확신할 수 있다. 阿羅本이 貞觀 9년(635)에 가지고 있던 경전은 총 530부에 달하나, 약 150여 년의 번역작업을 통하여 겨우 10분의 1이 안 되는 문헌이 번역되었으니, 譯經작업의 어려움이 얼마나 큰지를 알 수 있는 것이다.

《志玄安樂經》의 머리 부분은 비록 하반부가 잔결되었으나, 여전히 상반부의 잔편이 남아 있으므로, 師尊으로 추앙받는 「彌施訶」(메시아, 즉 그리스도)가 어떻게 「安樂道」를 닦을 수 있는지를 「岑穩僧伽」(현재 사도 시몬으로 번역함)에게 설명하는 것을 볼 수 있다. 문맥을 통하여 볼 때, 이는 「安樂道」에 관한 하나의 경전으로 볼 수 있으니, 岑穩僧伽는 곧 이 경전의 오묘함에 대해 彌施訶에게 가르침을 구하고 있다. 「安樂」은 《志經》에 여러 차례 출현하는데, 머리 부분 經卷의 題名을 제외하면, 「安樂」은 11회 출현하고, 「安樂道」는 5회, 「安樂緣」은 2회, 「安樂山」과 「安樂鄕」은 각 1회 출현한다. 「安樂」은 전체 문장을 관통하여 의심의 여지 없이 본권의 주요 논지가 되며, 이름에서 알 수 있듯이 玄妙無爲의 경지 가운데에서 안락을 추구하는 내용이 되고 있다. 그러므로 이 경전의 제목은 「志玄安樂經」으로서, 그 뜻은 바로 사제 간의 현묘한 문답, 그리고 안락한 도를 묻고 답하는 내용을 기록한 것이다.

경전의 제목과 내용을 보면, 《志玄安樂經》은 佛化道敎의 경전에 익숙한 사람을 대상으로 쓴 것이며, 불교의 글자와 개념에 근거하여 道家의 지혜와 명상을 경교의 가르침으로 바꾸어 쓴 것임을 알 수 있다. 필법은 경교비나 기타 사본들과는 조금 달라졌는데, 만약 본 경전이 貞元 시기 景淨이 불경 번역에 참여한 후에 완성되었다면, 즉 《大乘理趣六波羅蜜經》과 비교해 볼 때, 두 경전 모두 구조적으로 점진적인 사제 간의 문답을 통하여 어떻게 내적인 修身의 宗旨를 꾀할 것인가 하는 문제를 다루고 있다고 볼 수 있다. 《志玄安樂經》은 비록 불교의 문체와 용어를 내포하고 있지만, 그러나 만일 이것으로써 불교의 내용이 많이 섞여 있다고 확정해 버린다면, 또한 이 경전의 정교하고 기묘한 설계를 지나치게 간과해 버리는 결과를 낳게 되는데,《志玄安樂經》은 안으로의 수양을 통하여 타인을 유익하게 하려 하는 것이고,《大乘理趣六波羅蜜經》은 내적 수양을 통하여 자신의 고해를 벗어나고자 하는 것이니, 양자는 실제로 서로 다른 것으로서 심지어는 그 내용 중에 불교를 비판하는 의미마저 담고 있다.

현재의 소장본은 日本 武田科學振興財團 杏雨書屋이 소장하고 있으며, 本書《志玄安樂經》의 채록 부분은 杏雨書屋이 사용을 허락한 圖版에 근거하고 있다.[5]

---

5   吉川忠夫 編,《敦煌秘笈》(大阪: 財團法人武田科學振興財團, 2009) 第一冊, 128-132쪽.

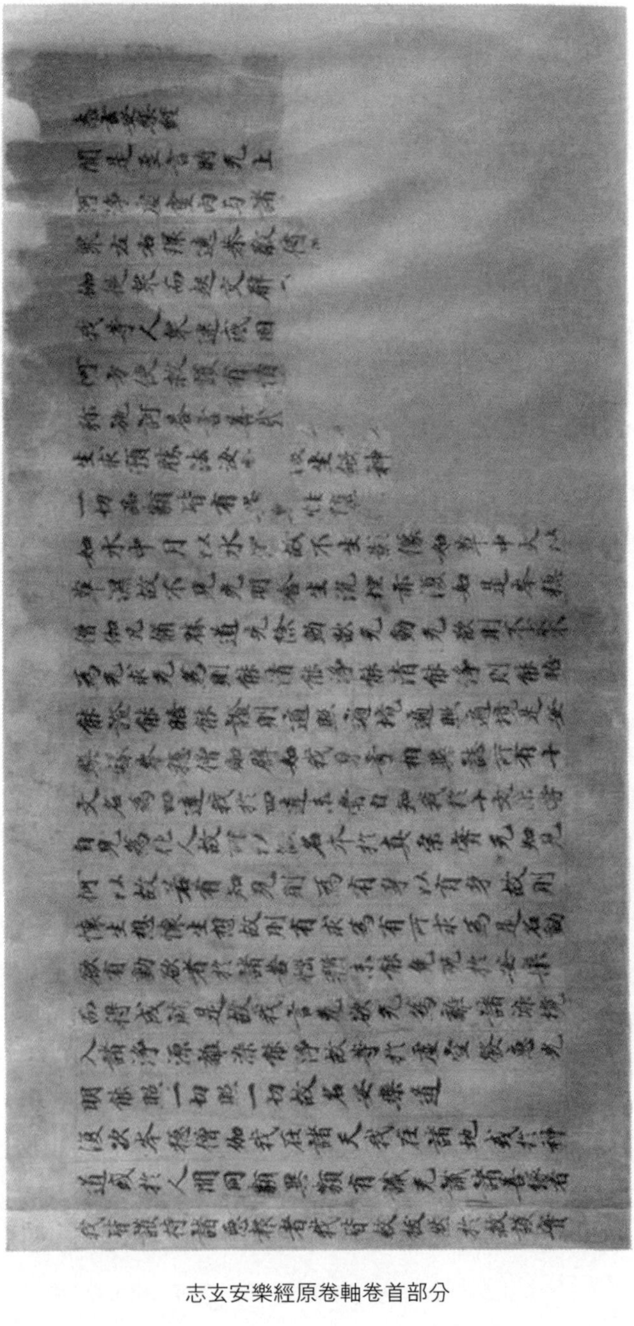

志玄安樂經原卷軸卷首部分

지현안락경(志玄安樂經)[6]

聞是至言, 時無上 … [原件直排下半缺字]

河, 淨虛堂內, 與諸 … [原件直排下半缺字]

衆, 左右環遶, 恭敬侍 … [原件直排下半缺字]

伽, 從衆而起, 交臂[7] … [原件直排下半缺字]

我等人, 衆迷惑固 … [原件直排下半缺字]

何方使救護, 有情 … [原件直排下半缺字]

彌施訶[8]答言: 善哉,[9] … [原件直排下半缺字]

生, 求預[10]勝法,[11] 汝當復坐, 斂神[12] … [原件直排下半缺字]

---

6 「志玄安樂經」: 本經은 현재 日本 武田科學振興財團 杏雨書屋이 소장하고 있으며, 채록 부분은 杏雨書屋이 리메이크한 圖版번호 13을 참고하였다. 吉川忠夫 編,《敦煌秘笈》(大阪: 財團法人 武田科學振興財團, 2009) 第一冊, 128-132쪽. 「志」: '기록된 텍스트', '日誌'와 같음. 「玄」: '현묘하다'.

7 「交臂」: '두 손을 어긋나게 마주 잡다; 두 손을 마주 잡고 팔을 가슴 위로 올려 경의를 표하다'. 항복이나 공경을 표시하다.《史記 · 田敬仲完世家》:「秦, 韓之兵母東, 旬餘, 則魏氏轉韓從秦, 秦逐張儀, 交臂而事齊楚, 此公之事成也.(秦나라와 韓나라의 군대가 동쪽으로 가지 않고, 10여 일이 지나면, 魏나라가 책략을 바꾸고 韓나라가 秦나라를 따를 것이며, 秦나라는 張儀를 쫓아내고, 齊나라와 楚나라를 두 손 맞잡아 받들 것이니, 이것이 바로 공의 일이 성취되는 것입니다.)」

8 「彌施訶」: 시리아어로 ܡܫܝܚܐ, 독음은 məšīḥā, 오늘날 「메시아」(Messiah)로 번역하니, 즉 구세주의 의미이다. 글자의 의미가 히브리어로부터 직접 차용해 온 것이므로, 따라서 시리아어가 가리키는 「메시아」는 또한 오늘날 그리스어로부터 번역한 「그리스도」(Christ)의 의미와 같다.

9 「善哉」: 찬탄의 말. [漢] 劉向《說苑 · 君道》:「哀公曰:『善哉! 吾聞君子成人之美, 不成人之惡. 微孔子, 吾焉聞斯言也哉?』(哀公이 가라사대:『훌륭하도다! 내가 듣기로 군자는 남의 아름다움을 이루어 주지, 남의 악함을 이루어 주지 않는다고 했는데, 공자가 아니었더라면, 내가 어찌 이 말을 들을 수 있었겠소?』)

10 「預」: '미리, 사전에, 사전에 준비가 있다'. [漢] 王符,《潛夫論 · 實邊》:「夫制國者, 必照察遠近之情僞, 預禍福之所從來, 乃能盡群臣之筋力, 而保興其邦家.(무릇 나라를 세운다는 것은, 원근의 진실과 거짓을 반드시 세밀히 관찰해야 하고, 화와 복이 어디서 오는지

一切品類,[13] 皆有安樂性隨 … [原件直排下半缺字]

이처럼 지극한 말씀을 듣고, 時無上 … [원문은 세로쓰기이며 하반부는 잔결되었음]

河, 성전 안에서, 與諸 … [원문은 세로쓰기이며 하반부는 잔결되었음]

衆, 좌우로 에워싸고, 공경히 모시니 … [원문은 세로쓰기이며 하반부는 잔결되었음]

伽, 무리로부터 일어나, 두 손을 어긋나게 마주 잡고 … [원문은 세로쓰기이며 하반부는 잔결되었음]

우리 중생은, 늘 미혹에 빠져서 … [원문은 세로쓰기이며 하반부는 잔결되었음]

어떤 방법으로 구원을 얻을지, 有情 … [원문은 세로쓰기이며 하반부는 잔결되었음]

메시아께서 대답하여 말씀하시기를: 훌륭하도다! … [원문은 세로쓰기이며 하반부는 잔결되었음]

生, 이미 알고 있는 승리의 길을 얻고자 한다면, 너희는 마땅히 다시 앉

를 사전에 예측해야 하며, 여러 신하들의 충성을 다 쓸 수 있어야만, 그 나라를 잘 보전하고 일으키게 되는 것이다.)」

11 「勝法」: '항시 유지하며 널리 받아들여질 수 있는 방법'. 《商君書 · 開塞》: 「夫利天下之民者, 莫大於治; 而治莫康於立君; 立君之道, 莫廣於**勝法**; 勝法之務, 莫急於去姦; 去姦之本, 莫深於嚴刑.(무릇 천하의 백성들을 이롭게 하는 것으로는 잘 다스리는 것보다 더 큰 것이 없고; 잘 다스리는 것은 군주를 세우는 것보다 더 중요한 것이 없으며; 군주를 세우는 방법은 법을 실행하는 것보다 더 좋은 것이 없고; 법을 실행하는 임무는 간사함을 제거하는 것보다 더 시급한 것이 없으며; 간사함을 제거하는 근본은 엄한 형벌보다 더 철저한 것이 없다.)」

12 「斂神」: '정신을 집중하다, 심신을 안정시키다'. 道家에도 소위 '斂神之法'이란 것이 있다. 《黃帝內經 · 素問 · 四氣調神大論》: 「…收**斂神**氣, 使秋氣平, 無外其志, 使肺氣清, 此秋氣之應養收之道也.(…氣를 받아 마음의 평온을 유지하고, 가을의 기운을 가다듬을 줄 알며, 신념이 밖으로 나가지 않도록 하여, 폐의 기운을 맑게 해야 하니, 이것이 가을의 기운에 순응하는 '養收의 道'이다.)」

13 「品類」: '품종, 유별'의 의미. '각종 물체'를 지칭한다.

아서, 마음을 안정시키고 … [원문은 세로쓰기이며 하반부는 잔결되었음]

이와 같은 모든 존재가, 모두 안락의 도를 가지고서 … [원문은 세로쓰기이며 하반부는 잔결되었음]

如水中月, 以水濁故, 不生影像; 如草中火, 以草濕故, 不見光明, 含生沉埋, 亦復如是.

물 가운데의 달처럼, 물이 탁하면, 그림자를 비출 수 없고; 풀로 불을 일으킬 때, 풀이 습하면 불이 붙지 않아, 밝은 빛을 보이지 않나니, 생명을 머금은 존재가 가라앉아 파묻혀 있음은, 또한 이와 같도다.

岑穩[14]僧伽,[15] 凡修勝道,[16] 先除動欲,[17] 无動无欲, 則不求不爲.[18] 无求

---

14 「岑穩」: 예수의 열두 제자 중의 하나인 「시몬 베드로」. 시리아어에서 「베드로」는 「石頭」와 같은 의미이다. 「시몬」은 시리아어로 ܫܡܥܘܢ, 독음은 Simoun. 요한복음 1장 42절: 「데리고 예수께로 오니, 예수께서 보시고 이르시되: 『네가 요한의 아들 시몬이니 장차 게바라 하리라.』 하시니라.(『게바』는 번역하면 『베드로』라.)

15 「僧伽」: '교리를 따르는 修身者'. 「唐代의 道宣律師는 僧伽의 구성에는 두 가지 조건이 필요하다고 생각했다: (一) '理和', 즉 불교의 교리를 따르며, 열반 해탈을 목적으로 함. (二) '事和(일의 화합)', 여섯 가지가 있음, 즉: 戒和同修, 見和同解, 身和同住, 利和同均, 口和無諍, 意和同悅.(바른 견해로 화합할지니 함께 이해하라, 계로써 화합할지니 함께 닦아라, 몸으로 화합할지니 함께 머물러라, 이익으로써 화합할지니 균등하게 나누어라, 입으로 화합할지니 다투지 말라, 뜻으로 화합할지니 함께 일하라.) 慈怡 主編,《佛光大辭典》(高雄: 佛光山, 1989), 5718쪽「僧伽」條 참조.

16 「勝道」: '승리하는 방법'을 가리킴.《鶡冠子·世兵》:「…湯能以七十里放桀, 武王以百里伐紂, 知一不煩, 千方萬曲, 所雜齊同, 勝道不一, 知者計全.(…湯王이 칠십 리 땅에서 폭군 桀王을 축출하였고, 武王이 백 리로써 폭군 紂王을 정벌하였으니, 하나를 알면 번잡하지 않아, 세상 온갖 복잡한 것들이 가지런해졌고, 승리의 방법은 한 가지가 아니니, 지혜로운 자의 계책은 온전함이라.)」

17 「動欲」: '마음이 불안정한 상태'. [漢] 王符,《潛夫論·德化》:「動欲擇其佚, 居欲處其安, 養欲擅其厚, 位欲爭其尊.(動欲은 안락함을 택하고, 居欲은 그 편안함을 다스리며, 養欲은 그 넉넉함을 차지한다.)」

18 「不爲」: '아무런 작위적인 것이 없음'.《論語·爲政》:「子曰: 『非其鬼而祭之, 諂也. 見義不爲, 無勇也.(공자 가라사대: 『제사 지내지 말아야 할 귀신에게 제사 지내는 것은 아첨이니라. 義를 보고서도 행하지 않는 것은 비겁함이니라.』)」

无爲,¹⁹ 則能清能淨; 能清能淨, 則能晤能證; 能晤能證, 則遍照²⁰遍境;²¹ 遍照遍境, 是安樂緣.²²

시몬 베드로야! 무릇 승리하는 道를 닦으려면, 먼저 마음의 불안정한 상태를 제거해야 하니, 마음이 안정되고 탐욕이 생기지 않으면, 얻을 수 없는 것과 할 수 없는 일을 추구하지 않을 수 있다. 망령되이 구하고 망령된 행위를 하지 않으면, 곧 청정하고 고요해질 수 있느니라; 청정하고 고요해지면, 참된 道를 깨닫고 논증할 수 있으며; 참된 道를 깨닫고 논증할 수 있으면, 아무런 구속 없이 온 천하를 두루 비출 수 있으니, 이렇게 할 수 있으면, 이것이 바로 安樂과 인연을 맺는 것이다.

岑穩僧伽, 譬如我身, 奇相異誌,²³ 所有十文,²⁴ 名爲四達.²⁵ 我於四達,

19 「无爲」: '외력에 의한 강압적인 간섭을 하지 않고, 자연적인 변화에 순응함'. 유가에서는 덕행으로 백성들을 감화시키고 형벌을 시행하지 않는 것을 가리킨다.《論語·衛靈公》:「子曰:『無爲而治者, 其舜也與? 夫何爲哉, 恭己正南面而已矣.(無爲로써 천하를 다스린 이는 舜임금이 아니겠는가? 그는 무엇을 했는가 하니, 몸가짐을 공손하게 남쪽을 향하여 똑바로 앉아 있었을 뿐이니라.)』만약「無求」와 함께 사용한다면, 여기서의 의미는 '청정하고 허무하며 자연에 순응한다'라는 의미와 비교적 비슷하다.《老子》三十七章:「道常無爲而無不爲, 侯王若能守之, 萬物將自化.(도는 언제나 자연스러운 無爲이지만 행하지 않음이 없다. 侯王이 그 도를 지킬 수 있다면, 만물은 스스로 생장할 것이다.)」

20 「遍照」: '두루 비추다'. [漢] 韓嬰,《韓詩外傳》卷六:「日月之明, 遍照天下, 而不能使盲者卒有見.(해와 달의 밝음이 온 천하를 두루 비추지만, 그러나 맹인에게 이를 급히 보게 할 수는 없다.)」

21 「遍境」: '천하, 국경의 안쪽'. [漢] 賈誼,《新書·大政下》:「故求士而不以道, 周遍境內不能得一人焉; 故求士而以道, 則國中多有之, 此之謂士易得而難求也.(인재를 구함에 道로써 하지 않으면, 두루 국경 내에 한 사람도 얻을 수 없다; 인재를 구함에 道로써 하면, 나라 안에 인재가 가득하나니, 이를 일러 인재를 얻기는 쉬우나 등용하기는 어렵다 하는 것이다.)」

22 「緣」: '인연, 연분, 인연을 맺다'.

23 「異誌」: 「誌」는「痣」와 같음. '남들과 다른 피부의 잡티'.《梁書·卷十三·列傳第七·范雲沈約》:「約左目重瞳子, 腰有紫志, 聰明過人.(왼쪽 눈에는 '重瞳子' 병이 있으며, 허리에는 자색 잡티가 있고, 총명함이 남들을 초월한다.)」

24 「十文」:「文」은「紋」과 같으며, 아마도 '손 위에 天干의 열 가지 무늬가 있음'을 의미하

未嘗自知, 我於十文, 未嘗自見. 爲化人故, 所以假名,²⁶ 本於眞宗, 實无知見.²⁷ 何以故? 若有知見, 則爲有身,²⁸ 以有身故, 則懷生想, 懷生想故, 則有求爲, 有所求爲, 是名動欲. 有動欲者, 於諸苦惱, 猶未能免. 況於安樂, 而得成就? 是故我言:「无欲无爲, 離諸染²⁹境, 入諸淨源. 離染能淨, 故等於虛空. 發惠光明, 能照一切, 照一切故, 名安樂道.」

시몬 베드로야! 내 몸을 비유하자면, 생김새가 다른 이와 다르게 특이하여, 손 위에 天干의 十文(열 가지 무늬)이 있으니, 이름하여 '四達(사방에 통하다)'이라는 제왕의 상이라 한다. 내가 가진 제왕의 상은, 스스로 알 수 있는 것은 아니고, 열 가지 무늬에 있어서도, 꼭 스스로 볼 수 있는 것은 아니다. 나는 교화시키는 사람인 까닭에, 이렇게 이름을 빌렸지만, 본질적으로 진실된 만물의 종지에 대해서는, 실로 유용한 식견이 없는 것이다. 이는 무슨 까닭인가? 식견이 있다는 것은, 즉 스스로 가진 견해가 있기 때문이요, 자기의 견해가 있는 까닭에, 생각을 품게 되고, 생각을 품는 까닭에, 구함과 행위가 있게 되며, 구함과 행위가 있는 것을, '動欲(마음이 불안정한 상태)'이라 이름하는 것이다. 마음이 불안정한 사람은, 여러 가지 고난과 번뇌에 빠져서, 아직 벗어나 본 사람이 없느니라. 하물며 安

는 듯하다. 《藝文類聚 · 卷七十八 · 靈異部上 · 仙道》:「足蹈三五, 手把十文.(발은 삼오로 밟고, 손에는 열 가지 문양을 쥐고 있었다.)」

25 「四達」: '사방에 통하다'. 《莊子 · 外篇 · 刻意》:「精神四達並流, 無所不極, 上際於天, 下蟠於地, 化育萬物, 不可爲象, 其名爲同帝.(정신이 사방으로 통달하고 널리 유행하여, 세상 끝 어디까지 이르지 않는 곳이 없어서, 위로는 하늘에 다다르고, 아래로는 땅속 깊이 서려, 만물을 화육하지만, 그 모습을 알 수 없으니, 그 이름을 '同帝'라 한다.)」

26 「假名」: '명의를 빌리다'. [漢] 蔡邕, 《蔡中郎集 · 陳政要七事疏》:「而群聚山陵, 假名稱孝, 行不隱心, 義無所依.(군집한 산과 구릉이, 이름을 빌려 효라 하였으니, 행동에 마음을 숨기지 못하고, 의에 의지할 곳이 없다.)」

27 「知見」: '견식, 견해'.

28 「有身」: '자기 나름대로의 식견이 있다'. [漢] 王充, 《論衡 · 書解》:「思有所至, 有身不暇徇也.(생각이 어떤 경지에 도달하면, 스스로 뭔가를 꾀할 틈이 없다.)」

29 「染」: '오염되다, 감염되다'.

樂의 道를 성취할 수 있겠는가? 이러한 까닭에 내가 말하노니: 「動欲이 없고 함부로 하지 아니하고, 여러 부정한 곳에서 벗어나야, 거룩한 근원의 세계로 들어갈 수 있다. 더러운 곳을 벗어나 깨끗해질 수 있다면, 이는 고로 虛空(바라는 바가 없는 평안의 경지)의 세계와 같은 것이다. 은혜로운 광명을 발산하여, 세상 모든 만물을 비출 수 있고, 모든 것을 비출 수 있는 까닭에, 이를 安樂道라 이름하는 것이다.」

復次, 岑穩僧伽, 我在諸天, 我在諸地, 或於神道, 或於人間, 同類異類,[30] 有識无識,[31] 諸善緣者, 我皆護持.[32] 諸惡報者, 我皆救拔.[33] 然於救護, 實无所聞, 同於虛空, 離功德相.[34] 何以故?[35] 若有功德, 則有名聞,[36] 若有名聞, 則爲自異, 若有自異, 則同凡心,[37] 同凡心者, 於諸矜誇, 猶未度脫,[38] 況於安樂? 而獲圓通.[39] 是故我言: 「无德无聞者, 任運[40]悲心, 於諸

---

30 「異類」: '다른 종류', 여기서는 '外族'을 가리킨다.
31 「有識无識」: '견식이 있음과 견식이 없음'.
32 「護持」: 본래는 '황제가 보호를 내리심'의 의미이나, 여기서는 '하나님의 보호하심'을 비유한다.
33 「救拔」: '구제하다, 구하다'.
34 「相」: '상관되다, 관련되다'. 《論語・衛靈公》: 「子曰: 道不同, 不相爲謀.(道가 같지 않으면, 서로 일을 도모하지 않는다.)」
35 「復次 … 以故」: 이 단락은 '예수 구세주의 구원의 대상'을 언급하고 있다. 이곳은 「원수를 사랑하라」의 문제와 비슷하다. 마태복음 5장 43-48절: 「또 네 이웃을 사랑하고 네 원수를 미워하라 하였다는 것을 너희가 들었으나, 나는 너희에게 이르노니 너희 원수를 사랑하며 너희를 박해하는 자를 위하여 기도하라. 이같이 한즉 하늘에 계신 너희 아버지의 아들이 되리니, 이는 하나님이 그 해를 악인과 선인에게 비추시며 비를 의로운 자와 불의한 자에게 내려 주심이라. 너희가 너희를 사랑하는 자를 사랑하면 무슨 상이 있으리요. 세리도 이같이 아니하느냐? 또 너희가 너희 형제에게만 문안하면 남보다 더하는 것이 무엇이냐? 이방인들도 이같이 아니하느냐? 그러므로 하늘에 계신 너희 아버지의 온전하심과 같이 너희도 온전하라.」
36 「名聞」: '남에게 알려지다, 이름을 날리다'. 《荀子・正名》: 「名聞而實喻, 名之用也.(이름이 알려지고 진실한 비유를 행하는 것이 名의 용처이니라.)」
37 「凡心」: '세속적 감정'. [明] 馮夢龍 編, 《警世通言・一窟鬼癩道人除怪》: 「因你凡心不淨, 中道有退悔之意, 因此墮落.(당신의 세속적 감정이 깨끗하지 않아, 중도에 후회의 뜻이 있으니, 이로써 금생에 추락하였다.)」

有情, 悉令度脫, 資⁴¹神通⁴²故, 因晤正眞,⁴³ 晤正眞故, 是安樂道.」

두 번째로, 시몬 베드로야! 나는 온 하늘에 있고, 땅의 각처에도 있으며, 하나님의 나라에도 있고, 인간 세상에도 있으며, 동족에도 있고 이족에게도 있으며, 견식이 있는 자와 견식이 없는 자 가운데도 있으니, 모든 선한 인연을 간구하기만 하면, 하나님의 보호하심이 있을 것이다. 설령 악의 업보를 당해야 할 사람들도, 나는 모두 구제할 것이라. 그러면 이러한 구원과 보호에 있어서는, 실로 들어 봄조차도 없나니, 이는 고로 虛空 (바라는 바가 없는 평안의 경지)의 세계와 같은 것이고, 공덕과 관련된 표상을 초월하는 것이다. 이는 무슨 까닭인가? 만일 공덕이 있게 되면, 명성이 알려지고, 명성에 의지하게 되면, 스스로 자만해지게 되고, 스스로 자만해지게 되면, 세속의 평가에 마음을 두게 되고, 세속의 평가에 마음을 두게 되면, 과시하여 교만하게 되며, 이런 사람은 죄를 벗고 구원을 얻지 못함과 같으니, 하물며 평안하고 기쁜 도리에 대해서는, 완비하고 통달해야만 하는 것이다. 이런 고로 내가 말하노라:「덕행과 명성에 집착하지 않는 자는, 마음대로 자비한 마음을 운용하여, 이러한 모든 중생에 대

---

38 「度脫」:「得脫」로도 볼 수 있다. '고뇌에서 벗어나다'. [明] 馮夢龍 編,《警世通言·樂小舍棄生覓偶》:「求潮王救取順娘, 度脫水厄.(潮王에게 順娘을 구하여 물의 재난으로부터 벗어나게 해 달라고 요청하였다.)」《佛光大辭典》, 3779쪽「度脫」條 참고.

39 「圓通」:「圓」, '원만하다, 완비하다'.「通」, '통달하다'의 의미.

40 「任運」: '일을 성취하려고 조작하지 않는다'는 뜻이며, 또한 '모든 자연적인 법에 순응하여 움직일 뿐 인간의 거짓된 조작에 의하지 않는다'는 의미로 볼 수도 있고, '공덕을 쌓는 일에 의지하지 않는다'는 뜻으로도 볼 수 있다. [漢] 焦贛,《焦氏易林·噬嗑之》:「坤: 甲戊己庚, 隨時運行. 不失常節, 達性任情.(坤: 甲戊己庚, 수시로 운행한다. 일정한 시절을 잃지 않고, 마음껏 성정을 깨우친다.)」《佛光大辭典》, 2165쪽「任運」條 참조.

41 「資」: '지지하다, 돕다'.

42 「神通」: '신묘하고 통달하다, 신령과 감응하여 소통할 수 있다'.

43 「正眞」: '확실하다, 명실상부하다'. [漢] 王符,《潛夫論·述赦》:「正眞之士之爲吏也, 不避彊禦, 不辭上官.(진정한 선비는 관리로서, 변방의 관리를 피하지 않고, 임명을 받아 부임하는 것을 싫어하지 않는다.)」

하여, 모두 해탈하게 하고, 하나님과의 소통에 이르도록 도와줌으로써, 올바른 진리를 만날 수 있고, 올바른 진리를 만나게 되면, 이것이 바로 安樂의 道이니라.」

次復, 岑穩僧伽, 我於眼法, 見无礙[44]色[45]; 我於耳法, 聞无礙聲; 我於鼻法, 知无礙香; 我於舌法, 辨无礙味; 我於身法, 入无礙形; 我於心法, 通无礙智. 如是六法, 具足[46]莊嚴, 成就一切. 衆眞景教, 皆自无始, 暨因緣初, 累積无邊. 囉稽[47]涗福.[48] 其福重極萬億, 圖齊帝山,[49] 譬所莫及, 然可所致, 方始善衆. 會合正眞, 因玆惠明, 而得遍照, 玄通[50]昇進.[51] 至安樂鄉, 超彼凝圓, 无轉[52]生命.

---

44 「无礙」: '장애가 없다'.

45 「色」: '안색, 기색'. 《孟子·盡心上》: 「孟子曰: 『形色, 天性也; 惟聖人, 然後可以踐形.(形과 色은 타고난 성정이라; 오로지 성인이 된 연후에야 실체 그대로 실행할 수 있다.)」 《佛光大辭典》, 2541쪽 「色」 條 참고.

46 「具足」: '모두 충분하다'. [漢] 王充, 《論衡·正說》: 「若此者, 人道, 王道適具足也.(만일 이와 같다면 242년의 역사를 통해 사람됨과 나라를 다스리는 법을 모두 알게 된 셈이다.)」

47 「囉稽」: '靈性'을 가리킴. 시리아어로 ܪܘܚܐ, 독음은 ruhā. 「바람」과 「호흡」으로 해석할 수도 있다.

48 「涗福」: 「涗」는 여기서 '간절히 부탁하다, 요청하다'의 의미이다. 즉 '축복을 간절히 구하다'.

49 「帝山」: 아마도 《新唐書·地理志》 중의 瓜州 常樂縣의 「拔河帝山」을 가리키는 듯하다. 즉 오늘날 중국 신강성과 감숙성의 경계인 星星峽山을 말한다. 이곳은 고대 실크로드로서 敦煌, 沙州 등지로 들어가면서 반드시 거쳐야 하는 천산산맥 협곡의 일부분이다.

50 「玄通」: '하늘과 서로 통하다'. [漢] 蔡邕, 《蔡中郎集·太傅文恭侯胡公碑》: 「神化玄通, 普被汝南.(신의 교화가 하늘과 통하고, 汝南을 널리 뒤덮었다.)」

51 「昇進」: '지위를 높이다'. [漢] 王充, 《論衡·非韓》: 「姦人外善內惡, 色厲內荏, 作爲操止, 像類賢行, 以取升進, 容媚於上, 安肯作不孝, 著身爲惡, 以取棄殉之咎乎?(간사한 사람은 겉은 착해 보이나 속이 사납고, 안색이 엄하며 마음이 약하다. 행동거지는 현인을 모방하여, 승진을 구하고, 군주에게 아첨을 보이려고 하는데, 어찌하여 불효를 저지르고, 자신의 악행을 드러내어, 척퇴와 살신의 화를 자초할 수 있는가?)」

52 「无轉」: '동요하지 않다'. 《逸周書·大戒解》: 「無轉其信, 雖危不動.(그 믿음에 동요하지 않고, 비록 위험이 닥쳐도 움직임이 없다.)」

세 번째로, 시몬 베드로야! 나는 시각의 수련에 있어서, 보이는 모습들이 나의 기색에 영향을 줄 수 없고; 청각의 수련에 있어서는, 들리는 소리들이 나에게 영향을 미칠 수 없다; 나는 후각의 수련에 있어서, 알고 있는 향기가 나에게 영향을 줄 수 없고; 미각의 수련에 있어서는 분별할 수 있는 맛이 나에게 영향을 줄 수 없다; 나는 신체의 수련에 있어서, 사람들의 행위가 나에게 영향을 줄 수 없고; 내 마음속의 수련에 있어서, 통달한 지식이 나에게 영향을 줄 수 없는 것이다. 이러한 여섯 가지 수련법은, 웅장하고 정교한 경지를 갖추면, 모든 것을 완전하게 이룰 수 있다. 만유의 참 근원인 景敎는, 모두 시작이 없는 것으로부터 시작되었으며, 단지 창조의 시작에서, 끊임없이 공적이 쌓여 만들어진 것이다. 큰 복 주시기를 성령께 간청하라. 이러한 복은 비할 데 없이 큰 것이며, 그분의 계획은 높은 산과도 같아서, 그 무엇도 비교할 수 없지만, 그러나 행하면 닿을 수 있는 것이라, 시작하자마자 중생을 선하게 이끄신다. 참되고 확실한 믿음의 길을 종합하여, 진리의 빛으로 돌아가면, 참 빛이 넓게 비침을 얻게 될 것이요, 현묘한 하늘의 도를 더 알게 될 것이라. 평안한 복락의 땅에 이르러, 사망의 음부를 초월하면, 결코 환생이란 없는 것이다.

岑穩僧伽, 如是无量, 囉稽[53]洰福, 廣濟利益, 不可思議. 我今自念, 實无所證. 何以故? 若言有證, 則我不得稱无礙也, 是故我言:「无欲, 无爲, 无德, 无證, 如是四法, 不衒[54]已能, 離諸言說. 柔下无忍, 潛運[55]大悲, 人民

---

53 「稽」: 발음이 「稽」와 같다. 따라서 「囉稽」는 앞 문장의 「囉稽」와 같은 의미이다. 각주 42 참조.
54 「衒」: '자랑하다, 뽐내다'. [漢] 王符, 《潛夫論 · 務本》:「此逼貞士之節, 而衒世俗之心者也. (이것은 곧은 선비의 절개에 근접한 것이기는 하나, 세속에 뽐내는 마음인 것이다.)」
「不衒已能」: 이것은 '「四法」은 자랑할 필요 없이 이미 이루어졌다'는 의미를 말한다.

无无邊,[56] 欲令度盡, 於諸法中, 而獲最勝, 得最勝, 故名安樂道.」

시몬 베드로야, 성령께서 내려 주신 큰 복은 이처럼 비할 바가 없어서, 큰 복 주시기를 간청하면, 하나님의 구속의 크신 공로는, 오묘하여 표현하기 어렵다. 내가 지금 스스로 생각하기를, 진실된 것은 증명할 필요가 없다. 이는 무엇 때문인가? 만일 반드시 진실을 증명해야 한다고 말한다면, 그렇다면 나에게는 방해가 없다고 말할 수는 없다. 이 때문에 내가 말하노니:「욕심을 생각지 않고, 행위를 생각지 않으며, 덕행을 생각지 않고, 증거를 생각지 않으면, 이러한 네 가지 경계에 도달할 수가 있나니, 자신의 덕행을 뽐내지 말아야 하고, 각종 비판을 멀리해야 한다. 연약하고 미천한 사람에게 참지 못한다면, 운이 더 슬픈 방향으로 흐르게 되나니, 백성들에게는 끝이 없는 욕망이 사라졌고, 법령과 제도는 자연의 법칙 가운데 다하였으니, 그리하여 가장 원만한 선의 열매를 획득하여, 선의 열매를 얻었나니, 이를 이름하여 평안과 희락의 道라 하는 것이다.」

爾時, 岑穩僧伽重起, 作禮讚言:「大哉! 无上[57]一尊,[58] 大哉! 無上一尊! 乃能演說微妙勝法, 如是深奧, 不可思議. 我於其義, 猶未了晤, 願更誨喻.[59] 向者尊言, 无欲, 无爲, 无德, 无證, 如是四法, 名安樂道, 不審无中,

---

55 「潜運」: '고요히 운행하다'. 《忠經 · 冢臣章》:「在乎沉謀潜運, 正國安人.(묵묵히 일을 꾀하고 잠잠히 움직여, 나라를 바로잡고 백성들을 편안하게 해 주는 데 있다.)」

56 「人民无无邊」: 본서가 항상 네 글자 한 구절로 이루어진 변려문(駢儷文)임에 비추어, 이 중「无」한 글자는 마땅히 중첩된 글자이다.

57 「无上」: '지극히 높아 그보다 나은 것이 없다'. [漢] 王充, 《論衡 · 道虛》:「天之與地皆體也, 地無下, 則天無上矣.(하늘과 땅은 모두 실체이니, 땅보다 더 낮은 곳은 없고, 하늘보다 더 높은 곳도 없다.)」

58 「一尊」: 아마도 시리아어 ܡܫܝܚܐ을 차용한 듯하며, 독음은 məšīḥā, 의미는 '그리스도, 메시아', 즉 앞 문장의「彌施訶」와 같다. 또한 '기름 부음 받은 자(the Anointed One)'의 의미도 포함한다. 마태복음 23장 10절:「또한 지도자라 칭함을 받지 말라. 너희의 지도자는 한 분이시니 곧 그리스도시니라.」

云何有樂?」

　그때, 시몬 베드로가 다시 일어나, 예를 행하여 찬미하며 말하기를: 「크시도다! 위대하고 유일하신 하나님! 크시도다! 위대하고 유일하신 하나님이시여! 복잡 미묘한 진실의 법을 이렇게 잘 설명해 주시다니, 이처럼 깊고 오묘하시며, 불가사의한 것입니다. 그러나 저는 그 義理에 대해, 아직 완전히 깨닫지 못했으니, 청컨대 다시 좀 설명하여 깨우칠 수 있게 해 주시기를 바라나이다. 방금 주께서 말씀하시기를, '욕심을 생각지 않고, 행위를 생각지 않으며, 덕행을 생각지 않고, 증거를 생각지 않으면, 이러한 네 가지 경계에 도달할 수가 있나니, 이름하여 평안과 희락의 道라 한다'라 하셨는데, 저는 이해하지 못하고 있는 줄도 모르는데, 그럼 어디에서 온 희락인 것입니까?」

　一尊弥施訶曰:「妙哉斯問! 妙哉斯問! 汝當審聽. 與汝重宣. 但於无中, 能生有體; 若於有中, 終无安樂. 何以故? 譬如空山, 所有林木, 敷條散葉, 布影垂陰, 然此山林, 不求鳥獸, 一切鳥獸, 自來栖棲集;[60] 又如大海, 所有水泉, 廣大无涯, 深濬[61]不測, 然此海水, 不求鱗介,[62] 一切鱗介, 自住其中.

59　「誨喻」:「誨諭」로도 쓴다. '가르치고 깨우쳐 알다'.《後漢書・隗囂公孫述列傳》:「囂乃移書於向, 喻以天命, 反覆誨示, 終不從.(囂가 곧 책을 向으로 옮겼으니, 하늘의 명으로 알리고, 반복하여 깨우쳐 주었으나, 끝내 따르지 않았다.)」

60　「棲集」: '휴식하다, 멈추다'. [晉] 潘岳, 〈西征賦〉:「匪擇木以棲集, 林焚而鳥存.(휴식할 나무를 경망히 선택하여, 숲이 불타 버리자 새들만 남았도다.)」

61　「濬」: '그윽한'. 예를 들면:「濬壑(깊은 골짜기)」《尚書・舜典》:「濬哲文明, 溫恭允塞.(그윽한 지혜와 문체의 밝음, 온화한 공손함과 진실된 충만함.)」《孔安國・傳》:「濬, 深.(濬는 '깊다'의 의미.)」[晉] 陸機, 〈日出東南隅行〉:「高臺多妖麗, 濬房出清顔.(높은 대에 요사스런 아름다움이 있고, 그윽한 방에 맑은 얼굴이 나오는도다.)」

62　「鱗介」: '비늘과 딱딱한 껍질이 있는 수생동물'을 광범위하게 지칭한다. [漢] 蔡邕,《蔡中郎集・郭有道林宗碑》:「於時縉紳之徒, 紳佩之士, 望形表而景附, 聆嘉聲而響和者, 猶百川之歸巨海, 鱗介之宗龜龍也.(그때에 명망 있는 사대부들과, 관직에 있는 선비들이, 본받기를 바라면서 그림자처럼 붙었으며, 훌륭한 울림과 반향을 듣고자 하였으니, 온 강

含生有緣, 求安樂者, 亦復如是. 但當安心靜住, 常習我宗, 不安求樂, 安樂自至, 是故无中, 能生有法.[63]」

유일하고 존귀하신 메시아께서 말씀하시기를: 「좋은 질문이로다! 좋은 질문이로다! 너는 자세히 들어보아라. 내가 너에게 다시 선포하겠노라. 단지 애써 생각하지 않는 가운데에, 실체가 만들어질 수 있는 것이니; 만일 사전에 생각 가운데에 있다면, 종국에는 안락의 도를 얻을 수 없는 것이다. 이는 무슨 까닭인가? 가령 하나의 빈 산에, 모든 숲의 초목들, 수많은 나뭇가지들, 흩어져 떨어지는 나뭇잎들, 잘 배치된 나무 그림자와 그늘이 있어도, 그러나 이곳의 산림은, 결코 새와 짐승들을 부르지 않나니, 모든 새와 짐승들은, 스스로 쉴 집을 찾는 것이다; 또 큰 바다를 예로 들면, 모든 물의 근원이며, 광대하고 끝이 없고, 깊이를 예측키 어려워도, 큰 바다의 물은, 결코 수중 생물을 부르지 않나니, 모든 수중 생물들은, 자연히 나아가 그 가운데에 거하는 것이다. 복음과 인연이 있는 중생은, 평안과 희락을 갈구하는 사람이니, 또한 이러하니라. 그러나 마음을 안정시키고 평온히 거하기를 원한다면, 늘 나의 이 景敎의 교의를 배워서, 평안과 복락을 구하지 않아도, 평안과 복락이 스스로 임하게 해야 할 것이니, 이런 까닭으로 '無' 가운데에 거하면, 비로소 '有'의 도리가 생겨나는 것이다.」

弥施訶又告岑穩僧伽, 及諸大衆曰:「此經所說, 神妙難思, 一切聖賢, 流傳法敎, 莫不以此, 深妙眞宗, 而爲其本. 譬如有目之類, 將欲遊行, 必

물이 큰 바다로 흘러들고, 껍질 가진 수생동물들이 거북과 용을 따르는 것과 같았다.)」

63 「是故无中, 能生有法」: 여기서의 「无」는 앞에 서술한 '无欲, 无爲, 无德, 无證'의 「四法」이며, 「有」는 「安樂道」를 지칭한다.

因日光, 方可遠見. 岑穩僧伽! 此經如是, 能令見在及以未來. 有善心者見安樂道, 則爲凡聖,[64] 諸法本根. 若使復有, 人於此經文, 聞說歡喜, 親近供養, 讀誦受持.[65] 當知其人, 乃祖乃父, 非一代二代, 與善結緣, 必於過去, 積代善根. 於我教門, 能生恭敬, 因茲獲祐, 故懷願樂. 譬如春雨, 霑灑一切有根之物, 悉生苗牙, 若无根者, 終不滋長. 岑穩僧伽! 汝等如是, 能於我所, 求問勝法, 是汝等數代, 父祖親姻, 積善尤多, 轉及於汝.」

　　메시아께서 또 시몬 베드로와 모든 대중들에게 말씀하셨다:「이 경전이 말하는 것은, 신기하고 오묘하며 불가사의한 것이니, 모든 선지자들이, 이 경교 교리를 선양하였고, 그것을 심오하고 오묘한 것으로 여기지 않는 이가 없었으니, 경교의 참 진리는 모두 그에 의거한 것이다. 눈이 있는 생명은, 내가 걸으려 할 때, 반드시 햇빛에 의지하여야만, 비로소 먼 곳의 사물을 볼 수 있는 것이다. 시몬 베드로야, 이 경전이 바로 이러하니, 현재 볼 수 있는 것으로써 다가올 미래를 짐작할 수 있느니라. 선량한 심성을 가진 사람은, 평안과 복락의 도를 얻어서, 무릇 성현과 모든 사물의 근본이 되느니라. 설사 또 어떤 사람들이 있어, 이러한 경전에 대해, 듣고 기뻐했다면, 기꺼이 주위 사람들에게 전해 주어서, 경문을 낭송하고 마음에 두고 오래도록 잊지 말아야 한다. 이러한 사람은, 그의 조상과 부모, 그리고 단지 一代 二代와만 선으로 연을 맺은 것이 아니라, 필시 오래전부터, 대대로 선의 근본을 쌓은 것임을 알아야 하느니라. 우리 景敎의 문에 들어온 이는, 살아서 敎義를 공경할 수 있고, 이로써 하나님의

---

64 「凡聖」: '심성과 지식을 모두 갖춘 사람'.
65 「受持」: '받아들여 마음에 두고 오래도록 잊지 않다'. [漢] 劉向,《說苑·敬愼》:「夫學者以虛受之, 故曰得, 苟不知持滿, 則天下之善言不得入其耳矣.(무릇 배움이라는 것은 빈 마음으로 받아들이는 것이니, 그러므로 '得'이라고 하는 것이다. 만일 가득히 간직함을 알지 못한다면, 천하의 선한 말들이 귀에 들어올 수가 없다.)」

보호하심을 입어, 늘 선행으로 베풀기를 좋아하게 된다. 봄비가 스며들 듯이, 뿌리를 가진 모든 식물은, 부드러운 새싹을 내는데, 만일 뿌리가 없다면, 시종 생장할 수가 없는 것이다. 시몬 베드로야! 너희들도 또한 이러하니, 내가 있는 곳으로 와서, 진리의 법을 찾고 묻는 것은, 이는 너희의 몇 세대, 아버지 세대와 조부의 세대 그리고 친인척들이, 선행을 특별히 많이 쌓았기 때문에, 그 복을 바로 너희에게 전해 주는 것이니라.」

岑穩僧伽, 恭敬悲賀, 重起作礼, 上白:「尊言大茲[66]大悲, 无上一尊, 乃能如是, 仁愛於我, 不以愚蒙,[67] 曲成讚誘.[68] 是則爲我, 及一切衆百千萬代, 其身父母, 非唯今日得安樂緣, 但我等積久, 沉淪昏濁, 雖願進脩, 卒未能到, 不審[69]以何方便, 作漸進緣?」

시몬 베드로가 공경히 찬사의 말을 하며, 다시 몸을 일으키어 예의를 표하고, 앞으로 나아와 말하였다:「주께서 하신 말씀은 실로 대자대비하시니, 지고무상한 주께서, 즉 이렇게 하실 수 있고, 인애의 사랑을 우리에게 주심은, 결코 우리의 우매하고 무지한 때문이 아니라, 여러 모로 성과를 거두시고 우리를 계도하시는 것입니다. 이는 비록 우리와 모든 중생을 위하여 백천만대에 걸쳐, 그의 몸을 낳으신 부모를 포함하여, 오늘 뿐만 아니라 평안과 희락의 복을 얻게 하시는 것이니, 그러나 우리들이 오랫동안 쌓았고, 죄 가운데에 빠져 혼미해져서, 비록 노력하여 수행하

---

66 「茲」: 아마도 전사(轉寫)하는 과정에서의 오류인 듯함. 정자는 마땅히 「慈」이다.
67 「愚蒙」: '무지몽매한 모습'. 「愚矇」으로도 쓴다.
68 「曲成讚誘」: 「曲成」, '갖은 방법으로 성과를 거두다'; 「讚誘」, '보좌하여 권유하다'의 의미.
69 「不審」: '이해하지 못하다, 모르다'. 《淮南子·說山》: 「萬事由此, 所先後上下, 不可**不審**. (만사가 여기에서 비롯되니, 먼저 할 일과 나중에 할 일, 그리고 위에 할 일과 밑에 할 일을, 잘 살피지 않을 수 없다.)」

기를 원해도, 마침내 이루어 낼 수 없으니, 어떤 좋은 방법을 써야 할지 모르지만, 점차 선의 열매와 복의 인연을 이루어 내게 되었다.」

一尊弥施訶曰:「如是如是! 誠如汝言. 譬如寶山, 玉林珠菓, 鮮明照耀, 甘美芳香, 能療飢渴, 復痊衆病. 時有病人, 聞說斯事, 晝夜想念, 不離菓林. 然路遠山高, 身尪[70]力弱, 徒積染願, 非遂本懷. 賴有近親, 具足智巧, 爲施梯凳,[71] 引接輔持,[72] 果剋[73]所求, 乃蠲[74]固疾. 岑穩僧伽! 當來衆心, 久纏惑惱, 聞无欲菓在安樂山. 雖念進脩, 情信[75]中殆,[76] 賴善知識, 作彼近親. 巧設訓喩, 使成梯橙, 皆能晤道, 銷除積迷. 當有十種觀法, 爲漸脩路.」

유일하고 존귀하신 메시아께서 말씀하셨다:「확실히 이러하도다! 실로 네가 말한 대로이니라. 가령 보물이 많은 산이 있는데, 아름다운 산중에 보석 같은 과실이 있어, 선명한 색상이 밝게 비추고, 달콤한 맛과 아름다운 향기를 갖고 있으니, 사람의 굶주림과 갈증을 풀어 줄 수 있고, 또한 사람들의 각종 질병을 치유해 줄 수 있었다. 이때 병에 걸린 사람이

---

70 「尪」: '나약하다, 야위다'.

71 「梯凳」: '밟는 기구'를 가리킴. [宋] 吳曾, 《能改齋漫錄》에 수록:「床凳之凳, 晉已有此器. (침대 의자의 걸상은, 晉나라 때부터 이미 있었다.)」 참고.

72 「輔持」: '보조하여 유지하다'. [漢] 劉熙, 《釋名·釋形體》:「輔車, 其骨强所以輔持口也.(볼과 잇몸은 그 뼈가 강한 까닭에 입을 보조하여 유지할 수 있다.)」

73 「果剋」: '결과적으로 승리를 얻다'. 《史記·張儀列傳》:「大國果傷, 小國亡, 秦興兵而伐, 大剋之.(큰 나라가 과연 타격을 입고, 작은 나라는 망했으니, 이에 秦나라가 군대를 일으켜 정벌에 나서, 크게 무찔렀다.)」

74 「蠲」: '쫓아내다'. [漢] 荀悅, 《申鑒·政體》:「四患旣蠲, 五政旣立, 行之以誠, 守之以固 … 是謂爲政之方也.(나라의 네 가지 우환이 없어졌고, 五行의 정치가 수립되었으니, 이를 성실히 잘 수행하고, 견고히 지켜 나가면 … 이를 일러 '爲政의 방책'이라 한다.)」

75 「情信」: '의지와 신념'.

76 「殆」: '피로하다, 피곤하다'. 《莊子·養生主》:「吾生也有涯, 而知也無涯. 以有涯隨無涯, 殆已.(나의 삶은 유한하지만, 앎은 무한하다. 유한한 삶을 살면서 무한한 앎을 추구한다면, 그저 위태로울 뿐이다.)」

있어, 이러한 일을 듣고서, 주야로 생각을 거듭하니, 이 산의 과실의 숲을 떠날 수 없었다. 그러나 길이 멀고 산이 높으며, 몸이 약하여 기력이 쇠잔해져서, 불가능한 욕망을 헛되이 쌓아 갔지만, 결코 본래의 뜻에서 나온 것은 아니었다. 다행히 주위에 친한 사람이 있어서, 지식과 능력을 갖추었고, 그를 위해 방법을 만들어서, 인도하여 보조하여 주니, 마침내 바라는 바를 이루었고, 이리하여 오랜 동안의 질병을 제거할 수 있었다. 시몬 베드로가, 마땅히 사람들의 마음에 순종하였고, 장기간 의혹의 번뇌에 얽매여 있다가, 욕망의 열매를 제거함을 듣고 비로소 평안과 복락의 산에 머물게 되었다. 비록 신념은 정진하기를 원했지만, 의지와 신념이 중도에 태만해졌으나, 다행히 그의 덕행이 정직하여서, 마치 그의 절친한 친척과도 같았다. 가르침에 능하고, 그것을 성취의 조건으로 삼는 것들은, 모두 참된 도를 깨달을 수 있고, 오래전부터의 미혹을 없애 버렸느니라. 현재 열 가지 관찰법이 있으니, 점차 평안과 희락의 길에 이를 수 있는 길로 삼을 수 있느니라.」

云:「何名爲十種觀法?」

말하기를:「왜 열 가지 관찰법이라고 하는 것입니까?」

「一者, 觀諸人閒, 肉身性命, 積漸衰老, 无不滅亡. 譬如客店, 暫時宿, 施床席, 具足珍羞,⁷⁷ 皆非我有, 豈關人事. 會當棄去, 誰得久留?

「첫째, 인간 세상을 관찰하는 것이니, 사람의 육체와 생명은, 점차 쇠

---

77 「珍羞」:「珍饈」와 통함. '진기하고 맛있는 요리'를 가리킴. 《後漢書·竇融列傳》:「數馳輕使, 致遺四方珍羞.(여러 번 가벼운 차림의 사신을 보냈고, 사방의 진기한 선물을 보내 주었다.)」

약해지고 늙어져서, 사망에 이르지 않는 것이 없다. 가령 여관에 비유하자면, 잠시 숙박을 하면서, 침대의 이불을 펼쳐 놓고, 맛있는 음식을 넉넉히 준비했지만, 이는 모두 내가 가진 것이 아니니, 어찌 사람이 할 수 있는 일과 상관이 있겠는가? 반드시 떠나가야 할 것이니, 어느 누가 오래 남을 수 있겠는가?

二者, 觀諸人間, 親愛眷屬, 終當離坼,[78] 難保會同. 譬如衆葉, 共生一樹, 風霜既至, 枝檊即凋, 分散零落, 略无在者.

두 번째는, 인간 세상을 관찰하는 것이니, 사랑하는 이와 가족이라 할지라도, 종국에는 헤어져야 할 때가 오나니, 모두 함께 모이는 것은 보장하기가 어렵다. 여러 나뭇잎들이, 한 나무에서 함께 자라지만, 풍상이 오면, 줄기가 말라 시들어지고, 나뭇잎이 갈라지고 쓸쓸하게 떨어져서, 나무에 잎이 별로 없는 것과도 같다.

三者, 觀諸人間, 高大尊貴, 榮華興盛, 終不常居. 譬如夜月, 圓光四照, 雲霧遮起, 晦朔[79]遷移, 雖有其明, 安可久恃?

세 번째는, 인간 세상을 관찰하는 것이니, 아무리 높고 크고 존귀하며, 영화롭고 흥성하다 할지라도, 결국은 오래 소유할 수가 없는 것이다. 밤의 달처럼, 달빛이 사방을 비추고, 운무가 교대로 일어나, 조석으로 변화하고 옮겨져도, 달빛은 여전히 자신의 빛을 가지고 있지만, 어찌 오래도록 의지할 수가 있겠는가?

---

78 「離坼」: '멀리 떨어져 사라지다'. 「坼」, '경계'.
79 「晦朔」: '아침과 저녁' 또는 '초하루와 그믐'을 가리킴. 《莊子‧逍遙遊》: 「朝菌不知晦朔, 蟪蛄不知春秋.(아침에 나서 저녁에 죽는 하루살이 버섯은 초하루와 그믐을 알지 못하고, 쓰르라미는 봄과 가을을 알지 못한다.)」

四者, 觀諸人閒, 强梁[80]人我, 雖欲自益, 及爲自傷. 譬如蟲蛾, 逢見夜火, 旋飛投擲, 將以爲好, 不知其命, 滅在火中.

네 번째는, 인간 세상을 관찰하는 것이니, 만일 다른 사람과 내가 흉악하게 횡포를 부리면, 비록 남에게 손해를 입혀 자신을 이롭게 하려는 것이지만, 그 결과는 도리어 자기 자신에게 해를 입히는 것이다. 가령 작은 벌레나 불나방처럼, 밤중에 불빛을 만나, 즉시 날아가 몸을 던지지만, 좋은 일로 여겼으나, 그 목숨도 모른 채, 불속으로 사라지고 마는 것이다.

五者, 觀諸人閒, 財寶積聚, 勞神苦形, 竟无所用. 譬如小瓶, 纔容升斗, 酌江海水, 將注瓶中, 盈滿之外, 更无所受.

다섯 번째는, 인간 세상을 관찰하는 것이니, 많은 재물을 수탈하여 쌓아 놓고, 온갖 정성을 다하여 몸을 혹사해도, 그 보물은 결국 쓸모가 없는 것이다. 작은 병처럼, 겨우 작은 용량에 불과하여, 강물과 바닷물을 퍼다가, 병에 부으려 해도, 가득 찬 물 외에는, 더 이상 받아들일 곳이 없는 것이다.

六者, 觀諸人閒, 色慾耽滯, 從身性起, 作身性冤. 譬如蠍虫, 化生木內, 能傷木性, 唯食木心, 究竟枯朽, 漸當摧折.

여섯 번째는, 인간 세상을 관찰하는 것이니, 사람은 종종 색욕에 빠져, 육체를 따라 욕구를 만족시키는데, 그러면 몸이 욕망으로 손상되는 것이다. 마치 전갈의 애벌레처럼, 나무 속에 기생하면서, 나무의 근본을 해치

80　「强梁」: '약소한 자를 업신여기고 성질이 잔혹한 사람'. [漢] 劉向《說苑·敬愼》:「强梁者不得其死, 好勝者必遇其敵; 盜怨主人, 民害其貴.(남을 업신여기는 잔혹한 사람은 제 명대로 죽을 수 없고, 남에게 이기기를 좋아하는 사람은 반드시 그 적을 만나게 된다; 도적은 주인을 원망하고, 백성은 존귀한 사람을 증오한다.)」

며, 오로지 나무의 속을 파먹으니, 결국 시들어 썩게 만들어, 나무는 점차 파괴되어 부러지고 마는 것이다.

七者, 觀諸人間, 飮酒淫樂, 昏迷醉亂, 不辨是非. 譬如淸泉, 鑑照一切, 有形之物, 皆悉洞明, 若添淤泥, 影像頓失, 但多穢濁, 諸无可觀.

일곱 번째는, 인간 세상을 관찰하는 것이니, 사람들은 술을 마시고 음란한 음악을 들으며, 술에 취해 혼미해져 방탕하고, 옳고 그름을 분간하지 못한다. 마치 맑은 샘물과도 같아서, 거울처럼 모든 사물을 비추니, 형체를 가진 물체들이, 모두 밝아지지만, 만일 진흙을 덧붙인다면, 그림자와 모습이 일시에 사라져서, 더러운 곳이 많아도, 아무것도 보이지 않게 된다.

八者, 觀諸人間, 猶玩戲劇, 坐消時日, 勞役精神. 譬如狂人, 眼花妄見, 手足攀撓, 盡夜不休, 筋力盡疲, 竟无所獲.

여덟 번째는, 인간 세상을 관찰하는 것이니, 놀이를 즐기는 사람들은, 아름다운 시간을 헛되이 소비하며, 정신을 피곤하게 쓴다. 마치 실성한 사람과 같아서, 눈이 어지럽고 식견이 허망하며, 손발을 마구잡이로 움직여, 밤이 새도록 쉬지 못하니, 근력이 다 하여 피로해지고, 결국에는 아무것도 얻는 것이 없게 된다.

九者, 觀諸人間, 施行雜教, 唯事有爲, 妨失直正. 譬如巧工, 剋[81]作牛畜, 莊嚴彩畫, 形貌類眞, 將爲田農, 終不收穫.

81　「剋」: '~할 수 있다'. 《後漢書·獨行列傳》: 「或志剛金石, 而剋扞於強禦.(혹 뜻이 강직하여 쇠와 같으면, 강한 통제도 막아 낼 수 있다.)」

아홉 번째는, 인간 세상을 관찰하는 것이니, 도처에 불순한 교리를 퍼뜨리고, 단지 일에만 매달리려 하며, 사람들의 정직을 해치는 것은 생각하지 않는다. 유능한 장인과 같아서, 소와 같은 짐승을 만들 수 있고, 용모가 단정하고 채색이 화려하여, 모습이 진짜와 같지만, 농사를 돕게 하려 하면, 결국은 수확이 없을 것이다.

十者, 觀諸人閒, 假脩善法, 唯求衆譽, 不念自欺. 譬如蚌蛤, 含其明珠, 漁者[82]破之, 探而死, 但能美人, 不知已苦.」

열 번째는, 인간 세상을 관찰하는 것이니, 어떤 사람은 거짓으로 선한 법을 고치려 하지만, 실제는 남들의 칭찬만을 구하니, 결국 자기를 기만하는 것이라고는 생각하지 않는다. 조개와 바지락은, 영롱한 진주를 물고 있지만, 어부가 이를 포획하여, 진주를 얻고 나면 죽게 되니, 진주는 사람을 아름답게 해 줄 수 있으나, 자신에게 손해를 주는 것은 모르는 것이다.」

觀此十種, 調禦[83]身心, 言行相應, 即无過失, 方可進前四種[84]勝法.

---

82 「漁者」: '어부'.《孔子家語·致思》:「孔子之楚, 而有漁者獻魚焉.(공자가 초나라에 갔을 때, 한 어부가 물고기를 바쳤다.)」

83 「調禦」:「禦」는「御」와 같다. '교육하다, 훈육하다'의 의미. [唐] 柳宗元,《南嶽般和尚第二碑》:「攝取調禦, 凡歸於正眞者, 動而成群, 不自知其敎.(흡수하고 잘 다스려서, 무릇 바르고 참된 것으로 돌아오면, 움직여 무리를 이루어도, 그 가르침을 스스로 알지는 못한다.)」

84 「觀此 … 四種」: 이 단락에서 언급한 네 가지 勝法은 예수가 전도하며 늘 사람들에게 권고하여 모든 것을 버리고 그를 따르면 내세에 반드시 영생을 얻을 것이라고 했던 것과 같다. 마가복음 10장 29-30절:「예수께서 이르시되:『내가 진실로 너희에게 이르노니 나와 복음을 위하여 집이나 형제나 자매나 어머니나 아버지나 자식이나 전토를 버린 자는 현세에 있어 집과 형제와 자매와 어머니와 자식과 전토를 백 배나 받되 박해를 겸하여 받고 내세에 영생을 받지 못할 자가 없느니라.』」

이 열 가지 관찰법을 잘 살피면, 몸과 마음을 잘 다스릴 수 있으니, 말과 행동이 상응하고, 과실이 없게 되니, 비로소 네 가지 승리의 법도로 더 나아갈 수 있다.

云:「何四種?」

여쭙기를:「어떤 네 가지를 말씀하십니까?」

一者无欲. 所謂內心, 有所動欲, 求代上事, 作衆惡緣, 必須制伏, 莫令輒起.[85] 何以故? 譬如草根, 藏在地下, 內有傷損, 外无見知, 見是諸苗稼, 必當凋萃; 人亦如是, 內心有欲, 外不見知. 然四支七竅, 皆无善氣, 增長衆惡, 斷安樂因, 是故內心行无欲法.[86]

첫째는 '無欲'이다. 소위 사람의 속마음이라 하는 것은, 사물에 대하여 욕심이 발동하는 것으로서, 교환하여 이익을 얻고자 추구하는 일이니, 여러 사람이 악을 행하도록 유도하는 원인이 되는 것으로서, 반드시 억제해야만 하며, 절대로 다시 출현하게 해서는 아니 된다. 이는 무슨 까닭인가? 이는 풀의 뿌리와 같아서, 땅속에 깊이 묻혀 있으나, 안에 손상이 있으면, 표면적으로 보기에는, 연한 싹과 같이 보이지만, 결국에는 점차 말라 비틀어지는 것이다; 인생 또한 이러하니, 마음속에 욕념이 생겨도, 겉으로는 드러나지 않아 알 수가 없다. 그러나 사람의 사지와 일곱 개의 구멍은, 모두 좋은 기운을 내지 못하며, 여러 가지 죄악이 자라나게 되어

---

85 「輒起」: '저절로 일어나다'. 《後漢書‧馬武傳》:「武**輒起**斟酌於前, 世祖以爲歡.(馬武가 저절로 일어나 앞으로 나와 상의하니, 세조가 기쁘게 여겼다.)」
86 「人亦 … 欲法」: 이 단락은 욕심을 물리치라는 내용을 언급하고 있다. 전도서 11장 10절:「그런즉 근심으로 네 마음에서 떠나게 하며 악으로 네 몸에서 물러가게 하라. 어릴 때와 청년의 때가 다 헛되니라.」 참조.

서, 평안과 희락을 끊어 버리는 원인이 되니, 이런 고로 사람의 속마음은 마땅히 無欲의 法을 준행해야만 한다.

二者无爲. 所謂外形, 有所爲造, 非性命法,[87] 逐虛妄緣, 必當捨棄, 勿令親近. 何以故? 譬如乘船, 入大海水, 逐風搖蕩, 隨浪遷移, 旣憂沉沒, 无安寧者; 人亦如是, 外形有爲, 營造俗法, 唯在進取, 不念劬勞,[88] 於諸善緣, 悉皆忘廢, 是故外形, 履无爲道.

두 번째는 '無爲', 즉 '애써 하지 않는 것'이다. 소위 외형적인 형체는, 거의 무엇인가를 하여 창조한 것이지만, 결코 본성적인 天命의 法은 아닌 것이며, 헛되고 망령된 것을 좇아가는 원인이니, 반드시 버려야만 하고, 근처에 가까이 오지 못하도록 해야 한다. 이는 무슨 까닭인가? 배를 타는 것과 마찬가지여서, 큰 바닷물에 들어서면, 바람의 기운을 좇아 요동치며, 파도를 따라 앞으로 나아가게 되니, 배가 침몰할 염려 때문에, 평안하고 고요하게 거할 수 있는 이가 없다; 인생 또한 이러하니, 외형적으로 무엇인가 하는 바가 있어, 세속의 法대로 좇아가게 되지만, 단지 나아가 취하려고 열심히 노력할 뿐, 힘들고 피곤해 지치는 것은 생각지 않으니, 선한 일에 대해서는, 모두 잊어버리고 황폐하게 되었으며, 이리하여 외형적인 형체라도, 굳이 실천하지 않는 것이 참된 길인 것이다.

三者无德. 於諸功德, 不樂名聞, 常行大慈, 廣度衆類, 終不辭說, 將爲

---

87 「性命法」: '만물이 선천적으로 타고난 법'. 《周易·乾》: 「乾道變化, 各正性命.(하늘의 도가 변화하여, 각각 바른 性命으로 변화되었다.)」

88 「劬勞」: '피곤하다, 고생하다'. [漢] 徐幹, 《中論·民數》: 「九職旣分, 則劬勞者可見, 怠惰者可聞也.(아홉 가지 관직이 이미 나뉘어졌으니, 고생하는 자가 보이고, 나태한 자가 들리도다.)」

所能. 何以故? 譬如大地, 生養衆物, 各隨其性, 皆合所宜, 凡有利益, 非言可盡; 人亦如是, 持勝上法, 行景教, 因兼度含生, 使同安樂. 於彼妙用, 竟无所稱, 是名无德.

세 번째는 '無德'이니, 즉 '진력하여 선을 추구하지 않는다'는 것이다. 여러 가지 선한 일에 대하여, 명성을 널리 퍼뜨리는 것을 좋아하지 않으며, 늘 남에게 큰 자비를 베풀고, 중생을 널리 구원하며, 시종 말에 의거하여 선양하지 않고, 단지 할 수 있는 일을 행하는 것이다. 이는 무슨 까닭인가? 마치 광활한 대지와 같이, 살아서 다양한 생물들을 양육하고, 그들은 각자 저마다의 특성을 가지고 있어서, 모두 조화롭고 아름다우니, 무릇 내면에 가지고 있는 만족은, 말로 다 표현할 수 있는 것이 아니다; 사람 또한 이러하니, 승리하는 큰 法을 지니고서, 景敎의 요구를 준행하며, 동시에 중생을 구제하니, 그들과 함께 평안과 희락을 얻는 것이다. 그 신기한 쓰임에, 필경 마땅한 명칭이 없으니, 이를 일러 '無德'이라 이름하는 것이다.

四者无證. 於諸實證, 无所覺知,[89] 妄弃是非, 泯齊德失,[90] 雖曰自在, 邈然[91]虛空. 何以故? 譬如明鏡, 鑑照一切, 青黃雜色, 長短衆形, 盡能洞徹, 莫知所以; 人亦如是, 晤眞道性, 得安樂心, 遍見衆緣, 悉能通達. 於彼覺了, 忘盡无遺, 是名无證.

---

89 「覺知」: '지각(知覺)'. [漢] 王充, 《論衡·答佞》: 「其後覺知, 曰: 『此在其術中, 吾不知也, 此吾所不及蘇君者.』」(그 후 張儀가 지각하여 말하기를: 『이번에 또 그의 올가미에 걸려들었으니, 나는 아직도 모르겠다. 여기가 바로 내가 蘇君을 따라잡을 수 없는 곳이다.』)

90 「泯齊德失」: 「泯齊」, '혼란스럽게 잃어버린 것을 정비하여 안정시키다'. 「德」은 「得」과 같음. 「德失」, '현재 있는 것을 잃기를 원하다'. 「泯」: '제거하다, 없애다'.

91 「邈然」: '높고 원대한 모습'. [唐] 李白, 〈古風〉其十二: 「清風灑六合, 邈然不可攀.(맑은 바람 온 천하에 뿌리니, 높고 원대하여 오를 수 없네.)」

네 번째는 '無證'이니, '애써 진위를 증명하지는 않는다'는 것이다. 여러 가지 실제적인 증거에 있어서, 어떠한 지각을 갖지 않으며, 마음대로 是非를 내버리고, 혼란스럽게 잃어버린 것을 정비하여 안정시키니, 비록 자유롭다고 말할 수는 있으나, 하염없이 허무할 뿐이로다. 이는 무슨 까닭인가? 마치 밝은 구리거울과 같아서, 거울로 모든 사물을 비추면, 청색 황색 등 다양한 색상, 길고 짧음 등 여러 가지 모양이, 모두 세밀하게 보일 수 있는데, 그러나 왜 그런지는 알지 못한다; 사람 또한 이러하니, 참된 道를 깨닫는 것은 천성에 의지하고, 평안과 희락의 마음을 얻으며, 도처에서 많은 중생의 인연들을 관찰하여, 모두 형통하고 높은 지위에 오르게 될 것이다. 깨달음을 얻은 사람들에 대하여는, 허망하기 그지없어 남은 게 없나니, 이를 이름하여 '無證'이라 하는 것이다.

弥施訶又曰:「若復有人, 將入軍陣, 必資⁹²甲仗,⁹³ 防衛其身, 甲仗既堅, 不懼冤賊; 唯此景教勝上法文, 能爲含生,⁹⁴ 禦煩惱賊, 如彼甲仗, 防護身形. 若復有人, 將渡大海, 必資舩舶, 方濟風波, 舩舶既全, 前岸可到; 惟此景教勝上法文, 能與含生, 度生死海, 至彼道岸, 安樂寶香. 若復有人, 時逢疫癘,⁹⁵ 病者既衆, 死者復多, 若聞返魂寶香⁹⁶妙氣, 則死者反活, 疾苦消

92　「必資」: '단장하다, 꾸미다, 배치하다'. [梁] 劉勰, 《文心雕龍・總術》:「才之能通, **必資**曉術, 自非圓鑒區域, 大判條例, 豈能控引情源, 制勝文苑哉!(자질의 능통함이란, 반드시 창작의 근본 원리에 힘입어, 스스로 구역을 원활히 고찰하여 규칙을 크게 판단하지 않는다면, 어찌 내재된 감정의 근원을 끌어내어, 문학계를 제압할 수 있겠는가!)」

93　「甲仗」: '갑옷을 입고 병사를 지휘하는 호위병'.《三國志・全琮傳》:「敵數以輕船鈔擊, 琮常帶**甲仗**兵, 伺候不休.(적이 몇 차례 가벼운 배로 공격해 오니, 琮은 항상 갑옷 입은 호위병을 데리고, 경계를 게을리하지 않았다.)」

94　「含生」: '생명이 있는 모든 것'. 대개 '인류'를 지칭한다. [齊] 顏之推,《顏氏家訓・歸心》:「**含生**之徒, 莫不愛命; 去殺之事, 必勉行之.(생명을 지닌 것들은 모두 목숨을 아까워하지 않는 것이 없으니; 살생하는 일에서 벗어나도록 반드시 노력해야 할 것이다.)」

95　「疫癘」: '전염병'. [漢] 王充,《論衡・命義》:「溫氣**疫癘**, 千戶滅門, 如必有命, 何其秦, 齊同也?(전염병이 유행하여 천 호의 집들이 멸문했는데, 굳이 목숨이 있다고 한다면, 어떻

紆; 惟此景教勝上法文, 能令含生, 反眞智命, 凡有罪苦, 咸皆減除. 若有
男女, 依我所言, 勤脩上法, 晝夜思惟, 離諸染洿, 淸淨眞性, 湛然圓明, 即
知其人, 終當解脫. 是知此經所生利益, 衆天說之, 不窮眞際. 若人信愛,
少分脩行, 能於明道, 不憂諸難, 能於闇道, 不犯諸災, 能於他方異處, 常
得安樂. 何況專脩? 汝等弟子, 及諸德衆, 散於天下, 行吾此經. 能爲君王,
安護境界. 譬如高山上有大火, 一切國人, 无不覩者. 君王尊貴, 如彼高山,
吾經利益, 同於大火. 若能行用, 則如光明, 自然照耀.」

　메시아께서 또 말씀하시기를:「만일 어떤 사람이 있어서, 군영에 투입
되려 할 때는, 반드시 갑옷과 무기를 갖추어야 하니, 자신의 몸을 방어하
기 위함이며, 튼튼한 갑옷과 무기가 생긴 이상, 원수 도적을 두려워하지
않는다; 오로지 이 景敎만이 승리의 최고 經文으로, 생명이 있는 모든 중
생들을 위하여, 마음속 번뇌의 적을 막아 내고, 갑옷과 무기처럼, 그 몸
을 방어해 낼 수 있다. 또 어떤 사람이 있어서, 큰 바다를 건너려 할 때는,
반드시 배를 준비해야, 비로소 바람과 파도를 탈 수 있으니, 배가 온전히
갖추어져야, 전방의 이르고자 하는 곳에 도달할 수 있다; 오로지 이 景敎
의 승리의 최고 經文만이, 여러 중생들에게, 생사의 바다를 건너, 진리의
피안에 이르게 해 주니, 평안과 희락이 보배로운 향기와도 같다. 또 어떤

게 서쪽 秦나라와 동쪽 齊나라 사람의 목숨이 똑같을까요?)」

96　「反魂寶香」: 이것은《大秦景敎流行中國碑》에 기재된「返魂香」과 같은 물체; 향기로운
　　추출물의 일종이다. (舊題)[漢] 東方朔,《海內十洲記》:「山多大樹, 與楓木相類, 而花葉香
　　聞數百里, 名爲反魂樹. …伐其木根心, 於玉釜中煮, 取汁, 更微火煎, 如黑餳狀, 令可丸之.
　　名曰驚精香 … 或名之爲反生香 … 一種六名, 斯靈物也. 香氣聞數百里, 死者在地, 聞香氣
　　乃卻活, 不復亡也.(산에 큰 나무가 많으니, 단풍나무와 비슷하나, 꽃잎 향기가 수백 리
　　에 다다르니, '反魂樹'라 이름한다. …그 나무의 뿌리를 베어, 솥에 삶고, 즙을 취하며,
　　다시 약한 불로 졸이면, 검은 물엿과 같은 모양이 되어 환으로 만들 수 있다. '驚精香'
　　이라 이름하니 … 어떤 이는 그것을 '反生香'이라 하며 … 한 가지 사물이 여섯 가지 이
　　름을 가지고 있으니, 이는 영물이라. 향기를 수백 리 밖에서도 맡을 수 있으며, 죽은
　　이가 땅속에서 이 향기를 맡으면, 곧 살아나서 다시 죽지 않는다.)」

사람이 있어, 그때 전염병을 만나서, 병에 걸린 사람도 많고, 죽은 사람도 많았는데, 만일 죽은 자가 살아난다는 보배로운 향기와 신묘한 기운을 맡으면, 곧 죽은 사람이 살아나고, 질병과 고통이 사라져 버린다; 오로지 이 景教의 승리의 최고 經文만이, 생명을 가진 이들로 하여금, 진리의 지혜와 생명으로 회귀하게 하고, 무릇 죄악과 고통이 있어도, 모두 다 소멸시켜 버리게 된다. 남녀를 막론하고, 만일 나의 말대로 준행하고, 정성스레 안락의 도를 수행하며, 주야로 사유하고, 각종 죄악으로부터 벗어나서, 본성을 정결케 하며, 깊고 원만하게 깨달으면, 즉 이러한 사람을 알고 있나니, 결국에는 마땅히 죄의 통제로부터 벗어날 수 있게 되는 것이다. 이렇게 하면, 이 경전이 가져올 수 있는 좋은 점들을 알게 되는데, 하늘이 그것을 호소하지만, 그 진의를 다하지 못한다. 만일 어떤 이가 그것을 믿고 사랑하며, 어릴 때부터 인연이 있어 수행을 해 나간다면, 밝히 드러나는 진리의 道에 있을 수 있으며, 각종 환란 앞에서도 두려움이 없게 되어, 어둠의 길에 있더라도, 여러 재난이 침해하지 않도록 하며, 타향 타지에 있어도, 늘 평안과 복락을 누릴 수 있는 것이다. 하물며 온전히 수행만 하는 사람이랴? 너희 여러 제자들과 뭇 청중들은, 온 천하로 흩어져 가서, 내가 전한 이 경전의 교훈을 준행하라. 그것이 군왕을 위하고, 나라의 경계를 안전하게 지켜 줄 것이라. 가령 높은 산이 있어, 산 위에 큰 불이 나면, 모든 백성들 중, 보이지 않는 자가 없을 것이다. 군왕의 존귀함은, 저 높은 산과도 같아서, 우리가 경험한 모든 장점들은, 산 위의 큰 불과도 같다. 만일 잘 사용할 수 있으면, 불빛처럼 밝게 빛날 수 있으니, 자연스럽게 사방을 비출 수 있을 것이다.」

岑穩僧伽, 重起請益, 弥施訶曰:「汝當止止, 勿復更言. 譬如良井, 水則无窮, 病苦新愈, 不可多飲, 恐水不消, 便成勞復.[97] 汝等如是, 善性初興,

多聞致疑, 不可更說.」

시몬 베드로가 다시 일어나 가르침을 청하였으니, 메시아께서 말씀하시기를:「너는 마땅히 말을 멈추고, 다시 많은 말을 하지 말라. 좋은 우물을 예로 든다면, 그 안의 샘물은 끊임없이 샘솟지만, 병과 고통이 막 나았을 때에, 우물물을 많이 마셔서는 아니 되며, 물이 많아도 끊어지지 않을까 걱정하면, 병이 곧 다시 재발하게 되느니라. 너희들 또한 이러하니, 선량한 본성이 막 일어났을 때, 너무 많이 들으면 더 많은 의혹을 불러일으키니, 이제 그만 말하겠노라.」

時諸大衆, 聞是語已, 頂受歡喜, 礼退奉行.

그때 수많은 대중들이, 이 교훈 듣기를 마치고, 공경히 절하여 마음에 새기고 매우 기뻐하였으며, 예를 갖춰 작별 인사를 하고, 참된 길을 따랐다.

志玄安樂經

지현안락경

丙辰[98]秋日于君歸自肅州以此見詒盛鐸[99]記

---

97 「勞復」: '수재에 잠기다'. 「勞」는 「潦」와 통함. '수재(水災)'. 「復」은 「覆」과 통함. '덮다'. 《文子・上德》: 「陰難陽, 萬物昌; 陽復陰, 萬物湛.(음이 양을 거스르지 않으면, 만물이 창성하고; 양이 음을 덮으면, 만물이 맑고 깊어진다.)」

98 「丙辰」: '1916년'을 가리킴.

99 「盛鐸」: 李盛鐸(1859-1934), 字는 羲樵, 椒微, 號는 木齋, 晚號는 嘉居士, 강서성 德化 사람이다. 관리 가정에서 태어나 淸朝와 民國에서도 요직을 맡았는데, 그 장서는 가문이 3대에 걸쳐 중국 각지에서 고서를 수집하여 축적해 왔기 때문에, 李盛鐸에 이르러「大藏書家」라 불리게 되었다. 1924년 7월, 당시 輔仁大學 총장이었던 陳垣(1880-1971)이 〈基督教入華史略〉에서 李盛鐸이 소장한 《大秦景教宣元(至)本經》과 《志玄安樂經》을 언

병진년 가을 「于君」이 肅州로부터 경전을 가지고 돌아왔으니, 이로써 만나 증정하였고, 盛鐸이 기록하였다.

급한 바 있다. 陳垣 著, 陳樂素, 陳智超 編校 〈基督教入華史略〉, 《陳垣史學論著選》(上海: 上海人民出版社, 1981), 185-186쪽 참조. 李盛鐸이 병사한 이후, 그의 아들 李滂이 1936년 天津 汪僞 정부에서 재직할 때, 임시정부를 거쳐 40만 원에 장서를 매입할 것을 촉구하였으며, 이에 북경대학 도서관이 소장하게 되었고, 北京大學圖書館 編《北京大學圖書館藏李氏書目》上中下 三冊(北京: 北京大學, 1956)은 장서 수가 9천여 종, 5만8천여 책이라고 밝혔다. 그중 宋元의 古本이 3백여 종이고, 明의 刊本이 2천여 종이며, 抄本과 원고 등이 2천여 종이다. 李盛鐸 생전의 개인 목록인 《木犀軒收藏舊本書目》, 《木犀軒宋本書目》, 《木犀軒元版書目》 등과 비교하여, 훗날 수집한 《木犀軒藏書題記及書錄》(北京: 北京大學, 1985)은 학계의 편집목록 연구를 통하여, 일부 장서가 1935년에서 1936년 사이에 흩어져 나갔거나, 혹은 다른 사람의 손에 흩어져 있거나, 은행에 저당 잡혀 있었을 것으로 추정하고 있다. 이에 《大秦景教宣元(至)本經》과 《志玄安樂經》은 여기저기를 전전하다 일본인 羽田亨(1882-1955)의 수중에 들어가게 되었다. 《志玄安樂經》의 발견 내력에 관한 李盛鐸의 기록은 '단지 「于君」이 肅州에서 획득하였다'라고만 밝히고 있다.

제7장

대진경교삼위몽도찬 (大秦景教三威蒙度讚), 존경 (尊經)

소 개

　《三威蒙度讚》(經卷의 末題는 「大秦景教三威蒙度讚一卷」)과 《尊經》은 하나의
긴 두루마리에 기록되어 있는데, 전자는 24행 327자이며, 후자는 18행
277자가 기록되어 있고, 全卷의 너비는 약 26㎝, 길이는 105.3㎝이다. 이
經卷은 프랑스 한학자 펠리오(Paul Pelliot, 1878 - 1945)가 1908년 돈황 석실
문헌에서 구입한 텍스트 중의 하나로 발굴되었다.[1] 현재 프랑스 파리 국
가도서관에 소장되어 있으며, 일련번호는 Pelliot Chinois 3847이다. 在佛
학자 吳其昱은 소장품 권말에 「大秦寺」로 보이는 朱文 篆書로 된 殘印 하
나를 발견하였다.[2]

　《三威蒙度讚》에 관하여, 吳其昱(1915 - 2011)은 시리아 텍스트와 그리스
텍스트 그리고 라틴어 텍스트의 詩歌들을 상세히 비교하여, 이 경전이
시리아어의 《天使頌》(시리아어로 ܩܠܐ ܕܡܠܐܟܐ)에서 나왔고, 훗날 중국어로
번역되었다고 보았으며, 그러나 《天使頌》의 시리아어 텍스트는 그리스
어 《大三一頌》(Great Doxology, 그리스어로 μεγάλη δοξολογία)이 그 원류라고 밝
혔다.[3]

　《三威蒙度讚》은 중국 唐詩의 격률 형식으로 이루어졌으며, 총 44구이

1　폴 펠리오(Paul Pelliot, 1878-1945) 著, 耿昇 譯, 《伯希和西域探險記》(昆明: 雲南人民出版
　社, 2001), 285-286쪽.
2　필자가 현재 프랑스 파리 국가도서관의 원전으로부터 리메이크한 도판은 印章의 상태
　가 비교적 모호하다. 그러나 인장이란 반드시 네 글자 혹은 그 이상이어야 하므로, 따
　라서 필자는 「大秦寺」세 글자라고 보는 학설에 대해서는 유보적인 입장을 취하고자
　한다. 吳其昱, 〈景教三威蒙度讚研究〉, 《中央研究院歷史語言研究所集刊》 第57本 第3分
　(1986/09), 411쪽 참고.
3　吳其昱, 〈景教三威蒙度讚研究〉, 413-414쪽; 별도로 417-419쪽에는 시리아문과 英譯한
　내용 그리고 《三威蒙度讚》이 나란히 대조되어 제시되어 있다.

다; 제23구가 8언인 것을 제외하면 매 구가 7언으로 되어 있다; 매 여덟 구마다 운을 바꾸어 쓰는데, 33~36구 네 구만 따로 운을 바꾼다. 중역본 (中譯本)은 운율과 수사의 관계 때문에 편폭이 본래의 시리아문보다 10구 가 증가되었다. 그 내용은 대부분 신약성경으로부터 가져온 것이며, 첫 네 구는 누가복음 2장 14절을 인용한 것이다; 제13~16구의 시리아어 원 문은 디모데전서 6장 16절에서 왔고; 제23~28구의 시리아어 원문은 요한 복음 1장 29절에서 가져온 것이다.[4]

《三威蒙度讚》 뒤의 《尊經》은 내용이 네 부분으로 나뉜다: 제1 부분은 삼위일체의 하나님을 경배하는 것이고; 제2 부분은 스물두 명의 法王에 대한 경배로서, 대부분 法王의 이름들은 음역을 하였으며, 신구약 성경 의 인물과 시리아 동방교회 성도들의 이름이 다수 기록되어 있다; 제3 부 분은 이미 번역해 낸 중국어 경교 경전의 이름들이며 총 35부이다; 제4 부분은 경권 말미에 첨부된 여러 행의 評語로 구성되어 있다.

《尊經》의 評語는 중국에 처음 들어온 대덕승 阿羅本이 가져와 敎內에 전한 530부의 경전, 그리고 그 경전 번역의 진도가 景淨시대(唐 德宗 시기) 에 이르러 이미 30여 부, 즉 《尊經》의 제3 부분에 기록된 경권들의 번역 이 완성되었음을 설명하고 있다. 評語의 서술 방식에 따라 판단해 보면, 아마도 후대에 덧붙인 것일 가능성이 매우 크며, 이는 또한 敦煌의 藏經 洞이 폐쇄된 것과 관련이 있는 듯하다. 이에 따라 唐 武宗 會昌 5년(845)에 서 10세기 전후까지,[5] 아마도 경교 경전이 여전히 敦煌 지역에서 전사(轉 寫)되어 전해졌던 것으로 보인다.[6]

---

4 吳其昱, 〈景教三威蒙度讚研究〉, 414쪽. 필자는 경문 대조 부분에 약간의 수정을 가하였
   는데, 吳其昱은 원래 시리아문으로 대조를 하였고, 현재 《三威蒙度讚》의 각 句를 나누
   어 대조시켰다.
5 敦煌 藏經洞이 폐쇄된 시기에 대해서는 학계에 여러 가지 설이 있다. 朱義德, 《《敦煌藏
   經洞封閉原因再探》商榷》, 《黑龍江史志》 2013年 第11期: 147쪽.

본문은 프랑스 국가도서관 소유 Pelliot Chinois 3847의《三威蒙度讚》과
《尊經》소장본 그리고 원전의 리메이크 도판에 근거하였다.

---

6 林悟殊,《唐代景敎再硏究》(北京: 中國社會科學出版社, 2003), 140-141쪽.

大秦景教三威蒙度讚, 尊經, 法國國家圖書館藏Pelliot Chinois3847本之一

大秦景教三威蒙度讚, 尊經, 法國國家圖書館藏Pelliot Chinois3847本之二

景教三威蒙度讚

無上諸天深敬歎　大地重念善安和人元
真性蒙依止三才慈父阿羅訶一切善眾
至誠礼一切慧性稱讚歎一切含真盡歸仰
蒙聖慈光救離魔難尋無及正真
常意父明子淨風王於諸帝中為師帝
於諸世尊為法皇常居妙明無畔界
光威盡察有界疆自始無人嘗得見
復以色見不可相惟獨絕凝清淨德
惟獨神威無等力惟獨不轉儼然存
眾善根本復無極我今一切念慈恩
歎彼妙樂照此國彌施訶普尊大聖子
廣度苦界救無億常活命王慈喜羔
大普耽苦不辭勞能捨群生積重罪
善誰真性得無繇聖子端任父右座
其座復超無數高大師是我等慈父
大師是我等聖主大師是我法王大師能為
普救度火師慈力助諸嬴諸目瞻仰不

大秦景教三威蒙度讚, 尊經, 法國國家圖書館藏Pelliot Chinois3847本之四

大秦景教三威蒙度讚, 尊經, 法國國家圖書館藏Pelliot Chinois3847本之三

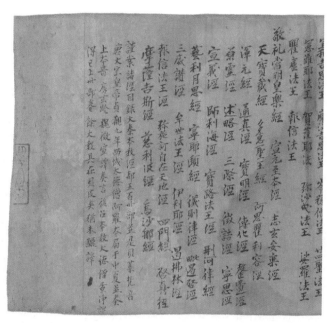

大秦景教三威蒙度讚, 尊經, 法國國家圖書館藏Pelliot Chinois3847本之六

是我尊聖主大師是我法王大師能為
善救度大師慧力助諸贏苦目瞻仰不
蒙移復与枯焦降甘露所有蒙潤善
根滋大聖善尊弥施訶我歎慈父海
藏慈大聖謨及淨風性清教耳不
思議

大秦景教三威蒙度讚一卷

尊經

敬礼妙身皇父阿羅訶　應身皇子弥施訶
證身盧訶寧俱沙　巳上三身同歸一體

瑜罕難法　　盧伽法王　　摩矩辭法王　　明泰法王
牟世法王　　多惠法王　　景通法王　　寶路法王
干眼法王　　郝寧法王　　敬艷法王　　摩薩吉思法王
宜和吉恩法王　瘧應吉思法王　岑穩僧法王　芯聖法王
憲蓋邪法　　　賀薩那法　　弥沙也法王　安羅法王
忝羅耶法王　　　　　　　　　報信法王
瞿盧法王

大秦景教三威蒙度讚, 尊經, 法國國家圖書館藏Pelliot Chinois3847本之五

경교삼위몽도찬(景教三威蒙度讚)[7]

無上諸天深敬歎,[8] 大地重念普[9]安和.[10]

人元[11]眞性[12]蒙依止, 三才[13]慈父阿羅訶.[14]

---

7 「景教三威蒙度讚」: 경전 말미에 「大秦景教三威蒙度讚一卷」이라 기록되어 있다. 본 경
   권은 폴 펠리오가 돈황 석실에서 발견한 것이며, 현재 프랑스 파리 국가도서관에 소장
   되어 있다. 내용은 주로 삼위일체 천부 하나님의 '至眞, 至善, 至慈, 至能'하심을 찬양하
   는 것이니, 그리하여 세상 사람들을 마귀의 그물에서 건져 내어 영원한 구원을 얻을
   수 있도록 하는 것이다.《大秦景教三威蒙度贊》의 원전은 세 부분으로 끊어져 있다. 첫
   번째 부분은 「無上諸天深敬歎 … 廣度苦界救無億, 常」에서 끊어지고; 두 번째 부분은
   「活命王慈喜羔…」에서 시작하여 蒙度讚에 이르러 끝나지만, 이후 다시《尊經》의「敬禮
   妙身皇父阿羅訶 … 已(「以」가 되어야 함)上三身同歸一體」으로 이어져 단절되며; 세 번
   째 부분은 「(敬禮)瑜罕難法王 … 後召本教大德景淨譯得已上卅部卷; 餘大數具在貝皮夾猶
   未翻譯」부터이다. 본 채록문은 프랑스 파리 국가도서관 소장품 Pelliot Chinois 3847 원
   문의 리메이크 도판 사용권을 득하였다. 「三威」는 즉 '삼위일체 하나님의 위력」이며,
   찬미 중에 「惟獨神威無等力(유일하신 하나님의 비교할 수 없는 능력)」으로 「慈父明子
   淨風王(성부 성자 성령)」을 표현하였다. 「蒙度」: 「蒙」은 '입다, 받다'의 의미; 「度」는
   「渡」와 같아서, '중생을 인도하여 피안의 세계로 오르게 함'을 비유하고 있다. 「蒙度」
   는 '구원을 받다'의 의미이다. 「讚」: '찬양시'를 지칭하며, 종교적 偈讚과 哀讚으로 나눌
   수 있다. 高明峰, 〈「讚」文分類與《文選》錄「讚」〉,《河北科技大學學報(社會科學版)》第12
   卷 第3期(2012): 70쪽.

8 「歎」: '읊조리다', 여기서는 '찬미하다'의 의미이다.《禮記·曲禮》:「當食不歎, 臨樂不歎.
   又稱美曰歎.(음식에 대하여 탄식하지 않고, 음악을 대함에 탄식하지 않는다. 또한 '美'
   를 '歎'이라고 부른다.)」

9 「普」, '보편적이다, 주도면밀하다'.

10 「無上諸天深敬歎, 大地重念普安和」: 시리아어판《天使頌》(시리아어로 ܟܬܒܐ ܕܫܘܒܚܐ)
   과 그리스어판《大三一頌》(Great Doxology, 그리스어로 μεγάλη δοξολογία)에 나옴. 이
   두 구절은 누가복음 2장 14절: 「지극히 높은 곳에서는 하나님께 영광이요, 땅에서는
   하나님이 기뻐하신 사람들 중에 평화로다!」吳其昱, 〈景教三威蒙度讚研究〉,《中硏院史
   語所集刊》(1986/09), 413-414쪽 참조.

11 「人元」: '사람의 근본'.

12 「眞性」: '천성, 본성', 불가에서는 이를 '망령되지 않고 변하지 않는 심체'라고 부른다.
   《楞嚴經》:「此是前塵虛妄相想, 惑汝眞性.(이것은 눈앞의 경계를 허망하게 생각해 내어,
   너의 참 품성을 미혹하게 하는 것이다.)」

13 「三才」: 본래 '天, 地, 人'을 지칭하며, 여기서는 '우주 만물'을 표현한다.《老子》二十五

一切善衆¹⁵至誠禮,¹⁶ 一切慧性¹⁷稱讚歌.¹⁸

一切含眞¹⁹盡歸仰,²⁰ 蒙聖慈光救離魔.

至高無上의 하늘이 깊이 찬미하며, 광활한 대지가 다시 온 세상에 조화롭고 아름답도다.

인간의 근본 본성이 은혜를 입고 의지할 수 있는 것은, 모두 우주 만물의 자애로운 아버지이신 여호와 때문이라.

모든 선량한 신도들은 경건하게 예찬해야 하며, 모든 지혜 있는 사람은 찬미 받을 만하도다.

眞性을 가진 사람은 모두 귀의하여 우러르고, 거룩하고 자애로운 빛을 받아 그 악을 벗어난 자를 구하는도다.

難尋無及正眞常,²¹ 慈父明子淨風王.²²

章:「況人爲萬物之最靈, 與天地並立而爲三才.(하물며 사람이 만물 중 가장 영민할진대, 천지와 더불어 서서 三才를 이룬다.)」

14 「阿羅訶」: 본래 불교 용어로서, 의미는 '천지 중생의 공양을 받아야 한다'이다.「應供」으로 번역하기도 하며,「殺賊」이나「不生」으로도 번역한다. 경교가 당나라 시기 중국에 들어왔을 때, 시리아어로의 하나님은 ✕✕✕, 독음은 alāhā,「阿羅訶」는 그 발음에 따라 音譯한 것이니, 이러한 방식을 통하여 불교 관념을 폭넓게 접한 사람들로 하여금 쉽게 이해하고 받아들일 수 있도록 하였다.

15 「善衆」: '신도'.

16 「禮」: '예찬'.

17 「慧性」: 불가에서는 '智慧의 性'이라 말하며, 여기서는 '지혜 있는 사람'을 가리킨다. [唐] 劉禹錫〈謁柱山會禪師〉:「色身豈吾寶, 慧性非形礙.(몸이 어찌 우리의 보물인가, 지혜의 성정은 실체적인 장애가 아닌 것이다.)」

18 「歌」: '찬양하다'.

19 「含眞」:「眞性」을 가진 사람, '세상 사람, 인간'을 가리킨다.

20 「歸仰」: '따르다, 의존하다'. [唐] 李白,〈化城寺大鐘銘序〉:「曷不建大法鼓, 樹之層臺, 使群聾六時, 有所歸仰? 不亦美乎?(어찌 큰 법루와 나무로 된 층층대를 짓지 않아, 중생을 六時에 어둡게 하는가? 따르고 의존할 곳이 있는가? 또한 아름답지 않겠는가?)」

21 「眞常」: '진실되고 항존하다'. [唐] 呂巖,〈敲爻歌〉:「達聖道, 顯眞常, 虎兕刀兵更不傷.(거룩한 도에 이르고, 진실되고 영원함을 드러내면, 흉악한 호랑이와 칼을 든 군사에도 더 이상 상하지 않는다.)」

於諸帝中爲師帝, 於諸世尊爲法皇.

常居妙明23無畔界,24 光威盡察有界疆.25

自始26無人嘗27得見, 復28以色見29不可相.30

찾기 어렵고 미칠 수도 없는 정의와 진리의 영원하신 이여, 자애로우신 아버지와 광명하신 성자 그리고 성령의 왕이시여!

지상 만왕 중 왕 되신 이여, 하늘 뭇 神들 중 왕 되신 이여!

당신의 영원한 거처는 신묘한 광명을 발하며 경계가 없고, 당신의 빛나는 위엄은 유한한 경계를 모두 감찰하시나이다.

이제까지 아무도 당신의 본체를 볼 수 없었으나, 다시 외적 사물을 통해 느낌으로써 진실된 모습을 인식하였도다.

惟獨31純凝清淨32德, 惟獨神威無等力.

---

22 「慈父明子淨風王」: 경교에서 말하는 '삼위일체의 하나님': '阿羅訶', '彌施訶 ܡܫܝܚܐ (독음은 məšīhā)' 그리고 '淨風 ܪܘܚܐ ܕܩܘܕܫܐ (독음은 rūhā dəqūdšā)'. 이 「淨風」 뒤에 「王」을 더한 것은 운을 맞추기 위함이다. 《大秦景教流行中國碑》에서는 단지 「三一淨風」이라 칭한다.

23 「妙明」: '신묘한 광명'의 의미.

24 「無畔界」: '畔界'는 '疆界'와 같음. '無畔界'는 '한계가 없는 곳'이라는 뜻이다. [漢] 陸賈, 《新語·道基》: 「於是后稷乃列封疆, 畫畔界, 以分土地之所宜.(이에 后稷이 곧 국경 근처의 땅을 배열하고, 한계를 그려서, 토지를 나누는 기준으로 삼았다.)」

25 「有界疆」: 「界疆」은 「疆界」와 같음. '有界疆'은 '한계가 있는 지역'이라는 뜻이다.

26 「自始」: '지금까지, 이제까지'. [梁] 蕭繹, 《金樓子·說蕃》: 「自始至終, 屢遷第宅.(시작부터 끝까지, 여러 차례 저택으로 옮겼다.)」

27 「嘗」: '이미'. 《論語·述而》: 「子食於有喪者之側, 未嘗飽也.(공자께서는 상을 당한 사람의 곁에서 식사를 하실 때는, 이제까지 배불리 드신 적이 없다.)」

28 「復」: '또, 다시'.

29 「色見」: 불교 용어. '사람이 외적 사물을 통해 느낀다'의 의미를 가리킨다. 《金剛經》: 「若以色見我, 以音聲求我, 是人行邪道, 不能見如來.(만일 색으로써 나를 보거나, 음성으로써 나를 구한다면, 이 사람은 삿된 도를 행하는지라, 여래를 볼 수 없느니라.)」

30 「不可相」: 즉 불교 용어인 「無相」이다. '세속의 有相에서 벗어나 얻은 진실된 모습을 인식하다'의 의미이다. [唐] 姚合, 〈過欽上人院〉: 「有相無相身, 惟師說始眞.(有相 중의 無相의 몸은, 단지 스승만이 시초의 참됨을 말한다.)」

惟獨不轉[33]儼然存, 衆善根本復無極.[34]

我今一切念慈恩, 歎彼妙樂照此國.

　오직 당신만이 완전하게 순결한 德을 이루시고, 오로지 당신의 신묘함과 위엄만이 비길 데 없나이다.

　오직 영원불변하시고 장엄하게 존재하시며, 善 가운데의 근본이시자 우주 만물의 본원이시도다.

　우리는 지금 모두 당신의 자애로운 은혜를 생각하며, 당신의 신묘하고 기쁜 복음이 이 나라에 비춰짐을 찬탄하나이다.

彌施訶[35]普尊大聖子, 廣度[36]苦界[37]救無億.

常活命王[38]慈喜羔,[39] 大普耽苦[40]不辭勞.

31　「惟獨」: '단지, 오직'.

32　「清淨」: '청결과 순정'. 《黃帝內經 · 素問 · 四氣調神大論》:「天氣淸淨, 光明者也.(하늘의 기운이 청정하고, 빛이 밝다.)」경교 사본 《一神論》은 '「淸淨」하면 一神을 볼 수 있다'고 강조한다; 《志玄安樂經》은 '「淸淨」이 진리를 체득할 수 있다'고 강조하고 있다.

33　「不轉」: '불변하다, 불멸하다'.

34　「無極」: '우주 만물의 본원'. '無形無象, 無聲無色, 無始無終, 無可指名(형상이 없고, 소리와 색도 없고, 시작과 끝도 없으며, 이름지을 수 없다)'하니, 이를 일러 '無極'이라 한다. 《老子》二十八章:「常德不忒, 復歸於無極.(언제나 덕에 어긋나지 않으니, 한계가 없는 본원으로 되돌아가느니라.)」

35　「彌施訶」: 시리아어로 ﻣﺴﻴﺤﺎ, 독음은 məšĩhā, 오늘날 일반적으로 「彌賽亞」(Messiah) 혹은 「默西亞」로 번역하며, '구원자, 구세주'의 의미를 갖는다. 그리스어로부터 번역한 「그리스도」(Christ)의 의미와 같다.

36　「廣度」: '사람을 피안의 세계로 널리 제도하다'의 의미와 같다. [唐] 李邕, 〈五臺山淸涼寺碑〉:「示立諸相而無所立, 廣度群生而無所度, 非大聖至神覆護, 其孰能如此者歟?(여러 상들을 내보여 세웠으나 세워진 바 없고, 중생을 널리 제도하나 제도된 바가 없으니, 위대한 성현과 지존하신 신이 보호할 바 아닌데, 그 누가 이처럼 할 수 있겠는가?)」

37　「苦界」: '생존의 세계는 고통으로 충만함'을 말하니, 즉 '속세'를 가리킨다.

38　「常活命王」: '彌施訶'를 지칭하며, '메시아의 생명은 영원 불멸하시고, 생명을 하사하신 이가 그임'을 표현한다. 요한복음 6장 57절:「살아 계신 아버지께서 나를 보내시매 내가 아버지로 말미암아 사는 것같이 나를 먹는 그 사람도 나로 말미암아 살리라.」

39　「慈喜」: '자애와 희락'. 「羔」: '하나님의 어린양'을 가리키니, 메시아가 세상 사람들의 속죄를 위하여 희생의 역할을 감당했기 때문이다. 요한복음 1장 29절:「보라 세상 죄

願捨⁴¹群生積重罪,⁴² 善護眞性得無繇.⁴³

聖子端在⁴⁴父右座,⁴⁵ 其座復超無鼎高.⁴⁶

메시아는 세상의 존귀하신 聖子이시며, 고통스런 속세를 널리 제도하
시어 구원받은 이가 셀 수 없나이다.

영원 불멸하신 主는 자애로우신 하나님의 어린 양이시니, 세상의 죄악
을 감당하시어 고통을 당하셨나이다.

세상 사람들의 큰 죄를 사해 주시기를 바라옵나니, 이유 없이 사랑으
로 사람의 본성을 가지셨나이다.

聖子께서 아버지 우편 보좌에 앉으셨으니, 그 옥좌가 다시 만유의 고
귀하심을 초월하나이다.

大師⁴⁷願彼乞衆請,⁴⁸ 降栰⁴⁹使免火江漂.⁵⁰

를 지고 가는 하나님의 어린양이로다!」

40 「耽苦」: 「耽」은 '감당하다, 부담하다'. 「耽苦」는 '고통을 감당하다'. 베드로전서 2장 24
절: 「친히 나무에 달려 그 몸으로 우리 죄를 담당하셨으니, 이는 우리로 죄에 대하여 죽
고 의에 대하여 살게 하려 하심이라. 그가 채찍에 맞으므로 너희는 나음을 얻었나니.」

41 「舍」: '희생하다'. 「赦」와 통하니, '죄를 사해 주다'의 의미이다. 메시아는 자신의 목숨
을 희생하여 인류를 구했을 뿐만 아니라 세상 사람들의 죄악을 사면해 줄 권리도 가지
고 있다. 《荀子·榮辱》: 「是刑法之所不舍也.(이것이 바로 형법이 용서하지 않는 일이
다.)」

42 「重罪」: '중대한 죄악'. 《周禮·秋官·大司寇》: 「重罪, 旬有三日坐.(중대한 죄악을 지은
자는, 13일 동안 억류시킨다.)」

43 「無繇」: 「無由」와 같음. 「繇」는 음이 「由」와 같음. 《漢書·文帝本紀》: 「吏卒給輸費苦,
而列侯亦無繇教訓其民.(관리들이 운송 비용을 마련하느라 고달프고, 열후들 역시 그
백성들을 교화할 길이 없다.)」

44 「端在」: '단정하고 장엄하다'.

45 「右座」: '오른편의 보좌'. 마가복음 16장 19절: 「주 예수께서 말씀을 마치신 후에 하늘
로 올리우사 하나님 우편에 앉으시니라.」

46 「鼎」: '빛나다, 고상하다'의 의미. 아마도 운율을 맞추기 위해 「鼎貴」를 「鼎高」로 고
친 듯하다. [晉] 左思, 〈吳都賦〉: 「其居則高門鼎貴, 魁岸豪傑.(그 거처함이 큰 집의 고상
하고 귀한 곳이며, 장대한 호걸들이라.)」

47 「大師」: 불교의 열 가지 尊號 중 하나를 차용하였으며, 즉 '天人師'를 말한다. 《瑜伽師地

大師是我等慈父, 大師是我等聖主.

大師是我等法王,[51] 大師能爲普救度.

大師慧力[52]助諸羸, 諸目瞻仰不蹔移.[53]

復與枯燋[54]降甘露, 所有蒙潤善根滋.[55]

大聖[56]普尊彌施訶, 我歎慈父海藏[57]慈.

大聖謙[58]及淨風性, 清凝[59]法耳不思議.

論》卷八十二:「謂能善教誡聲聞弟子一切應作不應作事, 故名**大師**.(聲聞 제자에게 온갖 지어야 하거나 짓지 말아야 할 일을 잘 가르쳐 훈계하므로, 큰 스승이라 이름한다.)」 후에 점차 승려의 존칭이 되었고, 여기서「大師」는 '慈父, 明子, 淨風'을 가리키는 통칭이다.

48 「乞衆請」:'중생을 불쌍히 여기는 간구'.

49 「栿」:「筏」과 통하니, 물을 건너는 기구이다. 佛家에서는「渡」의 뜻을 취하여 중생을 인도하고 사람을 피안에 오르게 하는 것을 비유하는데, 여기서도 같은 의미를 표시한다.

50 「火江漂」:'불바다 속을 떠돌아다니며, 귀의할 곳이 없다'.

51 「法王」:불교 용어를 차용하였으니, 본래는 석가모니에 대한 존칭이었고, 여기서는 '경교도의 지도자'를 비유한다. 《法華經·譬喩品》:「我爲**法王**, 於法自在.(나는 法王이니, 법 안에서 스스로 존재하느니라.)」

52 「慧力」:불교 용어를 차용하였고, '五力' 중의 하나로서, '苦, 集, 滅, 道의 四諦를 보고 깨달아 해탈에 이르는 힘'을 말한다. 이것은 「大師」의 지혜와 능력'을 가리킨다. [唐] 玄奘,《大唐西域記》卷十〈案達羅國〉:「陳那菩薩者, 佛去世後, 承風染衣, 智願廣大, **慧力**深固.(陳那菩薩은 부처가 세상을 떠난 후, 교화를 받아 승복을 입었으니, 부처님의 지혜와 因位의 본원이 광대하며, 지혜와 능력이 깊고도 견고하다.)」

53 「不蹔移」:'순식간에 이동하지 않는다'는 의미를 말한다. 「蹔」은「暫」과 같으며, '단시간'이라는 의미이다. 「移」는 '변동하다, 바뀌다'.

54 「枯燋」:'바싹 말라 태우는 땔감'. 「燋」는「焦」와 음이 같음. 《黃帝內經·素問·本病論》:「民病寒熱鼽嚏, 皮毛折, 爪甲**枯燋**.(백성들이 병이 들어 추웠다 더웠다 하며 코가 막히고 재채기를 하고, 피부 털이 꺾이며, 손발톱이 바싹 말라 간다.)」

55 「滋」:'자라다, 성장하다'. 《禮記·檀弓》:「喪有疾, 食肉飮酒, 必有草木之**滋**焉.(상 중에 병이 들면, 고기도 먹고 술도 마시되, 반드시 초목의 자란 부분을 곁들여야 한다.)」

56 「大聖」:본래 불가의 용어로서 '부처, 보살'을 지칭한다. 여기서는 '神'을 가리킨다.

57 「海藏」:'바다처럼 끝없이 포괄하다'. [唐] 張說,〈唐玉泉寺大通禪師碑銘〉:「**海藏**安靜, 風識牽樂. 不入度門, 孰探玄要?(바다처럼 넓고 고요하니, 바람이 알고 즐거움을 이끈다. 제도의 문에 들어가지 않으면, 누가 현묘한 要理를 탐구하겠는가?)」

58 「謙」:「兼」으로 假借되었음. 《墨子·明鬼下》:「齊君由**謙**殺之, 恐不辜.(齊나라 임금이 둘을 함께 죽이자니, 죄 없는 사람이 두려웠다.)」

59 「清凝」:'청정하고 장중하다'. [唐] 王建,〈寄杜侍御〉:「道氣**清凝**分曉爽, 詩情冷瘦滴秋鮮.(道의 기운이 청정하여 밝고 상쾌함을 분별하고, 시의 정경이 서늘하여 가을의 선선함을 적신다.)」

大秦景教三威蒙度讚一卷

주님이시여! 저 모든 이들의 간구를 들어주시고, 구원의 배를 내리셔서 불속에 헤매이는 이들을 구원하소서.

주님은 우리들의 자비하신 아버지시며, 주님은 우리들의 성결하신 구주시로다.

주님은 우리를 이끄시는 분이시며, 주님은 온 세상 신자를 구하실 수 있나이다.

주님의 지혜는 연약한 자들을 도우시니, 만민이 모두 우러러 주님을 바라보나이다.

다시 마른 장작에 단비를 내리시듯, 주님의 은혜를 입은 모든 이에게 善의 뿌리가 자라나이다.

주님은 온 세상이 존숭하는 메시아시니, 우리는 하나님 아버지의 바다처럼 깊고 넓은 자비를 찬미하나이다.

주 예수님은 성령과 함께하시나니, 성결하고 장엄하신 敎義는 실로 헤아릴 수가 없도다.

대진경교삼위몽도찬 일권

존경(尊經)[60]

敬禮:

妙身[61]皇父[62]阿羅訶,[63] 應身[64]皇子[65]彌施訶,[66] 證身[67]盧訶寧俱沙,[68] 已
上三身同歸一體.

瑜罕難法王,[69] 盧伽法王,[70] 摩矩辭法王,[71] 明泰法王,[72] 牟世法王,[73] 多

---

60 「尊經」:《尊經》은《景教三威蒙度讚》과 동일한 두루마리에 기록되어 있으며《景教三威
蒙度讚》의 바로 뒤에 연이어져 있고, 현재 함께 프랑스 국가도서관에 소장되어 있다
(일련번호: Pelliot Chinois 3847). 본문은 프랑스 국가도서관 소유의 Pelliot Chinois
3847 원전을 리메이크한 도판에 근거하였다. 본 경전의 내용은 천부 하나님, 성자, 성
령을 극찬하는 것 외에, 또한 瑜罕難(사도 요한) 등 21명의 사도와 선지자 및 24명의 聖
法王에 대하여 존숭을 표현하였으며, 이미 번역된 35종의 경교 경전들을 나열하였다.
「尊經」은 본 경전의 제목이며, 앞에 세 글자가 비어 있다.
61 「妙身」: '현묘한 몸'.
62 「皇父」: 「皇」은 '크다'; '스스로 시작하다'.《說文解字》: 「始王者, 三皇大君也.(처음 왕은
三皇大君이다.)」「皇」은 또한 '하나님'을 가리킴.《詩經・周頌・執競》: 「上帝是皇.(하나
님이 곧 皇이다.)」「皇父」는 즉 기독교 삼위일체의 하나님인「聖父」를 가리킨다.
63 「阿羅訶」: 시리아어 景教에서는 하나님을 일러 ‎라 하고, 독음은 alāhā이니, 그 발
음을 따라 음역한 것이다. 「阿羅訶」는 본래 불교 용어이며, 의미는 '천지 중생의 공양을
받아야 한다'이다. 「應供」으로도 번역하며, 혹은「殺賊」이나「不生」으로도 해석한다.
64 「應身」: '영접하는 몸'. 불교 용어를 차용하였으며, 본래는 '부처와 보살은 중생을 濟度
하기 위해서 각종 형상의 여러 化身을 적절하게 나타내 준다'라는 의미를 표현한다.
65 「皇子」: 기독교 삼위일체 하나님의「聖子」.
66 「彌施訶」: 시리아어로 ‎, 독음은 məšīhā이다. 오늘날 일반적으로「彌賽亞」
(Messiah)로 번역하니, 즉 '구주'의 의미이다. 글자의 의미가 히브리어로부터 직접 차
용해 온 것이므로, 따라서 시리아어가 가리키는「메시아」는 또한 오늘날 그리스어로
부터 번역한「그리스도」(Christ)의 의미와 같다.
67 「證身」: '印證의 몸'.
68 「盧訶寧俱沙」: 시리아어 음역으로 ‎이며, 독음은 rūhā dəqūdšā이고, '성령'
의 의미이다.
69 「瑜罕難法王」: 오늘날 일반적으로「요한」(John)으로 번역한다. 시리아어로 ‎, 독
음은 Iouḥannan이다.
70 「盧伽法王」: 오늘날 일반적으로「누가」(Luke)로 번역한다. 시리아어로 ‎, 독음은
lūqā이다.

惠法王,[74] 景通法王,[75] 寶路法王,[76] 千眼法王,[77] 那寧逸法王,[78] 珉艶法王,[79] 摩薩吉思法王,[80] 宜和吉思法王,[81] 摩沒吉思法王,[82] 岑穩僧法王,[83] 廿四聖法王,[84] 憲難耶法王,[85] 賀薩耶法,[86] 彌沙曳法王,[87] 娑羅法王,[88] 瞿

---

[71] 「摩矩辭法王」: 오늘날 일반적으로 「마가」(Mark)로 번역한다. 시리아어로 ܡܪܩܘܣ, 독음은 mārqūs이다.

[72] 「明泰法王」: 오늘날 일반적으로 「마태」(Matthew)로 번역한다. 시리아어로 ܡܬܝ, 독음은 matai이다.

[73] 「牟世法王」: 오늘날 일반적으로 「모세」(Moses)로 번역한다. 시리아어로 ܡܘܫܐ, 독음은 mousé이다.

[74] 「多惠法王」: 오늘날 일반적으로 「다윗」(David)으로 번역한다. 시리아어로 ܕܘܝܕ, 독음은 daouid이다.

[75] 「景通法王」: 景教碑 우측면 제1행에 승려 景通의 이름이 있으며, 지역 主教이다. 《宣元至本經》에도 또한 「景通法王」의 이름이 있는데; 吳其昱은 《大秦景教宣元本經》의 내용을 통해 '예수 그리스도'로 유추하였다. 吳其昱, 〈唐代景教之法王與尊經考〉, 《敦煌吐魯番研究》第5卷(北京: 北京大學出版社, 2001): 20쪽.

[76] 「寶路法王」: 오늘날 일반적으로 「바울」(Paul)로 번역한다. 시리아어로 ܦܘܠܘܣ, 독음은 polos이다.

[77] 「千眼法王」: 실제로 누구를 지칭하는지 분명치 않다. 吳其昱은 意譯한 法王의 이름이며, 아마도 수호천사를 가리킬 것이라고 하였다. 吳其昱, 〈唐代景教之法王與尊經考〉, 《敦煌吐魯番研究》第5卷(北京: 北京大學出版社, 2001), 22쪽.

[78] 「那寧逸法王」: 오늘날 일반적으로 「但以理」(Daniel)로 번역한다. 시리아어로 ܕܢܝܐܝܠ, 독음은 dānī'il이다.

[79] 「珉艶法王」: 오늘날 일반적으로 「馬利亞」(Mary)로 번역한다. 시리아어로 ܡܪܝܡ, 독음은 mariam이다.

[80] 「摩薩吉思法王」: 'Mar Sergius'를 지칭할 것이며, 시리아어로 ܡܪܝ ܣܪܓܝܣ 이고, 독음은 Marsargis이다. Mar Bacchus와 같은 로마 군병이며, 그리스도를 믿기 때문에 고대 로마 종교 뭇 신들의 왕인 주피터(Jupiter)에 대한 헌제를 거부하였고, 303년에 함께 순교하였다.

[81] 「宜和吉思法王」: '조지(George, 280-303)'를 가리킨다. 시리아어로 ܡܪܝ ܓܝܘܪܓܝܣ, 독음은 Giouargis이다. 로마 군병이며, 그리스도를 신봉하므로 고대 로마 종교의 신에게 제사 드리기를 거부하였다가 303년에 순교하였다.

[82] 「摩沒吉思法王」: 'Mar Bacchus'를 지칭함. 시리아어로 ܒܟܘܣ, 독음은 bahos이다. Mar Sergius와 함께 로마 군병이었으며, 그리스도를 믿으므로 고대 로마 종교 뭇신들의 왕인 주피터(Jupiter)에 대한 헌제를 거부하였고, 303년에 함께 순교하였다.

[83] 「岑穩僧法王」: 오늘날 일반적으로 「西門」(Simon)으로 번역하며, 시리아어로 ܫܡܥܘܢ, 독음은 simoun이다.

[84] 「廿四聖法王」: 《大秦景教流行中國碑》에는 「圓廿四聖有說之舊法(24 성인이 말씀하신 구약의 율법을 완성하셨다)」이라는 구절이 있으니, 즉 이 「二十四聖」은 히브리어 구약 성경의 작자를 지칭한다. 「히브리어 성경」은 전통적으로 세 부분 24경으로 분류되니

盧法王,[89] 報信法王.[90]

경배하라:

신묘하신 하나님 여호와, 성육신하신 성자 그리스도, 그리스도에게 증거되신 성령, 이상 세 분은 한 몸으로 귀의하셨느니라.

瑜罕難法王(요한), 盧伽法王(누가), 摩矩辭法王(마가), 明泰法王(마태), 牟世法王(모세), 多惠法王(다윗), 景通法王(예수), 寶路法王(바울), 千眼法王(수호천사), 邪寧逸法王(다니엘), 珉艶法王(마리아), 摩薩吉思法王(Mar Sergius), 宜和吉思法王(George), 摩沒吉思法王(Mar Bacchus), 岑穩僧法王(시몬 베드로), 廿四聖法王(이십사 성인), 憲難耶法王(Ananias), 賀薩耶法(증인), 彌沙曳法王(Michael), 娑羅法王(Silas), 瞿盧法王(Cyrus), 報信法王(세례 요한).

敬礼[91]:

_____

(BHS本), 첫째, 율법서(Torah): '창세기, 출애굽기, 레위기, 민수기, 신명기'; 둘째, 선지서(Nebi'im): '여호수아, 사사기, 사무엘, 열왕기서, 이사야, 예레미야, 에스겔, 12 小선지서'; 셋째, 성문서(Ketubim): '시편, 욥기, 잠언, 룻기, 아가, 전도서, 예레미야 애가, 에스더, 다니엘, 에스라-느헤미야, 역대기'가 있다. 吳其昱, 〈唐代景教之法王與尊經考〉, 26-28쪽 참조.

85 「憲難耶法王」: 오늘날 일반적으로 「亞拿尼亞」(Ananias)로 번역하며, 시리아어로 ܐܢܢܝܐ, 독음은 ḥa'naniā이다.

86 「賀薩耶法[王]」: 「증인」을 가리키며, 시리아어로 ܚܙܝܐ, 독음은 ḥāzāiā이다. 본래의 원고에서 「王」자가 누락된 듯하다.

87 「彌沙曳法王」: 오늘날 일반적으로 「米迦勒」(Michael)로 번역하며, 시리아어로 ܡܝܟܐܝܠ, 독음은 Miḥael이다.

88 「娑羅法王」: 오늘날 일반적으로 「西拉」(Silas)로 번역하며, 시리아어로 ܫܝܠܐ, 독음은 šila이다.

89 「瞿盧法王」: '키루스(Cyrus)'를 지칭하며, 시리아어로 ܩܘܪܝܫ, 독음은 koriš이다. 6세기 중엽 에뎃사(Edessa) 니시비스(Nisibis) 신학원의 신학자 Cyrus of Edessa를 가리키는 듯하다.

90 「報信法王」: '세례 요한'을 가리킨다. 吳其昱은 이것이 뜻으로 意譯한 것으로서 '성모 영보 대축일(Annunciation)' 절기에서 나왔고, 세례 요한이 예수보다 앞선 자임을 가리키는 것이라고 한다. 吳其昱, 〈唐代景教之法王與尊經考〉, 31쪽.

91 「敬禮」: 본 행은 특별히 맨 왼쪽 칸으로 당겨 씀으로써 보다 존경하는 의미를 표현하

《常明皇樂經》,[92] 《宣元至本經》,[93] 《志玄安樂經》,[94] 《天寶藏經》,[95] 《多惠聖王經》,[96] 《阿思瞿利容經》,[97] 《渾元經》,[98] 《通眞經》,[99] 《寶明經》,[100] 《傳化經》,[101] 《罄遺經》,[102] 《原靈經》,[103] 《述略經》,[104] 《三際經》,[105] 《徵詰

였으니, 고대의 공문 형식에 따른 것이다. 敦煌문서에서 자주 볼 수 있다.

92 「常明皇樂經」: 실제로 어떤 경전인지는 분명하지 않다. 吳其昱은 일부 경전명은 音譯 명칭을 붙이는 유형이 아니라고 하는데, 아마도 원문 번역이 아닌 신작이거나 개편한 내용일 것이다. 경교 문헌은 발굴된 양이 많지 않기 때문에 헤아릴 수 있는 방증이 제한적이다. 따라서 아래의 추정하기 어려운 경전명들은 모두「실제로 어떤 경전인지는 분명치 않다」라고 표시하기로 한다. 吳其昱,〈唐代景教之法王與尊經考〉, 31쪽.

93 「宣元至本經」: 본서의《大秦景教宣元本經》과 洛陽에서 출토된《大秦景教宣元至本經》經幢의 合校本을 참고하기 바란다.

94 「志玄安樂經」: 본서의《志玄安樂經》을 참고하기 바란다.

95 「天寶藏經」: 교회의 예배의식 기도서인 日課經(Daily Office)을 지칭하는 듯하다. 시리아 동방교회의 日課經은 Kthawa daqdham wadhwathar (the Book of Before and After)와 Takhsa(Order)라 부르며, 저녁 수업과 아침 수업으로 나뉜다. 景教碑에 언급된「七時禮讚」은 日課 중 하나이며, 사용하는 일과경은 Sunhadus이다. 주로 수사와 신앙심이 비교적 깊은 전도사 그리고 평신도 등이 읽는다. Arthur John Maclean, *East Syrian Daily Office* (London: Rivington, Percival & Co., 1894), xi-xii.

96 「多惠聖王經」: 前述했던「多惠」는 '다윗'이며, 이것은 '다윗의 시편'을 가리킨다. 히브리어 시편은 73편이 다윗의 작품이며, 다윗을 시편 저자로 보는 것이 일반적이다.

97 「阿思瞿利容經」: 폴 펠리오는「思」가「恩」을 잘못 베낀 것이라 하였다; 만일《阿恩瞿利容經》으로 본다면, 바로 복음서임을 알 수 있다. 시리아어로 ܐܘܢܓܠܝܘܢ, 독음은 iwan'giliun이다. 또 다른 논란의 경교 사본인《大秦景教大聖通眞歸法讚》에도 동일한 기록이 나오는데, 잘못 베낀 것이 아니라면 아마도 별개의 다른 서적에 속하는 것일 가능성이 크다.

98 「渾元經」: '渾元'이란 '천지의 기운'을 지칭할 수 있다. [漢] 班固〈通幽賦〉敍傳上:「**渾元**運物, 流不處兮.(천지 자연의 기운이 만물을 운행하니, 흘러 머물지 않네.)」따라서 아마도 성경 창세기를 지칭하는 듯하다.

99 「通眞經」:《大秦景教大聖通眞歸法讚》을 지칭할 가능성이 크나, 실제 어떤 경전인지는 상세히 알 수 없다.

100 「寶明經」: 실제로 어떤 경전인지 분명치 않다.

101 「傳化經」: 吳其昱은《師利海經》이 '사도행전'이라고 인식하는데; 이 경전은 바울 등 사도들의 서신이다. 吳其昱,〈唐代景教之法王與尊經考〉, 33쪽.

102 「罄遺經」: 景教碑에 이러한 단락이 있으니:「不畜藏獲, 均貴賤於人, 不聚貨財, 示**罄遺**我.(종을 두지 않음은 사람에게 귀천 없이 균등히 하려는 것이요, 재물을 모으지 않음은 자신에게 남은 재물을 모두 소진토록 가르치는 것이라.)」이는 아마도 구제와 구휼의 가르침과 관련이 있는 듯하다.

103 「原靈經」: 일부 학자는「聖靈論」이라고 하지만, 경교 문헌들이 모두 성령을「淨風」, 「涼風」으로 부르기 때문에, 실제로 어떤 경전인지는 확실치 않다.

經》,106 《寧思經》,107 《宣義經》,108 《師利海經》,109 《寶路法王經》,110 《删河
律經》,111 《藝利月思經》,112 《寧耶頲經》,113 《儀則律經》,114 《毗遏啟經》,115
《三威讚經》,116 《牟世法王經》,117 《伊利耶經》,118 《遏拂林經》,119 《報信法

---

104 「逑略經」: 실제로 어떤 경전인지 분명치 않다.

105 「三際經」: 어떤 학자는 마니교 경전이라고 하지만, 여러 가지 역사를 통해 볼 때 경교
는 줄곧 마니교를 신랄히 비판해 왔으니 어찌 마니교의 경전이 그 안에 들어올 수 있
겠는가? 더군다나 사도 바울이 고린도후서 1장 10절에서: 「그가 이같이 큰 사망에서
우리를 건지셨고 또 건지시리라. 또한 이후에라도 건지시기를 그를 의지하여 바라노
라.」라고 서술한 바 있으니, 이를 「三層 구원의 은혜」 혹은 「완전한 구원의 은혜」라고
한다. 이 설 또한 억측이 많은 편이니, 실제로는 어떤 경전인지 분명치 않다. 楊森富,
〈有關景教尊經中的《三際經》〉,《神學論集》第8期(1971年 5月): 175-182쪽.

106 「徵詰經」: 실제로 어떤 경전인지 분명치 않다.

107 「寧思經」: 실제로 어떤 경전인지 분명치 않다.

108 「宣義經」: 실제로 어떤 경전인지 분명치 않다.

109 「師利海經」: '師利海'의 발음은 '使徒'와 유사하니, 시리아어로 ܫܠܝܚܐ, 독음은 šliḥā이다;
이 경전은 아마도 '사도행전'을 일컫는 듯하다.

110 「寶路法王經」: 전술한 「寶路」는 '바울'이니, 아마도 '바울 서신'을 지칭하는 듯하다.

111 「删河律經」: 「删河律」의 발음이 스가랴(Zechariah)와 비슷하다. 시리아어로 ܙܟܪܝܐ, 독음
은 zḫariā이다. 吳其昱은 구약 중의 스가랴서가 아니라고 하지만, Zacharias Rhetor
(465-536)의 교회 역사에 관한 저서 Zacharias Scholasticus로 보는 것이 타당하다. 吳其
昱, 〈唐代景教之法王與尊經考〉, 34-35쪽 참조.

112 「藝利月思經」: 「藝利月思」와 「宜和吉思」는 발음이 같다. 시리아어로 ܓܝܘܐܪܓܝܣ 이고, 독
음은 Giouargis이니, 의미는 '조지(George)'이다. 吳其昱은 아랍의 主教 조지(George of
the Arabs, 640-720)라고 주장하였으며, 그는 시리아교회의 학자로서 일찍이 아리스토
텔레스의 저작을 시리아어로 번역했다고 전해진다. 吳其昱, 〈唐代景教之法王與尊經
考〉, 35쪽.

113 「寧耶頲經」: 吳其昱은 '타티아노스(Tatian the Assyrian, 120-180)'라고 보았으며, 시리아
어로 ܕܝܛܣܪܘܢ, 독음은 diaṭesaron이니, 의미는 「사복음 혼합본」이다. 吳其昱, 〈唐代景
教之法王與尊經考〉, 36쪽 참조.

114 「儀則律經」: 실제로 어떤 경전인지 분명치 않다.

115 「毗遏啟經」: 「毗遏啟」의 발음은 '祝福(blessing)'과 유사하다. 시리아어로 ܒܘܪܟܬܐ, 독음
은 būrktā이니; 이 경전은 아마도 축복의 기도문일 것이다.

116 「三威讚經」: 적지 않은 학자들이 이것을 《三威蒙度讚》이라고 보지만, 《三威蒙度讚》은
《尊經》과 함께 敦煌 文卷 가운데서 발견되었고, 따라서 프랑스 국가도서관 수장 일련
번호가 동일하게 Pelliot Chinois 3847로 되어 있으니, 필자는 두 경전이 동일하다는 관
점에 대해 회의적인 입장이다.

117 「牟世法王經」: 앞선 서술에서 「牟世」를 '모세'로 정의하였다. 혹은 「모세5경」을 가리
킨다.

118 「伊利耶經」: 「伊利耶」의 발음이 '엘리야(Elijah)'와 유사하다. 시리아어로 ܐܠܝܐ, 독음은

王經》,[120] 《彌施訶自在天地經》,[121] 《四門經》,[122] 《啟眞經》,[123] 《摩薩吉斯經》,[124] 《慈利波經》,[125] 《烏沙那經》,[126]

경배하라:

---

elia이다; 엘리야는 히브리 전통에서 가장 중요하게 여기는 선지자이니, 이 경전은 아마도 선지서일 것이다.

[119] 「遏拂林經」: 吳其昱은 사에키 요시로(佐伯好郞)의 견해를 받아들여 '遏拂林'이 '시리아의 에프렘(Ephrem the Syrian, 306-373)'이라고 보았다. 시리아어로 ﬡﬢﬢﬤ, 독음은 āʾfrīm이다; 에프렘은 동방교회에서 성과가 상당히 많은 사람으로서, 그의 저작은 대략 네 가지로 분류할 수 있는데: '經卷釋義', '敎義와 爭論', '苦修' 및 '敎會禮儀와 其他'가 있다. Samuel Hugh Moffett, *A History of Christianity in Asia*, Vol. 1: *Beginnings to 1500* (New York: Orbis Books, 1998), 143-144; 吳其昱, 〈唐代景敎之法王與尊經考〉, 38-40쪽 참조.

[120] 「報信法王經」: 앞선 서술에서 「報信法王」을 '세례 요한'으로 정의하였다. 세례 요한의 傳記 혹은 가르침으로 보인다.

[121] 「彌施訶自在天地經」: '그리스도의 성육신'에 관한 이야기를 지칭할 것이다. 天寶 4년 9월 천자의 칙령에서 묘사한 경교는 「道無常名, 聖體無常(道에는 영원한 이름이 없고, 聖人에게도 평소 일정한 몸이 없다.)」이었다. [宋] 王溥, 《唐會要》(北京: 中華書局, 1955), 864쪽, 卷四十九 「大秦寺」條 참조.

[122] 「四門經」: 어떤 학자는 아마도 천문 술법에 관한 책인 《都利聿斯經》二卷과 《聿斯四門經》一卷일 것이라고 주장하지만, 이 두 책은 모두 貞元 年間(785-804)에 비로소 중국에 들어온바, 여기서 말하는 《四門經》이 아니다. 吳其昱은 2세기 프톨레마이오스(Claudius Ptolemy, 90-168)의 천문 저작인 《占星四書》(Tetrabiblos)라고 주장한다. 吳其昱, 〈唐代景敎之法王與尊經考〉, 41-42쪽.

[123] 「啟眞經」: 아마도 신약성경 중의 계시록일 것이다. 초기 시리아어 신약 Peshitta 판본에는 수록되어 있지 않으나, 후기의 Philoxenian(508)과 Harklean(616) 두 시리아어 신약 판본에는 수록되어 있다.

[124] 「摩薩吉斯經」: 「摩薩吉斯」는 전술한 「摩薩吉思法王」과 발음이 유사하다. 비록 서로 다른 두 사람이지만, Mar Sergius로 보는 것이 타당하며, 시리아어로 ﬞﬤﬢﬠ ﬩ﬤ, 독음은 Marsargis이다. 여기서 지칭하는 이는 Sergius of Reshaina(생년 불상-536)일 것이며, 에덱사(Edessa)와 니시비스(Nisibis) 사이의 메소포타미아 북부 지역에 살았고, 일찍이 다량의 그리스 철학 및 의학 서적을 시리아어로 번역하였다. 「摩薩吉斯經」은 아마도 그리스 철학사상에 관한 것일 가능성이 높으나 의학류 서적일 가능성도 있다.

[125] 「慈利波經」: 「慈利波」는 '십자가'를 지칭하는 듯하다. 시리아어로 ﬡﬢﬣﬤ, 독음은 ṣlīvā이다. 예수 수난의 십자가가 동로마 황제 콘스탄티우스 1세(Constantius Chlorus, 250-306)의 어머니 헬레나(Helena, 246-327)에 의해 발견되었다는 일화로, 후에는 9월 14일을 「영광의 십자가 축일」로 정하였다.

[126] 「烏沙那經」: 「烏沙那」는 발음이 和撒那(Hosanna)와 비슷하며, 시리아어로 ﬡﬢﬣﬤﬠ, 독음은 uʾšāna이다. 이 경전은 예수가 예루살렘으로 영광스럽게 나아가는 부분을 서술하고 있으며, 심지어는 수난, 부활 그리고 승천에 관한 내용을 다루고 있다.

《常明皇樂經(상명황락경)》,《宣元至本經(선원지본경)》,《志玄安樂經(지현안락경)》,《天寶藏經(천보장경)》,《多惠聖王經(다혜성왕경)》,《阿思瞿利容經(아사구리용경)》,《渾元經(혼원경)》,《通眞經(통진경)》,《寶明經(보명경)》,《傳化經(전화경)》,《罄遺經(경유경)》,《原靈經(원령경)》,《述略經(술략경)》,《三際經(삼제경)》,《徵詰經(징힐경)》,《寧思經(영사경)》,《宣義經(선의경)》,《師利海經(사리해경)》,《寶路法王經(보로법왕경)》,《刪河律經(산하율경)》,《藝利月思經(예리월사경)》,《寧耶頲經(영야정경)》,《儀則律經(의칙율경)》,《毗遏啟經(비알계경)》,《三威讚經(삼위찬경)》,《牟世法王經(모세법왕경)》,《伊利耶經(이리야경)》,《遏拂林經(알불림경)》,《報信法王經(보신법왕경)》,《彌施訶自在天地經(미시하자재천지경)》,《四門經(서문경)》,《啟眞經(계진경)》,《摩薩吉斯經(마살길사경)》,《慈利波經(자리파경)》,《烏沙那經(오사나경)》.

謹案: 諸經目錄, 大秦本教經[127]都五百卅部, 並是貝葉[128]梵音.[129]

唐太宗皇帝貞觀九年, 西域太德僧[130]阿羅本,[131] 届於中夏,[132] 並奏上本音, 房玄齡,[133] 魏徵[134]宣譯奏言. 後召本教大德僧景淨[135]譯得已上卅部卷,

---

127 「本教經」: '경교 경전'.
128 「貝葉」: 고대 인도인들이 경전을 필사하는 데 사용한 나뭇잎이다. '불경'을 가리키는 데 차용하나, 여기서는 '경교 경전'을 말한다. [唐] 玄奘, 〈謝敕齎經序啟〉:「貝葉靈文, 咸歸冊府.(패엽의 영험한 글월이, 모두 제왕의 장서고로 들어간다.)」
129 「梵音」: 즉 '범어(梵語)', 인도의 언어를 가리킨다. 여기서는 '외국어로 쓴 경전'을 표시한다. [唐] 黃滔, 〈靈山塑北方毗沙門天王碑〉:「夫毗沙門梵音, 唐言多聞也.(무릇 '바이슈라바나'는 인도의 소리지만, 당나라 말로 많이 들었다.)」
130 「太德僧」: 「太」는 「大」와 통함;《大秦景教流行中國碑》측면의 이름과 직함 부분과 대조해 보면, 「大德僧」은 「主教」(Bishop)를 가리킴을 알 수 있다. 본서의《大秦景教流行中國碑》부분을 참고하기 바람.
131 「阿羅本」: 경교비의 기록에 의하면 唐 貞觀 9年(635년) 長安으로 와서 唐 太宗의 예우를 받았다. 정관 12년(638년) 7월에 이르러 京城 義寧坊에 사원의 건립을 허용받았으며, 당시 唐 開教 때에 총 21명이 그와 함께 왔다.
132 「中夏」: '華夏, 中原지역, 中國'을 가리킨다. [北魏] 酈道元,《水經注‧泗水》:「法流中夏, 自法顯始也.(法이 중국 땅에 전파되고서, 스스로 드러나기 시작하였다.)」

餘大數具在貝皮夾, 猶未翻譯.

삼가 이미 번역된 각 경전의 목록에 따르면, 대진 경교의 경전은 모두 530부로서, 모두 외국어로 쓴 경교 경전들이다.

당 태종황제 정관 9년, 서역에서 온 대덕승 阿羅本은, 먼 곳에서 중국으로 건너와, 황제에게 본교의 교리를 소개하는 글을 올렸고, 방현령과 위징이 번역해 낸 상주문을 낭독하였다. 그 후 본교의 대덕승 景淨을 불러, 상술한 경전에 포함되는 삼십 권의 경전을 번역해 내었고, 그 외 대부분의 경권들은 조개 무늬 가죽주머니에 보관하여, 아직 번역하지 않았다.

---

133 「房玄齡」: 唐 玄宗 시기의 重臣. 房玄齡(579-648)은 唐 武德 9年(626年)에 玄武門의 變에 참여하여 唐 太宗의 즉위를 도운 唐代 초기의 유명한 재상으로서, 《新唐書》와 《舊唐書》가 모두 이 사실을 전하고 있다.

134 「魏徵」: 魏徵(580-643), 字는 玄成, 唐 太宗 시기의 重臣이다. 직언으로 간하기를 잘하였으니, 唐代에 가장 명성을 떨쳤던 諫臣으로서, 《新唐書》와 《舊唐書》가 모두 이 사실을 전하고 있다.

135 「大德僧景淨」: 경교 선교사로서 본명은 '아담'이고, 페르시아 사람으로 胡語와 중국어에 능통하였다; 《大秦景教流行中國碑》의 찬술자는 建中 2년(781) 비석을 세울 당시에 아직 「大德」의 직함이 없었다.

역주자 임영택 (林永澤)

서울신학대학교 중국언어문화콘텐츠학과 교수
중국 베이징대학교 중국언어문학과 문학박사